新 闻 与 传 播 学 译 丛

数字时代的媒介
连接传播、社会和文化

[美] 埃弗里特·E. 丹尼斯　梅尔文·L. 德弗勒 / 著　傅玉辉　卞清　刘琛　等 / 译

傅玉辉 / 校

UNDERSTANDING
MEDIA IN THE DIGITAL AGE
Connections for Communication,
Society, and Culture

  　Everette E. Dennis
Melvin L. DeFleur

中国人民大学出版社
·北京·

"新闻与传播学译丛"
出版说明

中华民族历来有海纳百川的宽阔胸怀，她在创造灿烂文明的同时，不断吸纳整个人类文明的精华，滋养、壮大和发展自己。当前，全球化使得人类文明之间的相互交流和影响进一步加强，互动效应更为明显。以世界眼光和开放的视野，引介世界各国的优秀哲学社会科学成果，服务于我国的社会主义现代化建设，是新中国出版工作的优良传统，也是中国当代出版工作者的重要使命。

在我们生活于其中的这个"地球村"，信息传播技术飞速发展，日新月异，传媒在人们的社会生活中已经并将继续占据极其重要的地位。中国新闻与传播业在技术层面上用极短的时间走完了西方几近成熟的新闻传播界上百年走过的路程。然而，中国的新闻与传播学教育和研究仍存在诸多盲点。要建设世界一流的大学、一流的学科，不仅要在硬件上与国际接轨，还要在软件、教育上与国际接轨，这已成为摆在我们面前的迫切的时代任务。

"新闻与传播学译丛"的创设，立意在接续前辈学人传译外国新闻学与传播学经典的事业，以一定的规模为我们的学术界与思想界以及业界人士、为我们的师生理解和借鉴新闻与传播学的精华，提供基本的养料，以便于站在前人的肩膀上作进一步的探究，而不必长期在黑暗中自行摸索。

译丛涵盖学术著作及经典教材读本。学术著作兼顾大师经典与学术前沿。所谓经典，采取观点上兼容并包、国别上多多涵盖、重在填补空白的标准，重在推介20世纪前期和中期新闻学的开创性著作和传播学的奠基性著作，也适当地关注产生广泛学术影响的新经典。所谓前沿，意在寻求当下研究中国问题所需要关注的研究对象、范式、理论、方法，有的放矢地寻找对中国的研究具有启发意义的典范作品。与我国新闻传播学专业所开设的必修课、选修课相配套，教材读本适合新闻与传播学专业教学使用，可作为重要的教学参考书以开阔师生的视野。

总之，我们希望本译丛能起到承前启后的作用。承前，就是在前辈新闻传播译介的基础上，拓宽加深。启后，是希望这些成果能够为中国的新闻传播研究提供新的思路与方法，促进中国的本土新闻传播研究。

中国人民大学出版社

前 言 〉〉〉〉〉〉〉

PREFACE

数字时代的媒介

　　《数字时代的媒介：连接传播、社会和文化》是一本关于各种连接性的著作——各种依托经验和系统性学术领域的、来自不同学科和传统的、不同类型知识之间的连接性。本书的目的就是提供关于数字时代媒介与传播的真切理解和导引。在这个不确定性时代，几乎任何被书写的内容都经受着时代考验并将面临不可避免的变革。这就是这个时代之所以成为这个时代的特征。本书提供了一个实质性的模板，将不同认知方式整合到一个叙事系统之中，以数据和分析作为依托，在其发展历史背景之下，使这些数据和分析成为整合新信息的基础。正如行业分析人士所称 Web 2.0 和 Web 3.0 之间的跨越所具有的挑战引人注意（其中一个方面代表了当前对于互动性的关注——社交网络、维基百科、在线协作和网络共享；而另外一个方面则代表了对未来发展趋势的关注——一切事物包括能够开创传播和媒介新前景的"未来大事件"都将处于基于网络的环境之中）一样，这一切都将超乎想象。

　　我们相信，在媒介和传播领域的研究中养成一种战略思维能力至关重要——以一种规范的方式在知识的许多维度上融会贯通，从而开阔视野，洞察潮流。在研究媒介的过程中，都应该聚焦于批判思维，并就此达成共识，不管是期望成为一个比消息灵通用户或未来雇员更为专业的媒介批评家还是成为更具思想性、辨别力的公民。本书所述及的大众传播概念，是一个正在遭遇挑战和重新审视的概念，不管是教学还是研究过程都会涉及这个概念。与此同时，媒介产业依旧一如既往地使用这个概念来描述其产业现象。随着我们对该领域共同探讨的开始，这使得这本书与由本书作者们发起的、学生们和教授们参与的对话，成为一次令人兴奋的冒险，我们称之为"大众传播""传播""新闻"或"媒介研究"的概念将在这一过程中得到重塑。正如经济学家肯尼思·博尔丁

(Kenneth Boulding)所述,生命本身即对话——它在我们到达此地之前已经开始,我们只是暂时加入其中,并且确知在我们离开之后它还将持续存在。然而,在巨大的经济、技术和规制变革之中,作为研究领域和媒介娱乐产业的大众传播获得了前所未有的关注和探讨。在现代,大众传播依旧重要,作为被"一切皆数字"趋势改变的信息社会的关键节点,驱动和引导大众传播发展的媒介及其进程,其影响力已逐步形成。这给予了媒介更大的文化和社会影响力,这一点对于当今社会的所有机构和每个个体都至关重要。这是一个被商业精英称为"易进入性"的时代,不但有利于所有者和投资人进入媒介市场设立新的媒介公司,而且也有利于那些愿意建立网站(或者是开展网络业务)、与更为广泛和更为遥远的人们进行沟通的所有个体。这是一个任何公民都具有跨越时间和空间影响他人的潜在可能性的时代,一些情景甚至超越了人类的想象力,人们甚至可以无可争辩地行使原来仅属于那些拥有出版社或运营电视台的人们所拥有的新闻自由或媒介自由。

《数字时代的媒介:连接传播、社会和文化》一书不仅是一本指南,更是一种提示,可以使人们更为精确地了解那些作为更为庞大的社会和文化的一部分、已经并将继续塑造我们媒介图景的力量和因素。该书呈现出一种作者依托此前的著作所描绘的新构想,这些著作包括我们所参考并展现于此的、由图书馆提供的长期以来的文献。我们作为作者在一起所启动的工作,独特地和对于产业、职业经验的调研与知识探索联系在一起。我们的目的在于形成比现有媒介产业简单化分析更为丰富的研究成果,并为人类传播功能勾勒一幅肖像。比如它们在一些泾渭分明的媒介产业内部和之间的应用情况,这些领域通常处于大型公司的保护伞之下。此外,也存在一些相对较小规模的组织,它们由一些也同样生活和工作在数字时代的普通个体支撑,并在大媒体公司这种庞然大物的势力范围之外存在着。

本书就传播的基本功能展开讨论,会经常对信息、意见、娱乐和广告、市场等概念进行描述,因为这些核心概念已经融入了跨越不同发展阶段的不同媒介之中。与此同时,由于数字融合的出现,不同媒介之间的差异性也更加明显。不管是在美国,还是在全球场景中,我们都将大众传播视为一个系统。根据历史发展背景和对于媒介经济、技术与政策的关注,我们将其划分为几个不同的媒介产业,这是因为当前它们还以不同的方式存在——既作为社会组织,也作为日益融合的多媒体企业的一部分,而到目前依旧如此。

读者在这里所看到的其实是本书作者们长期合作的成果,这些成果包括此前出版的 8 部著作,以及能够帮助我们更好地理解媒介的专业经验,因为我们将对于媒介产业,包括对产业领军者、管理人员和专业人士等各个层次进行学术观察所获得知识融汇其中。我们曾经从来自媒介和学术研究领域内外部人士的评论和批评中获益良多,这些人包括媒介批评家、记者、金融分析师以及来自其他领域的各种人士,特别包括那些我们现在和以前的学生们。我们的著作立足于我们对于媒介的专业经验,这些经验既来自美国,也来自我们所生活、工作、研究、教学的其他大约50个国家和地区。与此同时,我们也获益于为了撰写这些文稿而进行的大量互动和联系,在此过程中我们对于相关著作进行了大量分析和归纳。我们的学术思考可以从本书的字里行间感受到,其中包括从我们委托进行的研究中得出的理论观点,以及从与我们一起工作的行业领军者那里所获得的独特资料。最后,我们需要申明的是,本书的要义是分享——我们的学术成果和他人的学术成果,来自文献领域的经典资源,以及新近出版的最新研究成果。所有这些都构成了我们相互交流互动所形成的研究成果的一部分,我们期望能够通过与我们在此所提及的各方面人士所形成的各种连接,提供一个理解媒介的框架。为此,我们期望我们的读者可以由此开始一个从战略层面理解媒介的旅程,并在其中有所收获、有所提升。

 ## 本书内容概述

在我们准备撰写本书的过程中,在某种程度上,我们为一位浸淫于数字世界的管理者的观点所鼓舞。他认为,未来的一切都将基于"连接规划",而这将成为未来"唯一新规则"。不管是作为概念,还是作为现实,"连接"都在从理论和实践角度对数字媒介和传播世界进行阐释。这个世界包含了处于网络社交中的个人或者以生产某种产品为目标而进行运营的媒介公司所提供的丰富内容。因此,我们在知识和经验的基础之上撰写了这本书以形成连接。

本书的第一部分从为了传播而形成的连接开始,在这一部分我们探讨了在数字媒介兴起语境下的传播过程。我们的研究沿着我们称之为"追踪变革"的思考展开,这其中包括我们所研究的媒介和社会所面临的全球性挑战。由此发端并贯穿全书的是我们将数字发展融入本书叙述之中,因为它和当前现实或所规划中的运营管理密切关联。

本书的第二部分探讨了出版的宽广领域,这里包括了早期出版,也包括延续至今的传统出版模式以及数字频道和平台。在此,我们研究了最早诞生也是迄今为止依旧最受尊重的图书出版领域。之后,我们进入了报纸和新媒体领域,研究了它们如何通过越来越多精致的细分频道向个人和社会传递大量信息。在本书中,我们一如既往地呈现了媒介的历史及其最前沿的社会发展。之后,对于杂志,我们呈现了许多来自市场细分化和受众专业化领域的利益相关方和投资人的真实声音。贯穿本书该部分的是关于网络技术和传输系统的不断加深的融合及其发展趋势。

本书的第三部分研究了电子媒介和视觉媒介,一开始我们探讨了电影,一种在数字时代被重新审视、重新定义的传统媒介产业,因为它找到了适合自己创造性表达的新途径,包括社交网络和新型剧场,其中一些场景形成于家庭之中。我们也会探讨广播,它的确是最富有弹性的媒介,它曾经一度引人注目地兴起并在媒介场景中占据优势地位,但是后来几乎被电视完全替代,好在如今它正在通过数字化和卫星应用重新定义自我并重获新生。广播之后,一个盒状传播设备几乎改变了一切，那就是电视。电视经过了从早期电视、若干阶段的有线电视到数字电视的发展阶段，在50年左右的时间成为最具影响力的媒介，不过，随后它将面临来自网络世界的挑战。

本书的第四部分研究了媒介受众、服务和支持。我们从新闻、新闻业和公共事件等概念开始来审视媒介的功能和内容来源。由新闻专业人士所形成的新闻业正在为公民新闻和各种类型的文件共享所重新定义。我们对新闻业的标准、风格和影响其实务与营销的趋势进行了研究。如果说新闻业更多地和媒介信息功能相关联的话，那么对流行文化最为恰当的描述则是媒介的娱乐功能。在此，我们在影响媒介行为和内容的品味与风格的语境下探讨了娱乐消费和音乐。随后，我们研究了作为媒介产业驱动力的广告，作为一种传播过程、产业和社会力量，其正在深刻地为数字化所重新定义。从传统媒体发展到逐渐适应新的广告网络，广告绕过了传统媒体和广告公司，我们对这个至关重要而又充满变化的领域进行了研究。广告毫无疑问和公共关系联系密切，公共关系也是一种传播过程、产业和社会力量，在某种程度上也因为很多公关公司为大型广告控股公司所拥有，与此同时也因为它们在推进社会传播方面经常密切协作。数字技术对于广告和公共关系二者的影响均很深刻，它们开始运用数字技术的时间要比那些传统媒体公司早得多。

本书的第五部分重温和思索了驱动媒介变革——媒介问题及其影响——的更为重要的力量。我们认为存在三种相互关联的社会力量——经济、技术和政策的发展。作为持续影响媒介变革演进发展的概念，它们与真实的生活领域彼此密切关联（有时又相互冲突）。这些力量通常通过媒介效果的棱镜得以显现，而媒介效果则通过早期和当代媒介研究来解释大众传播的过程和影响。我们通过对媒介伦理的审视对该部分进行了总结，而媒介伦理则是关注道德选择的哲学的一个分支。既然如此，其对于媒介运营的意义非常重要。对媒介内容和行为进行评价，不管是对于我们理解它们自身，还是将其作为一种社会力量，都非常重要。以上5部分15章内容，均是基于众多资料和分析视野所形成的。我们相信，对于数字时代媒介的理解还将在未来不断深入。

本书的独特之处，包括我们所提供的能够追踪媒介是如何形成当前状态和渗透率水平的原创采纳曲线图，以及通过最新可参考统计数据制作的列表和图片，其中也包括一些来自预测公司的具有启发意义的内容和有助于加强读者对于本书理解的其他材料。我们还在本书"业界观察"栏目提供了一些通过个人联系进行的采访所形成的原始资料，这是为本书所安排的一些特别内容。另外，还有一些内容经过精心挑选放入全书的"精彩观点：媒介理论阐释"栏目，这些内容来自路易斯安那州立大学的玛格丽特·德弗勒（Margaret DeFleur），并且获得了作者的授权。我们还通过网络链接提供了名为"媒介和传播的数字技术时代"的数字内容，从而使读者能够在一个变动不居的时代通过主要信息来源获得不断更新的后续信息。

出版资源和网络资源

资源名称	出版提供	网络提供	针对群体	描述
教师手册和试题库,下载网址:www. pearsonhighered. com/irc		×	教师	本部分为讲授此教材的教师所提供的参考资料。由明尼苏达州立大学的埃米·劳特斯准备,并分为两个部分:1. 教师手册包括教学大纲模板、每章概要、学习目标、演讲提纲、学生学习的教学活动和讨论问题等。2. 试题库包括大量的问题,主要有围绕每章内容所涉及的多项选择题、对错题、简答题和阅读材料等。每个问题都标注了答案所在的页码。
自我测验,下载网址:www. pearsonmytest. com		×	教师	这些由软件生成的灵活的网络测验包括所有在教师手册和试题库中所涉及的问题。
PPT 文件,下载网址:www. pearsonhighered. com/irc		×	教师	围绕本教材的每一章所涉及内容而制作的 PPT 文件为教师提供了 PPT 形式的授课基础。
为本书读者提供的传播工具包(需要接入密码)		×	师生	为本书所设计的传播工具包为学生提供了一种具体、动态和互动的学习工具。所提供的资料围绕本书章节而设计,主要包括实务测试(附有对应的页码)、相关的考试、学习目标和网络链接。
媒介素养,关于大众媒介关键消费者的项目和工作表	×		学生	该部分由宾夕法尼亚大学安南堡传播学院的梅雷迪斯·埃弗森准备,项目和工作表将指导学生们通过大量设计的训练来获得更多关于媒介的知识,并知道在人生中如何加以运用。
艾林 & 培根出版社大众传播研究网站(开放接入)		×	学生	艾林 & 培根出版社对于大众传播研究网站的介绍,主要包括实务测试、网络链接和关键词的教学卡片等。该网站围绕这本大众传播教材所涉及的主要主题来进行内容组织。
艾林 & 培根出版社大众传播互动影像图书馆	×		教师	影像图书馆的主要特色是关于当代的新闻影像资料剪辑,主要包括《ABC 新闻》《日界线》《新闻夜班车》《早安美国》等节目内容,这些资料涉及了诸如媒介伦理、技术和媒介在社会中的角色等论题。每个部分之后还附有具有批判思维的问题。

续前表

资源名称	出版提供	网络提供	针对群体	描述
大众传播教学学习卡片	×		学生	该部分主要包括彩色、简易和易携带重要信息的皮尔森学习卡片,这些卡片使得学生的学习更为容易、高效和具有乐趣。课程信息摘录了能够帮助学生更快地掌握基础知识的基本知识点。这些卡片有助于学生在理解的基础上进行复习或准备考试。因为这些卡片是可叠放的,也非常耐用,学生可以长期保存这些学习卡片并随时取出进行快速复习。

 致谢

作为作者,我们向曾经帮助过我们的诸多人士表示感谢,但是最应该感谢的是福特汉姆大学的吉亚·桑托斯,其在书稿准备和图片搜集过程中扮演了极为重要的角色。此外,她还要做与艾林 & 培根(Allyn & Bacon)出版社的很多编辑和其他工作人员之间的协调工作。因此,对于她的工作应该致以特别的谢意。同时,我们也应向两位来自福特汉姆大学的助理研究员丹尼尔·布鲁克斯和格雷戈里·布吉达表示感谢,他们协助查询了写作本书所必不可少的最新信息和数据。

同时,我们也要向小马里奥·潘里里奥在本书最后阶段所给予的帮助表示感谢。我们也乐意在此向那些愿意在项目进展中帮助我们的受访者致谢,他们是长岛大学的唐纳德·奥尔波特·伯德,西得克萨斯农工大学的利·勃朗宁,位于琼斯伯勒的中田纳西州立大学的拉里·L. 伯里斯,圣约翰大学的朱迪斯·克莱默,阿肯色州立大学的利利·M. 费尔斯,布鲁斯伯格大学的詹森·吉诺维斯,科罗拉多州立大学的柯克·哈勒汉,柯里学院的柯克·黑兹利特,詹姆斯麦迪逊大学的乔治·C. 约翰逊,位于曼卡托的明尼苏达州立大学的埃米·劳特斯,辛辛那提大学的帕帕·A. 米切尔,阿肯色州立大学的汉娜·E. 诺顿博士,查普曼大学的格雷格·佩恩,莱特州立大学的玛丽·L. 拉克,新墨西哥州立大学的查尔斯·B. 肖尔茨,俄克拉何马州立大学的迈克·索厄尔,南达科他大学的坎迪斯·沃尔顿,梅雷迪斯学院的山田美智子博士。

埃弗里特·E. 丹尼斯,纽约
梅尔文·L. 德弗勒,路易斯安那巴顿鲁治

简要目录

目　录

第 4 章　报纸和新闻媒介：向社会传递信息 / 63

第 5 章　杂志：众多趣味之声 / 90

第 3 部分　电子和视觉媒介

第 4 部分　媒介受众、服务和支持

第 9 章　新闻、新闻业和公共事务 / 211

第 10 章　流行文化：娱乐、体育和音乐 / 236

第 1 部分

媒介:为传播而连接

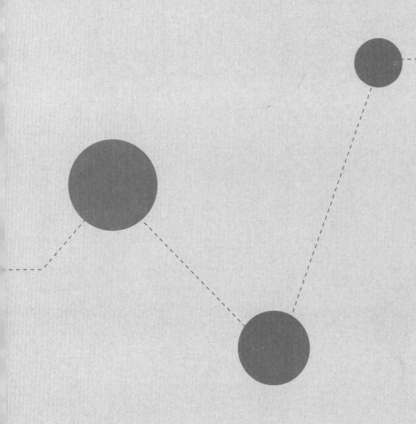

第 1 章
理解互联网时代的传播观念

在互联网时代,很多人都失去了耐心,因为一切皆为数字。这似乎表明任何事物都处于变化之中,而要理解媒介和传播的里里外外到底发生了什么,一般而言则意味着要对新发展保持持续的关注,并忘却那些传统的理念和过时的设备。

对此,我们和一些学识渊博、深思笃行的媒介专家及观察家的观点有所不同。本章将那些传播学的传统观点放置在传统媒体和新媒体、数字媒介的语境中加以审视,不过我们也对那些能够对传播所有的形态进行阐释的同时对于最为前沿的新媒体也是最为基本的远见卓识进行了讨论。一位数字媒介领军者、互联网广告局的负责人认为诞生于20世纪40年代的传播学理论,实际上是当今类似 Facebook 和 MySpace 等社会网络的源头活水。如果不对传播学大厦的基础部分——概念、历史和业界观察——有所了解就意味着无知和错过了一次形成一幅把握传播和媒介的现在和未来的地图。本章解释了该现象为何存在,因此我们诚挚建议你保持耐心。

如果我们将人类平均每30年视为一代的话,我们仅需要穿越到第2 000代祖先的时代即可到达据我们所知的、我们的史前祖先尚未使用语言的时代。早期的人类,诸如南方古猿、能人(homo habilis)和直立人(homo erectus)都不能用语言进行交流。事实上,他们之所以不能使用语言是因为他们喉结的结构与现代的猿和黑猩猩相似。[1] 只有当历史发展到我们的克鲁玛努人祖先(现代人,homo sapiens)时,复杂的语言才得以使用。

大约在40 000年前人类已经在使用语言了,而人类做到这一点大约花费了几千年的时间。[2] 对于人类而言,这是第一次伟大的传播革命。

越来越高效和灵活的关于存储、恢复和传播信息的系统,通过对大量媒介的使用从而形成了其他传播革命。最初每一步都需要花费数千年,正如图1-1所示,然而传播革命与传播革命之间的时间实质上在逐渐缩短。

1. 言语和语言的发展,
在公元前90 000至35 000年之间

2. 文字的发明,大约
开始于公元前2500年

3. 印刷机的发明,1455年

4. 大众报纸的发端,
19世纪30年代早期

5. 电报的发明,1844年

6. 电影的采用,
大约1900年

7. 家庭收音机的兴起,
20世纪20年代

8. 电视的广泛应用,
20世纪50年代

9. 互联网的发展,
20世纪80年代至90年代
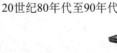

10. 智能手机的发明,
21世纪初

图1-1　人类传播的重要进展

当今世界很少有人了解如此漫长的历史或每一步发展所需要的重大突破——首先是语言,其次是文字、字母、手持媒介、图书、照片、报纸、电报、电影、广播、各种形态的电视、计算机和互联网。因为这些媒介的存在,人类得以通过对语言和媒介的综合运用,用曾经被蔑视甚至是在数代之前还被人们视为最疯狂想象的技术来征服时间和空间。

作为一位大众传播专业的学生,你将发现媒介是如何深深地嵌入当代生活的。贯穿本书始终,我们思考了媒介内容在个人和集体两个维度上是如何影响我们的,大众传播的影响是有益的、无害的,还是危险的? 我们将发现谁掌握了我们的媒介,他们如何运营媒介,他们如何通过媒介对儿童和成年人施加影响,他们在他们的表现之中是否具有传播伦理和社会责任,以及他们在多大程度上通过其内容来对作为社会的我们进行控制? 你将会获得媒介和传播的全景图,其中也包括媒介和传播的各种要素的具体细节。

从战略层面研究媒介

对于那些对传播、媒介、新闻业和各种传播技巧感兴趣的人们而言,真实地理解他们作为其中一部分的世界是一个充满困惑和复杂性的挑战。一方面,每个人都处于所有类型传播方式的"轰炸"之中,几乎每个人都可以迅速地对数字媒介予以掌控,如使用 iPhone 下载音乐,发布推特(Twitter),在谷歌(Google)上搜索事实。对于消费者和公民(这是一些不同的角色,此后我们会对此进行讨论)而言,使用传统媒体将成为上一代人的第二属性。正如一位批评家所思索的:"我们不需要一本学习如何阅读报纸的手册。"(虽然有人反驳说:"不用多久,人们的确需要一个指南来帮助阅读《华尔街日报》。")直到最近一个阶段,大部分人依旧围于消费者角色的限制,创造内容和真正参与运用媒介的能力还在很大程度上为专业人士所拥有。甚至那些"引导人们和媒体进行交流"和参加互动反馈的努力很大程度上都是徒劳无功的。

另外一方面,准确地理解传播世界和传播在日常生活、公共事务、社会和文化中所扮演的角色,也需要我们进行更为深入的思考。作为一个传播学的学生,你需要携带广博的知识背景或完整的概念图景,进入弥漫着媒介的世界。这包括学习和了解当今全球范围内政治、文化、经济、技术和法律规制状况所扮演的角色。

来自经济领域的两个概念有助于解释你所需要理解的两个层面:领导和管理。管理

具有拍摄和图片传输功能、供个人使用、具有庞大受众的手机,反映了人们通过系统性方式研究媒介的需求以及媒介对于个人、机构和社会的影响。

专家约翰·科特（John Kotter）在《哈佛商业评论》的一篇文章中对以上两个概念进行了辨析。他指出，首先"领导"包含了"应对危机"，其次是"管理复杂性"。[3]管理复杂性意味着知晓事物是如何运作的，诸如了解一张报纸是如何组织和制作的，一家网站是如果运营的，或者广告是如何为报纸和网站运营提供支持的。

但是很多评论家都认为即使如此，也不充分。简单的描述性概括形成了简单的关于媒介系统所谓者何的基本观念。另外，对于这种战略思维和实践知识，一个人也需要具备批判思维和一种评价和理解媒介世界的能力。你需要理解它为什么以这种方式存在。媒介专业的学生也会从中获益：具备揭示幕后真相的眼光，能够进行深邃的、具有分析性的评价，而聚焦于找寻变革的客观规律也是至关重要的。

200 多年以来，学者和评论家一直在试图研究和理解媒介和传播，寻找能够描述媒介世界的术语和解释其运作和现实的理论。明智地看，这些思考表明我们需要能够真正理解我们媒介体系的不同方式。源自社会科学的传播学理论是有益的，其本身也具有历史视角。并且，准确地说，那些源自媒介企业的领导者、管理人员和工作人员的专业经验也是至关重要的。

路透社所报道的一次新闻发布会上的一个场景，在此过程中，记者们正在收集能够进行大众传播的信息。

全景图：传播理论

为了解释传播过程和效果，我们在这里介绍几种理论和观点，它们描述和解释了传播领域的事件和因素如何形成、引发或引起某种特定结果。这些关于媒介系统研究的理论和知识顺理成章地从学术研究机构生发。新闻学院、大众传播、媒介研究等等诸如此类在 20 世纪围绕着两大目标开展工作：(1)为传媒业提供劳动力；(2)提供关于传播的常识、关于理解媒介和传播实际运作的知识。

这一双重使命导致在媒介领域中形成了不同的研究分支。一位哥伦比亚大学的新闻学教授就研究"新闻"和研究"关于新闻"二者之间存在的鸿沟进行了解释。作为一位记者业务课的指导教师，他不怎么使用理论和评论。他期望学生获得他认为重要的内容：如何从事报道工作和如何报道新闻。

2006 年，"你"成为当年《时代》杂志的年度封面人物，这反映了在当今世界用户作为一个驱动力生产互联网内容的重要性。

如此看来,理论和实践之间的鸿沟是被过分夸大的。理论就是各个方面所有类型知识中最具有实践性的部分。这一点对于一个需要了解物理、生物或社会/文化世界的人而言,也是如此。我们每一个人都会在充斥着多种方式的日常生活中使用任何一种能够提供实践性解决方案的理论。如果你驾驶一辆轿车,感受安装空调或中央空调的房间的舒适性,品尝没有任何健康风险的美味,在夜晚在电灯下阅读,去电影院欣赏电影,观看电视,吃药,使用电脑,或者展开其他形形色色的日常活动,你都会享受到各种理论的好处。这些理论由许多研究人员和科学家贡献,他们进行系统研究以形成能够解释事物是如何运行的理论。也只有在研究和理论提供关于原因和结果之间联系的解释之后,那些聪明的人们才能运用理论知识通过实践的方式进行新的发明创造。

虽然大众传播是一个年轻的研究领域,其进行系统研究的时间还不到一个世纪,但是已经形成了许多理论以对大众传播过程的不同侧面进行解释。在本书的其他章节中我们还将继续为你介绍更多的传播理论。

 精彩观点:媒介理论阐释

理论的性质和应用

各个领域的理论研究都在不断取得进展,以此寻求通过对其各自领域论题的理解使得该领域的研究成果能够为社会所接受。简而言之,即理论阐释事物如何运作。

大部分人认为理论就是在物理学、化学或者生物科学领域所形成的研究结论。显而易见,这些科学领域的确取得了非常显著的成就。然而,科学研究的方法和逻辑如今也被应用于较为年轻的大众传播学研究领域,在最近数十年中大众传播形成了许多重要理论。因此,科学研究的逻辑和方法已经被大众传播的过程和效果研究采用并形成理论以解释传播结果是如何形成的。

理论不是模糊的推断。它们首先是对于前提条件所带来的结果的系统描述。这样的描述通常由一系列的假设组成,这个假设具体包括一个明确提出的前提条件和一个描述由它所引发的过程或效果的“因此所以”的陈述。如果用更为浅显的术语表示,理论就是关于原因假设能够引发何种结果的准确的系列陈述。

这些陈述将对原因所引发的结果进行解释。因此,理论将对此作出解释:作为前提条件引发的结果所出现的某种特定效果是如何得以发生的。而这些前提条件对于其所导致的结果而言,既是必要的,又是充分的。

为了了解事物是如何运行的,科学家(包括那些研究媒介的研究者)进行了认真的推导、广泛的研究。事实上,当研究者进行理论思考时,理论最初只是假设,作为理论的研究成果,研究者推导并在某些前提条件和某些结果之间发现了一些因果联系。如果的确如此,他们会将最初的(不确定的)能够自圆其说的理论版本整合在一起。因此,这就是理论的又一个特点,它们是对前提条件及其结果之间存在的可能的、偶然的联系的发现所形成的研究成果。

当原因和结果之间的潜在联系得到确认时,不确定的理论就会被详尽地阐述为一系列的叙述或论断。如果前提条件的确能够引发某种结果,它们就能根据理论合乎逻辑地判断何种结果将发生。因此,这就是理论的再一个特点,一个完善的理论能够提供一种判断,即通过更为认真的观察,可以发现何种结果将会产生。对此,我们可以如此描述:理论就是一种关于某种前提条件能够导致何种结果的正确的描述。

这种逻辑判断其后将被认真地研究加以检验以观察理论的判断到底准确与否。所以,理论还有一个特点就是提供对于相关研究的指导以检验其是否形成了一个有效的、具有逻辑性的判断。如果研究显示其判断是正确的,那么该理论就会受到积极的支持。反之,它需要被修正或再次测试或者彻底抛弃。总之,理论具有以下的特征和功能:

1. 理论是一系列源自研究的相互关联的论断,它们能够提供关于事物是如何运行的描述。

2. 理论提供关于前提条件如何导致结果的解释。

3. 理论提供逻辑判断,意即在通过认真观察将会发现何种结果方面对研究进行指导。

4. 当理论判断通过研究被认为是准确的时候,理论将获得支持。反之,它们必须被修正和重新测试或彻底抛弃。

历史视角

正如物理学和生物学通过其研究形成了对自然某一侧面的理解和解释一样,媒介研究者和学者也在大众传播研究领域形成了不少发现。理论是大有裨益的,不过作为生物学家必须研究整个生态系统,而我们也必须思考社会和文化元素以完善我们对于媒介的理解。通过研究历史,我们可以发现诸多社会和文化要素,并了解它们在政治、法律和社会领域中是如何形成的,而这对于了解媒介发展的方式有所帮助。为了提供和了解对于媒介的理解,本书对以下三个重要问题进行了思考:

1. 我们当前的媒介是如何为事件、趋势、政治和社会特征所塑造的? 也就是说,在大众媒介出现的早期,作为正在形成的媒介,它们在今天传播结构中所具有的地位是如何形成

的? 回溯历史,是我们在全球化和数字时代理解现实的唯一途径。

2. 我们的媒介是如何选择、处理和传播大量各种类型的内容的? 谁来做决定,原因何在,谁来考虑并通过谁的设计和传播将图书、报纸、杂志、电影、广播和电视节目等内容提供给受众,谁来决定哪些内容出现在互联网之上?

3. 我们对媒介的未来有怎样的设想和预测,我们未来将拥有怎样的媒介,它们未来将为受众提供怎样的内容和服务? 在历史上,很多因素已经对我们的媒介造成了影响。正如我们在第一个问题中所指出的,理解历史能够为我们把握现实提供真知灼见。对历史和现实的理解能够为我们展望未来提供重要基础。

业界观察

就本质而言,传播即人。对于传播过程和传播理论的理解能够为我们提供一幅观念的图景。传播的历史,尤其是传播技术以及有助于我们理解媒介的研究机构,都是至关重要的,但是它们只能讲述历史的一部分。而我们所需知晓和掌握的关于传播的大部分知识则来自传播从业者的声音,这些从业者包括那些发明、领导、运营各种媒介的人们,这些媒介则包括那些留在洞穴墙壁上的绘画

和从一部苹果手机(iPhone)上下载的最新版本的脸书(Facebook)软件。对于那些构成受众的个体(包括公民和消费者)的理解,也同样重要。

塑造媒介的人们包括那些构思和发明各种各样技术平台的发明家们比如印刷机的发明者,也包括那些创立鼓励和帮助发展能够改善人类经验和感知的媒介的组织和机构的人们。我们可以看到,诸如电影、广播、电视和互

联网等媒介,能够延伸人的视觉,能够使人们听到千里之外的各种声音,能够为人们提供可视化的感受,而这对于那些独处远方的个人而言,这一切原本是不可能实现的。

媒介内容——从纸质媒介上的文字到社交网站上的可视化形象和信息——涵盖了人类和他们的交往。我们应该记得这一点极为重要,我们需要认识和理解的媒介和传播也是那些创造媒介、处理信息、传递内容、关注回应和反馈的人们专业经验的产物。在传播过程的每一个阶段,人们都在塑造传播现实的过程中扮演着某种角色,最终形成我们的能力,并从中获益。但有时也意味着对于最有效率和效果的传播形成壁垒,在面对新的挑战时倾向于墨守成规,对某些媒介进行管制并阻碍它们最终的发展和使用。

 ## 人际传播过程

我们应该从何处开始追寻大众传播的发展?答案之一就是对发生在人际交往层面的传播活动进行近距离观察。归根结底,媒介传播是在征服了时间和空间的复杂媒介技术支持下的人际传播。媒介知识是将信息迅速地从传播者传递给大众而不是单一受众的手段。

如果要更为全面地理解传播过程,我们必须首先考察在媒介缺乏的情况下传播是如何进行的。也就是说,面对面人际传播的基础是什么?在比较基础的分析之中,我们将对大众传播进行抵近观察。相应地,我们将对二者进行比较,并更为全面地了解使用我们当代媒介的优势、不足和传播效果。

分享语言和非语言符号的意义

正如我们在本章开始所指出的,我们人类第一个最伟大的传播革命就是具有言语的能力。而言语能力随后促进了语言的发展及学习体系的形成,促进了通过成员塑造的文化,促进了语言和非语言符号的发展。随着时间流逝,这些符号日益丰富复杂。语言最为关键的两个方面使得我们和其他物种区别开来。一个方面是学习。显然动物之间也进行交往,有时还是以相对复杂的方式。但是最为常见的情况是,作为它们自身行为系统的一部分的符号和信号,自从它们存在以来,因遗传而继承,几乎未曾改变。比如,鸟类一出生就能知晓其歌唱的独特意义。人类语言另外一个重要方面是其和在一个群体中分享代代相传的信念、价值和习俗的文化的关系。尽管有些浪漫的想法认为鲸鱼、海豚和其他动物能够"说话",但是动物不会在包含符号、语法和意义在内的文化分享机制的基础上运用语言。[4]

正如我们所指出的,语言由符号组成。符号就是一个单词,一个行为,或者一个事物,其能够在一个设定的语言群体之中"代表"和引起已经定型的内在的意义。通过一个完善的规则或惯例,每一个符号,比如"狗""儿童"等单词或者"致癌物质""生物降解"等更为复杂的术语,对于使用的人而言都假定其能够引起相似的内在意义。与此相似,一个行为比如动作或表情,也能被意义惯例约束。对于特定的事物而言也是如此,比如十字架、大卫之星或结婚戒指。在我们当今的大众传播时代,不管是面对面还是通过媒介,我们依旧通过使用语言和非语言符号进行交流。

早期的信息视图

Facebook 在 2009 年赶上了 MySpace 并成为最为重要的社交网络网站。该网站由哈佛大学 22 岁的辍学学生马克·扎克伯格创立。该网站占据了所有互联网流量 1% 的份额，并成为美国六家访问量最大的网站之一。

人类传播的基本模型

我们每个人和别人每天都会多次进行交流，但很少有人回溯传播过程并探究其运行规律。只是近年来，这个问题才以理论研究的方式被提出。最早试图形成人类传播模型的尝试——以图形或文字形式进行简洁准确的表述——来自贝尔电话公司的实验室。和沃伦·韦弗（Warren Weaver）一起工作的克劳德·E. 香农（Claude E. Shannon），面临着一项任务，即当传递的信息被接收的时候，试图确定如何降低从诸如电话线路这种媒介所发出的物理信号的错误概率。香农和韦弗研究的理论可以表述为一个复杂的数学公式。[5]然而，它包含着一些对于那些试图描述语言传播过程的学者而言非常有益的基本理念。通过香农和韦弗对于传播过程的描述，他们用非常简洁明了的术语形成了一个模型，将人类传播

过程呈现在我们面前。这个模型如图 1-2 所示。

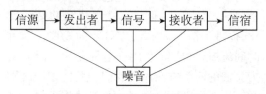

图 1-2　香农-韦弗传播模型

这种来自香农和韦弗工作的对于人类传播简洁明了的观察，成为一种描述传播过程的相当通行的方式。[6]许多关于这种基本公式的文字和图形的版本会在各种传播学教科书中找到。这种基本的线性模型不包括传播效果的理念。也就是说，当信息被收到和解读的时候，人们所传递的信息会产生影响。传播效果的理念应该以简明扼要的方式被添加到对于

后续传播阶段的描述之中。当一个人传播给他人的时候究竟会发生什么？

1. 人类传播行为最初由一个信息发出者开始，该信息发出者决定发出一个能够表达一系列特定意义的信息。

2. 信息发出者将具有特定意义的信息通过特定的词语和动作编码后，以约定俗成的、信息接收者大体上能够理解方式加以解释。

3. 信息然后以言语或书面的方式进行传输，这样它们就可以作为形成信息的信号穿越空间，在信息发出者和信息接收者之间传递。

4. 对于信息接收者而言信息是定向的，他会对所收到的模式化信息进行处理和理解，而这些信息作为明确的语言信息是可以识别的。

5. 信息接收者通过建构其对于符号约定俗成意义的解释，从而对信息进行解码。

6. 作为对于信息解释的结果，信息接收者会在某种方式上受到影响，即传播会形成从细微到深远的不同程度的传播效果。

常识告诉我们，传受双方的意义往往并不匹配。一个人甚至会对另外一个人所说的简单信息理解有误，因为交往中存在各种很难控制的能够引起不准确性的信源。因此，香农和韦弗对在任何阶段能够进入传播过程的噪音进行描述是正确的。噪音源自任何能够发出虚弱信息者预设意义和信息接收者解释意义之间的一致性的物理的、心理的、社会的或文化的各种条件。噪音也源自模糊的光线、糟糕的音质、嘈杂的声音和其他任何能够影响信息传递的物理条件。它也可能源自记忆失效、错误认知或对语言的不熟悉。

当发出者和接收者没有共享多元文化社会在语言使用、共性问题方面的相同文化规则时，噪音就会出现。我们通常将词语放置在句子、段落和遵循语法规则、词语类型功能、句法和正确词语顺序的各种结构之中。这些表达方式自身形成了超越我们所使用的相互联系的词语的意义。即使它们所使用的词语是基本相同的，比如"一个孩子杀了一条蛇"的表达方式就隐含了一种和"一条蛇被一个孩子杀了"完全不同的意义。通常，这些不同的表达方式并不会在人类传播过程中造成严重的问题，因为学会将其作为我们语言的一部分的不同表达方式及其关联的意义，正如我们学习每个词语的意义一样。但是，当持不同语言的演讲者在进行交流的时候，不同的句法和语法的使用能够产生影响真正交流的噪音。即使双方使用相同的语言，噪音也依旧会产生。

几乎当今所有的学者都认为这个人类传播过程的基本线性模型和真实的传播过程相比，是太过于简单化了。线性意味着沿着类似从开始到结束的逻辑或顺序观赏电影，而不是在看电影的过程中进进出出。我们所参与的与周围的人所进行的人类交往是相互作用的，而不是线性的。人们几乎不会成为被动的、线性的信息发出者和信息接收者。

交往的各方都在同一时间进行着编码和解码，循环往复地进行信息交流的。而这也提醒我们，所有来自其他人的各种线索都来自一个在同一时间循环往复的或互动的过程。[7] 它对他人意义的内容作出反应，请求说明，并且表示认同。由此看来，在此过程中，每个人都在变换着角色，这一时刻的信息发送者会成为另一时刻的信息接收者。

尽管相对简单并有着明显的局限性，然而该线性模型对于分析传播过程还是有益的。这使得我们可以将传播过程分成不同的阶段，

该漫画表明，当信息发出者和接收者不同步时，就形成了噪音的概念。

以便于理解每一个阶段是如何形成的。这个模型将认真考察传播过程不同阶段的任务简单化了,从而可以更为确切地了解人们是怎样使用意义的符号和惯例来完成人类传播行为的。

我们也可以从更为复杂、交互的视角,通过线性模型的使用来观察传播现象。这些阶段处于任何对话交往的核心。传受双方即使同时进行编码、传输和解码,还是充当着信息发出者和信息接收者的角色,并发出和接受着信息。换言之,如上所述的六个阶段是深深嵌入同时进行的各种传播现象的复杂性之中的。

准确传播

如上所述,传播者所隐含的意义和那些由接收者所揭示的信息可能并不完全相同。在这种情况下,传播就会面临一种准确性的缺失。事实上,在传受双方的意义之间进行完美的匹配很难实现,或许还存在一些琐碎信息的例外情况。一般而言,当信息发出者设定信息的细节和信息接收者所解释的信息之间的一致性有所降低的时候,信息准确性的不足就显而易见。

准确性原则 意义之间准确性的缺失可能有很多原因。一般而言,正如香农和韦弗的模型所显示的那样,准确性会受到噪音的影响。不管基于何种原因导致信息准确性降低,在获知信息发出者的目的方面,传播的效果都将会受到削弱。而这将成为人际传播中的一个问题,并且,我们可以清晰地看到,这将在大众传播中产生破坏性的影响。我们将关于信息准确性及其结果以更为通俗易懂概括的方式所进行的更为正式表述的结论,称之为准确性原则:

在信息发出者的设定信息和信息接收者所阐释的意义之间,如果一致性水平越低,一个传播行为在共同理解或设定影响方面所获得的效果将越差。

 精彩观点:媒介理论阐释

魔弹论

对于大众传播影响的最早的总的理论审视,源自 19 世纪后期的社会科学家和批评家的思考,他们对大众社会的社会秩序进行了思考。当实证研究发端的时候,这种基本的设想得到了广泛传播,但是它并没有被作为一系列明确的命题进行正式的研究。然而在数十年之后,学者们开始对魔弹论的基本理念予以关注。

即使在今天,我们也认识到该理论和现实并不符合,但是它毕竟被看作思考大众传播过程和效果的一个起点。

该理论也反映了查尔斯·达尔文进化论的一些理念。在他出版他的《物种起源》(1859)之前,人类属性的概念主要在强调宗教起源。人类被认为是按照上帝形象创造的、具有独一无二"理性"的生物。在达尔文之后,科学思维开始强调作为人类行为起因的遗传和生物因素的重要性。

在这种遗传观念的影响下,社会和行为科学家抛弃了关于人类属性的"理性"说,并开始强调人类的动物属性。他们假定人是一种高级动物,并且和其他动物一样遗传了一整套统一的遗传本能(源自它们的进化历史)。因此,该理论假定人的行为由基于"本能"的生物因素导致,而这种本能会或多或少对他们所受到的"刺激"(他们所面对的境况)做出具有相似性的反应。因此,在人类属性的概念下,对于刺激所做的反应成为被"本能"塑造,而人的行为是缺乏理性控制的,或为其他不能被智力引导的"无意识"过程所控制。

这是令人不安的观点,而且它对于大众传播力的思维有着强烈的影响。它将人类数量描述成由非理性生物构成,能够由精心设计的大众传播"刺激"手段施加影响和予以控制。

在 20 世纪初,该理论促使人们相信那些控制了媒介的人能够控制公众。因此,对于关注媒介意见的人来说,魔弹论意味着媒介具有直接、即时和强烈的一致性效果。如下文所概括的,该理论代表了流行和科学两方面的思维模式。它假设一个媒介信息可以像符号"子弹"一样,以相同的方式到达每一双眼睛和每一双耳朵,并对全体受众造成思想和行为上的一致影响。

1. 在"大众"社会中处于有限社会控制下的人们,过着社会化的孤立生活,这是因为他们出身不同,不会分享统一的规范、价值和信仰。

2. 和其他所有动物一样,人类生而具有一系列的一致的本能,并引导他们对周围的世界作出反应的方式。

3. 因为人们的行为不会受到社会关系的影响,并且会为一致的本能所引导,个体会以相近似的方式(诸如媒介信息)参与各种社会事务。

4. 人们遗传的人类属性和他们相互隔离的社会条件导致他们以一致的方式接收和解释媒介信息。

5. 因此,媒介信息能够被看作符号的"子弹",击中它们受众的每个成员的眼睛和耳朵,并对他们的思想和行为产生直接、即时和强烈的一致性效果。

显而易见,如果信息发出者和信息接收者双方在理解目标和影响方面都有所收获的话,这对于他们寻求传播的准确性而言都是重要的。但是,除了对词语的精心选择和对信息的深思熟虑组织之外,怎样才能使传播变得更为准确?事实上,在人际传播之中存在两种有效的方式:一个是由信息接收者所提供的信息反馈,另外一个是由信息发送者参与的角色扮演。正如我们所看到的,这两个概念对于理解面对面传播和大众传播差异性而言都具有深刻的含义。

信息反馈原则　通常,人际传播是一个在传受双方循环往复、持续进行的过程。例如,你开始向你的一个朋友解释一些事情,当你讲述的时候,对于你的一些要点你的朋友也许会皱眉或耸肩。看到这些,你感觉他也许对你的观点不是很明白。于是你试图以不同的方式解释你的观点,或者举一个例子作为你继续的解释。然后你的朋友开始点头,你推断你已经让你的朋友清楚地理解了你的观点。在这样一个面对面交流的场景中,信息发出者曾经觉察到可以观察到的来自信息接收者的语言和非语言信号。这些线索提供了信息反馈,即一个信息接收者反馈给信息发送者的传播行为,从而表明信息的传递是否已经完成。在面对面传播中,信息接收者在能够影响传播者对于词语、姿势和意义选择的持续的基础之上,通常可以提供语言和非语言两种反馈。因此,当信息从一方反馈给另一方的时候,传受两方就会交替成为信息发送者和信息接收者。

信息反馈未必一定经过深思熟虑。为了尽量提升传播的准确性,传播者会采用反馈,这是非常重要的。简而言之,反馈能提升传播的准确性。反之,如果没有信息反馈,准确性就可能受到影响。这可以被看作对第二个重要结论的概括,也就是我们所称之的信息反馈原则:

如果由信息接收者所提供的信息反馈是持续的和及时的,准确性将得到提高。也就是说,和信息接收者所构建的意义相比,传播者具有一个更好的机会可以使其特定的意义和信息接收者所构建的意义保持一致。

角色扮演原则　当一个信息发送者对来自特定信息接收者的信息反馈线索进行正确的理解，并对信息进行调整以提高传播准确性时，传播者就相当于设身处地地站在信息接收者的位置上进行思考；信息发出者试图从精神层面扮演信息接收者，从而理解他可能如何对被传递出去的信息进行反应。这个过程称之为角色扮演，它可以被定义如下：信息发出者通过对信息反馈的使用，从而判断出哪些词语和非语言线索将对理解信息发出者所包含的特定意义具有最好的作用。

一些人更擅长进行角色扮演。同样，也有一些场景更适合进行角色扮演。角色扮演在紧密、个人和亲近的场景中将产生最好的效果。在此背景下，传受双方对对方都有着深入的了解。在人际传播场景中最具有限制性和无效性的就是陌生人试图进行沟通的时候。

这些思考形成了对第三个结论的概括，就是我们称之为的角色扮演原则：

当信息传送者参与敏感的角色扮演的传播场景时，传播的准确性将会增加。这意味着由信息发送者所设定的意义将会和信息接收者所构建的意义更加匹配。

总而言之，这些原则告诉我们：（1）面对面传播的准确性将在由信息接收者提供的、足够的信息反馈线索的基础上得到提升；（2）准确性依赖于传播者适当地使用角色扮演所进行信息阐述的程度，而这些阐述应该能够被信息接收者更好地理解。当我们寻求和分析大众传播本质的时候，这些在人际传播中处理反馈、角色扮演和准确性等关系的原则需要牢牢掌握。还需要继续探讨的是，对于这些问题的探讨需要受到重视，因为面对面传播和大众传播这两种传播类型有着相当明显的差异。

 "大众" 传播过程

媒介所进行的传播并非新生事物。在数千年之前，人类就曾经运用各种技术来及时保存讯息（message）并跨越漫长距离进行讯息的传递。尽管这种讯息传递的速度和受众范围有所限制，但是当今的大众媒介依旧像它们在人类原始时代一样承担着相同的传播功能。和在洞穴的墙壁上雕刻的象形文字、印第安人所使用的烟雾信号，或者更早时期的热带丛林之鼓一样，现代媒介也同样具有跨越时间和空间传递信息的功能。信息（information）由和讯息相关联的格式化的信号组成。类似的信息不会因讯息的意义而引起歧义。信息的例证之一就是当别人和我们说话时我们所听到的格式化的声波。讲述者和接收者必须通过使用他们所分享的语言的记忆，建构他们对于这些物理信号意义的理解。对于更为复杂和现代的媒介，信息则可以被作为电波或光波等特殊形式进行传递，而这些信息我们则可以通过广播、电视、电影的方式加以解读。只有人类可以将他们头脑中的意义转换为信号，而且只有作为接收者的人类可以将这些信号进行解码并使其还原为相似的内在体验。[8]

形成准确的定义

使用能够到达大量受众的媒介，或多或少会增加问题的复杂性。通过对诸如媒介的研究来探讨大众的性质，将有助于形成大众传播的正式定义。也许一开始，这看似并不必要。

美国纽约的锡拉丘兹，一位《新闻十点钟》节目的制作主管在控制室为 24 小时新闻频道的选举晚间报道进行准备。

毕竟，我们已经对诸如电影、报纸和电视机等非常熟悉。但是当信息发送者使用电影、印刷品或移动电话和大量受众进行沟通时，实际上到底发生了什么？所有媒介都是根据传播相同的基本原则来运行，还是每种媒介都以其特有的方式在运行？大众传播的基本原则和在两人之间进行的面对面交谈的原则在哪些方面存在不同？这些问题对于理解大众传播性质而言是至关重要的，而且我们将在全书中探索这些问题。

我们不能仅仅通过一两个简单的句子即对大众传播进行定义，因为每一种媒介都包括其特有的传播者、技术、群组、内容、受众和效果。为了形成一个比较完善的大众传播定义，我们必须考虑所有的方面，并持续深入研究，在最终归纳概括之前对其主要特征进行描述。在随后的论述部分中，这的确将成为我们所采取的策略。我们将仔细考察大众传播的每个"阶段"，然后将对所有阶段的认知整合成一个全面的、基本的定义。

我们可以通过扩展的线性传播模型来验证大众传播，该模型有助于（至少是部分）解释面对面传播，其公式则源于香农和韦弗的信息论。虽然每个阶段不断变化且越来越复杂，但是那些基本的阶段在很多方面是相似的。

1. 大众传播开始于作为专业传播者的信息发送者。专业传播者决定通过其特定媒介提供给受众的信息的性质和目的。这则信息或许是一篇新闻报道、一个广告活动、一部电影或一篇互联网报道或播客。

2. 预期的意义将由专门的制作人员，例如一个新闻团队、一个电影公司、一家杂志编辑部或一个数字媒介团队进行编码。

3. 该讯息被作为信息通过使用特定的媒介技术进行扩散，其将被尽可能广泛地传播或向特定的细分市场、特定领域的所有受众传播。

4. 由个体信息接收者组成的大量和多元的受众（大众），将接触媒介并感知传递的信息，将其解码为约定俗成的语言和非语言符号。

5. 个体信息接收者通过对主观意义的体验的方式，有选择性地建构关于信息的解释，最起码某种程度上对那些来自专业传播者设定的信息内容进行匹配和对应。

6. 通过对这些意义的体验，信息接收者在他们的感情、思想或行动上在某种程度上受到了影响。

这六个阶段不但为我们提供大众传播过程是如何发生的基本认知，而且还为我们仔细界定大众传播提供了一个实用的框架。通过分析这六个阶段,我们能够归纳出大众传播的定义。这使我们能够将大众传播清晰地和其他传播形式区别开来。

大众传播就是一个由专业传播者设计和使用媒介,将信息进行广泛、快速和持续传播的过程,其目的是引起大量、多元和有选择性地接触媒介的受众对于特定意义的关注,从而在诸多方面试图影响他们。

哪些媒介属于大众媒介?

根据我们所构想的大众媒介的定义,我们必须追问到底哪些媒介是(或不是)真正的大众媒介?这并不是一个乏味的问题,因为它将对我们在"大众传播"大标题下需要研究的问题设置边界。

传统上用来衡量的标准之一是"家庭渗透率"。通常来看,一种媒介只有当其家庭渗透率达到50%时,它才被认为特别重要(并受到认真对待)。表1-1向我们展示了很多媒介技术的家庭渗透率达到50%时所花费的时间。

表1-1　传播媒介的美国家庭渗透率达到50%时所用时间

报纸	100 多年
电话	70 年
留声机	55 年
电	43 年
有线电视	39 年
调频广播	30 年
彩色电视	17 年
个人电脑	17 年
CD 播放器	15 年
录像机	10 年
调幅广播	9 年
黑白电视	8 年

资料来源:John Carey as compiled from Electronic Industry Assn. ,U. S. Department of Commerce,Dataquest.

电话是大众媒介吗? 连接网络的传真机或个人电脑是大众媒介吗? 大型的博物馆是吗? 我们是否能将摇滚音乐会、剧场表演、教堂礼拜或者群众游行当作我们大众传播研究的一部分? 毕竟,每一种人类活动都是传播的一种形式。就我们的目的而言,判断它们是否是大众媒介主要依靠它们是否形成了我们所定义的大众传播过程。

就我们的定义而言,实际的情形的确如此,我们没有将通过电话进行交流和发送短信作为大众传播进行研究,这是因为其受众不是庞大和多元的;因为通常情况下在这种传播方式的另一端只有一个人。此外,电话使用者通常不是专业传播者。当社会网络可以作为大众传播而存在的时候,比如 YouTube 视频,那么对于大部分电子邮件来说也是如此(互联网和万维网也是如此,虽然对于一些其他的使用情况而言,它可以被认为具有大众媒介的资格)。一家博物馆不能参与大众传播过程中,这是因为它不能通过媒介提供快速的传播,虽然它也会拥有一个网站。摇滚音乐会也不具有大众媒介的资格,这是因为它不能跨越距离向其他受众传递讯息。与此类似,现场表演——在剧场、教堂、运动会或游行中——也不具备大众媒介的资格,因为观众之间可以彼此看到对方,因此这些场景中的传播通常都不属于媒介传播。如果大规模的直邮广告是真正连续的传播,好像它也可以算是大众媒介。因此,我们的定义就显得相对比较严格。它使得我们为能够包含其中并进行研究的大众传播媒介划定了明确的边界。根据我们的定义,以上的传播活动没有一项属于大众媒介,虽然它们之中的所有传播都能引发明确的意义,并且能够对人们施加影响。

与此相似,虽然人们经常谈及"新闻媒体"这个词,但是这是一种误导。新闻是媒介组织所生产的一种特殊的内容形态,这些媒介组织通过对相同的大众媒介的使用将其产品提供给公众。这些大众媒介包括戏剧、音乐和体育(我们将在第4章中谈及)。因此,我们认为新闻内容的汇聚和分发本身并非一种大众媒介,不过,新闻传播却是依托印刷品、广播和网络媒介进行传播的重要传播过程。

接下来,通过运用我们的定义所设定的标准检验,我们可以精确地识别出在现有语境下我们所判定的大众媒介。主要的大众媒介大致如下:

- 出版——包括图书、杂志和报纸。
- 电影——主要包括商业电影。
- 电子媒介——主要包括广播和电视,也包括几种与之相关的诸如有线电视和 DVD 等

形态。

虽然其他类型的媒介也值得研究,但是我们聚焦的媒介主要是严格符合我们大众传播定义的媒介。那些包括互联网、按需点播或无线设备在内的数字传播是否属于大众传播媒介呢? 在第 2 章中,我们将有机会对作为大众媒介的数字传播进行研究,但是这些数字传播有时符合我们的定义,有时并不符合。

面对面传播和大众传播的比较

通过对面对面传播和大众传播性质的检验,我们现在可以问一问以上两个传播过程的差异何在。我们的出发点主要如下:(1)大众传播依靠机械的或电子的媒介进行传播;

(2)强调受众是庞大的、多元的。然后,我们可以问一问,以上两点以一些基本方式改变了传播过程吗? 或者大众传播与人类传播的其他形态比较类似吗?

使用任何媒介的结果

人类传播,不管是否通过媒介,都依靠语言和非语言符号,并且对于所有的传播阶段,我们都在基本的线性模型中进行了讨论。不过,将媒介引入两个人进行的传播之中,能够清晰地改变传播过程。一个主要的结果就是直接、即时反馈的缺失。第二个结果是由于角色扮演的缺失,有效的角色扮演受到了严格的限制。

即时反馈的缺失 当我们和其他人进行交流的时候,如果在其中引入一个媒介,我们就不能感知在面对面交流时能够提供的丰富的非语言线索。甚至当使用电话进行直接的人际传播时,我们不能觉察到诸如迷惑的表情、皱起的眉毛或洋溢的笑容等视觉的、非语言的讯息。那些细微的声调变化或音高和强调的细小变化将被遗失。文本讯息或电子邮件的交换甚至具有更多的限制。电话和计算机屏幕不能呈现人们的视觉、非语言符号或信号(感情只能通过添加有限的表情符号来表示),而且以上方式都不能传递发音和语调的

细微差别。

参与有效角色扮演的无力感 几乎所有媒介传播对于同时发生的反馈都有所限制,这些限制削弱了我们的这种能力;通过直接接触我们的人或人们来了解我们所发出的讯息是如何被理解的。

准确性的降低 由于反馈和角色扮演的限制,当使用一种媒介而非在直接、面对面的人际模式中时,其准确性很难有所保证。而这则会相应地降低传播的有效性,这一点已经获得了人们的公认。很多人会如此和朋友交流:"我们不要通过电话或电子邮件来处理这件事了。让我们见面来解决它吧。"

一个更为规范的关于媒介传播效果的表述包括以下要点:

1. 媒介的使用降低了反馈的丰富性,限制了角色扮演的过程。

2. 这两方面都限制了在信息发出者和信息接收者之间意义匹配的可能性。

3. 当信息发出者和信息接收者之间的意

在一个体育酒吧的电视机前呼喊的球迷们，展现了反馈的一种原始形态。

义不同时，准确性将降低，双向的理解将受到限制。

4. 传播中准确性的降低，将降低讯息影响讯息接收者的可能性。

这些限制毫无疑问也会出现在大众传播之中。的确，当通过诸如报纸、电影或电视等媒介所进行的传播发生之时，这些限制甚至显得更为重要。在大众传播过程中，庞大、多元的受众处于接收信息的一方。对于传播者而言，在传播正在进行的过程中，他们这里没有现实的途径在传输讯息的过程中参与任何角色扮演，或者为受众提供即时和持续的信息反馈。

专业传播者对于这些限制具有深刻理解。当你观看晚间电视新闻的时候，电视节目主持人从来不会在精神层面设身处地为你着想。因此，他们不可能理解和准确地推测受众将如何接收和解释广播电视节目。由此延伸开去，诸如电视新闻评论员没有办法为了让观众更为全面地理解节目内容，而在观众反馈的基础上对正在持续播出的节目进行调整。同样的制约也出现在任何专业传播者身上，不管这种媒介是报纸、电影、广播，还是其他媒介。

与此同时，专业传播者也会在集体层面具有一些关于受众的知识。大型的传播组织（例如主要的电视网络）一般会就受众的特征和行为进行一些广泛的研究。研究者通过对人群当中的多种分类进行研究从而给出受众的总体描述。这些研究的成果至少是在某个特定的时间对于传播者的大多数受众的可能的品味和兴趣，为传播者提供了一种"事先的"反馈。[9]

诸如此类的研究所提供的信息为关于受众的某种必需的假设提供了基础，这种假设替代了对于一个又一个受众个体的角色扮演。然而，这种方法具有明显的局限性，因为假设是不准确的。虽然不乏广泛的"市场研究"，但是近年来上百种杂志、报纸、电影和电视节目的失败，足以验证诸如此类角色扮演的假设是何其不完美。

反馈也有着相似的限制。的确，对于所有的意图和目的而言，它都是不存在的。当受众中的个体看到一个令人困惑或愤怒的电视记者的节目时，他不能打断他所看到的节目，也不能立即联系一家报纸的社论作者。即使大众媒介经常回复电子邮件和更新推特（Twitter），这种反向交流只能提供一种对于受众反馈的延迟的些许回应，而这种反馈只有少数的非常积极、不怕麻烦的受众愿意参与。

因此,和面对面传播比较而言,大众传播本质上是一种线性过程。传播者试图猜测其讯息将如何被接受,这种接受大部分以非直接的方式,比如按照广告收入的方式提供延迟的反馈,研究成果,很少的电话,偶尔的来信,电影评论,票房收据等。这些延迟的反馈可以帮助传播者塑造未来的传播,但是当它们被散布时,它们却不能为处理讯息提供基础。因此,如果和面对面传播所具有的效果比较来看,我们发现,大众传播对于受众之中任何特定成员的准确性和影响力都具有显而易见的限制。然而,数字追踪技术媒介如今能够比以前提供越来越多的关于受众的精确反馈和互动信息。随着数字追踪技术媒介的兴起,所有数字讯息基本上都具有其 DNA,并且可以永久被识别。

在这样的一个系统里,传播者能够对到达某个特定个体的所有讯息进行追踪。因此,媒介和广告商对于一个人的媒介习惯、消费选择、态度和其他更多方面都会了如指掌。有时,这些还会和消费者的年龄、收入、受教育水平等信息对应,并能就特定个体或所有个体提供大量的信息,包括其所选择的某个网站或所进行的网络购物等等。实际上,通过使用特定的媒介或讯息,相当于打开了一扇面向所有人口的窗户。以前,广告商和媒介组织了解人们和受众的主要方式是对全部人口抽样,诸如尼尔森收视率就是从电视受众的一小部分样本中归纳概括出关于节目受欢迎的程度和使用情况的。

庞大、多元受众的重要性

庞大的、差异的媒介受众有时被描述为聚合的受众,因为受众总体是由很多有着明显不同的部分组成的。而聚合的受众则对于大众媒介传播讯息的内容、准确性和影响力都具有显著的制约。自然而然,很多或许是大部分媒介内容都是根据"普通公民"的品味和假定的智力水平而设计的。通常,对于人们中特殊类型的普通成员而言,均假定其具有共同的品味或兴趣(例如,所有的钓鱼爱好者、足球球迷,或时尚绅士)。为了形成合适的讯息内容,传播者必须对其受众的特征进行假设。大部分专业传播者倾向于对其受众中的大多数的特征进行假设:

1. 具有有限的兴趣范围。
2. 喜欢娱乐,不喜欢被训导。
3. 对于具有智力要求的主题迅速失去兴趣。[10]

在这些方面没有任何意图:既不愿意被批评,也不愿意成为精英,这一点是很清楚的。在很大程度上,这些假设是正确的。具有高雅品味和高智力的受过良好教育的人们相对而言只是人口总数当中的一小部分。不过,对于利润取向的媒介体系而言,这并不算是一个问题。

美国以及很多其他国家的媒介,其运营的目的都是其所有者赚取利润。从一开始,媒介就是为了满足人们沟通的愿望和交换商品、服务的需求而设立的。最早的媒体需要依赖财务资源才能生存,不久媒介经营者就认识到他们正在分发一个具有价值的产品,而且这个产品可以让他们过上优越的生活。当今,大量的跨国媒介公司已经为它们的股东赚取了大量的利润。

如今大部分的媒介公司并不担忧有教养的公民的短缺,因为这些博学多才的人们只占具有购买力的消费者群体的一小部分。为受众准备媒介内容的专业传播者,他们以利润最大化为目的,确实可以对小部分受众的特征视而不见。当媒介内容到达越多的具有强大购买力的而不注重智力的信息接收者,媒介就会获得越多的利润。换言之,正如我们在以后章节中所阐述的那样,使媒介内容到达那些正确类型受众中的大多数人们,对于广告驱动、利润导向的美国大众传播体系而言,是至关重要的。因此,以上我们所讨论的在媒介体系之中运行的所有因素,其实都在鼓励媒介内容具有

脱口秀主持人杰里·斯普林格是一位吸引了大量不同观众的大师。

较高的娱乐价值和较低的智力要求。

理解那些综合形成以上结果的条件和原则是至关重要的,因为它们对于我们的媒介所具有的传播功能进行了大量解释。此外,我们也可以更为轻而易举地理解媒介为什么不可避免地深深吸引了有关批评家的注意力,这些批评家形成了一个长长的关于指责和抱怨的清单,从而支持当今的媒介在某种程度上是碎裂的和有害的那些观点。[11]

事实上,对于媒介体系所传播的内容而言,的确有很多地方值得批评。从大众传播最初的发展开始,美国媒介的内容就促使那些独立思考的人们对普遍肤浅的内容持反对态度。我们不希望这暗示着所有的媒介内容都是肤浅的,或者只是迎合少数能力有限受众的兴趣。当然,也有一些图书、报纸评论、杂志、广播节目、电视节目和网站是为受过良好教育和素质优良的受众设计的。然而,不可否认,大部分的媒体内容在审美和智力价值方面都是有所欠缺的。在 20 世纪初叶,批评家对于"黄色新闻"就非常关注。所谓的"黄色新闻"主要是指在 19 世纪晚期出现的煽情新闻和报纸上过于渲染犯罪的新闻。当前,人们所关注的媒介不良内容主要有暴力、性暴露和粗俗语言等方面。

批评家要求媒介内容具有差异化。他们督促媒介内容对于受众要具有告知、启蒙和提高的价值。他们要求媒介提供深入全面的信息,从而为明智的政治决策制定、艺术欣赏和道德标准改进等方面提供基础。这些都是不错的目标,即使没有经过深思熟虑,人们也可以就这些问题进行讨论。但是,与此同时,媒介运营的环境却使得这些目标不可能全面实现。这并不是因为贪婪成性的人们总是一如既往地控制了媒介,而是因为我们的社会很大程度上将大众传播定义为以为其所有者创造利润为目标的私人企业制度的一部分。

在本书后续的章节中,我们将对社会塑造媒介的多种方式进行更为细致的探讨。我们所考虑的因素主要有技术的发展,具有多元文化成分的不断增长的人口的影响,以及政治经济制度的影响。这些章节聚焦于特定媒体的每个特征。它们探讨了每种媒介被接受的历史模式以及每种媒介是如何对其独特类型的信息进行传播的。

本章回顾

● 传播是一个从非语言到语言再到复杂讯息和表达模式的演进过程,该过程随着人类及其文化的演进而演进。

● 从传播过程上看,人类传播和其他物种的传播有着显著的差异。

● 人类传播的基本行为可以通过线性模型进行分析,该模型包括六个主要步骤:对讯息进行编码,通过相关的符号和意义对信息进行解码,跨越距离传播信息,感知所收到的信息格式,感知并建构信息的意义,最终为信息接收者所感知到的传播效果。

● 在面对面传播中,反馈和角色扮演是和准确性相关的重要原则。

● 就专业传播者对于各种讯息的编码并基于不同目的向公众的不同细分市场进行传播的现象而言,大众传播是一个线性传播过程。通过对大众媒介的使用,这些讯息将被扩散给庞大的、多元的、以可选择的方式来关注该讯息的受众。

● 受众中的个体对讯息进行有选择性解释,他们所建构的意义和由传播者预设的意义可能对应,也可能不甚对应。

● 大众传播和面对面传播在重要方面存在差异。由于反馈和角色扮演的存在,人际交往显得更具灵活性和影响力。

● 在一个广告驱动和利润导向的体系之内,媒介内容必须为迎合大多数人而进行剪裁,而这些人整体上的购买力是巨大的,但是其智力水平和品味却并不怎么高。而内容的如此剪裁则招致许多批评。

● 对于大众传播的研究必须包括对于三个重要问题的关注:(1)人类社会历史、价值和经济、政治现实以多种方式影响了其媒介;(2)传播体系中的每一种媒介都具有和其他媒介相区别的特点;(3)媒介对作为个人的我们和我们的社会、文化具有各种各样的影响。

 思考题

1. 传播理论在理解个体传播方面具有怎样的价值,如果有的话?

2. 传播史和媒介技术史对于理解数字时代的媒介有何帮助?

3. 人际传播过程在塑造人和同样使用媒介的人进行交往的沟通方式方面的相关性是什么?

4. 传播具有哪些功能,这些功能在个体传播和大众传播中到底是如何起作用的?

5. 对人们"采用新技术"方式的描述对于我们理解数字媒介的演进有何帮助?

6. 为什么要对面对面传播和大众传播进行比较?这样的比较有何价值?

 关键概念和术语

语言　Language

传播理论　Communication theory

传播媒介　Communications media

符号　Symbols

香农和韦弗模型　Shannon and Weaver model　　专业传播者　Professional communicators
准确性原则　Accuracy principle　　　　　　　　受众　Audiences
反馈原则　Feedback principle

 注释

1. Philip Lieberman, "The Evolution of Human Speech: The Fossil Record," in *The Biology and Evolution of Language* (Cambridge, MA: Harvard University Press, 1984), pp. 287 – 329.

2. 关于更多细节解释和人类传播的其他变迁，参见 Melvin L. DeFleur and Sandra Ball Rokeach, "A Theory of Transitions," in *Theories of Mass Communication*, 5th ed. (White Plains, NY: Longman, 1989), pp. 7 – 26。

3. John P. Kotter, "What Leaders Really Do," in *Leadership Insights—Fifteen Unique Perspectives on Effective Leadership* (Boston: Harvard Business Review Publishing, 2002).

4. 关于人类面对面传播的基本性质的更多讨论，参见 "Verbal Communication," in Melvin L. DeFleur, Patricia Kearney, and Timothy G. Plax, *Fundamentals of Human Communication* (New York: McGraw Hill, 2004)。

5. Claude E. Shannon and Warren Weaver, *The Mathematical Theory of Communication* (Urbana, IL: University of Illinois Press, 1949).

6. Shannon and Weaver, *The Mathematical Theory of Communication.*

7. 关于人类传播的同步交互模式的讨论，参见 DeFleur, Kearney, and Plax, *Fundamentals of Human Communication*。

8. Everette E. Dennis, "The Two-Step Flow in the Internet Age," given at the Symposium Honoring Philip Meyer, University of North Carolina, March 21, 2008.

9. Edward Schiappa, *Beyond Representational Correctness: Rethinking Criticism of Popular Media* (New York: State University of New York Press, 2008).

10. 大多数关于新闻和娱乐写作的文章提醒读者，以普通人为对象写作，有时会设想普通人为具有有限注意力范围的高中毕业生。它们也会就吸引读者和观众对于各种设备的注意力的方式提出建议。

11. Manuel Castells, *The Rise of the Network Society* (Malden, MA: Blackwell, 2000) and *The Network Society: A Cross-Cultural Perspective* (Cheltenham, U.K. : Edward Elgar Publishing, 2004); see also www. RandallRothenberg. com, "Facebook's Grandfathers (& MySpace's, Too!)," *I, A Bee*, Interactive Advertising Bureau, Nov. 11, 2007.

第 2 章
应对变革:数字和全球媒介的兴起

曾几何时,传播媒介也称大众媒介或大众传播,是相对稳定的存在,比如少数权威的电视网、知名报纸和杂志以及其他为人熟悉的播放器。当一个人步入荒野或是去外星球几年后回归时,世界并不会有太大变化。传统媒体依然存在,跟它们早些的模样相差无几。增量变革固然存在,但是,媒介的结构和组织、经济基础、技术以及控制它们的规则不会有巨大的变化、颠覆或是动摇。

然而,从 20 世纪末开始,我们见证了生活和社会中传播的剧烈变化,这种变化在 21 世纪的最初 10 年中呈现出惊人的加速度。数字革命得益于一个依靠计算机驱动并以电为基础的系统,这个系统使得网络和万维网成为现实。这个变革的重要性被认为可以比肩印刷机和活字的发明。

在人类历史的大部分时间中,媒介都存在于国界之内,虽然也有一些特例,比如早期的报纸和图书通过国际贸易漂洋过海。电影,尤其是好莱坞电影,最终被广泛传播到生产国之外的其他地域。在 20 世纪末,很多类似苏联的传统体制都发生了变化,由于科技和经济的发展,同时伴随着通信卫星的问世,碰撞和全球化出现了,国家这道界限被轻而易举地跨越,电视等媒介可以传播到更远的地方。当然,被学者卡斯特称为"网络社会"的全球网络成为真正交互性的保障,人们可以前所未有地轻易跨越国界和其他障碍进行交流。对于媒介来说,这同时意味着多个国家与社会之间文化产品的交流与分享。一些政府为了防止本国公民接触到这些文化影响,切断广播、管制电信系统、限制网络传播,这些举措往往阻碍了真正的全球传播。但如今,控制技术虽非不可能,却是更为困难了。

由于全球化和数字革命,当今世界的传播正时时刻刻经历着变化。以 MySpace、YouTube、脸书为代表的社交网络以及以谷歌、雅虎(Yahoo!)、Ask.com 为代表的搜索引擎上的内容每时每刻都在变化。每周甚至每天都有新的电玩游戏问世。随着几乎所有媒体和娱乐活动日渐以网络为中心[1],曾经熟悉的有线频道都已改名换姓。实际上不难发现,所有的传播媒介,不论是从传媒业的角度来看还是从其内容、观众以及传播方式来看,都是一个不断变化的动态过程。[2]

既然当今的全球化和数字时代已经较之前的一切发生了翻天覆地的变化,为何还要耗费精力研究先前的传播媒介和传播活动,了解它们的源起与发展? 毕竟,一个人不需要熟知古埃及或者 19 世纪的发展史,也可以在现代世界生存。一方面是因为包括图书、杂志、报纸在内的所谓传统媒体,依然与收音机、电视、有线电视、动画片以及其他播放器等新媒体共存。另一方面,许多差异或改变恰恰来源于旧有形态。正如一位技术专家所言,"想要真正了解互联网,你必须先了解收音机"。即便是现下许多颠覆性的东西,也曾经被了解、预测或是推测过。在这一章中,我们将深入了解第 1 章中出现的许多基本元素。例如,人是如何开始进行群体、组织甚至是社会传播的。这些都将在我们刚踏入不久的数字时代中找到答案。

 ## 数字时代的黎明

在人类历史的漫长岁月中,最初是农耕时代,人作为狩猎者和耕种者,居住在封建社会的小村庄中。随着 19 世纪 30 年代工业革命的兴起,人类进入一个新世界,机器和制造业为我们带来了城市、交通系统以及传播方式的创新，电报和其他媒介突破时空限制，以电子传播先驱的身份诞生了。电报之后，音频、视频以及电子媒介相继出现，与统治出版媒介的印刷一同存在。20世纪80年代至90年代，一个新的信息时代开启，与农业时代和制造时代相比，越来越多的人从事与信息创造、发展、传播相关的工作。计算机催生并刺激了信息经济又称服务经济的发展。最终，一个由数字传播统治并改变一切的网络社会形成了。得益于数字革命，置身信息社会的人可以随处通过手机和网络接触到信息。这种强大的传播能力赋予了人新的自由。正如《华尔街日报》的L. 戈登·克洛维茨所说："由于信息触手可及，人越来越有控制力。"[3]

数字革命的历史

20世纪60年代，加拿大媒介专家马歇尔·麦克卢汉预言了"地球村"的到来。[4]他这一全球性的伟大愿景在当时看来似乎是不可能的，即所有现存的信息和知识可以随时随地进行交流，人可以轻易地与他人沟通。每个人都能够自由地与地球上的任何人进行交流，人同时成为信息、讯息以及知识的接受者和创造者。随着个人电脑的出现、高速网络的接入、光纤网络的诞生以及万维网的兴起，麦克卢汉的预言似乎成为了现实。但是，正如图2-1显示，事实并不完全如此。当网络几乎遍布全球时，并不是每个人都有机会使用它。在麦克卢汉的理想世界中，每个人都被接入一个可交互的全球网络之中，每个人都是传播者，可以创造、检索、储存以及传播信息。现实中，网络尚没有渗透到所有角落，一些地区已经接入全球网络之中，而对一些地区来说，这还是美好愿景。图2-1指出，北美网络的渗透率是73.6%，而在非洲只有5.3%。在大多数发达国家，几乎所有人都能使用互联网，包括在家、公共图书馆或者学校。但对于发展中国家和新兴国家来说，情况并非如此。未来主义者认为，我们生活在"即兴创作的年代"[5]，人们通过一种前所未有的方式生产着属于自己的信息，为何现实却是如此？

在原始文化环境中，现代科技有时越过了具体的社会发展水平，例如图中的秘鲁农村，一位女士正在上网。

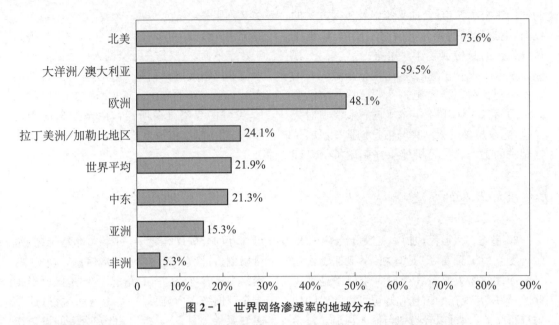

图 2 - 1　世界网络渗透率的地域分布

数字革命经历着增量式发展，带着强大影响力席卷而来。我们可以将新媒体的发展定义为三个阶段：

● 最初阶段。早在 20 世纪 70 年代至 80 年代，万维网和互联网就已经为人所知，但基本只应用在军事和教育领域。其他人对这些庞杂的信息及其储存和检索网络所知甚少，掌握这些的人认为公众没有权利使用这些资源。[6]

● 繁荣与萧条阶段。从 1994 年开始经历繁荣与萧条，个人电脑开始普及，作为新平台被广泛应用于办公、商业与家庭。大约在 1998 年或 1999 年，电子商务开始爆发，新的网络公司（以它们网址的后缀命名）急剧增加，成千上万的网站如雨后春笋般出现，体量高达数十亿美元的新媒体经济崭露头角。报纸上，成千上万的人（多数 20 多岁）因为投身网络行业而成为新的千万富翁，比如早期的搜索引擎 Ask. com（前 Ask Jeeves）和简易的社交网络 Listservs。大型媒介集团也闻风而动，成立新公司。最值得一提的是时代华纳的诞生，这家出版和电子媒介机构的成立离不开新股东美国在线（AOL）。

过热的资本市场、低速的互联网等因素造成 2000 年和 2001 年的网络公司大萧条和大范围金融危机。[7]但是萧条不包括新出现的个人电脑平台和它带来的一切。

● 复苏阶段。2002 年和 2003 年再度兴起，伴随着新媒体公司变革和一些传统媒体的加入，新媒体经济卷土重来。高速的互联网络、扁平化的电脑终端、移动电话等将传统媒体与网络、宽带、无线网和卫星通信连接起来，数字通信在人们生活中焕发出新的活力。[8]这一切的发生在一定程度得益于政府放松管制，包括对一些旧媒介产业解除管制。[9]可以说，一切都在变化之中。

经济环境的变化同样扮演了重要角色。高昂的经济成本曾经使得很多普通人对创办媒介公司望而却步，但这一情况随着互联网的出现改变了。同时，传统媒体感受到了新型竞争所释放的巨大压力，开始意识到依靠广告费和用户付费的旧有盈利模式已经难以为继，它们开始呼唤新的盈利方式，而这得益于数字革命。

科技、政府和经济力量的合力催生了数字媒介的新纪元，有时被称作 Web 2.0，它包含了更强的交互性、更强大的视觉和听觉能力、高网速等。如果比较 20 世纪 90 年代末和 2009 年之后的网站和互联网媒体，颠覆性的改变不难发现。毫无疑问，在强大社会力量的

这两幅屏幕截图展现了互联网领域的数字通信革命，上图是早期的简单网站，下图是当今更具交互性的网站。

驱使下，将会有更多的变化来引导、影响甚至指导包括组织、机构和个人的一切。

　　有远见的媒介观察者经常会问，今天哪些伟大的思想会塑造明天的传播王国，或者数字媒介是否只是未来下一个新媒体革命的过渡形式。历史或许有助于他们的推测，同所有媒介一样，数字媒介得益于并反映出其所处时代的各方力量。

　　经济　一些分析家认为，经济首先提供了变革的环境，媒介经济跟宏观经济一样值得强调。有时，传统媒体企图为变革设置障碍。例如，报纸行业一开始就是电信公司的最大敌人,电信公司向普通人提供网络,而报纸则惧怕印刷广告在具备交互特征的网络广告的打压下成为过去式。虽然慢人一步,但如今的报纸也开始拥抱数字化传播,狂热地将其应用到它自己的事业中。

科技创新 当创造性的个人有能力或是需求发明新的系统和设备时,新的发展才会出现。

政府和法律 政府的调控之手可以激励或是阻碍新媒体的产生和使用。

数字时代的变迁速度

新媒体的历史证明了数字革命的速度,而经济因素加速了这场革命。电脑以及手机、VCR、DVD、平板电视在诞生之初价格非常昂贵,超越了普通人的购买能力。之前,收音机和电视机的价格也相当昂贵。但它们的价格很快就下降了,使得大部分家庭有能力购置。人类历史上出现的大多数媒体其实也经历过这一过程,但是现在的变化速度之快是前所未有的。

反观一些传统媒体,精装书自罗马时期就出现了,画卷的出现则更早。与此同时,报纸和杂志则是相对较近的发展。这些媒介形式也都是在印刷术发明之后才出现的。大众媒介成型于 19 世纪,当时蒸汽印刷使得大规模快速印刷成为可能。更多的现代和后现代媒介,例如电影、收音机、电视和互联网都诞生于 20 世纪。这些媒介都是作为创新问世的,是前所未有的文化形式,而且它们都没有立刻在大众层面得到普及,而是由少数人率先使用,然后为越来越多的人所使用。

社会科学家埃弗雷特·罗杰斯和 F. 弗洛伊德·休梅克提出了一套描述创新扩散过程的理论。[10]该理论不仅适用于新媒体形式在人群中的普及,而且适用于几乎任何文化形式被发明或是被其他外部力量采纳的过程。电灯、比萨、汽车、冰箱、电脑、腕表、香烟以及汉堡包都或多或少地遵循了类似的采纳曲线,即普及的路径。我们在图 2-2 中归纳了几种科技的采纳模式,在下面的一章中我们将详细探讨每一种主要媒介的采纳模式。图 2-2 比较了几种数字化传播创新与一些旧有技术的采纳曲线。可以看出,计算机和互联网在 20 年的时间里就被 50% 的美国家庭接受了,这与电话在 25 年的时间里被 50% 的人采纳形成了对比。如果我们将科技的变化作为一项指标,那么媒介被接纳的速度显然要快于从前。

消费速度日益加快

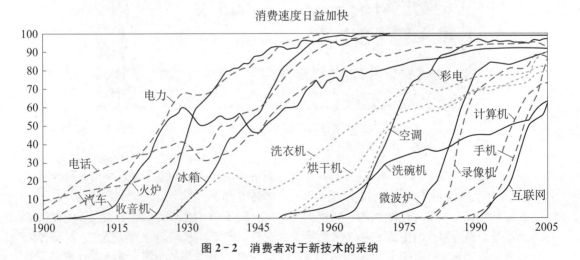

图 2-2 消费者对于新技术的采纳

定义数字社会的传播

当我们思考一个数字化社会中媒介的角色时，应该意识到科技并非在真空中发挥作用，它也并非是唯一的潜在影响因素。相反，它只是包括文化、社会、政治以及经济在内的众多力量中的一部分，共同塑造并影响了传播的方方面面。

因为我们身处一个剧烈变动的时期，因此很难找到一个准确的词语去描述什么是动态过程或是传播系统。正如在第 1 章中探讨的，大众传播这个词语是被发明用来描述那些被大多数受众接触到的媒介，由专家提出并旨在适用于越来越多的受众，因为单纯地从一个受众视角来定义媒介已经不可能了。然而，数字时代和互联网已经在一定程度上动摇了这种长期以来对大众媒体的固定定义方式，因为如今人人都可以成为传播者。在数字世界里，当所谓的可定位通信（即信息可以抵达特定个人而不是整个受众群体或是某个特定受众群体）成为可能，受众的属性可以被广告商识别时，大众传播一词已经变得有待商榷。

数字传播技术应用在大众传播以及其他领域。跟过去的打电话一样，建立音乐播放列表、发送即时信息或电子邮件、创建电子邮件或个人网络并非大众传播的一部分。在这些情况下，信息只是通过复杂的传播终端传达给少数人，例如黑莓手机、苹果手机以及各种其他文件分享方法，这些终端都被称为个人媒介。

许多数字媒介拥有强大的交互能力，能够精确定位个人传播空间或是社区中的新成员，它们同时提供了一种从个人传播转向中介传播

现代传播的复杂性可以展现为图中女士在通过笔记本上网，而男士在用手机查看电子邮件。

的机制。中介传播利用技术创建社区，每个社区中的人共享相似的兴趣爱好、政见或社会观念。这些社区可以是封闭性系统，例如类似虚拟"私人俱乐部"的加密网站或是 MySpace 上的特定网络；同时也可以成为开放性系统，向所有感兴趣的人敞开，例如一项政治运动可以利用新技术向其支持者发布信息，同时赋予他们发布信息的能力。

一些媒介公司经常利用个人传播和中介传播的方法，通过制定数字化策略将自己转型成为大众媒体。一个网站或是软件系统爱好者也可以创建全球性的媒介公司（例如 YouTube），但是这些个人媒介又会很快染上大众媒介的特性。它们雇用员工，对抗传统媒体广告，甚至改进大众传播模式，通过聚集或收集其他人以及传统媒体的内容来积累受众。

关注数字革命

信息时代跟其他变革一样，并没有轻易受到每个人的欢迎。批评家们对 20 世纪 90 年代中期以来社会发生的快速变化感到忧虑：一系列新设备和系统在被富人享用的同时，也走进了普通人的生活。一方面，快速普及的科技通过赋予更多的人以创造和接收信息权利的方式"使竞争环境更加公平"。另一方面，新的传播方式需要人们完成巨大的观念转变，正如早期人们不得不试着去理解地球是圆的。此两种价值观的碰撞改善了人们对日益凸显的

精神挑战的应对方式,被记者托马斯·弗里德曼总结为"世界是平的"。[11]

　　即使当我们庆祝数字时代人类的伟大成就时,庆祝即时通信的普及和旧有时空限制的消除时,仍然不能忽视数字传播的阴暗面。我们现在正面临着隐私丢失、网络犯罪以及已进化两个世纪的精英媒体不可避免的衰落。

数字时代媒介研究所面临的挑战

　　曾经,信息的获取、处理、储存、散播或是传播都直接区分成不同的角色。例如,一家报纸安排记者采集新闻,职员编辑或印刷,运送者分发报纸。然而如今,散播信息的渠道和为个人以及受众提供丰富内容的科技平台已数不胜数。几乎每个人都同时通过电子邮件、即时信息以及文件共享来获取信息。信息处理也为普通人和专业传播者所掌握。新闻的储存在过去几乎不存在,而今天,新闻档案、电影图书馆、旧电视节目和其他"数字财产"都吸引了投资银行对其估值、定价。信息的散播不只包括传播和反馈,还包括对旧内容的再利用、再加工,从而催生新的利用方式。数字时代已经打破了过去的定理,即个人想要向社会上的他人进行传播必须拥有印刷机或是电视台。

这幅创意图借用从电脑屏幕中跑出的一个网络盗贼证明了互联网的交互性及其所带来的影响。

电视天气预报员史蒂夫·兰博用手指着美国地图中的太阳。

　　正如人们所知,一些喜欢关起门来研究电脑和软件的大学毕业生已经创建了世界著名的媒介公司,比如谷歌和易趣(eBay),而这些公司现在已经威胁到存在数百年之久的旧有传播商业中的强大成员,比如报纸。这是数字时代带来的挑战。数字媒介时代混乱且令人困惑,本书的目的就在于使读者找到一条穿越复杂表象发现真相的自然之路。

　　媒介学者哈罗德·拉斯韦尔(Harold D. Lasswell)研究了20世纪40年代的媒介功能,即我们使用媒介的目的。他认为所有媒介的功能包括以下方面:

- 监测社会环境。
- 联系社会各个部分以适应环境。
- 社会遗产的代代传承。

　　在这个基础上,媒介研究者查尔斯·怀特(Charles Wright)添加了"娱乐"功能,他认为涉及"交往行为,主要旨在娱乐",而不是其他功能。拉斯韦尔认为他的理论应用并不局限于20世纪40年代的媒体,例如为帮助人们传达信息以方便环境监测的新闻杂志。相反,他的目的在于提出一个更宏大的理论,可以解释社会中传播的功能。这个理论中包含着一种关于社区构建的思想,社区构建可以说是数字时代的驱动力之一。

著名 CNN 记者克里斯蒂娜·阿曼普尔在耶路撒冷报道新闻。

今天的媒介批评家和从业者也归纳了一些主要的媒介目标,这些目标与受众所使用的媒介功能很相近。

● 告知——通过消息、新闻和公共事务信息。

● 影响——通过观点媒体、社论和评论。

● 娱乐——通过喜剧节目和网站、小说、喜剧、电影和游戏。

● 提供商品和服务市场——通过广告和商品展示。

这些媒介功能都不是纯粹的。虽然报纸的证券行情表列出了公司股票价格,与纯粹的信息很相近,而各种类型的社论也基本都是纯粹的观点,但还是经常会有模糊和混合的情况。传统意义上来讲,我们将报纸的功能定义为告知,将舆论杂志的功能定义为影响,将动

以著名墨西哥电视剧《罗莎琳达》(Rosalinda)为代表的拉美肥皂剧承担了娱乐功能。

画片和娱乐节目的功能定义为娱乐,将广告和商业赞助等的功能定义为提供商品和服务市场。在数字时代,大多数网络化媒体和视频点播(VOD)、无线手持终端(我们稍后将进行探讨)等的功能都是模糊且混合的。事实上,所有的数字媒体都在努力抢占广告、市场以及直接销售领域。即便是谷歌,在主要提供信息的同时,也在通过在搜索中提供商业链接的方式行使市场功能。例如,当你在搜索栏输入一个城市名称时,你不只能看到一个面向游客设计的官方网站,同时还有一系列的酒店和其他服务,而这些只需要合适的价格就可以在谷歌的页面上实现。大多数搜索引擎网站都是有偿地提供一些寻人或是寻求信息的商业资源。

正如我们在第 1 章和本章前面部分提到的,今天的媒介是被过去的各种社会、政治、经济以及文化力量共同塑造的,而且还正在被今天的社会、政治、经济及文化力量,即将被未来的社会、政治、经济及文化力量塑造。在后面的章节,我们将看到当今的数字革命是如何塑

造传统媒体未来的。同时,数字革命也在拓展　着媒介的范围,我们将会继续见证。

 精彩观点:媒介理论阐释

文化帝国主义理论

文化帝国主义是一种与国际传播及全球传播相关联的理论。根据该理论的基本理念,西方社会大众传媒及其他产业奉行的政策在强烈的经济和政治利益驱使下,有意地转化和控制其他社会群体文化。这种转化和控制的过程在反对这些政策的亚非拉发展中国家尤其集中。

这种转化即是要取代文化传播的接受方的社会传统价值理念、信仰以及民众生活方式中的其他重要元素。根据这项理论认同者的观点,尽管非西方社会为抵御这种变化做出了努力但仍旧无济于事。

西方的大众传媒是文化统治过程的核心,它向世界各地的民众传播新闻和娱乐信息。评论家们坦言,这些媒体传播的内容强化了欧美社会时事、世俗价值和信仰以及物质文化在全球的影响。

文化帝国主义理论的基础来源于学界对国际传播中媒体角色研究的三个方面。首先,20世纪五六十年代的大量研究表明大众媒体是国家发展的重要因素。研究发现媒体在希望实现迅速变革的社会中是推进变革的非常有效的工具。其次是七八十年代联合国教科文组织中对抗议西方机构,尤其是发达社会通过向全球源源不断地传播新闻信息实现文化控制的激烈讨论。发展中国家的领导人多对此表示不满并为争取改变而抗争。最后是社会全球化的进程中,欧美工业在当前国际市场中所占据的优势地位,包括数字技术以及数字影像和电视节目。

评论家将这样的全球文化传播的进程解读为另一种帝国主义。美欧蓄意通过对媒体的利用将西方的物质文化和民主社会的自由化思想强加给民众,而不少民众更希望保持其传统价值、信仰、政治结构及生活方式。近年来数字媒介的兴起即将结束传统的传播方式,其遍布各地的特点也使西方文化输出的进程受到挑战。至此总结对文化帝国主义理论的阐述,有如下假设:

1. 西方机构所产生的印刷品、新闻、影像以及电视节目通过在全球广泛的传播到达非西方国家和发展中国家。

2. 上述非西方社会的民众只能通过有限的媒体途径获得由西方传播体系带来的外界信息和娱乐内容(本土媒体缺乏参与竞争的资源)。

3. 在欠发达社会中,接受了西方传媒内容的民众则被暴露在这类文化环境中,同时从受众的角度看,这些内容往往比本土的物质文化、价值和生活方式更具吸引力。

4. 这些观众会趋向于或希望去接受西方媒体所描绘的事物和价值观以及生活方式,以致产生政治动荡以及能够被西方利用的商品市场。

5. 因此,发达社会有意通过媒体内容的传播加强文化帝国主义,从而系统性地破坏和取代当地的传统文化和价值观念,使得民众更趋于西方的政治体制、物质文化和观点。

资料来源:Herbert I. Schiller, *Communication and Cultural Domination* (New York: M. E. Sharpe Inc. , 1976); Julia Galeota, "Cultural Imperialism: An American Tradition," *The Humanist*, Vol. 64, May/June 2004.

全球媒介的普及

正如我们在本章前面提到的，数字媒介已经大大延伸了媒介和传播所能到达的范围。它消除了时空的障碍，在这之前，一份报纸要花数个星期的时间漂洋过海，电视网必须将视频新闻报道通过飞机送到台里播放。随着通信卫星的发展，国际广播公司的传播范围可以辐射到各大洲和区域。例如，曾经美国境内的单一网络MTV如今已经在亚洲和拉丁美洲拥有多个网络和大批受众。网络加速了这一过程，真正的全球传播如今真正前所未有地变为现实。

一段时间里，人们谈到媒介系统或是国际传播时，指的是一个独立的国家社会以及它的传媒系统，比如美国的、俄罗斯的、中国的、匈牙利的等。拿匈牙利媒介系统来说，受制于其与苏联的联系以及其自身复杂的语言系统几十年。所谓的国际传播基本是指西方媒体和媒介产品向非洲、拉美以及中东地区的单方面灌输，很少有媒体流从这些地方流回西方。

今天，许多国家拥有日益完善且复杂的媒介系统，同时得益于数字传播的方便，其媒体在全球的分布领域日趋广泛。当好莱坞的电影行业仍然源源不断地将产品向全世界输出时，越来越多的其他国家的电影公司将其产品输向全球。其中，被称为宝莱坞的大型印度电影公司尤为突出。被称为浪漫电视肥皂剧的拉美电视剧在墨西哥、委内瑞拉、巴西进行制作，吸引了美国或是其他地区的西班牙语受众。音乐可以通过网络，早期是通过电子邮件传到世界各个角落，因为它突破了语言的界限，只取决于人的兴趣和品味。

不同媒介设备和产品的"相对可出口性"不失为我们思考媒介全球化和全球媒介的传播提供一个有益的路径，这一概念由媒介经济学家罗伯特·皮卡德提出。[12]正如图2-3所显示的，报纸的可出口性比较"低"，而电影的可出口性比较"高"。实际上，大多数报纸是针对

现代手机通过包括全视频在内的多种方式传递内容。

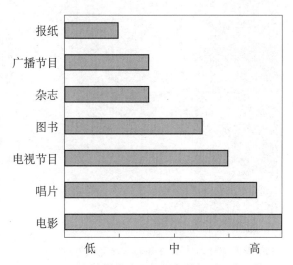
图 2-3　不同媒介产品和设备的相对可出口性

当地或是本国受众的，很少有报纸可以有一个全球性的立场或是导向。因此，报纸少有例外地停留在国界之内，只是通过航空邮件寄到国外。现在，大多数报纸有网页版，方便世界各地的受众查看，但它们的广告和订阅还是以本地为主的。

广播节目、杂志和图书被认为更容易在全球范围内传播，所面临的障碍是成本和当地的文化兴趣。电视节目在全球传播方面比之前的广播节目更加成功。

最后，图2-3的数据总体上基于媒介行业的收入趋势，有剧烈变化的可能。在一定程度上，几乎任何报纸都在世界范围内拥有自己的小众受众，比如移民或是游客。对于杂志和图书也是如此，尤其是数字发行版本。广播节目和一些电视节目已经在网上触手可及，但是这种网络的易得性是否可以转化为媒介公司的利润呢？媒介公司花费大量精力和成本生产出来的内容被以免费的形式呈现在网上。有理论认为，内容生产者吸引了网络浏览者，从而可以带来广告收入。

iPod等手持数字终端的多媒体功能包括视频下载和电视节目收看。

一些国家长期支持它们国家的媒体。例如，英国的代表性媒体BBC曾经被认为是世界上最杰出的媒体，影响力遍及全球。美国的CNN也长期经营国际性服务。阿拉伯新闻网半岛电视台也面向全球传播信息。彭博新闻社与美联社、路透社等媒体在新闻报道方面展开竞争，争取世界各地的受众。德国的贝塔斯曼集团凭借自己的图书发行权在许多国家成立媒介公司。法国的阿歇特公司和英国的汤普森公司都拥有自己的杂志和图书出版社。全球媒介巨头和它们的影响力可以在图2-4和表2-1中看出。

越来越多的媒体内容来源于其他传播渠道——巴西巨大的全球电视网络和媒体公司以及意大利广播电视公司，在许多国家成为人民所享受媒体节目的一部分。

随着媒介全球化和真正数字媒介的崛起，诸如MTV或VH1的音乐频道等受到了互联网和数字通信的强烈支持，例如无线和视频点播，受到了当地偏好和需求的刺激。即使不是独一无二的话，成功的全球媒介的渠道和产品通常也是有特色的。罗伯特·皮卡德认为，它们具有成本效益，通常具有很高的生产价值。但也存在阻碍或减缓全球媒介传播的障碍，包括各种贸易和规制规则——一些国家征收地方税，或制定限制外国媒体发展的规则。例如，在加拿大和印度等国，这是事实。当然，也存在语言障碍。除非翻译成英语，否则一部日本漫画读物在美国的吸引力将受到限制，而且在不同的地方也会存在文化差异，而这可能又成为一种障碍。

我们应该强调的是，全球媒介是一个相对的新现象，且正在发展之中。曾经，我们谈论比较媒体的时候，多数是指一个将自国媒体与他国媒体进行比较从而更好理解本国媒体的过程，正如学习外语是为了更好地理解母语。后来，批评家和评论员们谈论国际传播时，一种不同媒介和出版系统的发明，跨越了地区和国家。全球媒介意味着界限被打破，大多数的传播和媒介产品可以无远弗届。加之跨媒介能力和社交网络，真正的全球媒介已经开始走进人们的视野，只是还没被所有人意识到。

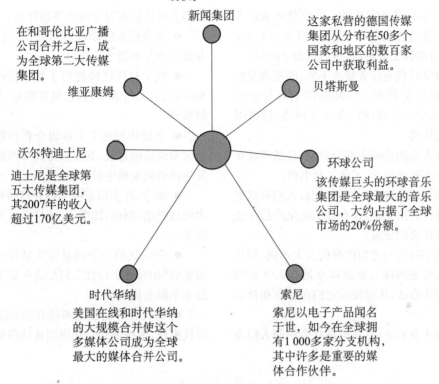

鲁伯特·默多克的新闻集团，在美国、加拿大、欧洲、澳大利亚、拉丁美洲和亚洲拥有媒体控制权。

在和哥伦比亚广播公司合并之后，成为全球第二大传媒集团。

这家私营的德国传媒集团从分布在50多个国家和地区的数百家公司中获取利益。

迪士尼是全球第五大传媒集团，其2007年的收入超过170亿美元。

该传媒巨头的环球音乐集团是全球最大的音乐公司，大约占据了全球市场的20%份额。

美国在线和时代华纳的大规模合并使这个多媒体公司成为全球最大的媒体合并公司。

索尼以电子产品闻名于世，如今在全球拥有1 000多家分支机构，其中许多是重要的媒体合作伙伴。

图 2-4　全球媒介巨头

表 2-1　　　　　　　　　　　　　25 大全球媒介公司

序列号	公司名称	2007 年收入（百万美元）	序列号	公司名称	2007 年收入（百万美元）
1	时代华纳	32.6	14	WPP 集团	12.3
2	维旺迪（NBC 环球）	29.6	15	拉加代尔集团	11.7
3	新闻集团	28.6	16	考克斯企业	11.7
4	康卡斯特公司	26.9	17	英国天空广播集团	9.9
5	贝塔斯曼	26.4	18	自由媒体集团	9.4
6	沃尔特迪士尼	17.7	19	里德爱思维尔公司	9.2
7	直播电视集团	17.2	20	培生出版集团	8.3
8	谷歌	16.4	21	甘尼特公司	7.4
9	通用电气	15	22	雅虎	6.9
10	哥伦比亚广播公司	14.1	23	麦格劳-希尔集团	6.8
11	维亚康姆	13.4	24	清晰频道通信公司	6.7
12	宏盟集团	12.6	25	日本印刷公司	5.7
13	汤姆森路透公司	12.5			

本章回顾

● 传播和媒介发展是一个信息和表达方式由简至繁的进化过程,从最早开始,历经封建、农耕时期到工业革命,然后到数字时代。

● 数字时代充斥着接连不断、眼花缭乱的变化,包括信息储存方法和新的信息检索平台,常常借助于互联网以及社交网络、搜索引擎和无线传播。

● 在人类历史的大部分时期,传播和媒介都局限于国界之内,除了图书和电影。

● 我们现在置身于网络社会,人们可以更容易地进行跨国交流,这有益于文化产品在全球国家和社会的交流。

● 数字时代与之前的时代大大不同,但是旧形式的传统媒体与新媒体互通有无并采用数字化传播方法,从而保障它们在行业和社会中的地位。

● 与工业社会相反,信息社会中的人们为充满多种语言和符号的经济所环绕。

● 大众传媒的功能是告知、影响、娱乐以及提供商品和服务市场。

● 数字时代已经经历了数个阶段——最初阶段、繁荣与萧条阶段、复苏阶段、Web 2.0 的黎明。

● 全球化加速了全球媒介在世界上不同地区和国家的普及,其重点是媒介产品从信息发达社会向发展中社会输送。

● 如今,许多国家参与媒介产品和服务输出的过程中,例如,印度、一些拉美国家和亚洲国家。

● 全球化的一个测量方法是媒介产品和服务的"相对可出口性",但是这在数字时代也处于不断变化之中。

● 消费者对新技术和媒介的采纳在数字时代更快,采纳曲线呈现出加速的趋势。

 思考题

1. 什么是数字媒介,它是如何演进的?

2. 将大众传播和你自己对媒介的使用结合起来思考,你最依赖哪种媒介,哪种媒介你接触得最少?

3. 试想为何一个新媒体要花很长的时间才能普及 50% 的公众?

4. 什么是数字媒介,它们是如何帮助人们引领变革的?

5. 数字时代中,速度在传播中扮演了怎样的角色?

6. 阐述数字媒介和传播与全球化驱动者之间的关系。

 关键概念和术语

传统媒体	Legacy media	信息时代	Information age
数字革命	Digital revolution	网络公司	Dot-coms

第二代网络　Web 2.0　　　　　　　媒介功能　Media functions
再加工内容　Repurposing content　　创新采纳　Adoption of innovation
个人媒介　Personal media　　　　　　全球化　Globalization

 注释

1. Walter S. Mossberg and Kara Swisher, "All Things Digital," *Wall Street Journal*, June 9, 2008, p. R1; Robert D. Hof, "Do We Have a Digital Revolution?," *Business Week*, Feb. 2, 2004, p. 40; see also Everette E. Dennis, Stephen Warley and James Sheridan, "Media Synergy: The Sequel," *Strategy+Business*, Issue No. 39, Spring 2005, pp. 3 - 4, published by Booz Allen Hamilton.

2. Everette E. Dennis and John C. Merrill, "Digital Strategies, the Internet and New Media," in *Media Debates*, *Great Issues of the Digital Age* (Belmont, CA: Thompson Wadsworth, 2006), pp. 162 - 169.

3. L. Gordon Crovitz, "Optimism and the Digital World," *Wall Street Journal*, April 21, 2008, p. A15.

4. Harold D. Lasswell, "The Structure and Function of Communication in Society," in Lyman Bryson, ed., *The Communication of Ideas* (Institute for Religious and Social Studies, 1948), reprinted in *Sources: Notable Selections in Mass Media*, ed., Jarice Hanson and David J. Maxcy (Guilford, Connecticut, 1996), pp. 22 - 29.

5. 2006 年 10 月 19 日，法国阳狮传媒集团首席信息官理查德·托巴克瓦拉（Richard Tobaccowala）和首席运营官德诺（DeNuo）在摩纳哥媒体论坛上，就数字媒介的"精彩和即兴"的性质进行了探讨。

6. Katie Hafner and Matthew Lyon, *Where Wizards Stay up Late* (New York: Simon & Schuster, 1996).

7. John Montavalli, *Bamboozled at the Revolution* (New York: Viking, 2002); Everette E. Dennis and John C. Merrill, "Concentration of Media Ownership," in Dennis and Merrill, *Media Debates: Great Issues for the Digital Age* (Belmont, CA: Wadsworth, 2006), pp. 44 - 53. Also see James M. Citrin, *Zoom, How 12 Exceptional Companies Are Navigating the Road to the Next Economy* (New York: Doubleday, 2002).

8. Gillian Doyle, *Understanding Media Economics* (London: Paul Chapman Pub., 2009) and Lawrence Lessig, *The Future of Ideas* (New York: Random House, 2001).

9. Louise Story, "$1 Billion Suit Aims to Counter Threat by YouTube," *New York Times*, March 19, 2007, p. C1. 关于包括新的数字应用在内的大众传媒法律的进一步探讨，参见 Don R. Pember and Clay Calvert, *Mass Media Law* (New York: McGraw-Hill College, 2006) and T. Barton Carter, Juliet Lushbough Dee, and Harvey L. Zuckerman, *Communication Law in a Nutshell* (Saint Paul, MN: Thompson West, 2007)。

10. Everett M. Rogers and F. Floyd Shoemaker, *Communication of Innovations: A Cross-Cultural Approach* (New York: The Free Press, 1971).

11. See Thomas Friedman, *The World Is Flat* [further updated and expanded, release 3.0] (New York: Farrar, Straus and Giroux, 2007).

12. Robert G. Picard, *The Economics and Financing of Media Companies* (New York: Fordham University Press, 2002).

第 2 部分

出　版

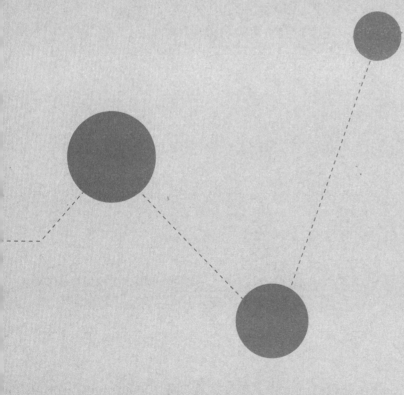

第 3 章
图书：最受尊重的媒介

当今世界的所有传播媒介中,图书是最古老的一种。作为第一个且最受尊敬的媒介,图书既有严肃的主题,也有精心雕琢的娱乐。然而,一个世纪以来,有关"图书之死"的言论不断出现,甚至说印刷媒介也将消失。过去的20年,电子书被标榜成了不可或缺的高科技产品并开始上架销售。电子书将给笨重的硬皮书、平装书、书店甚至烦琐的印刷程序都画上句号。

如今,有相当一部分技术未来学家认为,传统书的日子不多了。他们坚信网络可以提供图书的获取和阅读服务。一位分析家这样说道:

作为一种常见的传播媒介……图书光鲜亮丽的外表下其实是无数死去的树木,它就要成为历史了。为一手掌握的超灵敏显示屏所取代不过是眨眼间的事儿。文化爱好者和书虫可能一开始不会习惯这个变化,但就像翻篇儿一样,图书总会成为过去,至少它已经不是阅读的唯一媒介了。[1]

另一些人则对这种预测呈怀疑态度。他们觉得,这种变化当然会来,但没有这么快。因为你很难在蜷缩于被窝的时候抱着一台电脑,然后阅读电子屏幕上的东西——你还得在每次休息之后都重启程序。图书爱好者们也认为,无论你是坐在树下还是天台,是去工作的公交途中或是在壁炉旁的椅子里休憩,抑或是在沙滩上晒日光浴,电脑以目前的形式都无法胜任图书的角色。很长一段时间,纸质图书总是出现在这些情境中,也因此和电子媒介较量时能占到优势。现今,和目前更为复杂的电子媒介相比,纸质图书还有一些其他优势,比如简单、便携、相对便宜并且能永久保存。它们不需要电池或其他能量供给,没有复杂的软件,不用在启动时先等机器预热,也不需要你具备特殊技能对其进行启动或是翻页。图书可以随时拿起或放下,也可以摆在架子上几十年。

随着技术发展,传统图书的优势可能会消失,虽然这一点还有待观察,但新技术终将改变我们获得、阅读长篇文件的方式也不无可能。真正的问题也许不在图书是否会消失,而在它何时消失。

问题的答案,会因时间角度不同而不同。如本章将阐述的一样,从手写的羊皮卷或莎草纸出现以来,历史上图书至少经历了三次变革。由于目前图书的形式已经被普遍接受,任何短时间内的彻底变革都不太可能。但再过半个世纪或更长的时间以后谁知道呢?当然,在零售业中,已经有一些显著的变化。从传统图书到电子图书的过渡显然只是个开始。

不管以什么方式呈现,图书都是我们最古老最受尊敬的媒介。没有图书我们的文明不可能得以发展。千百年来,图书是我们保存文明、传播文明、与千百万读者分享新知识的重要工具。因此,不管图书的未来如何,我们都有必要了解图书的起源、如今的存在形式,以及它今后几十年的发展趋势。

 ## 图书作为大众媒介的重要性

由于对它太过熟悉,人们今天可能很难去理解图书的特别之处,也不能轻易明白图书在人类社会扮演的不可替代的角色。图书是一种重要且普遍的大众媒介,在当今社会被广泛用于各种途径。其发展历经沧桑。在与其他复杂的媒介竞争时仍能获得一席之地,这已经足够说明图书的重要性了。

作为大众媒介的图书

图书如今的存在形式符合我们在第 1 章中给大众媒介下的定义。图书的"讯息"由专业传播者准备、编码,并且常传达给相对广大多元的群体。像每一种媒介一样,图书独有的特点使它和其他媒介区分开来,比如:

● 由于图书的生产周期长(比如你现在正读的这本书),经常要花一年或更长的时间,甚至在作者将完成手稿交给出版商之后还要再过一段时间,因此图书相较于其他印刷媒介(报纸、杂志等)显得时效性不强。

● 有别于报纸和杂志的另一点是,图书是经过装订并且带有封面的,从头到尾内容都是连贯的。

● 图书是为了长久保存而设计的,这一特点使得图书的内容更深奥、持久。

● 最明显的一点是,不像其他印刷媒介或电子媒介比如电影,图书不需要严重依靠广告来推销。但图书若要从销售中盈利,宣传时内容和封面同样重要。

在当今媒介融合的社会,以上特点使得图书有了自己的定位。尽管大部分图书只能卖几千册,即使是一本全国性畅销书,在其有限的年限中也可能只卖出 1 000 万册——还不如一个肥皂剧一天之内吸引的观众数量多。但图书在社会中的重要性绝不能被低估。一方面,图书的分享率很高。它可能是图书馆的图书,也可能是在亲戚朋友间流转的图书。图书的销售数字经常可能远远小于它实际的被阅读量,图书的影响力也因此而得以延伸。

近年来,由于其他媒介的不足和失误,图书经历了一个矛盾的发展阶段。对于很多观察家来说,20 世纪的前几年,印刷和电子媒介在内容上都显得过于简化。《出版人周刊》提出并回答了这个问题:"图书会改变这一切吗?"作者声称:"尽管出版的主流地位受到动摇,图书作为新的第四权力仍享有其一席之地。"[2]"第四权力"是英国政治家埃德蒙·伯克(Edmund Burk)提出来的,他说:"国会中有三权,但媒体界还有个第四权力,它比其他三权重要得多。"过去的许多年,第四权力的概念经常与新闻媒体画上等号,但通常不包括节奏较慢的图书。数字时代改变了这一点。《出版人周刊》的编辑观察到,报纸和电视曾经是传递争议话题的主要渠道,但现在重要的政治事件或白宫的内部报告似乎都是通过图书的方式来进行披露和报道的。于是,图书成了具有实质性重要内容的标准。在其他媒介形式的帮助下,图书的内容得以广泛、频繁地传播。这多亏了数字媒介。

图书的重要性

我们看到,即使跨越千年,如今的图书仍然是重要的娱乐媒介,储藏文化的仓库,获取、传播知识的渠道和宗教教义的基本参考。

图书不仅传播文化,还发扬伟大的精神,甚至带来革命性的变化。图书改变那些有影响力的人,使问题得以用新方法解决。

图书的重要性还可以从对它的各种各样的衡量指标中体现。图书最开始并不和政治力量挂钩,一旦权威人士发现印刷产品能传播与统治力量相反的观点,出版社就被严加管制起来。1529 年,英格兰的亨利八世创立了一个禁书列表和一个特许出版制度。[3]图书的璀璨历史反映了它和人类文化是如何相互影响的。

图书从哪里来？

众所周知，图书已经存在相当长的时间，它的发展历史也很漫长。人们还知道，手抄本在印刷业出现之前早就存在了。或许，很少有人知道，在手抄本之前，是像图书一样的羊皮卷。然而，手抄本或羊皮卷都不属于大众媒介，因为它们远离民众，读者也不广。图书向大众媒介的转变是在近代才发生的。那么，图书是如何变成大众文化的一部分的？下面的小节总结了图书在其发展过程中发生转变的节点以及图书今后的发展方向。这个过程里充满了不可思议的故事，使我们不得不感慨祖先的聪明才智。

这些能够让我们联想到人类早期文明的古代洞穴壁画，被发现于西非的马里。

书写文献的演进

要了解图书和其他当代印刷媒介，第一步是了解文字的起源。不像口头表达，一个点子或者想法的图形化表达，首先需要一个媒介。因此，书写的发展和媒介的变革在某些方面是一致的。媒介指的是一种方式或手段。通过它，信息发出者可以使信息在时间或空间里保存下来,并使一个或多个人接受,理解信息发出者的本意。媒介可以是一种物体,或由多种物体组合而来,以达到使人们能够记录、传播、接收和理解信息的目的。书写会借助其他手段来展现要表达的想法,比如平面上的图片或其他图形符号等。

用图形符号表达思想　用图画记录思想的洞穴壁画——也是书写发展的第一步——距离现在已有 15 000 年到 20 000 年的历史了。洞穴壁画因其美学价值而被欣赏,但作为沟通交流的工具,它能够表达的范围实在是太有限了。作画之人为何要画这些壁画?它们背后又隐藏着什么意义?这一切都无从知晓。不过,图画表述相对于口头表达物体或事件的方式已经是很大的进步了。尽管图画表述只是一个记忆工具——主要用于帮助人们回忆事情,但这给讲故事的人帮了大忙,它能提供更详细准确的记录,比凭空回忆好多了。

图画表述的方式反映了书写媒介的一个重要功能。不管形式如何,书写媒介都是为了将早期形成的思想保存下来。换句话说(用电脑行话说),书写媒介是一个信息存储系统。像我们总是想寻找更大的存储空间一样,我们的祖先用图画表述的方式将他们从人类有限的记忆中解放了出来。

但书写媒介还有另一个目的。理想地说,它使得人们获取作者记录的本意。从这一点来看,书写媒介是(还是借用电脑行话)一个进行信息交换的方式。因此,图画表述的方式还不够,因为图画的含义只有作者才知道。书写媒介的下一步就是使图画和用于理解图画的规则标准化,这一步的发展人类花了 10 000 年。

用文化习俗规范意义　直到 6 000 年前,人们才将记录发展成如今能被理解的形式。从公元前 5000 至前 4000 年的某个时段开始,近东地区的人开始使用一种较为统一的方式来进行图画记录。[4]他们大多数为从事农业活动的人,最开始这样做是为了精确记录土地所有、边界问题、作物销售情况等。也有一些是商人,出于对货物、利润、买卖行为的精确记录

的需要而使用这种统一的记录方式。

一般说来,人们所用于记录的符号都是他们熟知的事物,比如鸟、太阳、一捆谷子、一条船、公牛的头或人的身体部位。真正的书写媒介的出现,是当诸如此类的图画能表达统一的、被文化习俗接受的概念的时候。图画的规则由一些特定的人来制定。这样一来,根据规则,每个图画的含义都是唯一的,因此不管是作者还是读者都能够明白图画的意思。理解了图画的规则的人就会明白,一个大致的人形图画表示“一个人”,一个粗糙的升起的太阳表示“一天”,一个风格化的人脚表示“走路”,一条起伏的线表示“水”等。

这样的一个图画系统叫作表意系统,或“思维阐释”,它将一个具体的意义或思想用标准化的图画表示了出来。有时这种图画也叫作“象形文字”。古埃及人、中国人还有玛雅人都分别发明了广为人知的象形文字。

象形文字提供了足够的意义表述图形,每个要被记录的概念或想法都需要一个独立的图形。但随着社会的发展和文化的多元化,新的概念、思想不断涌现,都需要自己独立的图形、符号、字来表示,导致一个象形文字系统里的图形数量大得惊人,这凸显了象形文字的缺点。举个例子,古埃及的象形文字系统只需要大概 700 个不同的图形,中国农村的普通人也只需要用到大约 1 500 个汉字。然而,受过高等教育的中国知识分子可能需要掌握多达 50 000 个汉字!

西方的表音系统　另一个更为简单的书写系统是将图形符号与声音,而不是思想联系起来。这种由文化习俗认可的、被某种操特定语言的人群广泛接受的图形符号系统叫作表音符号。我们每天使用的英文字母表有 26 个字母,每个字母的口头表述也没有多少变化。如今所使用的字母表历史渊源超过两千年。字母表的英文名称“alphabet”透露了它的出身:alpha 和 bet 是希腊文的“字母表”的头两个字母。

和图书与印刷一样,字母表的发展史是人类最伟大的成就之一。它使得用纷繁复杂的

表意系统进行读写成了"小孩子的游戏"。当我们小时候第一次学会字母表时,我们学到辅音和元音以其独有的方式和 26 个字母组合起来。再加上一些数字和标点符号,我们可以将任何书写文字以口头表达出来(反之亦然)。

卷轴书：第一次变迁

书写文献和字母表发展的时期,人类社会也在经历着巨大的变革。哲学家和科学家们在物理、社会以及宗教领域进行着探索。随着问题和答案越积越多,他们迫切需要一种能记录这些讨论、教义的媒介。宗教系统也产生了记录冗长、神圣文件的需要。犹太教的《旧约》便是个典型的例子,如此纷繁复杂的内容仅以口头讲述的方式是绝不可能准确地代代相传的。后来,基督教开始记录《圣经》的启示录、证言和禁令。伊斯兰教也以同样方式记录他们的《古兰经》。

由修道院中僧侣所进行的"抄本"制作,既要求苛刻又充满艰辛,这些手抄本都是一个字一个字地在羊皮纸或牛皮纸上进行抄写的。从罗马文明末期一直到 15 世纪印刷术发明之前,这种方式保留了大量的书面记录和人类记忆。

军事征服导致了帝国的崛起。帝国的统治者们面临着如何稳定社会秩序并让其公平运转的问题。古代法规因此应运而生,来规定人们的言行和明确惩罚措施。4 000 年前巴比伦王汉谟拉比法典即是一例。它有 282 条法规,内容几乎无所不包,从商业监管到军队事务,从医药条例到儿童法案等等。在没有图书作为媒介的时代,汉谟拉比将他的法规刻在巨大的玄武岩上,有 8 平方英尺[①]。这些玄武岩矗立在帝国的每个主要城市的中心地带。笨重的外形凸显了便携式媒介的重要。

最早的便携式媒介是湿黏土板做的,被闪族人(生活在如今的伊拉克地区)装在盒子里带着。虽然这种黏土板已经能够携带,但仍然笨重。公元前 3000 年,埃及人发明了一种更加轻巧且易于携带的媒介,叫作莎草纸(即 papyrus,如今的 paper 一词便是由此词演变而来)。它由尼罗河两岸的芦苇经过捶打而成,

---

① 1 平方英尺约为 929.03 平方厘米。——译者注

已经具备了"纸"的外观。

　　有时候,几张莎草纸会首尾连接在一起,尾端卷绕在一根棍子上,这样就形成了卷轴书,也是早期图书的样子。自此,由石刻字向黏土板,再向更为便携的媒介的过渡构成了图书的第一次转变。保存这些文献的图书馆随后在埃及、罗马和希腊被建立。不幸的是,很少一部分能够保留至今。因为大部分的图书馆被侵略者摧毁,有些卷轴书也没经受住时间的摧残。但那些少数保存下来的,比如著名的"死海古卷",给我们提供了一个研究早期人类的信仰和文化的重要视角。

　　莎草纸是伟大的技术创新。但由于它的制造技术先后被埃及人和罗马人控制,获取莎草纸成了十分困难的事情,因此莎草纸的供应量极少。随着文字的普及,一些替代品逐渐出现,包括由动物皮制成的羊皮纸和牛皮纸。这些媒介都十分昂贵,但很耐用,使得一些古代卷轴得以流传至后世。

这是爱尔兰《凯尔书卷》中的一页,该书为公元 800 年左右由僧侣绘制而成的装饰精美的拉丁文手稿,以其美丽的凯尔特意象而闻名于世。

装订书:第二次变迁

　　随着表音系统和书写媒介的发展(比如莎草纸、羊皮卷、牛皮卷等),罗马人没费太大功夫就让媒介又向前走了一步。他们用统一纸张大小的装订书将卷轴书替代了。正是罗马人让书成为了我们如今所见的样子。[5] 每页纸的两面都写了字,封皮边缘被装订起来了。

　　罗马人对书的改革做的不仅是改变其外形,他们还在内容的"格式"上有许多创新。比如:

- 发明了我们如今遵守的句子的语法结构。
- 发明了"段落"的概念。

● 标准化了标点符号系统,大多部分和如今所使用的一样。

● 发明了大小写字母。

罗马字母和手印字模的艺术随着西方进入所谓的黑暗世纪而消亡了,这一时期长达 700 余年,从公元 476 年至 1200 年。关于字母书写的知识财富主要保存在基督教的修道院里,那里的僧侣抄了成百上千册手抄本(即英文 manuscripti,如今 manuscript 一词指未出版的图书)。[6] 大部分的手抄本是给教堂和学校用的工作材料。其中却也不乏一些艺术之作,它们被精心描绘的字母和图案点缀着,熠熠生辉。

纸的普及 在所有印刷媒介的发展过程中,12 世纪到 13 世纪期间,造纸业的产生与发展无疑十分重要。中国人发明了纸,在公元 2 世纪的时候纸就被广泛使用了。[7] 之后,8 世纪中期,波斯人抓获了一批懂得造纸工艺的中国人,在"威逼利诱"之下(这要看故事是谁讲的),中国人不得已将造纸术告诉了他们。不管怎样,伊斯兰世界使用纸比欧洲早了很多年。纸被摩尔人在 12 世纪的时候带到了西班牙,其制造和使用很快便进入正轨,一个世纪之后便风靡整个欧洲大陆。

印刷书:第三次变迁

印刷技术的产生自有其渊源。它的许多先决条件——纸、文字、对长文件的需要以及格式要求复杂的图书等已经成为了西方文化的一部分。当这些条件已经成熟时,一个住在美因茨(今德国)的金属工人成就了一次非常重要的技术革新,他的名字叫约翰内斯·古登堡。

大约 1455 年,古登堡第一个铸造了金属字母,这些字母在纸上印出的字清晰得和本页纸上所印的一样。这些金属字母被称作活字,因为它们可以被任意编排,组成词句来印刷。早期的印刷工人用的活字由木材制成,但古登堡的金属活字大大提高了活字的耐用性,它们经过反复使用也不会太快磨损。

古登堡花了约 20 年的时间来研究活字的正确制造程序。他还发明了螺旋式印刷机来安排空白页,以及合适的墨水。[8] 古登堡的技术简单却实用,几百年之后人们还在使用。

实用有效的印刷机的发明代表了小人物的大影响。一旦被开始使用,活字印刷即刻成为了人们眼中真正重要的技术进步。它给西方文明带来的影响与 20 世纪后期的电脑不相上下。

一些历史学家认为,现代人类传播最为显著的发展就是约 1455 年古登堡发明的活字印刷术。因为担心机械化生产(而不是手工抄写)可能不采纳其技术,他花费了多年时间来完善他的发明。

印刷术的快速采用　印刷业在欧洲迅速发展，图书的数量便随之猛增。在古登堡发明活字印刷术的半个世纪之后，一大批图书被印刷出来。这些图书都由本地语或者是人们在教堂与大学之外普遍使用的语言写成。没人知道这批图书究竟有多少，不过有估计显示这个数字在 800 万册到 2 000 万册之间。[9]（当时平均每台印刷机能印 500 册书，因此用这个数据表示。）

这些图书主要由本地语写成，因此大大促进了科学、哲学和宗教的发展。任何熟知本地语言且买得起图书的人都可以获取这些领域的知识。印刷书虽然贵，但和手抄本相比便宜多了。很有可能的是，甚至在哥伦布到达新大陆之前（也就是古登堡的第一台印刷机开始工作的 30 多年后），印刷书的总量比自罗马国衰落后几千年累计的手抄本还多。17 世纪至 18 世纪，随着出版和印刷技术的更新和纸的普及，印刷书每年都以惊人的数量增长着。

很多国家对教育的投入也给图书出版的发展做出了贡献。16 世纪时，大学在欧洲的大部分国家已经成为普遍现象。宗教改革运动（主要表现为新教的崛起）需要大量《圣经》及其他相关宗教作品。另外，文艺复兴导致艺术、科学、哲学、文学的飞速发展，也使得人们对图书的需要不断增大。古登堡的发明可以称得上是强力媒介。

 ## 图书的数字未来：第四次变迁

从目前来看，图书的未来是光明的。但我们也有理由预测，今后相当长的时间里，图书的生产、存贮、分发、销售以及阅读都将发生深刻的变化。虽然在不久的将来，纸质的图书还不会消逝，但互联网和电脑技术的发展将给人们带来新的阅读和销售体验。

这个变化已经发生，我们可以利用现有的新技术来出版，并预测几十年后出版的图书会变成什么样子。即使这种预测还不成熟，但近期的几项技术发明还是能够给人们提供点信息。图书的销售手段也有一些新变化，新的手段甚至在 10 多年前还不属于零售业。另外，图书从零售商手中到读者手中的分销方式也产生了变化，比如读者手中的阅读版本与销售商不同。具体地说，读者可以借助互联网从销售商那里下载图书，并用电子书等相关设备进行阅读。诸如索尼阅读器和亚马逊阅读器等设备在市场上的销量都非常好。

▎图书销售的变化

对于网民来说，图书通过分布式万维网的销售已经简化了购买程序。互联网长期以来都是很好的图书销售商，亚马逊便是第一个真正成功获利的新媒体公司。有了巴诺书店、鲍德斯集团以及亚马逊之后，读者们不需要为了买图书而专门跑去一家实体书店，带着找不到停车位的担心，然后在一排排书架上费力寻找想买的图书。懂电脑的人可以轻点几下鼠标，短时间之后想要的图书就被送货上门了。亚马逊目前还致力于提供一些"人性化"服务，比如读者评论和员工推荐等。当你买某一本书时，你还会看见"购买本书的人还购买了……"的提示信息。

除了直接销售之外，作为有效的产品推广工具，互联网还给出版商和作者显示了其威力。网络博客能供读者们分享读书心得，或模仿他们喜爱的作者自己撰写"粉丝小说"。作者（或图书出版商）通常都设有网页，上面提供电子邮箱和读者保持联系，还有来自作者的有声读物供读者下载，以及其他媒体的链接等。[10]

在当今发展的基础之上，我们可否预测传统书店和图书馆即将退出历史舞台？至少目前看起来不太可能。然而，随着成本提高，网络销售还是打击到了传统的实体店销售方式。存活下来的传统零售商都是那些拥有大量实体图书存货，同时又具备有效的网络销售渠道的商家。纸质图书作为目前书商的主要产品，也会经历一些变化。

业界观察　　　　　图书出版

乔纳森·卡普（Jonathan Kapp）
出版人，阿歇特图书集团总编辑

作为一个引人注目并受人尊敬的编辑，乔纳森·卡普已经拥有、编辑并且指导了美国一部分非常著名、成功的小说及散文作品。他毕业于布朗大学，最早以记者的身份供职于《普罗维登斯日报》。加入兰登书屋后开始当编辑，并且一路从助理编辑做到了总编辑。

现在的乔纳森每年与一群重要作者合作出版12本高质量图书。他参与编辑的图书有《奔腾年代》《深海探秘》《请勿抽烟》《末代教父》等。他还参与编辑了一系列畅销书，合作作者包括共和党参议员约翰·麦凯恩、参议员爱德华·肯尼迪、唐纳德·特朗普、斯蒂芬·博斯科等。他被媒体誉为"先锋编辑"，"有一双发现伟大作品的眼睛"。据悉，他现在只和"高水平"的作者或作品合作。

1. 什么时候，在什么情况下您意识到了新媒体或者数字时代的重要意义？

1987年我开始用电子邮件和朋友们联系，也在同一年，我在《普罗维登斯日报》当记者时开始用电脑当辅助。两件事都对我有启发，它们清楚地告诉我媒体环境将发生改变。但这种改变在搜索引擎如雅虎、谷歌的催化下，来势更加凶猛。

2. 这个经历对您个人或者对出版行业有什么影响？

从行业上讲，出版商们得以更有效地跟踪销售信息、分销图书。我进入出版这一行的时候，经常会听到作者们担心他们的图书不能及时上市。但亚马逊和其他类似公司的出现基本消除了他们的顾虑。个人方面来讲，我在想数字时代是否通过社交网络缩短了人们的注意力时间，在新闻界和我们实际生活中，人们更强调即时发生的事件。

3. 在媒介业和娱乐业的大背景下，数字时代如何影响图书出版？

网上到处充斥着更加实用的信息，它们很轻易就可以被搜索到。

4. 数字革命给图书出版带来的最具挑战性的或者最有利的事情是什么？对这个您已经在《华盛顿邮报》上做了一些具有争议的评论。

我相信数字时代的变革会迫使出版商聚焦在更重要的事情上：出版高质量的、需要经年来调研的、精选的图书。如今的媒介公司是在一个相当快的节奏上竞争，有必要让出版商们放慢脚步，开始注重产品的权威性和原创性。这两点在媒介文化中是无法复制的。

5. 您对于图书出版的未来是否乐观？

是的。有些出版人在新环境下会退缩或者被一些暴发户取代。但要知道，只要有好的故事或者想法，你在这个环境里总会有一席之地的。

6. 对想从事出版业的人，您有什么建议吗？

广泛阅读。跟随你的好奇心。问好的问题。

电子出版及阅读

如本章开头所述，有学者预测了"图书之死"——纸质印刷、带首尾封皮、在书店里销售并贮存在图书馆架子上的图书将不复存在。这些未来学家们坚称，网络上可供人们下载的电子书将因其高效而取代传统书。

有理由相信，在相当长的一段时间内，图书的性质将会发生转变。从按需出版图书和网络下载的数字图书两方面，即可一窥端倪。

按需出版　近年来，按需出版图书使顾客想买的时候可以自行进行下载。与售货员去书架或仓库找图书不同，书店会从中央数据库中搜寻图书名称。顾客可以通过网络或电话向书店订购图书。图书很快就能被下载并当场打印出来，再加上封皮，就成了顾客手中的图书。

这种售书方式只占很小的一部分，但有些批评家说改变很快会到来。因为图书是长期媒体中时间跨度最长的，数字通信的大存储量对出版商来说具有很强的吸引力。对于总担心成本底线和存储能力的出版行业来说，电子储存、分销的方式无疑优势明显，改变了有些图书根本卖不出去的情况。

● 纸张和印刷成本缩减到只需要承担实际被订购图书的费用。

● 削去中间商开销。电子数据库不再需要庞大的存储仓库，将图书运送到零售商手里的物流费也可以免去。随着这些成本降低，图书的零售价也会降低。

● 不再印刷的图书也可以通过电子书的方式获取。

● 出版商不需要承担未售出图书的损失。如今大部分零售商的做法是，在一套操作复杂的程序下将未售出的图书运回出版商那里，出版商承担损失。

考虑到以上原因，出版业是十分欢迎技术创新的。按需出版的生产过程、存储、物流都与传统售书不同，不过读者的阅读体验不变。在其他的一些案例中，读者的阅读体验却发生了变化。

网络下载　通过互联网传播的图书，版本多少有些变化。这种情况下，售书方既没有实体店，也没有通常意义上的仓库。这里也许只有一个网站和一个服务器，读者通过这两者可以直接联系到售书方。售书方有一个电子书数据库，电子书可以被快速传送、下载到顾客的电脑终端上，然后顾客通过一个专门的设备，比如阅读程序来进行阅读。

已经有一些网上书店销售电子书了，比如鲍威尔书店（www. powells. com）。目前，阅读设备或格式还没有一个统一的标准。因此电子书销售方提供了一系列不同的选择，主要包括以下几种：

● 在线阅读。有些公司，尤其是那些出售电子书的公司，比如数码校园（www. ecampus. com），只销售在线阅读时间（大部分是一个学期或者一个学年）。这种电子书从来不能被下载只能通过其网站在线阅读。它们容易搜索、具备影音动画功能，还可以存储读者的笔记，越来越多的功能使得这种在线图书越发强大。

● 下载到电脑终端阅读。使用诸如杜比数字版或者微软阅读器的软件，可以使读者闲暇时阅读自己从电脑上下载好的图书。

● 下载到其他电子设备上阅读。这种方法适用于不想在电脑上阅读电子书的读者。他们通常需要先把电子书下载到电脑上，再通过数据线转存到其他设备上。这样的设备有很多，如索尼阅读器。电子书还可以下载到黑莓手机或者无线通信设备上。其中最著名的是亚马逊推出的电子书阅读器 Kindle，它可以无线连接至亚马逊的网络书库。书库里每一本书的售价比纸质版的书便宜一半以上。《新闻周刊》一篇热情洋溢的报道使用了以下标题：阅读的未来。其中引用了亚马逊创始人杰夫·贝索斯的话来描述 Kindle："这是我们做过的最重要的事情。"[11]

几年来人们对电子书也产生了一些抱怨。有的人不喜欢阅读大量的在线文件，有些人不习惯电脑提供的"水平式"阅读体验。为了适应人们的需要，很多阅读设备都提供"垂直式"

阅读选择。目前电子设备占优势，不过也有乐观的人士认为图书将会在数字时代追赶上来。比如亚马逊的阅读器保证会在其他可以上网的设备上给读者提供及时的、最优价的图书。

在推广电子书的时候，公司们提供免费的电子书阅读软件，甚至有些卖家会提供免费的书，以便吸引顾客来购买其他图书。但大多数商家的做法是提供图书的章节预览（通常是第一章），或者是在线免费阅读图书的内页。商家通过提供和传统书相似的信息来诱使顾客购买他们的产品。[12]

虽然电子书在成本和用户体验方面还有很大的提升空间，但许多观察家还是认为电子书的普及对大众读者来说优势多多。

- 可以预见到的一点是，将来图书馆或者大的书店将会为存储海量电子书的数据库所取代。电子书在图书馆已经取代了传统书，因为很多图书馆不是空间不够就是放了太多过时的图书。电子书使得图书馆的读者可以获取不同形式的信息。对很多地区性大学来说这是个好消息，因为它们的图书馆总是处于"过时"的状态。

- 电子书的获取方式十分简便。出差或旅行的人不再需要将笨重的图书放在行李堆中，他们随时随地就可以通过电话获取想要的图书。

- 长远看来，对于缺少图书馆或者图书出版行业不成熟的国家来说，电子书可以帮助它们提高大众文化水平和文化内涵。

第四次变迁预测

鉴于电脑技术在过去 25 年的惊人发展，在未来的某个时间点，新技术将会给图书的性质带来新的改变。[12]

然而，即便这些技术真的出现，图书馆和书店就真的会退出历史舞台吗？目前来说是不太现实的。传统的纸质书还会在未来伴随我们一段时间。从数字平台获取图书的方式是一个重要的发展，但电子书和传统的纸质书仍然会共存，图书行业和图书馆也会鉴于此而双线操作。如果是这样，那么下一章中所要描述的图书出版行业在生产和销售电子书方面将会面临重大革新。

在过去和未来之间：当今图书出版

介于作者和读者之间的就是出版商，它的角色包括三方面的内容：（1）选择并且包装要出版的图书；（2）生产图书使之成形；（3）宣传并将图书销售出去以赚钱——通常所见的是零售商对图书通过实体店或网上交易进行再次销售。本章我们将要学习的是美国的出版行业是如何发展并据今所见怎样履行其三个职能的。我们将会发现，虽然作者给图书提供内容，但出版商却是承担图书销售风险的一方，因为出版商要投入资金将作者的手稿编辑成书并推销给顾客。大部分的出版商是私人企业，因此赚钱是出版商存活的必要条件。近年来，出版业变化的经济形势已经影响了出版商的经营方式。

美国图书出版简史

图书出版行业在美国殖民时期开始产生，进程相当缓慢。随着教育在全国的普及，出版业开始快速发展。19 世纪和 20 世纪是国家繁荣发展的时期，出版业在这一阶段获益良多，逐渐行成了如今百花争艳的局面。

美国殖民时期的图书出版　印刷业在新世界的起步很早。大约在朝圣者到达普利茅斯岩前一个世纪，胡安·巴勃罗在墨西哥城建了一个印刷厂，并在 1539 年时在美洲国家印刷了第一本书，这是一本名为《简明基督教义》（*Breve y Mass Compendiosa Doctrina Cristiana*）的与宗教有关的图书。

北美的图书出版起步缓慢。乘坐五月花号来到北美大陆的移民本就不是爱好读书的人，建立新大陆的任务也让他们无暇去读书。大部分移民在生活中除了说话，就再没有其他任何形式的交流了。[13]虽然那时的旧世界很流行阅读，但新世界这边直到 1640 年才有了第一本书。那本书与宗教有关，出版于新英格兰地区，在剑桥新建成的哈佛大学，名字叫作《海湾诗集》。

图书出版无论哪个方面在北美殖民区都发展得很缓慢，部分原因是英国对殖民地的限制。然而，美国革命前反抗的政治力量的崛起大大刺激了出版业的发展，图书、早期报纸、政治宣传册等等都昭示了出版业的兴起，同时也加速了美国同英国的分离。

图书和文化在 19 世纪的传播　革命后的几十年，纽约、波士顿和费城成为了几个出版业萌芽的城市中心。美国历史上，早期的出版业一般聚焦在宗教、年鉴、政治或社会杂文上。1800 年之前，美国人口中只有少部分的人具备阅读的能力，因此出版的读物基本上是面向社会精英的。

19 世纪时，国家领导者认为，如果要将美国建成人们所希望的民主国度，那么公民文化必须提高。1830 年左右，在贺拉斯·曼的计划下，麻省有了税金支持的公立小学，公立小学负责教授所有孩子读书写字。这一计划很快扩展到了其他州。

美国作家霍雷肖·阿尔杰讲述"白手起家"和"穷孩子成功"等故事的儿童图书，在 19 世纪美国大众文化中扮演了重要的角色。

图书在美国文化中的重要性传承自欧洲，图书有时会成为高雅艺术中的表现主题。该图为在美国底特律艺术中心展出的扬·范·艾克的作品《书房中的圣杰罗姆》。

到了 1840 年,美国读者人数开始增长。除了教科书和宗教图书,廉价的平装书开始出现,包括一些耸人听闻的小说。1855 年的时候,美国的图书销量已经远远超过了英国。同年面世的还有惠特曼的《草叶集》、朗费罗的《海华沙之歌》、巴特利特的《名言金句》,这些书直到今天还是必读书。也许没有哪一本书对当时的社会产生的影响像斯托夫人的《汤姆叔叔的小屋》那样深刻。就这样,历史的车轮带着 19 世纪向前滚动,出版业随之逐渐发展成一个商业、一种大众媒体,并成为美国文化灿烂的组成部分。[14]

20 世纪出版图书增加　图 3-1 显示了 20 世纪美国的出版商产量。显然,出版业是个发展中的行业,近年来出版的图书比历史上任何时候都要多。原因有两点:(1)出版商对利益的追逐;(2)教育和文学的普及使得读者数量增多。

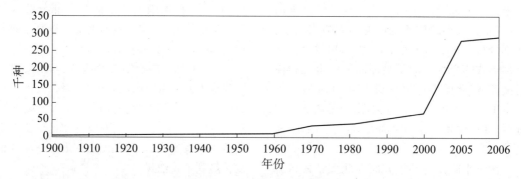

图 3-1　美国图书出版种数

20 世纪上半叶,图书出版经历了商业化的转变。出版图书和运送图书的方式越来越注重经济利益。如今我们所见的图书出版业的很多惯例都是从那时起开始出现的,出版商通过以下方式刺激并满足读者的需求。

● 图书俱乐部。20 世纪 20 年代,每月之书俱乐部和文学协会建立,将图书市场扩大到了小说和其他文学形式上,并吸引了远离书店的读者。顾客会订阅这些服务,而俱乐部则会每月从中挑选新书供顾客阅读。

● 平装书。美国出版业上重要的发明之一就是如今流行的小小的平装书。即使是在 19 世纪,纸张的普及和印刷技术的提高使得廉价小说充斥各处,并构成了出版业的重要组成部分。直到 20 世纪,"严肃"的图书还是会以硬皮书的方式印刷。平装书在欧洲的普及是在二战之后,但其程度还是无法与美国相比。然而,1950 年后出现了更便宜的印刷和装订手段,平装书从此囊括了各种题材,并扩展到了空前广泛的人群当中。

教育的持续发展也给出版业灌注了动力,尤其是教科书出版。二战之后美国越来越多的人追求高等教育。对教科书的需求随着退伍老兵的回归创造了新高,退伍军人法的实施使这些老兵得以进入大学和学院学习。战后的婴儿潮也使得上学的孩童数量猛增。而今,他们的孩子又到了上学的年纪,新一批的孩子开始进入小学、初中,甚至有些已经开始上大学。对教科书的需要仍然在上升。

如今美国人民花在图书上的钱相比 20 世纪中期多了很多倍。1947 年图书销售总量是 4 亿 3 500 万美元,2007 年已经达到了 236 亿美元。即使考虑到通货膨胀的影响,这一增长也是惊人的。

当代图书出版流程

像电影制片人或者音乐巨头一样,出版人(至少)也有自己的风格和名声。他们的工作一部分在于对出版流程的组织，和作者打交道，并对图书进行封面设计。尽管有些出版社只顾着挣钱，但也有些出版人是因其专业的技艺而受人瞩目，即出版高质量图书。但大部分出版商是本着又快又便宜的宗旨在出书。少数人甚至出版紧跟新闻潮流的"即时书"。近几年，市场上一夜之间出现的图书题材有2008年大选、奥运会，还有像卡特里娜飓风似的自然灾害。

无疑，图书里更为重要的是内容。许多出版商关注通俗话题，比如科学、小说、美术、医药、法律或者宗教。出版商还有一些其他分类，比如散文文学、高中课本等。表3-1显示了依据读者和功能做出的图书分类。

表 3-1　　　　图书类型

类型	描述
大众读物	包括文学、传记、所有小说以及作为一般读物的非小说类图书。这些图书通常由零售书店经营。
课本	包括小学、中学、学院和大学的课本。这些课本通常通过教育机构或大学书店销售，但出版商会向州或地方学校董事会或教师群体进行推销。
儿童用书	通过书店销售或直接向学校和图书馆销售。
参考书、工具书	包括字典、百科全书、地图册以及类似图书。这些图书通常需要进行较长时间和成本不菲的准备工作。
技术与科学	包括技术手册、原始研究和技术报告。
法律	涉及法律材料的编纂和持续更新。
医药	也需经常更新。

资料来源：Datus C. Smith Jr., *Guide to Book Publishing* (1989), pp. 128-129; used by permission of University of Washington Press.

图书还可以根据其市场占有份额来分类。图3-2显示，大众读物在售出图书总额中所占比重最大，已经超过了出版商售出总额的一半，而且这个占有率还在上升。[15]

与大众读物类似但略有不同的图书是大

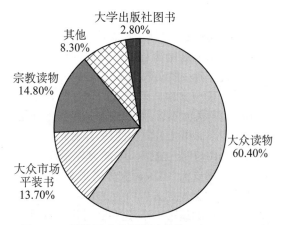

图 3-2　最终用户的图书消费情况（2008—2012）

学出版社出版的图书，这类出版社通常和大学联合并且接受特定的教育机构补贴。大学出版社的图书在出版业中只占很小一部分，但销售额低并不代表大学出版社不重要。作为关注有影响力的精英阶层的出版社，大学出版社的图书经常被其他媒体挑选并宣传出去。它们的受众目标主要是学者和科学家。然而近年来，甚至一些大学出版社也开始走商业化路线，注重利益并且开始出版大众感兴趣的图书。

生产及销售图书的程序在所有出版商中都是大同小异的。涉及的主要人员包括作者、编辑、图书制造商、书店以及销售人员。自然而然，很多专家或者技术人员也参与其中。今日的图书出版商依靠很多非雇佣人员来开发图书，造成了今天的出版商更像一个乐队中的管弦乐手——负责雇用、协调许多外部供应商。

作者　柏拉图的《理想国》是最早达到图书长度的哲学著作。自那时起，图书从作者们的脑海里脱胎成为了具备实际物体的形式。并且，由于出版业是个竞争激烈的行业，作者在其中的作用不言自明。出版商必须有持续的内容供自己处理、销售，因此作者就成了出版业里关键的一环。

成为大众读物的作者就很困难。刚开始写小说的作者们甚至很难有机会将他们的作品送到出版商那里。然而一旦作品被认可，或者作者之前写出过成功的图书，那么这件事儿就容易得多了。

作者赚取的是版税,版税是经过协商后出版商把图书销售给零售商而赚取的很小一部分。小说作者一般会收到预付款,同意出版之后再从版税中扣除。预付款的金额从几千美元到几百万美元不等,要看你是初级作者还是知名作者。如果图书成功的话,作者还会收到另外的合约,甚至包括电影或电视剧版权授权。

教科书方面,出版商和作者的关系不同。出版商通常会专门去找特定的作者以便让他们承担教材的编写工作,这些教材是出版商认为可能会卖得好的。出版商会在作者开始撰写之前就和作者签订写作合约,内容基于图书大纲或者是一个大概的章节,这与小说作者的合约又不一样。当然,教科书作者必须是某领域中的专家,出版商会对销售前景做出仔细的评估。教科书的财务系统也有自己的特色。与其他一般图书相比,教科书作者收到的预付款往往会较低,但好的教材一般会被再版很多次,给作者和出版商带来持续的收入。

代理人 在大众读物里,作者一般会和文稿代理人合作。代理人的主要工作有以下方面:

- 搜集图书的内容。
- 整理可能会让出版商感兴趣的图书。
- 负责联系会对图书感兴趣的出版商或编辑。
- 代表作者与出版商谈判合约事宜。

代理人的佣金由作者支付,通常是作者预付款的 15% 左右。

编辑 作者、代理人或者编辑都会有出大众读物的想法。出版商在市场方面发挥的作用逐渐增强,编辑在图书成形方面起到的作用也在提升。时代公司有时会给潜在读者寄送某本书或一系列图书的说明册,接着收集反馈信息。这些反馈信息就是编辑决定某本书去留的依据,或者对图书的内容、版式、销售方面

的策划做出改动的原因。

当出版社收到作者的手稿之后,会涉及几种编辑的工作:

- **策划编辑。** 他们的工作是形成某书的写作提纲,并联系有能力且愿意写作图书的作者。策划编辑和其他编辑还要一起负责对手稿质量和销售潜力进行评估。
- **开发编辑。** 此类编辑直接和作者合作,负责理清图书内容并使之形成更有效的陈述。
- **文字编辑。** 主要负责对文稿内容的拼写、句法、语法、语句的检查。文稿的初次纸质版本也由他们负责校对。

制作人员 为了将手稿设置成能够适用于印刷的版式,出版商还要雇用外方公司,主要是排版人员。他们专门负责图书插画、印刷设计、封面版式的安排。如前所述,这些工作之前是由自由作家来完成的,他们不是出版公司的职员,但是会以具体项目为基础和公司签订合约。出版公司的外方合作还涉及印刷公司和装订公司。这些服务的提供商通常是分开的,有时还会在不同国家,但都是拥有庞大设备的大公司,有能力将上吨的白纸变成图书成品。这种公司可以建在任何地方。出版商可以在纽约,但图书的印刷、装订和分配可以在加利福尼亚,甚至在意大利。

销售人员 出版公司的销售代表负责销售。他们要说服独立零售商、校方董事会或大学职工来分销或分配公司图书。少数出版商也会运营自己的书店。

因此,出版商的角色类似经理人——将不同的职业进行整合、协调。这些职业包括作者、编辑、制作人员、排字工人、印刷工人以及零售商。在图书销售至市场的各个环节中,出版商还要力控图书成本、流程安排和作品质量。他们的角色,用出版总监丹·莱昂斯的话说是"有点像喜剧或独立电影制片人"[16]。

作为商业的出版业

显然,出版商是风险承担者。丹·莱昂斯 谈论"出版业的实质"时说道:"出版人要支付

成本还要承担每本书的发行风险,他的工作是高风险的。"[17] 作者也分担这种风险。写一本成功的书或编一本好教材都会花数年时间。作者虽然会在图书出版前收到部分预付款,但收到总金额要晚得多。如果图书(卖得)好,作者就会拿到报酬;若是不好,那他就真是白忙活了。

对出版商和作者来说,这个风险到底有多大? 非常大。也许听起来很令人吃惊,但许多图书——也许大部分图书——从不盈利! 预测某本书是否会成功是件很难的事情,出版商几乎是在冒险。但一部好作品带来的收益会弥补其他图书的亏损,甚至有时候能勉强收支平衡,这就是出版商能存活的原因。此外,如果一本书可以收支平衡,那就会有一个专门人员负责图书的各项事宜,直到其成为畅销书,因为如果真的成为畅销书,这个负责人是不可或缺的。

出版书像冒险一样,出版商会想尽办法提高自己盈利的可能性。盈利的压力在 20 世纪初就有了,导致如今的出版业有两个明显的特点:(1)所有权集中;(2)具备复杂的市场和销售技巧。

所有权集中 所有权集中在少数几个大公司手里的现象在美国所有媒体中都很常见,包括图书业。

出版业在二战之前是有点"绅士"的行业。它还赚不了"大钱"也不需要什么精明的商业技巧。大部分是家族企业并被代代相传。二战之后出版业迎来了发展的机遇,出于对新资源的需要,开始走向公众。这意味着出版公司开始销售自己的股票。这是个重要的转折点,吸引了银行和其他投资商购买其股票,并刺激了良性投资需求。最重要的是,除了满足大众对图书的需要,出版业成为了经济的驱动力量之一,如今依然如此。

公共所有权为公司兼并带来了机遇。1960 年后,尤其是近几年,许多出版公司要么合并,要么被其他大企业兼并。如今,公司兼并和出售的现象层出不穷。其结果就是使少部分大企业获得了经济资源、精细业务和更大的市场。

现在的美国出版业建立在大企业的基础上,很多企业都坐落在纽约市。其中有六家占据了出版业的半壁江山:

- 兰登书屋。
- 企鹅出版社。
- 哈勃考林斯出版社。
- 霍尔茨布林克出版集团。
- 时代华纳。
- 西蒙与舒斯特出版公司。

有些出版公司有其他的媒体资源用以推销自己的图书,或将图书改编成动画、杂志和其他媒体形式。比如哈勃考林斯出版社由鲁伯特·默多克的新闻集团掌握,兰登书屋在德国出版集团贝塔斯曼旗下等。目前,全美国占 2% 的出版公司控制了 75% 的图书销售量。[18]

许多公司虽然通过合并获得了新的经济支撑,但与此同时也丧失了决策自主权,它们更多地需要考虑股东和新东家的经济利益。出版已不再是"体面的"俱乐部,而是商业目标明确的生意。大出版企业和别的可以进行收购或并购的商业集团没有什么不同,相对于出版优质却销量很少的图书,它们更关心公司的年度收入。

经济上的考虑迫使出版商们改变自身传统的获取、生产、销售图书的方式。出版商现在普遍采用市场调研的方式来决定该出版什么样的图书。已经可以观察到的是,大部分的出版商会把曾经是"自己的活儿"外包给别人,会联系公司外的自由职业者来做封面设计、编辑手稿、提供图片、设计插画、校对文本、制作索引和其他生产图书过程中的环节。做完之后,成品的手稿会送到另外的独立印刷公司和装订公司进行最后收尾。直到近些年,出版公司开始运营自己的印刷、装订公司,甚至书店。

今天的出版公司很少会对优秀但不能赚钱的作品感兴趣。大学出版社和智囊团是个例外,即便是这样,它们也有自己的底线。很多出版公司愿意把自己当作一个纯粹的商业企业,基本原则和啤酒、肥皂或汤品的制造商几乎没有区别。它们的目的是生产一个产品并说服顾客购买,产品的其他方面倒不成为考虑对象。因此今天的出版业不像由手艺活或依靠智慧的企业构成，它们与其他现代企业并无二致。批评家们因此有了这样的担心，他们认为一丝不苟的出版技术连同传统的出版业以及文化标准都会在这样的环境下丧失，最后人们只剩下"平庸的大众口味"。[19]一位批评家这样写道：

> 近来，出版业饱受诟病，并不是因为它是失败的媒体，而是因为作为曾经有品格的机构和媒体，它已经沦落成廉价的伪劣品和投机商。出版业的名声已经坏掉了，批评家们对它嗤之以鼻，因为出版业关心的无非是市场利益，至于图书质量早就没人在乎了。出版业如果不是因为文盲和竞争激烈而消失，那就是由于自己的低级趣味。[20]

但也不是所有人都有这种消极的感觉。像化妆品或啤酒公司的合并一样，出版公司的合并会给小企业带来生存机遇，使它们能出版高质量的、迎合"小众"口味的图书。如今这样的小公司在全国有很多，主要出版专门类图书。出版公司只需要一两个人和一台小机器就能开起来，按照一本书接一本书的制作模式雇用其他的服务者。不像小电台或电视频道，小型出版商不需要美国联邦许可证，也不像地方报纸一样，读者群只限定于当地人。通过精心的宣传、直接邮寄和网上销售等方式，一个新的出版社就可以吸引全国的购买者。这样一来，虽然启动资金有限，出版商仍可以以质

取胜，直到有利可图。

图书市场和销售　　已经可见，企业合并使市场营销的专门知识得以发展。今天我这想买一本书比20年前要容易得多了。我们已经讨论过网上的图书销售，公司影响也改变了人对人的售书方式。如家庭经营的小零售店一样，很多在商场里的小摊位都被全国连锁书店取代了。这些大型商店或购物广场能容纳上千册图书，种类、品味都十分全面。即便有人怀念在小型书店里获得的那种"人情关注"，小书店在这种情形下怎么看也是无法反败为胜了。

当代图书企业还有一系列的市场推销技巧，比如直接邮寄、电话推销、网站、专业见面会、图书俱乐部以及杂志广告等。有时出版商通常还会给预订的顾客打个折扣。推销其他商品的手段在图书领域里几乎都被试了个遍。但传统上，出版商给图书的广告预算相对于别的商品要低很多。主要有以下几种推销手段：

● 图书依靠报纸或杂志上的书评——一种额外的付费广告——进行推广。

● 作者，尤其是写作非虚构类作品的作者，频繁出席电视活动或电台节目来推销自己的图书。这样的节目有芭芭拉·沃尔特主持的《观点》和《奥普拉脱口秀》等，都是作者们重要的推销渠道。还有一些有线电视频道节目、深夜脱口秀等。沃尔特女士的自传《试镜》成为了2008年的最畅销图书，她本人也出席了各种脱口秀节目来对其进行宣传。如果不是这些要推销的、受争议的图书，很多节目甚至没法做下去。

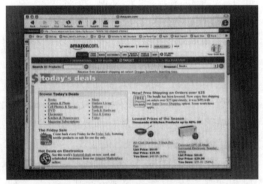

亚马逊网站和其他网络书店在图书市场和销售方面具有革命性意义。

《纽约时报》书评的"畅销书排行榜"对于读者而言具有重要影响力。

● 典型的还有出版商提供的新书促销旅行,但这个旅行的经费非常有限。作者们会到各地去推销自己的新书。但越来越多的情况是作者们在网上推销自己的图书,通过线上互动、播客等方式。但作者们还是倾向于促销旅行,部分是因为促销旅行使得当地媒体会到作者所到之处进行报道与采访,在文化水平高的城市更是如此(见图3-3)。

美国文化程度最高的十大城市	
明尼苏达州明尼阿波利斯市	1
华盛顿州西雅图市	2
明尼苏达州圣保罗市	3
科罗拉多州丹佛市	4
华盛顿特区	5
密苏里州圣路易斯市	6
加利福尼亚州旧金山市	7
佐治亚州亚特兰大市	8
宾夕法尼亚州匹兹堡市	9
马萨诸塞州波士顿市	10

图 3-3 美国文化程度最高的十大城市(2007)

资料来源:Dr. John Miller, President, Central Connecticut State University, is the author of this study. Research was conducted in collaboration with the Center for Public Policy and Social Research at CCSU.

在电视访谈中,正如图书作者托妮·马里森所说,电视明星奥普拉·温弗瑞是图书销售的主要推动力。

也许是这些努力起了作用,美国民众所购图书数量之多是人们早期时候无法想象的。自20世纪中期的一次统计之后,美国图书的发售量增长了5倍还多(见图3-1)。光1999年一年,所售图书就有7万种,包括各种题材,适合不同年龄、背景的读者。到了2006年,这个数字达到了 29 万种,其中还包括电子书的销售量。

总体看来,图书的未来还是乐观的,尽管不像有些作家、编辑和批评家所想的那么"浪漫"。有些人担心,出版业的整合会使那些重要的销路不广的图书甚至大学出版社受到影响。曾经是大学骄傲的出版社,如今却难以为继。与此同时,乔纳森·卡普在刊载于《华盛顿邮报》的题为《阅读一次性图书》(2008 年 6 月 29 日,B01 版)一文中指出,"进入出版业的门槛每年都在降低",其结果就是产生了几千个独立出版商和自由出版社。比如,按需生产的技术让一个人可以写一本书,然后只出版寥寥几本。然而,有一种减少是出版商可以期待的,那就是如百科全书、医药指南、使用手册之类的图书数量的下降。这些图书很适合网上分销,读者也并不想拥有整本书,他们实际上需要的也许就是几页纸而已。当然,图书的市场仍在扩大,还伴随着新的零售系统、越来越多的充满活力的出版商,以及日渐发达的下载、阅读技术等。图书行业既脆弱又坚强,它是负责传播知识、思想和文化的大工厂。图书不仅仅是商业,它们本身就是文化,在未来的很长一段时间,它们还会活跃在人们的视野中。

本章回顾

- 文字和便携式媒介出现之后,图书就被发明出来了。过去的 6 个世纪里,图书经历了至少 3 次重大过渡。
- 洞穴壁画是人类第一次试图用图画的方式表达想法。这代表着从口头表达向书写表达的过渡。
- 象形文字系统是基于图画发展而来的,始于公元前 4000 年。之后的 2 000 年它发展缓慢,直到音标符号开始被使用。字母表被发明出来之后,文字系统被大大简化了。
- 当便携式媒介取代了石块时,较长文献甚至储存卷轴的图书馆的随时阅读逐渐成为可能。罗马人制作了第一批图书,书的边缘经过了裁切,有着装订的书页和衬页或封面。他们还发明了书写的格式,并被我们沿用至今。
- 中世纪的黑暗时期,文字手稿及书写的艺术在基督教僧侣们的手中保持着活力。但过了 12、13 世纪之后,这样的技艺也不存在了。此外,纸张开始普及,印刷技术也开始萌芽。
- 古登堡促使了一项重要的技术革新,即印刷机和金属活字印刷术。这项技术很快在西方世界传播开来。
- 纸质图书因其便携性、易于保存和相对便宜在未来还会被继续使用。然而,随着技术发展,图书的生产、存储、分配和销售、阅读等方面都发生了深刻的变化。数字化系统有可能给这个重要的大众媒介带来第四次变革。不管其物理形式如何,图书始终都是人们最在意的媒介,也是构成人类文明不可缺少的一部分。

思考题

1. 在人类社会和文化背景下,图书的发展过程是怎样的?

2. 在理解今天的出版业时图书的历史有何价值?

3. 图书的传播功能有哪些？

4. 新技术是如何被应用到图书发展过程中的？

5. 数字时代的图书面临哪些困境？

6. 你怎样归纳出版业未来的特点？它受哪些因素影响？

 关键概念和术语

图书出版商　Book publisher

文字代理人　Literacy agent

亚马逊阅读器/索尼阅读器　Amazon or Sony Reader

版权　Copyright

回归　Returns

按需出版　Demand publishing

电子出版　Electronic publishing

亚马逊网站　Amazon. com

数字出版　Digital publishing

畅销书　Best seller

 注释

1. Steven Levy,"It's Time to Turn the Last Page," *Newsweek*,Jan. 1,2000,p. 96.

2. Dermot McEvoy,"Want Political Truth? Buy a Book," *Publishers Weekly*, June 16, 2008, pp. 22 -23.

3. Frederick Seibert,*Freedom of the Press in England*,*1476 - 1622*（Urbana,IL：University of Illinois Press,1952）,Chapters 1 - 3.

4. 关于书写、字母类、早期图书以及印刷术的发明的论述基于下列文献：Albertine Gar,*A History of Writing*（London：Scribner's, 1984）；Joseph Naveh,*Early History of the Alphabet*（Jerusalem：Magnes, 1982）；Donald Jackson, *The Story of Writing*（New York：Taplinger, 1981）；and Douglas McMurtrie,*The Book：A History of Printing and Book-Making*（New York：Oxford University Press,1943）。

5. McMurtrie,*The Book*,pp. 76 - 77.

6. Francis Falconer Madan,*Books in Manuscript：A Short Introduction to Their Study and Use*,2nd ed. (Oxford：Oxford University Press,1920).

7. Robert Hamilton Clapper,*Paper,An Historical Account of Its Making by Hand from the Earliest Times Down to the Present Day*（Oxford：Oxford University Press,1934）.

8. James Moran, *Printing Presses：History and Development from the Fifteenth Century to Modern Times* （Berkely：University of California Press, 1978）,p. 18.

9. 实际数字将永远难以确定。但这显然是一场伟大的通信革命,可以与 20 世纪的情形相媲美。关于这场革命影响的详细分析,参见 Elizabeth Eisentstein,*The Printing Press as an Agent of Change*, vols. 1 and 2 （Cambridge：Cambridge University Press,1979）。

10. Brad Stone,"Envisioning the Next Chapter for Electronic Books," *New York Times*, Sept. 6,2007.

11. Steven Levy,"The Future of Reading," *Newsweek*,November 17,2007,at www. newsweek. com/id/70983；also see "Amazon Kindle Sells Out on Debut,"BBC News,Nov. 22,2007.

12. 截至 1999 年年底关于美国电子出版情况的概要参见 Steven Zeitchek,"Pixel Power," *Publishers Weekly*,Dec. 20,1999,pp. 38 - 44。

13. John E. Pomfret,*Founding the American Colo-*

nies: *1583－1660* (New York: Harper & Row, 1970).

14. John Tebbel, *The Media in America* (New York: Crowell, 1974).

15. 收集和公布这些数据的过程存在相当明显的滞后，因为出版商通常不愿透露当前的销售趋势。因此，难以获得完整的销售数量和销售额。本章的图书销售和大学教材出版的数据引自投资银行 Veronis Suhler Stevenson 于 2006 年提供的对于 2006—2010 年的通信行业的预测，这是一年一度出版的行业信息出版物。

16. Dan Lacy, "The Economics of Publishing, or Adam Smith and Literature," *The American Reading Public* (New York: Bowker, 1965), based on an issue of *Daedalus*.

17. Lacy, "Economics of Publishing."

18. *Books in Print* (New York: R. R. Bowker Inc. , 1991).

19. Charles A. Madison, *Book Publishing in America* (New York: McGraw-Hill, 1966), p. 402. See also Albert N. Greco, *The Book Publishing Industry* (Mahwah, NJ: Lawrence Erlbaum Associates, 2004). Benjamin M. Compaine, *The Book Industry in Transition* (White Plains, NY: Knowledge Industry, 1978).

20. Everette E. Dennis, Craig Lamay, and Edward C. Pease, eds. , *Publishing Books* (New Brunswick, NJ: Transaction, 1997), p. xiv. 此外还有两本关于出版的出色著作，它们分别如下：Jason Epstein, *Book Business: Past, Present, and Future* (New York: Random House, 2001) and Andre Schiffrin, *The Business of Books: How the International Conglomerates Took Over Publishing and Changed the Way We Read* (New York: Verso Books, 2000)。

第4章
报纸和新闻媒介:向社会传递信息

报纸作为新闻媒介的重要性

报纸在新闻媒介中的重要地位

数字时代的报纸和新闻

报纸:大众社会的第一媒介

早期报纸

美洲殖民地报刊

美国新闻业传统的建立

殖民地新闻业的特征

普通公民的报纸

社会对报纸发展的影响

黄色新闻时代

塑造当今报纸的趋势

作为文化创新的报纸

通讯社和特稿辛迪加的发展

所有制形式的改变

作为现代媒介的报纸

报纸的种类

功能和内容的改变

报纸的双重身份和内在的利益冲突

报纸工作是如何组织起来的

报纸的未来

互动媒体和在线报纸

一群策略企划聚集到一家大型媒体公司的大会议桌前，推测有关报纸的未来。在21世纪头几十年里，"报纸是恐龙，是濒临灭绝的物种和日薄西山的行业"，一位年轻的执行总监说道。为什么？"因为报纸从生产到到达有限读报人手中的成本很高，它有时效性，并且在年轻人中已经不流行了。"另一个人回答道。另一个与会者说："解决这些问题的办法是创造一种通用的交互性的电子报纸，它能覆盖所有人都感兴趣的信息，更新及时并且读报人可以花费很少钱或者免费来阅读。"

几十年前，在20世纪70年代，著名的加拿大媒介专家马歇尔·麦克卢汉，一位杰出的分析师，就曾预言互联网"地球村"的到来以及"印刷业的消亡"。然而，到目前为止，印刷媒介，尤其是报纸，已经幸存了几十个年头，即使许多像策略企划这样的人鼓吹印刷媒介的缺点。

回到会议室，发言人们已经开始品评报纸之所以幸存的原因。他们同意当今的报纸有以下优点：

● 便携性。无论人们走到哪都可以读上一份，不需要其他设备，软件或插件。

● 可预见性。读报人知道要期待什么，他们知道报纸是如何排版的，哪些版面在什么地方。

● 易获取性。读报人知道在哪有报纸，怎么得到一份报纸。

● 经济性。购买报纸很便宜，并且物超所值。

至于纸质报纸上的墨有以下缺点：

● 易损坏，不能永久保存。

● 不便储存。

● 不能更新。

● 读者以中老年人为主。

● 油墨可能会弄脏读报人的手。

报纸有时被称为新闻信息的金本位。它对几乎每件事都做全面、详细的报道。以"所有事件都值得报道"为座右铭的、受到广泛推崇的《纽约时报》因被称为"档案记录报"而声名远播。

然而，今天，报纸还在为它的生存而战。一些评论家指出报纸是一种日趋消亡的媒体，现在年轻人偏好更时尚的媒体，它将因技术的进步和新的竞争对手的出现而退出舞台。确实如此，近些年一些印刷报纸已经消亡了，包括曾经享有盛名的丹佛的《落基山新闻》和《西雅图邮讯报》，都于2009年倒闭。他们也指出报纸正在为对新闻行业一无所知的私营业主所买卖。报纸，已经有200年的历史了。面对广播、电视、有线电视以及现在的数字传输，它幸存至今，但是之前它从未遇到如此激烈的竞争。如今，不计其数的网络报纸和新闻服务也在争取广告主和读者。读者可以在街角获得油墨印刷的免费报纸，这些报纸不仅提供编辑装订好的新闻而且也附有广告。报纸的两大收入来源，家庭订阅和街报摊的销售额以及展示广告，受到极大的挑战。分类广告，曾经是报纸收入的主流来源，受到网络上交互广告的冲击，现已接近消亡。

报纸一直以来都对经济动向很敏感，在艰难时期，它损失惨重。在2008年的全球经济危机中，很多广告撤出，发行量严重减少，随之报纸利润也一落千丈。这些问题出现在经济危机之前，但是在成千上万劳动者被辞退时，问题的严重性加剧。然后报纸无助地寻求新的经济运行模式，从免费提供新闻服务到建议对信息和报纸进行微付费。尽管报纸也跟从互联网趋势并使用社会网络媒体，然而报纸还是输给了新型的网络媒体。一些金融分析师也大胆预测了报纸行业的消亡，然而其他人认为相比今天的形势，以后报纸会更少，竞争也会更小。

这章的主题是有关这种广受好评的媒体是怎样衍生、发展以及在今天的媒体市场幸存下来的。当然，报纸作为一种组织、一种用于销售的产品以及信息流通的工具必须从本质、目的、大众媒体的功能等方面得到解读。在第 9 章我们会更细致地探讨新闻。比起对新闻建筑学的理解、报纸过去及现在所扮演的角色以及它自己作为更大的信息、娱乐和传播产业的一部分在当前新闻媒体中的地位，将来的报纸是仍然印刷在纸上，还是以电子或某种尚未发现的形式进行发送就不那么重要了。

报纸作为新闻媒介的重要性

当然，几乎每个人都知道报纸是一种新闻传播形式，是每天或每周都会发行的印刷品。本章认为报纸不能再被视为一种与媒介家族其他成员分离开了的单一媒介，而必须被视为一个更大系统中的一分子。在历史久远的大众传媒中，报纸仍非常重要，即使在这个交互媒介的时代。什么是报纸，报纸是用来干什么的，报纸是怎样实现它的功能的，这些曾经都是盖棺定论的问题，现在在数字时代之初却备受争议。例如，一些产业领导者认为报纸仅仅只是平台，或者以纸质形式打包信息的技术手段，里面包含新闻报道、观点、广告和其他内容如娱乐。有的"报纸"根本不使用纸墨，而是以电子的形式在网上传送。

纽约证券交易所附近的报摊为顾客提供的这些报纸反映了这些报纸在媒体中的重要地位。

报纸在新闻媒介中的重要地位

新闻，由报纸和其他媒介传递的主要商品，是关于某个事件或对象的新近信息，该信息被采集、加工并通过媒介传播给重要人群。报纸，这个曾经独自发布公共和私人事务信息的站岗人，如今是新闻杂志，广播，电视，有线电视，数字和其他储存、包装、发布信息的方式的一种。因此，报纸可以被认为是新闻媒体的一部分。

新闻仍然是报纸关心的焦点,无论是什么形式的报纸,印刷的或电子的。其他的新闻媒介,即便它们确实给它们的读者、观众、听众和使用者提供新闻,但却不同于报纸。新闻是报纸的核心内容,报纸对新闻的论述比别的媒介更详细深刻。

报纸形成了我们当前对新闻排版的期待。在接下来的内容中,我们会发现报纸是以连贯、系统、可预测的方式组织打包新闻的第一媒介。从最早时期到现在,报纸有其视觉的规则和呈现的"语法"。国际大事在一处,财政新闻在另一处,国家和当地的新闻又各自在一处。从社论到体育再到其他板块,报纸创造了一种呈现新闻的"建筑学",以一种吸引并留住读者的方式组织新闻和信息。

报纸在创造新闻内容方面也扮演着主导者的角色。在其他地方看到或听到的一些新闻实际上都来源于报纸,因为它有很强大的、有时甚至更优越的收集处理信息的能力。因此,报纸在塑造新闻,进而塑造社会方面起着极为重要的作用。

数字时代的报纸和新闻

评论家们论及美国报纸行业的衰落,称报纸行业正陷入严重的困境。正如我们在本章一开始所了解到的,由于年青一代读者从电子或数字的资源获取新闻信息,报纸的读者变得越来越少,但越来越少的读者仍忠于报纸。在2008年和2009年世界范围内的财政危机期间,几家主要的报纸都倒闭了,其他报纸也转到只做网上电子版本了。

数字革命是极其不同的,并已在为这个行业带来麻烦,这个行业处理的是前沿新闻,但与此同时其在适应技术变革上是缓慢而痛苦的。[1]正如专栏作家迈克尔·金斯利[《石板》(Slate)杂志的第一位编辑]在《华盛顿邮报》中写道:"我们经历了第二次工业革命后,你的日报仍是有关第一次工业革命伟绩的论坛。"金斯利解释道,制作报纸从根本上说是从砍树开始的工业生产过程。

然而,惯性使然,许多读者仍然偏好传统报纸。尽管已有人预测了传统报纸的结束,但它仍然存在着。此外,甚至一些新媒体的领导者也承认他们依靠着那些乐意为他们自己的观众而重新定位的传统报纸以及大量内容生产人员。

曾经,报纸对抗新技术,谴责电信公司发布信息以及创作电子分类广告的计划。然而,报纸行业及时适应了技术变化。报纸组织要么整个公司拥护数字新闻收集、处理以及发布,要么单独设立自己的网上部门。

如今,许多优秀的油墨印刷的纸质报纸和它们网上的、数字的产物一起共存。一些报纸拥有自己的平行网站,这些网站仅仅只是复制了其纸质版的内容,而另一些报纸既提供不同于纸质版的网站也随同联系它们的菜单一起提供信息服务。例如,甘尼特公司通过倡导普通公民与新闻记者在一个"利用公民记者的力量"的活动中合作以促进互动的数字新闻的发展,寻求了一种新的新闻租约。[2]

业界观察	报纸

詹妮弗·卡罗尔(Jennifer Carroll)
甘尼特有限公司副总裁

探索承载内容的新技术平台是詹妮弗·卡罗尔在全球最大的报纸集团之一拥有90家报纸的甘尼特公司的一项极为重要的任务。作为密歇根州立大学的一名毕业生,她一开始在休伦港的《时代先驱报》做一名记者,然后在加入甘尼特公司前去了《兰辛州时报》,在那她从一名记者升到总编辑。对甘尼特来说,她将新闻内容拓展到新的平台,真正把握了数字时代,因这非凡而富有创造力的工作而被嘉奖。她尤其擅长理解新闻观众的人口统计资料以及与团体建立忠诚度,例如之前被忽略的妈妈们。卡罗尔女士是美国报纸行业的领军者。

1. 从什么时候,在怎样的情况下,你开始意识到新型媒体或者说是数字时代的重要性?

当我还是一名记者的时候,我就已经对此感兴趣了,既包括报道被刊载的位置也包括我们在工作中可能用到的工具。像许多人一样,我投身新闻事业是因为我对这项事业的各方面都充满热情。一些人非常关心公共服务,关心政府监督以及继续确保新闻自由;另一些人关注即时的爆炸新闻,在喧闹声中成长;然而还有人喜爱加入社区谈话。

一直以来,我都知道,因为热爱这个行业,我们有义务使用更大的调色盘工具去拓展我们的经营,去更深入地吸引我们的团体,使之变得从未有过的紧密。可以说我是一个早期的行动者,已经试用这些新技术和平台很多年了。我无法将这些时间分离开来;我对它们的兴趣和关注是持久并日益增长的。

2. 从个人的角度或专业的角度来看,这些经验对你有什么影响?

我认为正是它引导我走到今天这个位置,有助于我领导、革新并且强化我们存活的方式。我真的很喜欢和同事们一起在我们事业的每个方面测试和挖掘我们的潜能。

3. 数字革命对于报刊发行来说最大的挑战和最大益处是什么?在甘尼特,你出色的表现已被作为吸引团体参与你们的内容编辑的范例。

我们正在用无数种方式在我们的网站、移动端等多方面拓展新闻和信息。我们的社区网站有许多图片库、读者论坛、日程表等。我们欢迎读者中的参与者并且我们积极寻求他们的思想、图片和视频。我们提供多种方式帮助他们联系到他们社团中具体领域的其他人。

与此同时,我们可检索的数据库覆盖了从财产税到犯罪报告等多方面内容,在收集当地信息、评价公共服务类报道上有很大潜力。我们正在提供比以前更深入更有效的当地数据。并且,我们不仅有基于数据分析报道新闻的工具,而且还有赋予读者以强有力的方式检索和分析能力的工具。

4. 你对报纸行业未来的发展是否持乐观态度?为什么?

想到如今我们为不同地域和人口的读者提供覆盖印刷报纸、杂志、周刊、网站和移动平台等多领域的服务,我就充满信心。这极大地增加了我们网站的访问人数,也包括读者关注我们网站的总时间以及回访的频率。我们正在设计特定的网站,以更好地反映读者生活方式和需求并且能吸引更多的广告主。我们将会通过更巧妙地处理我们正要争取的读者的性别、年龄以及喜好拓展这一构想,比如是否要采用游戏和视频区吸引年轻人或者对于忙碌的社会团体是否应该采用社交媒体工具。

通过公司平台越来越壮大的妈妈们的站点网络就是一个很好的说明。她们有广阔的论坛,可以分享照片和绘画以及家庭行事历。通过这些平台,妈妈们可以在网络上互相交流,讨论彼此关心的话题,从拼车到日托。很多妈妈每天经常会来站点。并且我们也有了来自广告主的新的收入来源,广告内容从儿童医院到日托服务。

5. 你有什么建议给渴望投身报业的人吗?

多平台多层面拓展。传统的纸质报纸公司现通过多种设备发布内容,图书出版社也是如此。这对质量研究和记叙文写作是强有力的保障。电子设备和新工具的使用能够加强这种保障,包括博客,这一允许读者以任何他们选择的方式阅读内容的方式。

富有远见的报业领导者一直宣称他们自己的公司是"信息公司""信息提供商",而非老派出版商和报纸产品生产商。《纽约时报》的出版人亚瑟·苏兹伯格有句名言:"我们与平台无关。"这句话是说报纸能与任何传送模式——有线的、无线的以及其他不可想象的模式——结合起来。正如另一位行业高管说的，"重要的是我们做什么（收集新闻和信息）而非怎么做（传送给人们的方式）"。

报纸：大众社会的第一媒介

从根本上说，新闻报道开始于古登堡的印刷机。在它被发明后不久，将对重要事件的文字描述印刷出来就开始出现了。这些简要的文件是报纸的先驱，并且很快就被发送到远方。例如，有关哥伦布航海和发现新大陆的报道，在他返回西班牙的几个月内就通过他的论述的印刷版传遍了全国。

早期报纸

甚至在最早时期，印刷机就以多种方式被用于传送新闻。在 16 世纪中叶，威尼斯的领导们就使得公众能接触到有关达尔马提亚战事的印刷新闻传单。要想得到一份新闻传单，威尼斯人民需要付一格塞塔（gazette），一枚小硬币。（"格塞塔"一词频繁地被用于新闻标题，就来源于此。）在 17 世纪早期，被称为"科兰特"（corantos）的简明印刷新闻纸源自荷兰，并且马上在几个国家国内为商业团体所定期发行。其中幸存下来的、历史最悠久的就是 1602 年印刷的。科兰特被视为最早的英文报纸，尽管它缺少如今我们用于定义一份真正报纸的某些特征，即更为现代化时期的报纸拥有的早期报纸所不具有的特征。

真正的报纸应该具备以下方面：

美洲殖民地时期的报纸通常注重关于商业和政府的新闻，这一点从 1770 年的《波士顿公报和国家新闻报》上即可看出。

- 至少每周发行一次。
- 机器印刷。
- 价格对各行各业的人来说是可接受的。
- 覆盖大众一般感兴趣的话题而非像宗教和商业这样的特定话题。
- 对于一般文化水平的人是可认读的。
- 及时。
- 稳定。[3]

严格遵照这个定义，第一份真正的报纸要算《牛津公报》（之后被称作《伦敦公报》）。公报刚开始发行是在 1665 年，当时是国王查尔斯二世统治时期，报纸使用的是拉丁语，一周发行两次并持续出版到 20 世纪。这是一份被"授权"的报纸，也就是说其内容为皇室所控制和过滤。

第一份英语日报要数《每日新闻》，它于 1702 年 3 月 11 日开始在伦敦首发。这是一份高质量并且内容完整的报纸，《每日新闻》不是一种真正意义上的大众媒体，因为它保持了一种精致的文学风格并且其主要读者是富有的、受过教育的社会精英。然而，和 19 世纪更为大众化的报纸一样，广告费负担了其报纸的部分生产成本。[4]

自 17 世纪末后，在英格兰报纸很少被审查。然而在美洲殖民地，情况就截然不同了。每个殖民地的出版社都被英国政府牢牢控制，因为它总认为这么遥远的殖民地是很可能发生暴乱的。然而不久殖民地政府就见到了生机勃勃的独立报纸。

美洲殖民地报刊

美洲殖民地报刊的增加与当时的文化、经济和政治形势紧密相关。人口和经济的稳定增长为新闻的运送和商业运作以及有限的广告需求创造了市场。由于政治上的紧张加剧，例如在税收、商业控制等方面，殖民地报刊经常发布对王国政策的批评。意义最为重大的批评言论之一刊登在 1690 年 9 月 25 日波士顿的、报纸名为《国内外公共事件报》（*Publick Occurrences Both Foreign and Domestick*）的第（或最后）一期。

这种四页开的报纸出自本杰明·哈里斯之手。他是一个印刷工，因在伦敦发布了一篇有争议的文章，为了逃离惩罚来到了波士顿。马萨诸塞州州长取缔了哈里斯的报纸，因为他的报纸是未经允许出版的，也就是事先未被政府批准，并且该报纸包含了政府不准许发布的内容。

尽管它只发行了一期，但却意义重大，因为它不仅是最早发行的报纸而且公然反对政府。

但是，由于它不是持续出版，所以不符合我们对报纸的定义。从这个意义上来看，第一份美国报纸要算被称为《波士顿新闻信》的沉闷出版物。它在 1704 年 4 月问世，是第一份权威发布的报纸。约翰·坎贝尔，既是出版商也是波士顿的邮局局长。作为一名邮局局长，他可以免费邮寄报纸。对于早期殖民地报纸来说，与邮局打交道几乎是不可或缺的，因为当时真没有其他运送报纸的方式。

《波士顿新闻信》的内容主要包括对欧洲政治、发货报告以及一些广告的沉闷论述。据埃德温·埃默里所言，这份报纸是"没有诽谤、不用审核以及几乎没有读者的"。

美国新闻业传统的建立

美国新闻业今天运作的环境是十分不同于殖民地报刊当时处境的。现在的报纸受到宪法第一修正案以及发展了两百多年的其他法律的保护，其中严正申明了新闻自由。这些保护法是开始于殖民时期的一系列斗争运动的结晶。在 18 世纪时，殖民地政府继续打压批判政府的文章。但是,其控制在勇敢的印刷工和出版商们的长期反抗斗争中逐渐被瓦解,这个过程充满了无数次冲突与严酷镇压。[5]

作为公共利益守护者的新闻业 1721年,本杰明·富兰克林的兄长詹姆斯·富兰克林创办了他自己的报纸《新英格兰报》。它与限制性的殖民传统分道扬镳,因为它既不是权威发布也未与邮局建立联系。它主要针对受过良好教育的精英。尽管它也包含运输报告和来自邻镇的信息,但它主要吸引那些喜欢文学散文和有争议的政治观点的读者。

《新英格兰报》是殖民地第一份讨论公共议题的报纸。在波士顿天花暴发期间,它强烈反对新发明的天花接种的医疗过程。从医学的角度看,它的立场事后被证明是错的,但是利用报纸去公然反对被认为是对公众有害的事物开了美国报纸这一特点的先河。越来越多的报纸将变成"公共利益的监督机构",一个它们现在继续积极扮演的角色。

《新英格兰报》幽默并且含沙射影地抨击了殖民地当局,结果受到了制裁。詹姆斯·富兰克林被投入监狱一个月,最终被禁止发行《新英格兰报》或其他任何"同类"报纸。不过富兰克林很聪明,他通过让他的兄弟本杰明·富兰克林做出版商避开了这个限制。

年幼的本杰明·富兰克林在十三岁时就给他兄长做学徒,开始积累印刷的第一手经验。当他的兄长入狱时,年轻的本杰明就开始运营这家印刷所和报纸。到1729年,他去费城接管了《宾夕法尼亚公报》。本杰明·富兰克林不仅使其报纸获得巨大成功而且也实践了另一个传统——小型的报系。

新闻自由原则的确立 报纸出版商约翰·彼得·曾格与和其势不两立的纽约州州长威廉·寇斯比的法庭审判促成了殖民地新闻自由原则的建立。一群纽约商人劝说曾格创立《纽约新闻周报》,因为他们想要有份报纸对抗官方权威的《纽约公报》。曾格在1733年开始出版报纸,他的报纸刊登了一些公然批判州长及其政策的文章。州长寇斯比做出回应,

本杰明·富兰克林(1706—1790),美国政治家,同时也是他那个时代最为出色的报纸出版人。

以"煽动性诽谤"为名将曾格投入监狱。煽动性言论指渲染对政府的不满情绪,煽动人民倒戈相向。诽谤罪指发布不真实的报道。但是,在英国法律统治时期,被告发布的内容是真是假真的不重要,重要的是其煽动性意图,也正是此被认为是其主要罪行,也是这个案件的中心问题。

曾格在1735年被审讯,陪审团成员是殖民地居民。州长的案件似乎是秘密进行的。事实上,曾格违反了当时的现有法律。但是,安德鲁·汉密尔顿,一位杰出的律师,为他辩护。汉密尔顿坦言承认曾格出版了批判政府的文章。但是,他坚定地辩护道,这些文章的内容都是真实的,不管法律怎样说,没有人应该为"印刷"这些真相而受罚。汉密尔顿的辩论使陪审团相信他们应该忽视法官的指示并宣称曾格无罪。结果爆了冷门,他们确实这样做了。州长暴怒了。曾格案件审判的重大意义在于它建立了一项重要的原则:报界应该被允许批判政府。这个观点最终将会被收录到宪法第一修正案中,半世纪之后这项法律确实被制定出来了。

殖民地新闻业的特征

到 1750 年，大多数能识读文字的美国人读上了报纸。尽管很多报纸在这段时间创立，但很少报纸获得成功。大多数报纸仅在发行了几期后就关闭了。报纸是很难获得财务支持的，因为报纸收入的两个主要来源，销售和广告，都受到限制。与接下来的几个世纪相比，当时的识字率较低，所以事实上很少有人读报纸。所有报纸针对的对象都是受教育程度较高和相对富裕的订户，而他们只占社会的一小部分。这些报纸也都非常贵，这使得普通人负担不起。美国独立战争前后，每份报纸一年大约花 6 到 10 美元，大约合一名工人一周的工资。以现在的价格计算，相当于每年几百美元的订阅费。几乎没人愿意付那么多。

我们注意到早先的时候，广告是报纸财务支持的重要来源。然而，在殖民地时期对广告的需求真的有限。我们现在所熟知的用户至上主义还没流行。它是工业革命的产物，是交通运输方式、零售系统协作发展的产物。因此，没有许多产品要做广告，几乎没有报纸可以得到坚实的财务支持。

殖民地报刊在很多方面存在限制：

- 它们的新闻很少有最新消息。
- 它们不经常出版。直到 1783 年，在《宾夕法尼亚晚邮报和广告主》之前，殖民地没有日报。
- 它们到达订户的速度非常缓慢。报纸通常通过邮件递送，主要通过马和马车、包裹列车或帆船等方式递送给订户。

殖民地报刊的发展还受制于当时的技术。本杰明·富兰克林和其他人在 18 世纪晚期所使用的手动印刷机，和古登堡 15 世纪中叶所使用的稍有不同。那时纸张是由碎布制作的，而不是木材，二者都比较昂贵而且总是处于短缺状态。因此，殖民地报纸比较小，一般只有 4 个版，每个版大约 15 英寸①大小。

另外一个限制殖民地报刊发展的因素是它们对它们的受众有着严格的限制。其中，很多是党派报纸。它们持续地为某个观点而争论。当政治党派在 18 世纪末兴起的时候，每个党派都有自己控制的报纸。一些党派甚至还以津贴补助它们的报纸。

尽管有着很多限制，殖民地新闻业还是建立了新闻有价值的传统，而这一传统已成为日后兴起的美国新闻业的重要部分。

普通公民的报纸

在工业革命的开端，创新者开始解决制约报纸发展的技术问题和其他问题，从而为公众提供了更为广泛的分发报纸。至 1830 年，人们发明了蒸汽驱动的轮转印刷机。他们在技术方面取得了令人惊叹的进步。如果使用陈旧的螺旋式印刷机，一个经过良好培训的两个印刷工人组成的团队全速进行工作，每天最多也只能出版不到 100 张纸。相比之下，即使是最早的蒸汽驱动印刷机，每小时也能出版 4 000 张纸，而且是双面印刷的。[6]

便士报的兴起　在 1833 年 9 月 3 日，一份陌生的小报出现在纽约的大街上。该报是由本杰明·戴出版的，名为《太阳报》，它的报头上刊载着"照耀所有人"这一口号。这条标语有些误导性。《太阳报》不是为了吸引所有人而是特定针对普通人的。《太阳报》充满了关于寻常百姓人文的、有人情味的栏目。

戴树立了报业的一项重要传统，它是第一个付费雇用记者的人。记者每天早上到当地的法院，撰写关于当地发生的事情的生动报

---

① 1 英寸约合 2.54 厘米。——译者注

道,重点放于犯罪、人文、事故以及趣闻逸事。("记者"一词来源于那些记录庭审过程的人。)这份报纸的另一个特征是它被报童以一便士的价格在大街上售卖。这个分销系统运转得很好。这些报童(他们中一些人看上去是男孩的打扮,其实是女孩)花六十七美分买一百份报纸。如果他们卖掉了整整一百份报纸,他们就可以赚得三十三美分,在那个时候对于年轻人来说这是一笔相当可观的收入。

《太阳报》最重要的特征之一是广告收入在戴的系统中占据了财务的中心地位。在其第一期的第一版,戴就宣称:"报纸的目的是给公众以大家都能支付的价格提供一天的新闻,同时为广告提供有利媒介。"买者所付的钱是不足以弥补报纸生产成本的。《太阳报》还通过给大量的产品和服务售卖广告位来谋利,在当时这是可能的,因为新工厂在生产大量的商品,新零售店正面向越来越大的市场。

这份报纸很快就获得了成功。不久它就卖到一天8 000份。从那时开始,它的售价就加倍,在三年内它就卖到了一天3万份。其他的同行惊愕了,都纷纷效仿戴。

在几个月内,《太阳报》就有了它的竞争者,大众媒体变成了现实。所有采纳戴的基本运作模式的竞争报纸都被认为是便士报。尤其是1835年由詹姆斯·戈登·本尼特创办的《纽约先驱报》。本尼特模仿了戴,但他也为现代报纸增加了许多新的特征,包括财政板块、社论以及更加严肃的当地的、国外和国内的新闻。现在有名的《纽约时报》也是在这个时期创办的。

19世纪30年代,作为便士报所有者努力的一部分,朝气蓬勃的"报童们"——有些是女报童——开始上街卖报纸。这种方式能够使报纸以比常规的邮件服务更快的速度达到更为广泛的读者。由孩子们进行的报纸街头销售如今在一些国家仍比较普遍,但目前在美国已经难以看到,虽然在美国挨家挨户递送的报纸分销方式依然存在。

便士报《太阳报》的头版,出版时间约1833年。

便士报有别于其他报纸的不同之处，使得它们完全不同于殖民地报纸。在许多方面，它们是通俗的、耸人听闻的和琐碎的。但是，之后的出版商开始报道更多基本的经济

和政治类新闻，以及发表关于公共话题的社论。随着它们的发展，报纸至少给许多到那时还没读过报纸的人带来了一些重大的一手信息和观点。

社会对报纸发展的影响

在 19 世纪，美国社会发生了三大变化，这对全国报纸行业的发展有深远的影响：

1. 人口的快速增长，报纸拥有了更多的读者。
2. 技术上的显著发展，大大提升了记者收集、传输、印刷和发送新闻的能力。
3. 美国内战刺激了对新闻的大量需求，以及发展收集新闻和传送新闻的高效系统的需求。

人口的快速增长 美国 19 世纪的人口出生率之高是史无前例的。在内战前 20 年，百万新人移居到此，尤其是来自北欧的。甚至更高层次的移民，尤其是来自东欧和南欧的，在 19 世纪后半叶移居过来。大多数乍到者定居在东部的州以及大湖区。同时，国内移民流向西迁移，沿着他们持续开拓的边界定居，建立了新的城镇，那些地方也需要报纸。人们要去占领从法国和墨西哥获得来的大量土地。因为这些新的居民习得英语，他们中越来越多的人订阅了日报。

技术革命 随着 19 世纪的发展，工业和机械成果纷纷涌现。自 1839 年始，生产效率更高、生产更精细的蒸汽动力轮转印刷机能够印刷、切割和折叠，每小时能增加数以千计份的报纸。早在 1867 年，用木材生产的便宜纸张就可以满足新闻业的需要。

另一项技术进步是，沿着铁路线的电报线将大城市连接起来，使得新闻报道快速传递给编辑成为可能。正如我们将在下一章中看到的，电报在报纸历史上开辟了一个新时代，因为沿着电缆新网络传输新闻的社团形成了。

电报是人类传播的第四次大革命的开端（继语言、文字和印刷之后）。它开辟了远距离即时通信的时代。自人类有意识开始到蒸汽火车的发明为止，人与人之间有距离的交流限

制在一名快速奔跑的运动员的速度（大约每小时 15 英里①），或者一匹飞驰的骏马的速度（大约每小时低于 25 英里），或者最多一只飞鸽的速度（大约每小时 35 英里）。但是到 19 世纪 40 年代早期，火车达到了每小时 45 英里的惊人速度。很多人将此作为终极速度，认为更快的速度是不可能达到的。他们警示说如果超过这样危险的速度，人们可能会飞散。

现今，很难想象人们得知已经发明了一种以每小时 186 000 英里的速度发送信息的方式时作何感想——一眨眼的工夫围绕世界 15 次。用一个世纪后登月宇航员尼尔·阿姆斯特朗的话说是"人类的一大步"。

铁路和汽轮线路的快速扩展也促进了报纸的发展，现在市内印刷的日报能被传送，以至于在周边社区的人们也能很及时便捷地获得新闻。克服时间和空间的限制，高效交流的古老梦想正变为现实。

美国南北战争 南北间的巨大冲突极大地刺激了报纸的发展。由此引发的战争导致了我们所知道的可怕的屠杀，严重地残害了生命。越来越快的蒸汽印刷机分布全国，每天生产出几百万份报纸。

到 1839 年，摄影得到了发展。虽然 30 多年后，照片才能被印刷在报纸上，但是正如摄影师在底片上展现国家历史，现存的技术刺激了图片新闻的产生。在内战时期，一名国家主要的摄影师马修·布拉第劝说总统林肯让他拍摄记录战场。布拉第有权接触到军事行动，并受到情报部门的保护。他带领他的团队拍摄了 3 500 多张照片——空前显著的摄影成就。[7]最

---

① 1 英里约合 1.61 千米。——译者注

在美国南北战争期间，报纸派出上百名记者前往战地，并和军队吃住在一起。左图：记者们聚集在《纽约先驱报》的总部。右图：有些摄影师如著名的马修·布拉第，以生动的摄影作品捕捉战争的残酷景象，但是报纸缺乏印刷这些照片的机械工艺流程。直到多年以后锌凸版的应用，照片才被报纸广泛使用。不管怎样，布拉第和其他人提供了一份生动的文献记录，以备后来使用。

近，历史学家们声称布拉第发表了许多他拍摄的照片，一些为现代新闻摄影记者所谴责的东西。

到 19 世纪末，报纸是一种在技术上十分复杂的大众媒体。报纸出版商拥有一套快速的电报新闻收集系统，廉价的纸张、整行排字机（在电力系统帮助下设置）、彩色喷印、电子印刷，并且还有一帮经验丰富的记者组成的团队。报纸或多或少有标准格式，就像今天我们的报纸那样。它的特点是不仅包括国内国外的新闻，而且包含金融版面、致编者的信、体育新闻、社会报道、"女性版面"、分类板块和对失恋者的建议等。那时报纸是非常复杂、相当有竞争力的，也是非常受欢迎的。而且，相比之下，其他的媒体完全没有竞争力。

黄色新闻时代

美国的报业是以利润为导向的，是私人也可以从事的一种事业，所以，彼此之间存在相当大的竞争。那时和现在一样，报业取得经济成功的关键是，尽可能地去吸引更多的读者。依靠着向广告主说明在日益竞争的环境中，有更多的人能看到它们的报纸，报纸能够以更高的价格卖掉更多的广告版面，从而获得更高的利润。在 19 世纪最后的十年里，都市报对读者的激烈争夺导致了煽情新闻进入引人注目的发展阶段。

便士报已经迈出了第一步，它们把报道重点放在了犯罪、人情味和幽默上。到 19 世纪 90 年代初期，约瑟夫·普利策成功地发行了超过 300 000 份的纽约《星期日世界报》。普利策把好的报道与"十字军东征"结合起来，即把重点放在灾难、夸张的行为、耸人听闻的照片和连环画上，增强了读者的兴趣。由于公务员制度改革和民粹主义的原因，如在奢侈品、高收入和遗产上的税收，普利策讨伐打击腐败官员。在报纸上，他率先使用彩色印刷的漫画，对它的周日版的发行起了很大的刺激作用。

刊载在《星期日世界报》上的一个非常流行的卡通人物在历史上留下了浓墨重彩的一笔。这是一个光头缺牙，笑嘻嘻的孩子，身着黄色睡衣。这个被称为"黄孩子"的形象成为纽约贫民窟生活的象征。当创立了《旧金山考察家报》的威廉·赫斯特打算着手掌握这项吸引读者的艺术时，这个漫画迅速成为了争论的中心。赫斯特把它发展到了东部，并在 1895 年购买了《纽约新闻报》。决心要挽救《纽约新闻报》萎靡不振的销量并超越普利策《星期日世界报》的赫斯特仅仅是使用大量资金从对手那里购买了"黄孩子"漫画，并增加了其他一些作品和善于编辑的人才。然后他出版了更多的漫画、更煽情的报道和更具人情味的素材,所有的这些都使得《纽约新闻报》的销量大增。

赫斯特的《纽约新闻报》每一期开始与普利策的《星期日世界报》竞争,这两个报业大亨引导它们的报纸进一步趋近将显著影响美国报业风格的新闻实践。很多规模更小的报纸在抵制这一趋势。但是 10 多年来,许多大型

THE BIG TYPE WAR OF THE YELLOW KIDS.

报纸出版商约瑟夫·普利策和威廉·伦道夫·赫斯特穿着19世纪90年代喜剧人物"黄孩子"风格的衣服,当时他们正在鼓动着黄色新闻的发展,从而对美西战争推波助澜。

的都市报已经专注于犯罪、性、感人故事、犯罪曝光、对高层贪污的揭露(它们中的好多都是夸张的)、体育运动、戏剧性照片和对科学事实的歪曲等方面。实际上,任何能吸引更多读者的内容(都包含在内)。

据说赫斯特报纸的每一期都希望能激起读者的一种反应:当读者看到标题时,他们说"哎呀",对于公众的责任已经完全被忽视了。这种新型的、感觉论者的报刊类型开始被称作黄色报刊。很多历史学家认为这个标签来自"黄孩子"这个卡通人物,因为它代表了报纸愚蠢的智力水平。

等到 19 世纪末的时候,普利策/赫斯特传统的"黄色新闻"随之消失了。那时候的报纸在美国家庭中接近饱和,用以上那些策略已不可能使报纸的发行量增大。另外,人们对那种报纸已经开始感到厌倦,需要一种更负责任的新闻的出现。然而,正如我们将看到的,耸人听闻的新闻开始活跃于一些大都市的报纸之中,尤其常见于一些在超市出售的好奇小报上。

塑造当今报纸的趋势

随着 20 世纪的发展,以下几种发展趋势在持续影响着今日报纸的生产和发行:

1. 我们会看到美国式报纸购买和订阅遵循着采纳曲线,这类似于许多新发明的采用和流行。同时,订阅率也反映了这个国家在每十年里家庭数量的不断变化。

2. 在 19 世纪,两种主要给报纸提供内容的辅助性服务的发展实际上开始得更早些。

3. 所有制形式的更迭同样体现了 20 世纪美国报纸的特征。

作为文化创新的报纸

虽然在那时日报对于大众来说已经被普遍使用,但并不是这个国家里的每一个家庭都会立刻订阅。相反,随着时间的变迁,在美国,日报使用的模式形成了一条独特的采纳曲线,通常以人们开始使用新技术或其他发明的那个时候为开端。一条 S 形曲线,开始很缓慢,

接着急速上升,然后又趋于平稳。如图 4 - 1 所示,经过 19 世纪一段平缓的发展之后,日报平均每户的订阅量在 19 世纪后几十年里直线上升,在 20 世纪初的时候达到顶峰,然后一直持续到第一次世界大战期间。

从美国报纸与其他媒介的关系来看,此模

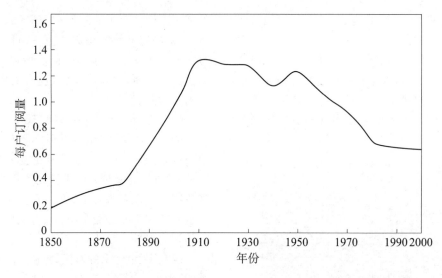

图 4 - 1　美国日报的采纳曲线(1850—2000)

日报的订阅量在 19 世纪下半叶开始快速增长。报纸的订阅量在第一次世界大战期间达到顶峰。这是报纸的黄金年代。之后,广播、杂志和电视展开了和报纸的竞争,自此之后报纸的订阅量持续下降。

式的这些主要特点就十分好理解了。在 20 世纪初的几十年里,也就是在 1910 年和 1930 年之间,报纸经历了一种所谓的"黄金时代",当时平均每户的订阅量是如今的两倍。举个例子,在第一次世界大战之时,报纸的发行量已经增长到了一个临界点,当时美国的许多家庭都同时订阅了早报和午报。然而,如图 4 - 1 中报纸的采纳曲线所示,好景并不长。一旦新的媒介问世,报纸的订阅量便进入下滑期,这种情况延续至今。与报纸争夺受众和广告费的竞争开始来自广播电台,之后又来自电视,并且这种竞争变得越发残酷。

另外,尽管当时的报纸拥有令人印象深刻的技术和详尽的新闻收集系统,但是,新闻收集和出版的费用在 1930 年后开始增加。结果,报纸收入开始入不敷出,或被竞争对手购买,以巩固生产和其他设施。这种情况一直延续至今。在 1910 年,美国有 2 200 多种英语日报及 400 种外语日报。此后,如图 4 - 2 所示,报纸的数量开始减少。有些报纸合并了,有些日报成了周报,而有些就再没有出版过。美国人口调查局报告称,日报的数量由 1920 年的 2 042 种下降到了 2000 年的 1 500 种左右,到了 2006 年又下降到了 1 452 种。[8]

通讯社和特稿辛迪加的发展

影响报纸发展的第二个趋势是两个全国性组织的成长,这两个组织为报纸提供了很多日常内容。其中一个是通讯社,它是国内及国际新闻的收集机构,为地方日报带来了其他社区源源不断的故事。另一个是由多个特稿辛迪加组成的机构——与出版商签订合同的商业团体,旨在为今天的报纸提供特稿。

尽管多数报纸在地理上仍为地区性的,但是,它们依靠通讯社提供的地区、国内及国际新闻,依靠特稿辛迪加提供卡通图、连环画、专栏、字谜及我们熟悉的日报的其他构成。如果你对现代报纸如此依赖这些来源表示怀疑,那么请拿起一份地方报纸,剪下所有通讯社和特稿辛迪加提供的内容,再把它们放到一边。剩

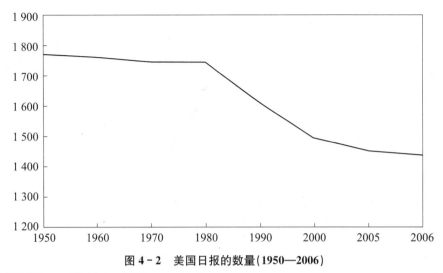

图 4 - 2　美国日报的数量（1950—2006）

资料来源：Editor and Publisher，NAA.

下的可能就是当地社区的故事和铺天盖地的广告了。

这种服务有很多有利之处，其中的一个就是成本低。例如，雇用一个全职连环画家是多数小报甚至一些大报所避免使用的方式。但是特稿辛迪加便可以雇用这样一个画家，并且将连环画卖给全国各地的报社，这样就大大减少了各报社的成本。

通讯社　如今的通讯社诞生于 19 世纪 40 年代早期的一份协议。纽约、巴尔的摩和费城的几家报社，将它们的资源集合在一起，以提供更快、更全面的关于墨西哥战争的新闻报道。这个临时并且富有新意的协议开了一条先河，在这项协议中，各家报纸在报道新闻的过程中相互合作而非相互竞争。在 1848 年，纽约北部的几家小报同意共同担负费用，邀请记者通过电报从州首府奥尔巴尼向它们全程报道新闻事件。

关于通讯社的这一想法进行得很顺利，其他人决定将其进行更大规模的推广。几个月以后，六家纽约报社签署了协议，分担从波士顿报道国外新闻的费用，波士顿是欧洲轮船最晚登陆的一个地方。这份协议是现代美联社的一个先驱。在美联社成立初期，它主要是一个联结美国东部报社的组织。随着美国人向西移动，以及铁路的扩张，新闻服务开始覆盖整个美国，不再局限于东部。内战期间，美联社的报纸报道了许多大型战役和部队调遣的新闻，并提供订阅报纸的服务，还配有详细账目。[9]

美国内战之后，缺乏美联社会员资格和广泛新闻报道范围的报纸开始难以留住读者。然而这些报纸为竞争中的通讯社提供了市场。世纪之交不久，斯克利普斯报社连锁机构的主人斯克利普斯·霍华德成立了合众社，合众社于 1907 年开始运营。威廉·伦道夫·赫斯特成立了国际新闻社，尽管如此，美联社仍稳居这两家之上。1958 年，合众社和国际新闻社合并成立了合众国际社，以便和美联社开展更激烈的竞争。然而，这个梦想并没有实现。合众国际社的困境早在多年前已经被预料到了。它目前的作用被极大削弱，不再是一个美联社的重量级竞争对手。汤普森媒体旗下的英国通讯社即北美路透社发挥了一个更重要的作用。它在美国有一个大的客户群，还有许多有力的辅助通讯社提供各种新闻和材料，比如纽约时报通讯社、华盛顿邮报/洛杉矶时报通讯社、彭博新闻社和甘尼特新闻社。

因此，几乎从一开始通讯社就拓宽了新闻的内容，使得更多的报纸有了更广泛的报道范围，编辑和定义新闻风格，提高新闻报道的客观性水平。现在的报道不是通过电报线传送的，而是通过电脑连接电话线、可选的电缆或卫星等多种方式传送给报纸订阅用户的。

特稿辛迪加　特稿辛迪加可以像通讯社这样追溯到 19 世纪中后期。早前，记者意识到娱乐读者和给他们传授知识同样重要。其中，企业家们很准确地推测到，他们可以从向各大报纸提供准备印刷的特稿中获利，包括意见专栏、诗歌、漫画、短篇故事和许多其他种类的非新闻内容。他们成立公司专门提供此项服务。最早的集团将重点集中在小型报纸上，这些报纸没有钱自己制作素材。最后，他们也向大型报纸出售这些素材。如今，已有 300 多家辛迪加财团，包括从账面收入达每年 1 亿美元以上的大企业到仅有一两个作家的小公司。

辛迪加的角色也受到过批评。有些人担心其对报纸施加了太大的影响。当然，辛迪加为报纸提供了多种娱乐和意见材料，包括社论漫画、连载通俗读物、著名政治评论员的专栏、连环画、拼图和游戏、电影评论，还有写占星术、汽车、图书、桥梁、政治、八卦、消费者建议、人际关系、音乐、宗教和电视的专栏作家。另外，一些辛迪加出售设计服务、图形，甚至报摊架。它们承诺，它们的材料会带来流通收益，而且读者研究表明有时它们是正确的。意见专栏，像"亲爱的艾比"，经常在报纸上位于受欢迎读物列表的顶部，并且漫画一直有很强的吸引力。报纸上偶尔会因为保留一个特定的专栏作家和漫画家而面临一场激烈的诉讼战。

因为对辛迪加的报道相对较少，基本上所有公司都是私人持有，甚至它们的规模和范围仍然是一个谜，所以衡量一个辛迪加覆盖范围的方法之一是计算由它供稿的报纸或杂志的数量。以此为衡量标准，前五名分别为国王特稿辛迪加（1914 年由威廉·伦道夫·赫斯特创立）、联合媒体（为斯克利普斯·霍华德所有）、北美集团（由鲁伯特·默多克创立）、论坛媒体服务社（为美国论坛公司所有）以及环球新闻集团。

所有制形式的改变

形成今天报纸的第三个主要的趋势是巩固其所有权，将报社集中到少数所有者手中。美国的报纸只有一小部分留在开创家族的手中。越来越多的报社为连锁机构或集团公司所拥有，并且同一家公司拥有几家报社，一些连锁机构甚至为更大的企业集团所拥有，这些集团还拥有其他类型的企业和行业。所有权的集中使在美国出版的报纸的数量显著下降，并且对于当代新闻是否正在很好地服务于国家产生了极大的争论。

报系的发展　就像汉堡包小摊儿一样，独立经营的报纸已接近灭绝。经济力量，包括劳动、材料和服务成本飙升，使得个体经营的报纸很难生存。报纸集团可以通过减少产业链中出版个体报纸的费用，分摊许多成本。其实，报纸是连锁业主利润的良好来源。尽管报纸已经失去了其 20 世纪作为新闻唯一来源的让人羡慕的位置，但是它们现在与其他媒介竞争广告收入的过程中，仍赚取了大量的金钱。

平均而言，每投资 1 美元会返回近两倍的盈利，和买美国 500 强公司的股票获益一样多！

2008 年，甘尼特公司在美国拥有 90 家报社，还在美国、关岛、美属维尔京群岛拥有电视台和广播电台。甘尼特不仅拥有《今日美国》，全国最大报社之一，而且拥有《体坛周报》、《星期日杂志》、一家印刷厂、新媒体、胶版印刷公司，还有 1 000 种左右非日报出版物。这样的媒体帝国也拥有其他类型的企业。

确定一个报业集团或连锁机构的相对规模和范围，比想象中要更困难。一些评论家喜欢计算它们所持有的报纸种数，而别人更关注发行量。比较容易评估的是随着时间改变的模式。回到 20 世纪 20 年代，在这个时期，报纸几乎垄断了新闻行业，当时美国只有 31 家连锁机构或报业集团，平均每家拥有不到五家报纸。到了 1960 年连锁机构的数量上升到 109 家，平均每家控制了五家报纸。到了 1986 年，连锁机构的数量上升到 127 家，平均每家拥有 9 种日报。连锁机构所拥有的实际报纸数量从 1920 年的 153 种上升到 1990 年的 1 200 种。如今，连锁机构拥有所有在美国出版的日报总数的约 75%。[10]

这种趋势在将来会慢下来，因为独立拥有报纸的团体越来越少了。连锁机构不太可能建立额外的报社，因为它们会同它们自己的报社或者是同已经占领地方市场的完善的报社进行竞争。然而，在未来的几十年中，大的连锁机构将会继续吞并小的机构。美国汽车制造商中所发生的一幕很可能会在报业中重演。在 1920 年，美国可以制造 100 多种汽车。到了 2009 年，只剩三个摇摇欲坠的汽车制造商，分别为福特、克莱斯勒和通用汽车。以同样的方式，我们可能很快就会看到一个"三巨头"的连锁机构控制我们国家的报纸或一些所谓的大品牌。

所有权集中的含义　许多评论家认为，报纸所有权的变化有负面影响。正如理查德·麦科德所指，报业连锁机构的创立者经常运用可疑的金融实践，他们是无情的竞争对手。[11]另外，连锁机构的所有权意味着一种能力，作为所有权在握的一方可以控制新闻，并且因此潜在地影响读者对于事件的观点。（我们会在第 9 章讨论新闻的这个议程设置功能。）正如宪法第一修正案研究者埃德温·贝克断然认为的，"所有权很重要"。贝克相信媒体所有权的集中把民主放到了一个十字路口。他给出了反对媒体所有权集中的三个主要原因，包括交际力量更民主的分布、民主保障、质量及底线。[12]他认为太少的所有者在控制媒体，在公共利益方面需要更多的规范，少关心一些利润问题。

媒体评论家提醒人们，几年以后，极少数的企业财团可能掌控一个国家的报纸。甚至更多人在担心，以后几乎没有报纸抱怨谁更有可能收购它们。

还有一个麻烦的问题是，过去尽管大多数通信企业由专业的通信公司所有，现在其他企业也进入了该领域。近年来，报纸所有权出现了很多动荡，包括鲁伯特·默多克的新闻集团收购古老的《华尔街日报》，道琼斯曾拥有该日报一个多世纪。[13]此前，论坛集团将其著名报纸《芝加哥论坛报》和《洛杉矶时报》卖给了企业家和投资家山姆·泽尔。备受赞扬的奈特里德报纸卖给了麦克拉奇公司，另一家备受尊敬的报纸公司很快将一些报纸，如《费城问询者报》等转售给了当地商界领袖。而有些则售给了非媒体业主。评论家们很担心这些企业的未来。

由这些"非专业业主"控制比大型通信企业控制报社更令人忧心的理由有三点：

1. "非专业业主"有着长远的和多样化的经济利益，很可能不会对地方社区负责。

2. 没有强大的传播传统的企业不可能会对昂贵但重要的新闻看门狗的传统角色负责。

3. 企业集团主要为使产品获利而设计，新闻可能被定义为企业集团投资组合中许多产品之一。

正如之前提到的，如今有些"本地业主"是投资者，最近才对新闻或信息业务感兴趣。然而，也有企业家挽救可能倒闭的报纸的例子。波士顿地产大王莫蒂默·朱克曼在 20 世纪 80 年代买下了《纽约每日新闻》，拥有《美国新闻与世界报道》杂志，这两份报刊在他的带领下苦壮成长，而他自己也成为电视评论员。

然而，当一切都说过并且已经历过，最大的问题在于，报纸所有权集中的这一趋势是否以改变美国新闻业的使命和降低质量的方式限制了对问题的辩论和热烈的讨论。在威廉·伦道夫·赫斯特时代，纽约企业总部控制着其连锁报社。我们统计的黄色新闻显示，这确实改变了它们的任务和降低了质量。然而，今天，只有少数报业集团会就编辑政策问题向地方编辑发出直接命令，虽然它们仍牢牢地控制财务大权，对当地报纸的利润有着较高期望。

总体而言，所有权集中所带来的影响仍然是一个悬而未决的问题。未来的某个时候，美国人会发现，他们阅读的报纸所刊载的内容和肯德基特许经营下营业有着同样的地方自治倾向。与此同时，正如我们看到的，在过去几十年的寻求中,还没有找到关于政治或道德的立场可以主导读者意见的方法。相反,报纸所需求的方法重点在通过给读者提供他们想要以及需要的内容使利润最大化。换句话说,报上的内容处在一个受众驱动的以利润为导向的经济体系中。虽然这可能削弱公司对新闻的控制,但是这也意味着在为投资寻找更多回报的过程中会越发以牺牲向公众提供信息为代价而将重点放在娱乐方面。

严肃新闻可以进入非营利性领域。不以盈利为目的的新闻业务包括公共广播和电视,它们依靠基金会和公司的公开承诺及捐款维持运营,而不是靠读者订阅和广告收入。促进非营利媒体运行以产出更好的新闻和更多的调查性报道的努力,吸引了各种媒体基金会,它们为实验项目和新闻服务提供了支持。由长期担任《华尔街日报》执行总编辑的保罗·斯泰格尔所领导的一个备受赞扬的调查性新闻网站 ProPublica 成立于 2007 年,其目的在于鼓励长篇报道和调查性报道。近年来,这些报道被关注成本和注重盈利的媒体轻视。

作为现代媒介的报纸

由一台印刷机在一个很小的商店印制的简单的殖民地报纸和今天的主要日报复杂的电脑操作之间的差别是很大的。正如我们所留意的,约 1 422 家报纸现在每天大约出售 51 万份报纸,网站日访量大约 6 900 万人次。本部分从现代的角度研究这个巨大的媒介,将从研究现在发行的各种报纸开始。然后识别这些报纸为读者提供的功能。再然后我们的目标转向政治经济环境所塑造的报纸的双重身份。最后,对报纸的组织和运作方式进行简单总结。报纸的角色逐渐变为内容创造者,因为其收集和发布了许多领域中引发人们不同兴趣的新闻信息。

报纸的种类

现代的美国报纸类型和大小各不相同。但是从古至今大多数报纸有一个共性,就是它们的方向和覆盖范围只是局部的。虽然大多数美国日报覆盖全国和国际新闻,但是社区和区域板块仍然强调地方新闻和地方热点。美国确实有一些国家级报刊,如《今日美国》《基督教科学箴言报》和《华尔街日报》。此外,《纽约时报》及某种程度上《华盛顿邮报》也在全国范围内得到阅读,尽管它们都依赖于各自城市的读者,都对本地区予以特殊关注。它们的头版至少会有一些本市的新闻,为本地区腾出一部分空间。其他大型美国报纸,如《波士顿环球报》和《西雅图时报》都是区域性报纸,有着明显的地区性标志。

我们几乎可以把所有的美国报纸分成两大类。一般报纸服务于本地区的读者,专门性报纸服务于特殊读者,比如具体的少数群体,有着特殊宗教信仰或共同兴趣的人。它们还可以根据出版周期(日报、周报)和发行量也就是说有多少人在读,被进一步分类。使用这种标准,美国的大多数报纸成为以下几类中的一类:大都市日报、中型和小型日报、每日报纸、免费日报、少数族裔报纸、专业报纸。

大都市日报 美国全国最大城市的报纸发行量通常会超过 25 万份,并且潜在人群还要多几倍。这样的报纸有《芝加哥论坛报》和《洛杉矶时报》。这样的报纸不仅会有本市的读者,还有其他各州的读者。其他的像《明尼

到现在,报纸对于特定地理区域的读者而言仍然具有局限性,图为在罗马的一个人于午休时间阅读报纸。

阿波利斯明星论坛报》流行的区域就很有限,只限制在周边区域。还有一些像《恩波里亚公报》(堪萨斯州)只有当地人在读。所有这些报纸是由送报人挨家挨户送达的,放在街上的投币箱或书报摊,偶尔通过邮件发送。

大城市日报一周七天都在发行。主要日报的内容,包括新闻、专题、娱乐、体育和观点。周日版通常提供了大量的空间给图书、旅游、艺术、个性和类似的主题。它们的多数内容依靠通讯社,其中一些通讯社中有国家工作人员(通常都在华盛顿),还有一些在世界各地的重要城市有外国记者,但是这个曾经引以为豪的传统现在极大地衰落了。几家报纸还成立了特别调查小组,将当地甚至国内的话题、问题和丑闻的详细分析放在一起。

多数大城市报纸是全尺寸印刷的——通常是 14 英寸×21 英寸,有六到七个板块。一些大城市的日报是小报。现在该名词主要指特殊尺寸的报纸,12 英寸×16 英寸,有五个专栏。然而,有一段时期,小报的质量很低并且内容非常敏感。大城市小报通常很惹人注目,为引起注意、创高销量,印有大而醒目的头条新闻。现在,区别不是很清晰,因为小报(对于大小和版式而言)像更稳重的《基督教科学箴言报》一样,将追求轰动效应和新闻专业主义(《纽约邮报》和《波士顿先驱报》)结合起来。

另一种小报放在超市收银台展示待售,配有离奇的故事,通常会将人的想象力抹杀。这些报纸有《国家问询者报》《星报》和《环球报》。撇开内容(或许正是因为内容),这些小报很畅销并且收入可观。

中型和小型日报　中型报纸在此类别中发行量较为适中(5 万~10 万份),但通常收入很可观。中型报纸的编辑资源可能比主要日报的少,但其使用通讯社新闻,并游说辛迪加向其提供材料。

小型日报的发行量小于 5 万份。它们甚至比中型日报更关注当地,有时还会为周边地区的报纸所借鉴。与其他日报相比,它们的规模相对较小,外部资源更少。

非日报类报纸　非日报类报纸有时也被称为社区或基层新闻,其中周报曾经在乡村和郊区广泛流行。非日报类报纸的覆盖范围包括从以讲述生活故事(公寓生活或资助日间护理中心)为特色的郊区报纸到报道当地事件和乡村新闻的小乡村报纸。20 世纪 80 年代,新的城市周报陆续产生。一些重点关注他们的邻居,另一些则为复杂的、国际化的出版物,后者会评论一些政治和艺术话题。《纽约乡村之声》《芝加哥读者》或《旧金山海湾卫报》这样的城市周报主要作为读者的补充读物,这些读者已经从其他媒体获知了新闻和公共事务的信息。

免费日报　有大量的新闻报道和广告服务内容插入的免费发放日报在美国不常见,但在欧洲却很常见。事实上,在欧洲,免费日报占了整个报纸市场的50%,而在美国只有6%。

有报告指出,美国约有35种免费日报,包括一些都市报,这些报纸被瑞典首次引进。这些报纸像《纽约晨报》在公交场所被传发,那时人们正在等公交车或地铁,而且传播速度很快。在纽约,都市报和《纽约晨报》均有30多万份的发行量,并与传统报纸竞争广告。在费城和其他城市,当地媒体公司试图阻止免费报纸发行,最终以失败告终。这些免费报纸与其更大更好的同行相比,其目标人群为年轻观众。

少数族裔报纸　这类报纸包括外语报纸和用英语书写但目标为特定族群的报纸。在历史上大量移民涌入美国的时候,外语新闻量很大。在殖民地时期,法语报纸很普遍。在19世纪末期,德语和斯堪的那维亚语的报纸开始繁荣。现在,由于墨西哥和拉美移民不断涌入美国,西班牙语报纸的数量在增加,《每日新闻报》和《世界报》见证了这一切。

许多报纸为种族和文化上的少数群体提供服务。非洲裔的新闻于19世纪开始。现在,美国有几家以黑人为中心的报纸,包括《巴尔的摩美国黑人》、纽约的《阿姆斯特丹新闻报》和《芝加哥卫报》。多数这种报纸的出现是因为种族隔离,非洲黑人及其关注点几乎为白人所忽视。多年来,黑人很难在美国主流媒体中找到工作。于是报社整体采取措施缓解这种情况。许多行业和专业报纸组织已经制订了特殊的计划,招聘和培训少数族裔,但是很多都缺少目标。同时它们也更加注重对少数族裔社区的报道,尽管许多媒体评论家认为这种报道不合适。

专业报纸　专业报纸仍在发展,包括工商业报纸、劳工报纸、宗教报纸,也包括服务环境利益、追求非传统生活方式的人们、特殊爱好者、志愿者协会的成员、大学生等的报纸,甚至还有监狱报纸。有些报纸由会费或组织收益承担成本,而不以广告费为生。

功能和内容的改变

不论一家报社的规模如何,将其作为一种生意经营就意味着要懂得怎样获利,即懂得将报纸卖给最大的潜在受众群体,报纸必须依靠收入来维持生存。对于报纸来说,为生存而挣扎,具体表现为为销量而挣扎。近年来,对多数报纸来说,这也意味着挣扎着吸引年轻读者的眼球。2007年,哈佛的一项研究显示,只有16%的年轻人每天读一份报纸,只有9%的青少年说他们也这样做。研究总监托马斯·帕特森指出,大多数年轻人没有一个根深蒂固的阅读新闻的习惯。他注意到这个人群最普遍的新闻来源是电视,其次是网络。[14]此外,帕特森怀疑,报纸能否夺回这个群体的受众。

为了赢得读者,并保持广告收入源源不断,报纸出版商不得不根据受众不断变化的需求进行调整。出版商们满足读者的各种需求,向他们提供多种愉悦读者的内容。这些方式就叫作报纸的功能。尽管这些功能随着时间的变化而变化,但是至少有六大功能是不变的:劝服教育,提供信息,娱乐功能,提供深度报道和分析,进行正式沟通,谋求特殊利益。

劝服教育　在美国独立战争时期,报纸所提供的功能很有限。正如我们所指出的,当时的主要类型是政治报纸,其主要功能是劝服教育读者(或者至少加强报纸所阐述的观点)。在某种程度上,今天的报纸仍在履行着劝服功能,它们支持特定政党候选人,促进公共政策的制定,认可计划,并利用社论版表明立场。有些还提供有利或不利于机构、候选人和社会问题的新闻报道。然而,比起一个世纪以前的报纸,当代报纸的政治功能更加克制和平衡。

提供信息　在现代社会中,报纸的信息功能尤其活跃,并且很好地体现于报纸中的新闻部分。这一部分所占的版面惊人地小。报纸在安排好所有常规材料如特稿、漫画、辛迪加专栏和广告之后,还会给重要或不重要的新闻故事留下空间。这个空间称为新闻版面,只占整个报纸的1/5。报纸的其他部分,如天气预报和股市报道都有这个功能。

娱乐功能　为了生存,当代报纸也必须具有娱乐功能。为此,报纸大量的内容与新闻无关,而是娱乐和取悦读者。报纸提供人们感兴趣的故事、字谜、食谱、园艺提示、运动和覆盖面从医疗问题和时尚到如何抚养孩子的建议。

提供深度报道和分析　报纸的深入分析功能与信息功能密切相关。它不只传递信息,还提供与新闻相关的背景材料,对相关事件的解释及其重要性和意义的分析。在这一点上,报纸做得比其他媒体都好。此功能在报纸上越来越受到重视,是在电台开始播出新闻报道的时候。广播对报纸构成了真正的威胁,因为报纸在时效性方面没有优势。广播(以及后来的电视和网络)可以更快地传递新闻。事实上,博客和公民记者的文章经常会先于报纸记者之前报道故事。然而,广播和在线形式只是提供当天事件的总结。因此,现在的报纸不太重视作为“独家新闻”的消息,而更关注细节及对事件的意义和重要性的讨论。

进行正式沟通　近年来,越来越多的报纸作为当地政府公共记录的媒介而行使特殊的功能。根据《布莱克法律词典》,一个“官方”报纸由一个州或市立法机构或其授权的代理机构指定,在这些机构中,公共法案、决议、广告和通知被要求公布。一个市或州的法律可能要求政府发布通知(向大众公布)参加选举的候选人档案,或拍卖查封的财产用以交税或者建设的招标合同。若当地政府指定一份报纸作为其官方新闻出口,就必须为报纸付公示或广告的印刷费,将它作为公共记录的一种方式。

地方政府经常资助被选报纸作为其官方交流的手段。在大城市,经常会有专门的法律或商业出版物。然而,有时对于更小社区的主要周报或日报补贴的不同关乎生死存亡。

谋求特殊利益　在 20 世纪的下半叶,报纸增加了吸引特殊读者兴趣的功能,报纸整个版面刊登的都是特定的内容。例如,甚至是《纽约时报》,以古板、严肃和可信风格报道硬新闻著称,现在每周也包括称为家庭与生活的特殊版面。其他报纸以食品、个人广告、汽车和旅游板块吸引读者的特殊兴趣。如今,一份典型报纸会留出 20％的空间,放入各种与此相关的版面,这和新闻的比例是相同的。

报纸的双重身份和内在的利益冲突

在这章前面的部分,我们简单地罗列了报纸的特征,对报纸进行了定义。然而,不是所有人都这样认为。事实上,不同的人对报纸的认识是不一样的。因为现代报纸拥有一个双重身份。一方面,报纸是一种准公共机构,承担公共利益的看门狗角色,通常是政府和其他当权势力的对手。这一身份是 200 多年以来建立的新闻优秀传统的产物。另一方面,作为一个企业,报纸追逐利润,并作为一个企业界的成员、主要的雇佣者和商会成员行使其功能。

这一双重身份经常会给它带来内在冲突,企业的价值和严肃的记者冲突。几年前,《洛杉矶时报》几乎崩溃,当其出版商同意将一个体育板块的收入与一个专业杂志分享时。这种对编辑和广告等功能的破坏,被认为损害了报纸的公信力,并导致编辑和出版商的分道扬镳。

报纸工作是如何组织起来的

尽管报纸的规模大小不同,《纽约时报》约有6 000 名雇员,而《乡村周刊》只有 3 到 4 个员工,但是所有的报纸都有两个基本构成:经营和编辑。一般情况下,经营这一方管理报纸的财务和广告,创造使报纸存活的收入。编辑这一方包括记者、编辑及获取和处理有关上报新闻故事以及其他编辑(非广告)内容的信息的其他人员。

部门概述　报纸规模越大,其组织就越复杂。在业务方面,一些必要的活动经常是由独立的部门组织的。

- 广告部门处理来自企业、商家和分类公示的分类或不分类广告,比如公寓的租金、二手汽车销售、帮助服务。
- 生产部门负责排版(现在多由复杂的电脑系统完成)和印刷。
- 发行部门负责安排家庭或邮件派递或由街头小贩出售。
- 一般经营部门负责如下事宜,会计、人事、建筑维护。

编辑人员　负责生产报纸新闻内容的人是这样一些人:他们收集和撰写材料并进行编辑,处理照片,从通讯社和辛迪加选择出版内容,准备印刷终稿。他们形成了一个依权力和威望排序的系统。

编辑　许多监管人员的头衔中都包括"编辑",这可能会造成混淆。然而,每个人都有不同的权限级别,负责不同形式的内容。监管报纸的工作人员包括以下人员:

- 出版商,是报纸所有者或所有者的主要代表。
- 总编辑(有时简称为编辑,或随着联营所有权的出现也被称为常务总编辑)负责整个编辑部,并且负责报纸的所有内容,广告除外。
- 向总编辑报告的是社论版编辑(有时叫助理编辑),负责编辑社论版和意见版(与社论版相对)。社论版编辑直接向总编辑报告,因为报纸试图最大限度地将意见与新闻分离。
- 此外,向总编辑报告的是执行总编辑,负责新闻编辑室的日常运作。执行总编辑是一个相对有实权的人物,雇用和开除员工,监督各板块编辑。
- 各板块编辑包括城市编辑(大报纸的都市编辑),负责当地新闻报道,包括给地方记者

分配任务。根据报纸规模大小,其他新闻采集部分,如体育、商业、娱乐和特稿也将有编辑对其实行监督。每个新闻工作室独立部门的数量主要由报纸规模大小决定,而非其他因素。

- 为执行总编辑工作的是新闻编辑,负责准备刊登到报纸上的文字。新闻编辑监督文字编辑(文字编辑负责编辑故事,撰写新闻标题)。新闻编辑也负责报纸的设计,安排新闻的版面。对于重大事件,在做出决定之前,新闻编辑通常会咨询执行总编辑和其他比执行总编辑级别更低的编辑。
- 最后,通讯社或新闻社编辑选择、编辑,并协调来自新闻社如美联社的国内和国际新闻。

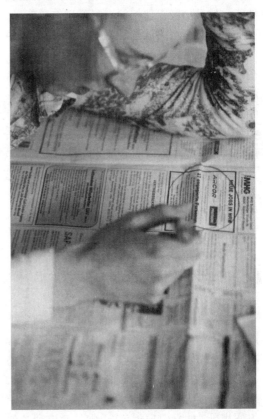

历史地看,分类广告在报纸广告中扮演着重要角色。

虽然小报的工作人员可能没有这些具体的头衔,但是报纸的某个员工也会进行同样的活动,以保证报纸的生产。

记者　编辑部工作人员最为人熟知的就是记者,他们寻找新闻信息并开始撰写故事。

在南加利福尼亚《橙县纪事报》新闻编辑部里,编辑们聚集在一起讨论新闻的优先性。

基本上对记者有三种划分:

- 承担一般任务的记者广泛报道并跟进各种话题的新闻,他们还改写故事。
- 区域记者被派到政府的特定区域,比如法院、警察局和地方政府。
- 专家记者报道商业、科学和城市问题等领域的新闻。

这里有一个特殊类别,我们会在第 9 章进行详细讨论,即调查性报道记者。他们帮助新闻界执行重要的看门狗活动。显然,更大、更复杂的报纸有承担更特殊种类业务的记者,如商业记者、专栏作家和监控工商业各领域利益的编辑。一些报纸有地方专栏作家,他们写的是丰富多彩的人物事件,并反映城市的一般特征。其他的专栏作家可能会专注于政治或种族关系。

其他专业人员 在美国媒体中,早在世纪之交之前,摄影记者起到了重要的作用。现在,他们的主要工作是必不可少的,因为在报纸整体设计中,程式化、说明性的摄影变得更为重要。当报纸开始使用越来越多的色彩时,摄影拥有了自己的舞台。直到几年以前,多数报纸还是黑白版(周日版除外)。在《今日美国》醒目的彩色摄影和复杂的图形的带动下,为了吸引更多的读者,许多其他报纸在 20 世纪 90 年代也开始跟风。现在,许多报纸都雇用艺术与设计总监,与编辑一起设计报纸及其具体板块。

网络人员 有些报纸还有一个同步网站,简单展示印刷版的内容,而另一些报纸有与报纸内容完全不同的网站,甚至名称也与报纸不同。在数字或网上出版的起步阶段,多数报纸将网上内容与纸质版区分开来。这两类工作人员通常有着不同的传统,他们生产不同的报纸内容。近年来,情况开始改变,越来越多的报纸将在线人员与传统工作人员集中在一起,有些报纸还要求所有的记者和专栏作家必须有博客。

 ## 报纸的未来

正如在这一章的开始我们所看到的,一些观察家和学者宣称,印刷报纸代表过去,随着互联网技术的不断进步,是注定要灭绝的。比如,2006 年《经济学人》头条刊登文章《是谁杀死了报纸?》。此文章继续写道:"媒体最有用的武器正在消失。"[15] 投资者和报纸助推者沃伦·巴菲特也持悲观论调,预测报纸死期将至。

事实上,在过去至少 20 年中,报纸处于一种危险境地之中。正如我们提到的,就订阅报纸的人口比例来说,报纸正在缓慢衰退。从国内的广告主花费金钱总量的比例来看,报纸也正在衰退。一些人曾经获得过暴利,而其他人则在担心所有阻碍他们生存和成功的障碍。

一些金融因素可能会继续降低读报纸的美国人的比例,这也会影响报纸未来的收入。

● 许多报纸由公司所有,这些公司同样还有自己的广播电台和电视台,这也减少了竞争中的压力。

● 报纸的经济收入包括有限的广告费。媒体顾问认为消费者只会将一部分收入花费在信息和娱乐上,不管有多少可利用的途径和服务。这些美元被越来越多的竞争对手追逐,包括报纸、广播、电视、有线电视、杂志、直邮以及电话公司和互联网公司。随着媒体竞争对手数量的增加,它们将不得不将尺寸相同的"收入馅饼"切成越来越小的碎片,而报纸只能分到微小的一片。

● 报纸受到劳动力和报纸印刷价格上涨的冲击。[16]

然而,很多人相信,宣布报纸死亡为时过早。他们预言,报纸会以现有形式维持生存,至少在短期的将来是这样的。甚至《经济学人》上预言报纸灭亡的文章也总结道,报纸目前的挑战是"一个令人关注的问题,但不是恐慌"[17]。

这些观察家指出报纸对其主人来说仍然有利可图。这是因为报纸占美国广告费的最大份额,本地企业必须要通过广告向当地顾客推销它们的产品和服务。另外,报纸是个人的和地方的媒体,人们可以通过报纸发现本社区的事件、人物和插图。此时,报纸仍在满足其他媒体很难满足的需要。但是,其前景很迷茫。正如我们在本章的开头所看到的,许多人都相信报纸的未来一定会包含数字技术。

和其他在线报纸版面一样,《费城问询者报》网站分类列出了最为重要的新闻报道。

互动媒体和在线报纸

早在 20 世纪 50 年代电子排版被推出时，报纸就与新技术结下了不解之缘。最终，电脑在新闻采访中发挥了重要作用，记者在工作中将电脑作为一种工具。20 世纪 30 年代开始，各种新闻组织尝试采用"电子报纸"。虽然各种方法没有成功，但是当在线互动报纸在 20 世纪 90 年代开始在网络上出现的时候，这些早期的努力对报纸经营者及其竞争对手仍然大有裨益。

到 2009 年，几乎所有的美国大报和国际报纸都有了互动或数字版，一些在线报纸只在网上才能看到。互联网报纸的潜在影响为西班牙马德里新闻研究所研究员恩里克·丹斯所重视。他写道：

> 在 450 年的历史中，文字新闻从来没有遇到过像互联网所引发的这样的强度和后果的变化。把报纸推向网络的决定意味着一系列的机遇和挑战，出版商必须仔细权衡。一旦迈出了这步，报纸便会置身于完全不同的竞争环境。它们要同不同的竞争对手、商业模式、客户和消费模式打交道。[18]

较近期的一篇文章指出，报纸正在与互联网接轨，但大多数还是太胆小，防御性强，思虑过多。许多互联网报纸提供的服务也有些令人失望。它们中的大部分只是由小职员运营，而且每天只有 1/3 的内容得到更新，而忽视了互联网的一个主要优点即不断更新的能力。

通过在线新闻资源获利也比较困难。报纸利用它们的网络资产以增加市场价值和收益的努力，以失败告终。其中一个原因是它们必须协调和平衡如建筑物和印刷机等实物资产，接受更低的资本密集型的互联网新经济。它们仍然面临相同的产业问题——"发行量缩水、印刷成本上涨及其核心业务增长缓慢"[19]。这些问题多年来使报纸发展较为缓慢。市场研究机构 Insight Express 的一项研究带来了更多坏消息，该研究称约 55％ 的网络用户不愿意支付阅读新闻的费用。[20]

然而，学者们并不排斥互联网报纸。许多年轻人也这样认为。互联网网站也将报纸带入电子商务世界。如在线报纸具有处理分类广告和其他快捷商务交易的巨大能力。其实，有些报纸如《基督教科学箴言报》已经于 2008 年放弃印刷版，现在只在网上发行。这也反映了一个不断增强的趋势，即报纸的广告收入在下降。

本章回顾

- 报纸曾经是纸墨制品，现在已经成为数字世界的一部分，这在很大程度上取决于运营报纸的电脑软硬件。

- 报纸与其他媒介是可区分的，因为它们具有便携性、可预见性、易获取性和经济性。

- 报纸和其他新闻媒介所传递的主要商品——新闻，是关于某个事件或对象的新近信息，该信息通过媒介被收集、加工并传播给重要人群。

- 刚被引进美洲殖民地时，报纸发展缓慢。在 1704 年，第一个发行超过一期的是《波士顿新闻信》。随后产生了一系列小型殖民地报纸，慢慢建立了自由表达的传统。1735 年，对彼得·曾格的戏剧性审判在确立新闻自由原则上是一个重要的里程碑。

- 殖民地报纸规模小而投递运输缓慢，目

标为富裕的读者,覆盖面有限。一些是党派报纸,表达并支持特定的政治立场。另一些是商业报纸,主要针对商人和从事贸易者。然而它们形成了捍卫公共利益的重要传统,在传播思想方面发挥了关键作用,对新国家的建立意义重大。

● 对于一般人,报纸变得很重要,工业革命带来了新技术、移民和城市的崛起,不断提高的识字水平也带来了更大的潜在读者群。在《太阳报》中,本杰明·戴将印刷技术、广告支持与广受欢迎的新内容以及有效的分销系统等必要元素放在了一起。很快,便士报便传到了美国的其他城市。

● 美国社会的众多变化激发了报纸的成长:通过移民的快速人口增长,不断提高的识字水平,电报、火车和汽船带来的技术变化。都市报为争抢读者而引发的激烈竞争,造就了一个黄色新闻时代。

● 20世纪早期,报纸是国家的唯一大众媒介,为多数美国家庭所使用。然而,当其他媒介如期而至时,其订阅量开始下滑,现在这种趋势仍在继续。

● 随着公司对利益的重视的加强,报纸的功能开始改变。之前向读者提供信息的功能仍然存在,但是娱乐大众的功能则变得更为重要。报纸不断强调深度报道和阐释的传统,缘于广播和电视的竞争,它们能使大众更快地接收信息。

● 作为一种现代媒介,报纸改变了其原有功能以回应竞争中的其他媒介(比如电视和网络),较少关注及时性,更多强调深度报道。

● 报纸类型多样,从大型都市日报到自由小报,在公交运输点或附近进行分发。

● 数字革命使得许多挣扎中的报纸放弃了纸质版,广泛采取在线版。

思考题

1. 当代社会报纸的主要功能是什么?

2. 在美国社会中,报纸的历史角色是什么?这个角色是怎样发生变化的?

3. 为什么即使报纸在社会和经济中的重要性下降,还会有这么多广告?

4. 塑造现在报纸的主要驱动力和趋势是什么?

5. 报纸是怎样适应数字革命的?是一个引领者还是跟随者?

6. 报纸最重要的特点是什么?报纸有可能继续生存下去吗?

关键概念和术语

新闻　News
第一修正案　First Amendment
看门狗角色　Watchdog role
便士报　Penny press
黄色新闻　Yellow journalism

通讯社　Wire services
特稿辛迪加　Feature syndicates
双重身份　Dual identity
电子或数字报纸　Electronic or digital newspaper

注释

1. "The Decline of the American Newspaper," *The Week*, Jan. 19, 2007, p. 11.

2. Jon Fine, "Gannett's New Lease on News," *Business Week*, Feb. 26, 2007, p. 28.

3. Edwin Emery, *The Press in America*, 5ᵗʰ ed. (Englewood Cliffs, NJ: Prentice-Hall, 1972), p. 3.

4. Marvin Rosenberg, "The Rise of England's First Daily Newspaper," *Journalism Quarterly* 30 (Winter 1953), pp. 3–14.

5. Emery, *The Press in America*, p. 31.

6. 关于报纸和其他媒体的特别有洞察力的观点, 参见 Hiley H. Ward, *Mainstreams of American Media History* (Boston: Allyn & Bacon, 1997); 关于早期印刷技术的精彩讨论, 参见 John W. Moore, *Historical Notes on Printers and Printing, 1420–1886* (1186; reprint, New York: Burt Franklin, 1968)。

7. 《布拉第摄影精选集》由小菲利普·B. 孔哈特 (Phillip B. Kunhart) 再版, *Matthew Brady and His World* (New York: Time-Life, 1977)。

8. U. S. Bureau of Census, *Statistical Abstract of the United States* (Washington, DC: U. S. Government Printing Office).

9. 在理查德·施瓦茨洛斯 (Richard A. Schwartzlose) 的著作中可以找到一部关于新闻促进社会历史发展的完整历史, 参见 *The Nation's Newsbrokers*, 2 vols. (Chicago: Northwestern University Press, 1989)。

10. 关于所有权趋势的各种数字的来源, 参见 Lynch, Jones and Ryan, Inc. and John Morton Research, Inc.。

11. Richard McCord, *The Chain Gang: One Newspaper Versus the Gannet Empire* (Columbia, MO: University of Missouri Press, 1996).

12. C. Edwin Baker, *Media Concentration and Democracy, Why Ownership Matters* (New York: Cambridge University Press, 2008), pp. 6–28.

13. Richard Siklos, "Reinventing Newspapers Is Murdoch's Long-Range Goal," *International Herald Tribune*, http://www.uht/com/articles/2007/05/13/business/murdoch.

14. Robert E. Park, "The Natural History of the Newspaper," *American Sociological Review* 29 (1923), pp. 273–289.

15. "Who Killed the Newspaper?" http://economist.com/research.articles/cfm?story_ID=7830218.

16. Felicity Barringer, "Newspapers Bring Threat of Web into Perspective," *New York Times*, May 15, 2000, p. C21.

17. "Who Killed the Newspaper?" http://economist.com/research.articles/cfm?story_ID=7830218.

18. Enrique Dans, "Internet Newspapers: Are Some More Equal than Others?" *International Journal on Media Management*, Spring 2000, p. 11.

19. Susan McGee and Matthew Rose, "News Papers' Internet Stories Haven't Clicked with Investors," *Wall Street Journal*, July 11, 2000, C1, C4.

20. Susan McGee and Matthew Rose, "News Papers' Internet Stories Haven't Clicked with Investors."

第 5 章
杂志:众多趣味之声

从多种方式来看，观察数字时代的杂志界就好像目睹拥挤的人群里形形色色的个人，他们争先恐后地寻求关注和广告支持。有些获得了关注并存活了下来，有些却衰退并销声匿迹。这些都被称为初始创业者，他们加入杂志界并声称他们的出现是迎合了读者最新的需求。杂志代表了传媒界一个复杂的、富有挑战性的一部分，因为它们在无情的经济社会里与印刷界的其他成员相互竞争。

开始的时候，杂志在活字印刷、印刷机、印刷术和纸张等方面所依赖的技术发展，就像图书和报纸一样。但杂志和其他印刷媒介不同。虽然杂志的某些特征与图书相似，并且像报纸一样定期出版，但是它却是一种独特的媒介。在这一章中我们将看到杂志为社会提供了不同于报纸或者图书的特殊的服务，拥有着特殊的功能。此外，订阅杂志的人也在美国社会形成了一个群体。

我们还将看到，杂志将不再是一种印刷现象。杂志的内容根据话题和主题来安排，这种安排在很久以前被电视和有线电视借用。这就使得杂志成为了媒体的产物、交流的媒介或平台以及一种交流的形式。[1]

杂志以一种困惑的状态进入 21 世纪，作为旧媒介的一部分，杂志却是最早对以互联网作为交流平台感兴趣的一种。不久后，杂志则被认为等同于博客，为读者提供了全动感视像和近乎无止境的互动以及搜索的功能。以前互联网被视为传递信息的另一种模式，现在则被视为一种融入社会网络的方式和搜索网站。如今，正如报纸一样，很多杂志既采用传统的纸张印刷形式也活跃于网络之上。

为了理解综合的、汇聚的媒体世界中的杂志，需要认识杂志是什么，如何操作运行，以及在这个环境中未来可能的发展道路。

区分杂志与其他媒介

也许，你觉得你已经了解到了什么是杂志以及杂志与报纸的区别，但是在当代的出版业中，对二者进行区分是不容易的。如今，将杂志与其他媒介区别开来变得越来越困难。然而，杂志仍然将自己定位为一种独特的媒介和平台。究其原因，我们必须研究当代杂志的形式、读者及其功能。

通常情况下，有一些较为显著的特点可以令人满意地将杂志与报纸区分开来。一般来说，杂志的出版没有报纸那样频繁。杂志以一种不同于报纸的形式出版，通常用质量较好的纸张，被装订起来而非折叠起来，有封面。

传统所认为的报纸、出版杂志和电子杂志之间的区别正变得越来越模糊。的确，当报纸在包装和呈现方式方面做出大改变时，它通常

"这是在线的，订户可以仅为他们想看的内容付费，它会每天进行更新——你肯定这还是杂志吗？"

被认为在采用"杂志的形式"，就连电视也被影响了。CBS 的《60 分钟》和现在的模仿者都声称自己为"电视杂志"秀。

在数字时代，使问题变得更复杂的是，报

纸和杂志都建有网站和发行纸质版。网络版杂志与纸质版杂志的经营方式可能不同,纸质版杂志更新的周期为一个星期或者一个月,而网络版杂志则是按小时编辑或者与新的素材融合。

历史上,杂志的内容和其他媒介的内容一直不同。杂志吸引某个区域内或整个国家内的读者,并不会像报纸一样强烈地被地方化。没有赶在每天截稿日期前完成的负担,杂志在探索问题或者形势时比报纸更仔细。然而,当今影响力较大的报纸对调查性报道表现出越来越大的兴趣,杂志也不总是比报纸更仔细。我们的确发现,杂志的内容对每日时事的细节没有太多的关注,而更加注重在大情境下阐释一个主题。

回顾上文,我们在第1章讨论了哈罗德·拉斯韦尔所列出的媒介的功能。这些功能包括以下方面:

- 环境监督。
- 对环境做出反应的社会各部分之间的相关性。
- 社会遗产的代代相传。

我们还加上了"娱乐"这一功能。如今的杂志也有着与传统杂志相同的功能,是监督的主要媒介,通常比其他媒介提前一步传达信息。一些诸如《新闻周刊》等杂志,主要以向读者传达信息的方式实现其监督的功能。其他如《花花公子》等杂志的主要目的是娱乐大众。其他纸质版的媒介也有传达信息和娱乐大众的功能,但是令杂志独树一帜的是杂志实现了"相关性"功能。在杂志的各种功能中,向读者提供深入的分析以帮助他们了解当代社会及社会各界这一功能是最成功的。杂志擅长预计未来趋势和通过汇集事实来阐释某一则新闻的意义。换句话说,杂志是最好的解说员。杂志研究者西奥多·彼得森对杂志做出了精练的描述:

虽然杂志没有广播和报纸的即时性,但它对形势的解说是及时的。它的及时性和持续性将它与书籍区分开来。作为一种持续的出版物,杂志可以获得读者的反馈并向读者提供讨论的平台。杂志可以无限期地运动,可以处理累积效应而不是单项效应。然而,杂志可利用的空间和读者的阅读习惯使其对主题阐释的篇幅相当长。正如其他纸质媒介一样,杂志更多的是吸引专家学者而非唤起读者的情感共鸣。它不像广播一样转瞬即逝,它也不需要获得在某个特定时间里的关注。它不会像报纸一样很快被丢弃。它所讨论的话题存留在读者家里的时间可长达几周、几个月甚至几年。总之,杂志在本质上很好地满足了为悠闲的、具有批评眼光的读者提供指导和解说的媒介要求。[2]

杂志的历史

"杂志"一词于16世纪晚期出现在英语词汇中,但那时候这个词并非指印刷的纸质版媒介。这个词最早来源于阿拉伯语的"makhasin",意为储藏室。在古代,"杂志"一词指收藏物品的地方(通常为军用储藏室)。我们今天仍然用这个词表示很多不同种类的存放弹药的军事附属设施。18世纪,当最早的印刷纸质版的期刊出现时,杂志才真正诞生,因为从某种意义上来说,杂志就是一个装满了各种各样话题的储藏室。

杂志的形式、功能和读者都有着悠久而丰富的历史。虽然随着时间的变化,它们都发生了巨大变化,但是有些方面却令人惊奇地保存着近乎最初的样子。回顾杂志的历史,我们可以看到以下方面:

- 第一代杂志诞生并繁荣于一个居住着

很多温文尔雅的、受过教育的人的大城市，即伦敦。

- 18 世纪美国更为艰难的社会条件抑制了大西洋西岸的杂志的发展。随着国家领土的扩大、城市化的发展、交通的发展，杂志开始在美国繁荣起来。

- 19 世纪末期，杂志成为了一种严肃的、令人尊敬的媒介，服务于数以百万计的读者。

- 在 20 世纪早期，杂志在揭露令人无法接受的社会条件和刺激社会改革这两方面起着重要的作用。

- 在两次世界大战期间，在电视成为家用媒介之前，杂志已经是一种重要的大众传播媒介，在全国范围内为销售产品做广告。

- 第二次世界大战之后，电视的发展对杂志业造成了较大的冲击。发行量大的普通杂志在财务上有了很严重的损失，但是为满足新的需求，新的种类的杂志创建起来，从而使杂志业一直繁荣至今。

《宾夕法尼亚杂志或美国博物馆月刊》杂志第一期于 1775 年在费城由托马斯·潘恩出版。

第一代杂志

随着第一本小期刊《评论》在伦敦出版，杂志的历史开始了。在某些方面，这次小小的出版就像那时的报纸：它被印在四页小纸上并每周发行一次。然而，它与报纸不同的是，它较少关注新闻，关注的重心主要是国内事务和国家政策。[3] 那时，在英国编辑和出版与统治者意志背道而驰的刊物是很有可能被关进监狱的，而在这种情况下，《评论》的创建者还一直工作着，直到下一期杂志的出版。它的创建人就是直言不讳的丹尼尔·笛福（《鲁滨逊漂流记》的作者）。他在纽盖特监狱完成了第一期杂志的编辑，他因公开抨击英国国教的政策而被关进监狱。

和随后兴起的杂志一样，《评论》是政治评说的载体，其目的是影响读者的信仰和观点。同时，它又是一个娱乐工具（至少对世故老练的读者而言），因为它的内容还包含文学、行为

准则和道德准则。从杂志的出现至今，这两个功能对媒介都非常重要。

笛福被释放后继续频繁地编辑《评论》，大约一周三次，一直到 1712 年。笛福的这项小小的举动几乎立刻被模仿，杂志作为印刷媒介的另一种形式开始被延续下去。这些出版物虽然是第一代杂志，但在当时并不被称为杂志。1731 年，一个名叫爱德华·卡夫的印刷工出版了他的第一本月刊《绅士的杂志》。这份杂志办得很成功，以至于获得了 15 000 名读者的订阅，这个订阅量在当时确确实实是惊人的。直到这时，"杂志"一词才被用于纸质印刷媒介。

早期杂志除了在内容上与那时候的报纸不同，其作者也不同。最初，杂志因其拥有当时最优秀的作家而成为一种媒介，它有 18 世纪最令人尊敬的英国作家如塞缪尔·约翰逊、

亚历山大·蒲柏、丹尼尔·笛福（上文提到的）、约瑟夫·艾迪森以及理查德·斯梯尔写的散文、短篇故事以及娱乐评论。

在18世纪中期，当这种媒介的形式和实质融为一体时，杂志服务于社会的功能保持着独特性。很明显，杂志的目的是盈利，它依赖于订阅者支付的订阅费，也在一定程度上依赖于广告收入。它的内容综合了大部分的政治评论，也包括了一些有争议的话题的讨论和树立观点的议论文。它的文品高，读者大多是富有的、受过良好教育的上层人士，因而不是大众的媒介。现在，不管是印刷纸质版的杂志还是电子版的杂志，它都与一般的小册子以及宣传和营销材料截然不同。

到了18世纪中期，英国出现了很多成功发行的彼此竞争的杂志，创办"杂志"这个想法被传到了世界其他各地。因此，在美国革命之前，我们今天所认识的杂志和成百上千的出版物正在欧洲的大城市被生产。而在大西洋彼岸，在美洲殖民地时代，正发生着什么呢？

18世纪的美国杂志：发展的障碍

在英国创立的杂志是令人惊奇的典范。对一些知识分子来说，在殖民地时代开始发行这样的刊物似乎是一个不错的主意。事实上，永远的改革者本杰明·富兰克林在1741年尝试着创办一种杂志，它有令人敬畏的标题即《大众杂志和历史纪事——给美国所有的英国种植园》。它甚至还有一个竞争对手，其标题也同样令人敬畏，即安德鲁·布雷德福的《美国杂志——英国殖民地政治地位每月观察》。富兰克林的杂志只发行六期，布雷德福的杂志也在发行了三期后失败了。[4]在之后的十年里，只是零星地出现了一些杂志。[5]

如果富兰克林、布雷德福以及其他的杂志创办人能够雇请一位现代市场研究者来调查是否在当时有切实可行的杂志市场，当时就不用花费太多精力之后才发现杂志从一开始就注定要失败。对美国杂志的成功创办造成阻碍并使其落后于欧洲很多的条件有四个：(1)美国人民的秉性和人口分布；(2)当时发行杂志的经济状况；(3)交通情况和运送需要的邮政系统；(4)订阅的成本。

殖民地人民 当富兰克林和布雷德福发行与对方相竞争的杂志时，整个13个州的殖民地的人口只有大约100万人，他们分布广泛，散居在1 200英里的海岸线上，只向内陆延伸了几百英里。此外，大部分殖民者居住在农场里，每个农场通常互不相连。甚至在50年后的1790年，据美国第一次官方人口普查，生活在整个13州的黑人和白人只有390万人，人口达25 000人的城市只有费城和波士顿。总的来说，城市人口只占总人口的3.5%。[6]

由于人口条件的原因，在18世纪的美国不存在一个可利用的杂志市场。如果富兰克林和布雷德福以及后来的杂志创办人早就知晓这些条件与他们创刊成功是密切相关的话，他们可能就不会让自己陷入那样的麻烦。

杂志经济 那时发行杂志的经济基础的确脆弱。个体经营者或一个出版者必须做完一系列事，即构思内容，编写内容，印刷杂志，分发杂志等。杂志的商业模式通常是由订阅者支付或者是订阅者支付和广告收费的综合。没有国内市场或区域市场，因此杂志被严格地本地化，其运行发展的动力来自其所有者的直觉和兴趣，它的所有者及出版者、编辑、作者、印刷工以及配送者，离劳动的专业化和分工还很远。

运输和递送的障碍 现如今，我们定期通过邮箱收取杂志，并依赖于邮箱。然而18世纪的交通状况使得向地域分散广阔的读者运送杂志变得困难并且成本高昂。例如，在今天，乘飞机从纽约到波士顿只需要几分钟，通过州际高速路开车也只需要四个小时。然而在18世纪中期坐公共马车则需要八到十天的时间，仅是到达终点就是一项胜利，而要带着无数捆杂志更会减慢其速度。在人烟稀少的

和当今社会比较而言，在殖民地岁月运送杂志和其他产品所面临的困难受到了过多的渲染。

地方，几乎没有公路，大多数旅行者采用骑马、乘帆船或者独木舟等方式。

现在的杂志订阅者很少会去考虑邮资，因为出版商已经付过了（相当低廉），而要在 18 世纪把杂志送给订阅者则是另外一回事。直到 18 世纪末期，杂志才被允许通过邮政寄出。起初，运费的收取不太实际，因为它是按重量计费的，这就使得邮寄沉重的杂志变得贵得离谱。几年后，美国国会将运送系统改为根据页数和运送距离收费，但这项更改也没成功，因为这对遥远地区的读者来说花费太大。需要订阅者提前支付的邮资使期刊的成本增加了20％至40％。

直到 1852 年，杂志的邮资才能由出版商支付。那时候，道路条件得到了很大的改善，轮船航线和铁路运行良好，能够定期快速地、廉价地、有效率地运送邮件。更低的成本使得出版商将邮资包含在订阅价格之内。

订阅杂志的成本 早些时候，杂志是一件奢侈品。比如，富兰克林和布雷德福编辑的杂志的价格是每期一先令，以当时的货币价格来看，一先令相当于一个农场工人半天的工资。工人需要工作四到五天才能订阅一年的杂志，运费还要加上另一天的辛苦劳作所得。支付给同样工作量的工资在现在至少是 315 美元，因此很少人愿意花费那么多钱去订阅杂志。

杂志在那时存在了相当长的一段时期，充当富人之间的媒介，欧洲城市如伦敦和巴黎的上层社会是潜在的杂志订阅群，而美国零星分布的农民和工人则不是潜在的订阅者。

19 世纪的美国杂志

虽然在 18 世纪几乎所有可以想象的因素都对杂志在美国的发展不利，而当 19 世纪开始时，情况发生了相当大的变化，19 世纪刚好给杂志的蓬勃发展提供了条件。

19 世纪杂志发展的催化剂 19 世纪促进杂志业发展的因素如下：

- 美国人口的急剧增长。
- 城市化。

- 快速发展的交通。
- 人们受教育的程度提高。
- 人口增多后出现的问题需要更多详细的信息。

快速增长的人口 在 19 世纪，即美国第一次人口普查的 10 年后，人口已经增长至 530 万。然后在 50 年之内，人口飞升至 2 320 万，增长至 400％多。19 世纪末期，大规模的移民使人口猛涨至 7 590 万。历史记录表明很少有国家能如此令人瞠目结舌的人口增长率。19 世纪成了杂志业发展的黄金时期，这多亏了这样的长期人口增长趋势。正如我们即将看到的，人口增长成了 20 世纪上半叶的典型特征。

城市化 不仅人口增长，而且城市化进程加快了，如表 5 - 1 所示。增加的人口居住在城镇，靠薪资生活。在这一期间，居住在农村的人口比例变得越来越小，城镇人口的增长意味着更多人口聚集，更多现金收入以及人们受教育程度更高，这里正好有杂志业发展所需的不断扩大的市场。以下可以表明这个变化：1790 年，95％以上的美国家庭居住在农村。到 1820 年，居住在农村的家庭下降至 80％以下。内战时期下降至 60％以下。城乡人口流动继续着，并在 21 世纪加快了。到 1920 年，整个国家只有约 30％的人口居住在农村，如今这个数字已不到 2％了。这真的是一个城市化的国家，超过一半的美国人口生活在 1％的美国国土上。

表 5 - 1   美国人口迁移至城市

年份	美国农村人口占比
1790	95％以上
1820	72％
1850	64％
1861（内战开始）	58％
1920	30.2％
现今	2％以下

资料来源：AP，"Farm Population Lowest Since 1850s,"*New York Times*，July 20,1988,and USDA.

交通 交通网络的扩展使得农作物可以运送至国内市场或者国外市场，这部分地导致了城市化的发展趋势。伊利大运河的竣工形成了一个连接湖泊和河流的交通网络，这使得人们从纽约到芝加哥的旅程或者把货物从纽约运至芝加哥更加便宜。随着农作物和生活消费品在这个运输网络上穿行，更多的人涌入美国中西部和宾夕法尼亚州北部、纽约州、印第安纳州以及俄亥俄州。南部交通网使得驳船行至新奥尔良，纽约市位于这个交通网络的东端，变成了一个进出口的大港口，变成了整个国家大众传播产业最大的、最重要的城市。

教育程度的提高 虽然人口的数量和他们的关注点很重要，但人口的素质对于形成杂志这样的产品的市场也是一个非常重要的因素。在早些时代，美国大部分国民没有接受或者接受了很少的关于阅读的教育。即使是在 19 世纪初，初级阶段以上的教育也只有上层社会的才能享受，没有多少平民上过中学，只有富人才能上大学。

然而，到 1834 年，马萨诸塞州的赫拉斯·曼劝谏该州的议会采用免费的公共教育系统以使教育可以面向所有孩子。马萨诸塞州的全民教育系统很快被传播到其他州。19 世纪 60 年代的内战摧毁了整个社会包括教育的发展，但继那次冲突之后，全国入学孩子的比例在半个多世纪以内一直增长。这次社会巨变对杂志市场的发展有深刻的意义，新一代的文化公民开始通过阅读来获得信息和娱乐。

重大问题 随着 19 世纪人口的变化，对特殊类型信息的需求也增加了，这对现代杂志的传播发挥了一定作用。整个世纪都被特别的事件、剧变以及具有真正意义的思想运动、政治运动和宗教运动充满着。而杂志正好可以为读者呈现与报纸呈现出的不同的立场、细节、观点以及相关分析。杂志所表现出的视角让美国人了解到社会的重要形势、争议话题以及对社会有意义的问题，包括以下几方面：

- 内战和与之相关的奴隶制的争论。比彻·斯托夫人的反奴隶制小说《汤姆叔叔的小屋》等著作在杂志上连载，阅读人数远远超过了有能力买到这本杂志的人数。
- 智力较量。达尔文对物种起源的解说

诸如妇女权利等重大社会问题是"扒粪"刊物和观点杂志的重要内容。

这个相当轰动的话题就是一个例子。杂志为进化论和造物论二者的辩论提供了一个重要的平台。杂志在金融危机、大萧条、有争议的医学发现、伟大的宗教复兴以及持续扩大领土等主题上也展开了深入研究。

● 妇女问题。很多杂志直接指向妇女问题，对日益高涨的妇女运动领导者倡导的变化进行报道和评论。支持妇女享有选举权和反对妇女享有选举权的人们之间进行着富有感情色彩的辩论。还有的人认为，妇女有权获得信贷，有权按揭贷款，有权主动要求离婚，有权穿更为舒适的服装，甚至可以在外做以前只有男性可以做的工作。杂志为这些问题提供了多方面的见解。

19 世纪美国杂志的特点　由于上文提到的刺激因素，美国杂志业在 19 世纪蓬勃发展。这是一个动态产业，它不断地追寻着新的形式、新的读者、新的兴趣以及新的利润增长点。有些杂志刚创办不久就失败了，而有些则能历经数代长盛不衰。

杂志的种类数量和发行量　数据显示，美国杂志的种类在 75 年间增长速度惊人。1825 年，近乎 100 种杂志在市场上流通。[7]

杂志种类快速增长的同时，杂志的发行量也在增长。这个世纪里杂志的准确发行量并没有记录，但可利用到的各种数据均表明其急剧增长的态势。例如，在 18 世纪末期，一种杂志要是能有 1 500 名订阅者就已经算是幸运的了，大部分杂志的订阅者更少。与此相比，1858 年的《乡村绅士》拥有 25 000 名订阅者，那一年其他杂志的订阅者数量也在这个范围内。《戈德女士读物》是一种面向妇女的非常受欢迎的杂志，它拥有 15 000 名订阅者，其发行量在 15 年内猛烈增长。《青春伴侣》作为领头杂志，拥有 30 万订阅者，富有文学气息的《斯克莱布诺月刊》则拥有 20 万订阅者。

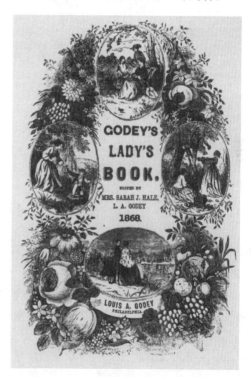

面向女性读者的诸如《戈德女士读物》等杂志，对于杂志的发行量、到达率和普及率等的增长是重要的。

面向各种兴趣的杂志　在 19 世纪的最后几年里，杂志出版商开始对杂志市场有很好的了解。"每一个兴趣都有面向它的杂志——关于所有意识形态和运动的杂志，关于所有艺术的杂志，关于所有哲学学派和教育学派的杂志，关于所有贸易与工厂的杂志，关于所有职业的和非职业的杂志,关于所有重要组织的杂志,关于所有业余爱好和娱乐消遣的杂志。"[8] 报纸给读者提供包罗万象的内容,而杂志则主攻某一个特定领域或人们共同感兴趣的某个话题。

随着 19 世纪的结束,世界上的杂志越发多样,特别是宗教期刊繁荣发展。到 1885 年,已有约 650 种面向多维度的出版物。大量杂志都为艺术、音乐、戏剧与文学作出了贡献。短篇小说、旅游账目等几乎所有容易理解的主题都能在杂志上找到。其中很多现在已经是美国最有声望的专业杂志,技术杂志始于 19 世纪末期。

总体而言,到 19 世纪末期,杂志已成为一种成熟的和重要的媒介,和人们多样化的兴趣和关注点一样,杂志的种类也多样化了(见图 5-1)。对于很多公民而言,杂志是对错综复杂的话题进行解说的重要来源,而报纸上却没对这些话题作深入分析;而对于另一些人而言,杂志为人们提供了娱乐消遣。

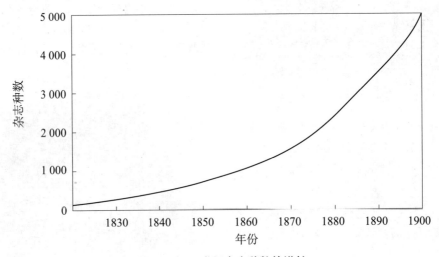

图 5-1　19 世纪杂志种数的增长

20 世纪的美国杂志

一些杂志成为了揭露政治腐败、社会问题和经济剥削的载体,这为其在 20 世纪获得了更多尊重。但是,如美国其他媒介一样,杂志是以盈利为目的而被生产和分发的。订阅对杂志而言很重要,因为这承担了出版物生产和分发成本的大部分,但杂志要想获取真正的利润则应如报纸一样吸引广告主,杂志的广告功能以获得全国范围内的读者为目的,大发行量的杂志在 20 世纪获得了成功。正如我们所见,20 世纪中期,电视在全国范围内取代了杂志对广告主的作用,于是杂志必须另寻出路。

杂志作为改革者　杂志历史上最重要的一段时期之一始于 20 世纪之前至第一次世界大战的结束。在新世纪的第一个十年里,随着有名望的杂志的作者、编辑以及出版商开始探究国家的经济政治生活,他们领头揭露批判国家的社会、道德以及政治问题。正如我们所见,社会问题的揭露导致了该阶段需要大量的改革和修正立法。

这些杂志是"调查性报道"的先驱,在那时被称为"扒粪"(muckraking),该词由美国总统西奥多·罗斯福所创,以特指那些决心揭露社会黑暗和丑陋而不是对美国歌功颂德的记者。罗斯福把这些记者比作约翰·班扬的经典之作《天路历程》中的"扒粪"者,他们贫贱不能移,威武不能屈。

在"扒粪"运动中,最有力的杂志有《麦克

卢尔杂志》《北美评论》《论坛》《大西洋月刊》，甚至包括《星期六晚邮报》，这些都是拥有巨大发行量的全国性刊物，它们的很多调查作家探究政治、社会和经济状况，成为了席卷全国的运动的一部分，这些调查作家精力充沛，多揭露丑闻毫不留情、充分彻底。

在 19 世纪 70 年代，《哈泼斯》周刊发起运动力图罢黜纽约市的政治独裁者威廉·马西·特威德，他因腐败统治而被称为"特威德老大"。新世纪伊始，揭露社会丑闻的运动达到新高潮。特威德是大城市政客老大的原型，也是后来政客的反面教材，漫画家托马斯·纳

斯特将他写进《哈泼斯》周刊，促使他下台。

也许"扒粪"运动中最有名的例子是艾达·塔贝尔在《麦克卢尔杂志》上连载的关于标准石油公司的丑闻，艾达·塔贝尔的成就佐证了记者是社会的监督人这个传统。《麦克卢尔杂志》的出版商塞缪尔·麦克卢尔对塔贝尔很有信心，因为塔贝尔已经为他写了很好的拿破仑传和林肯传。她是个有同情心的作家，也是一个刨根问底的调查员，麦克卢尔雇用她成为他杂志公司的一员，为他连载标准石油公司的历史，以期刻画美国工业对一种重要产品的生产和分配的成就和效率。

艾达·塔贝尔是一名伟大的"扒粪"记者和作家，以《标准石油公司的历史》而著名，她和林肯·斯蒂芬斯等调查记者在《麦克卢尔杂志》上发表作品。

麦克卢尔果然没看错人，塔贝尔花了 5 年时间准备并撰写了 17 篇关于这个巨头的诚信问题。她探究了所有她可以找到的公共记录，采访相关人士，检查信件、法庭记录以及成千上万的其他文档。她的确报道了标准石油公司是一个组织极好的公司，完成目标的效率极高。但是，她还无情地详细揭露了约翰·洛克菲勒和他的公司是如何"贿赂、造假、使用暴力、利用公共机关和铁路腐败，以及不择手段扳倒对手"[9]的。对此，公

众愤怒了，而《麦克卢尔杂志》的发行量却因此猛增。

具有改革头脑的作家如林肯·斯蒂芬斯、雷·斯坦纳德·贝克等的名字也家喻户晓。斯蒂芬斯写了被广泛赞扬的《城市之耻》系列，反映了大量美国社区的政府是如何腐败的。贝克的《工作权》系列是关于工会里的工人问题和腐败问题。在"扒粪"运动期间，这些作家以及 12 位其他作家给公众留下了极其深刻的印象并成为了民族良心的代表。有权力的政

治人物接受他们的呐喊并进行改革,联邦政府和州政府修正立法以扭转被揭露的政治和经济上的不正之风。最后,许多杂志变成了此类批判性的杂志,其中一些获得了成就,但很多却大量出版了几乎所有可以调查并进行批判的故事,结果公众厌倦了这种批判潮流,此时杂志必须做出改变。"扒粪"时期止于第一次世界大战,但这却可能是杂志在社会地位上和政治地位上的最高点。

《时代》的封面设置了新闻议程,预示着名人的崛起。马丁·路德·金早在1957年已出现在这个杂志的封面上,即民权运动最激烈的时期。

电视的挑战　"扒粪"热潮衰退后,新阶层的杂志出现了。其中一个是"新闻杂志"(一般为每周出版,概述并分析时事),这个术语是亨利·卢斯和布里顿·哈登于1923年在创办《时代》周刊时创造的。新概念也出现了(或者说,老概念复活了),如《读者文摘》——一种从其他出版物上编选内容的选刊。甚至在今天,《读者文摘》仍然是最成功的杂志之一。《纽约客》也创办于20世纪30年代。在1936年,图画杂志《生活》一经创办便获得了成功。1945年,以黑人为对象的图画杂志《乌木》创办成功。

作为一种广告媒介,19世纪和20世纪的杂志势不可当。全国范围内,没有其他可以广泛分销的媒介可以为全国市场做广告宣传。收音机直到20世纪30年代才成为家用媒介,电视在那几十年内更是不存在的,报纸只在本地流通,无论是图书还是电影也都不能在全国范围内做广告。全国流通的杂志保证了更多潜在的顾客能接触到同样的信息。

杂志的广告功能促使了普通杂志在20世纪前半叶大量发行。为了吸引全国范围内各行各业的读者,杂志提供了真正的、最原始的词汇。在几乎30年以内,即20世纪30年代到60年代,发行量较大的杂志如《生活》《视野》《考利亚氏》以及《星期六晚邮报》等占领了市场,其全国发行量上千万份。它们内容齐全,包括小说、生物学、旅游、笑话、主妇建议、对政治蜻蜓点水般的评论,以及体育。在对照片的利用和图片排版的有效性和精密性上,杂志远远超过了报纸和图书,杂志印刷精美,配送高效,奖励阅读,也是极好的广告媒介,利润丰厚。人们喜爱杂志,杂志似乎成了社会永垂不朽的一员。

接下来便是电视应运而生。随着电视越来越受欢迎,大发行量的杂志发现它们的订阅者在慢慢减少,广告收入也越来越少。电视也是一种"杂志",使用方法简便,而且免费。在全国做市场营销的广告主开始转而使用网络和电视广告了。

杂志必须在几年内做出巨大的调整。结果显示,大多数"内容全面"的大发行量杂志销声匿迹了,《考利亚氏》和《美国人》迫于20世纪60年代的经济危机而成为其中最早的受害者。在70年代,又有其他的杂志失败了,包括拥有大发行量的图画杂志《生活》和《视野》。《生活》等杂志在20世纪80年代和90年代又开始发行,但它们的形式发生了变化,它们的发行量变小,指向特定目标阅读人群。

仍然有一些极其受欢迎的杂志吸引着大众读者,包括《读者文摘》(发行量保证在800

万份）、《电视指南》（发行量为 320 万份）和《国家地理》（发行量为 60 万份），但是大多数现在的杂志并不是面向各行各业的读者而提供"全面内容"。相反，它们有针对性地为特定人群提供特定的话题。正如我们接下来将看到的，成千上万的、内容具有针对性的杂志取代了普通的拥有大发行量的杂志。

同时，诸如《时代》周刊、《新闻周刊》、《美国新闻与世界报道》、《经济学人》等这些可敬的新闻杂志在面对网络和电子媒介的即时性时，也屡屡受挫。虽然它们的发行量时而持平，时而减少，但是它们所面向的阅读人群——拥有大学学历的、年龄在 25 岁到 44 岁之间的读者——在同等时期翻了三倍。因此，在发行量本应该猛涨的时期，它们失去了大量的目标读者。为了努力赢回读者，它们进行了"瘦身"，并提供了网络版。这种类型的杂志是否能在今天这样竞争激烈的新闻界和广告界里存活，我们拭目以待。[10]

1929 年 2 月 29 日起的《时尚》杂志封面体现了该杂志对更高设计要求的承诺。

当代的杂志业

杂志的种类

目前，美国正在流通的各种各样的杂志将近有两万种，前文提到，这些杂志的内容大多数只涉及特定领域。从喜欢网球、飞蝇钓鱼和火车模型到喜欢收藏好酒和追求骑马，针对不同兴趣、不同业余爱好、不同品味的人群，有涉及不同领域的杂志（事实上，通常有几种），甚至有一种叫《SUV 动力杂志》的杂志专门面向汽车爱好者。[11]有些拥有大发行量，如《美国退休人士协会》（保证发行量在 2 350 万份以上）和《消费者报道》（由消费者联合会出版，声称拥有 450 万份的发行量）。

虽然对这些杂志的分类方式多种多样，但杂志业把它们分成了典型的两大类：消费者杂志和商业杂志。消费者杂志随时可供读者订阅，通过信箱收取或者直接在报亭购买；而商业杂志内容涉及特定领域如工业、贸易和职业，并面向这些领域的读者。表 5 - 2 详细介绍了消费者杂志的主要类型。

表 5 - 2 消费者杂志的类型

类型	描述	举例
新闻杂志	全国性杂志。	《时代》周刊 《新闻周刊》 《美国新闻与世界报道》
城市杂志	调查某个特定城市或区域的公共事务并批判本地事件（尤其是娱乐场所和餐馆）。	《纽约》 《圣迭哥》 《华盛顿》 《波士顿》 《洛杉矶》
成人杂志	产生了相当多的收益，拥有巨大的订阅量，内容包括虚构和非虚构文章、访谈以及具有暗示性的照片。	大众感兴趣的成人杂志： 《花花公子》 《花花女郎》 《阁楼》 面向具有成人兴趣读者的出版物： 《哈斯勒》 《斯克鲁》
同性恋杂志	这些大部分面向同性恋，以转性和双性个体为话题，以性别和身份认同问题为主要关注点。提倡同性恋，并为同性恋者感兴趣或以同性恋者为目标的产品和服务做广告，例如旅游。	《倡导者》 《出局》 《曲线》 《解压》
体育杂志	面向对所有体育活动感兴趣的读者，一种新体育活动的诞生将导致一份新杂志的诞生。如同成人杂志一样，体育杂志曾经只面向男性，然而现在女性成为了杂志主要的阅读人群，许多体育杂志还专门为女性而设计。	大众类，包括多类体育运动： 《体育画报》 《娱乐和体育节目网》 专业类，只包括某一类体育运动： 《高尔夫》 《壁球》 《滑雪》
观点杂志	包括美国一些较老的以及一些非常受人尊敬的杂志。	《国家》 《国家评论》 《标准周刊》 《进步》
智力杂志	这些出版物如同观点杂志一样发行量小，但是它们信息量大，并面向知识分子。观点杂志和智力杂志二者都以其能"影响有影响力的人"而感到自豪。	《评论》 《美国学者》 《调和》

续前表

类型	描述	举例
高级杂志	类似于观点杂志和智力杂志，但它们通常拥有较大的发行量（也许高达 50 万份），读者更加大众化。	《大西洋月刊》 《哈泼斯》 《史密森尼》 《纽约客》
男性杂志	内容有时与健康杂志和体育杂志重合，其他类似杂志代表男性对时尚和美容的关注，还有一些所谓的"年轻人"杂志，如面向时尚年轻男性。	男性时尚和健康： 《时尚健康》（男性） 《绅士季刊》 年轻人杂志： 《男人帮》 《剃须刀》 《格言》
女性杂志	一些国内拥有大发行量的、最成功的杂志是面向女性的。	强调创造美好家园： 《女性家庭期刊》 《美好家园》 《时尚好管家》 时尚/生活方式： 《奥普拉杂志》 《时尚》 女性主义： 《女士》
幽默杂志	自 19 世纪 70 年代的《恶作剧》和《漫画周刊》起，幽默杂志开始生根并一直伴随着人们。	《哈佛讽刺》 《疯狂》
商业杂志	一些商业杂志还提供覆盖广泛的新闻报道，其他的就如何在股市中获利而向读者提供建议，其内容还涉及高科技和电子工业。	主要的商业杂志： 《商业周刊》 《经济学人》 《财富》 《财智月刊》 《福布斯》 《巴伦周刊》 科技类： 《连线》 《计算机世界》

关注杂志本身的一种出版物《作家文摘》给出了另一种分类体系。杂志主要分为四种：

● 消费者杂志——面向普通大众的，可在报亭购买或订阅的杂志，可送货上门，如《读者文摘》《生活》《乌木》《电视指南》和《体育画报》。

● 贸易期刊——一种面向工业或贸易的杂志，如《夜总会》或《国际造船产业》。

● 赞助杂志——特定组织、联合会和其他团体的内部出版物，包括学院的和大学的杂志，消费者的出版物以及雇员杂志如《美国军团》《艾尔克斯杂志》《消费者报道》《哈佛杂志》。

● 农业杂志——诸如《农场期刊》和《美国小农场》这类杂志内容涉及农业和农业综合企业，它们之所以拥有单独的分类是因为它们的数量庞大并且专业化程度高。

然而，杂志实际上可比上述所列复杂，以

下是我们对此的观点：

- 新闻杂志：作为美国的全国性杂志，它包括《时代》周刊。《时代》周刊曾经以强烈倾向于共和党而闻名，如今在政治上变得更加温和。《新闻周刊》是一个教条主义相对较弱的出版物，它的内容一般倾向于自由党。《美国新闻与世界报道》，内容以商业为主导。

- 城市杂志：《纽约》《圣迭哥》《华盛顿》以及《波士顿》等出版物是城市杂志的典型代表，它们倾向于关注某个特定的城市或者区域的活动。大多数大城市（如哥伦比亚）和许多小城市（如阿尔布开克）如今已有城市杂志，调查公共事务并批判本地事件（特别是娱乐场所和餐馆）。

- 成人杂志：此类出版物拥有大量的发行量并产生了相当多的收益，它们以虚构和非虚构文章、访谈以及有暗示性的照片而感到自豪。它们包括大众感兴趣的《花花公子》《花花女郎》和《阁楼》。《哈斯勒》和《斯克鲁》迎合了读者明显的成人兴趣。

- 同性恋杂志：这些大部分是时尚杂志，面向同性恋，其标题包括《倡导者》和《出局》，以性别和身份认同问题为主要关注点，这迎合了日益增加的同性恋群体，他们还以转性和双性个体为话题。它们倾向于提倡同性恋，并为同性恋者感兴趣或以同性恋者为目标的产品和服务做广告，例如旅游。这类杂志和传统的男性杂志以及女性杂志截然不同。

- 体育杂志：美国人多对各项体育活动着迷，而大量体育杂志可以满足他们的兴趣诉求，从《体育解说》和《娱乐和体育节目网》（包括了多种多样的体育活动）到《高尔夫》《壁球》《滑雪》（只关注某一种体育运动）。一种新的体育运动便会导致一份新的杂志诞生。20世纪90年代，当人们对壁球热情高涨时，几种关于壁球的杂志便出现了。如成人杂志一样，体育杂志过去似乎只面向男性，然而现在女性成为了杂志主要的阅读人群，许多体育杂志还专门为女性而设计。

- 观点杂志：这类杂志包括美国一些较老的以及一些非常受人尊敬的杂志，包括自内战以来便存在的、有左倾思想的《国家》，由专栏作家威廉·巴克利于20世纪50年代创办的保守主义杂志《国家评论》，以及20世纪90年代的《标准周刊》，其他的还有自由派的《美国人》《展望》《新共和》和《进步》。

- 智力杂志：这些出版物如同观点杂志一样发行量小，但是它们信息量大，并面向知识分子，如《评论》《美国学者》和《调和》。观点杂志和智力杂志二者都以其能"影响有影响力的人"而感到自豪。

- 高级杂志：虽然这类杂志类似于观点杂志和智力杂志，但它们通常拥有较大的发行量（也许高达50万份），读者更加大众化，如《大西洋月刊》《哈泼斯》《史密森尼》和《纽约客》。

- 男性杂志：《时尚健康》（男性）等出版物的内容有时与健康杂志和体育杂志重合。《绅士季刊》以及其他类似杂志代表男性对时尚和美容的关注。还有一些所谓的"年轻人"杂志，如面向时尚年轻男性的《男人帮》《剃须刀》和《格言》。

- 女性杂志：一些国内拥有大发行量的、最成功的杂志是面向女性的。19世纪美国发行量超过一百万份的第一代杂志是盛行至今的《女性家庭期刊》，其他这类杂志还有《奥普拉杂志》《时尚》《美好家园》以及《时尚好管家》。《女士》杂志脱离传统的女性期刊，反映温和的女性主义观点（《女士》杂志引领着女性主义杂志）。如今有一些杂志有各种各样的社论和观点。还有一些面向十几岁的女孩和年轻女性，其中最有名的是《十七岁》。

- 幽默杂志：自19世纪70年代的《恶作剧》和《漫画周刊》起，幽默杂志开始生根并一直伴随着人们，这类杂志还有《哈佛讽刺》和《疯狂》。与幽默杂志有关的是漫画书，并自成一个产业。这些杂志有时一点也不幽默，而只是使用卡通风格的插图以呈现复杂的故事情节和人物以及不同的观点和社会评说。当然，漫画也属于这一类，虽然它们有着更多受众和更广泛的吸引力。

- 商业杂志：很少有话题能比商业这个话

《国家评论》和《标准周刊》是两本持保守观点的杂志，由具有不同代际意识形态观点的编辑创立，并对于公共事务提供中立偏右的具有深度的分析。

题更能让美国读者难以抗拒，其中主要的商业杂志有麦格劳希尔出版的《商业周刊》、时代华纳出版的《财富》、赫斯特出版的《财智月刊》、曾经使用"资本主义的工具"这个反复无常的标语的《福布斯》和道琼斯出版的《巴伦周刊》（道琼斯还出版《华尔街日报》）。一些商业杂志还提供覆盖广泛的新闻报道，其他的则就如何利用股市获利而向读者提供建议。还有一些杂志内容涉及高科技和电子工业，如《连线》和《计算机世界》（事实上，科技的发展为出版业带来不少利益，有一些新的出版物内容专门针对计算机）。

消费者杂志如同《葡萄酒爱好者》和《乌木》一样，因其采用铜版纸印刷而被称为润滑的杂志。该类杂志大多数发行量巨大，除了亚类杂志即次级消费者杂志，后者包括发行广泛但只关注某个特定话题或兴趣的杂志《私人飞行员》《游艇》和《美食家》。

杂志的生命周期

美国的杂志似乎处于诞生、适应和消亡的持续过程中。赫斯特报业集团（在本章的"业界观察"中有所介绍）的高级副总裁杰伊·麦吉尔表示，杂志的生命周期具有相当大的可预见性，具体包括以下几个阶段。

创办 出版商通常创办一份新的杂志来反映社会或者经济方面的现象。这种现象为人们提供了一种信息，但这种信息并不针对某一特定类型的读者。比如，如果更多的人开始投资，而传统杂志不能提供有用的相关信息，那么对一种新的个人金融杂志的需求将会形成。

成长 一旦有了对杂志出版的需求，出版商就开始有策略地进行投资，并积极搜索潜在的主要和次要读者，即杂志主要面向的特定受众以及其他可能偶尔会需要杂志的受众。由于杂志的内容新颖，且和读者的需求相关，广告收入也会同步增长。

成熟 经过一段相对稳定的时期之后，竞争对手开始进入该市场，杂志收益的增长速度逐渐放缓,同时,杂志发行量和广告收入开始下滑。杂志内容似乎变得"老派",杂志成本管理出现难度。

衰落 由于社会或经济的转变,读者对杂志的兴趣没那么浓厚了。杂志的广告费率下跌,广告收益减少。随之而来的低迷迹象还有杂志内容大幅删减,杂志公司大量裁员,员工对杂志放任自流,有时随之而来的还有工作上屡屡返工,以竭尽全力挽救曾经生机勃勃的杂志。

停刊 杂志停止发行,一般是由于出版物不能适应社会或者经济发展变化的需要,因而读者或者广告主不再对杂志感兴趣了。

杂志的生命周期在不同发展阶段变化也不尽相同。麦吉尔举了一个与社会名人有关的杂志的例子:"一些杂志,比如像《奥普拉杂志》,有250万读者,办得很成功,一连持续办了好几年。另外一些杂志,比如说《罗西》(前身是《麦考尔》),为纪念喜剧女演员罗茜·欧丹尼而改名),还有《斯莱》(*Sly*)并不成功,持续的时间也很短。"[12]《斯莱》杂志假定年轻人会受到西尔维斯特·史泰龙的鼓舞。该杂志从开始发行到倒闭仅仅发行了两期,现在这本杂志已基本在人们的记忆中消失了。

大多数杂志会经历完整的生命周期。如今每年新办的杂志种数激增,这已不是什么罕见的现象了。业内人士表示,每年有成百上千种新办的消费者杂志。例如,20世纪90年代期间,大约有5 000种新办的消费者杂志,据报道,杂志种数增加了68%。2007年,消费者杂志种数飙升到6 800种。

杂志出版联合会作为一个贸易集团,每年都会根据适当的专题种类(在某种程度上会缩小所指范围)而不是杂志种类绘制杂志发行的图表,尽管有时二者会有一些重合的地方。表5-3上有些新创办的杂志是大型出版公司投资发行的,另外一些则是个体投入的低成本项目。

表5-3　　　　　　　　　　2007年根据兴趣分类的新发行的美国杂志

种数	类型	种数	类型
38	市 / 地方 / 州	4	流行文化
27	工艺 / 游戏 / 爱好 / 模型	3	两性
15	汽车	3	钓鱼 / 狩猎
13	时尚 / 美容 / 修饰	3	狗 / 宠物
13	特殊兴趣爱好	2	科学 / 技术
12	娱乐 / 行为艺术	2	军事 / 海军
11	黑人 / 种族	2	漫画技巧
10	家庭 / 家政服务	2	男同性恋 / 女同性恋
8	健康保健	2	自然 / 生态
8	体育运动	2	青少年
7	儿童	2	文学 / 评论 / 写作
7	妇女	2	政治 / 社会话题
6	艺术 / 古董	2	健身
5	野营 / 户外娱乐	2	旅行
5	计算机	1	园艺
5	商业 / 金融	1	赌博
4	美食	1	电视 / 广播 / 通信 / 电子产品
4	摩托车	1	媒介人物
4	婚礼	1	马 / 骑术 / 饲养
4	音乐		
4	男性	248	新的美国杂志发行种类总数

说明:该列表仅代表周刊、月刊、双月刊及半年刊。

资料来源:*Samir Husni's Guide to New Consumer Magazines*,2008.

杰伊·麦吉尔(Jay McGiu)
赫斯特报业集团高级副总裁

　　杰伊·麦吉尔曾负责出版过包括《大众机械》和《财智月刊》等在内的发行量巨大的著名杂志，经验十分丰富。从马凯特大学毕业后，杰伊·麦吉尔在芝加哥城外的一家社区报社做广告销售，从此开始了自己的职业生涯。他销售业绩突出，成为赫斯特报业集团旗下所有的《大众机械》杂志的广告代表，从而得到了在杂志业的第一份工作。在这里，他的工作如鱼得水，最终晋升成为了公司的副总裁和发行人。目前，杰伊·麦吉尔担任该公司的高级副总裁，与此同时，他还担任《财智月刊》杂志的发行人。在成功地在杂志任职期间，他还出版了其他几种杂志，包括《乡村生活》《户外运动》和《摩托艇和航海》。他负责主办的杂志曾获得"国家杂志奖"，其中有一本杂志曾被《广告时代》称作"年度杂志"。麦吉尔对杂志生命周期的敏锐视角为所有力图在该领域有所发展的人所敬仰。

　　1. 具体在何时什么情况下您最先意识到新媒体或者数字时代的重要性？

　　1995 年，凯森·布莱克刚上任成为杂志部门新的总裁，那时我是《乡村生活》的发行人。她发布的第一条规定是"不再需要备忘录"。所有书面信函都要通过电子邮件操作。那时我连电子邮件地址都没有，打字技术也相当差（现在也很差）。当时我很快发现，以数字化为手段的传播效率很高，但同时风险也大。使用电子邮件时人们必须特别小心，不能误点击"全部回复"，也不能以秘密抄送的方式回复。电子邮件中，别人也很容易误解自己的"语调"。那时我觉得，信息越短越好。

　　2. 不管是对个人来说，还是从专业角度来看，那次经历对您有怎样的影响？

　　我认为，通过那次经历，我的沟通技巧大大提高，计算机对我来说也不再那么神秘了。直到那时，我仍然有"计算机恐惧症"。在熟练掌握电子邮件技巧和文书处理后，我通过上网查询在各方面都有用的所有能查到的资料。到 90 年代中期，网上提供的内容不再那么集中，即使如此，我还是意识到了互联网将会对消费者的信息、娱乐和交际需求产生深远影响。当时最大的问题是，在迅速消耗了其风险投资后，互联网将如何生存？

　　3. 在赫斯特报业集团，或者说在整个杂志业，数字技术以及（或者）数字理念如何影响您的工作？要驾驭这些新的可能性，应该如何做？

　　数字技术为消费者及时提供了新鲜的信息和娱乐，并供消费者选择。它改变了消费者对之前所有媒介的需求和期望。作为出版人，我们必须拥抱互联网，用互联网为消费者传递信息。对各个品牌的杂志来说，每周或每月一次与观众的互动是远远不够的。如今，互联网和移动平台使得其与用户或读者的持续对话成为可能。了解用户的需求和兴趣所在，可以使我们进一步完善我们杂志的内容。

　　4. 作为一个出版人或者全球执行总裁，您认为数字革命对杂志行业带来的最大冲击或者最大利益是什么？

　　有了数字技术，出版商可以更高效地多渠道传播其杂志内容。其挑战在于，如何打包这些内容以满足读者的需求和期望。迄今为止，通过互联网提供杂志页面精确复制品的方法并不可行。同时，让消费者付费来获取数字化方法传输的内容也是一个挑战。

　　5. 您对数字化的前景是否持乐观态度？

　　当然了！每天上午我都要在电子阅读器

上看《纽约时报》。我相信,对一些特定的"读者"来说,总有一天,所有的印刷媒介都会"数字化",不再需要纸张、印刷厂和邮费。我也相信,读者有一天也会成为编辑,可以精心制作提供给他们的内容。

6. 如果让您给有志在杂志业发展的人提点建议,您会说什么?

我会想说,从零开始,忘了你们现在所了解的关于杂志的一切吧。未来的杂志出版业需要你思想开放,敢于实践,善于运用技术所提供的多种传播平台。

近年来,杂志的开办和倒闭与经济的整体变化同步。美国经济已从依靠重工业和采掘业(比如煤矿、铁矿和石油)变为依靠信息、通信和服务业,服务于传统工业的商业发行刊物数量有了一定程度的下滑,而与此同时,涉及计算机、电子和金融服务的杂志数量相应增加。

类似于报纸类的杂志有价值链,这条价值链包括组织整理社论和广告内容。另外,出版杂志有六个不同阶段或者程序:

- 内容创作和获取。
- 编辑和内容加工。
- 制作出版。
- 印刷和装订。
- 广告销售,市场推广和发行。
- 分销。

几十年来,这些功能都固定不变,每个领域都同数字世界有着积极的关联。比如,越来越多的作者可以外包,内容都可以上网获取,还有一些内容是从其他渠道获取的,这些都得益于数字化资源。同样,编辑和内容加工也得益于计算机系统、图表法和外包员工等。出版成果也可以在软件系统的帮助下完成,不管是在办公室内还是办公室外。印刷和装订部分通常外包给一些厂商。广告销售、市场推广和发行也大大得益于互联网。将潜在的销售网点、报摊和书店同直接的订单而非投机性猜谜游戏联系起来,刊物的分销工作可以做得更为精确。

通常情况下,一种新刊物的创办者为杂志的发展规划一条道路,并用数字(有关潜在读

表 5 - 4　　1997—2007 年杂志种类总数

年份	种类总数	消费者杂志
1997	18 047	7 712
1998	18 606	7 864
1999	17 970	9 311
2000	17 815	8 138
2001	17 694	6 336
2002	17 321	5 340
2003	17 254	6 234
2004	18 821	7 188
2005	18 267	6 325
2006	19 419	6 734
2007	19 352	6 809

注释:不考虑出版频率,包括但不限于北美杂志。
资料来源:MRI Fall, 2007, *National Directory of Magazines*, 2008, Oxbridge Communications.

者群及相关市场问题)证明该新创刊物有一定市场。然后雇用职员并设立办公室。通常,印刷和装订部分像发行部分一样承包给别人。广告版面可以通过杂志社员工或国家级的广告媒介代表销售。

正如前文所提到的,由于杂志出版商很少拥有自己的印刷设备,开办杂志所需的初始投资较少,因此创办一家杂志相对而言比较容易。而经营一家杂志难度要大得多。平均只20%新办的杂志可以存活超过10年。很多新生杂志开办的时候被寄予厚望,却发现找不到合适的市场定位以从该新生杂志获利。大多数主流观察家认为,很多杂志之所以不能存活,是因为出版商不能很好地从发行收益和广告收益中找到平衡点。还有一些杂志不能存活是因为出版商未能调整出版产品以迎合不断变化的时尚需求和大众利益。

杂志的员工

经过组织的杂志员工承担上述各种功能，包括编辑员工和业务员工。

编辑员工建立"编辑流程"，并决定杂志具体内容。他们编辑杂志并为其出版做好准备。其员工如下：

- 总编辑——负责杂志的整体策划和编排，经常同出版商和广告主管沟通协商有关事宜。
- 执行总编辑——雇用和监督员工，同时为自由作家和其他内容来源做安排。
- 副总编辑——负责杂志的特定部门或者杂志的报道领域。
- 高级编辑、助理编辑和部门编辑——常常向副总编辑做汇报并处理某一特定领域事务（比如国家事务、科学等）或者处理某种类型的内容（比如论文、特殊领域、信件和评论等）。
- 作家、记者、专栏作家和博客博主——涉及特定任务，并将其报道给监督编辑。
- 编辑助理——协助别人的初级员工，一些杂志也有事实核查员、拼写文法检验员等。
- 艺术或设计总监——设计杂志的图片说明，并可能有多个助理处理照片、艺术方向及其他领域。
- 网络管理员或数字内容总监——创作杂志的网上版本，动用所有内容或者有时候仅仅动用网上可用的特殊材料。

杂志的业务员工从事所有常规管理工作如金融、广告、发行和其他活动，他们如下：

- 发行人——对杂志有运营权和财务权。这个人可以是总负责人，也可以向总编辑、董事长或者总经理汇报。
- 广告经理或总监——负责获取所有广告，监管销售力及其他专业人员比如设计师。
- 广告副经理或助理广告经理——负责处理广告经理授权的工作。
- 广告销售人员——把广告业务出售给广告主或者广告购买商，这二者要么来自广告代理公司，要么拥有数字广告网络。
- 发行和销售经理——将出版杂志同发行代理商联系起来，包括说服它们为其报摊或其他销售点订购杂志。
- 生产部经理——负责把原始内容加工成待发行和销售的成品。

杂志社的一些其他职位包括业务拓展专员、读者拓展经理，二者都负责为杂志发掘新业务及收入来源，同时用创新思维考虑读者，以及可能带动销售业绩的潜在读者。

杂志业有很多其他的专业人员和助理，其数量取决于杂志的发行量及其增长率。有的杂志社是小成本运营，员工寥寥无几，而有的杂志社员工数量成百上千。仔细观察某一杂志的刊头就可以对其员工概况有大致了解。

赚取利润

消费者杂志是该产业主要的收入来源。据美国杂志出版商协会（MPA）的数据，2007年消费者杂志的广告和发行收入达到了350亿美元，其中发行收入达到了100亿美元，包括68亿美元的杂志订阅和32亿美元的单份杂志销售总额。而广告收入达到了250亿美元。正如前文提到的，杂志公司靠两种方式盈利：一是发行或出售杂志；二是广告。发行量是指杂志所出版和销售的总数量。未售出的杂志叫作退货。

发行　消费者杂志总收入的一半来源于发行量，另一半来自广告。绝大多数销售是通过邮件订阅的。大概75％～80％是订阅的，另外的20％～25％出售给报摊。报摊是指出售杂志的各种各样的地方，如表5－5所列。

表 5-5　　　　　　　　　　　　　1998 年和 2007 年杂志售出地点

	1998	2007
超市*（西夫韦超市、大西洋和太平洋食品公司、绍普莱特商店、沃尔玛超市、塔吉特百货商店）	45%	44%
折扣店或大型零售商*（沃尔玛、塔吉特、凯玛特）	15%	9%
书店（鲍德斯、巴诺书店）	8%	11%
药店（西维斯、来爱德、沃尔格林）	10%	10%
销售终端（公车终点站、机场、火车站）	4%	7%
便利店（7-11便利店）	6%	5%
报摊（哈德逊新闻、城市街边报摊）	3%	2%
交易俱乐部（好市多连锁店、山姆会员店）	—	1%
其他	9%	11%
总计	100%	100%

* 2005 年，超级购物商场（大型零售商店，包括食品杂货店和折扣店）的杂志销售量在超市类别中列示。
资料来源：Harrington Associates，1999，2008.

对美国 B2B 杂志来说，盈利情况大不相同。有预测者表示，2008 年其收入将达到 119 亿美元，其中大部分收入将来自广告收入。因此，杂志的订购并非商业杂志重要的环节。

事实上，很多商业和贸易杂志是免费赠送的，即有节制的非营利性分发模式。用该种模式分发的杂志之所以可以免费分发，是由于其覆盖了相关领域或产业，因此对广告主尤其具有吸引力。直接定位于某一特定行业的杂志，其读者常常是该领域大多数。而这恰好是广告主想要吸引的人群。

广告　正如广告业所资助的其他媒介一样，某种杂志要想存活，就必须关注读者需求。正如其他媒介一样，杂志的读者阅读率和读者调查对广告价格起着重要作用。但是，正如菲利普·多尔蒂指出的，关于杂志有一个有趣的说法：

　　如果编辑制作出一种杂志，目标明确，订购者不愿舍弃，情况就不妙了。然而，如果编辑设计出来的杂志让人们感觉没有什么意思，从而不停地传给另外的人，那是好事。因为杂志被传递的次数越多，其读者总数量就会越多。这样，对广告代理商来说，广告代理的效率会更有高，广告代理商更有可能将杂志列入

其做广告的考虑范围之内。[13]

当然，如今很多杂志的内容被互联网访问者转递到网上。计算发行量和传阅率（阅读杂志的人不是杂志的主要订阅者）的传统方法已不再适用了。在互联网时代，杂志不仅通过网络解决了广告收入的问题，还为互联网创造了新的指标或测量方法。[14]互联网指标包括某一网站的独立访问者以及使用模式、转化率、网站性能和可用性。

广告主喜欢某一特定领域的杂志，因为这种杂志可以很高效地接触到特定的消费者，这些消费者会购买这种类型的产品。例如，昂贵的手工制造的竹子飞蝇钓竿生产者不会在全国性电视台或者地方电台做广告，因为大多数使用这些媒介的受众不会对其感兴趣。生产商把广告放入一本或多本专门关于飞蝇钓竿的杂志里，并通过这些杂志在全国甚至国外传播，这样更可能吸引对该产品有兴趣的相对富裕的购买者的注意力。订阅者会看到这些广告，并把该杂志传给另外一个飞蝇钓竿的爱好者。因此，这样的广告相比其他类型的媒介而言，花费更小。正是由于这些因素，如今那些内容覆盖面很窄的杂志才可以盈利。通过这种方式为市场定位，杂志业已经适应了电视媒介带来的冲击，并成功地存活了下来。

杂志尤其是经济的产物，其对个人财富特别敏感，因为它们涉及的话题都是关于一些专门领域的，而这些话题只有富人才关注。《时尚先生》杂志的管理人员曾提到，杂志追随的是"新富读者群"，这些人的消费心态更明显，这意味着中等收入的人也会买一些高级品牌的东西，诸如古驰品牌的鞋或者拉尔夫劳伦品牌的衣服。奢侈品广告主在为昂贵轿车、家具、服装、手表和电子玩具做广告时，通常会选择杂志作为其媒介。事实上，很多新的媒介和电子商务公司也会选择杂志作为其奢侈品市场的目标，一旦该市场被认为应该设置障碍，其门槛就会越来越高。

正如其他媒介一样，杂志也是市场的产物。尽管其是广告的有力媒介，但是容易受变化无常的消费者需求的影响。正如第 11 章提到的，媒介广告是一种复杂、动态的过程，它将某一产品特定形式的广告内容、特定媒介和消费者需求联系起来。因此，当消费者需求有所改变时，刊登在杂志上的广告数量上下浮动，从而相应地导致杂志业的起起落落。

在有些人看来，一些杂志招揽广告的手段可能不大明智。比如，《对开本》(Folio)的一篇文章涉及杂志业是这样开头的：

你听到的吵闹声是媒体播放器争着要通过出版物、电视网或者网站来把广告上的信息发送给潜在的消费者……任何想要在这群人里脱颖而出的杂志出版商都必须了解媒介购买者如何同其所服务的营销人员交流，并展示他们的杂志将如何提供帮助。[15]

关于杂志如何在日趋激烈的市场竞争中获得一席之地，广告代理公司管理人员提出了如下建议：

- 花大量时间进行劝服(pitch)。
- 将杂志所提供的内容定制化，以满足客户需求。
- 影响底线。
- 研究到达率、发行量(circ)及杂志口碑(buzz)。[16]

这些"内部行话"需要解释一下。"劝服"是一个媒介和商业用语，目的是为劝服客户和广告主接受提议。"定制化"或"定位能力"指根据客户需求制定内容，以满足客户利益及需求。"底线"是指从交易中获得的经济利益，即收入净收益或利润。"到达率"是信息所覆盖的地理或人口范围，一些宣传人员也用"渗透率"或"覆盖率"指代这一术语。最后，"发行量"是指杂志发行量，或仅仅指杂志的去向以及购买者，"口碑"是关于该产品或服务的讨论，即是否有人关心或认为该杂志有意思。

杂志所有权趋势

前面章节中已经提到了很多媒介所有权集中的趋势，这种趋势也同样适用于杂志。如今，很多杂志都是连锁的。特殊化的出版竞争环境决定了连锁所有权是最适合杂志的。最成功的杂志出版商出版不止一种杂志，因为这样即使一种杂志失败了（正如我们所知，失败是很常见的）还有其他的杂志可以维持杂志公司的生存。事实上，很多创办成功的新杂志常常开办没多久就会被出售给大型的杂志和媒介公司，这些大型公司的经济规模庞大，可以出版很多不同的杂志盈利。结果无论是外国跨国公司还是美国大型媒介公司，其对杂志的所有权集中都并未减弱。

杂志的影响力和重要性

前文已经提到，不同的杂志，其发行量差异很大。但是最大的杂志公司未必是最有影响力或者最重要的,其总收入也不与竞争力或影响力成正比。依据这样的评价标准,《电视指南》可能比类似于《外交事务》这样的杂志更重要。《电视指南》是美国历史上曾经最有经济实力的出版刊物,以发行量巨大而著名;《外交事务》是一种很有影响力的季刊,其发行量一般。但是即使前者的读者可能上百万,后者的读者可能只有几千人,发行量较小的杂志也可能会对更有影响力的读者具有一定的影响力。

像《国家》和《标准周刊》这些杂志,其影响力远远超过了其发行的数量,因为这些杂志上的文章常常被博客和美国有线新闻电视秀引用。其读者有政府官员、商业精英、教育学者、知识分子等,这些人对公共事务的影响力远远超过了普通人。观点杂志设置议程,确立观点,开创潮流,为几乎每一件事情都提供标签(也影响普通民众,比如"Y一代人"和"X一代人")。更重要的是,杂志做得比其他媒介都要好。

很明显,杂志具有让人们获知消息的功能,但是同电视新闻的影响力、报纸的及时性和影响力相比,杂志的该功能就显得稍有逊色。娱乐功能也是一样,因为电视和电影是娱乐业的冠军。甚至原本是杂志强项的小说,如今也不再显得那么重要了。在所有这些分类中,杂志跟其他媒介相比都不是有力的竞争者。

杂志取胜的领域是在舆论方面。杂志上可以肆无忌惮地表达其偏见,只要他们愿意,这种表达可以公开自由,也可以保守,还可以粗暴。而其他的媒介试图吸引更多的观众或者读者,在这一方面往往无法实现这一功能。

杂志还可以在同等篇幅中进行更多的调查,并呈现其成果。例如,《纽约客》作为一种观点杂志受到读者的广泛喜爱,它可以在法律和正义的话题下,用理性和哲学的方式呈现一篇很长的文章,它甚至可以发表挑战联合国道德权威的文章。《纽约客》在90年的历史中就是这样一个例子,在此过程中,该杂志也获得了很好的声誉。和其他受尊敬的观点杂志一样,当《纽约客》论及一个话题时,其观点可以辐射到更多流行的杂志和报纸,甚至有时候还会影响到电视观众。因此,其影响力远远超出了读者人数。所以,一份广受尊重的观点杂志的影响力会远远超出其订阅者的数量。

杂志的未来

由于多媒体计算机以及互联网的发展,杂志业也面临着跟报业同样的挑战。科技发展日新月异,几乎无法预测这些发明对印刷媒介会有怎样的影响。越来越多的杂志成了网上杂志,一些杂志甚至减少其印刷数量。有了像谷歌和雅虎这样的搜索引擎,以及像脸书、MySpace、YouTube这样的社交媒体,人们可以创造自己特殊的"杂志",而不必依靠报纸或者传统的杂志编辑。

过去有关杂志倒闭的预言已经有很多,然而,无论是网上的杂志还是纸质的杂志都便于携带和保管,因而很多分析家认为在可预见的未来杂志仍将以目前的形式存在。[17]正如杂志界专家查尔斯·P.戴利(Charles P. Daly)和他的同事提到的:

在过去的250年里,一些人已经很多次为美国杂志业敲响丧钟。随着19世纪80年代印刷出版和邮件分发技术的发展,一些杂志的发行量激增。这对一名曾悲观地预言杂志不再值得人们阅读的编辑来说是个坏消息,因为该编辑认为大的发行量仅仅意味着平庸和保守。[18]

未来杂志最重要的部分是网络杂志。网上可获取的杂志都被赋予了新的标签。比如，"电子杂志"这个术语被用来定义该种形式的杂志。它们有的是专门化的、原始的小册子，也有的是详细的电子杂志。要订阅杂志，很容易就可以找到杂志所在的网页，并且价格常常会很便宜。很多收费阅读网站提供全文阅读。这里可以提供一些搜索杂志相关信息的很好的网站：www.newslink.org 或者 www.folio-mag.com。

杂志和数字革命

鉴于数字传播为广告主定位特定杂志订阅者的能力，以及更有效地创造能直接与读者对话的杂志内容，一些分析学家认为，至少到 2008 年为止，网络对杂志的影响力令人有些失望。正如媒介经济学家露西·金（Lucy Kung）写道的，"预测网络对杂志的影响力并不现实。杂志的整体销售还没有从纸质版本转为网络版本，只有大量的网络杂志才得到了大笔资助"[19]。只有几个例外，比如《沙龙》和《石板》。随着网上出版花费少的好处越来越清晰明了，这些无疑都将发生改变。

从数字革命的早些时候开始，杂志就用计算机和数字化进行一些类似排版的机械操作。杂志还是首先用所谓的数字墨水将其成果传送到平面屏幕上的。很多数字化阅读器，像亚马逊阅读器和索尼阅读器，无须水墨纸本，就可以提供杂志订阅。正如前面提到的，很多杂志都有网络版本。有些情况下，一份杂志的整篇内容都可以免费在网上获取。还有一些情况下，网络上的杂志内容仅仅是为了吸引读者购买纸质版的杂志。还有一些杂志的网站包含大量有关某些具体话题的博客，还有一些是由特别的作家或者专栏作家负责的。还有播客可以提供杂志文章的视频播送，同时越来越多的掌上设备和智能手机得以改进，杂志内容也指向该平台。一些杂志也提供读者博客以及其他社交网络内容。当然，杂志内容常常被读者链接给他们的朋友或者其他联系人。

美国杂志出版商协会每年举行一次数字化会议——第五届会议是在 2009 年举办的，目的是将所谓的数字思想领袖和数字先驱、移动和互联网高管乃至数字记者召集在一起。会议主题包括"数字驱动"，杂志出版商解说其如何在业务中运用视频、社交网络和移动电话。越来越多的杂志使其阅读器转为网上视频。对杂志而言尤其困难的是，它允许数字媒介对其内容进行"切片、剪裁、聚合"，而对于其内容，只允许其他媒介使用一小部分。然而，这对杂志来说可能有很大好处。毕竟，靠口碑和旧式广告这些方式来吸引读者已经是过去的事了。如今用搜索网站的人们可以通过出版商的网站广告了解一种杂志。同样，通过 MySpace 和脸书这样的社交网站或者推特这样的微博网站，人们也可以了解一种杂志，并用这种方式吸引潜在的读者。然而，在历史上出售过其内容以盈利的杂志会发觉很难放弃传统的经营方式。

个体杂志和杂志团体已经试验过多种方法掌控杂志的未来，包括网上广告资助，以数字化形式出售选定内容，以及用社交网络和在线服务同订阅者建立关系。[20]

在未来，无论印刷版和电子版的杂志关系如何，杂志作为一种媒介不仅可以继续存活，在接下来的几十年里还可能兴旺发达。在其发展的漫长历史长河中，杂志面临过很多挑战,但是通过适应不断变化的大众传播系统,杂志成功地存活了下来。杂志的多样性使得每个人都能找到适合自己阅读的杂志,并且有一定的及时性、便携性和长期性,且呈现的内容都处于读者阅读能力水平范围之内。因此,尽管随着时间推移,这种媒介可能不得不适应媒介系统中新的融合状态,但在这一点上,美国人似乎会为了他们的许多兴趣而继续支持这种传播媒介。

表 5-6　杂志拥有的网站数量(2004—2008)

年度	总数(个)	只供消费者使用(个)
2004	9 355	4 210
2005	10 131	4 712
2006	10 818	5 395
2007	11 623	5 950
2008	13 247	6 453

注:2008 年 3 月的数据。

资料来源:Oxbridge Communications,2008.

本章回顾

● 作为一种当代媒介,杂志有着同其他传统媒体一样的功能,包括监督、监测、传播文化、娱乐大众等。然而其最显著的功能是通过搜集多种事实、趋势和事件来解读社会。

● 正如我们如今所知道的,杂志起源于伦敦,并且关注杂志的一般都是温文尔雅、生活富足的阶层和有文化的人群。无论是在英格兰还是在美国,最早的杂志主要是政治的工具。

● 在美洲殖民地创办杂志很难,因为人们居住比较分散,有文化的人并不多,并且人们也并不富裕。除此之外,诸如交通和邮政服务之类的因素也不确定。

● 19 世纪,社会变革激发了美国杂志业的快速发展。人口增长,城市扩展,越来越多的市民受到教育,邮政服务越来越便利和便宜,各种形式的交通设施改进了。另外,19 世纪大事频繁发生。

● 20 世纪早期,随着"扒粪"时代的到来,杂志业兴起,有威望的杂志纷纷揭露商业腐败及政府和不为人们所接受的社会现实。在 20 世纪前 10 年的改革运动中,杂志发挥了不可忽视的作用。

● 20 世纪 20 年代新的杂志出现。其中一类是新闻杂志,另外一类是发行量很大的适合每个人阅读的杂志。这些杂志发行量巨大,成为美国广告业的重要工具。它们办得非常成功,并且似乎成为社会的一个长期性特征。

● 电视的普及吸引了越来越多的电视广告,而这些广告原来很多是登在杂志上的,因此很多家杂志不得不宣布破产。然而,该行业很快就适应了这一状况,发行了大量专门期刊,以针对有着鲜明特色的目标市场。

● 如今的杂志业竞争非常激烈且变化多端。有很多重要的杂志出版发行。每年都有很多新的杂志创办,尽管其中很多到最后失败了。两种基本的杂志种类是消费者杂志和商业杂志,其中消费者杂志占主导地位。

● 美国杂志所有者的趋势同其他媒介一样,即大多数是连锁的。经营多种业务的大集团公司购买杂志并将其添加到它们的多样化股份中。

● 订阅或者阅读某种杂志的人数并不能证明该杂志盈利的能力,也不能证明其影响力。最有影响力的期刊是观点杂志,这些杂志的发行量相比更受欢迎的杂志较小,但是这些杂志的读者都是一些有地位或权力的人,他们的决定可以明显地影响公共事务。

● 尽管新的计算机技术使得杂志和报纸都面临着挑战,杂志还可以以其目前的形式继续存活。作为一种媒介,杂志用一种自己倾向的方式呈现材料,以满足特定人群的利益需求。很有可能在接下来的很长时间里美国人都会继续阅读杂志。

● 杂志越来越多地运用数字化策略——提供网络版本的杂志以及利用搜索引擎、社交网络和移动媒介等。

 思考题

1. 杂志具体有哪些传播功能,其中哪些是最重要的?

2. 为什么杂志被称为"特殊"媒介?

3. 杂志的历史对当今的杂志出版有哪些启示?

4. 杂志如何适应数字革命?

5. 杂志扮演了什么社会角色?

6. 杂志的生命周期对杂志出版商在寻求一本新杂志成功的可能性方面有怎样的启示?

 关键概念和术语

创办　Start-up

"扒粪"者　Muckrakers

新闻杂志　News magazine

商业杂志　Business magazine

消费者杂志　Consumer magazine

观点杂志　Opinion magazine

网络杂志　Web magazines

电子杂志　E-zines

 注释

1. 关于杂志行业全面性介绍的书籍,参见 *Magazines, A Comprehensive Guide and Handbook*, 2008 - 09 (New York: Magazine Publishers Association, 2008, 也可参见 www. magazine. org)。

2. Theodore Peterson, *Magazines in the Twentieth Century*, 2nd ed. (Urbana, IL: University of Illinois Press, 1964), p. 442.

3. 这一部分中关于第一代杂志的许多细节都来自 James P. Wood, *Magazines in the United States* (New York: Ronald, 1949), pp. 3 - 9。

4. Wood, *Magazines in the United States*, p. 10.

5. 这些早期美国人尝试制作杂志的细节参见 Frank Luther Mott, *A History of American Magazines*,

1741 - 1850 (Cambridge, MA: Harvard University Press, 1930), vol. 1, pp. 13 - 72。

6. Melvin L. DeFleur, William V. D'Antonio, and Lois DeFleur, *Sociology* (Glenview, IL: Scott, Foresman, 1972) p. 279.

7. 这些数据是莫特从历史记录和各种早期政府文件中精心整理出来的,参见 Mott, *A History of American Magazines*。正如莫特所指出的,许多数据都是估计的。本部分是他的几部著作中的数据汇总。一种当前有效的现代杂志记分卡,参见 Samir Husni, *New Guide to Consumer Magazines* (New York: Oxbridge Communication, 1997)。

8. Mott, *A History of American Magazines*,

vol. 4, p. 10

9. Wood, *Magazines in the United States*, p. 131.

10. Fleming Meeks, "God Is Not Providing," *Forbes*, Oct. 30, 1989, pp. 151 - 158. 参见美国杂志出版协会概况介绍 "Average Circulation for Top ABC Magazine, 2007", 也可参见 www. magazine. org。

11. 参见美国杂志出版协会概况介绍 "New and Noted Magazines, 2007"。

12. Lecture by Jay McGill, Hearst Magazine International, Fordham Graduate School of Business, Nov. 7, 2007.

13. Philip Dougherty, "Saturday Review's New Drive," *The New York Times*, April 2, 1979.

14. Maria Aspan, "The Web Way to Magazine Ad Sales," *The New York Times*, Aug. 21, 2007, and Louise Story, "How Many Hits? Depending on Who's Counting," *The New York Times*, Oct. 22, 2007.

15. Susan Thea Posnock, "Inside Media Minds," *Folio*, May 2000, p. 14.

16. Posnock, "Inside Media Minds," p. 2.

17. Jon Fine, "A Dogged Web Mag Pioneer," *Business Week*, June 18, 2007, p. 22; see also www. nerve. com for updated information.

18. Charles P. Daly, Patrick Henry, and Ellen Ryder, *The Magazine Publishing Industry* (Boston, MA: Allyn and Bacon, 1997), p. xii.

19. Kung, Lucy, *Strategic Management in Media* (Los Angeles, CA: Sage Publications), 2008, pp. 48 - 49.

20. Laura Petrecca, "Magazines Experiment with Digital Platforms," *USA Today*, http://www.usatoday. com/tech/news/techinnovations/2006 - 06 - 22-digital-magazine_x. htm.

第 3 部分

电子和视觉媒介

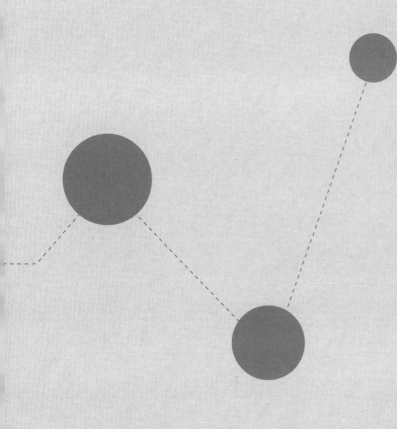

第6章
电影:伟大的表演者

电影,这个由舞台艺术发展而来的娱乐业巨擘在现如今的数字时代大背景下取得了长足发展。首先是数字影院的兴起,这部分内容将在本章稍后的电影音像发展成就一节中进行介绍。其次,电影已经基本适应了像 iPod、智能手机以及网络视频点播等数字时代的新媒体技术平台。如果说数字时代的主题是信息的传播与互动,电影已经先于其他媒体为社交及搜索引擎网站提供了全动态影像内容。而今,在电影这个极具创造力的行业里出现了众多为电影公司、个人电影、电影演员等设立的网站。电影业不但没有像其他传统媒体一样被时代遗弃,反而更加积极主动地将数字时代的技术优势转化为自身发展的动力。电影业不仅通过三屏(电视、电脑和智能手机)联动机制将影片放映拓展到了影院大银幕之外,还制作了专门适用于三屏世界的影片。这些内容将在本章随后部分展开介绍,但本章首先要探讨的是电影业的起源、作用及发展现状。

相比其他媒介,电影业更容易让人浮想联翩。耸人听闻的超市小报、铺天盖地的电影杂志以及刻薄的有线电视评论员将好莱坞最新的绯闻和引发的猜测公之于众。就电影本身而言,无论是 1915 年的《一个国家的诞生》(The Birth of a Nation)还是最新的热门大片都吸引了数以千万计的观众。电影明星从早期电影开始就有着极大的人气,并且已经成为了一种文化符号。影迷们关注着影星最细微的生活细节。电影仍然是娱乐业的一大巨擘,且较之其他传播媒介,它的娱乐性更为纯粹。

但电影的目的不仅仅是娱乐。首先,电影过去和现在都在我们的民族文化上烙下了难以抹去的印记。我们对于女性的审美标准很大程度上都源自电影的影响。这种衡量标准在莉莲·吉什(Lillian Gish)的年代就已初见雏形。在之后"妖妇"题材电影盛行的 20 世纪 20 年代以及葛丽泰·嘉宝(Greta Garbo)、英格丽·褒曼(Ingrid Bergman)等大美女流行的三四十年代得到了发展。到了 20 世纪中叶,性感女神玛丽莲·梦露和伊丽莎白·泰勒成为了美女的典范。而今,安吉丽娜·朱莉(Angelina Jolie)和伊娃·门德斯(Eva Mendes)成为了衡量美女的主要标尺。同样,我们概念中英俊潇洒的阳刚男性形象也受到了约翰·韦恩(John Wayne)、克拉克·盖博(Clark Gable)以及最近的汤姆·克鲁斯(Tom Cruise)、布拉德·皮特(Brad Pitt)和威尔·史密斯(Will Smith)等人的影响。从选择化妆品到选择男友,这种根据电影明星形象构建起的审美标准对人们的行为产生了深远的影响。

在光环与流言蜚语背后的是电影作为一种大众媒介也必须面对的复杂现实。比如说,从表面上看,电影和电视有很多相似之处。它们都能够呈现彩色有声的动态影像。但同为大众媒介,相似处到此为止。很长时间以来,影片制作一直是一个动态独立的产业。然而随着电影和其他行业的界限逐渐模糊,而互联网又成为了影片发行的重要途径,这就意味着电视和电影有时会共用相同的技术平台。另外,当电视对电子工程师而言还只是梦想时,电影就早已存在。今天,虽然电影业为了适应电视带来的冲击不得不在很多方面进行改革,但它仍然是一个举足轻重的产业。

除了作为一种传播媒介和大众文化形式,电影还是一种社会力量、一个庞大多元的产业以及一种纷繁复杂的艺术形式。作为一种社会力量,电影在道德、习惯、信仰及行为方式上施加了其作为媒体特有的影响,对于这一点本章以及下一章会有说明。对电影美学价值的评估不在本书的涉猎范围之内,但我们也可以这样说,作为一种艺术,电影囊括了"艺术"一词涉及的所有表现形式。它像戏剧和舞蹈一样是一种表演艺术,像绘画一样是一种象征派艺术,也像音乐一样是一种音响艺术。

当然,电影也是一项大型商业项目。从本

质上看,电影在其发展进程中很大程度上是一种制造业。首先要制作电影胶片,然后再将其作为文化产品进行制作和发行。然而,不同于其他传播媒介,电影业过去和现在都是在新技术的夹缝中生存和发展的。因此数字时代对于电影业来说是最新的挑战。

在数字时代,电影赖以生存的媒体经济影响着其姊妹产业。很多电影制作公司被大型联合企业兼并,而后者本身就是媒介技术发展的产物。在电影业内部,数字技术几乎彻底改变了影片的内容及制作过程。在商业气息浓厚的当今世界,从影院到 DVD 播放机,我们都可以看到并深切地感受到数字时代的脉动。一位批评家曾提出这样的疑问:"在数字时代,电影会消亡吗?"随着观众的观影方式从影院转至 DVD 播放机(和蓝光播放器),好莱坞也想知道电影业是否能逃过数字技术的浩劫。[1]

电影技术的发展

电影是以大众娱乐为主的,我们很可能因为不怎么严肃地看待这个行业而忽视了这样一个事实,那就是电影也有着相当深厚的科学根基。电影中的科技成分远比出版业要复杂得多,而且将科技运用于电影制作的传统由来已久。毕竟,电影是通过放映机将一系列静态影像进行连续播放,速度快得以至于让观众产生看到连贯动作的幻觉。为了给观众造成这种动态幻象,一系列涉及视觉、化学甚至是人类心理学方面的问题需要解决。镜头、放映机、摄影机和胶卷也应运而生。而这一切在一个世纪前才被发明出来,从那时起,电影正式地诞生了。

墙上魔影

电影制作第一个亟待解决的问题就是如何聚焦并放映图像。早在公元前 600 年,凸面石英透镜就已经应用于放大并聚焦太阳光。公元前 212 年,阿基米德因在锡拉库萨保卫战中运用透镜成功吓跑罗马人而一举成名。据说他当时在锡拉库萨的城墙上安装了一块巨大的"燃烧玻璃",通过聚焦足够的太阳光来烧毁罗马人的舰船。这个故事本身可能并不属实,但它足以表明古代人已经开始摸索如何运用透镜聚焦光线,而这与后来的摄影和放映技术的发明密切相关。

电影制作的第二个重大进展是在两千年之后,德国牧师阿萨内修斯·基尔舍(Athanasius Kirscher)做了一个实验,将光线透过透明正片来放映视觉影像。1654 年,他在罗马学院为同事呈现了一部由自己所绘幻灯片组成的"魔灯表演"。虽然放映出来的宗教人物影像模糊不清,但影片的放映却轰动一时。那时,人们从来没见过图像能在墙壁上如鬼魅般游来荡去。事实上,当时还有"黑色谣言"传说他与恶魔沆瀣一气,并通过表演"黑色艺术"招聚幽灵。[2]

到了 18 世纪,影像放映逐渐为公众所熟识,旅行魔术师和演员通过影戏以及放映幽灵般的人物影像娱乐观众。19 世纪中叶,改进后的反射镜灯以及聚光透镜为影片的放映提供了更加稳定的光源。到了 19 世纪 70 年代,在石灰棒上通过氢气和氧气燃烧发光的灯源取代了简易的油灯。这种照明手段被广泛应用于影院对于移动物体的聚光上,因此才有抢镜头一说。当然,电灯最终成为了提供必要照明的主要光源。

摄影术

透镜和放映技术先于摄影术产生。到 19 世纪，人们可以放映图像，但却无法使其构成一幅静态画面。18 世纪末 19 世纪初，人们做了很多实验来完善摄影过程。然而，只有法国艺术家、发明家路易斯·达盖尔（Louis Daguerre）和化学家约瑟夫·尼埃普斯（Joseph Niepce）通过数年努力才找到了最好的摄影方法。虽然尼埃普斯在摄影术正式问世前就已辞世，但他的搭档达盖尔却将这项研究继续了下去。

1839 年达盖尔公布了他的研究成果并将制成的清晰相片公之于众。他将这种在极薄抛光铜板上制作相片的方法称为达盖尔银版法（daguerreotype）。因为达盖尔制作的相片比纸质相片更加清晰，他的这种摄影术迅速在全世界推广开来。[3]

美国人十分热衷摄影术。到美国内战时期，几乎每座城市都设有达盖尔银版摄影室。每个人都希望能够拍摄自己和亲友的照片，甚至为死者照相也非常普遍，这样死者家属就能将他们死去亲人的最后一幕永久保存下来。摄像师驾驶着流动篷车穿梭于偏远乡村以满足不断增长的摄像需求。

到 19 世纪 80 年代，随着化学及科技的发展，乔治·伊斯曼（George Eastman）这样的先驱将摄像术从一种只有训练有素的技工才能驾驭的艺术变成了一种大众爱好。不管怎么说，伊斯曼对于韧性较好的赛璐珞胶卷以及简易方镜箱照相机的发展和推广销售使摄像术大获成功。[4] 韧性胶片的推广也提高了电影放映在技术上的可行性。然而，在电影放映成为现实之前，摄像术的发展还需以视觉和移动过程的科学认识为前提。

转盘活动影像镜，俗称"法拉第轮"，是一种可以给人以动态之感的旋转圆盘，图中圆盘上坐着的包头巾男子在旋转下好像动了起来。

动态幻象

电影，又称动态图像，其本身当然是不会动的。它由一系列静态图像构成，这些图像从不同角度连续捕捉移动的物体。当这些静态图像以一定的速度通过放映机时，观者就产生了看到连贯动作的幻象。这种幻象的核心就是一种被称为视觉延迟或视觉暂留的过程。"虽然物体实际已不在眼前，但大脑仍会将物体的图像继续保留一段时间。"[5]我们在物体改变或消失后一秒钟内仍能继续"看"到这个物体的影像。如果将图像一个接一个地迅速放映，第一张图像的视觉暂留就会填补图像更迭之间的时间空隙，因此这些图像看上去是连续的。

视觉暂留现象于 1824 年由彼得·马克·罗热（Peter Mark Roget）博士首先发现，随后由当时著名的科学家进行了深入研究。这一现象也引发了公众的广泛兴趣，市场上出现了很多根据视觉暂留原理制作的玩具及其他小机器。比如，用手旋转一张两端系线的小卡片，如果在卡片的一面画一个图比如一只鸟，在另一面画一个鸟笼，当卡片旋转起来时，鸟看上去就像在笼子里一样。其中的原理就是人的视网膜在卡片旋转过程中仍会将鸟和笼子的图像继续保留一段时间。今天，出于同样的原理，当孩子迅速挥动为庆祝美国独立日燃放的烟花棒时，就能看到移动的光源构成的整个环形结构。

到了 19 世纪中叶，"法拉第轮"（后称转盘活动影像镜）得到了巨大发展。这个玩具的主体是一个大圆盘，上面鐾刻一系列不同角度拍摄的人和动物的连续图像。转动圆盘，人们就可以通过孔径或开口看到连贯的动作影像。当这一原理与记录移动物体的摄影术相结合就形成了电影制作的基础。

电影胶片中动作的捕捉和放映

19 世纪末，人们试图通过利用各种固定相机来拍摄活动的物体。进步源于一场赌注。加利福尼亚州州长利兰·斯坦福（Leland Stanford）和他的几位朋友打赌奔跑的马是否能四蹄同时离地。为了兑现赌约，他们雇用了一个名字古怪、名不见经传的摄影师埃德沃德·迈布里奇（Eadweard Muybridge）。迈布里奇在马移动的赛道沿线搭设了 24 架固定照相机，每架照相机由一根横过赛道紧绷的绳子控制以记录马疾驰而过的瞬间。他所拍下的照片显示马确实可以四蹄同时离地。虽然人们对于拍摄移动物体的兴趣日渐浓厚，但当时还没有人像我们今天一样拍摄动态的影像。摄像和放映技术的发展还有很长的路要走。

19 世纪 80 年代末 90 年代初，各种原始动态摄像机取得了不断发展，很多表演者通过连续放映图像来展现连贯动作以此娱乐大众。而后的 90 年代是胶片应用和收视技术迅速推广的时期。到 1895 年，法国观众已经可以欣赏到由卢米埃尔兄弟（August and Luis Lumiere）放映的简短动态影片。这一新技术在其他领域的应用也随之而至。不少人都在争夺动态影片之父的头衔。但事实上第一架动态影片摄像机的发明者是威廉·迪克森（William Dickson），托马斯·阿尔瓦·爱迪生（Thomas Alva Edison）的助理研究员。

同时，爱迪生和他的另一位助理研究员托马斯·阿马特（Thomas Armat）共同研发出了一套稳定的放映系统，二人因此获得了美国专利并开始批量生产他们所说的维太放映机。爱迪生还建立了摄影工作室来制作电影短片，这其中绝大多数是杂耍表演。虽然维太放映机有很多缺陷，但它的运转还是基本正常的，其主要问题在于尽管每秒 16 帧即可呈现连贯影像，但维太放映机的放映速度却达到了每秒 48 帧，这无疑是对胶片的严重浪费。

爱迪生很小气,因为他拒绝支付 150 美元的外国专利费,所以他的放映机被人迅速复制并在欧洲申请了专利。事实上,由于不断改良,爱迪生原始的放映机已经基本被淘汰了。之后激烈的专利权之争甚至威胁到了这项新媒体技术的正常生存。

随后,爱迪生打算用一种他称之为活动电影放映机(Kinetescope)的窥视装置播放他的电影。只需要 5 美分,观者就可以通过转动手柄在一个小屏幕上收看一部短片。爱迪生认为相比一次同时为多人放映,这种一次一人的影片放映模式可以获得更加可观的投资收益。

然而,这种放映模式并没有被市场接受,相反,电影业还是以传统影院为主要的发展模式。欧洲的卢米埃尔兄弟等电影业同行已经意识到影院才是电影放映的主要途径。然而,这并不影响爱迪生于 1896 年第一次在美国纽约为公众放映电影。

到 1900 年,所有电影制作所需的科技基础均已具备,且已经开始为公众服务。成千上万的人们都揣着钱袋盼着有一天能一睹为快。主要问题变成了如何根据民众的需要发展这种新媒体以及如何将电影放映的利润最大化。

1896 年 4 月 24 日《纽约先驱报》的一幅插图描绘了影院中爱迪生维太放映机在大屏幕上放映影像的场景,屏幕下方一男子在大批观众前指挥乐队。

作为媒介的电影

20 世纪的头几年,电影这种新生媒体的发展不断伴随着新的尝试。很多早期电影时长只有一到两分钟。但仅仅是屏幕上移动的物体就会令观众惊诧不已。然而不可避免的是随着这种新鲜感逐渐淡去,观众们希望能够看到一些新花样。为了适应这种需要,电影制

片人开始尝试制作内容更丰富有趣的长时电影。电影这种新生媒体在这个时期得到了迅猛的发展。

到了 1903 年,美洲和欧洲的电影制片人推出了讲述完整故事,时长 10 至 20 分钟,供影院放映的单盘影片(one-reelers)。从职业拳

击手到宗教仪式，这种单盘影片涉及所有能够想到的话题，比如《月球旅行记》（*A Trip to the Moon*）（1902）、《美国救火员的生活》（*Life of an American Fireman*）（1903）以及《火车大劫案》（*The Great Train Robbery*）（1903），还有一些影片因胶片不幸遗失或收藏价值不高而未能传世。

到 1905 年，时长达 25 分钟，内容更加有趣的双盘影片开始普及。随着新影片的人气不断攀升，电影的制作和发行以非同一般的速度得以迅速推广开来。

偶像发明家托马斯·爱迪生及其副手在电影技术的发展中扮演了关键角色。图为爱迪生在新泽西州西橘园检测一部室内活动物体连续照片放映机。

五分钱影院

出租影片虽然看上去意义不大，但却推动地方影院成为了一种小型商业经营项目。对于中等投资规模的电影院，影院经理可以通过租影片来获得高额收益。只需租一部影片、一个空店面、一些廉价的装饰、几把固定折叠椅、一架放映机、一架钢琴以及一个屏幕就可以开张做电影生意了。1905 年，两位匹兹堡的企业家哈利·戴维斯（Harry P. Davis）和约翰·哈里斯（John P. Harris）就是如此。他们收 5 美分的电影费并将他们的影院称为"五分钱影院"。仅一周的时间他们就通过为周围民众播放电影赚得了 1 000 美元的收入。在那时，它的吸引力仅次于拥有一座阿拉斯加金矿。

首个五分钱影院的成功极大地刺激了整个娱乐界。投资商蜂拥而至，纷纷在各个城市建立五分钱影院。不到一年时间，美国就拥有了1 000家营业的五分钱影院,到了1910年,这个数字飙升至了一万家。1910年的美国国内五分钱影院的总营业额预计达到了9 100万美元。[6]电影,这种传播媒介可谓大获全胜。

多数早期影院建在美国北部工业城市的市中心地区。影片内容也多设定为当时当地的人和事。美国是个移民的国家,多数美国人是刚刚到此的外来人口,他们中的绝大多数居住在大城市的市中心,只能说一点或根本不会说英语。

由于其普适性的影片内容以及中等的收费价格,五分钱影院又被称为"平民影院"。早期电影都是无声的,因此语言对于移民来说并不是问题。由于看电影很便宜,因此五分钱影院成为了底层民众休闲娱乐的方式。影片程式化的故事情节、过分夸张的表演以及粗俗的滑稽内容正好满足了当时这些观众的需要。即使是最没文化的人都能看得懂诸如脸上砸了一块馅饼,丈夫从前门进情人爬窗户出,以及抠门的老板这些银屏形象。

早期电影的成功无疑超出了其发明者的预料。20世纪初,仅在纽约一地每周就有数以百万计的观众在五分钱影院观影。虽然五分钱影院的观众大都来自贫民区,但这并不影响其成为重要的商业项目,与之相伴的电影公司也迅速组建以适应电影制作、发行和放映的需求。

中产阶级电影

虽然五分钱影院在城市的穷人间普及了电影,但电影业仍然急于将其他群体的客户,尤其是人数庞大的中产阶级群体吸引至影院观影。最初,这个阶层认为电影是庸俗且意味索然的。这种新生媒体自身也厌倦了品味低下的恶名以及只能与社会底层人群打交道的处境。即使是贫穷的移民女性也害怕在影院的一片黢黑中坐在一堆陌生男子之中。

为了颠覆影院的这种形象并吸引中产阶级观众来电影院观影,外观别致的影院开始落户高级社区,富丽堂皇的宫殿式影院也开始在商业区开门营业。在这种改善后的影院环境里,电影制片人向观众推出了时间更长、内容更精致的电影。

在电影产品不断推陈出新的同时,电影制片人发现他们可以通过提高个别演员的公众知名度和媒体关注度来增加影院的上座率。他们专门聘请了新闻广告员将这些演员以艺人和社会名流的身份向公众进行宣传。这些早期的公关专家造就了很多银屏上的阳刚男性以及爱情女神形象,这些偶像为世界各地众多不谙世事的年轻人所推崇。明星系统因此产生,从而也极大提高了电影业的人气。

到1914年,据粗略估计,每周有4 000万观众到影院观影,这其中包括不断壮大的女性和儿童群体。电影逐步为中产阶级所接受。影院成为了更加体面的场所,粗俗低下的五分钱影院时代宣告终结。

同时,随着欧洲被卷入第一次世界大战,好莱坞在此时建立,后成为整个美国电影业的中心。欧洲电影业的发展因战争而被迫停滞,将影片的制作工作和整个世界电影市场留给了美国电影制片人。后者迅速抓住这个机会在全球掀起了一股电影热潮。自此,美国电影开始风靡全世界。

有声电影

从19世纪90年代起,电影发明者尝试通过留声机和电影放映机的结合来制作音像同步的影片。然而他们的尝试并不太成功。播放出的声音不是沙哑无力就是无法和影片中的动作同步进行。公众不久就厌烦了这些无谓的尝试,电影制片人也认为有声影片有着不

20世纪二三十年代富丽堂皇的影院已被小屏幕多厅影院和个人影院取代。
图为洛杉矶华纳西部影院影片首映式的璀璨灯光。

可逾越的技术鸿沟。

然而，这一技术难题在 20 世纪 20 年代中期得以解决。美国电话电报公司（AT&T）利用雄厚的资金实力制作出了一套稳定的音响系统，将光储存的声响直接嵌入电影胶片之中。这一系统也预料到了影片中可能出现的人物说话与实际音响不同步的问题。到 1926 年，华纳兄弟公司与 AT&T 签署协议，电影从无声到有声的跨越就此起步。华纳兄弟公司在 1927 年至 1928 年推出了首部有声故事片，由阿尔·乔尔森（Al Jolson）主演的电影《爵士歌王》（*The Jazz Singer*），但这部影片并没有配备完整声轨，它只包括了几首歌曲以及几分钟的对话，影片的其余部分仍是无声的。然而这部影片依旧取得了巨大成功，其他有声电影紧随其后被搬上银屏。

几乎是在一夜之间无声电影便被淘汰，配备完整声轨的有声电影成为了行业标准。随着科技水平、影院设施、表演水平等的不断进步，电影这种新媒体逐渐发展成熟。在之后不到一个世纪的时间里出现了彩色电影，我们现在所熟知的电影终于变成了现实。

快节奏生活的写照

20 世纪 20 年代是电影业的巨大转型期。传统的维多利亚道德准则在一战中被彻底瓦解。这一期间，传统的价值观得到了解放（也有人说是价值观的恶化）。在 1920 年的美国，妇女获得了选举权及其他自由权利。过去女子必须留长发，穿着长及手腕和下颚的拖地长裙以及紧身内衣。很长时间以来，社会行为规范要求女子必须举止娴静且随时由年长女伴陪同。到 20 世纪 20 年代中期，妇女可以吸烟、穿短裙、化妆、留短发，甚至可以饮酒而不像以前一样被终生扣上娼妓的帽子。那是一个流行快节奏音乐、飙车、一夜暴富，甚至是"快女"（fast women）的时代。这些变化令老一辈人极为震惊，但却为 20 世纪 20 年代的愤青们所推崇。

那时很难说电影究竟是造成这种社会行

为规范变化的始作俑者还是只是随着这些变化的发展将它们客观地呈现出来。为了追逐更高的利润,电影业开始在影片中加入一些赤裸裸的性元素等一些在老一辈人看来完全无法接受的行为模式。不久,主要宗教团体就站出来明确反对电影中描述的不义之财、流氓地痞、酗酒以及性主题。迫于巨大的舆论压力,电影业不得不采取措施加强行业自律。1930年,电影业正式出台了第一部强制行业规范,规定任何影片在公映前必须进行审查。

黄金时代

20世纪30年代,电影业不断尝试吸引不同年龄段的人群,成为了很多家庭的主要娱乐方式。在这个过程中,影片中的角色被设定为像诺曼·罗克韦尔(Norman Rockwell)的插图画中描述的那样罪孽深重的形象。到20世纪30年代中期,行业规范明令禁止电影中出现"露骨"、"热辣"(形容女性)、"相公"、"脂粉男人"、"荡妇"以及"婊子"等词语。在涉及卧室的场景中,演员必须衣装完整,室内必须放置两张床,且中间被桌子和灯具隔开。这项规范在业界得到了严格执行,到了20世纪40年代,电影已经成为了有益身心健康,甚至有些平淡乏味的主要家庭娱乐方式。

整个20世纪三四十年代,电影都是美国人最喜爱的大众娱乐方式。在30年代的大萧条时期,看电影确实成为了人们在收紧腰包时能够找到的为数不多的大众娱乐方式。成人的电影票价一般都不到50美分,儿童票则多为半价甚至更低。整个家庭的所有成员可以一起看电影,而后吃点儿零食,在度过一段美好时光的同时不担心浪费自己辛苦攒下的积蓄。电影的黄金时代已经来临,并且广受人们喜爱,在美国每个家庭平均每周都要看两到三场电影。

衰落时期

直到20世纪40年代末,电影票房收入一直保持稳定。电影在1941年至1945年的二战期间尤为流行,到1946年每周都有9 000万观众的票房。

而后,同样以迅疾之势,另一种新媒体电视诞生了。电视在公众中的普及对电影业产生了毁灭性打击。到1960年,随着电视深入千家万户,家庭电影票支出只相当于1948年的四分之一(那时电视还未出现)。在商业区、居民区以及汽车影院(数量由1971年的3 720家下降到2007年的730家)的银屏被起居室里的电视机取代了。即使是在DVD播放机和有线电视之前,越来越多的人开始倾向于在家通过电视收看免费的娱乐节目,而不是到电影院付费观影。

为了吸引观众重回电影院,电影制片人尝试了各种新的噱头和花样,如增加影片用色种类,提高影片内容的暴力性和图像的清晰度,引进恐怖题材影片,采用华美特效、太空幻想甚至偶尔使用3D效果。然而这些努力并不奏效。自从电视出现后,影院上座率便呈现持续下降的趋势。

数字时代

有一点非常明确的是,从人均角度来看电影的上座率永远都不会回到电视出现之前的水平了。电影放映商,那些拥有影院和组织放映电影的人,始终受到一系列消极趋势的影响。今天的观影群体已经不再像过去一样由家庭组成,而变成以廉价约会和同学聚会为目的的年轻人群。随着电视的普及,传统的社区影院和汽车影院随即关闭。现如今,多厅影院以及多剧场影院通常都位于大型商场的周边或内部,为年轻观众提供一系列可供选择的影片。

数字影院以及运用数字技术进行影片放映和发行对于现今的电影业尤为重要,很有可能成为未来整个行业的风向标。全世界现共有 6 455 家数字影院,其中 72％在美国。数字技术的出现使高品质音像电影成为可能。正如蒂姆·史蒂文斯(Tim Stevens)在本章业界观察的采访中指出,数字影院吸引了很多观影者米电影院观看特效影片。比如在 2008 年至 2009 年电影季,大都会歌剧院成功地在林肯表演艺术中心以及世界各地的影院播放了实时画面。主要体育赛事也同众多百老汇影片一样运用这种数字技术进行播放。数字影院使用的带有硬盘驱动器、DVD 播放机以及卫星信号传输设备的数字放映机取代了传统放映机来播放高品质音像影片。

影碟出租店中的 DVD 影碟成为了数字时代影片发行销售的主力军。

尽管影院上座率不断下降,电影作为一种媒体还是得到了公众的普遍认可。虽然很少有人会在影院购票观影,但他们仍然通过其他方式观看影片;因为起初为电影积攒人气的社会文化原动力仍然存在。美国仍然是一个高度工业化城市化的社会,美国人在辛苦工作了一天之后也希望能够在晚上和周末享受大众文化。在这样一个社会里,公众对于廉价且知识水平要求不高的大众娱乐方式的需求是永远无法满足的。

过去由于没有别的观影渠道,人们会离开家去影院付费看电影。今天大多数人选择坐在家中收看电影。因此,电影业通过采用新的放映技术得以生存和发展。今天的电影制片人专门制作了在电视台和网络电视上播出的影片。他们也从家庭影院的影碟租赁、奈飞(Netflix)等订阅系统以及为观众提供影片下载服务的网站获得不菲的收益。电影这种历史悠久的媒体在国际市场的发行销售成为了新的盈利途径。

然而,颇具讽刺意味的是电影业虽然经常面临新技术的挑战但却并不富有远见。1982 年美国电影协会主席杰克·瓦伦蒂(Jack Valenti)在美国国会代表委员会上声称:“日益增长的新技术对于电影业造成了非常危险的冲击,威胁了整个行业的经济活力以及未来的行业安全。”[7]他所指的是录像机(VCR)。他担心家庭影院的推广会毁掉整个电影业。当然,这一幕并没有发生。相反,录像机影碟租赁还成为了电影业又一新的收入来源。

电影业对于新技术本能的排斥在其他方面也有所体现。2008 年,电影放映业出现了大存储量的高清(HD)蓝光播放机及标准 DVD 播放机的播放格式之争。蓝光播放机(简称 BD,是一种光学存储媒介)处于这场播放格式战的风口浪尖。这场争夺一直持续到同年 2 月,随着日本东芝公司决定不再生产高清 DVD 播放机和录音器,DVD 播放机最终败下阵来。蓝光播放机作为世界领先的电子计算机联合企业蓝光播放机协会的心血结晶,终于在这场播放格式之战中拔得头筹。正如之前所提到的,将电影下载到个人电脑、笔记本或手机上已经成为了观众获取影片的又一方式。

下载前网络用户首先需要共同破解网络加密编码,这种密码相当于一种数字签名,将那些无法获得密码的人拒之门外,网络公司以此来保护在CD、DVD等数字载体上进行传输的媒体安全。下载人在解码后便可免费浏览这些数字载体上的内容。很明显,这种下载方式最初并不受媒体运营商欢迎,因为它挤压了企业的利润空间。比如2000年,美国唱片业协会就在申请法院停止网络音乐服务商Napster的免费音乐下载案中胜诉。电影公司也采取措施防止这类盗版现象发生。就电影而言,在DVD播放机上复制影片要远比从录像机上刻带要简单得多,因为后者需要两台录像机同时运转。在这场影片版权的争斗平息前,录像业就已经上诉到了美国最高法院,也许今后这样的情形还会重演。美国宪法第一修正案中对于信息自由流动的规定又一次与电影的知识产权保护相冲突。随着YouTube上对影片的剪辑和上传成为常态,这种争论必将一直持续下去。不过也有些人认为这种影片放映从银屏向网络的转移恰恰有助于影片的销售,因而也有利于电影公司从中获利。

业界观察	电影

蒂姆·史蒂文斯(Tim Stevens)
新干线电影公司行政高级副主管

蒂姆·史蒂文斯被认为是直觉好、深谋远虑,以解决问题为工作导向,能够将电影业各机构纷繁复杂的需求联系起来并以此为基础制定实施措施的人。

作为时代华纳新干线电影公司的行政高级副主管,史蒂文斯负责所有行政事务。在拿到新泽西肯恩大学(Kean University)英语与传播学士学位后,史蒂文斯曾做过航空公司的客服经理、《新闻周刊》的电信主管,随后又担任了维亚康姆国际的企业副主管以及MTV电视网网络管理部的高级副主管。他将从技术及人事管理的角度解读数字时代。

1.您是何时在什么背景下首先意识到了新媒体的产生以及数字时代的到来?

当我在MTV网络电视工作,还没到新干线之前就已经意识到了这一点。然而,到新干线工作后我就清楚地认识到新干线像很多公司一样并没有充分利用现有的技术优势来满足自身生产销售的需要。不同于其他媒体,电影一直没有被迫改变它的行业运营模式。除了一些特殊情况之外,最初指导行业运营的基本准则现在仍然适用。尽管如此,我还是认为新干线正在酝酿一场彻底的变革,这种变革可以使其成为数字技术的最先受益者。

2.从个人和专业的角度来看,您之前的工作经历对您产生了什么影响?

就我个人而言,我一直在为重新定位自己的未来和维持现行的旧行业模式之间左右为难。作为经理,我意识到有些项目已经失去了长期价值,然而为了维持现行的管理模式,你还必须将这些项目继续运营下去。

从专业角度来说,由于整个电影业缺乏清晰的行业导向,也部分因为这个行业对于变革的本能排斥,我发现自己经常在为新干线进行正确的长期决策上举棋不定,这也经常导致我和公司领导层意见不一,因为他们的目标更多只是短期的。

3.数字技术和思想对您在新干线的工作以及整个电影行业产生了什么影响?应该采取什么措施合理发挥这些影响?

作为新干线采取数字管理方案的大力支持者,我已经在数字管理,特别是数字销售的推广方面与IT(信息技术)的高级副主管进行了密切合作。新干线的小型影院规模使我们成为了整个电影业理想的实验基地,通过组织限量产品推介以检验新数字销售模式的经济效益。我认为数字销售是整个电影业新型商业运营模式的基础。但不幸的是数字销售的推广过程异常缓慢。每当我向财务主管推行这套方案时,他并没有进行方案推广的兴趣,相反,他更希望按部就班地遵照华纳公司(时代华纳另一部门)引导的方向前进。

4. 数字革命对于电影等视频行业的最大挑战和好处是什么? 在时代华纳的大背景下,新干线在数字管理技术的运用上达到了何种程度?

视频行业通过在产品的创新上进行远程协作将不断从数字媒介中获益。抛开一切设备因素不谈,单是组建一支专业团队就能大大减少产品生产需要耗费的大量财力和时间。

整体而言,电影业从数字革命中获得的利益也同样是其需要面对的最大挑战。影片的数字销售模式将彻底改变整个行业的商业运行模式。而影院运营者的任务就是不断增加大片放映场次,减少不尽如人意影片的放映。他们还可以放映一些观众在影院不曾看过的新型数字产品,比如按次点播服务、当地新闻、体育赛事、百老汇演出等。不过,因为这些产品都没有经过充分的市场检验,所以数字营销模式的盈利保证也只是理论上的。我认为就削减成本而言,从数字革命中收效最快的将是电影业中的销售商。但也只有在影院运营商决定投资数字系统时才能实现。

5. 您对数字技术的未来持乐观态度吗?

我非常乐观。我们看到很多行业在商业经营上都面临巨大压力,就电影业自身而言,变革的时机已经成熟了。最明显的变化就是美国及全世界范围内数字影院的兴起。这将彻底改变影片的销售模式,使影片放映能够根据市场的供需变化进行调整。这也为新制片人迅速便捷地推广他们的影片产品提供了史无前例的先机。

电影业在未来的数字时代中唯一需要注意的问题就是,业内人士必须意识到随着影片数量不断增加,影院需要对影片的放映进行谨慎而具有独创性的编排。电影制片厂的决策层以及网络程序设计人员需要更有效地与观众联系以便了解观众对于观影时间的不同倾向。我注意到 YouTube 和脸书在支配和引导公众的消费习惯上起到了重要作用。

6. 如果有人想要在电影业发展,您会给他什么建议?

首先需要明确的是,电影也是一门生意。同任何商业项目的运营一样,电影业在带来商机的同时也需要从业者肩负相应的责任。更重要的是,它是一种制造销售业,有着很长的产品商业循环周期以及变幻莫测的客户。同其他媒体经济一样,电影业在影片本身的创新与商业环节的生产销售之间有着明确的界限。与电视这种广告经济不同,电影业在其运营的各个环节上聚集了大量创新型人才。对于任何想在这个行业立足的人来说,耐心、脸皮厚、赏识才俊以及妥善应对因个人才能引发的人格考验都是非常重要的。这是一个检验从业者耐心和工作生活方式的行业,但它也看中从业者对于行业的忠诚。从业者会在这个充满刺激、极具吸引力的行业中受益,这足以抵消从业初期低收入和被迫做出的情感妥协带来的困扰。

作为当代媒介的电影

在这一节我们将重点讨论电影作为一种当代传播媒介承载的各类信息所具有的不同功能。电影制片业这一专业的信息传播者及其庞大而多样的观众群体决定了影片的内容和功能。

电影的功能

一部电影可能无聊也可能有趣,有可能为观众提供信息或培训,体现一种社会或政治观点或向观众传递一种审美价值取向。从我们在本书中已经讨论过的媒体功能的角度来看,一部电影的制作可能有以下几种目的:

- 娱乐消遣。
- 教育(如纪录片)。
- 舆论导向(如战争时期的宣传片)。
- 丰富人文阅历。

电影更多时候是几种功能的结合体。对观众而言,电影可能是知识性的、解脱性的或是一堂生动的历史、道德或人际关系课程;对电影的制作者而言,电影是收入的来源;对导演和演员而言,电影是对艺术修养的一种肯定;而对编剧而言,电影则是一种提高社会问题关注度的途径。

即使是以上群体内部的成员对于电影功能的认识也不尽相同。比如,很多人认为历史悠久的迪士尼影片是一种老少皆宜的健康娱乐方式,然而有些人则将其解读为僵化的意识形态教条,吹捧不实际的美国形象,旨在表现毫无社会问题、肤浅天真的社会。

不过有一点可以肯定的是,纵观整个美国电影的历史,电影的主要功能仍是娱乐消遣。在这一点上,电影与出版业和广播电视媒体有着本质的不同。报刊的基础是提供信息并传播有影响力的观点,而电影则是在影院和大众娱乐的两种传统中演变而来,其核心就是娱乐。

现如今,电影仍然恪守着这种娱乐传统,其首要功能仍是将观众从日常生活的压力和柴米油盐的琐事中解脱出来,而不是引导他们去更加关注这些烦心事。

电影导演阿尔弗雷德·希区柯克是动作恐怖片大师,代表作包括经典影片《惊魂记》。

电影主题和风格的发展

早期电影的主题主要是既定的戏剧体裁(喜剧、悲剧、音乐剧)。而后,图书成为了电影的脚本。由于观众群体主要为下层民众且影片都是无声的,早期电影主要依赖哑剧演员的表演。然而没过多久,美国电影就形成了自己的风格和传统,剧本也从即成的戏剧和图书转向了挖掘电影本身的传统。

20世纪30年代埃德加·戴尔(Edgar Dale)在其研究中略微触及了电影传统这一问题。戴尔分析了1 500部20世纪初至30年代的电影内容发现这些影片主要展现了三个主题:犯罪、性以及爱情,这些题材占到了当时电影总数的四分之三以上。[8]从一定意义上说,这三种题材现在仍然是电影业的主流。

电影制作团队中的一部分成员可能在一定时间或特定影片的制作中占了支配地位。

然而,一般来说,直到 20 世纪 30 年代,导演都是电影制作的主导力量。早期电影时期,电影创始人格里菲思(D. W. Griffith)在电影从零敲碎打的临时节目到梦工厂的角色转变中产生了深远影响。有人说他是制定电影用语规则的第一人。在无声电影时期,麦克·塞纳特(Mack Sennett)、查理·卓别林(Charlie Chaplin)、巴斯特·基顿(Buster Keaton)、哈罗德·劳埃德(Harold Lloyd)等演员都形成了自己的表演及叙事风格。之后,埃里克·冯·斯特劳亨(Eric von Stroheim)、西塞尔·戴米尔(Cecil B. DeMille)等导演也造就了自己独特的电影符号。他们同今天的格斯·范·桑特(Gus Van Sant)以及科恩兄弟(Coen Brothers)等各具特色的导演被称为主创导演(auteur)。主创导演形成了自身独特的电影风格,在影片画面的布局上也独树一帜。

20 世纪三四十年代,电影制片厂以及主要的电影制作公司在电影风格及主题的定位上起到了主导作用。几大制片厂都形成了明确的影片风格。比如符合美国主流品味,以大量华丽的史诗型作品闻名的美国米高梅(MGM)。派拉蒙(Paramount)则赋予了其作品欧洲的理性主义风格。华纳兄弟公司为了节省人工布景费用,主要以外景拍摄为主,因而其作品主要是现实主义风格。[9]如今,由于几大主要电影制片厂的影响力逐渐减弱,这种不同制片厂间的影片风格差异在不断缩小。然而,即便是在电影制片厂的鼎盛时期,独立导演、演员以及摄像师也会给他们的电影作品烙下自己独特的印记。

从 20 世纪最后几十年开始,导演又一次成为了决定影片风格的主导力量。总的来看,现如今,虽然影星因其雄厚的经济实力对于电影的影响仍不可小觑,但人们对于不同导演电影风格的鉴别意识在不断增强。

最后,虽然电影投资商在影片风格的定位上仍具重要影响。但正如作家兼批评家爱德华·爱泼斯坦(Edward J. Epstein)所说,"电影制片厂的主管们还是更加关注那些能帮助他们赚钱的具体电影元素"。

然而,爱泼斯坦同时强调,"电影制作公司并不只是在做一项成功的商业项目"[10]。影片的内容和制作风格一方面取决于电影公司主管及投资商的需要,另一方面也取决于导演、演员和制片人对影片的智力投入。

美国电影的内容

电影的内容由几股相互冲突的力量决定:观众、科技、商业效益以及电影制片人本身。制片人在仔细权衡这几种力量的同时一直关注着观众。他们会问自己这样两个问题:第一,技术上和商业效益上最为行之有效的是什么? 第二,观众到底想看什么? 制片厂对于效益和观众的不断研究使当代电影具备了以下几个普遍特征:

● 影片标准时长(虽然随着时间的推移市场也会发生变化)。

● 影片外景拍摄(比如森林、城市还是潜艇)。

● 看似真实的特效。

● 同题材影片情节构架相同。比如,传统西部片主要是以英雄、反派、美女、帮凶、骏马以及塑造不太准确的本土印第安人为主的传奇剧。观众对于影片具有固定期待,而影片情节也是根据观众的这种期待而编写的。同种题材影片这种相同的情节构架至今仍颇为盛行。

然而,这种既定的影片格式也日渐陈腐。时间在变,观众在变,观众群体的特点和喜好也在变。为了能够不断适应观众群体在组成和品味上的变化,美国电影协会(MPAA)每年都会进行市场调查并得出一份观影群体情况调查表。比如在 2007 财年,38%的观影群体为 12 岁至 24 岁年龄段的年轻人群,25 岁至 39 岁占 29%,40 岁至 59 岁占 24%,只有 9%为 60 岁及以上的老年人群。[11]很明显,相比老年人群,影片基调设定为年轻群体更容易获利。

尽管如此，对各种力量的平衡并不是影片风格的唯一决定因素。导演、演员甚至是制片人也会给影片打上自己风格的记号。电影制作公司在努力调和个性化导演和观众接受力之间的矛盾。要推出卖座电影，这种矛盾的调和尤为重要。据一位电影历史学家所说，"电影艺术家的感性和得到大众认可的传统神话式电影叙事方式之间存在的矛盾是好莱坞电影发展的主要推动力量"[12]。在度过这一矛盾期之后，电影和电影类型将进入一个宽广的发展领域。

类型 类型或者说故事类型，大约指标准化的剧本，也指可辨识的电影种类，具有同样类型的基本人物、设定与通常的事件发展顺序。黑帮电影就是一个例子。另一个例子是战争电影，还有一个例子是闹剧。或许，美国有史以来最著名的电影类型当数西部电影。这种电影完全是美国人的发明，电影中勇敢的男人和女人们过着艰苦的牧场生活，或者穿越边境，在那里与大自然、印第安人和法律做斗争并遭遇艰难困苦。以牛仔英雄——汤姆·米克斯、罗伊·罗杰斯和约翰·韦恩——为主角的电影和之后以西部为主题的史诗电影主宰了这一类型。

音乐剧曾经红极一时，一些电影公司如华纳兄弟几乎专营这一类型。19 世纪 30 年代，华纳兄弟制作了巴斯比·伯克利那按复杂几何图案编舞的舞蹈片。这些片子以群舞为特点，每当从头顶上方拍摄的时候，表演者们就组成复杂的图案。伯克利手下的许多"舞者"对于真正的舞蹈一无所知（他们也没必要知道），他们只需要在一些场景里同时准确地完成动作。伯克利运用不寻常的拍摄角度和快节奏剪辑来营造引人入胜的效果。

喜剧总是能够吸引大批观众。喜剧既包括一本正经的、受到英国人启发的室内喜剧电影，也包括马克斯兄弟的怪诞喜剧电影（如《三个臭皮匠》《劳莱与哈台》），还包括金·凯瑞、克里斯·洛克、本·斯蒂勒等人的当代喜剧。其他电影类型包括恐怖电影、历史传奇电影以及侦探惊悚电影等等。

大众品味有时候能够决定某一新类型的发展。举例来说，20 世纪 50 年代就见证了科幻恐怖电影的发展，而紧随其后的是 20 世纪 60 年代的青少年恐怖电影以及 90 年代的动作恐怖电影。近来，随着电脑技术的广泛应用，一种如同电影《终结者》那样的新电影类型"半机械人电影"发展成为卖座的动画电影。

公众态度与社会条件经常影响了（有些人认为决定了）电影中对少数族裔的处理手法。在过去的许多年里，美国的非裔演员和拉美裔演员很难在电影中得到好角色。他们经常被描述成处于屈从的位置，而这往往会加深种族偏见。然而，近些年来，少数族裔在大屏幕上已经有了新形象。此外，越来越多的有色人种在行业中扮演着关键角色，尽管许多批评者认为，整个电影行业依然缺少多样性，因而造成了屏幕上的电影作品滞后于变化的文化价值观。

描述女性及探讨女性话题的电影同样经历了许多阶段。在早期电影中，女主角们通常十分夸张：被恶棍威胁的漂亮女孩，最后被刚健的男主角解救。然而，到 20 世纪三四十年代，像贝蒂·戴维斯、琼·克劳馥和芭芭拉·斯坦威克这样的女演员饰演了非常坚强的女性角色。在 20 世纪 50 年代，所谓的"性感金发女郎"角色（最有名的当数玛丽莲·梦露）带来了一种与众不同且更加软弱的女性形象。其后，随着女权运动的兴起和社会对女权主义的普遍接受，女性作为强有力的主要角色回归大屏幕，贬低女性的电影角色也减少了。的确，许多卖座电影呈现出清晰的女性主义主题，演员们在其中扮演重要角色，处理与女性切身利益有关的问题。但是，即使在今天，极少数女明星能够像顶级男明星那样成为"票房灵药"，男星们依然能够得到更高的薪酬待遇和成百上千万美元的合同。

纪录片 尽管社会大众压倒性地将电影（既作为一个产业也作为一种消费品）与娱乐联系起来，但是具有教育功能的纪录片作为纪实电影的一个重要种类确实存在。"纪录片"

这一名称来源于英国电影制片人约翰·格里尔逊（John Grierson），尽管第一部纪录片并非出自他手。他的电影《漂网渔船》（1929）描绘了北海鲱鱼渔民的生活。在最正宗的纪录片中，制作者尽量做到不干涉。例如，导演既不指导演员也不设置场景。

从知识方面来说，纪录片作为特定时期人类文化的记录具有长久的重要性，其重要性远超娱乐电影。想象一下，如果过去的人们把古埃及人建造金字塔，古登堡发明印刷术，哥伦布与新大陆居民初次邂逅都拍摄成纪录片，我们会看到什么。未来的某一时刻，我们在这个世纪拍摄的某些纪录片就会产生重要的意义。一个很好的例子就是关于二战的纪录片系列《海上雄风》，它记录了为了子孙后代而发起的世界大战。另一个例子是关于人类首次登月的电影与录像。这些都是人类奋斗与成就的宝贵记录，会对后世产生巨大影响，其意义远超最近那些娱乐电影。

多年来，纪录片讨论了上班族、国家在战时的努力、社会问题及其他话题。有些纪录片是制作精良的永恒经典，现已成为人类的精神财富。罗伯特·弗拉哈迪（Robert Flaherty）的《北方的纳努克》（1922）就是这样一部经典，它记录了因纽特人在本土文化向当代化转变之前的生活。有些纪录片记录了某一个过程中的零星片段，然后把它们融合在一起成为一部电影。例如，埃米尔·德·安东尼奥（Emile de Antonio）导演和丹尼尔·塔尔博茨（Daniel Talbots）导演别出心裁地把其他导演和摄影师的作品（不是由他们俩执导的）串在一起，制作出获奖影片《秩序之点》（1963），其内容为约瑟夫·麦卡锡（Joseph McCarthy）参议员于20世纪50年代主持召开的一系列反共听证会。纪录片通常传达了强有力的信息，如彼得·戴维斯的《心灵与智慧》（1975）回溯了美国与越南之间令人痛苦的关系。

到20世纪90年代，纪录片在缓慢发展多年之后开始获得广大的观众群体。一些纪录片在影院上映，另一些在电视上播出。例如，由肯·伯恩斯（Ken Burns）执导的四集纪录片

《南北战争》于1990年在公共电视台播放后震惊了美国人民，尽管它的主要依据是内战时期的静态照片。在电影院，纪录片与纪实片（描述真实事件的电影）在近些年获得了极大的成功，其中包括迈克尔·摩尔（Michael Moore）对美国社会的尖锐批评以及像《战争迷雾》《灰色花园》这样的电影。甚至有一个网站列出了50部最受欢迎的纪录片（www.imdb.com）。

迈克尔·摩尔导演引领了纪录片的一个新时代。图为他的电影《华氏911》。

大众偏好 我们已经提到，电影公司对于大众对电影内容的偏好非常敏感。许多因素会影响大众偏好：道德规范的走向、流行的时尚与风格以及最近的事件。在过去的几十年中，电影内容反映了这些变化的因素：

● 20世纪30年代培育了赤裸裸的现实主义和大萧条的严酷主题，也培育了令人振奋的音乐剧，帮助大众逃离现实困难。

● 历史与爱国主题及相关电影在二战期间与之后风靡一时，不过轻喜剧也是如此。

● 20世纪50年代，电影似乎反映出整个

国家的那种无忧无虑的情绪。喜剧与西部片大受欢迎,性爱题材也变得更加明显。

● 20世纪60年代末期,对普遍道德规范与风格的不满极为盛行。在此期间,一些电影成功地赞美了反英雄,并开始着眼于争议性的社会题材。

从20世纪60年代末期到21世纪的第一个十年,电影探索了诸如种族主义、毒品、女权主义以及同性恋等多个主题。然而,无厘头喜剧和愉快的音乐剧也曾盛行一时。最近的电影探索了跨国间谍活动、有组织犯罪、罢工、运动以及超自然现象等主题。

电影业

艺术从来就不是电影业的原动力。虽然查理·卓别林的"小流浪汉"电影如今被视为艺术,但他本人在1972年的奥斯卡颁奖典礼上直截了当地指出:"我当初为了钱进入这一行业,艺术只是源自金钱。哪怕人们的幻想因为这一番话而破灭,我也没有办法。这就是事实。"[13]最重要的是,拍电影的人想要获利。

为了概述电影业,我们先简短地了解一下拍电影的流程。然后,我们会仔细研究电影业的组织结构——它的所有权模式、电影公司以及雇员。最后,我们会详细了解电影业复杂的经济状况。

电影制作

拍电影是一个团体性的过程。电影不是一个人制造的产品而是集体智慧的结晶。正如电影史学家约翰·L.费尔(John L. Fell)在其经典的阐述中提到的:

从一部电影的早期构思阶段到最后的发行拷贝阶段,电影的性质都可能发生相当大的变化。这些改变也许是由某一个人的想象力支配的,服从于他不断发展的对电影的理解,但是这样愉快的事完全不会发生……尽管大多数时候某个人假装在负责。[14]

也就是说,电影是在一片混乱中被各种美术人员、技术人员与组织人员组合到一起的。每一部电影都需要解决机械与美学的双重问题。电影制作团队里的人必须具有不同的技能。想一想各种与拍电影有关的工会或者工人组织:美国编剧协会、美国电影剪辑师工会、美国导演协会、美国演员工会以及国际戏院职员联盟。

费尔已经确定了拍电影过程中的七个阶段或元素:

1. 概念化。电影构思可能来自任何人。早期的导演经常自己写剧本。

2. 制作。制作一部电影意味着集中资金,组织拍摄日程中的所有有关人员,并继续监督整个拍摄过程直到电影可以销售为止。

3. 执导。一旦资金得到保证并有了剧本,导演便走马上任。

4. 表演。演员被选择,他们的表演要与剧本及其他相关人员相协调。

5. 视觉化。实际拍摄工作的计划与实施需要摄影师、灯光师及其他人员。

6. 特效。从诱导性镜头到怪兽再到特技演员都包括在这一题目下。

7. 剪辑。这一过程包括从所有拍摄的胶卷中挑选镜头与加工成品。

制片人是一位关键人物,负责集合所有元素。大多数情况下,他属于某间电影公司,公司有拍电影的场地、设备和人员。有关表演、剪辑等的重要决定由制片人做出，而不是由技术人员做出。制片人通过获得一个故事或者剧本来发起一部电影的拍摄，或者制片人只是先获得一个故事的买卖选择权（意为一种协议，赋予一方推迟购买的权利）直到他确定有可用的演员和资金来制作电影。如果可以获得资金支持，合适的演员也签署了合同，制片人就会找到一位导演来负责电影的实际拍摄，然后再召集主创团队的其余人员。

电影制片人

到 20 世纪 20 年代后期，电影已成为一个财源滚滚的产业，拥有数以千计的从业人员，占据了美国娱乐业产值的绝大部分。因其温和的天气和充足的日光利于电影拍摄，20 世纪 20 年代最早的一批电影公司选择南加利福尼亚特别是好莱坞作为它们巨大的梦工厂的驻扎地。它们建立起自己的摄影棚，背靠可以变成西部小镇或者丛林天堂的片场。

随着电影业的成熟，从某种程度上来说，好莱坞比起是一个拍摄中心更倾向于是一个经营中心。不过，它依然是魅力的象征。好莱坞的美丽神话夸大了电影工业地域上的集中。从其诞生之日开始，电影业便与华尔街产生财务上的联系，与欧洲国家也产生了艺术上与制作上的联系，电影也经常在遥远的地方拍摄。编辑彼得·巴克利（Peter Buckley）就曾经写道："好莱坞在意义上等同于美国电影业的一切，不过没有多少电影真的诞生在那儿……好莱坞是一个美好而奇异的精神世界：一个亦真亦幻的电影中心。"[15]

所有者与电影公司 控制权与所有权的集中可以说是维持美国电影业平衡的一部分。从好莱坞早期以来，主要的电影公司一直是其中的统治力量。

早期电影公司由传奇电影巨头如塞缪尔·戈尔德温（Samuel Goldwyn）和路易斯·B. 迈耶（Louis B. Mayer）建立，如火如荼地经营着其巨大的制造工厂。如果你想在 20 世纪三四十年代这样的全盛时期成为电影从业者，你就要为某一间电影公司工作。每一家主要的电影公司都有自己的作家、导演、签约演员、技术人员、设备以及片场。

电影公司不仅严格控制整个制造流程，还对销售、时间表以及电影的上映宣传有着严格控制。通过一种名为"整批出租影片制"的方法，每一间电影公司强迫电影院老板，如果电影院想要得到放映其优秀电影的机会，就必须放映其糟糕的作品。电影公司甚至拥有自己的放映院线，并且控制电影放映。因此，主要电影公司的电影不论好坏都有可靠的销路，而其他更小的电影公司的电影却很难上映。总之，从创意到摄影再到票房电影公司都有所控制，怪不得那些规模更小的公司很难打入市场。

随后，在 1948 年，伴随着派拉蒙的决定，联邦政府踏入电影业。法院规定，主要电影公司必须停止"整批出租影片制"并放弃自己的院线。由于这一决定，拍电影变成了一门风险更高的生意，主要电影公司的实力被削弱了。

在 20 世纪 60 年代期间，许多公司大肆购买电影院，把它们与其他种类的投资进行合并。同时，大公司尽可能地买入以前的那些主要电影公司。1966 年，海湾与西方工业公司购买派拉蒙。华纳兄弟被肯尼国家服务公司购买，这家公司还拥有殡仪馆、停车场及杂志。在 20 世纪 70 年代，这种崇尚电影公司产权集中的风潮逐渐减弱，取而代之的是对独立电影制作公司的看重，这种趋势进入 21 世纪后仍在延续。这两个十年见证了一系列新的交易。整个肯尼国家服务公司变成了时代华纳，后来又被美国在线（AOL）购买。在 20 世纪 90 年代早期，哥伦比亚电影公司为索尼这一间日本综合企业所购买。许多电影公司自身转型成为综合性公司。举例来说，迪士尼购买了美国广播公司。

尽管主要电影公司的名称已经沿用了数

十年,但是它们再也不像原来那样,是影视巨头的私人帝国。它们现在多由股东们公开控股。[16]此外,作家们诸如爱德华·J.爱泼斯坦(Edward J. Epstein)(一位电影专家)认识到电影公司对于其所属综合企业的总收入来说相对不那么重要。电影公司的收入占所属综合企业总收入的7%~21%,这其中还包括电视执照、DVD销售和另外一些与院线电影放映没有直接关联的收入来源。[17]

如今的电影业与20世纪前半叶相比更加多样化、分散化,更多独立制片人投入电影拍摄。然而,那些主要电影公司继续在资金及销售方面领跑行业。如今顶级的电影公司如索尼(哥伦比亚电影公司)、博伟影业公司(属于迪士尼)、米高梅电影制片公司、环球电影公司以及20世纪福克斯公司等等,统治了影院电影销售领域,因为这些公司销售独立电影人的绝大部分作品,同时也拍摄自己的作品。它们集中了电影销售商总收入的90%以上,尽管它们与自己为了特别服务与任务而雇来的独立制片人及导演分享这些收入。

电影业中的职业 众多专家为电影公司工作:电工、化妆师、道具师、置景工、放映员、司机、服装师、美工师、装饰工匠、剧本监督、临时演员、剪辑师、剧作家、作曲家、音乐家、摄影师、声音技术师、导演、美术导演、布景导演,更别提那些明星了。几乎所有的技术人员都加入了工会。

近来,电影行业从业者稍有增加,如表6-1所示。一部分原因在于电影业的数字化。举例来说,在过去,电影公司有自己的动画制作师团队,他们徒手完成相当艰苦的工作。如今,电脑绘图技术得到采用,传统动画制作者被逐步淘汰。

表6-1　电影业从业人数(美国电影业雇佣领域:劳动数据统计局)

	制造与服务 (千人)	电影放映 (千人)	其他 (千人)	总计 (千人)	此前占比	与2007年对比的变化
2007	192.8	136.2	28.3	357.3	0.8%	—
2006	192.2	133.7	28.5	354.4	−0.8%	0.8%
2005	195.6	133.2	28.4	357.2	−1.7%	0.0%
2004	196.5	137.4	29.3	363.2	3.3%	−1.6%
2003	183.1	139.2	29.4	351.7	−2.5%	1.6%
2002	191.7	138.4	30.6	360.7	4.0%	−0.9%
2001	180.9	133.2	32.6	346.7	−1.4%	3.1%
2000	182.1	136.9	32.6	351.6	−0.7%	1.6%
1999	182.5	138.6	32.9	354.0	4.5%	0.9%
1998	172.0	135.0	31.7	338.7	—	5.5%

大部分电影从业者从事电影制作或者宣传及销售。影视学院为电影业提供了大量人才,而商学院也是电影业新兵的来源。一些商学院如加利福尼亚大学洛杉矶分校和南加利福尼亚大学的商学院,拥有针对娱乐及传媒业的专门课程,并对电影业有所着重。

电影和金钱:商业经济学

在出版业中,绝大多数出版物亏钱,只有少数畅销作品盈利;电影业也是如此,大部分电影在亏钱。在美国每年出产的600部电影中,只有不到200部有令人可喜的上映成绩,使得制片方有所进账,更不要提有所盈利。然而,电影业是整个传媒业中一个活跃而重要的部分,会产生巨额利润。电影业律师斯凯勒·摩尔(Schuyler Moore)曾经写道:"电影业的魅力就在于，当一部巨片横空出世时，它就可以弥补其他电影的损失。"[18]

摩尔将电影业比作投机的石油钻井：需要许多资金来拍摄足够多的电影，才会有巨作产生。这个系统自然有利于大公司，它们负责自己的销售，与影院也建立了长久关系。独立电影制片人将销售外包给大公司或者第三方销售商，这种做法花销很大但非常必要。果不其然，多年以来在这个财务状况脆弱的领域，许多独立制片人已经被行业淘汰，而销售公司却具有更长的生命周期。来自首席电影杂志《综艺》的彼得·巴特（Peter Bart）就写道：

仅仅 20 年以前，这一切都还是普遍做法：在全国的几家影院放映一部电影，依靠口耳相传来宣传，根据观众的反应调整宣传策略，然后缓慢地扩大观众群。如今，一部电影首映，不再依靠静默的群众力量，而要依靠广泛的情绪激发、全球性的广告宣传且涉及麦当劳这样的巨头合作伙伴，以及挥金如土地在超级碗或者奥运会期间购买广播电视广告。因此，一部新电影由机器制造出来，要么迅速变成卖座巨片，要么变成失败之作。没有办法调整或做出战略性改变。[19]

关于电影业的可疑本质已经写得够多，其中，以 10 亿计的美元围绕着那些据说没有盈利的电影打转。（仅 2007 年的美国国内票房就达到 96.3 亿美元。）一本最近出版的图书声称，"电影能够引发巨大的激情"，并且像油井那样"能够创造泉涌般的现金"[20]。

这究竟是怎么一回事：一部电影能产生远高于成本的百万美元的票房却依旧无法盈利？那些在电影结尾貌似无穷无尽的致谢暗示了这是一个多么复杂的行业。想要了解电影业需要纵览这个行业具有创造力甚至可以说是神秘的结算方式。

与其他传媒公司的雇主-雇员形式不同，电影业有许多玩家把人员与资金带到桌前。这些人中有许多也要参与利益分配。例如，一位明星也许不止获得片酬，还会获得电影收益

的百分之几。在许多的百分之几分配给不同的参与方之后，这部电影最终也许非但没有盈利反而亏损了。一些批评者认为行业的这种参与体系"只能导致由公司之城（company town）中主要力量操纵的价格垄断阴谋"[21]，而另一些人则"为这个生机勃勃的体系的公平性辩护"[22]。

当然，有些电影就是没办法获得大于成本的收益。我们已经注意到，电影制作包括许多人，支付他们的工资就是一大笔钱。一部电影的总成本会因为超级巨星的片酬而升高，也会因为一些推高其他花销的要求而升高。在电影预算中有一条著名的分界线来划分"线上项目"与"线下项目"。在预算中实际存在一条分界线，将以下两种预算分割开来：分界线以上的花销为必需花销，甚至在电影开始拍摄前就存在，主要用于文字材料、剧作家、制片人、导演及主演；分界线以下的花销是其他实际制作花销。如表 6-2 所示，许多花销用于人事。

表 6-2　电影业"线上项目"与"线下项目"位置

线上人员
• 制片人
• 导演
• 演员
• 剧作家
线下人员
• 表演导演
• 制片助理
• 助理导演
• 摄影师
• 灯光师及助手
• 服装师
• 特技师
• 剪辑师
• 后期制作人员
• 作曲家与音乐人
• 技术指导（及其他）

当然，工资只是成本的一部分。据估计，电影明星及其他演员只占成本的 20%，布景和道具（小道具，包括汽车、家具和演员在电影中用到的其他物品）占 35%。[23]在 2007 年制作一部电影的平均成本为 1.066 亿美元。许多

电影成本远超于此。电影宣传及其他开支为每部电影平均增添 0.359 亿美元的额外开支。电影公司用以维持收支平衡的收益很明显依靠其销售的电影数量、观众群的大小以及票价的高低。

电影观众

电影制作完成后，下一步便是把它销售出去，让尽可能多的人来观看它。我们已经提到，尽管越来越多的人喜欢在家（或者在移动设备上）看电影，制作方依然将重点放在票房表现上，即人们到影院观看电影的花销。影响影院观众的规模与组成的关键因素如下：

- 影院的可用性及票价。
- 电影分级，指针对电影中令人不快的内容如性与暴力而采取的分级。
- 批评家与电影奖项带来的影响与信息。

青少年们一边聊天一边在电影院外面排队入场。他们是电影观众的中坚力量。

电影院与票价

电影销售商——通常是主要电影公司——将电影租给经营影院的放映商。一些放映商是独立的，但是，像报业一样，越来越多的放映商属于广播网。传媒管制逐步撤销，这对电影业十分有益。例如，电影业一度不愿意与电视业合作，但现在愿意了。结果就是，如今至少四家主要电影公司拥有自己的电影院或者电影院的股份。[24]

多少人去电影院 在 20 世纪 40 年代末，电影院周平均观影人数超过 9 000 万，达到顶峰，到 1992 年这一数据下降到 1 850 万。下降速度于 90 年代间趋于稳定，但就如同我们在这一章提到过的，上座率再次有显著提升的前景十分渺茫。

相应的,观众的减少导致影院缩小规模。在 20 世纪 40 年代末,美国大约有 20 000 间电影院(单屏幕)。到 2007 年,屏幕总数达到 40 077 块,但影院只有 6 356 家。也就是说,如今可利用的屏幕增加了,但是影院减少了。在 2007 年,有 16 个或以上屏幕的多放映厅影剧院数量增长了 4%。同时,每家电影院的座位数减少了。20 世纪 50 年代期间,一家平均水准的电影院大约有 750 个座位,而 90 年代晚期时的电影院只有不到 500 个座位。

另外需要指出的一点就是随着电影上座率的下降,电影院雇用的人数逐年稳定减少。与老式的单屏幕影院相比,带有自动化设备的多屏幕影院不需要那么多人来运营它们。

很明显,电视与电影租赁是上座率直线下降的主要因素,但不断上涨的电影票价也阻挠了人们去电影院观影。在美国大部分大中城市的标准室内影院,对于一部首轮放映(或者新的主要放映)的影片来说,一张成人票的价格从 1933 年的 23 美分上涨到 10 美元以上。在许多大都会地区,票价甚至会更高。

总的来说,美国人从未像现在这样在电影上花如此多的钱。然而,在现实情况下,电影业相比从前却吸引了更少的家庭娱乐花销。举例来说,1943 年美国人 25% 的娱乐经费用在看电影上。到 2007 年,这一数据降至不足 5%。

谁为票房买单 如前文所述,相比年长观众,电影院更吸引年轻观众(见图 6-1)。大部分大众传媒认为年轻观众是理想目标,因为正是年轻人会在将来购买商品与服务并且参与政治。影院观众的生命力及其组成部分的相对稳定对于保持电影行业的活力与健康发展起着重要作用。在始于 20 世纪 70 年代的约 20 年间,由于早育人群数量的下降,年轻观众的规模逐渐缩小。然而,到 90 年代中期,人口中青少年的数量开始有增加的趋势。如今,随着学生数量不断增加直至塞满学校,电影的年轻观众数量会在未来稳步增长。

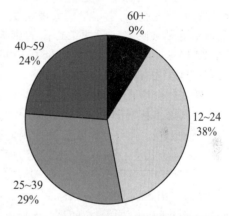

图 6-1 不同年龄段购买电影票的百分比

令人不快的内容包括电影中的暴力,如昆汀·塔伦蒂诺(Quentin Tarantino)的电影《落水狗》。

人们多久去电影院看一次电影？根据全国范围内的研究，大多数人并不经常去。然而，那些去电影院的人就会去个不停。在2007年，那些所谓的"电影院常客"只占社会大众的约五分之一（22％），这一数据代表了五年来的最低水准。然而，在12岁至24岁人群中，41％是电影院常客。尽管有关电影院常客的社会特征数据并不容易获得，但是有效的研究依然表明存在以下情况：

● 与已婚人群相比，单身人群更易成为电影院常客。实际上，相比已婚人群，单身人群去电影院的频率要高一倍。在上座率天平的另一端，至少有三分之一的已婚人士说他们从不去电影院，比从不去电影院的单身人士要多。

● 与女性相比，更多男性把自己描述为电影院常客。

● 在成年人中，受教育程度越高，去电影院频率越高，表明相比不去的人，常去电影院的人受教育程度更高。

电影分级与令人不快的内容

随着电影业在20世纪早期大规模发展，公众担心电影会具有正反两个方面的影响。（在本章"精彩观点"部分我们会讨论关于电影是否真正具有强有力正面影响的研究。）许多人认为新媒体会给未成年人带来负面影响并会教给他们许多糟糕的想法。许多公民领袖与宗教领袖认为，电影会导致道德准则的败坏，并为美国人的生活带来有害的政治性变化。这些担忧迫使电影业开始"清理"其产品，为了压制电影中诸如此类的内容，也为了就潜在的令人不快的内容而警示观看者，人们也付出了持续努力。目前，大多数批评集中在具有"成熟"主题的电影——"成熟"通常意味着与性爱有关。

电影分级制度的进化　正如我们之前提到的，第一股推动电影审查的强压始于20世纪20年代。电影业通过自我清理做出回应。美国电影协会任命曾任美国邮政总局局长的威尔·H. 海斯（Will H. Hays）来领导它的组织。海斯发展了一套严格的自我审查制度（《海斯法典》），协会的所有制片人必须遵守。一部电影如果不符合《海斯法典》的标准就无法在美国影院公映。任何不承认这一法典的制片人将遭受昂贵的法律诉讼之战。这个法典尤其限制电影描述性爱。从20世纪30年代中期开始一直到电视的发展威胁电影业，电影都避免直截了当的性爱主题和行为。

同时，许多地方政府放映并审查电影。即使在20世纪60年代，芝加哥仍将这一项任务赋予其警察部门，他们会召集一组市民来观看有争议的电影。在所有致力于电影审查的活跃的私人团体中，成立于1934年的道德审查协会是其中一个。它发展出一张推荐电影与不推荐电影的清单，并将其呈现给天主教徒和普通大众。

 精彩观点：媒介理论阐释

选择性和有限性影响理论

关于大众传播效果的研究始于20世纪20年代晚期。那时，派拉蒙在研究电影对未成年人的影响。研究结果似乎支持魔弹论（详见第1章），表明电影对其观众具有广泛且有力的影响。但是，更新的研究则提供了一个不同的解读。

20世纪40年代，一项关于总统选举的主要研究在俄亥俄州的艾瑞克县进行。结果表明，媒介只有三种有限影响。

　　(1)媒介促使某些本来可能待在家里的人出去投票。(2)媒介加强了他人固有的观点。(3)只有极少数与其最初选择联系微弱的选民会被媒介说服，将其选票改投给另一个党的候选人。

　　这些结果表明，两种因素至关重要，会影响人们选择从传媒读到什么和听到什么。这些因素就是人们在社会部门中的地位(如收入、宗教信仰、年龄与性别)以及他们与亲友间的社会关系。因此，大众传媒的影响是选择性且有限性的。

　　二战期间针对军队的研究也得出了选择性且有限性影响的结论。士兵们观看了关于战争理由及敌人本质的培训片之后了解了一系列事实。然而，他们的观点只经历了较小的变化，而他们对战争的态度和斗争的动机根本没有改变。这些士兵身上的变化与其个体差异有关，如智力的差异和正规学校教育程度的差异。

　　战后，一系列附加实验证实，人们对有说服力信息的接触、解读与回应受到许多因素影响。具体来说，一个人受影响的程度与信息的特征和接收者的特征都有关系。

　　研究的积累使得我们有必要抛弃之前预测媒体具有强大、统一、即时影响的魔弹论。我们有必要找到这样一些解释，它们需将这一事实即不同的人从媒体选择不同内容并做出不同解读纳入考虑。因此，新的理论既强调选择性又强调有限性影响。它可以总结为以下几条：

　　1. 当代社会中，由于人类的心理构成存在个体差异，人们具有心理多样性这一显著特征。

　　2. 同时，人们也是各种社会部门(收入、宗教信仰、年龄、性别及其他)的成员。这些部门以共同信仰、态度及价值观等亚文化为特征。

　　3. 当代社会中，人们不是孤立的，而是由基于家庭、邻里及网络关系的社会关系网联系在一起的。

　　4. 人们的个体差异、社会部门亚文化以及社会关系模式使得他们以选择性方式对大众传媒的内容产生兴趣并留意，并对其进行不同的解读。

　　5. 由于人们的媒介信息接触具有高度的选择性，对于内容的解读也因人而异，因此，来自大众传媒的信息对社会大众这一整体的影响非常有限。

　　资料来源：Brian Martin, "The Selective Usefulness of Game Theory," *Social Studies of Science*, Vol. 8, 1978, pp. 85-110.

　　道德审查协会及其他批评性组织的努力影响了海斯的电影制作法典的许多细则。尽管对于道德审查协会这样的组织来说，这一法典仍不够严格，但其他人则将这个法典视作苛刻的、镇压性的、墨守成规的。一些电影历史学家认为，该法典阻碍了美国电影的发展。

　　20世纪60年代晚期，电影制作法典已得到极大的修改。许多合法的活动为阻止应用死板的条例作出努力。通过建立一套电影分类方法，或者说分级制度，电影业步入了一个自我管制的新时期。新制度不再禁止某些电影在影院上映，而是要求公众得到关于电影内容的警示。自从这一制度在1968年被采用以来已经被修改了四次，以下便是最终版本：

　　G 级：任何年龄者均可观看，普通级电影。

　　PG 级：建议在家长指导下观看，辅导级电影。

　　PG-13 级：对于未满13岁者，强烈建议家长给予特殊指导。

　　R 级：未满17岁者须有其父(母)或成人保护者同行才能入场观看，限制级电影。

　　NC-17：未满17岁者禁止观看。

　　这一分类并非表示电影质量；它只是为家长提供指导，以便他们考虑自己的孩子应该看什么电影。近年来，许多家长团体以及各种杂志、报纸及网站为未成年人提供电影推荐指南，促使人们注意到暴力与性爱在电影中的盛行。

这一制度赢得了公众的支持也受到了一些批评,但是,一些电影制片人认为它太过拘束。通过美国电影协会的努力,电影业实际上已经认可制度中的前四类电影,只是不认可第五类电影。然而,电影人们没有积极地推翻第五条。

有趣的是,G级和PG级电影还不到PG-13级、R级、NC-17级电影的一半。事实上,在2007年,R级电影占电影总数的59%。

一些电影间或地引发公众的愤怒,或者某些人群的愤怒,这些人群认为自己在电影中被拙劣地或是不正确地刻画。有时候人们通过抵制电影或者其他努力使得公众远离这些电影。然而,压制某一部电影也可能会产生适得其反的结果。近期内,也许没有哪部电影像《基督最后的诱惑》(1988)那样引发如此大的抗议。这部小成本电影之所以在票房上获得极大成功,很大程度上依赖于它引发的骚动。各种宗教团体和重要人物实施威胁并开展抗议活动与游行示威。国内与地方新闻都对这些活动进行了详细的报道。舆论把好奇的旁观者成群结队地带到电影院,他们想知道这一切纷扰到底是怎么回事。一些观察者推测,如果这部电影被人们忽略,它很快就会像一枚哑弹一样悄无声息。

缓慢的脱敏 随着电视变成一种与电影竞争激烈的传媒,电影也脱离了威尔·海斯早先的那一部制作与审查法典。为了迎接来自电视网的挑战,电影开始对其内容做出改变。就像在20世纪20年代那样,电影又一次转向那些挑战公众传统意义上保守的道德准则的描写。除了之前讨论过的最具争议的性爱描写,制作者们还在电影中加入越来越多的暴力与粗俗。

快速动作电影充满暴力,演员们说着粗野的话。它与过去的、受制于《海斯法典》而清洁过的电影相比有了明显的变化。电影业开始大肆制作快节奏电影,其中,强壮的男主角不停地开枪,进行野蛮的肉搏,在街头充满撞击的飞车追逐中狂飙。像恐怖片、冲浪海滩故事片这样的新电影类型和那些特效更加成熟的怪物电影也十分受欢迎。

在某些方面,这种转变成功了;在某些方面,这种转变并不成功。有限的成功是指20世纪60年代中期以后,电影售票率下降的速度减慢了。然而,电影内容的改变使得观众的改变随之而来。电影从一种父母孩子全员参与的家庭娱乐形式变为由年轻的单身人士参与的形式。暴力和粗俗主题尤其适合年轻观众,但并不吸引年长的已婚人士,对他们的孩子也不适合。因此,尽管票房的不景气有所缓解,但是电影院却彻底地把更加保守、占大多数的年长及已婚人士拒之门外。

回顾电影观众及其道德准则与电影内容的关系,我们会看到一种十分有趣的模式。就在一战前后,电影内容还未曾侵犯关于性爱、暴力及粗俗的道德准则。随着美国进入20世纪20年代这一改变期,如之前提到的,电影越来越多地挑战这些准则。《海斯法典》临时制止了这种现象并扭转了这种趋势。然而,电影在受到电视的挑战后一度开始越界,在屏幕上播放人们想看的内容。最近几年来,有线电视与DVD为电影业带来更加激烈的竞争。为了吸引更多观众以获得更多利润,电影再一次开始挑战与性、暴力和粗俗有关的传统道德准则。

结果就是这样一个模式:电影业不断逼近道德准则的底线,然后在公众的抗议声太刺耳的时候再后退,然后等待,直到人们适应了新的标准。当抗议声减弱时,电影业便再次逼近底线,直到再遭遇抵抗。因为这个循环,公众对那些一度会为电影业带来严重问题的电影内容逐渐脱敏。这个"缓慢的脱敏循环"不是电影业独有的,它也适用于其他种类的传媒。

这个循环说明,当电影变得更性感、更粗俗、更暴力时,这些改变不单只是因为那些掌控电影业的坏人和贪婪的人所做的不道德的决定。这些人在一场净化美国流行文化的运动中也许不是圣徒或领袖,但他们的决定很大程度上是经济制度的产物,而我们的传媒就植根于这种经济制度。他们的选择很朴实:为投资者挣钱(大家都同意)或者让投资者破产(大家都不同意)。没有政治性审查制度的保证,他们就提供公众看似想要的东西，并且当批评者坚守阵地时只是临时后退。

审查制度和政治

多年以来，针对电影的抗议的中心内容并不只是性、暴力与粗俗。政治也是推动电影审查制度发展的基础。

许多以政治为主题的电影在 20 世纪 30 年代遭到广泛的批评。当时的一些大公司正在与其工人的工会化做斗争，一些公司指控工会是共产主义者的工具。随后的指控说一些电影是共产党员的宣传工具，这些指控使好莱坞在二战前的那些年就分崩离析。二战期间，电影业联合起来支持战争，政治差异逐渐湮没。然而，当对共产主义的恐惧于 20 世纪四五十年代晚期重燃时，史无前例的政治审查降临好莱坞。"众议院非美裔活动委员会"是美国国会的官方团体，自 20 世纪 30 年代开始活跃。它在约瑟夫·麦卡锡参议员的领导下召开听证会。这个委员会指控包括电影从业者在内的许多人从事共产主义活动。这些听证会为许多在电影业、广播业、印刷业工作的人带来牢狱之灾。

许多人被列入黑名单。列黑名单不是政府的工作，而是私人团体的工作，很显然这不是一种民主的活动。各种游说团体将被它们怀疑为共产主义者的人的名单集合起来。它们在私下传播这些名单，并威胁要抵制某些广告主，因其赞助的演出、报纸或杂志雇用了黑名单人员；它们还威胁为黑名单人员提供工作的制片人。这些黑名单人员中的大部分不会受到公开指控，所以他们连为自己辩护的机会都没有。一些演员、制片人、作家和其他人甚至都不知道自己在黑名单上，直到没有人愿意雇用他们，他们的职业生涯也毁于一旦。在被雇用之前，演员们一度不得不让某个反共团体

来证明清白。这一时期充斥着未经证实的指控，是传媒史上最黑暗的时期之一。战后的恐共情绪可谓是罪魁祸首，使得电影业因为不正式的审查而遭受重创。

世纪末冷战的结束并未结束针对电影及其制作人的政治指控。许多行业外的团体可以对电影内容施加影响。美国国会召集演员与导演参加公共听证会，最高法院试图定义什么是淫秽，以此来控制令人不快的内容。宗教团体与地方政府的官员也尝试了各种策略来塑造、压制和禁止美国电影。

电影审查经常限制电影人的艺术自由，还无法为他们提供多少（如果有的话）有用的反馈。为电影人施压的团体规模都太小，它们努力为电影提供有用的反馈，可它们的兴趣面太过狭窄，而电影这种传媒又是为了广大观众而服务的。尽管这样，它们的努力仍然会扭曲电影人与观众之间的交流。不过，美国宪法第一修正案赋予电影消费者与制作者同样的权利，包括针对不喜欢的内容进行抗议的权利。

相应的，许多好莱坞人士试着通过履行他们的权利来影响政府。保守派的脱口秀主持人和其他批评家谴责好莱坞的"自由主义偏见"，并且乐于公开抨击参与政治活动的演员。例如，像苏珊·萨兰登（Susan Sarandon）和肖恩·佩恩（Sean Penn）这样活跃于政治领域的演员就承受着巨大压力。好莱坞的分量在总统选举时会体现出来，近年来，好莱坞为民主党候选人筹集了数目可观的经费（虽然共和党人也不是没有自己的好莱坞支持者）。多年来，一系列娱乐业人物当选公职，其中最出名的当数成为加利福尼亚州州长的阿诺·施瓦辛格。

评价的影响：批评和奖励

电影分级或公众抗议只是观众们选择电影时所作评估的一部分依据。批评家的文章、

20世纪50年代,众议院非美裔活动委员会在美国制造所谓的颠覆性影响时,经常成为媒体关注的焦点,其目标经常针对电影业。

电影节或电影奖的选择以及关于公众对电影意见的调查提供了其他评价标准。这些评估也许暗示着电影的优秀具有统一标准,但事实并非如此。尽管有时候人们一致认为某部电影是年度最佳或者年代最佳,但批评的标准还是跟批评家和奖项一样多。

批评家 虽然有些人把评论家(针对电影对广大观众的吸引力做评估的人)和批评家(基于更多艺术与理论标准来评价一部电影并且试图探究其社会意义的人)区分开来,但大多数人会互换这两个名称。

电影批评出现在许多地方。专业电影杂志主要针对电影圈和电影学者。许多杂志和报纸有自己的电影评论家和批评家。《时代》《纽约时报》以及其他报纸都会刊登年度"十部最佳电影"名单。美国全国广播公司广受欢迎的节目《今天》提供电影评论。美国公共广播公司有一档长达半小时的电影评论节目名为《电影院》,它是一种"消费者指南",告诉大家什么电影值得看。地方电视与广播也播送电影评论。同样,各种网络服务列出电影、批评它们、为它们评级。事实上,网络对驱使人们去看电影起到关键作用。2008年一项由美国电影协会和雅虎发起的调查表明,约73%的

受访者表示,他们第一次听说某部电影的名字是在网络上,在去电影院看电影之前。有时人们感觉,似乎贡献给电影评论与批评的精力比给拍电影的还要多,居然还设立有针对年度最佳电影批评的奖项。

类似美国电影艺术和科学学院所颁发的奥斯卡金像奖这样的大奖,有助于确立电影地位和促进市场营销。

　　电影奖　所有电影奖的鼻祖是奥斯卡奖,它是一座约一英尺①高的镀金雕像,每年由美国电影艺术与科学学院颁发,并通过电视将这一壮观场面转播到全国各地。奥斯卡奖是颁给电影人、电影业自己的奖。尽管小金人雕像很俗气,造价也很便宜,但它却是所有电影奖中最令人梦寐以求的。赢得一座奥斯卡奖确实有经济价值,因为获奖电影通常会在大力宣传之后再次上映。观众们把奥斯卡奖当作某电影是否值得一看这样的信息来源,所以再次上映的获奖电影会收获更多观影者和更好的票房。一旦某部电影获得一项提名或最终获奖,它就会赢得声望并收获一批额外的、没有在第一时间观看它的观众。

　　该学院依据一系列几乎无穷无尽的条目来评奖:最佳影片、最佳导演、最佳男主角、最佳女主角、最佳男配角、最佳女配角、最佳改编剧本、最佳原创剧本、最佳摄影,以及最佳外语片电影。此外,针对美术指导、声音、短片、音乐、剪辑、服装设计也有奖项,还有荣誉奖、科学技术奖和各种为电影提供服务而受到的表彰。

　　奥斯卡奖也不是没有受到过批评。某些人指责说评委们只关注最流行的电影而不是最好的或者最具社会意义的电影。这个论点有正确的成分。例如,史上最好的电影之一奥森·韦尔斯(Orson Welles)的佳作《公民凯恩》(1941),只获得了“最佳剧本”一个奖项。不过,奥斯卡获奖名单的确是一部包括著名电影与电影人的“名人录”。

　　其他荣誉与奖项就不那么广为人知。美国编剧协会与美国导演协会都设有奖项,行业内的许多独立团体也都有一系列奖项。美国国家评论协会奖为少儿推荐影片颁奖。美国影评人协会和纽约影评人协会每年为模范影片颁奖。此外,报道好莱坞的外国记者每年会评选金球奖。

　　当然,另一项赞誉的来源是入选各大电影节,从夏纳到洛杉矶,从纽约到圣丹斯。这些电影节是行业的主要营销手段,并为电影提供赞誉与认可。

 本章回顾

● 电影发展有一段技术史,包括各种光学的、摄影的、电子的发明以及运动知觉心理学领域的发现。

● 我们所知的电影院源于世纪之交,其雏形为“五分钱影院”。几年之内,电影主要为中产阶级拍摄,电影业逐渐扩大为一种广受欢迎的家庭娱乐方式。

● 一战后,伴随着社会发展日新月异,电影反映了新的生活方式。保守人士因电影中有关酒精、不义之财、飙车以及宽松的道德准则的描写而感到焦虑。为了控制电影,社会上出现广泛的努力。

● 20 世纪 30 年代至 60 年代,伟大的电影“黄金时代”出现然后衰落。美国电影业在其短暂的历史中经历了许多改变。在极大程度上,电影是一种娱乐传媒。

● 数字技术极大地影响了电影,它彻底改革了制作方式,也改变了电影内容和营销模式。

● 每一部电影都是科技、艺术、经营技巧与表演技巧的产物。一部电影的拍摄需要广大的专业人才和手工业者。在各个不同的时期,电影拍摄团队中的不同成员分别在拍摄中占据统治地位。

● 电影内容受到各种冲突的力量的影响:对效率的追求,“观众至上”的观点,以及个人对拍摄的追求。这种冲突使得美国电影具有

───────────

　　① 　1 英尺约合 30.48 厘米。——译者注

广泛的类型与风格。

● 观众会受到以下因素的影响:票价与可用性、分级,以及评论及电影奖对电影做出的评估。

● 与现在相比,传统的电影(在影院播放)曾经是一种更重要的娱乐传媒。不过,电影业已经对新的挑战、不断变化的技术以及变化的观众做出了回应。因为电影已经采用了数字屏幕和其他数码设备,它很有可能依然是大型的、具有活力和重要意义的媒介。

思考题

1. 电影怎样成为了一种成功的娱乐传媒? 传媒史能否解释这一现象?

2. 电影在社会中的角色与功能是什么? 它们是否发生了改变?

3. 为什么各种电影类型的流行度总是在变化? 如今最流行的电影类型怎样与好莱坞的"黄金时代"最流行的电影类型相比?

4. 电影的经济或经营模式是什么? 它是否发生了改变?

5. 电影业怎样适应与利用数字革命?

6. 电影如何与诸如有线电视、视频点播及其他形式的娱乐传媒竞争与合作?

关键概念和术语

大片　Blockbuster

五分钱影院　Nickelodeons

有声电影　Talkies

黄金时代　Golden Age

多放映厅影剧院　Multiplex

家庭录像　Home Video

盗版　Piracy

制片人　Producer

巨头　Moguls

线上项目　Above the line

电影观众　Movie audience

审查制度　Censorship

注释

1. Richard Corliss, "Can This Man Save the Movies? (Again?)," *Time*, March 20, 2006, p. 67. See also "Everything's Gone Blu," *The Economist*, Jan. 10, 2008.

2. Martin Quigley, Jr., *Magic Shadows: The Story of the Origin of Motion Pictures* (Washington, DC: Georgetown University Press, 1948), pp. 9 - 10.

3. Josef M. Eder, *History of Photography* (New York: Columbia Press, 1948), pp. 209 - 245, 263 - 264, 316 - 321. 若想对当代的电影技术有所了解,可参见 Steve Barclay, *The Motion Picture Image—From Film to Digital* (New York: Focal Press, 1999)。

4. 在 19 世纪 80 年代末,有几个人声称其发明了电影胶片。最终,法院就此事做出了有利于汉尼巴尔·古德温(Hannibal Goodwin)牧师的裁决。与此同时,乔治·伊斯曼在他的工厂里制作了电影胶片,并向公众销售。参见 Frederick A. Talbot, *Moving Pictures: How They Are Made and Work* (London:Heinemann,1923)。

5. Talbot, *Moving Pictures*, p. 2. Also see Gail Resnik and Scott Trost,*All You Need To Know About the Movie and TV Business* (New York: Fireside,1996).

6. Tino Balio, ed. , *The American Film Industry* (Madison: University of Wisconsin Press, 1976), p. 63.

7. Adam Liptak, "Is Litigation the Best Way to Tame New Technology," *New York Times*, Sept. 2,2000, p. B9.

8. Edgar Dale, *The Content of Motion Pictures* (New York:Macmillan,1935).

9. Dale, *The Contents of Motion Picture*,p. 208. 关于主要制片厂的历史也可参见 Cobbett Feinberg,*Reel Facts: The Movie Book of Records* (New York:Vintage,1978),pp. 376 - 389。

10. Edward J. Epstein, *The Big Picture*, *Money and Power in Hollywood* (New York:Random House,2005),pp. 130 - 131. Also see Epstein, "The Next Big Thing, Sony's Blu-Ray DVD," *Slate*, Aug. 22,2005.

11. Motion Picture Association of America,2007. 美国电影协会所维护的、能够提供详细行业统计资料的网站,包括一年一度的 *Movie Attendance Study* 和 *Theatrical Market Statistics* (2007 财年),也可参见 www. mpaa. org。

12. James Monaco, *How to Read a Film*, rev. ed. (New York: Oxford University Press, 1977), p. 246.

13. Feinberg,*Reel Facts*,p. xiii.

14. John L. Fell, *An Introduction to Film* (New York:Praeger,1975),p. 127.

15. 关于电影的精彩的简要分析,可参见 Garth Jowett and James M. Linton, *Movies as Mass Communication* (Beverly Hills, CA: Sage, 1990)。

16. Douglas Gomery,"The Hollywood Film Industry:Theatrical Exhibition,Pay TV and Home Video," in Benjamin Compaine and Douglas Gomery,*Who Owns the Media*,3rd ed. (Mahwah, NJ: Lawrence Erlbaum, 2000). Also see Jason Squire, *The Movie Business Book*,3rd ed. (New York:Fireside,2005).

17. Epstein, *The Big Picture*. Also see Epstein, "The Next Big Thing."

18. Schuyler M. Moore, *The Biz—The Basics:Legal and Financial Aspects of the Film Industry* (Los Ange-les:Silman James Press,2000), p. 12.

19. Peter Bart, *The Gross: The Hits, The Flops, The Summer That Ate Hollywood* (New York: St. Martin's Griffin,1999),p. 3.

20. Bill Daniels,David Leedy,and Steven D. Sills, *Movie Money—Understanding Hollywood's (Creative) Accounting Practices* (Los Angeles: Silman James, 1998), xxi. See also Kelly Charles Crabb, *The Movie Business: The Definitive Guide to the Legal and Financial Aspects of Getting Your Movie Made* (New York: Simon & Schuster, 2005) and Charles C. Moul, *A Concise Handbook of Movie Industry Economics* (New York:Cambridge University Press,2005).

21. 关于电影业线上和线下参与者的精彩论述参见 Gail Resnik and Scott Trost,*All You Need to Know About the Movie and TV Business* (New York:Fireside,1996) pp. 33,35 - 36,and 57 - 78。

22. Daniels,Leedy,and Sills,*Movie Money*,xxi-xxii.

23. 这些估算的数据是本书其中一位作者在接受全国剧院业主协会的采访时提供的。

24. Motion Picture Association of America, Inc. , op. cit,2007 studies.

第 7 章
广播:灵活的媒介

作为最古老的广播媒介,电台利用了数字革命的成果,因此也成为最新颖的媒介之一。过去,广播产业是一个相当简单的概念。首先是发射塔(或传输站和生产与分配方式)。其次是人才,即一系列操作广播电台的人,包括电台经理、新闻部主任、音乐节目主持人和谈话节目主持人等。再次是听众,他们感兴趣的是某些节目,或者广播内容和模式,比如新闻和摇滚乐。最后还有广告,这是广播电台的资金来源。

在数字时代,广播改变了人们的听觉体验,带来了更好的音质、网络上的传播、新发明的播客以及能给提供几十个频道的数字卫星广播。广播是一种比较矛盾的媒介——广播产业集中程度高,1 000 多个广播站都为一家公司所拥有;但同时,每个人都能通过互联网进行在线广播。虽然在美国以及全球大部分地区,广播是很有活力的产业,但长久以来广播和政府之间也有关联,作为受政府管理的媒体或者国有(或政府支持的)媒体存在。有些国家由政府运营广播电台和广播网,而美国是由私人运营广播电台,并且一部分资金来自税款。下面开始介绍丰富多彩、源远流长的广播史。

直到一个多世纪前,快速远程通信方式的缺失极大地阻碍了人们进行复杂的合作。事实上,无法进行快速远程通信已不止一次改变了整个世界历史的轨迹。

比如在 1588 年,西班牙国王菲利普二世派无敌舰队征伐英国,该舰队由梅迪纳-西多尼亚(Medina-Sidonia)公爵率领,共有 130 艘战舰。原计划是让西班牙战舰在弗兰德斯沿海地区与帕尔玛公爵亚历山德罗·法尔内斯(Alessandro Farnese)的部队会合,然后横渡(英吉利)海峡进攻并征服英格兰。

这是到那时为止规模最大的一次军事计划。由于英国没有常备军,西班牙的这次进攻本该取胜,然而却以惨败告终,主要是因为沟通不畅。

无敌舰队和帕尔玛的部队根本没能找到对方。英国战舰在(英吉利)海峡骚扰无敌舰队,给舰队造成的损伤很小,却迫使西班牙的船只向北移动。合作的困难很快升级了。由于无法联系到该在附近会合的部队,甚至不确定那支部队存在与否,梅迪纳-西多尼亚公爵只得放弃进攻计划。战船返回西班牙时遇到了强劲的风暴,几十艘船沉没,大量人员死亡,整个行动以灾难性的结局收场。

如果当时无敌舰队和沿海驻扎部队的指挥官能人手一台小型民用波段收音机,就能有效地进行合作了。那样的话,世界历史将会改写。今天在美国,我们可能就要用西班牙语说话、阅读和写作了!

直到无敌舰队出航 350 年以后,广播技术才全面到位,广播作为大众媒介才得以崛起,而且正如我们将要看到的那样,迅速取得了成功。虽然遇到来自电视的强大竞争,但广播做出了调整,在当今媒介找到了适合自己的位置。如今,广播是音乐娱乐的资源,是人们了解最新消息的途径,也是通过谈话节目讨论思想——无论是重要还是不重要的思想——的平台。

数字时代此起彼伏的竞争和零乱的、不断变化的媒介,很容易让人以为电台这种最早的广播媒介会遭到冷遇,毕竟新奇的广播设备和运作平台争相吸引着人们的注意力。可事实并非如此。互联网不但没有阻碍电台的发展,反而为电台开辟了新天地。现在我们不仅能收听某个地区的电台,而且能收听世界各地的电台。电台还借助手机等手持设备比如黑莓及其诸多竞争产品来发展自身。只要是传媒覆盖的地方,就能收听广播。卫星广播是一项新发明,能提供多个频道的节目,主要面向汽车听众,收听需要付费,这在广播业是前所未有的。与此相似,数字时代扩大了电台用老办法即用电波进行广播的能力。现在电台有了网站,向听众提供播客、全帧速率视频等服务。[1]在线聊天成为广播节目的补充,广播这一早期互动性媒介由于网络而拥有了更强的互动性。

广播曾经是，现在是，而且仍将是最受关注的媒介之一，因而受到广告主青睐。只要广播能吸引媒介公司投资，电台就有利可图。在这一章，我们会看到广播是集中化程度最高的媒介产业之一：为数不多的几家公司拥有上百家电台。[2]总的来说，广播已经在当今媒介中找到了一席之地，而且很可能会这样保持下去。

无线电技术的发展

能在短时间内实现远程信息传输的通信设备曾是几代人的梦想。16世纪科学家乔瓦尼·德拉·波尔塔（Giovanni della Porta）在他的著作《自然的奥妙》中提出了一种叫作"感应电报"（sympathetic telegraph）的设想（在希腊语中，tele表示远程，graph表示写），这种设备可以实现信息的"即写即传"。[3]这种设备的工作原理是利用特殊磁铁的引力使两个磁针的转动同步，来实现远程的信息传输。具体来说，设备可以与磁铁连接，磁针分别放置在两个边缘刻有字母的类似罗盘的装置内。在一个罗盘内的磁针受到磁力发生转动（比如指向字母A）时，另一个罗盘内的磁针也会立刻发生相应的变化。这样一来，即使两个距离很远的装置没有任何连接，信息传输依然可以实现。

这的确是个伟大的设想。但是，人们始终没有找到这种特殊的磁铁。然而在后来的三个多世纪里，随着科学技术的积累和发展，远程即时通信终于成为现实——20世纪初的通信设备足以使波尔塔震惊。

自19世纪40年代以来的大约50年中，远程即时通信技术发展迅猛。最初的发明是1844年的莫尔斯码电报机，紧随其后的是1876年的电话、1896年的无线电报，以及1906年的无线电话。无线电话技术在20世纪20年代初投入应用后，收音机作为一种大众媒介走进了千家万户。我们之前知道在19世纪末电影已经出现；在20世纪20年代中期，电视的发明原理也已成型，并在30年代播出了第一个电视节目。

本章主要关注这些迅猛发展中的一员——无线电通信的发展。事实上，电视和广播建立在同样的技术发展、经济模式以及社会控制的基础之上。因此，与广播和电视共同相关的历史背景将在本章讲解，而电视特有的背景将在第8章讲解。

最早的收报机把莫尔斯码印在纸条上。

无线电蓬勃发展的社会背景

为了了解无线电广播的发展在当时技术发展趋势中的位置,我们需要首先简要回顾 19 世纪不同阶段西方整体的社会背景。那个时候,几乎没有人敢想象当时美国人生活发生的巨大变化:在 19 世纪第一个十年里,当时的交通手段还主要是步行、马车等,长途旅行通常要好几个月,商品还是手工制作而非工厂制造,食物也是自家生产或产自周边的农场,只有极少数的物品产自外地。远程通信主要依靠船或者邮递员骑马派送。社会生活节奏极慢,大多数人过着乡村小镇的安逸生活。

然而在不到 50 年的时间里,交通运输的效率就得到了巨大的提高:蒸汽机带动车厢以惊人的速度在铁路上呼啸而过,与此同时,强有力的蒸汽船在水道上来来往往;工厂里的大机器正产出标准化商品。商业活动的范围和节奏都得到了极大的扩展和提高。于是,即使在内战前,美国就已经在工业革命的影响下发生了翻天覆地的变化。

内战结束后,工业化进程得以继续。铁路很快提供了规范、定期的运输服务,连接了美国主要城市;而蒸汽轮船也经常往返于大洋两岸。数以万计的工厂制造着鞋、农业用品、钟表、枪支、炊具等各式产品。小镇发展成为城市,大都市也愈加繁华。食物来源不再局限于当地农场,外地的产品也得以借助铁路和船只运送至各地。工业化进程同时在生产、分配以及消费领域带来了革命。

无线电的发展是这些巨大变化中的一部分。我们前面已经提到,正是凭借基础科学领域理论创新的应用,远程通信设备的发明才能成为现实。

于是,认识"电"是走向无线电广播的第一步。希腊科学家发现了静电,但没能认识它的本质。到 18 世纪初,欧洲人能够引发很强的静电现象,但他们仍不了解电的本质。然而在之后的一百年中,科学家成功发现了电的工作原理,如何把电充入电池以及如何将其应用于实际装置中。在电的本质以及如何控制它等问题解决后,"感应电报"这个伟大设想几乎得以实现。亚历山德罗·伏特(Alessandro Volta)、安德烈·安培(Andre Ampere)、迈克尔·法拉第(Michael Faraday)以及克拉克·麦克斯韦(Clerk Maxwell)等科学家的发现为电报、电动机以及后来的收音机和电视的发明奠定了科学基础。

有线通信

18 世纪末就有用电脉冲通过线路传递消息的设备。这些设备很笨重,而且只能进行短程通信(比如在两个房间之间)。该系统依靠静电运作,一条条导线与铰接起来的卡片相连,每张卡片对应一个字母。在桌形的操作台上,给某条导线一端加上电,另一端就产生火花,与之铰接的字母卡会落下。需要有极大的耐心、不断地设定字母才能发出消息。其实,从一个房间向另一个房间喊都比这样省时省力。然而,这种复杂的小玩意说明了发展电报需要解决两个问题:一是要控制线路上的电流,二是要在接收端识别各个字母。

1819 年,第一个重大发现在英国产生了。汉斯·奥斯特(Hans Oerstead)发现电流能使导线末端表盘上的磁针发生偏转,而反向电流会使磁针反向偏转,因此该装置可作为简单的电报机使用。这一发现引得许多科学家来研究、改进发报流程,他们中就包括安德烈·安培和卡尔·高斯(Karl Gauss)。1837 年,威廉·库克(Wilhelm Cooke)和查尔斯·惠斯通(Charles Wheatstone)在磁针偏转原理的基础上发明了电报机。这种电报机在英国铁路线上被投入使用。

莫尔斯教授展示电报机

最初的有线通信得益于电报机的出现,其发明者莫尔斯(1791—1872)在展示 19 世纪的木刻电报机。

塞缪尔·B. 莫尔斯的贡献

1844 年,塞缪尔·B. 莫尔斯(Samuel B. Morse)利用电磁铁发明了效率更高的电报系统。电磁铁是 1825 年由威廉·斯特金(William Sturgeon)发现的,之后由迈克尔·法拉第和约瑟夫·亨利(Joseph Henry)加以改进。这种装置很简单:一条荧光笔或白板笔大小的软铁棒,外面紧紧缠着铜导线。电池输送的稳定电流流过导线时,里面的铁棒就会成为较强的导体。电流停止,铁棒的磁性也基本消失。操作员可以通过电流的有无来控制电磁铁吸引或不吸引另一铁块。莫尔斯用此原理制造出电报机。他把铅笔固定在受到电磁铁吸引的金属块上,以便传输的信息能在滚动的纸条上留下痕迹。莫尔斯还发明了一套编码,用电流的长断与短断代表各个字母。这套用"点"和"划"表示字母的代码就是莫尔斯码。

以今天的标准来看,莫尔斯的电报机十分简陋。但和当时其他设备相比,这已经算通信技术上很实用、很惊人的突破了。电报机的可靠性得到证明后,莫尔斯得到美国政府的一笔拨款,用来进行电报实验。一条从马里兰州巴尔的摩市到华盛顿特区的铜质线路架设起来,总长约 40 英里。1844 年 5 月 25 日,莫尔斯从巴尔的摩发出了一条很有戏剧性的电文:"上帝创造了何等奇迹!"在华盛顿的人们接收到这条电文,惊奇万分,欢呼不已。从此,通信速度不再受到人行动速度的局限了,信息能以闪电般的速度传到远方。在许多人看来,这的确像是上帝亲手创造的奇迹。

短短数年内,由于沿铁路铺设了电线,美国几乎所有大城市都有电报线路相连。商业、军事以及第 4 章提到的报业都开始用电报进行快速通信。海底电缆甚至在美国内战前就铺好了。1866 年,美国和欧洲之间开通了定期的电报服务。可是,电报显然还未成为家用媒介。直到半个多世纪后,普通人家里才有进行即时通信的无线装置。

电报不仅开辟了即时通信的时代,还树立了所有制结构模式,这种模式后来成为美国电子媒介的特征。虽然联邦政府为莫尔斯的实验出资修建了从巴尔的摩到华盛顿的电报线,但之后政府却减少了对电报的控制,电报媒介便为私人公司所有,以盈利为目的运营。(政府的)这项决策关系重大,以后电话、广播和电视都将按此模式发展。

无线电通信

与此同时,德国科学家海因里希·赫兹(Heinrich Hertz)在实验室中发现了一种奇怪的电磁现象,并将其应用于进一步的实验。到1887年,赫兹通过一个简单的发射装置和接收装置证实了今天广为人知的电磁波的存在。电磁波是电磁波谱中最长的波,而电磁波谱同时也包括了光波。虽然电磁波不能为肉眼所见,但是诸如收音机、电视以及移动电话等设备可以接收到它。赫兹的发现震惊了当时的科学界,这种具有光速的神奇的波很快成为世界各地实验室中的研究热点。这项基础科学领域的发现于是成为了无线电广播的基础。

古列尔莫·马可尼(1874—1937),意大利电气工程师及发明家。他在1895年用无线电发送了编码信号,是广播发展过程中的重要人物。

马可尼的无线电报 几年后,古列尔莫·马可尼(Guglielmo Marconi),一个有着殷实家境的20多岁的意大利青年,已经读过所有有关海因里希电磁波理论的图书,并且购买了相关的部件,自己研发装置来产生和检测电磁波。他对不同波长的电磁波、不同种类的天线以及系统的其他不同特性进行了试验,希望通过系统控制电磁波来发出和接收莫尔斯码,以此实现无线通信。

1895年,马可尼在一定距离内成功发出了编码信息。马可尼认为他的发明将会大有用处,于是向意大利政府申请资助。然而,他的发明在当时的意大利政府眼中不过是新奇的小玩意,并没有什么实际用途,所以并不在意。马可尼没有因此受挫,并且在他来自英国的母亲的鼓励下把他的设计送到了伦敦。而在那时(1987年),马可尼不仅申请到了专利,还拿到了英国政府资助来继续研发"无线电报"。不久后,在1901年,马可尼研制成了功能更强大的发报器,发出的信息横跨了大西洋——这在当时的确是一项振奋人心的成就。

莫尔斯码形式的无线电通信相比有线电报有着巨大的操作优势。在海上航行的船只可以利用无线电通信与其他船以及岸上的控制塔取得联络,分布在各处的通信塔可以接收、回复中央控制塔发出的信号。对于英格兰这个有着诸多殖民地、强大海军、巨大商船队以及遍布全球的公司的国家而言,无线电通信实乃上帝所赐。

然而,当时无线电通信的一大主要缺陷在于远程发报器体积过大,重量过重——一套装置一间屋子都放不下。因为发明者马可尼非科学家出身,他在设计时选择了错误的频段。他曾经说明,长波传输的距离比短波要长。但是事实上长波的远距离传输耗费的电能也是巨大的。因此,整套系统需要强大的电力、线路等重型设备支持。如果当时他采用超短波,整套装置就会更小、更便携,而这一点在不久后便得到了证实。

马可尼不仅是个发明家,还是一个精明的

商人。他成功保护了自己的发明专利权所面临的重重挑战,并且创立了自己的公司利用无线电通信谋利。他于1899年创立了美国马可尼公司,并在1913年真正意义上实现了对美国无线电通信的垄断。那时,莫尔斯信号已经在世界范围内得到了应用,而马可尼也成为了富翁。其实在有线通信出现的更早时候,广播通信的私人占有及盈利就已经形成了。

马可尼还发明了能够产生并检测特定波长的设备,并于1904年申请了专利。这种设备可以用于信号的精确传输。此发明之所以重要是因为它能够让发报机在特定的波长或频率下传输信号。当接收器调到同样的频率时,信号就可以免受其他频率的干扰。这个发明一直沿用到今天的广播技术。

无线电话 20世纪的头十年里,收音机很快拥有了比无线电报更多的功能。1906年圣诞前夜,大西洋航道上的无线电报务员突然听到耳机里传来人的声音,甚为惊讶。此人先是读《圣经》,然后播放了一段留声机录音,还演奏了小提琴。在此之前,报务员的耳机里传出的只有嘀嗒声。当时是雷金纳德·费森登(Reginald Fessenden)在波士顿附近的一个实验电台进行广播。他把电话话筒当作扩音器,并用一台特别的交流发电机发出电波。电报接收机能够识别他发送的复杂信号。

1906年,李·德·福雷斯特(Lee De Forest)发明了三极管,在此基础上得以发展更复杂的电路和应用设备。德·福雷斯特发明的电子管使无线电信号能够放大,从而推动了小型接收机的发展。便携的无线电发射机和接收机在一战里发挥了重要作用。1918年,无线电通信已比较先进,飞行员和地面人员可以相互收发信号。然而即使到这时,无线电要么还在用马可尼那套古老的无线电系统

工作,要么就基本是实验装置而已,还远没有成为人们在家收听节目的工具。或者说,无线电还是私人媒介,而非公共媒介。

即便如此,早期无线电仍然征服了大众的想象力。它简直是科学奇迹,是技术前沿的事物。正如早期的宇宙飞船和互联网吸引人一样,无线电对当时的人来说也很神奇。比如,船只遇到麻烦的时候,可以用无线电呼救。最早的例子要追溯到1898年,也就是遇难船只开始用无线电信号求助的时候。不过,真正具有戏剧性的海上救援发生在1909年。共和号轮船和另一艘船相撞后,在纽约海岸附近开始沉没。船上的无线电报务员杰克·宾斯(Jack Binns)在刺骨的寒冷中坚守岗位数个小时,向外发送遇险信号。其他船只收到信号后,迅速前往信号里报告的位置,船上1 500百名乘客全部获救。这件事成为报纸头条,人们看得都入迷了。宾斯受到英雄般的待遇,纽约城为他举行了一场抛纸带的盛大游行。据说合唱团的姑娘们都扑上去拥抱他。雇主对宾斯很满意,打算提拔他做超级客轮泰坦尼克号的无线电报务员。然而宾斯无法接受这一荣誉,因为泰坦尼克号出海的那天正是他要结婚的日子。

1912年,"永不沉没的"泰坦尼克号(宾斯不在船上)在其处女航就撞上了北大西洋的冰山。船上的无线电报务员努力联系附近船只,可那些船上的报务员都睡下了。不过他联系到一个岸上的电台(该电台位于纽约的沃纳梅克百货商场内),这里信号强,能与更远的地方取得联系。在那里,年轻的报务员戴维·萨尔诺夫(David Sarnoff)在岗位上坚守了好几个小时,不断联系其他船只。不幸的是,次日早晨那些船到达的时候,这艘巨大的客轮已沉入海底。约有1 500人丧生,包括船上勇敢的报务员,他整晚都在努力求救,直到与船一同沉没。

广播成为大众媒介

在第一次世界大战后,越来越多的业余广 播爱好者被广播深深吸引。虽然当时人们可

以买到收音机成品,但是它通常价格高昂。于是,大多数人选择购买零件自己组装。同时,流行杂志上也针对技工和工匠刊登了"矿石"收音机("crystal set"radio)的介绍。收音机公司会通过邮寄矿石收音机零件的方式来推广它们的产品,而这些零件十分容易组装,一个聪明的孩子也能完成。人们只需要把铜丝缠在圆柱形燕麦桶外面,装上合适的矿石、电池、耳机和天线,就可以在家收到信号。收音机确实是那个时代的科学奇迹,而人们早在有广播节目之前就对这个媒介表现出广泛兴趣。

转折期

在无线电广播成为大众媒介前,它必须实现从海事、商业、官方以及业余爱好者使用的笨重装置到一种能走进千家万户、操作简单的电器的转变。[4]这就意味着收音机需要具备以下特点:

1. 小型。收音机的大小必须达到能在家中使用的标准。虽然组装机已经可以达到这个标准,但成品的大小也应该满足这个要求。

2. 低价。收音机的价格必须在大多数家庭的承受范围内。

3. 常规节目。广播应该播放人们愿意听的节目。然而这却很难实现,因为基本上电台播出的节目都不能吸引大多数潜在听众。

4. 信号清晰。也就是说,电台和电台间的信号没有互相干扰或重叠。这也意味着节目播放时对无线电波的使用必须有一定的规范——或通过电台间的自主协商,或通过政府设立的规范制度。

美国全国广播公司的重要创始人戴维·萨尔诺夫在演示美国无线电公司的电子管增光器。该设备在电视、雷达、X光等领域都发挥着重要作用。

5. 盈利能力。这个特性几乎是最为重要的，最终必须有人来承担广播的支出。从现在的标准来看，广播设备本身并不昂贵，但是除此之外还有其他开销，例如播音室的房租、供暖费、电费以及付给工作人员的工资等等。

然而在几年之内，这些要求就都能满足了，而无线电广播向大众媒介的转变也近在咫尺。

"广播音乐盒"　1916 年，戴维·萨尔诺夫（他帮助过泰坦尼克号求援）在美国马可尼公司工作。他给上司写了一则现在很有名的便笺，大致描述了使广播成为家用媒介的方法：

> 我想到一个计划，把广播发展成像钢琴和留声机一样的"家庭用品"，通过无线电把音乐送进家庭……接收机就设计成简单的"广播音乐盒"的样式，再安排几种不同的波长，波长通过一个开关或按钮来转换。我们可以给"广播音乐盒"配备放大电子管和扬声器，所有这些部件都能整齐地放进一只盒子里。把这个盒子摆在客厅或起居室的桌上，只要打开开关就能收听到音乐。[5]

萨尔诺夫在便笺里接着写道，人们在家里可以收听新闻、体育比分、讲座、天气预报以及音乐会。他还提出这种设备可以成千上万地生产、销售。要实现这一计划，只需广告提供资金来维持定时广播节目，以及政府控制广播频率的分配。他的构想准确地描绘了广播成为大众媒介的未来。萨尔诺夫的提议被上司以不切实际、幻想色彩浓为由否决了。然而在 1919 年，萨尔诺夫成为一家新公司美国无线电公司（Radio Corporation of America，RCA）的经理，为推动广播走向大众起到了重要作用。

定期节目的兴起　通过电波广播定期节目的做法不是在全美国各地同时开始的。业余的定期节目广播于 1920 年 4 月在匹兹堡开始。工程师弗兰克·康拉德博士（Dr. Frank Conrad）为美国西屋电气公司研制发射台。由于下班之后还要测试设备，他在家里的车库上方建了一个发射台，台号为 8XK。在家人的帮助下，康拉德每周在两个晚上进行广播。他邀请听众寄来明信片。很多人寄了明信片，还有人打电话索要维克多留声机的录音。康拉德通过听众的反馈了解电台信号能到达多远。

西屋电气公司的主管一方面注意到 1920 年公众对家用收音机兴趣增加，另一方面也受到康拉德的感染，因此决定建立广播电台，在匹兹堡地区进行定期节目广播。这些节目是为购买西屋电气公司生产、销售的家用接收机的消费者提供的。在该公司匹兹堡的办公楼楼顶搭建了一座"播音小屋"，呼号为 KDKA。为了宣传该电台的建立，KDKA 宣布其首次广播的内容将是 1920 年美国总统大选（沃伦·G. 哈丁对詹姆斯·M. 考克斯）的结果。

其实该电台是与当地报社通电话来了解选举信息的。不过，匹兹堡地区数百名有收音机的人则是从夜空中传来的电波信号知晓沃伦·哈丁胜利的结果。这是一次令人瞩目的成功，使收音机销量大涨。这个电台继续进行定期广播，内容包括音乐、宗教仪式、体育信息、政治谈判，甚至还有市场报告。电台的信号传得很远，全国许多地区的人都在收听。KDKA 电台现在仍在广播，是美国一直在运营的年代最久远的电台。

混乱的电波　短短数月内，位于多个城市的几十家电台都开始广播了。电台数量很快增长到上百个。新生的大众媒介陷入了混乱。只要有需求，几乎人人都可以自己操作发射台，或付费给某个发射台来发送信息。这些人来自百货商店、富裕人群、汽车经销商、公司、教堂、学校，当然也包括生产收音设备的厂家。截至 1922 年年底，约有 254 个遵守《1912 年广播法案》（Radio Act of 1912）条款的电台获得了联邦政府的许可证。紧接着在 1923 年，每个月有数十家新电台开始广播，到年底就有大概 600 家了。

整个频段根本容纳不下所有这些电台。每个地区都有电台，有的地方还不止一个。另外，当时用的调幅（AM）广播信号传得非常

这名工程师工作的地方就是匹兹堡 KDKA 电台,它是美国一直在运行的年代最久远的电台。

远,尤其是在晚上。人们在收听本地电台的时候,会同时听到其他地区电台传来的混杂的声音。

网络兴起 1926 年,美国全国广播公司(NBC,时任总经理戴维·萨尔诺夫)开创了网络广播的先河。哥伦比亚广播公司(CBS)以及其他公司紧随其后。在 20 世纪 20 年代末,全国的听众都能同时收听到同一个广播节目。无线电网络是一组广播电台,这些电台可能下属于也可能附属于同一家公司,而这些电台则在一定地域内在同一时间播放内容相同的节目。这种模式的原理是:一个电台在一个区域内连续广播,直到信号中断时,由下一个电台接着播放。美国电话电报(AT&T)公司于1921 年首次提出通过收取广告费来使广播运作,而通用电气公司、西屋电气公司以及 RCA也构建了自己的广播网络,并最终于 1926 年收购了 AT&T。这些公司后来成为了诸如美国广播公司(ABC)、哥伦比亚广播公司(CBS)等公司的基础,但最终都加入了电视网络。世界范围来看,广播网络还有英国广播公司(BBC)、加拿大广播公司(CBC)、日本广播协

会(NHK)以及中国中央人民广播电台(CNR)等等。因为有了广播网络,听众的数量得到了大幅增加,也成为了广播产业发展的基础——广播电台凭借节目盈利,而广告主凭借听众盈利。

规制广播业 因为广播信号传输经常跨越国界,从广播刚出现时人们就知道,广播的有序运作需要各国电台一定程度的协调。其实早在广播取得发展前,规制远程通信的国际协约就已经存在,而且十分成功,也为规制广播提供了参考。1903—1906 年制定的广播协定规制了国际以及海事无线电广播,并给予人道主义紧急救援优先权。[6]然而这些协定并没有规制民用广播。

随着《1912 年广播法案》的出台,美国国会尝试建立一套广播许可认证体系。法律规定公民必须在获得许可证的情况下才可以运行发报器,但是这条法律并没有实际效力,因为政府不能拒绝向公民发放许可证。此外,法律也没有给许可证的发放设立任何标准,例如使用频率、广播时段、信号强度等等。

由于 1912 年出台的法律没有为新电台指

定使用频率,运行者可以任意选择。但如果几个运营者选择了同一个频率,信号就会彼此干扰、覆盖,而这也是当时经常出现的现象。一些电台通过私下达成协议来解决此问题,而另外一些配合不协调的电台则加大信号强度来把频率上的其他信号覆盖。同时,人们也尝试在网络上做调整,让几个电台同时向同一频率发信号。然而这些方法都收效甚微。

随着电台数量的增加,信号干扰和覆盖的问题已经严重到一个清晰信号都接收不到的程度。这种混乱的局面葬送了很多新电台,成百上千的电台发出的信号混杂在各种信号里,根本不能被听众接收。[7]这些电台也根本无法弥补损失。

显然,整套系统的运转需要政府更有力的管理。然而,联邦政府并不愿意插手,因为当时的美国不希望政府过多干涉社会发展。几十年前,政府也没有接管电报业,因为不想背上通过控制无线电来限制言论自由的恶名。

当时美国商务部部长是赫伯特·胡佛(Herbert Hoover),后来的美国总统。他曾尝试在发放广播许可证时为电台指定一个非正式的频率,但这个方法也只是在刚实行的时候有效。然而,1926年法院判决美国商务部根本无权对此进行管理。之前的混乱局面再次出现,又一次威胁着这个已经摇摇欲坠的行业。

最终,国会出手了,经过详细的听证和会议后出台了新的法律——《1927年广播法案》(Radio Act of 1927)。新法案确立了一个非常重要的原则即无线电属于公民,而这项原则给了美国政府出于公共利益来管理它的合法性。因此,1927年的法案临时使政府具备了管理无线电广播方方面面的权利。在此法案的基础上建立了权力涉及更广的联邦无线电委员会(Federal Radio Commission,FRC)。具体来说,发放许可证的规定变得十分严格,电台必须在规定时间段规定频率以规定的信号强度广播。虽然1927年出台的法案管理十分严格,但它还是得到了整个行业的认可,因为如果没有这部法案,广播业根本无法自行管理。

1927年暂时的无线电法案在无线电这个新媒体发展的早期形成了较广泛的影响。不久后在1934年,它被《联邦通信法案》(Federal Communication Act)代替。整个复杂的立法程序在美国联邦通信委员会(Federal Communications Commission,FCC)的监管下进行,联邦通信委员会一直到现在依然作为监管许可证发放以及具有其他管理功能的政府部门存在。经过数次修订,1934年的法案成为管理广播行业以及美国其他无线电通信的立法基础。

奠定新媒体的经济基础

广播太新颖了,没有人知道该怎样负担广播开支,尤其是如何用广播盈利。一开始,有这几种方法供选择:

● 政府经营是一种可能。世界上许多国家正是这样做的。这样的话,广播和电视由政府机构运行,播放内容受到认真控制。可是在美国,几乎没有人愿意接受这种做法。民主的基本价值观是反对政府干预信息流动的。因此,由政府来经营控制的办法从来没有被认真考虑过。

● 曾有些幻想家考虑过收费订购的方法。拥有无线电接收机的人需要每年办许可证,还要为节目付费。虽然该系统在大不列颠采用,但在美国从未真正尝试过。

● 公共承运人的方式是美国电话电报公司(AT&T)尝试过的。该公司把无线电发射机租给任何想要广播的人,播放内容由他们自己决定。但是由于租用发射机的人太少,只好放弃这个办法。

● 赞助也是一个办法。请富有的慈善家为电台提供大笔赞助,这样电台就能进行投资,用投资所得来负担广播成本。这种模式在赞助大学、博物馆和图书馆时很有效,可是没有哪个富有的慈善家愿意赞助电台。

广告作为资金来源 难题就在于,收听节目是免费的，在这种情况下广播该如何盈利。唯一明显可行的办法就是播出广告，收取广告费，正如报纸印刷广告收费一样。可是在电波上做广告遭到了强烈反对，至少开始是如此。

几乎所有人都认为，广播是新奇的媒介，是人类最前沿的成就，本该有更为高贵的用途。用它来做广告太低级了，想想就让人反感。赫伯特·胡佛就表示强烈反对，他说："广播本可以很好地用于服务、新闻、娱乐和商业用途，如果里面充斥着喋喋不休的广告，那简直是不可思议的。"[8]

即便一开始有这样的电波"坏保主义者"，广告还是再次战胜了高雅的品味。实在没有别的方法为电台提供资金了。零零散散的广播广告在早些时候有过，但我们所熟知的广告模式是从纽约 WEAF 电台开始的。这家电台决定把播音时间出租给广告主做宣传，对广告长短并无严格要求（夹在节目间隙里简短的"商业广告"是后来出现的）。1922 年夏，一家房地产公司租下十分钟来兜售纽约的几所公寓，为此花了 50 美元。

广播广告的概念流行起来后，广告主很愿意定期赞助电台。它们负担电台制作每周节目的费用，以此取得在节目中做广告的唯一资格。节目的主打内容可能是舞曲、新闻播报、球赛比分等。随着家庭收音机的数量一路飙升（见图 7-1），人们很快意识到广播是能把广告信息传达给消费者的重要媒介。

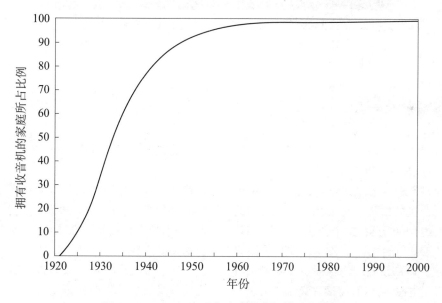

图 7-1 1920—2000 年家庭收音机的采纳曲线
20 世纪 20 年代开始定期广播后，美国家庭拥有收音机的走势符合经典的采纳曲线。拥有收音机的家庭占比在 20 世纪中期达到饱和。

早期的广告非常有礼貌、有节制。最早的模式为机构广告，即指出赞助某报道或节目的企业名称，但是不提及任何产品细节的信息。举个例子，早期广播里的广告会用庄严的声音说道："本节目由某某制药公司赞助播出，我们很高兴播出下面的节目。"仅此而已！

如今的广告则直接指出具体产品。有些广告实在是粗俗不堪。某个品牌宣传泻药时提到让人不悦的细节，诸如"便秘"、产品的"软化效果"、"得到宽慰"所需的时间以及清理后的舒适畅快。最近还有些广告里很直接地出现不雅内容，比如用于老年失禁的尿布、痔疮药剂、对抗勃起障碍的产品等。在广播的早期，人们听到这些内容肯定会吓坏的，公众的抗议会让该电台的许可证被立即吊销。显然是时代变了，品味的标准也变了。

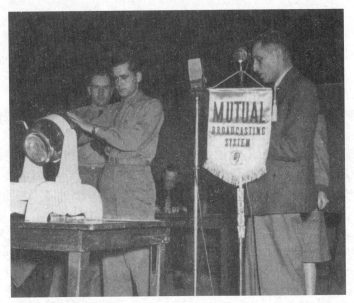

美国二战征兵时进行了抽签。图为两名美国士兵在抽取号码,播音员对着话筒宣布结果。话筒上挂着的标志宣传的是相互广播公司和 KPOW 电台。

销售家庭收音机

在 20 世纪 20 年代前期,制造商积极推广各种收音机,而大众也积极购买这些产品。供不应求的现象维持了好几年,从图 7-1 中可以看出收音机的增长。在 1922 年,在使用的收音机大约有 50 万台,这个数字在 1925 年就增长到了 500 万台。到 1920 年年底,美国家庭总共有 1 400 万台收音机,而这些收音机已经不再需要电池,可以直接接入交流电工作。

因此,在 20 年代这短短 10 年中,无线电广播就已经由一个应用十分受限的远程信号传输装置转变成了在全国范围内面向大众的服务。一个巨大的行业,一个私有、盈利、与世界商业广告有紧密联系的行业正在形成。与当时其他媒介不同,它在很大程度上受政府管制,特别是在无线电广播规定上。这一特点一直保持到现在。

听广播也很快成了很多人最重要的休闲方式。马可尼的发明在真正意义上成为了大众媒介。

无线电广播的黄金时代

在 1930—1941 年 12 月美国加入第二次世界大战的这些年中,无线电广播不断发展成为全国范围乃至世界范围的重要媒介。在二战结束后的 1945—1950 年是无线电广播发展不受任何挑战的最后 5 年,此后它将不得不面对来自电视的挑战。因此,从 20 世纪 30 年代中期到 1950 年的这 15 年就是广播发展的黄金时代。

我们今天在电视上看到的各种节目基本就是黄金时代广播节目的现代版了。当时的广播节目内容十分多样：

● 节目里的笑星家喻户晓，娱乐大众。

● 流行歌手和舞蹈乐队赢得了众多追随者。广播推动了新舞蹈、新音乐的发展。

● 体育节目吸引了上千万听众。

● 政治家利用广播作为竞选以及寻求公众对政府项目支持的媒介。

● 新闻成为大众信息来源的主要渠道，广播也成为时尚的载体。

● 白天播出的肥皂剧吸引了众多家庭主妇。

正如本章"精彩观点"部分所说，广播有很多用途，满足了人们的诸多需求。最主要的是广播在全国的促销作用。广播广告收入激增，数字惊人。总之，广播媒介成为了几乎人人生活里的重要内容。

 精彩观点：媒介理论阐释

使用与满足理论

从广播的黄金时代起，人们已经认识到大众传播里的某条信息对个人的影响有局限性和选择性。不过，当时的研究者提出了另一个问题：为什么受众有意选择某些类型的媒介信息而完全忽略其他的呢？

也就是说，为什么人们要收听某些类型的广播？为什么要购买某种杂志或图书？为什么要仔仔细细读最新的电影广告来找某类影片？

研究人员意识到，此类行为很有目的性。这说明受众不是被动地接收传达给他们的任何信息，而是根据自己的期待从媒介中寻找信息，以获得某种满足。也就是说，接收信息的人希望利用信息来满足自己的需求。

在对 20 世纪 30 年代末 40 年代初日间广播连续剧的受众进行了几次大规模研究之后，研究人员得出使用与满足理论，以解释为何受众并非被动地等待媒介信息传达给他们。相反，该理论想要解释为何受众很活跃，为何要有意寻找某类内容来取得自己需要的信息。

该理论关注的是心理因素。每一位受众选择媒介信息时都受到其个人兴趣、需求、心态和价值观的影响。因此，某个具有一定需求和兴趣的人要通过体育节目、流行音乐、摔跤比赛和侦探剧来获得满足。

而一个心理特征不同的人也许更喜欢野生动物类节目、政治分析、交响乐和文学名著。

使用与满足理论的主要论点是在几十年的大量调查的基础上产生的。该理论对受众选择媒介内容原因的解释一直处于重要地位。虽然从未有过正式的阐述，其基本思想可归纳为以下几点：

1. 大众传播的用户不会被动地等待媒介给他们传递信息。

2. 相反，受众是主动的，会自主决定在可用的媒介中选择和关注哪类内容。

3. 选择是根据个人兴趣、需求、价值观和目的做出的，而这些取决于个人的知识以及围绕社会关系、社会身份进行的社会化过程。

4. 以上心理因素会让人偏爱某些类别的媒介内容，从中得到消遣、娱乐和休息。

5. 因此，每一位受众都会主动选择、关注特定形式的媒介内容，同时忽略、排斥其他内容，从而实现个人需求、满足个人兴趣和目的。

资料来源：J. Raacke and Jennifer Bonds-Raacke, "MySpace and Facebook: Applying the Uses and Gratifications Theory to Exploring Friend-Networking Sites," *Cyberpsychology & Behavior*, Vol. 11, Number 2, 2008 (New Rochelle, NY: Mary Ann Liebert, Inc).

大萧条时期的广播

如果说世界上只有一群人需要免费的娱乐，那就是 20 世纪 30 年代大萧条时期的美国人。在大萧条最为严重的时候，在当时只有不到现在一半的人口中，1 500 万美国人失业，占劳动人口的 5%。失业率一直是经济发展的重要指标之一，特别是在经济不景气的时候，比如 2008—2009 年的经济衰退期。

在大萧条时期，人们没有全国性的公共福利体系，没有失业补助，老人没有社会保险或医疗保险，穷人也没有医疗补助。而直到 30 年代末期政府才开始通过公共工程吸纳失业劳动力。农民卖不出粮食，工厂产品难以销售，许多企业只能倒闭，工人下岗。还不起住房贷款的人只能被赶出房子和农场。人们食不果腹，得不到医疗救助，甚至买不起一双鞋。数以万计的儿童没有家长监护而流浪街头，饥饿的人也只能游荡街头觅食。只要有一份工作，不管报酬多低，就已经是莫大的幸运。

但是人们还是有收音机的，而且听收音机一分钱也不用花：只要插上电源就可以了。上文提到的各种广播节目中的明星也是在大萧条时期崭露头角的。喜剧节目造就了诸如弗里德·艾伦（Fred Allen）、杰克·本尼（Jack Benny）、埃迪·坎托（Eddie Cantor）以及埃德·温（Ed Wynn）等一代明星。《阿莫斯与安迪》中的滑稽诙谐逗乐了听众，独行侠把正义带到西部的英雄主义也使听众为之惊叹。人们被《影子》中的悬念吸引，孩子们也为《王牌战机》中的空降历险以及《巴克·罗杰斯》中的太空冒险所振奋。偏爱乡村风格的人们可以听乡村音乐节目，而偏爱都市风的听众一般会喜欢大型爵士乐队的舞曲。新闻节目播报着罗斯福政府的最新政策，同时也把人们的目光转向国外时事，例如德国阿道夫·希特勒的军队建设、意大利的贝尼托·墨索里尼，以及日本入侵中国东北。对于许多美国人来说，这些都不很重要，只有少数人关心欧洲或中国的政治问题。

虽然人们认为大萧条会阻碍广播的发展，但事实却并非如此。电台的数量在不断增加，购买收音机的家庭越来越多。广告收益随之迅速增长：从 1930 年大萧条开始的每年 4 000 万美元增长到 1935 年大萧条最严重时的每年 11 200 万美元。广播节目越来越多样、精致，

富兰克林·德拉诺·罗斯福总统是美国第一位利用大众传媒的总统，图为他在发表广播讲话。

听众数量不断增长。

20 世纪 30 年代中期发生的两个事件对广播的未来发展有着十分重要的影响。一件是之前提到的 1934 年出台的《联邦通信法案》以及监管法律实施的美国联邦通信委员会的设立；另一件则是一套全新的广播技术的发展。

调频广播 1933 年，名不见经传的发明家埃德温·阿姆斯特朗（Edwin Armstrong）发明了调频（FM）广播来取代调幅（AM）广播，并获得专利。该发明未受到多少关注，因为阿姆斯特朗并没有进行宣传。这种新广播方式的优点是不受静电干扰，而且相对于调幅广播能传送更宽广的声音频率，从而成为音乐的理想载体。

一开始 FM 广播显得有劣势：在大部分频段上，调频广播只能传到地平线以内的范围。AM 广播信号能到达很远的距离（比如横跨大西洋），但 FM 广播信号就不行了。在甚高频（VHF）与超高频（UHF）段，FM 信号向各个方向直线传播，不能上下反射。地球表面不是平的，因而这种信号难以到达地平线以外的区域。而且，信号传播路径中的大楼和高山都能使信号变得模糊，甚至完全阻碍信号传播。

这似乎是个严重的缺陷，对有些用途来说的确是这样。然而对新发明的电视而言，FM是其音频信号的理想载体，当时美国无线电公司等一些公司正在为此做试验。FM 之所以适合传播电视音频，是因为它能把信号控制在某一地区内，不会干扰到远处发射台的信号，从而确保各电视台互不干扰。FM 对广播电台也有同样的效果。

不幸的是，由于美国无线电公司在电视上使用了这项发明，阿姆斯特朗不得不与该公司打官司。虽然最后结果是胜诉，但是在官司结束之前几年，阿姆斯特朗就在痛苦和绝望中自尽了。

广播与新闻 这段时期发生的另一场激烈争斗是关于新闻所有权的。1930 年，洛厄尔·托马斯（Lowell Thomas）在广播里阅读新闻，引领了一股潮流。此人日后将成为广播新闻界的重要人物。报业惧怕广播带来的竞争，努力阻止地方广播电台使用新近出版报纸上的新闻，宣称电台侵犯了报社的版权。不过法院的判决是，某人写下的具体词句可以有版权，但新闻事实是大家共有的，没人能"占有"新闻。即使广播电台雇不起记者，也可以进行新闻广播。

结果在广播的影响下，人们阅读报纸的兴趣不降反增。广播里简短的新闻播报促使人们去读报纸以获取更多细节。不久后，几大广播网就建立了自己的新闻部门。今天的新闻广播仍然沿用这种做法。

二战时的广播

在美国加入二战前，世界各地的广播记者就已经可以通过短波把主要事件的现场报道传到纽约，然后由主要电台把这些报道通过标准频率播出，传送到千家万户。美国人听到了各种惊人的第一手消息，比如爱德华·默罗（Edward R. Murrow）1940 年在伦敦播出的关于德国纳粹空军轰炸的报道。后来诸如罗伯特·特劳特（Robert Trout）、H. V. 卡滕伯恩（H. V. Kaltenborn）以及埃尔默·戴维斯（Elmer Davis）等著名的新闻人通过广播把他们对欧洲战场的评论传向世界。

1941 年 12 月 7 日，一个周日，广播中传来驻扎在珍珠港的太平洋舰队被日本偷袭的消息，美国人几乎不能相信自己所听到的内容。在战争进行的时候，人们听到了从那些以前根本没有听说过的地方发来的报道——瓜达康纳尔岛、阿图岛、安奇奥、硫磺岛等等。在整个战争期间，罗斯福总统通过定期的广播讲话安抚公众，表明美国会取得最终的胜利。在二战结束之际，广播已经成为美国最重要的新媒体。

世界新闻的播出也为广播节目积累了一定数量的忠实听众——一直到当代，许多电台仍然在播全球各地的新闻。比如，CNN 的标题新闻进行 24 小时不间断播报世界新闻摘要（《世界新闻 30 分》），而这也继承了 20 世纪 30 年代二战期间广播节目开创的传统。

爱德华·默罗，二战时 CBS 驻伦敦战地记者，成为了广播新闻界的偶像人物。

 ## 来自电视的挑战

在二战后的大约五年中，广播继续沐浴在荣光下。但是，从 1948 年开始，电视台开始固定播出节目。在 1948 年年初美国还只有 17 家电视台，而到年底时这个数字就几乎翻了一番，达到了 48 个。电视机的销量增长了 500%，电视节目观众数量也惊人地在两年内增长了 4 000%。不同地区可以通过同轴电缆的连接收看电视节目，而之前促使广播发展的那一套网络体系正在帮助电视这一新媒体发展。

广播电台里没有人知道该如何应对。许多电台主管表示电视只是一时流行，而听众最终还是会忠实于他们的老朋友——广播。

随着听众继续被电视占有，事态已经非常明朗：无线电广播已深陷困境。事实上，它面临着作为一种大众媒介而消失的危险。收益跳水、听众流失，所有人的目光都转向了电视。

广播的应对

要不是广播足智多谋地应对了来自电视挑战，恐怕就要覆灭了。最初，广播电台削减了支出，并承接了无法负担起高昂电视广告费用的那些公司的广告，以渡难关。随后，广播做出了两项大改变，从而得以长期生存下去：

● 新内容。去掉广播过去的娱乐主体内容如广播剧、肥皂剧、问答比赛等，这些节目在电视上也有了。广播开始引进音乐节目主持人（disc jockey）、连续播放音乐、频繁播报最新消息、播出天气预报以及听众热线节目。

● 地方化。广播在很大程度上不再是全国性媒介。网络型的节目编排减少了，广播也开始服务于本地听众，而非全国听众。

实际上，广播的功能发生了极大变化，侧重点从广播剧等早期娱乐形式转向音乐、新闻摘要和听众热线节目。广播变成一种与听众紧密相连、面向社区的媒介。

公共广播 另一个影响广播（也影响电视）的变化就是公共广播，即政府支持的非商业广播电视的出现。早在 1941 年，美国联邦通信委员会（FCC）就为非商业用途保留了一些调频广播频道，这是为教育广播准备的。然而，国会没有为此类节目提供资金。许多小电台依靠教堂、学院或大学的支持勉强支撑。还有些电台依靠的是公共基金、捐款或者基金会的资助。

1967 年，国会通过《公共广播法案》，创建美国公共广播公司（CPB），提供广播电视服务。由于不以盈利为目的，CPB 不是真正意义上的公司，但也不完全是政府机构。作为独立的非营利组织，其任务是接受联邦政府的拨款，并分配给广播网内的各地电台。

CPB 与广播有关的部分是美国全国公共广播（NPR）。它不仅把各电台连成网，还制作各种非商业广播节目。如今，美国全国公共广播系统里大约有 200 个 FM 电台。这些电台都是自己制作一部分节目，也多少采用一些 NPR 的全国性节目。这类电台也吸引了地方性的捐款和赞助。常规的 AM 和 FM 电台总是播放摇滚乐、乡村音乐、古典音乐还有频繁的商业广告，对许多厌倦这些节目的人来说，NPR 是很好的调剂。其全国性节目主要包括新闻、公共事务分析、互动谈话节目，以及关于音乐、戏剧和艺术的信息，甚至还有一些体育方面的内容。

业界观察　　　　　　　　　　广播

迪克·迈耶（Dick Meyer）全国公共广播（NPR）执行董事

知名电视和广播记者、制作人迪克·迈耶负责管理 npr.org 以及美国国家公共电台其他数字平台的新闻、娱乐和音乐板块。他从传统媒体中去粗取精，并应用到了新媒体上。他从哥伦比亚大学本科毕业，随后在牛津大学取得了政治哲学史的硕士学位。

初入传媒业时，迈耶在哥伦比亚广播公司任选举部门的研究员。在加入广播业久负盛名的美国国家公共电台前，迈耶在 CBSNEWS.com 任新闻编辑，负责为 CBS 晚间新闻撰稿。

迈耶制作的节目获得了多项荣誉，例如哥伦比亚奖以及职业记者协会和网络新闻协会颁发的奖项；出版的文章和图书包括 2008 年兰登书屋出版的《我们为什么恨自己》（*Why We Hate Us*）。

1. 请问您是在什么时候意识到新媒体以及数字时代的重要性的呢？

直到 1998 年我开始使用易趣网的时候我才深切地并且直觉地感受到新科技将会给社会和媒介带来巨大的影响。我开始接触这些新技术已经很晚了,但是用了易趣网十几分钟后,我发现了很多过去 5 年来我一直在寻找的东西。它让我看到了网络的巨大力量。

2. 那这段经历对您个人和职业上有什么影响呢?

那时我还是 CBS 晚间新闻的制作人,我当时很快意识到这种媒介形式最终一定会被淘汰。我同时也明白,如果 CBS 新闻不以大众需求为导向,CBS 将会身陷困境。到 1999 年年底,我担任了 CBSNEWS.com 的责任编辑。

3. 那么数字技术和思维是如何具体影响全国公共广播(NPR)的?它对广播整体有什么影响?我们能怎样利用这些新机遇呢?

我认为新媒体基本葬送了商业广播。可能卫星广播还能在市场上生存,但我也不确定。毕竟相比广播,数字技术可以更高效、廉价、高质量地提供音乐、娱乐以及新闻服务。然而 NPR 现在处在一个非常不同的位置。原因很简单,它播出的内容是无人能比的。市场对 NPR 节目的需求还很大,每个月大约有 3 000 万听众仍然愿意用收音机来收听 NPR 节目。

在新媒体发展成为常规媒介前,我认为 NPR 不会用其他方式播出节目。然而现在这一切都发生了变化。NPR 的理念也有了很大变化:我们的目标不再是做广播节目,而是把新闻内容做出来,放到听众自己选择的平台上,尽可能多地赢得听众。这是一个巨大的变化。因此 NPR 正在重新设计站点以及在线节目制作流程、投资数字设备以及培训人员制作高质量的网络版 NPR 节目。

4. 数字革命对于广播最大的挑战或好处是什么?卫星广播和电子传输似乎改变了一切,增强了竞争。在这种情况下,NPR 有怎样的数字战略?

最大的挑战就是超载。对美国人聪明大脑的带宽的争夺十分激烈而广泛。NPR 唯一的希望——最好的战略——就是制作出色的节目,要做得和其他节目不一样,不仅仅是一种商品,要能满足真正的需要,带来实实在在的愉悦。这可不是依靠自动汇总、编辑算法、自恋的博客和推特能完成的。所以 NPR 需要依靠其独特的非盈利模式制作商业电台做不出的节目。有相当多的人需要不讨厌的新闻、有尊严的娱乐和代替名人丑闻的文化新闻。满足这样的需求不会产生达亿万美元的巨额利润,也不会有对冲基金来做后盾。但是这样社会中的一个重要群体能得到服务,所谓的信息经济也就有了一个重要而独特的信息来源。

5. 您对数字未来感到乐观吗?

我不觉得数字未来和非数字未来有什么分别。许多我们今天以为是数字的东西,很快就会变得普普通通。我会乐观地认为新闻、文化、政治及社会方面的信息流动会服务于我们的民主、经济和对幸福的追求吗?不会的。

6. 对有志于在广播行业发展的人,您建议他们进入公共广播电台还是商业电台?二者有区别吗?

商业电台处于水深火热之中,现在这些电台制作的节目让我很难想象值得在这上面发展个人事业。我认为公共广播电台有可能发展得比以往更大、更有影响力,但是要开展在线广播。想在广播业发展,又想完全脱离网络,只会让人沮丧。

调频广播的发展 在电视的挑战下,广播以多种模式存活下来。其中一个重要的趋势就是 AM 电台收听率的下降和 FM 电台收听率的稳定上升。大概在 1977 年以前,多数人是收听 AM 电台的。从那年以后,情况就扭转过来,FM 电台的听众人数越来越多。现在 FM 电台已具有优势(见图 7-2)。[9] 如今接近 70% 的听众收听的是 FM 电台。

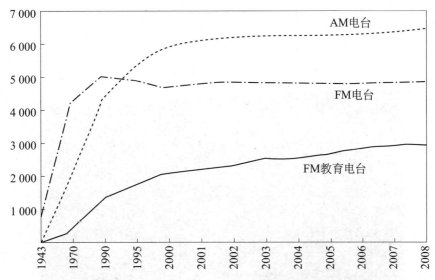

图 7 - 2　1970—2007 年美国商业广播电台中 AM 和 FM 电台的数量

资料来源：FCC，http://www.fcc.gov/mb/audio/totals/.

这次转变不大可能再发生逆转。AM 波段比较古老，也容易受静电干扰，其未来越来越不明朗。如今 AM 电台倾向于播放新闻、谈话节目和分析报告这些"老古董"，以及低调的背景类音乐。相反，FM 电台更注重音乐模式。NPR 的 FM 广播也是遵循此法得以存活的。

 ## 作为当代媒介的广播

如今，广播是一个成熟的媒介，在整个媒介范围内有清晰的地位。在美国，广播的累积受众仍然高于其他媒介。各地广告主对于广播广告的价值依然深信不疑，成功的广告也给广播电台的所有者带来利润。今天广播里的内容多半是按照一些既定的模式编排的，当然谈话节目里还是有让人惊讶的内容。我们将会看到，这些让人惊讶的内容会因为没有品味而引起争议。虽然广播以现有形式发展得很好，但是数字时代的广播还有一些新形式可以选择。

广播在当今媒介组合中的地位

全美有 1 300 多个广播电台，大量的广播信号传播到各个社区。[10] 研究表明，12 岁以上的美国人中，每周有 96％的人收听广播，听广播的比例超过了看电视（90％）和读报（76％）的比例。听广播的人之所以多，其中一个原因就是收音机是广电传媒中最为便携的。无论是在家里、办公室、车里、街上还是海边都可以听收音机，何时何地都可以听。

由于听收音机很普遍，广播成为了发达的广告媒介。美国的全部媒介广告费中，有 16％到 17％是投入在广播上的。而有 26％投入在日报上，22％投入在电视台（不含有线电

广播还是媒介行业中的一员,图上这个位于南加利福尼亚州的迪士尼广播的广告牌恰好说明了这一点。

视)。以上数据来自投资银行 Veronis Suhler Stevenson。

根据行业预测,2008 年在广播上的总投入为 210 亿美元。广播产业的数据通常包含卫星广播、网络广播、播客以及手机广播,也包括广播网站的广告收入。广播网站是从 21 世纪初发展起来的重要领域。

广播的经济活力何以经久不衰?专家认为,在电视上做广告价格太贵,对于许多地方广告主来说,广播的广告费更合理。广播电台面对的不是全国听众,而是本地听众,正好适合商人向本社区内的人宣传商品和服务。另外,各电台的广告推销人员能帮助本地广告主安排广播地点。

调查显示,广播电台的收入有 75% 来自当地广告,22% 来自全国性的广告,还有极少的一点(大约 1%)来自网络补偿。广播对当地广告主的吸引力主要冲击的是报纸,毕竟电视对小型的地方广告主吸引力较低。

此外,广播服务于数量少而目标性强的听众,因而极适合宣传专业化的产品和服务。就像讲杂志时所说的一样,这种特点很能吸引广告主,因为他们明白,对各类听众一齐宣传某种特殊产品会收效甚微,而且花销巨大。

另一个重要因素可能在于,遥控器以及电视录像机(TiVo)、DVD 等录像设备的普及让观众可以不看电视广告。很多人认为这些工具降低了电视广告的效果。与此相比,广播听众更为被动,除了换台之外很难避开广告。

然而,广播广告难以避开的优势好像要到头了。在本章后面会详细讲到的卫星广播基本没有广告,其纯粹的音乐频道、新闻节目以及专门的收费都吸引走了普通广播的听众。播客也是一种避免收听广告的方式。由于来自网络等的竞争,从 2000 年起,地面广播电台的广告收入排名确实开始下降。

如前文所说,广播业是由巨头控制的。比如在 20 世纪 90 年代,清晰频道通信公司在美国拥有并经营着 1 200 多家电台,领先第二名数百家。后来电台数降到大约 900 家。从表 7-1 可以看出,这些电台控制了地方市场。广播产业的集中化源于 90 年代放松了广播所有权的规定,之后的一系列事件造成了清晰频道的统领局面(见图 7-3)。然而在 2006 年,由于收入下降,该公司同意卖掉 450 家市场规模较小的电台。其他一些大的广播公司有积云传媒、堡垒通信、无限广播公司和教育媒体基金会。有人说广播的集中化造成了广播内容千篇一律、当地职员减少、新闻覆盖范围缩小等负面影响。也有人反驳说根本不存在集中化,因为有很多的数字频道,也有很多其他方法制作和发布的广播节目。

表 7-1	2006 年与 2007 年顶尖广播公司的电台数量对比	
公司名	2006 年年底 拥有电台数	2007 年 12 月 拥有电台数
清晰频道(Clear Channel)	1 134	636
积云传媒(Cumulus)*	305	286
堡垒通信(Citadel Communications)	212	204
哥伦比亚广播电台(CBS Radio)	140	140
恩特康姆(Entercom)	120	114
塞勒姆通信公司(Salem Communications Corporation)	98	97
传奇通信公司(Saga Communications Inc.)	89	91
考克斯广播公司(Cox Radio Inc.)	79	79
环球视野(Univision)	74	74
第一广播电台公司(Radio One Inc.)	69	53
瑞金特通信公司(Regent Communications Inc.)	68	68
美国广播公司/迪士尼(ABC/Disney)	47	47
恩特维森(Entravision)	47	47
积云传媒合作伙伴(Cumulus Media Partners LLC)	37	37
期刊广播集团(Journal Broadcast Group Inc.)	36	35
堡垒通信/美国广播公司(Citadel/ABC)	24	24
埃米斯通信(Emmis Communications)	23	23

注:清晰频道通信公司的数据里包含还未进行的电台出售。堡垒通信没有 2006 年年底的数据,是用 2005 年年底的数据代替的。

资料来源:BIAfn Media Access Pro,PEJ Research,December 2007.

媒介经济学家称,广播电台(不包括网络广播等形式)逐渐从成长中的媒介变得成熟,比以前更为稳定,在极度分裂的情况下为自己的位置而奋斗。然而到目前为止,从投资银行 Veronis Suhler Stevenson 的行业预测来看,广播的经济增长量仍高于经济总体水平,反映出广播业的蓬勃发展。[11]

当今的广播所有权

和当今其他媒介一样,广播一般归专门的中型广播公司所有。然而,电台正在迅速被一些名下同时拥有报纸、杂志、电视台、数据库的大型企业收购。现在,一种新的发展模式能够让小团体甚至个人开办自己的广播电台。

你也可以拥有电台:低功率调频电台　为了让个人以及非营利机构也有机会拥有自己的电台,美国联邦通信委员会于 2000 年专门颁发了一套低功率调频电台许可。全功率调频电台通常在 6 000 到 100 000 瓦下运行。相比全功率电台,低功率电台由以下两种电台组成:

● 100 瓦电台:信号可以覆盖大约方圆 5 500 米的地区。

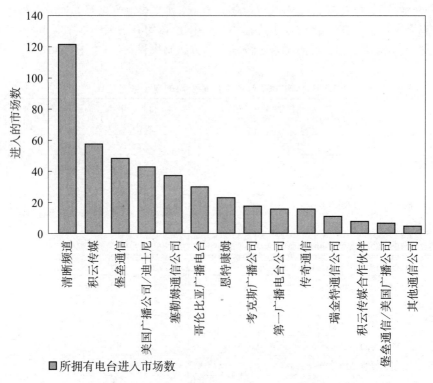

图 7-3　2007 年顶尖广播公司进入的市场数

资料来源：BIA Financial Network，PEJ Research.

● 10 瓦电台：信号可以覆盖大约方圆 1 500 米到 2 000 米的地区。

低功率调频电台潜在地向成千上万的个人和集体开放了无线电广播之门。这些电台大多运营良好，而其创造的社会价值也在 2008 年全美媒介改革会议上得到了充分认可。会议上指出，媒介的未来不属于传媒大亨鲁伯特·默多克。[12]也正是对以巨头清晰频道为代表的"大广电"集团的畏惧和厌恶给了那些在低功率调频电台中看到希望的人以信心，因为市场对低功率电台开放较高。网络电台以及其他形式的电台也被视作平衡这个高度集中的产业的一股力量。

当今广播的内容

有关广播所有权的争论往往是围绕观点（及内容）的多样性展开的。与此紧密相连的问题就是所有权的多样性。人们认为少数群体——尤其是非裔美国人——没有多少拥有电台的机会，这个问题在本章其他地方提到过。多年来，美国联邦通信委员会（FCC）一直在捍卫所有权的多样性，但是对广播内容的模式采取"不干涉政策"，让各地电台、广播网和电台群体自主选择。和其他媒介一样，广播的模式就是根据某电台的主打内容划分的节目类型。过去的模式种类很少，比如新闻、公共事务、音乐、体育和戏剧。电台和广播网曾经同时采用若干种模式，但近年来大多数电台只采用一种模式（比如谈话节目、乡村音乐或摇滚乐），而且一般而言，这种模式是为了吸引特定的听众群或者说特定人口的。有时，电台会根据阿比特伦（Arbitron）公司统计的收听率排名改变自己的广播模式或进行微调。当然，

广告主会为了吸引某一听众群而寻找特定的
广播模式。阿比特伦公司列出了 57 种电台模
式，如表 7-2 所示。

大学校园广播电台是很重要的文化及社会力量，这种电台常使用
低功率调频广播，能到达有限区域内的听众。

表 7-2　　　　　　　　　　广播电台的模式

以下是阿比特伦公司所做的收听调查中包含的所有广播模式。

20 世纪 80 年代热门金曲	新闻/谈话/信息
活跃摇滚	怀旧金曲
成人当代音乐（AC）	老歌
成人流行曲目	其他
成人标准音乐	当代流行金曲广播
成人另类音乐专辑	宗教
专辑摇滚	节奏成人当代音乐
全新闻	节奏当代流行曲目
全体育	节奏老歌
另类	成人当代舒缓音乐
儿童广播	成人当代轻音乐
古典音乐	乡村福音音乐
经典乡村音乐	西班牙语成人流行曲目
经典流行曲目	西班牙语当代音乐
经典摇滚	西班牙语当代基督教音乐
当代基督教音乐	西班牙语新闻/谈话
当代灵感音乐	西班牙语老歌
乡村音乐	西班牙语宗教
轻松收听	西班牙语体育
教育	西班牙语热带音乐
家庭流行曲目	西班牙语综艺节目

续前表

福音电台	谈话／人物
热门成人当代音乐	特哈诺音乐
爵士乐	都市成人当代音乐
拉丁都市音乐	都市当代音乐
墨西哥本土音乐	都市老歌
现代成人当代音乐	综艺节目
新成人当代音乐(NAC)／舒缓爵士乐	世界民族
新乡村音乐	

资料来源：2008 Arbitron,Inc.

一种从传统广播电台收集节目统一放在网络上播出的电台世界(Radio Station World)有以下形式：

- 新闻、访谈、体育。
- 乡村音乐。
- 当代热门音乐。
- 成人当代音乐。
- 摇滚乐。
- 都市音乐。
- 爵士与古典乐。
- 老歌、成人流行和怀旧音乐。

- 西班牙与拉美音乐。
- 世界音乐。
- 宗教节目。
- 政府、公共、社区节目。
- 大学、学生节目。
- 其他(儿童节目、民族节目和代理节目等)。

广播电台创新应用这些形式吸引听众，以此获得广告收益。同时，它们还做出了不同的时间表盘来调整节目与广告内容之间的关系。图7-4即为广播电台现在常用的时间表盘。

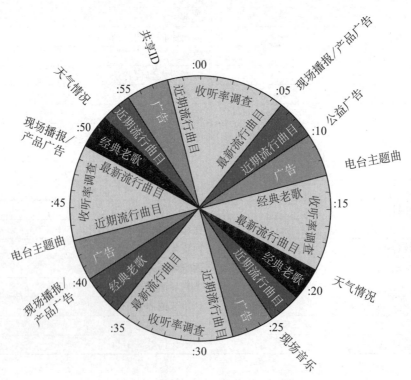

图7-4 当前流行的广播节目时间表盘

常见形式 在之前提到的广播常见形式中，收听最为稳定的是新闻、访谈、体育电台以及乡村、欧美流行音乐电台。同时，广播还为各种族社区（ethnic community）提供了平台，例如西班牙语电台、美国土著电台、美国黑人电台（甚至还有美国黑人电台网络）以及其他用希腊语、爱尔兰语、北欧各语言、中文、日文和其他语言播出的节目。

公共广播，特别是前文提到的美国全国公共广播（NPR）以及其他形式的非商业广播都提供了重要服务，而且覆盖了巨大的市场，尤其是大学校园。许多非商业电台属于教育机构、宗教组织、城镇机构以及其他团体。然而大多数美国无线电广播却是由依赖广告收益的商业电台组成的。

节目内容分歧 正如之前提到的，广播业内竞争十分激烈：电台竞相争取听众。为此，电台会跨过高品味、恰当话题的节目要求而播出不适当的内容，因此冒犯了一部分保守的听众。正如电影和电视，广播节目内容有时也存在巨大争议。一些电台主持人和节目曾因为粗糙的节目内容和过分的点评而受到批评，另外一些则因为谈及政治敏感内容而被指责。

近几十年来，"语惊四座"常常用来指那些经常发表大众接受限度之外言论的电台主持人。一些著名的主持人也因言论太过分受到了严重的处罚。例如，唐·伊穆斯（Don Imus）就曾对罗格斯大学女子篮球队的黑人队员发表了一番粗鲁过激的评论。虽然他之前就发表过调侃种族问题的言论，但是他这次在大清早说的话不巧被一个关注广播的博客写手记录了下来，并掀起了风波。伊穆斯因此受到了来自公众、他供职的哥伦比亚广播公司、民权领袖甚至广告主的严厉批评。几天后，尽管伊穆斯已经向公众和罗格斯大学女子篮球队公开道歉，但还是避免不了被哥伦比亚广播公司和微软全国广播公司解雇的命运。[13]这个极具争议的事件展现了广播复杂的一面，因为伊穆斯在节目中还曾发表过关于政治、社会问题以及政界和传媒界知名人士的不恰当言论。近

一年后，伊穆斯带着诚挚的歉意回到了听众的视野，并保证在做节目时会特别注意自己的言辞。虽然他曾是哥伦比亚广播公司的摇钱树，但这次他却没能回到哥伦比亚广播公司。伊穆斯事件也成为后来媒介讨论广播言论问题的由头。

无独有偶，另一个电台主持人霍华德·斯特恩（Howard Stern）也因在做节目时言论不当受到了联邦通信委员会的罚款和公众的斥责。最终，他离开了无线电广播台加入了卫星广播，因为后者认为他能吸引更多的听众，并且支付他高额工资。另一个极具争议的节目是迈克尔·萨维奇（Michael Savage）主持的脱口秀《萨维奇的国度》。萨维奇在节目中粗鲁谩骂他所反对的人。

收听率最高的广播评论员当数政治节目主持人。政治态度保守的主持人尤其受欢迎，比如拉什·林博（Rush Limbaugh）和肖恩·汉尼提（Sean Hannity），二人都曾严厉责难自由主义媒介及政客。相比之下，倾向自由主义的电台并不成功，即使主持人很好地在节目中体现了电台的自由主义理念。虽然这类电台批评的对象主要是当时不受欢迎的布什政府，但它们还是不能取得像保守电台一般的效益，因此不得不为获得经济援助而奔波。

如果 20 世纪 20 年代和 30 年代的听众听到现在的广播节目内容，他们一定会为之惊骇。在今天，除了特别过分的言论外，节目中的评论一般不会引起大家的注意。对这种变化的解释中有些因素与造成电影和电视等其他媒介内容变化的因素是一致的。在某些情况下，比如我们在第 6 章讲电影时谈到的"缓慢的脱敏循环"，因为电台不得不在竞争中胜出以求生存，节目内容只能突破道德规范和高品味的要求。然而与此同时，听众和主持人也不是对节目内容完全不敏感。广播电台全面禁止罗宾·伯德（Robin Byrd）的色情歌曲《敲打你的盒子》（Bang Your Box）。虽然歌手表示这首歌只是关于一架钢琴的，而电台音乐节目主持人却不这么认为。

2006 年,广播界名人霍华德·斯特恩的首次露面受到大肆宣扬。图为他在直播的记者招待会上回答问题。

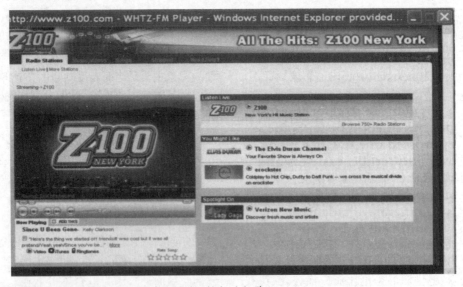

大学校园广播电台已经可以借助互联网扩大听众群。

数字时代的广播

数字时代为广播听众提供了新的选择,包括卫星广播、高清(HD)广播和移动"电话"上的广播节目。另外,数字技术的发展也使广播的传统运营方式发生了改变。"听众"现在变成了"用户",用户可以和自己喜欢的电台进行互动,比如下载播客,或在电台网站上给最喜爱的音乐节目主持人(DJ)的博客留言。而电台也能利用数字技术更好地追踪听众的动向,以及在广播里塞进更多广告。

卫星广播　卫星广播在 2000 年出现,这是一种新的编排广播节目的方式,能提供优质的接收效果,主要面向汽车用户。电台广播只要有接收器就能免费收听,但卫星广播是收费的。首先,用户要支付约 200 美元来购买接收设备,里面有一个很小(直径 2 英寸)的卫星天线。把接收信号的天线装在车上,再连上仪表盘,就可以实现选台、调音量等传统功能了。

用户还需要每月缴纳 10 美元到 12 美元,来收听将近 130 个频道的节目,这些频道基本上没有广告。正如宣传者所言,卫星广播全天候地给用户提供多种选择,这是传统商业电台难以企及的。卫星广播从传统广播电台里挖走了像霍华德·斯特恩这样的节目主持人。

一开始进入卫星广播市场的有两家公司:天狼星和 XM。2008 年经济不景气的时候,两家公司进行了合并,以便在用户都习惯免费广播的市场上取得立足之地。[14]

目前还无法确定会不会有足够多的人支持这种新的高质量媒介。现在,卫星广播听众主要是开车上班(或有其他原因需要开车)的人。豪华汽车公司尤其支持卫星广播,有时还用它来促销。截至 2008 年,全美国有 1 700 万人在家里或车上有卫星广播。由于有数百万人要在交通高峰时坐在车里等待,也有很多人要在家里、办公室或海滩上听广播,而卫星广播能提供持续的高品质声音以及丰富的节目,因此数字革命的这个新产物还是有可能成功的。

如果这种广播成功了,就可能会影响商业广播电台,就像有线电视和录像机给无线电视带来的难题一样。普通电台的听众比例可能会下降,从而损害其广告收入。但是这也不一定,商业电台很可能会为应对挑战而做出调整。广播曾经成功地适应过情况的变化。有一系列发展中的技术和应用设备丰富了数字时代的广播,它们分别如下:

● 互联网广播——这是一种流式传输声音的服务,就是把广播电台放在网上转播,也称网络广播、电子广播或流式广播,有了这种服务,全国甚至全世界的电台都能在线实时收听,听众对此是无法控制的。如果你在俄亥俄州,又想听旧金山的电台,通过网络广播就能实现。各个电台连接到整个网络里,有时电台还会提供播客(录制的节目),供用户下载收听。网络广播是流式传输的,这一点与播客不同,播客可以根据用户的要求检索得到。实际上,所有广播电台都通过各自的网站宣传自己的服务。

● 高清广播——调幅和调频电台都使用高清(high definition, HD)广播来连接模拟信号和数字信号,从而扩大信号传播范围,提高音质。普通电台宣称可以同时以模拟信号、数字信号和另一种文本数据信号来进行广播。高清广播免费,不像卫星广播是收取订购费的。高清广播基本上用于广播本地电台,而且能用普通收音机收听,虽然以后所有的调幅和调频广播电台都会使用数字技术。在克鲁奇菲尔德公司网站(Crutchfield. com)上可以看到,建伍(Kenwood)等立体声音响品牌会提供附加的高清广播组件,可以连接到车里现有的立体声系统,无须再向卫星广播缴纳订购费。

● 数字广播——另一种流行的广播形式是数字广播,它是用类似于激光唱机(CD player)的原理来发送和接收声音的。数字广播把声音处理为数字格式或数码格式。而依照美国联邦通信委员会(FCC)的说法,传统模拟信号广播是把声音处理为电信号格式,类似于声波。

无线数字通信既可以是单向的,也可以是双向的。不过,由于缺乏全球性的协议和标准,数字通信的发展受到限制。数字的调幅和调频广播都能提供更佳的音质,而且抗干扰,这是因为听众距离始发电台更远了。在车里收听广播效果差的问题用数字广播技术就能彻底解决。

● 移动广播——这是一种手持的、双向的无线电系统,经常由警方、消防部门和出租车公司使用。移动广播非常适用于公司或组织的内部交流。手机只能进行点对点交流,而移动广播可以实现点对点以及多点交流,比手机有优势。该技术适用于封闭的用户群,而且能覆盖很大范围。再强调一下,这种通信方式不对公众开放,但使用该技术的组织所服务的人群能从中受益。

监测收听情况 有人发明了一种鞋盒大小的设备,叫作"移动追踪"(MOBILTRAK),能在你到达购物中心、音乐会的停车场或商业中心时探测到你车里的收音机正在收听哪个电台。马萨诸塞州美国民权联盟(American Civil Liberties Union)主席约翰·罗伯茨(John Roberts)等人批评该技术侵犯隐私。[15]不过,这种监测不会记录谈话、汽车信息和个人信息,只记录你收听了哪个电台。此类系统

已经在很多大城市被投入使用。它提供的"排名"信息能让该地区的电台了解在某个时间哪个电台听众最多,以及在某个时刻人们都在听哪类音乐或节目。这样的信息对电台相当有价值,能让广告主确信该电台占有很大的市场份额,提供的节目符合大家口味。

嵌入更多广告 还有一种有趣的新技术在广播和电视上都被采用了,那就是一点一点地检查录音材料,以便在不改动里面说的话的情况下,找出一些可以删掉的地方。这里去掉一秒、那里去掉一秒,就能减少播出节目所用的时间。这样一秒秒地删,整个节目里就可以省下几分钟,省出来的时间用来做更多的广告。电台和广告主很喜欢这么做。公众也许不喜欢这样,但他们估计永远也发现不了。

对当今广播的总结

总的来说,广播已证明自身是一种多才多艺、适应性强的媒介,能提供大量的信息和娱乐、一部分观点,还有相对便宜的本地广告。

广播成功地迎接了对其在媒介组合中的地位的挑战。随着听众口味和兴趣的转变以及科技的发展,广播还会继续做出调整和适应。

本章回顾

● 广播是电报在逻辑上延伸的产物。19世纪40年代时电报成为了现实。在发明电磁铁以前,人们造不出可靠的电报机。在塞缪尔·B·莫尔斯设计的电报机里,电磁铁是核心。

● 莫尔斯跨越40英里长的电报线路,从巴尔的摩向华盛顿发出那条著名电文"上帝创造了何等奇迹!"时,信息流动的速度就从火车和飞鸽的速度变成了闪电的速度。这真是惊人的进步。

● 广播与电报同源。无线电实现了一个古老的梦想,即超越时间和距离进行快速的无线通信。第一个无线电专利授予了古列尔莫·马可尼。马可尼用无线电报在1897年跨越了英吉利海峡,在1901年跨越了大西洋。

● 这种新的电报形式非常适用于与海上船只沟通、进行距离较远的商业活动、军事行动以及全球外交事业。

● 广播因为在海上救援中发挥关键作用,很早就拥有了迷人的气息。虽然要到多年以后才能成为家用通信媒介,但是广播很快拥有了大批热情的追随者。

● 20世纪20年代初,根据当时的法律,人人都可以获得许可证,建立相对廉价的发射器,然后开始广播。有数百人正是这么做的。很快,电波信号就相互干扰起来,一片混乱。可以想象,美国国会有些勉强地通过了《1927年广播法案》,还有1934年《联邦通信法案》,让联邦政府得以从技术上控制广播。

● 在广播成为家用媒介以前，有一个很重要的问题需要解决，那就是如何负担广播开支。在考虑了几种选项以后，最终选定的办法是向广告主出售广播时间，类似于印刷媒介向广告主出售版面。由此诞生了赞助节目、定期广播以及明星系统。

● 广播的黄金时代是 20 世纪 30 年代到 50 年代初：在 30 年代逐渐成熟，到 50 年代几乎被电视取代。这段时期许多重要的特征发展起来：全世界的新闻广播、调频（FM）广播以及广播进行调整后形成的当今模式和风格。

● 作为当今媒介，广播发展得不错，且主要以地方媒介的形式存在。广播既保留了低成本的电波传输方式，又利用了互联网的优势，成为了数字时代的成功角色。听广播很普遍，广播也在全国媒介广告收入中占据约 7.4％的份额。广播的模式和内容包括多种多样的音乐、谈话节目、新闻以及体育节目。如今，大多数听众收听的是调频广播电台。

● 广播有许多常见模式，各个模式都有细化的内容，也都面向特定的人群。

● 在 2000 年卫星传输方面的新技术投入使用。2008 年两家大的卫星广播公司进行了合并。卫星广播是收费服务，能提供多个无广告频道以及很好的音质。互联网广播和播客也扩大了广播的覆盖范围。

● 还有一些丰富了广播的新技术，包括高清广播、互联网广播和移动广播。

● 广播的未来发展应该很稳定。它已经在大众传媒系统里找到了自己的位置。广播是一种灵活的媒介，能够针对未来可能发生的变化做出反应。目前从经济角度来看，广播处于发展比较兴旺的时期。

思考题

1. 广播是如何发展成为大众传播媒介的？从以下角度思考：广播包括了哪些传播功能，在发展过程中作出哪些贡献？

2. 广播发展过程中的几大技术创新分别对大众有怎样的吸引力？

3. 广播是如何应对电视的发展以及由此带来的竞争的？

4. 广播的模式如何吸引大众？

5. 数字革命对广播业有怎样的影响？

6. 广播媒介为何有时会引发争论？你能想到最近关于广播的一个争论吗？

关键概念和术语

马可尼无线电　Marconi's wireless
广播网络系统　Radio networks
无线电广播管制　Broadcast regulation
商业广播　Commercial broadcasting
公共（或公共服务）广播　Public（or public service）　broadcasting

广播所有权的集中　Radio ownership concentration
广播模式　Radio formats
互联网广播　Internet radio
卫星广播　Satellite radio

注释

1. *Communications Industry Forecast 2006 - 2010* (New York：Veronis Suhler Stevenson，2006). See p. 67 and Chapter 8，"Broadcast and Satellite Radio," pp. 326 - 351；also see Chelsi Spooner， "The State of the Music Industry and Radio Stations" (Associated Content，2007)，www. Associatedcontent. com/pop_print.

2. Richard Siklos，"Changing Its Tune，" *New York Times*，Sept. 15，2006，www. nytimes. com/2006/ 09/15/business/media/15radio. html. 这里提到的数据大部分来自 *Advertising Age's* 2006 *Fact Pack*，4th *Annual Guide to Advertising Media* (New York：Crain Communication，2006)。

3. John Baptista Porta (or Giovanni Battista della Porta)，*Natural Magik* (New York：Smithsonian Institute for Basic Books，1957). 这是一本现代再版的书，原书第一版出版于 16 世纪晚期，即印刷术发明之后。

4. 在这些章节中所介绍的关于无线电广播历史的细节，可参见对本主题进行更广泛探讨的总结之书。Melvin L. DeFleur，*Theories of Mass Communication*，1st ed. (New York：McKay，1966)，pp. 44 - 69.

5. Gleason L. Archer，*History of Radio to 1926* (New York：American Historical Society，1938)，pp. 112 - 113.

6. 为了便于更好地对广播的早期发展进行深入讨论(作者从中汲取了许多启示)，参见 Sydney W. Head and Christopher H. Sterling，*Broadcasting in America*，5th ed. (Boston：Houghton Mifflin，1987) pp. 62 - 65，435 - 99；also see Head，et al，9th ed. (Boston：Houghton Mifflin，2000)。

7. 关于广播行业的兴起及其发展细节的最深入和更当代的讨论，参见 Sydney W. Head et al，*Broadcasting in America*，9th ed. (Boston：Hough-ton Mifflin，2000)；see also Alfred Balk，*The Rise of Radio：From Marconi Through the Golden Age* (Jefferson，NC：McFarland ＆ Co. ，2005)。

8. Alfred G. Goldsmith and Austin C. Lescarboura，*This Thing Called Broadcasting* (New York：Holt，1930)，p. 279.

9. Radio Advertising Bureau (www. rab. com) and Veronis Suhler Stevenson，Communications Industry Forecast，2006 - 2010.

10. Provided by the Federal Communications Commission，Washington，D. C. ，this number is for December 31，1992.

11. *Communications Industry Forecast 2006 -2010* (New York：Veronis Suhler Stevenson，2006).

12. Federal Communications Commission，Consumer and Governmental Affairs Bureau，http：// ftp，fcc. gov/cgb/lpfm. html.

13. Don Jeffrey，"CBS Settles with Radio Host Don Imus Over his Firing," Bloomberg. com/app/ news? pid ＝ 20670001＆refer ＝ home＆ side ＝ a4gl7kdNoH2Y；and Weston Kosova，"Imus：Race，Power and the Media," *Newsweek* cover story；www. msnbc. com/id/18110453/site/newsweek.

14. Eric A. Taub，"The Future for XM，With or Without a Sirius Merger," *New York Times*，Sept. 15，2007，p. C2；Richard Martin，"Satellite Radio Stumbles，Still Shines," Off the Air/Information Week at www. informationweek. com，June 20，2008；and Jeffrey McCall，"Agency Likely to Pull Plug on Planned Satellite Radio Merger," www. indystar. com/apps/pbcs. dll/article? AID＋/ 20080621/OPINION12/806210384/1.

15. Erica Noonan，"Stadiums Listen in on Concert-Goers'Radio Choices," *The Associated Press State and Local Wire*，January 11，2000.

第8章
电视:影响最为广泛的媒介

如果说大多数媒介已经按照自己的时间表进入了数字时代，那么电视进入数字时代则有一个更精准的日期：2009年2月17日。早在几年前美国国会就确定了这一日期，目的是加快旧的模拟电视信号向数字信号的转换。然而，针对这一决定出现了很多争议和警示。所以这一日期推迟到2009年6月12日。就在这一天，有60多年历史的传统无线电视退出了历史舞台。一直倡导"更先进的电视"的美国联邦通信委员会前任主席理查德·E.威利（Richard E. Wiley）宣告说："随着无线电视的终结，电视将进入新的数字时代，而这也将是一个更伟大的时代。"[1] 其实，大多数消费者在很久以前就不再使用"大锅"屋顶天线和兔耳形室内天线，而是选择通过有线电缆或卫星来接收信号。因此，电视的数字化进程并没有给人们带来多少惊喜，要说有惊喜，也只是针对那些在原有的老式电视机上安装机顶盒的用户而言的。

电视与数字世界的融合不仅体现在这一个方面。在新旧世纪之交，美国数字录像机和其他数字记录设备已经具备了让观众自行创建节目播放表的功能。节目与网络电视连接，不仅可以让观众通过高速互联网服务接收到更多自己喜爱的节目，建立在线互动社区，也可以让节目提供商获得更高的收视率和更多的广告业务。[2] 移动通信技术可以让观众在便携的视频播放器和网络上重播电视频道中的节目，收看到周内更早时间的电视节目。但是，数字录像机和其他数字服务给传统的事先安排好的"既定"节目播放带来了巨大的冲击。一些像MTV这样的有线频道已经发展出了节目制作网，并与数字系统链接，可通过在线社交网站进行互动。在仅仅不到20年的时间里，电视充分利用网络进行宣传、播放广告，并和观众互动。几十年的时间里，电视利用数字化技术再次提升了画面和声音的质量，扩大了节目的接收范围。虽然一些媒介的数字化战略带有几分偶然性，但对2009年6月12日实现电视数字化伟大转变的期待确实是实施这一缜密规划的真正动力。

电视的文化影响

电视是一种非常重要的传播媒介，具有巨大的影响力。虽然广播的听众更多，覆盖范围更广，但是电视，作为一种媒介所起的作用是无法替代的。电视是一种技术，是一个交流沟通的平台，也是一种传播系统和产业。作为连接广告主和观众的渠道，电视是传媒经济中的一支重要力量。它具有完整的内容体系，其内容包括新闻和资讯、娱乐和体育以及评论类节目，当然也少不了广告和其他商业性内容。由此可见，虽然电视通常被视为一种娱乐工具，但是它实现了传播交流的所有主要功能。这或许就是许多观众与电视的关系更紧密的原因。我们可以用观众看电视的总时长和特定节目受欢迎的程度来证实这一结论。此外，电视图像也起着重要作用——流行文化和长期播映的电视节目反映大众的品味和偏好。在这一章，我们可以看到电视技术在电视发展过程中所起的重要作用。最初电视只是一项机械发明，后来发展成为一种电子媒介，最近发展成为数字媒介。在电视的发展过程中，技术和创新起着关键的作用，推动着电视不断挑战并超越其他传播手段，并使之最终在包括报纸、杂志、广播、电影等在内的大众媒介中占据支配性地位。

在本章和其他章节中，我们会多次探讨电视对人们的思想、态度和行为造成的巨大冲击和影响。这些影响一直是人们争论的话题,焦点主要集中于电视对儿童、暴力倾向和反社会行为的影响。社会学家们已经对此进行了多年研究。与此同时,文化批评学派认为电视节目的内容与女性、有色人种、同性恋者等在社会中的形象具有关联性。

与 21 世纪的其他媒介一样,电视正处于同其他更新媒介相融合的过程中。电视业与好莱坞和影像工作室已经建立了长期联系。电视媒介的所有者通常也具有其他媒介和通信的属性及利益。在某种意义上,在传统媒体大家庭中,电视可以被称作老的媒介。但是,它也是一种前沿的新兴数字媒介,并与诸如有线电视、视频点播系统、无线放送和网络之类的新媒体建立了密切的联系。

有线电视网曾经只是电视台的一个节目传输系统,但最终发展成为独立的行业,并且能够独立制作节目。在很短的时间内,有线电视网就同传统的无线电视广播网并驾齐驱。有人认为有线电视会成为未来强大的媒介,具备全面的交互功能和多样的服务功能(例如选民可通过家中的电视参与地方性和全国性的选举投票)。但是,在 21 世纪初,一位评论家遗憾地表示"有线电视网只是增添了附加功能的电视",而不是具有不同功能的新媒体。这与之前人们对有线电视的评价一样。卫星电视同无线广播电视之间同样存在着竞争。卫星电视可以传送地球上任何一个地方的节目,也可以提供自制节目和按次计费的服务。电视既是网站资源的频繁使用者,同时也是网站资源的来源。二者可以相互协作实现共同发展的目的。例如,人们会在线关注自己喜爱的一些节目,这些节目包括游戏类、真人秀等。当然,电视网、电视台,以及节目制作商都有自己的社交互动网站。

总之,伴随着无线电视、有线电视、卫星电视和数字媒介行业间的竞争、合作、交互和融合,时至今日,电视技术已经变得至关重要。这就是分析人士将"电视"称为"电视产业"的重要原因。

在诞生之时,电视就是人们争论的焦点,并持续至今。一些人认为,电视是所有媒介中最重要的媒介。另有一些人则认为,电视具有很大的危害性,是许多社会不良问题的起因。在早期,有关电视争论的分歧在于谁是真正的电视发明者。第一次世界大战之后,英国、日本、苏联和美国等世界各地的科学家开始进行实验,利用无线电波发送图像信号。或许,美国不是最早发明电视技术的国家,但电视迅速在美国发展成为流行的大众媒介。在 20 世纪 20 年代,信号传输实验在实验室开始进行。30 年代后期,电视媒介初见雏形。在纽约市,电视信号每周传输几次。成百上千的人利用业余时间制造的接收器在家接收信号。在二战期间,电视的发展暂时中止。40 年代后期,它显现出横扫整个社会成为家用大众媒介的燎原之势。在 50 年代,电视已经成为主流的大众媒介。[3]

在其发展历史中,电视媒介的变化非常显著。电视技术稳步发展,内容不断更新,观众群体持续壮大。许多评论家不断地批评电视可能带来的影响。尽管如此,电视还是很快成为美国最受欢迎和最具影响力的娱乐和信息媒介,并持续至今。但是,一些分析者认为互联网和万维网可能会成为最终的获胜者。

最初,工厂生产的电视机可以呈现出像钱包一样大小的黑白图像。以现在的标准来看,当时的图像效果并不好。然而,人们还是对电视表现出近乎痴迷的热情,惊异于这些移动的画面竟然能够通过无线电波进行传播,而且能在家中收看。即使是广告也因为动感的画面而变得趣味横生。但是很快,人们的这种新奇感便消失了,观众越来越挑剔,要求也越来越高。人们想要更大的屏幕、更加清晰的画面、更多的频道和色彩。后来,人们还希望对收看的内容有更多的话语权。这是现代的数字电视所能提供的服务。

随着新技术的发展,观众的需求被一一满足。对此,美国观众欣然接受。现在,电视屏幕比以前更大,更先进的信号发射器和接收器使电视图像更加稳定,有线电视提供了更多收视选择,彩色电视看起来更加赏心悦目。录像机和影碟机让电视机成为可以在客厅里收看的小型电影屏幕。观众可以握着遥控器设定常看节目单,轻松地跳过节目片段之间令人厌烦的广告。诚然,这种趋势令广告主担忧,并开始转向其他媒介,特别是有线电视和互联网。这无疑将减少广播电视网的收益,并损害广告代理商的利益,令整个电视业不安。最终,直接传输的卫星信号和向数字技术的转换带来了转机。

电视的诞生

电视的历史比许多人认为的时间更为久远。1884 年,德国实验者保罗·尼普科夫(Paul Nipkow)发明了一种转盘。转盘的表面布满按螺旋状排列的小孔。这是最早的电视实验。当一束强光射定在一个画面上或一个场景中时,黑白的光影会投射回转盘。这些光影形成的图案透过转盘上的小孔,由感光电真空管记录下来。这会产生一种类似人的眼睛迅速扫描书页的扫描效应。很早之前人们就发现带孔的转盘可以产生电脉冲制式的图像。这种电脉冲可以通过电线进行传播,因此电线可以用来传输图像。后来,无线电波被用于传输同样的图像。尼普科夫圆盘为后来的有线和无线电波图像传输的核心技术奠定了基础。现在,电视图像的扫描已经电子化,不再使用机械转盘,但是"扫描"这一概念仍是现代电视的核心。[4]

在早期电视实验中,扫描盘是电视独有的技术。但是,广播和电视的发展是交织在一起的。所有用于广播的发明和技术都是电视发展史的组成部分。

此外,电视业的社会与经济组织的建立早于广播。电视业与广播业一样需要广告的扶持。美国联邦通信委员会最初为管理广播业而设立,现在也管理电视业。管理电视业的内容是管理广播业的某种延伸。早期控制电视业的三家主要电视网络都是广播网。它们也都是引领商业无线广播的公司。

19 世纪 20 年代早期,通用电气和美国无线电公司等专款资助电视实验。很快,其他公司也纷纷效仿。对业界的有些人来说,这些想法牵强而不切实际。但是,电视技术研究还是得到认可并被认为是能够带来回报的。通用电气聘请了发明家厄恩斯特·亚历山德森(Ernst Alexanderson)来专门解决这一问题。很快,他在尼普科夫圆盘的基础上发明了一个不太成熟但可以使用的系统。然而,其研制的系统并未被电视业采用。

开发一种电子系统

或许在发展电视传媒所需的电子技术方面,菲洛·T. 法恩斯沃思(Philo T. Farnsworth)是最有成就的发明者。他是一个来自美国偏僻地区的瘦削的高中男生。出生在爱达荷州瑞格比小城一个贫困家庭,从小就开始阅读电学方面的图书。1922 年,他向中学的理科老师展示自己的电子电路图。老师看后大为震惊。这幅图展示了如何让移动图像在空中发送和接收。

菲洛研究了在尼普科夫圆盘基础上做的电视实验报告。他认为这种系统既不成熟也不灵便,并据此做出推断认为:需要研制一种电子设备,能够迅速在一系列水平线上扫过一个场景或图片并能转化成在空中放送的信号。这需要两个并行的电子设备,一个用于接收信号,另一个用于收看节目。他要为每一个放送、接收装置和运算设备设计电路，研究它们怎样才能运行。菲洛的老师对此很感兴趣，鼓励他努力完成这个系统并申请专利。

也是在这一时期，即一战刚刚结束时，一个很有才华的俄国人弗拉基米尔·K. 佐里金（Vladimir K. Zworykin）进入美国西屋公司，研究无线电广播。他曾经是尼古拉斯沙皇陆军的通讯专员。俄国革命之前，佐里金在军队中做过早期的电视技术实验。后来，他申请加入西屋公司继续研究电视技术。虽然西屋公司的董事们觉得这种实验很可能不成功，但还是决定投资这一项目。佐里金不太看好机械转盘，认为电子系统才是电视信号传输和接收所需要的系统。于是，他利用西屋公司实验室的各种设备开始自己的研究。

与此同时，在 1925 年，菲洛·法恩斯沃思的一个朋友带他到加利福尼亚州，并为他提供了实验场所和实验资金。在那里，法恩斯沃思凭借着这一小笔经费秘密进行实验。他根据自己的电路和图纸研制出可以操作的装置。这些实验都是在一套公寓里进行的。在实验过程中，他一直拉着窗帘（邻居们以为他在开蒸馏室酿造私酒，他因此遭到警察的搜查）。1927 年，法恩斯沃思开始研制真正的传输系统。他向朋友展示了他的装置是怎样传输和接收固定图像和移动画面的。这一进展是一项意义非凡的成就。

电视系统研制成功后，法恩斯沃思带着图纸去联邦政府申请了第一项电子电视技术专利。他的专利申请引发一阵骚动。一些大型的无线电广播公司大吃一惊，既震惊又愤怒，一个名不见经传的人竟然发明了西屋公司、美国无线电公司和其他公司花费重金努力研发并打算申请专利的系统，而且还率先申请了专利。于是，这些公司马上对此展开竞争。

电视的发明者之一菲洛·法恩斯沃斯，当他还是高中生的时候就在电子学方面展露才华。

经过多次辩论和法律调解，法恩斯沃思最终获胜。为了控制专利权，美国无线电公司和法恩斯沃思多次辩论，后者坚持拥有获取专利使用费的权利。2008 年，在电视发展史中，曾经被遗忘的法恩斯沃思成为百老汇戏剧中的角色原型和美国公共电视台纪录片的主题人物。包括《发明电视的男孩》（2004）在内的几本书，都讲述了他的故事。1983 年，美国发行了印有他的画像的邮票。法恩斯沃思在佐里金之前找到了解决问题的方法。但是佐里金发明了电视设备中一些重要的部件:光电摄像管(电子显像管)和超正析像管摄像机。同时,苏格兰工程师约翰·洛吉·贝尔德(John Logie Baird)也发明了一个电视系统,由英国广播公司(BBC)采用。

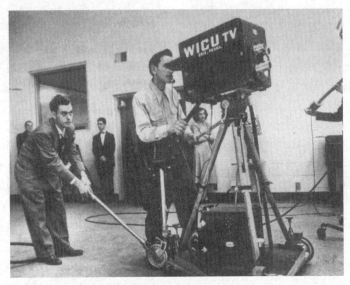

早期的电视设备和摄影机都比较笨重,并且需要足够的人员配备。

1958年,查尔斯·范·多伦(Charles Van Doren)(右)正处于一个震惊行业的答问比赛节目丑闻的中心。

早期电视

最早的实验性电视机具有由很多直径大约 4 英寸的阴极射线管制成的小屏幕。这种显像管发明于 1897 年，是一种电子（阴极）射线管，能够让电子进入像电子管这样的一个系统。20 世纪 90 年代，这种电子管和荧光屏一直见证着电视的发展历史，直到更加美观的平板显示器出现。那时，摄像机技术还很不成熟，需要强光才能获取图像。出现在屏幕上的人，必须要穿紫色衣服，并用绿色化妆品为生成图像提供颜色反差。然而，早在 1927 年，时任美国商务部部长的赫伯特·胡佛（美国第 31 任总统）的图像还是出现在试播的电视上。

美国无线电公司投资一百万美元用于开发、演示新的广播类媒介。1932 年，在纽约帝国大厦建立了一个拥有完整演示室和信号传输设备的电视台。1936 年，公司开始检测播出系统，每周播放一次有人在演播室周围或外面来回走动的图像，进行检测。当时，纽约有几百个电视迷通过自己制造或其他途径获得的电视接收器，在家接收电视信号。与此同时，当时的联邦政府制定了有关电视信号传输许可证的条例并设定了名额限制。1941 年年初，电视的发展出现停滞。经济萧条和第二次世界大战的爆发阻碍了电视业的发展。

然而，时局在改变。1939 年，欧洲首先卷入二战，1941 年 12 月日本偷袭珍珠港之后，美国涉入欧洲和太平洋战场。美国对战争的大量投入吸引了民众的全部注意力。电视机的生产连同美国社会生活的其他方面都不再受重视。所有的电子产品生产商都转而生产军用设备。直到 1945 年，这些公司才陆续恢复生产民用产品。在二战结束后的几年时间里，电视台在几个大城市中迅速建立起来，民众也做好了购买电视机的打算。最终，电视机具备了成为家用电器的基础条件。

电视的快速采纳时期

1946 年，美国联邦通信委员会颁发了 24 个电视信号传输许可证。此时条件还不太成熟的电视网连同广告主都急于同信号传输商建立业务关系，迫切地等待着电视这一新媒体进入美国家庭。电视将成为一种具有真正重要意义的广播媒介已经毋庸置疑，竞争已见端倪。

也是在这一年，电视机开始得到大量生产销售。虽然价格昂贵，但只要可以买到，人们还是争相购买。1947 年，一个图像大小为 6 英寸×7 英寸的电视机价格大约为 400 美元。这比当时许多蓝领工人家庭一个月的工资还要高。这个价格还不包括必备的屋顶专用天线的费用。一个真正奢华的电视，再加一个精美的木制橱柜和一个可以让画面看上去更大的镜像系统，总价值大约相当于一辆普通汽车四分之一的售价。因此在这一新媒体刚出现的几年里，只有相对富足的家庭才有能力购买这一奢侈品，这也让电视机成为社会地位的一个新象征。拥有电视机的家庭经常邀请那些羡慕的邻居们来家里看电视（见证他们的富裕）。据说有人为了让邻居认为自己家里有电视机，而只安装天线，下面根本就没有与之连接的电视机。事实上，电视机被视为一种奢侈品。如果一个接受社会救济的家庭被发现家里有电视机，人们就会认为这个家庭不道德。

在 1939 年的纽约世界博览会上，一个 8 英寸×10 英寸屏幕
的、有着透明玻璃柜的电视机引起了人们的高度关注。

有能力经常购买电视机的公司之一就是地方旅馆。1948 年，在整个美国，电视机几乎是所有旅馆的重要特色。体育节目是最受欢迎的。一大群人聚在一起看比赛。毫不夸张地说，地方旅馆是当时展示和普及这一新媒体的重要元素。直到现在，人们还会在酒吧和旅馆看体育节目，一起观看节目讨论赛事，享用这一公共媒介提供的服务。

电视的严寒期

1948 年年初，美国联邦通信委员会颁发了大约 100 张信号传输许可证。那时大多数城市还没有电视台，而一些很大的城市已经有了两个甚至三个。不久，电视也遇到了早期无线广播所遇到的信号扩散和重叠问题。一个电视台的信号有时会干扰另一个电视台。美国联邦通信委员会决定尽快采取有力的措施避免更多问题出现。因此，美国联邦通信委员会下令：从 1948—1952 年年底，停止颁发信号传输许可证和设施建设许可证（允许在禁令宣布之前已经获得许可证的电视台继续运营）。这样一来，美国社区就不能再建立电视发射站。美国联邦通信委员会需要充分了解电视和相关的广播技术以便为电视、调频广播和其他无线电传输媒介分配频率。

在禁令时期，美国联邦通信委员会制定了一个总体规划（《联邦通信委员会第六次报告和命令》）。现在，这一法令依然有效。该法令的颁布，防止了电视台间的信号干扰，避免了早期无线电广播经常出现的无序状态。1952 年禁令解除后，在联邦通信委员会的指导下，电视机迅速在美国普及。在很短的时间内，电视机得以普及，大多数美国家庭拥有了电视机。评论家开始称二战后出生的美国人为"电视一代"。这一代人根本就不了解没有电视的世界。可以说，电视这一媒介以非常显著的方式影响了他们的生活。

电视观众遍及全国

图 8-1 表示了美国公众使用电视的情况，1950 年，不到 10％的美国家庭有电视机。仅十年之后，在 1960 年，几乎 90％的家庭拥有了电视机。到 1980 年，拥有电视机的美国家庭达到

了饱和状态。如今,没有电视机的家庭非常罕见,大多数家庭的电视机还不止一台。

电视受欢迎程度的另一个指标是观众收看电视的时间。电视机的每日使用时间日益增多,并且已经持续了大约 40 年。1950 年,观众平均每天收看电视 4.5 小时。平均每天看电视的时间每年都在增加。最近几年,达到了 7 个多小时(见图 8-2)。如今,因为可以采

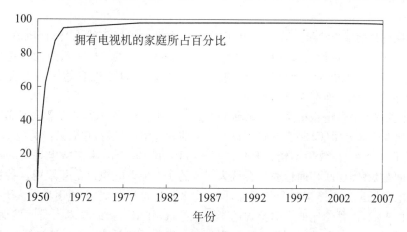

图 8-1 每个家庭电视采纳曲线

资料来源:VSS Communications Industry Forecast,2008-2012,22nd ed.

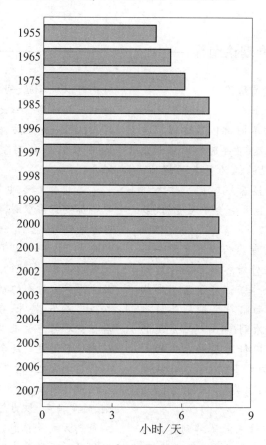

图 8-2 家庭观看电视的小时数

资料来源:Veronis Suhler Stevenson,PO Media,Nielsen Media Research,Television Bureau of Advertising.

用多种方式使用电视,所以越发难以确定电视的模式。观众可以收看普通的无线电视、卫星电视、有线电视,以及电视录像或数字影碟,也可以玩视频游戏或用电视上网。

彩电的出现

彩色电视机开始逐步发展。早在 1929 年,测色图像实验已经开始进行。1940 年,在彩色电视机上播放商业广告成为广泛讨论的话题。然而,在解决技术问题方面存在一些难题。到 1946 年,两个独立的彩色电视机系统已经研制成功。哥伦比亚广播公司(CBS)在旋转圆盘的基础上开发了一个系统,效果不错。但是,它的一个主要问题是,美国联邦通信委员会认为现有的黑白电视机虽然不能接收彩色图像,但可以接收黑白图像,而哥伦比亚广播公司的彩色图像传输系统不能接收黑白图像。这就需要新型的电视系统。1953 年,美国联邦通信委员会批准美国无线电公司(RCA)开发的一种新型系统。虽然这一系统的颜色效果并不理想,但却可以让现有的黑白电视机也接收到节目。

由于诸多原因,在传输彩色节目时电视网非常谨慎。最初,它们只传送很少几个彩色节目。到 1967 年,大多数电视网的节目是彩色的了。地方电视台也开始用这种模式来录制节目。这样一来,必须逐步淘汰所有的黑白摄像机,并培训新的技术人员。然而,电视业还是实现了向新技术的平稳过渡。如今,几乎所有的美国家庭都至少有一台彩色电视机。

 精彩观点:媒介理论阐释

社会期待理论

"社会化"指的是个人学习如何参与或至少理解社会中多种不同群体的过程。这些群体涉及范围从家庭、童年时的玩伴一直到随年龄增长后出现的较为复杂的群体。然后,个人去上学,再接着去工作,总体上都必须了解并应对其社区或社会中大量的、多种多样的群体。

每个人类群体都有其必须遵守的一套规则。这些规则包括针对各类社会行为的风俗习惯和期望。个体若违背了某一群体中的这些规则,就将面临社会批判甚至排斥。这些规则有行为准则(针对所有成员的总体规则)、角色(专门针对某一地位的人们)、排名(决定谁掌握更多/少的权力、威望或报酬),以及控制(用于奖励/惩罚遵守/违反规则成员的程序)。

但是我们通过何种来源了解到其他人的社会期望呢?答案是有很多来源。显然,我们可以从家庭、同辈、学校以及社区等掌握到一些信息。但是,在现代社会,我们还可以从另一个地方掌握到大量关于不同群体内人们社会期望的信息,那就是大众媒介。

通过看电视、电影,甚至阅读,人们可以习得那些行为准则、角色以及社会期望的其他组成部分,它们一起构成了多种社会群体的要求。人们可以了解监狱内的罪犯、一个父亲或母亲、医院的护士、主持董事会的企业主席等多种人的期望。或者,人们也可以知道当赛马、搏斗、在俱乐部赌博或某高级餐馆就餐时应该采取怎样的行为举止(即便从未接触过这些场合)。

总而言之,媒体为我们展现出几乎无穷尽的群体和社会活动,以及群体的行为规则、特定角色、权力与威望水平,以及控制其成员的方式等信息。人们想以亲身试验及犯错的方式学习恰当的行为举止,而这些群体中的绝大多数恰是寻常个体无法实际参与其中的。此时，媒体即为这样的社会期望提供了广泛或许是无意识的训练。传递这些行为信息的大众交流课程所产生的影响即可以被称作社会期待理论。其基本主张可以被概括如下几方面：

1. 大众媒体的多种不同内容通常展示的是社会行为和群体生活。

2. 展示出的这些社会行为与群体生活是真实生活的代表，以精确或粗糙的方式，反映了美国社会中多种群体的本质特征。

3. 接触到这些代表信息的个体学习了盛行于各类公共群体中的行为准则、角色、社会等级及控制等。

4. 接触某一类群体的社会行为和群体生活导致了对其行为模式的学习。当参与此群体时，这一行为模式恰是群体中他者所期望的。

5. 因此，通过个人或他者的恰当行为而习得的这些期望可以作为现实生活中个体实际接触或尝试理解这些群体时的行动指南。

资料来源：Robert Hornick, "Alternative Models of Behavior Change," Annenberg School for Communication, Working Paper 131, 1990, pp. 5-6.

电视的第一个黄金时代

电视发展的两个与众不同的时期，用一个耳熟能详的词来说就是"黄金时代"。第一个时期是这一媒介发展最快的时期——大概是从 1952 年至 1960 年。第二个时期时间更长，大概从 1960 年持续到 1985 年左右，这一时期电视网的竞争者并不多。

第一个时期获得一些人的认同，不只是因为当时电视的迅速发展，还有节目规划的因素。有人将这一时期称为"黄金时代"。在这一时期，诸如《剧院 90 分》这样高品质的电视系列剧非常流行。这些节目在当时是非常精彩的作品，似乎能够满足大众对电视的部分文化需求。另有一些人注意到，在这一时期，家庭情景喜剧、体育、歌舞杂耍表演等成为家庭电视内容的新特色，非常受欢迎。米尔顿·伯利（Milton Berle）的《德士古明星剧场》和埃德·沙利文（Ed Sullivan）的《名人市镇》被当作经典案例。这类节目诠释出在旧日的美好时光里电视节目是多么美妙，观众聚在一起看电视是多么和谐。

在今天看这些节目，现在的年轻人会觉得很难理解它们当时为什么会如此受欢迎。在他们眼中，早期的节目看起来非常幼稚甚至呆板。那一时期的节目应该被视为"艺术"，还是被视为低俗的闹剧，抑或是被视为特定时代低层次的浅薄流行文化？这是一个永远争辩不完的话题。

电视的第二个黄金时代

基于不同的原因，从 1960 年至 1985 年的 20 多年被称为迥然不同的"黄金时代"。这一时期称为黄金时代或许并不是因为获得了理想的观众满意度或具有一流的节目规划。相反，公众对电视媒介表现出许多失望不满的情绪。当时是美国社会的一个动荡时期，充斥着新出现的诸如民权、越南战争、不断增加的罪行和暴力等问题。许多人谴责电视，认为是它带来社会弊病，批评这一强大的媒介会腐蚀道德标准，破坏民族稳定。后来，我们可以看到，这些担忧让一些人对电视带来的社会效应与心理影响产生了极大的兴趣。

这20多年间,电视媒介一直由三家主要的电视网(美国广播公司、哥伦比亚广播公司和全国广播公司)控制,几乎没有竞争者。它们可以从广告费中获取高额利润。在黄金时段,三家电视网几乎可以掌控全国观众的注意力。只有占很小比例的美国家庭拥有有线电视,而且那时家庭录像机还没有出现。电视网之间相互竞争,但这三家巨头几乎完全控制了电视业。在这一时期,电视观众的选择余地很小。有小部分的美国人也收看教育电视台和公共电视台的节目。电视网因播放太多智力水平低下的暴力节目而遭到批评。这一时期播放的节目通常迎合社会中低阶层的趣味。暴力和幻想是不变的主题。美国的中低阶层是购买啤酒、肥皂、清洁剂、软饮料及其他在全国销售的产品的主力人群。在电视上对他们做广告非常有效。这一大多数群体的购买力是非常惊人的。节目的制作方就瞄准了这一为他们聚集财富的源头。电视节目转向通俗趣味和易懂题材。同时,更成熟的观众也能理解这种现象。用牛顿·米诺(Newton Minow)(1961年任美国联邦通信委员会主席)的话说,电视广播网是"茫茫荒原",专播无知幼稚的喜剧、不切实际的肥皂剧、舞台上表演的摔跤、卡通动画、吸引大众的体育节目、竞猜比赛、浅显的家庭情景喜剧。牛顿·米诺在

1961年发表这一著名演讲的30年后,依然坚持自己的观点,认为电视虽然在进一步发展和细分,但却变得更加糟糕。

随着时间的流逝,曾经被许多评论者称为"垃圾"时代的这两个时期变成了电视"美好的旧日时光"。在某种程度上,这种评价可能基于这一事实:当时的电视节目都是经过精心设计的,目的是迎合具有特定趣味的人群和大多数人的偏好。现在,这些观众年纪变大,但他们的品味并没有明显提升。此外,他们的孩子的品味也与他们相似。[5]所以,在回顾那一时期的节目时,他们将其视为经典。那些节目中的演员也自然而然地被视为"重要表演者"。这使我们不禁想知道现今的一些真人秀节目在20或30年之后,是否也会成为令人怀旧的重播节目。许多备受批评的节目,如《杰里·斯普林格秀》等很粗俗的节目,或其他如《幸存者》和《美国偶像》等反映当时价值观的节目,在停播很久以后或许会重返荧屏。以现在的存储技术,几乎所有的影像都可以重新播放或循环播放。事实上,财务分析师正在给"数字资产"赋予价值,也就是用数字形式将内容存储起来以备将来之用。如果说老电影有很长的生命周期,那么老的电视节目也一样。[6]像《蜜月新人》《我爱露西》《女作家与谋杀案》等最受欢迎的节目都播放了很长时间。非常流行的《法律与秩序》和它的衍生作品已经在好几个频道播出且有望继续播放很长一段时间。

广播电视的替代物

三种技术的进步对重塑美国电视业至关重要。第一种是有线电视的发展。第二种是录像机和DVD播放机的广泛应用。第三种是卫星直播和数字广播的融合。这三种技术的出现都是在近期。

有线电视的发展

有线电视在开始使用时,还不算太成熟。电视信号具有直线传播的特性,所以在一些特

定位置会需要有线电视。例如，一个社区和一个最近的电视信号发射台之间有一座大山阻隔，那么这个社区无法收到电视信号。居住在山区或很多高层建筑物之间的居民同样会因信号受阻而收不到电视信号。在20世纪40年代和50年代早期，宾夕法尼亚、俄勒冈和阿肯色州都出现了地方性有线系统。用天线可以让住在同一座公寓楼里的住户接收到信号。开发共用天线的是后来的宾夕法尼亚州州长米尔顿·沙佩（Milton Schapp）。早期的一些实践者和创新者大都是有线电视设备商店的老板和销售员。丹佛的有线电视中心和宾夕法尼亚州立大学的有线电视博物馆记录了有线电视的鲜活历史并记载了建立这一行业的早期创业者和发明者。据最新统计，至少有500人被尊称为有线电视的先驱。

20世纪50年代，为了克服这种信号障碍，一些地方性的小转播系统建立起来。具体解决方案是在一个有利位置安装一个大的社区天线，通过同轴电缆将各个家庭与中心设施连接。通常，电视信号会被加强以便接收得更清晰。这种设施效果很好，对农村地区和其他难以接收到信号的地区非常有吸引力。

最初，通过这种方式与社区天线连接的用户非常少（1960年在电视家庭中的比例不到2%）。实际上，它是一种"夫妻店"式的产业，

有640个小系统，每个系统仅服务几百到几千个用户。后来，这一概念开始扩展，主要原因是有线电视可以提供更好的图像效果和更多的收视选择。有线电视技术的开发激怒了无线电视公司，它们认为有线电视经营者是"寄生虫"，盗用无线电视的节目获利。后来，有线电视公司开发了更为先进的技术，开始为用户提供从很远的城市发射来的电视信号——这明显降低了人们对当地无线电视公司的依赖。对无线电视公司来说，更糟糕的是，一些有线电视公司开始自己制作节目！

许多广播公司和电视网的参与者指控当地有线电视经营商。最终的解决办法是，由美国联邦通信委员会管理有线电视公司，实施与管理无线电视公司一样的管理办法。无线电视公司说服联邦通信委员会实施严格复杂的条例限制有线电视系统的发展。然而在1979年，许多限制被放宽，地方政府有权批准私营有线电视公司为当地社区提供服务。因此，有线电视开始迅猛发展。1980年安装了有线装置的美国家庭不足20%，到2008年这一比例飙升至98.2%。

越来越多的美国家庭使用有线电视，这明显改变了整个电视行业（见图8-3）。首先，有线电视减少了普通无线电视网的市场份额（占总体电视观众的比例）。其实，普通无线电视

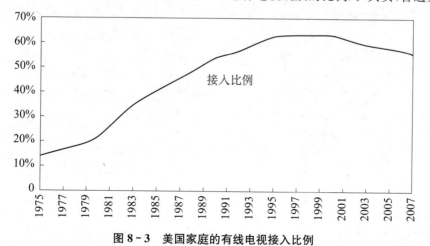

图8-3 美国家庭的有线电视接入比例

资料来源：Subscribers：http://www.ncta.com/Statistic/Statistic/BasicSubs.aspx. Households：U.S. Census Bureau, Current Population Reports. From Statistical Abstract of the United States, 2008.

网的市场份额一直在逐渐减少。其次,有线电视按照电视观众的品味和兴趣进行分众。有线电视系统有几十个频道可供选择,观众再也不用在固定时间收看无线电视网的节目了。在任何给定的时间里,大多数有线电视网的节目内容几乎可以迎合每个人的兴趣。如此看来,它的发展模式就像大众综合性期刊败给更加引人注目的专门性杂志一样。广告主也对有线电视的发展具有浓厚兴趣。如果某种特定产品需要进行宣传,针对该产品的潜在客户群的电视节目就会出现在有线电视节目单上。

| 业界观察 | 电视 |

克里斯·麦坎伯(Chris Mc-Cumber)
美国电视网营销与品牌策略执行副主席

　　克里斯·麦坎伯在美国电视网作为高级执行官的成就之一即是构思并执行该公司的"欢迎个性"品牌策略,在充满竞争的行业内为其公司的有线电视节目进行了清晰定位。他负责美国电视网市场营销的总体战略性和创造性构想,并监督"美国电视网品牌的所有表现"。此前作为高级副总裁,他监管并帮助开展如《神探阿蒙》(Monk)、《4400》(The 4400)及《死亡地带》(Dead Zone)等诸多流行节目的宣传活动。在职业生涯之初,他曾是 MTV 电视网的副制片人,随后加入一家电视品牌宣传机构并最终加入一家媒体和娱乐公司睿域(Razorfish)。他毕业于宾夕法尼亚州的拉斐特大学。

1. 何时并在何种情况下您第一次意识到新媒体和数字时代的重要性?

　　在 90 年代中期,当时我在微软全国广播公司(MSNBC)以及李亨特联合公司(Lee Hunt Associates)工作。MSNBC 当时被定位为"电视新闻和互联网的结合体"。当我们开始宣传活动时,我惊奇地发现微软(MSNBC 的 MS)的网站可能改变浏览者/消费者接收新闻的方式。如果说如 CNN 之类的 24 小时不间断播放的新闻网络已经改变了我们观看新闻的方式,那么 MSNBC 可能会更进一步,改变我们消费新闻的方式。除了全天候不间断播放(如 CNN),MSNBC 有能力为观看者在任何时间,最终在任何地点,提供任何形式的新闻。此外,我们可以就你的产品同你的观看者实现"一对一"的对话,而非"漫无目的的扫射"式的电视营销。正是在这个时候我们开始意识到数字媒介的力量。

2. 这一经历对您个人或职业上有何影响?

　　这确实改变了我进行电视品牌营销的方式,因为如今我们有了电视之外的媒介,能够精确对准我们的观众并提供他们的反馈。由于通过数字化传播媒介的成本如此之低,所以可探索和实验的空间还很大。你可以试着在你的网站上放一些东西,得到观众的反馈,若有必要则作出调整。这是一种十分有效(且有趣)的做生意的方式。

3. 在流行文化、媒介和娱乐等行业的大背景下以及 NBC 环球内部,它是如何影响有线电视网的?比如,您以非同寻常的方式重新对美国电视网进行了品牌宣传。

　　美国电视网的口号"欢迎个性"的全部目的正是邀请观看者成为品牌的一部分。我们欢迎对我们的无线节目和家庭内观看节目的所有评论——所以观众参与是我们品牌的重要组成部分。在美国,数字媒介是我们的观众实现参与的最好方式。比如,2004 年,我们创立了从电视品牌而来的第一个社交网站 ShowUsYourCharacter.com。在这个网站上,观看者可以上传他们自己的照片、视频及艺术作品等任何可以展示他们个性的东西。这一网站已经成为观众参与美国电视网品牌的一个热门通道。

4. 在美国电视网,数字革命给节目制作和广告带来的最大挑战或利益是什么?

随着数字媒介分解信息并将其置于多种平台上,你就有了非常多的方式去让观看者检验你的内容。从市场营销的立场来看,这是一件好事。诀窍是你不能吞没你的观众,他们仍然是商业的核心。我们始终密切关注这一点并对于我们呈现内容的方式保持小心与谨慎。

5. 您看好数字未来吗?

对于未来,我始终是乐观的。虽然没有人确切地知道数字未来会发生什么,但是有一件事是我们能肯定的,那就是,我们的观众越接近我们的特点,就会越想消费我们的内容。数字媒介已经使观众对我们传递的内容变得更加有激情。优质的内容加上有激情的观众就等于美国电视网的光明未来。

6. 对于致力于加入电视行业的人,您有何建议?

愿意接受改变。愿意质疑你目前做事的方式,无论你已经取得了多大的成功。愿意坦诚地面对你所犯下的错误,并从中学习经验教训。永远,永远都保持创造性。还有,最重要的是从中获得乐趣。这是电视,而非脑科手术。

对普通电视观众来说,通过无线电视还是有线电视看节目并不重要。然而,对于电视业来说,这决定了业界的力量权衡和资金流向。在高品质节目上,主要的无线电视网通常能战胜有线电视。一个例外就是美国有线电视网的"家庭影院"(Home Box Office, HBO)电影频道,它创作了颇受欢迎的节目如《黑道家族》《六尺之下》等。

一些评论家对烦冗重复的有线电视频道表示不满,如"生活时间"频道等。其他的如美国电视网(USA Network)已经和其品牌标语"欢迎个性"以及《神探阿蒙》这类的节目联系起来。有人抱怨每月有线电视费用太高,节目中间广告太多,也有人抱怨说给当地有线电视运营者打电话时服务太差。仅有为数不多的评论者认为有线电视原本是"付费电视",播放广告才可以让观众免费收看,如同当今的卫星广播电台。

 ## 录像机和 DVD 播放机

和许多电子设备一样,录像机在美国发明,但在日本获得成功。纽约的安派克斯公司生产了第一台录像机。1952 年,查尔斯·金斯堡(Charles Ginsberg)和安派克斯公司的另外几名工程师着手研发可以把电视节目录制在磁带上的设备。4 年后,他们取得了成功。第一台磁带录像机的体积大概相当于一架立式钢琴,磁带有两英寸宽。很快,它就被用于电视行业,成为录制非现场直播类节目的实用工具。工作人员不必在节目直播现场制作节目了。节目中出现了错误可以剪辑或补入新的内容,这样就能保证了电视节目的准确率了。

20 世纪 70 年代初,几家美国公司看到这一设备的潜力,打算生产出售家用小型录像机。但是,这几家公司在设备尺寸、录像带标准及系统的其他一些方面没有达成一致意见。70 年代中期,市场上大约有五种不同标准的录像设备。所有设备都价格不菲,而且购买的设备不一定能播放提前录制好的节目。

后来日本涉足了这一行业。日本胜利公司(Victor Company)生产的家用视频系统

（VHS）和索尼公司的比特录像系统之间爆发了一场视频格式之战。很多人认为比特更胜一筹，拥有更高的技术参数，但最终还是家用视频系统凭借播放时间长的优势获胜。这一竞争不仅统一了视频系统的格式和技术标准，而且降低了设备价格。数百万台的录像机销售出去。最终，超过三分之二的美国电视用户拥有了录像机。这催生了一个全新的行业。很快，DVD的问世给它带来新的挑战。2007年，拥有DVD播放机的美国家庭占82.2%，仍在使用录像机的家庭有79.2%（见图8-4）。现在，我们不需要花太多的费用就可以在影碟出租店租到电影光盘，在超市、便利店，甚至在加油站也可以租到光盘。颇受欢迎的奈飞公司（全球十大视频网站之一）专门供应家庭视频产品。为了满足家庭视频市场，电影公司开始制作DVD电影光盘或录像带。在影院定期放映后，一部电影还可以凭借DVD或录像带在很长的一段时间继续获得很大一笔利润。很多其他类型的节目，从健身节目到鲈鱼钓手大赛及家庭修理指导等让家庭视频变得更加流行。

最初电影制片厂将家庭视频的发展视为一种威胁。电视公司也担心因为观众录制无线电视或有线电视的电影和其他节目而造成录像带租赁业务减少，削弱电视广告的效果。其实，这种担心是多余的。录像带技术作为录像技术的核心很快就成为技术博物馆的收藏品。现在，DVD播放机已占领了市场。另外，更高效的数字存储系统也在发展。

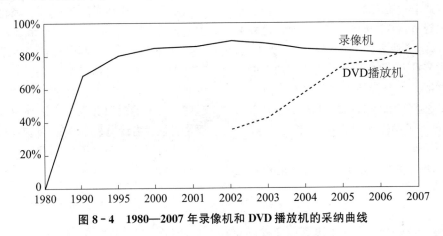

图8-4　1980—2007年录像机和DVD播放机的采纳曲线

卫星直播电视

在很多年前，通过卫星接收电视信号就已经成为可能。接收卫星信号需要在住宅旁安装一个大约有谷仓门大小的卫星"盘"。这个盘可以根据需要进行调整令其直接指向传送信号的卫星。但是，这一系统复杂且不易操作。因为结构复杂、外观庞大、造价较高，很少有美国家庭使用它。只有距离普通电视台和有线电视系统较远的乡村地区的用户使用它。

最近几年，几家公司一直在销售一种硬件设备并提供相应服务，就是通过一个小比萨大小的碟形天线将卫星电视信号直接传送到家中。这一设备既可以购买也可以租用。不管是购买还是租用，这种碟形天线都需要固定在屋顶上，并指向卫星，不能移动或改变位置。

同以往的电视网不同，接收卫星信号需要付费。这一系统和有线电视运营商的运营模式相似，都是通过提供服务获取利润的，用户每月都要付费。它们会提供各种各样的套餐。一种基本套餐仅提供数量非常有限的电视频道，而且这些频道与有线电视服务商提供的免费频道其实大同小异。用户可以额外付费加订一些电影、体育或其他用户感兴趣的特色频道。

卫星直播电视运营者开始使用强有力的推广方式来增加用户量。它们提供更多视频选项，即更多的频道。它们的信号可以在特定型号的电视上呈现出比有线电视更加清晰的图像。2009 年，数字电视的转换带来更加清晰的画面和更好的音质。在技术上，至少有一项优势能和卫星电视的相匹敌。卫星直播电视曾经经营惨淡，客户大多在乡村或偏僻地区。在 20 世纪 90 年代和 21 世纪初，卫星直播电视发展得如火如荼。在发展过程中优质的服务、多样化的频道等优点得到不断宣传。卫星直播电视还引入更小的碟形天线和地面无线站，同时投入新的资金开发更多体育节目和按次付费看电影的业务，这些措施都促进了卫星直播电视的发展。2007 年，卫星直播电视已经有了将近 3 060 万用户。一项评估显示，卫星直播电视可以在最后兑现自己的承诺。[7]高清电视促进了信号传输设备的生产与新型电视机的生产销售。与此同时，观众将旧的电视机换成了高清液晶显示屏电视机和等离子电视机，如同 20 世纪 80 年代和 90 年代，听众将黑胶唱片换成光盘一样。

显然，DVD 播放机、有线电视和便携的遥控器严重损害了传统广播电视的利益。卫星直播电视的用户越来越多，很多观众的兴趣转向 DVD 电影，这给传统广播电视带来了更多的冲击。在前几章中，我们已经了解了新技术对现有媒介的影响。早期，获取新闻的第二种渠道出现后报纸的订阅量大幅下降。电视广告出现后，大量发行的大众杂志深受其害。收音机大举取代了移动放映的电影，而电视又几乎"毁掉了"收音机。如今，电视网陷入困境，更确切地说，所有形式的电视的地位都面临着以观众需求为导向的技术的冲击。电视观众数量下降，随之而来的后果是广告收益的减少。很多原来只在电视上做广告的商家开始通过直接邮寄、有线电视、专门的广告杂志、互联网及其他可以把广告呈现到潜在客户面前的媒介等形式传播广告。

数字电视时代的到来

几年来，由于带宽和动态影像传输能力的限制，用互联网下载视频速度慢、效率低。宽带，也就是我们所说的"大管道"，是我们可以想到的最大的通信通道，这一通道的出现改变了下载速度慢、效率低的状况。在没有确定改善带宽频次的方案的情况下，五个独立的行业就投入高级带宽技术的研发之中。这一技术可以让用户将视频、电话和数据服务同互联网快速建立连接。通信专家莱斯·布朗（Les Brown）写道：

几乎没有人意识到这种带宽技术对传输内容的影响和它可能对商业和生活方式产生的冲击。这些内容明显不同于我们的经历……因为数字宽带是交互式的，能够传输动感视频、多媒体数据、三维影像和虚拟现实等。[8]

虽然这五大行业（有线电视、电话、卫星直播、固定无线服务和移动电话）对电视市场的兴趣不同，但有些行业对电视市场的兴趣会产生巨大的影响。实际上，宽带被称为"美国第三条线"，前两条线是电报和电话。2006 年，《经济学人》论述了电信和电视融合的潜在可能性，宣称"你的电视机在响铃"并提出"电信业正向电视业靠拢，但这并不意味着有了印钞机"，因为竞争十分激烈，而且用户对此并不是十分感兴趣。[9]

本书的其他章中也提到，理解从模拟信号到数字信号的转变是我们理解新型数字电视的一个关键因素。[10]数字信号是用特殊数值（1 和 0）代表信号的一种方法，而模拟信号是连续变化的电流或电压。对电视业来说，这项技术是一种真正的变革。对消费者来说，它意味着高清电视画面（更好的图像）和 CD 般的声音（更好的音质），同时还具有交互功能（反馈系统和对讲系统）。同十几年前彩色电视的发展一样,数字电视的发展在 20 世纪 80 年代就开始了。直到 1998 年,一些美国电视台开始传输免费的无线数字图像和声音时,数字电视才真正投入市场。1999 年,隶属于四家主要电视网的电视台获得许可开始传输数字信号。从 2009 年开始,整个美国都在向数字电视转变,当时有一些昂贵的数字电视机在市场销售,但是一些用户使用转换盒和特殊天线接收数字信号。除了这些给用户带来的可预测的益处之外,数字电视在生产、销售和传输行业也有很重要的意义。更加精密的新型照相机、转换器、光盘及其他设备都囊括在内。[11]美国联邦通信委员会设立了网站,详细解说数字转换的意义并回答用户和公司的提问。

早期的电视只有几个频道,有线电视增加到了 100 多个,而向数字电视的转变则意味着可以收看几百甚至几千个电视频道。对于广播公司(电视台和电视网)来说,意味着更多的频道容量。每个电视台可以拥有六个全天播出频道。在撰写本章时,出现很多有关数字电视带来的变化的辩论和大量尚未解答的问题。公众需要并喜欢何种服务,目前正在创作什么类型的新节目,用户和广告主的花费是多少等都将决定这一高新媒体的未来。当然,还有政治、规章和私人企业方面的因素,更不用说在未来几年需要解决的国际问题。不管这些错综复杂的因素会导致什么结果,电视都要再次进行转变。美国全国广播公司新闻台前主席劳伦斯·格罗斯曼(Lawrence Grossman)是数字电视发起者卡内基公司的联席主席,他也看到了数字电视的发展前景,认为它会惠及从少数族裔到老年人口的广泛群体,也会带来许多特殊的利益和关注点。

作为当代媒介的电视

电视从无线广播中衍生而来,像无线广播一样,是一项技术和一种复杂的传播媒介。它的发展历程充分证明,电视同时也是一个由传播者、广告主、节目或内容以及大量不同的观众组成的经济体系。它已经成为一种大众媒介——美国公众喜爱的大众传媒的主要形式。

通常,美国家庭中一天有 7 个多小时开着电视机。然而,公众对电视媒介却并不怎么了解。大多数观众几乎不知道涉及技术、所有权以及组成电视系统的个人和团体之间的矛盾等的内幕。

相互竞争的经济体系

电视信号通过无线传输系统(或有线电缆)从当地电视台传输。现在这些电视台仍是这一系统的主干。2008 年年中,有 1 378 家商业电视台和 410 家教育电视台在全国播放节目。五个主要的电视网是美国广播公司(ABS)、哥伦比亚广播公司(CBS)、全国广播公司、福克斯(Fox)和 CW 电视网。福克斯属于鲁伯特·默多克新闻集团,它的股东(见第 3 章)也拥有一个"报业帝国"。此外,还有属于时代华纳的 CNN(有线电视新闻网)等节目服务商,以及由联合在一起共享节目同发广告的地方电视台组成的区域系统。美国政府在海外有一个很大的广播电视网,名字是军队广播电视服务网(AFRTS),表面看来是为军队服务的,实际上服务延伸到 70 多个国家和地区,除了军人之外,成千上万的美国人和国外百姓也能收看这些节目。

这些年来,独立电视台(不隶属于广播电

视网)的数量不断增加。这使得互换辛迪加这种经营模式逐渐普及。通过这种模式,节目制作方采取预售植入广告的办法实现"零成本"制作节目。(电视网络具有同样的组织结构。)一个地方电视台可以从节目辛迪加组织者那里获得录制好的节目。这些组织者将节目出售给非电视网的独立电视台,相当于建立了一系列的小电视网络。这些辛迪加节目直接与电视网的节目竞争。很多辛迪加节目是复播的。

对在家看电视的用户来说,他们并不清楚电视节目的来源。在任一给定时段内,他们看到的节目来源有可能是某电视网,也可能是一家独立的地方电视台,也许是公共广播公司,也许是基本的有线电视服务(或许要追加订阅费),可能是通过接收卫星信号,也可能是通过上网下载。

对观众来说,电视节目来源的多样没有给自己带来多大差别。不管是谁播放的电影,给观众带来的观看体验是一样的。球赛、动画片或自然风光纪录片也是一样。观众不关注节目怎么传输给他们。因为不管由什么系统传送节目,节目在屏幕上看起来都是一样的。大部分家庭并不在乎他们看的娱乐节目、体育节目或新闻来自哪个供应商,使用什么样的系统传输。他们关心的是想看的节目是不是能看到。

但是,对节目传输者而言,观众选用什么样的节目渠道非常重要。这是在激烈的竞争中决定盈利和生存的基础。因此,了解节目传输者之间的竞争是了解当代电视经济的重要前提。

不同的广播电视网之间一直存在竞争。每年它们都会为获取最高收视率而竞争。最近几年,随着电视网的替代产物(有线电视、录像机和DVD播放机)的出现,电视网同它们的竞争也随之出现。这一竞争带来了重大的变化。

从电视诞生到 20 世纪 80 年代中期,除了广播电视网之外,几乎没有其他替代媒介。广播电视网、广告主、电视节目制作者及观众之间的关系使得定时播放电视节目变得非常流行。广告费为主要的广播电视网带来高收益,从而保证了它们制作耗费较高的节目以获得更多观众。这样就形成一个互惠的体系。电视广告费很高,但是广告在受欢迎的节目间播放可以拥有大量观众,所以广告主乐意支付巨额费用在节目开播时间播放一小片段广告(如30 秒钟或 15 秒钟)。因为有巨额收入,广播电视网可以制作耗费更高的节目来吸引更多观众。因此,观众的数量也大幅增加,广告费也加速上升。

这一互利系统的中心是观众的注意力。对广告主和广播电视网的管理者来说最可怕的事情是人们不看那些负载广告的电视节目。他们会用各种各样的调查和民意测验方法确定什么人群会在什么时段看什么类型的节目。很多年来,他们使用非常简单的方法做调查,如选定一组人作为调查对象,让他们在家里每天做记录,或者通过电话或电子邮件询问观众一直在看什么节目。

无论有什么局限性,这些评级方法都已成为了惯例,成为最终决定一个节目是否继续播放的衡量方法。这些方法至今仍在使用。也就是所谓的大数法则是决定主要广播电视网播放什么节目的主要规则。节目吸引的观众越多,给广告主和广播公司带来的价值就越大。广告主的广告可以在节目传送过程中呈现,而广播公司可以出售广告时间。如果一档节目的评级下降,即使仅下降几个点,也会面临危险。若节目的评级显示不值得继续制作播放节目,那些节目会马上停播,特别是那些不能吸引足够的广告主为广播公司带来利益的节目。

广播电视网把评级方法作为它们评估特定节目价值的最终评判标准,这对广告主也很有利,广告主也支持这种做法。这样确保了播放的节目和广告能够最大限度地吸引潜在观众的注意力。几十年来,广播电视网都运用这种方法对节目进行评估。尽管各大广播电视网之间存在竞争,但电视网作为一个整体仍然非常稳定,在电视业中处于支配地位。大多数法则在今天依然盛行但是遭到质疑,因为电视网不像从前一样占有高收视率。随着电视网的不断分化,它仍然占有一些收视率,但其余部分不断被有线电视、网络广播及其他竞争者分割。对观众收视率的简单测量方法由更细致的观众分析法替代,这种方法追踪观众对信息和节目的感受。长期使用的尼尔森收视率依然流行,但目前遭到了广告主、消费群体和学者的质疑。

内容生产者

电视网(及其母公司所拥有的工作室和生产间)生产了出现在电视上的许多内容。随着时间的推移,它们将节目种类扩展到警察剧和律师剧、日间喜剧(肥皂剧)、体育、新闻、真人秀及其他形式。这些大型企业的所属权展示出了它们的天然联盟军。比如,ABC如今属于迪士尼,而迪士尼掌控着包括ESPN在内的诸多电视台且是拥有电影、广播、电视和其他公司的大型企业。NBC属于通用电气;CW属于CBS和华纳兄弟——时代华纳的一部分。此外,如之前提到的默多克新闻集团拥有福克斯。

电视网拥有众多的商业(销售、营销及加盟关系等)及项目(新闻、体育与娱乐)分支。作为经济实体,电视网向广告主销售接触观众的途径。新闻和体育分支产生他们自己的项目,而娱乐分支则有很宽泛的授权,其中包括日间节目表(肥皂剧、游戏节目、脱口秀)、周六早间的儿童节目、晚间节目以及黄金时段节目等。

人们总是疑惑一个电视网的完整节目表是如何演变而来的。这其实有一个发展过程,最开始是一个概念,然后到剧本大纲,再到试验产品、观众测试,最终发展成初始13周的委托运行,这一期间电视网的执行官们会屏住呼吸等待排名结果。"这个系统很是奇怪,根本毫无道理可言。"哥伦比亚广播公司执行副总裁大卫·波崔克(David Poltrack)说。[12]波崔克提到重大投资和决定的做出通常发生在对系统的观众反馈做严谨的市场调查之前。大量电视节目的制作都是一个凭直觉行事的过程。

表8-1 美国十大电视节目的常规安排

1.《美国偶像》(星期二)(福克斯)——美国家庭的15.5%
2.《美国偶像》(星期三)(福克斯)——15.3%
3.《与星共舞》(美国广播公司)——12.3%
4.《与星共舞总决赛》(美国广播公司)——11.4%
5.《催眠师》(哥伦比亚广播公司)——10.0%
6.《NBC星期日晚间足球》(全国广播公司)——10.0%
7.《犯罪现场调查》(哥伦比亚广播公司)——8.1%
8.《海军罪案调查处》(哥伦比亚广播公司)——8.0%
9.《60分钟》(哥伦比亚广播公司)——7.6%
10.《幸存者》(哥伦比亚广播公司)——7.6%

资料来源:Nielsen's Top 10 List for 2008.

或许正是由于这一原因,一些节目常常会在电视网内制造意料之外的经济波动。比如,喜剧《宋飞正传》(Seinfeld),在杰里·宋飞(Jerry Seinfeld)决定终止这一剧目之前的数年时间内它都是全国广播公司最赚钱的节目。另一个出人意料的热播剧,里吉斯·菲尔宾(Regis Philbin)主演的《谁想成为百万富翁》(Who Wants to be a Millionaire?)一经播出即收获了高排名及大量收益,同样的还有哥伦比亚广播公司的真人秀《幸存者》(Survivor)以及之后的逃亡者的最爱《美国偶像》(American Idol)。没有人能预测出究竟什么样的节目和节目形式能迎合观众口味并收获高排名,以及播放寿命长久且有利可图。

电视内容和类型

虽然衍生自同样具有新闻、情景喜剧、肥皂剧、体育和戏剧等节目形式的广播,但电视节目的内容找到了自己的发声之处,并充分利用了视觉媒介的独有特点,从生动活泼的卡通

《广告狂人》(*Mad Men*),美国经典电影有线电视网(AMC network)2008
年播放的颇受好评的有线电视连续剧,取材于 20 世纪 60 年代的广告业的
价值观和行事风格。

到电脑图像及高清图片和声音。早期电视有
儿童节目如《好迪·杜迪》(*Howdy Doody*)及
《袋鼠船长》(*Kangaroo Captain*),综艺节目如
《苏利文剧场》(*The Ed Sullivan Show*)及《米
尔顿·伯利秀》(*Milton Berle Show*),还有情
景喜剧如《我爱露西》(*I Love Lucy*)等。《今夜
秀》(*Tonight Show*)是较早进军夜间节目制作
领域且存在时间很长的节目。与此同时,新闻
和体育节目也吸引了很多眼球。

如今,主要的且也已经延伸至有线电视的
电视节目形式有如下几种:

新闻——涵盖范围涉及早间新闻、较短的
午间播报、头条热门新闻、根据时区不同而于
下午 5—7 点黄金时间段播放的晚间新闻,以
及夜间新闻。早间新闻节目通常更为轻松,有
时不如晚间新闻那般正式严肃。此外还有 24
小时不间断播报的新闻,由 CNN 最早做出尝
试,如今 MSNBC、CNBC、福克斯等其他电视
台也纷纷效仿。

新闻谈话——主要是一些评论性节目、访
谈,还有一些是此前提到过的由政治力量控制
的节目。这一形式通常混合着以娱乐为导向
的节目制作形式,其中当时发生的某一事件会

被夸大处理以吸引眼球。

深夜秀/综艺节目——包括《大卫深夜秀》
(*Late Show with David Lettermen*)、《杰·雷
诺今夜秀》(*The Tonight Show with Jay Le-
no*)和《柯南深夜秀》(*Late Night with Conan
O'Brien*)等等。

日间节目——主导着日间电视屏幕的是
沿用至今的所谓的肥皂剧。来自宝洁
(Proctor & Gamble)、药店及其他个人商品企
业等的家用商品广告充斥其间。日间节目包
括肥皂剧以及如《观点》(*The View*)和《奥普
拉》(*Oprah!*)等综艺节目和脱口秀节目。

情景喜剧——这一珍贵的节目形式目前
以《神探阿蒙》(*Monk*)、《丑女贝蒂》(*Ugly Bet-
ty*)和《好汉两个半》(*Two& a Half Man*)等
剧延续至今,并以喜剧主题为主要特征。情景
喜剧是源起于几十年前而如今依然出现在电
视屏幕上的持续时间最长的节目形式之一。

戏剧性节目——这一娱乐性的节目形式
包括晚间无论以连续剧还是单集的形式播出
的警察题材类节目如《法律与秩序》
(*Law&Order*)和医药题材类节目如《豪斯医
生》(*House*),以及其他题材类节目。戏剧性

节目追随流行趋势和迎合大众口味。20 世纪 50 年代,西部牛仔主题是一大热潮,同样的还有医疗和警察主题。今天,一些节目如《波士顿法律》(Boston Legal)、《犯罪现场调查》(CSI)等都延续了这一类型。现代的医疗剧包括《实习生风云》(Scrubs)、《整容室》(Nip/Tuck)和《实习医生格蕾》(Grey Anatomy)等。

真人秀节目——这些节目捕捉人们在真实的或安排好的真实场景中的生活情形,且通常以普通人为主角而非演员。第一个真人秀节目是《真实世界》(The Real World),之后出现的节目有《幸存者》、《勇敢者游戏》(The Fear Factor)、《单身汉》(The Bachelor)《美国偶像》与《与星共舞》(Dancing with the Stars)等。

儿童节目——主要针对年龄较小的观看者,在日间或更常见的是周六早晨播放。这些节目主要是动画片、幻想类连续剧、科幻甚至是新闻和历史。

体育节目——长期占据周一晚间及周末电视荧屏的重要的电视节目内容。这些节目起初遵循着职业或大学运动规定的时间表——冬天播篮球,春夏播棒球,秋天播足球等。但是,冰球、高尔夫球和其他全年都可以进行的运动逐渐地加了进来。但是,体育节目最具影响力的依然是最多人看的每年一月播出的超级碗赛事,屡屡刷新收看人数纪录。

纪录片和文献电视片——针对名人、历史大事及当前事件的"真实"记录。其中一些仅使用人物故事和事件的真实镜头,然而另一些则会制造戏剧性的插曲。此类型节目的先驱是肯·伯恩斯的纪录片,其中包括了对于美国内战、棒球等话题的研究。历史和生物频道是此类节目播放的两个重要渠道。

电影——几十年来,电视已经为观众提供了老电影或刚刚上映的电影以及电视网自己"专为电视而制作的"电视电影。比如,特纳经典电影频道(TCM)和美国经典电影(AMC)有线电视频道的许多节目,制作均来自电影胶片库。此外,电影像体育赛事一样是点播视频的来源。

《我为喜剧狂》(30 Rock)是情景喜剧中一种颇受欢迎的电视连续剧类型的典型例子。

家庭购物——基本的有线电视上均有几个 24 小时的家庭购物频道,其中包括家庭购物网络(Home Shopping Network, HSN)和 QVC(Quality Value Convenience, QVC)电视购物公司,其中主要出售宝石、珠宝首饰、手表、电子产品、美容产品、时尚用品和其他消费者仅靠拨打 1-800 的数字或登录网页即可购买的商品。售卖这些商品的主持人本质上就是一个

关于一个神经质的前侦探的有线电视连续剧《神探阿蒙》,是一部突出体现了美国电视网"欢迎个性"理念的情景喜剧。

宣传和营销的渠道。

特别节目与事件——其中包括奥斯卡学院奖(Academy Awards)、金球奖(the Golden Globes),以及特定节日节目如《芭芭拉·沃尔特斯特别节目》(Barbara Walters Specials)、《全美人民选择奖》(The People's Choice Awards)等名人访谈节目,以及追踪不同事件、颁奖典礼、欢庆仪式等其他节目。

文化节目——主要在公共电视台播出。这些节目包括以百老汇表演、歌剧、交响乐表演等为主要内容的《精彩表演》(Great Performance)及其他高中端文化节目,通常都是来自音乐厅的电视广播。一些人可能认为《古董路演》(Antiques Roadshow)也是一档文化节目,因为它主要关注的是古董家具、艺术品和

收藏品等,且有某种教育功能。

其他种类的电视节目还有很多,如宗教类、同性恋类、科幻类等节目。虽然此处我们关注的是美国的电视节目种类,但是值得注意的是美国的电视节目种类吸引着全球的观众。作为一种文化产品,大量的电视节目是在全球范围内扩散传播的,虽然有许多电视节目来自美国,但本土创作生产的电视节目数量也很是庞大。

表 8-2 展示了五个国家——巴西、墨西哥、美国、加拿大和日本观看最多的电视类型。一些批评人士指出,电视节目已经同质化,并且像肥皂一样作为商品售卖。虽然有些别具特色的美国电视节目和非洲、亚洲等地区的节目有所区别,但是研究显示,即使在其他国家之间也存在偏好的差异性。

表 8-2　　常见的电视节目类型(前 20%~30%)

巴西	墨西哥	美国	加拿大	日本
70%国内新闻	74%本地新闻	64%新闻	71%电影	54%天气
69%本地新闻	71%国内新闻	51%电影	58%新闻时事	53%外国电影
55%国际新闻	64%动作片/冒险片	47%情景喜剧	52%戏剧	51%新闻
54%动作片/冒险片	59%喜剧	41%体育比赛	44%体育	48%职业棒球
52%喜剧	58%国际新闻	37%戏剧	43%人物传记	42%旅游
49%国产电视剧	55%科幻电影	36%观众参与/游戏	41%悬疑剧/犯罪剧	42%戏剧
46%体育直播	49%恐怖片	33%新闻杂志	38%游戏节目	40%纪录片

续前表

巴西	墨西哥	美国	加拿大	日本
42%天气	47%近期好莱坞电影	27%谈话节目	34%肥皂剧/连续剧	40%体育新闻
41%体育新闻	46%体育直播	20%音乐	32%脱口秀	36%综合娱乐
38%脱口秀	44%动画	19%晚间动画	31%家庭剧	35%日本流行音乐
36%动画	44%经典好莱坞电影	19%颁奖典礼	31%自然节目	30%家庭剧
33%健康医疗	43%体育新闻	19%日间戏剧	29%喜剧脱口秀	29%喜剧
33%自然和野生动物	43%国产肥皂剧	19%真人秀	27%科幻剧/幻想剧	28%综合信息
32%体育评论	40%戏剧	18%科幻	27%园艺/家庭/烹饪	26%马拉松
32%纪录片	38%体育评论	10%日间动画	25%音乐短片	25%智力游戏
31%戏剧	35%游戏节目/竞赛	9%宗教信仰	24%儿童动画	25%新闻评论
30%近期好莱坞电影	34%天气	7%体育集锦	23%综艺表演	24%动画
29%音乐剧	33%自然和野生动物			24%相扑
27%恐怖片	31% 音乐短片			23%武士剧
27%科幻电影	30%极限运动			22%业余爱好
25%极限运动	29%纪录片			20%足球
24%音乐短片	26%脱口秀/访谈			20%日本电影
24%游戏节目	24%综艺表演			20%娱乐游戏
21%经济	24%真人秀			
20%真人秀	22%健康医疗			
20%时尚	22%音乐会			
20%经典好莱坞电影	21%经济			
	21%科幻			
	20%科学技术			

资料来源：TGI(Target Group Index)，2008，http://www.zonalatina.com/Zldata276.htm.

电视业的转型

随着电视节目在国家间流动传播，电视逐渐成为一个全球性产业。起初作为传输信号技术的电视如今已经成为一个重大的世界经济体。正如我们之前提到的，许多美国电视台是由大型企业掌控的，即便法律规定单个所有者不得拥有超过 12 家电视台，覆盖范围不得超过全国总人口的 30%。媒体所有权，以及许多其他商业企业的媒体所有权是全球性的。虽然美国联邦通信委员会的规定对广播财产的国外所有权施加了限制，但是企业集团所有

权的复杂模式依然十分常见。

对于电视业而言，创造利润是整个行业所应具有的一项功能——广告销售、广告规模、网络和电视台营收、市场排名以及其他指标等。其中主要的参与者是电视网、地方电视台和为电视节目制作提供独立资源的采取以物易物形式交易的辛迪加。正如之前所提到的，有线电视、录像机、卫星和辛迪加提供的服务所产生的竞争已经造成了电视网经济收益的下滑。但是电视网依然可以为数量可观的观

众传播信息，虽然观众花费在媒介上的总时间中电视网占有的份额出现了下降。

尽管我们在美国人口的社会、文化和经济结构方面已经掌握了大量信息，但是对于电视观众信息掌握严重缺乏的方面之一就是其实际构成。比如，电视行业市场研究者对电视网观众的人口特征只进行了粗浅的研究。有线电视服务和公共电视台有时会声称面向"高质量的"或高级的观众，和普通受众比起来，这些观众的文化程度与收入水平均较高。然而，这一言论并非基于精心设计的研究所产生的数据之上，且电视作为 个整体，并未能像其他

产品和服务的市场人员那样，采取同样的方式对其观众进行精确而谨慎的研究。

对于电视台而言，一种重要的概念就是作为区域的市场。在这个语境中的市场，主要是指由那些生活在一个电视台信号覆盖范围之内的实质性人员组成的社区和毗连区域。在实务领域，这个术语可以解释为一个包含一个城市的大城市区域。有些市场相对比较小，像小石城、阿肯色州等地则被视为较小的电视市场。而诸如洛杉矶或费城则是较大的电视市场。

电视新趋势

数字时代，电视和有线电视等词听起来似乎年代久远，但作为描述曾经十分复杂且不断变化的系统的名词，它们曾令我们震撼。电视、有线电视、卫星平台等渐渐地同数字化的、按需定制的互联网平台相互融合。这些旧的技术平台曾经是向各个家庭传输节目的管道，并支配着媒体和娱乐界的景象。但是它们逐渐地融合到一起，编织出包括分配技术、节目内容、广告和数字资产（也叫作旧节目）存储等在内的网络。如 Hulu 和 NBC Rewind 等在内的网站重新上传节目并使其能在家庭电脑或智能手机上播放——这多么方便观众选择和使用。这一做法，同之前讨论的电视录像机（TiVo）一样，将观众带入了时空转移的世界。一个娱乐界的企业集团如控制着哥伦比亚广播公司的维亚康姆，同样拥有如 MTV 之类的有线电视网，而 MTV 也拥有其旗下 40 余个电视网，这些电视网同大量能展示电视网、个人节目与才艺以及其他内容的网站相连接，而这些网站本身都能吸引大量观众。

按需定制的数字化节目服务，或所谓的"个人电视"有望在 2010 年左右出现。《经济学人》的《2009 年的世界》一文指出，"提前于2012—2018 年的行业范围内大调整，彼时随着

免费播放频道的发展，高清电视将成为主流"[13]。比如，预计在 2009 年后期出现的优质的电视和按需定制的视频就是电视电影业巨头维亚康姆（Viacom）、派拉蒙（Paramount）、米高梅（MGM）和狮门（Lionsgate）等共同努力的结果。随着如微软和谷歌之类的公司形成的挑战，电视广告市场也吸引了不少人的兴趣。

如今的电视是关于连接性与持续性的故事，同样也是关于技术、电视节目和商业模式新发展的故事。虽然许多电视节目都是关于娱乐和幻想的，但是电视依然是新闻播放的主导力量。一个明显的例子是 2008 年总统大选期间的辩论、正式讲话和选举本身都吸引了大量稳定的观众。比如，2008 年 11 月巴拉克·奥巴马的提名演说吸引了 7 860 万观众。相类似，奥运会和其他大型赛事也依靠电视作为其首要的播放平台和分配系统。电视正将自己同数字化有效地连接起来，并通过汇聚观众的大量需求以及对有利可图的市场感兴趣的人群，来追求广告和其他经济支持。一些评论人士表示电视和个人电脑将最终会合成无缝衔接的一个系统。这将要求一个源起于 70 年之前的行业重新对其结构进行重大而广泛的调整。

电视录像机为电视观众提供了一种电视点播服务,从而使他们不用再受播放时间的约束,因此为电视观众提供了更大的自由度。

 ## 本章回顾

● 第一次世界大战刚刚结束,有几个国家便开始了用广播传输图片的尝试。最早的实验利用了旋转中的"尼普科夫圆盘",这是一个同光束一起使用时会产生扫描效果的机械化系统。直到电子扫描的出现,电视的发明才成为可能。

● 电子电视系统的第一个专利获得者是菲洛·法恩斯沃思,就是这位名不见经传的发明者在高中时便完成了基本的设计。在极少量资金的支持下,他在纽约的一间小公寓内制造出了一台会工作的模型。西屋公司实验室的弗拉基米尔·佐里金同样也发明了一个电子系统。但法庭最终判决法恩斯沃思拥有专利权。

● 到1932年,纽约帝国大厦内已经安装了一台发射机。常规的信息发射始于1936年,但可发送的信息量十分有限,每周只能发送两则广播。已经建造或购买此设备的数百名业余爱好者可以在纽约区范围内接收到信号。到1940年,电视已经成为可供家庭使用的大众媒介。然而,1941年第二次世界大战爆发后,对于战争用品的需求暂时搁浅了这一新媒体的发展。

● 战争刚一结束,电视机的家庭占有量便迎来了高速发展期。1950—1960年间,将近90%的美国家庭拥有了电视机。尽管当时专利许可受到限制,1948—1952年联邦通信委员会还强行规定不得成立新的电视台,但这一快速发展的势头仍然未受到影响。

● 电视很快成为了整个美国家庭行为模式的一部分。家庭中电视的使用时间从1950年的每天4.5个小时发展到今天的7个小时以上。到20世纪90年代,彩色电视全面取代了黑白电视。

● 尽管出于不同的原因，两个时期可以被称作电视发展的黄金时代。一个是基于某个电视节目或电视人物的流行，大至出现在 20 世纪 50 年代早期到 1960 年。另一个更多的是由于电视网的支配地位与盈利能力，出现在 1960—1985 年间。

● 在家庭内采取另一种方式使用电视机如今已经成为整个电视形式的一个重要组成部分。有线电视直到 20 世纪 80 年代才成为一个重要的因素。在 80 年代的十年内，美国家庭中接收有线信息的比例迅速攀升。20 世纪 50 年代，一家美国公司发明了录像机。从 80 年代中期开始，日本人已经在美国售出了数百万台录像机。现如今，数字化电视，尤其是卫星直播可能会造成进一步改变。

● 作为一个行业，电视广播正经历诸多改变。所有权的新模式正在兴起。大企业和企业集团正逐步地将电视台甚至是电视网变成它们的所有物。其结果就是行业内竞争模式的改变。同样，电视网在广告收入上已经丢失了大部分的市场份额。有线电视和已经取代了录像机的 DVD 播放机，两者的使用范围均超过了以往任何时候。随着这一充满活力的行业继续演变，未来将会看到更多改变。

● 在不久的将来，媒介将很快发生技术上的改变、融合以及出现新趋势。建立在数字化基础之上的高清电视将在短短几年内出现。它将改变屏幕上图片的格式与清晰度。有线电视将面临通信网络、微波和卫星等传输系统的挑战。所有这些技术进步将带来更多的频道，但电视内容的本质不太可能因此而改变。

思考题

1. 梳理出作为传播媒介、技术、产业和社会力量的"电视"这一术语的意义。如何将这些概念整合在一起，并就其对人们和社会的价值做最好的描述和解释？

2. 是什么推迟了作为主要传播媒介的电视的发展？

3. 电视的黄金时代是什么时期，如何理解电视的黄金时代以帮助理解当今电视所扮演的角色？

4. 有线电视在作为一种媒介的电视的发展历程中扮演了怎样的角色，具有怎样的社会影响？

5. 数字革命是如何影响电视的？

6. 这些年，电视的内容和节目经历了哪些变化？

关键概念和术语

严寒期　The Big Freeze
彩色电视　Color television
第二个黄金时代　Second golden age
电视网　Television networks
有线电视网　Cable networks

有线电视　Cable TV
家庭录像　Home video
卫星直播　Direct broadcast satellites
电视节目类型　TV program types, genres
电视真人秀　Reality TV

注释

1. Jacques Steinberg, "Converters Signal a New Era for TVs," *New York Times*, June 7, 2007, p. C3. See also Stephen Bates, "The Day TV Died," *Wilson Quarterly*, Summer 2008.

2. Cliff Edwards, "Net TV: Coming into Focus," *Business Week*, Sept. 10, 2007, p. 20. See also Douglas Gomery and Luke Jacobs, *Television Industries* (London: British Film Institute, 2008).

3. "The Development of the Television Industry," Melvin L. DeFleur and Sandra Ball Rokeach, *Theories of Mass Communication*, 5th ed. (White Plains, NY: Longman, 1989), pp. 110 – 122.

4. 想全面了解 20 世纪 70 年代之前的电视史可参见 Eric Barnouw, *Tube of Plenty: The Evolution of American Television* (New York: Oxford University Press, 1975); Paul Schatzkin, *The Boy Who Invented Television* (Terre Haute, IN: Tanglewood Books, 2004); Evan I. Schwartz, *The Last Lone Inventor: A Vision* (New York: HarperCollins, 2002)。

5. John P. Murray, Ellen Wartella et al. *Children and Television: Fifty Years of Research* (NJ: Lawrence Erlbaum & Associates, 2006).

6. Interview with Patrick Russo, The Salter Group, Sept. 19, 2007.

7. Benjamin M. Compaine and Benjamin Gomery, *Who Owns The Media?* 3rd ed (Mahwah, NJ: Lawrence Erlbaum, 2000), pp. 266 – 270.

8. Les Brown, "The Nascent Age of Broadband," Fordham Center for Communications and The Broadband Forum, 1999, updated edition published by the Carnegie Corporation of New York, 2000, pp. 1, 4.

9. "A Survey of Telecoms Convergence," *The Economist*, Oct. 14, 2006, pp. 1, 14.

10. Tony Feldman, *An Introduction Digital Media* (London: Routledge, 1997), pp. 1 – 3. 想了解一些有用的定义性材料可参见 Wilson Dizard, Jr., *Old Media / New Media*, *Mass Communications in the Information Age* (New York: Longman, 2000)。

11. Charles M. Firestone and Amy Korzick Garmer, eds., *Digital Broadcasting and the Pubic Interest* (Washington: The Aspen Institute, 1998), pp. vii, xi.

12. David Poltrack, executive vice president of CBS, Inc., in lecture February 7, 2006, Fordham Graduate School of Business, Lincoln Center, New York.

13. "The World in Figures: Industries" (media), *The World in 2009*, *The Economist*, Jan. -Mar. 2009.

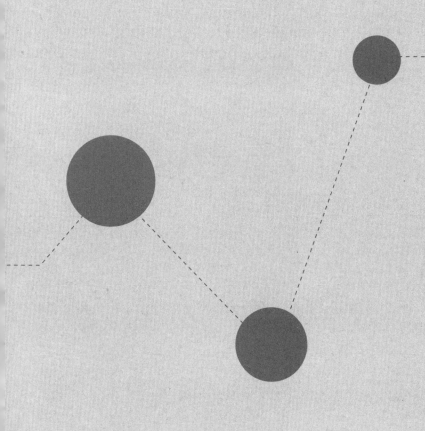

第 4 部分

媒介受众、服务和支持

第 9 章
新闻、新闻业和公共事务

新闻:新闻界的信息功能

监督的类型

地理范围、主题、组织

以时间为类型

硬新闻和软新闻

事实如何发生扭曲

编码策略:包装新闻

传统新闻价值

报道格式

新闻风格

煽情或八卦新闻

"客观"或公正新闻

批判性或解释性新闻

文学性或"新"新闻

偏向性新闻

精确性新闻

公共新闻

公民新闻、博客和新闻民主

讽刺或幽默新闻

社会和文化对新闻的影响

编辑部的社会组织

利润驱动的结果

新闻的社会文化功能

市场取向:作为产品的新闻

对抗取向:公共利益的看门人

新闻媒体的议程设置功能

数字时代究竟给当下的新闻和新闻生产实践带来了什么样的冲击？从历史上来说，新鲜的东西就是新闻，不管它经由什么样的媒介来进行传递。但是，从电报到通信卫星再到数字时代，这些技术力量大大加快了新闻传递的速度。前面我们已经说到，今天，我们通过 PC 机、笔记本电脑、平板电脑、手持设备等等来接收新闻，而今天的新闻媒介这个概念已经包括了所有的传统媒体、搜索引擎、社交网站以及其他的媒介形式。现在，新闻消费者们轻而易举地就可以绕过那些所谓的"约定式媒介"（appointment media）（这是指那些按照指定的时间表来进行传递的媒介），直接接收每周 7 天每天 24 小时不间断的新闻和资讯，这在几年前还是不可想象的。媒介响应公众的要求，每时每刻都在进行更新，提供在线的新闻资讯和新闻故事。[1]尽管 CNN 在 24 小时新闻方面已经领先了几十年，但近些年来，主流媒体（电视、杂志、报纸）也在不断地改变网站、博客、播客，它们都在提供新闻服务。

在历史上，这是第一次对于人们从哪里获取新闻这个问题，开始出现了一个代际上的分水岭。十几岁到二十几岁的年轻人们更喜欢从互联网上获取新闻，而不是从报纸、电视新闻这些权威渠道（见图 9-1）。根据数字未来研究中心（Center of Digital Future）的说法，这一年龄层次的群体倾向于信任各种各样的网络新闻，不管它们是不是来自传统的老牌媒体（比如《纽约时报》在线版）。年龄大一些的成年人对此抱有怀疑，他们倾向于信任传统媒体以及那些从谷歌或者其他搜索引擎上汲取的来自传统媒体的信息。同时，年轻人们对公民新闻的态度更为开放，相对于那些由专业记者发布的报道，他们更喜欢那些由同辈或者其他普通人带来的消息（见图 9-2）。比如草根们在 Facebook、MySpace 这些社交网站上发布的新闻报道在年轻人中尤为受欢迎。有时候，这些很"酷"的新闻的风头盖过了那些传统的枯燥的报道。正如《2008 年新闻媒体状况》报告中所说的那样，这种大的潮流正在让新闻从"一种商品"向"一种服务"转变。这种转变对应着公民-消费者的责问："新闻如何帮助我，甚至为我赋权？"另外，新媒体的市场定位（窄播）表明，美国新闻媒体的议程设置仍然在继续地变窄，而不是变宽。[2]

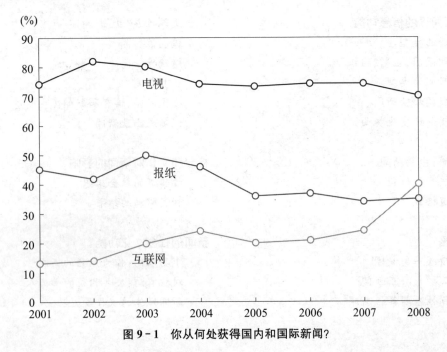

图 9-1 你从何处获得国内和国际新闻？

这些变化从根本上改变了新闻的范围、主题、来源及其社会影响。博客上的作者们大多是没有报酬的非专业人士，他们敢于就传统的新闻报道进行挑刺儿，一下子就对采自电视新闻网等渠道的报道提出了挑战。这种冲击是巨大的。2004 年，当时任哥伦比亚广播公司新闻主播的丹·拉瑟那个充满争议的关于小布什总统服兵役的新闻报道播出后，很多博客文章针对未经证实的信息进行了攻击，最终导致了拉瑟被迫辞职。播音主持唐·伊穆斯的一则对罗格斯大学（Rutgers University）篮球队当中非洲裔女性的污蔑性评论，演变成了一个争议性新闻，也是由于一群网络监察员在早上 7 点前发现了这则评论，并把它发送给了主流媒体的。而主流媒体本身在数天之后才发现它。[3] 同样，在 2008 年美国总统大选期间，博主们发掘出了一段令候选人尴尬的资料，并且迅速将它搬上了主流媒体。有时候，传统媒体也会错误地引用误导性的博客评论。例如，关于奥巴马的公民身份或者莎拉·佩林（Sarah Palin）之女的未出世孩子的亲属关系的误导性评论。与此同时，对于新闻的定义并没有变化（公共领域的记者的目的也没有变化）。它依旧是公民对于环境的一种监督方式。在这一章，我们将重温媒体的这一重要功能。

主要新闻来源	2006 年 8 月 （%）	2007 年 9 月 （%）	2008 年 12 月 （%）	2007— 2008 年 变化
电视	62	68	59	−11
网络	32	34	59	+25
报纸	29	23	28	+5
广播	16	13	18	+5
杂志	1	*	4	+4
其他	3	5	6	+1

图 9-2　互联网与电视一样成为年轻人的主要新闻来源

＊ 调查的是 18 岁至 29 岁的年轻人。

注：表中数字加总超过 100%，因为允许多项选择。

新闻：新闻界的信息功能

从一开始，新闻媒体就作为社会的"眼睛"和"耳朵"而存在。最初人们说到"新闻媒体"就仅仅是指报纸，而今天这个词包含了所有向公众提供新闻服务的印刷媒体、广播电视、有线电视以及互动媒体。通过监督社会环境，新闻界收集、处理、传递新闻。人们通过参与这些选择过的被呈现出来的新闻，或多或少可以了解在他们的社区、地区、国家或者世界上发生的事情。

关于"什么是新闻"可能会非常复杂。学者们开始就这个问题进行论述，由此产生了数以百计的定义。然而，在这里，我们选用了一个非常简单的定义：新闻就是那些经由媒介采集、加工、传递到特定人群的关于一个事件或者一个事物的新鲜知识。

要理解新闻的本质，我们就要看到四个关键性的要素：采集、加工、传递和公众。这四个要素是新闻生产的核心，也就是一个事件从新闻媒体组织开始最终到达公众所经历的一系列步骤。这些步骤包括以下方面：（1）有选择性地收集相关事实和细节；（2）根据新闻价值和媒体自身的编码要求将它们组织成故事；（3）通过大众媒体将它们传递给受众；（4）受众从不同的层面去处理和理解媒介呈现的内容。新闻生产过程也被看作"媒体的监督功能"，它始终监督那些对公民们重要的事情，并将它们变成可靠的报道。由此，公众充分了解了可靠信息，就可以对这些对他们个人以及对整个社会来说都非常重要的事情做出决定。这种对于新闻界的功能的理想化描述，给予了新闻媒体各种保护和特权。而其他营利性商业组织是不会得到这些保护和特权的。

如果新闻的生产过程良性运转的话（也就是假设新闻报道可以完全精确地呈现现实），

那么公众就可以看到一个有效的关于现实的媒介图景。这里所说的这种图景和伟大的公共哲学家沃尔特·李普曼（Walter Lippman）所说的"外部世界"反映在"我们头脑中的图景"之间形成了密切的对应关系。但是，在这一章中，我们要强调的是，我们有理由怀疑：新闻媒体所呈现的仅仅只是关于真实世界的有限的一部分而已。

认识到我们在本章所探讨的新闻过程的这一局限并不意味着我们要去谴责媒体。"我们头脑中的图景"是根据媒体所呈现的那个"外部世界"而创造出来的，而媒体的这一呈现过程中对现实发生了曲解。但是，这并不是说记者及媒体故意地想要去误导我们。应该说这种偏差是不可避免的，它是由关系着媒介组织生存的那些力量、因素和条件造成的。但是同时，我们的新闻媒体应该被批评，特别是对那些由媒体老板和经理们所做出的策略和决定。所以，在这一章中，我们主要的一个目的就是要客观地审视新闻生产的整个过程，以此来更好地理解媒体究竟在多大程度上更好地或是更快地实现了它本应具有的监督功能？为什么会这样？

作为金融中心的华尔街是形成商业和经济新闻的重要区域。

监督的类型

从根本上说，一切新闻都来源于真实的现实。问题是现实本身非常复杂。用哲学家威廉·詹姆斯（William James）的话来说，世界充满了喧嚣的困惑。新闻正是对由海量的议题、事件、冲突、潮流以及各种其他的事情构成的现实的一种描绘。不管这种现实是多么令人困惑，新闻生产的第一步就是要观察、理解、解释并且记录下来提供给公众。

为了理解新闻生产的这个初始阶段，我们需要观察记者实际上是如何将复杂的世界简化为有限的类型来划分其监督任务的。让我们来简短地介绍一下这些类型以帮助我们理解新闻收集的初始阶段。

地理范围、主题、组织

这些部分来自多年来新闻记者们的实际经验，并且已经变成了一种固定的传统。

它们一方面来自记者们所构想的什么样的事情是公众"感兴趣"的事情，另一方面来自记者们认为公众"必须知道"的关于民主社会的那些事情。一个重要的类型就是地理意义上的对于领土的区分。[4]新闻故事中的那些事件被区分为本地的、地区的、国内的或是国际的。这些并不精确的地理上的区分将现实分成不同的类型，对应着特定的公众不同的感兴趣程度。受众中有些是"世界型的"，他们对于本地新闻不感兴趣，而对国际和国内新闻特别在意。另外一些则是"本地型的"，他们乐意知晓发生在他们身边的社区或区域新闻，但是对国内和国际事件不太感兴趣。[5]专业的记者们非常了解受众的这些偏好，他们会在新闻报道中考虑权衡不同受众的需要。

在一个地理区域内，新闻还根据主题的不同被进一步细分。典型的新闻主题有政治、经济、科学、健康、教育、体育、时尚、天气、娱乐、宇宙、犯罪等等一长串儿。它们对于新闻媒体实现监督功能影响重大。在数字的世界中，原本带有地理界限、不同主题的新闻今天都可以到达任何一个地方、任何一个对它感兴趣的受众那里。地理区域的划分在今天已经变得不太重要了，更多的非专业个体媒体（像是Twitter）会对很多新闻议题发表评论。

另一个广泛的类型跟组织有关。这些组织给新闻提供了原始事实。在国家层面上，记者会被分派到政府的一个或多个机构，例如白宫、法院系统、五角大楼或者国会。在地区层面上，记者也许会被分派到警察局、市政厅或者大学。而如今更加重要的新闻来源是智库、政策研究中心和其他非政府组织（NGO）。这些专家组织通常是为自我服务的，但是它们也是很重要的消息来源。当然，几乎所有的新闻来源都是为自我服务或者自我参照的，即使它们当中也有一些是无私的。使用这些类型和子类型作为新闻机构分配劳动力的基础使得记者们可以更加专业化，成为某一个或多个类型的专家。因此，一些记者将他们自己限定在国际事务或者国际事务的某一特殊领域。而另一些记者则专注于特定的话题或活动，例如时尚、科学或者教育。这种专业化可以帮助记者发展独特的技能和视角，以用于定位、理解和撰写那些由他们监督的，处于地域、活动或组织中心的重要事实。

以时间为类型

除了上述所说的新闻分类之外，新闻的另一种特别的分类方式就是依据它持续的时间。一些新闻事件持续的时间很短，从根本上说就是一个时间点的新闻。比如某个地方的一个房屋失火或者是爆炸了，这就是一个突发新闻，是整个新闻业中的主要内容。这种突发新闻报道没有历史感。事件的发生为新闻提供了素材，记者们报道它，并最终将它传递给公众，一切就结束了。但是，正如我们前面所提及的，时间这个概念在数字时代被极大地修改和扩充了。今天的新闻要求每周7天每天24小时不间断地进行报道，这种新闻也因此被拉长、分割成不同时间点的报道，不断地重复又重复，令人乏味。

另外一些新闻事件是在不断发展中的。它们的发生过程有阶段性，就像是一出戏剧的多个片段。当事件向前发展的时候，新闻也不断地将它展现出来。但是，每个故事最终都会结束，并且再也不会引起同样的关注。一场选举活动就是一个好的例子。

一种相对不同的时间类型就是持续性报道。它没有清晰的开始或者结束，而只有关于某一特定议题的连续不断的报道。每当相关的事情发生的时候，就会有关于最新进展的报道出来。比如关于堕胎和同性恋权利的报道就是一个好的例子。抗议、对抗、法律案例以及关于妇女权利、人权的政治辩论等等这些议题的相关报道也已经持续了几十年，同性恋权利和同性婚姻的问题也是如此。这些话题都不太可能有结束的那一天。另外一些类似的例子还包括毒品、核垃圾排放、发展与环境保护的关系问题、社会安全、死刑、安乐死、美国贸易冲突等等。

美国首都华盛顿是形成政治和政府新闻的重要区域。

硬新闻和软新闻

硬新闻就是被大多数人认为是新闻的那些新闻。也就是在某一天所发生的特定事件，比如抢银行事件、杀人犯被抓到或者某个桥梁倒塌。事件发生的时间是被重点考虑的因素。某条新闻有价值是因为它是今天刚刚发生的、必须尽可能快地报道给公众的事件。硬新闻就是关于犯罪、灾难、经济、政治、公共政策等的新闻。而软新闻，并不是那么强调时效性。它关注那些能引起人们兴趣的情景、人或者是事件。这种新闻一般不太基于那些发生在特定时间的事件，它们往往在需要的时候随时出现。有关未来的新闻故事、关于生活方式的报道、流行文化、艺术等等往往就是软新闻。

事实如何发生扭曲

新闻采集者从什么源头获取事实？每种源头又有什么样的问题会让报道偏离现实？在这一节，我们会介绍几种传统新闻源和几种我们这个年代伴随技术发展所产生的新闻源。同时我们也会介绍从这些新闻源采集来的事实是如何被不经意地扭曲的。

也许最容易被我们想到的获取事实的方式就是直接观察。这些处于事件现场的报道可以给予新闻采集者最大限度对于事实的接触。一个非常传统的新闻源是，见证者的叙述。这些见证者本身观察了事件或者可以提供目击情报。另一个新闻源是专家。虽然这些专家可能没有目睹被报道的新闻事件，但是他们对于这一类事件的知识很丰富。

还有一些跟人不那么相关的新闻源。其中一个是新闻简报：由某个组织（例如五角大楼或者公司）预先准备的，以电子、视频或纸面的形式向记者汇总关于某个事件的"官方"消息。例如，一个商业机构会发布新闻简报来通知人事变动或者介绍新产品。另一个新闻源是已发表的文件,比如商业、教育或政府报告,科技期刊,调查报告,以及经济趋势摘要。这些资料可以在图书馆找到,或者在很多情况下可以在在线数据库里找到。最后,公共档案(例如法院、税务局或财产所有记录)也是一个常用的新闻源。这些曾经大多是纸面记录,现在也大部分被数字化了。

虽然新闻采集者之间盛行的职业标准对观察和采集到的事实的精确度有很高的要求,但是很多的事实表明,使用以上任何一种新闻源都无法避免不经意的错误、偏见和对事实的失实陈述。这并不是说记者或者其他新闻从业者故意歪曲他们所准备的材料。正相反,他们当中的绝大部分人对真实性一丝不苟。尽管如此,基于我们稍后会说明的原因,事实的

扭曲总是会发生,只是程度不同。而且,有些消息源比其他消息源更容易产生这个问题。老实说,一些以意识形态为导向的人会直接用骗局和倾向性新闻来歪曲事实。博客骗局很常见,因为在网上发布虚假的、误导性的或讽刺性文章很容易,有时还会配有视频。一个例子是一则 2007 年的报道,说如果人们不能在 7 天内在 Facebook 建立一个超过一百万人的群,Facebook 就会被关闭。另一个有名的网站是"假冒斯蒂夫·乔布斯"(Fake Steve Jobs),博主丹尼尔·里昂(Daniel Lyons)假扮苹果联合创始人斯蒂夫·乔布斯(Steve Jobs)撰写文章。其他骗局包括目击 UFO 和虚假的地震消息。有时新闻中的讽刺和幽默也会被误解为事实而加重事实的扭曲程度。

这些小报所进行的被困矿工的报道是在头条对突发的硬新闻进行报道的一个范例。

 ## 编码策略:包装新闻

新闻报道并不创造它们自己。无论它们的传播媒介为何,每个事件都会根据报道和媒介特有的风格和惯例被分解为一个个部分,再通过整理、组合、存储最后传播。这个过程被

称为编码。对于报纸、杂志、广播、电视和互联网,编码的策略是不同的。其中一个策略是基于事件选择中对新闻价值的强调的需要,以期能够引起受众的关注。另外一个策略是基于新闻事件的格式的需要,比如新闻中事实的呈现方式和顺序。最后编码策略还必须和新闻机构的文风相适应。每一个策略都会在后面详述。

在编码中另外一个要考虑的事情是报纸、杂志和广播等是如何组织它们的版面或节目表的。新闻事件是与广告和其他节目混在一起的。新闻事件的位置也许会很醒目也许会很模糊。比如在报纸的头版,或靠近讣闻栏,在广播的开头或者在天气预报之后。所有这些决定都会影响人们是如何解读新闻的,也会侵蚀新闻和真实之间的关系。就像沃尔特·李普曼写道:

> 每一份报纸到达读者手里的时候,都是一系列选择的结果。什么会被刊载,印在什么位置,占多大版面,重点是什么……因此,新闻和真实不是一回事,而且必须被清楚地区分。[6]

李普曼的名言恰当地描述了新闻:新闻和真实不是一回事。编辑、新闻总监以及其他在权力链上的人,对文章篇幅、内容、版面位置,各种报道、伦理定位、意识形态偏见的平衡,以及对特定媒介的相容性,做出各种各样的决定。这一系列处理的最终结果就是,媒体上呈现出来的事实和真正发生的事件相差了至少一代。这并不意味着媒体想有意误导大众。这种扭曲源于新闻媒体在我们这个社会中的职能。

传统新闻价值

任何新闻事件的一个重要特性是事件的解释必须是有趣和可理解的。如果受众觉得新闻很无聊或者很复杂,那么这种沟通将会失效。这个要求决定了新闻编码的几种方式:新闻必须决定报道什么事件,如何撰写它们,以及它们在日报或广播中的位置。伴随着这些决定,新闻也会呈现出不同版本的现实。

记者们已经发展出了一套方法来判断一个事件是否值得报道(即可能引发的关注度)。这些判断标准就被称为"新闻价值",而且对于事件的报道材料也应该尽量多地包含新闻价值。纸媒记者和广播记者都会使用一些方法来判断事件是否值得报道。这些方法经过了很长时间的发展,提炼出了什么是大众想读、想听或想看的新闻。当记者们最初决定什么值得报道的时候,以及当他们为事件准备最初的材料的时候,这些新闻价值都是要着重考虑的。新闻价值也同样引导着编辑和新闻总监,引导着他们决定印什么、播什么或者在网上发布什么。公民记者(非职业记者)也必须了解什么新闻值得报道,以及什么样的话题会引发他们所期待的关注。

至少有七种主要判断标准可以用来评估一个事件是否有公众吸引力。虽然很少有事件可以符合全部标准,但是在实际中,这些新闻价值还是为判断新闻是否值得报道提供了重要依据。

影响力　这个标准涉及有多少人的生活会为新闻报道主题所影响,以及对他们的影响程度。比如,本地的面包师决定罢工这个消息可能对社区的大部分人只有很小的影响。这也许会给他们带来一些不便,但是大多数人不会受什么影响。但是,如果电话系统出问题了,那么几乎所有人都会感受到它的影响。所以说,面包师罢工比电话系统故障的影响要小。

时效性　新闻报道的一个重要标准是它在呈现给大众时必须还是新鲜的。过时的新闻几乎没有什么吸引力。因此,最近发生的事件比稍早发生的事件更有新闻价值。而对于事件的第一份报道又具有特殊的价值。第一份新闻有一个说法叫作"独家新闻"。记者们喜欢宣称"你在这里第一次读到(听到或看到)它"。

显著性　报道公众人物比报道不出名的人物有更高的新闻价值,即使发生的事情一模一样。因此,一个带有重大问题的足球或篮球明星比具有同样问题的普通人更值得报道。

接近性　发生在某人居住社区的事件比发生在远处的事件更值得报道。记者们常用一个冷酷的例子来说明这一点:他们衡量处在不同距离的死亡事件中不同死亡人数的新闻价值。如果一个遥远的国家的一场洪水造成 1 000 人死亡,它的新闻价值和美国偏远地区淹死 100 人的新闻价值相当。而后者的新闻价值又与本州内 10 名洪水遇难者的新闻价值相当。同样的,本地社区内的一个洪水遇难者就可以与之前的新闻价值相当。

离奇性　约翰·B. 博加特(John B. Bogart)在 19 世纪 80 年代曾任《太阳报》的纽约城市主编。他的一则对新闻的定义可以很好地诠释这个标准。博加特说:"狗咬人,这不是新闻因为它太经常发生了。而人咬狗,那就是新闻。"在现代,一起高中枪击案,哪怕只牵涉一个学生,也比报道成千上万好学生的新闻有价值。在任何情况下,古怪罕见的事情似乎总是比习以为常的事情更有新闻价值。因此,你几乎总是可以预计媒体会为 UFO 目击、鬼故事,或者不寻常的基督崇拜留出版面或时间。

冲突性　这条规则是说一致和和谐通常是无趣的,而冲突则是有报道价值的。纠缠不清的离婚案、监护权之争、叛乱、个人仇恨以及其他各种冲突都具有较高的新闻价值。贵格会(Quaker)的宣扬和平的示威活动也许不会成为新闻,除非发生了互殴或者有人袭击了和平示威者。不过这确实是很好的新闻。

流行性　在大众关心的聚光灯下的事件比大众漠视的事件更值得报道。各种丑闻都适合这个分类。

本质上,新闻业会根据其积累的经验判断哪些事件会受到大众更多的关注,也会倾向于报道这些事件。用这些经验判断事件报道价值的代价就是一些在其他人看来很重要的事情会被忽略。例如,科学研究发现可能具有历史重要性,可以改善人类生活条件和拓展知识领域。但是这些发现可能会被判断为不会受大众关注。如果是这样的,它们很有可能会被放在报纸的后几版或者放在新闻播报的最后部分(如果它们被报道了的话)。因此,人类基因组研究相比著名谋杀案或者性丑闻,得到的报道要少。

报道格式

根据我们提到的编码策略的第二点,报道本身必须被包装成相关新闻媒体流行的格式。这样才能被理解并保持或增加大众关注度。在过去几十年中,记者们发展出了一套高效的组织新闻的方法来达到这个目的。传统意义上,一个撰写良好的新闻的格式应该包括:谁(Who),做了什么(What),在哪里(Where),什么时间(When)和为什么(Why)。这五个"W"提供了任何一篇好的新闻应具有的特征,也是新闻专业学生最初要学习的结构。大多数情况下,这包含了纸媒记者包装他们新闻的方式。而这个组织报道的列表也为广播记者所使用。但是,广播、电视和网络的要求与纸媒有很大不同,它们允许在印刷格式以外更多的补充。

使用五个"W"中的一个或多个,新闻报道可以被组织成倒金字塔结构。基本的想法是,最重要的信息应该第一个出现。记者们很早就意识到,很多人只读标题,另外一些人在读了前几句或者前一两段以后就会跳到下一条新闻。因此,重要的信息需要被放在开头,而且说明材料既要有趣又要易懂。对于普通读者在复杂的细节和分析上花精力的意愿,记者们并没有什么信心。

这是《纽约客》杂志具有争议的一个封面,以伊斯兰恐怖主义分子的形象对奥巴马和米歇尔进行了嘲讽,并形成了一篇关于种族和民族的新闻报道。

电子媒介的记者当然也需要使用格式。广播和电视新闻倾向于遵循新闻价值、五个"W"和倒金字塔结构。它们是为了受众的耳朵和眼睛写新闻的。但是,一则广播或电视新闻的播报有着更大的灵活性,它们可以使用更多的手段来维持受众的关注。它们是为了看见或听见去组织新闻的,而不是为了阅读。比如广播新闻可以包含真实的音效(一则关于木材厂的报道可以加入锯木头的声音)。电视则可以更加灵活。电视播报最简单的形式就是文字播报:一个播音员在桌子后面讲述发生的事情。一个变体是在屏幕的上角提供一幅照片和一个概述事件的短语。另外一个电视形式是画外音:观众们先看到播音员,然后屏幕就切换到一组视频同时伴随着播音员的声音。还有出境报道:播音员会切换到现场记者,由他对现场进行评述。出境合成报道与此相似,只不过换成由记者采访在现场的某人。在电视新闻制作中,这个形式的多种变体被经常用来制造兴趣点并提供更丰富的信息。所有这些都有可能选择性地给事件引入其他含义。在电子媒体方面,现在也有丰富的数字图形技术来帮助叙述事件。比如说,将它们链接到数字互动网站。

新闻风格

尽管公正、客观、准确的理想现在统治着新闻业,但这并不一直如此,即使现在也并不总是如此。新闻风格是基于这样的一个想法:一组特定的事实可以以不同方式组合成一个新闻事件。新闻专业在过去多年里诞生了很多种风格。其中一些比另外一些得到更广泛的使用,但是每一种都流行过一段时间,而且每一种都在当代新闻业里留下了它的痕迹。此外,每一种都是在不同的意义框架下展现新闻报道的。

煽情或八卦新闻

这种风格刻画了 19 世纪 90 年代到 20 世纪 20 年代的新闻界,即使它从来也没有完全消失。超市的八卦小报和一些大的城市日报还在用令人惊愕的标题就是佐证。轰动效应要求震惊的细节、离奇的事件,甚至骇人听闻的逾越社会准则的事件。在那个年代,报纸依靠暗示丑闻和上流社会的罪恶繁荣以来。如果发生了一起谋杀案,对于犯罪的描述会特别集中于尸体样貌、血迹、不正当的性行为和杀手狡猾的本质。在这些描述中,事实是第二重要的。这种追求轰动性的风格,在超市贩卖的《国家问询者报》这种小报以及其他刊物中生存得很好。而且有无数的网站通过骇人听闻的性和暴力奉行煽情主义。这种形式的新闻可能会使人发狂,而且并不总是可靠或有用的。

"客观"或公正新闻

煽情主义渐渐让位于客观新闻,而后者一直流行到 20 世纪中叶。在 1950 年,《华盛顿邮报》的艾伦·巴特(Alan Barth)骄傲地说:"客观的传统是美国新闻的一项主要荣耀。"[7]现实中,这个观点并没有被所有人接受。一份对当代行业杂志的研究显示,客观性已经被几代人批判了。但是曾经有几年,几乎所有的记者和受众都一致认为,相较于之前统治美国的煽情主义,客观性是一个很大的进步。传统上认为客观性风格有三个特点:首先,事实和意见分离;其次,从无感情的视角呈现新闻;最后,努力达到公正和平衡,让当事双方都有机会发言,给受众最全面的信息。按照世界标准来说,美国记者长时间都保持着相对客观。他们在意识形态上不从属于任何一个政治党派。数十年来,他们的目标一直是分离事实和观点,保持新闻阐述的真实,并在社论中发表观点。但是从 20 世纪 60 年代起至今,批评家们一致否认客观是可以做到的。他们宣称没有人可以做到完全客观。他们鼓吹"公正"。这种形式的新闻遵从一种寻常的可预计的模式,并且传递基本可预测的事实。

对于客观性的挑战部分是源于批评家们认为美国记者是死气沉沉的,没有感情也没有能力处理社会问题。这个观点很值得讨论。数十年来,伴随着数字革命,新闻媒体受到了前所未有的批评。它们并不孤独,在同一时期,大部分美国研究所也受到了不信任的挑战并在寻求一种新的方法。结果是诞生了几种新的呈现新闻的风格,即使它们并没有革命性的变化,它们也确实影响了当代新闻业。我们可以更近距离地观察其中一些变化:"新"新闻、偏向性新闻和精确性新闻。今天,客观性(或者说公正和平衡)仍然是绝对主流。但是这些新风格也被纸质媒体和广播媒体不同程度地使用着。由于政府规定,在广播媒体中实现它们要更加困难一些。

批判性或解释性新闻

多年来,那些可以在日报和电视新闻当中找到的主流媒体的领袖和从业者们一直宣称他们是客观的观察者。但是,最近很多媒体在报道新闻的时候却是非常具有批判性和解释性的。记者们不仅仅是尽责地报道一个新闻源并附上不同意见或者不同视角,他们还更进一步地去主动搜集更多的事实和反对他们认为是错误的或者误导性的消息。这一点在政治新闻中非常流行,因为候选人经常会筛选他们的成就以吸引选民。当一个总统候选人的讲话不能被事实支持的时候,记者们经常会极具批判性地指出这一点。新闻报道曾经尽量避免对个人的物质描述。而今,如果消息源看起来很生气、邋遢或者疲惫,那么这些也会被写进新闻。而这些记者也不会羞于纠正消息源并质疑其可信度。一些批评家指出这反映了媒体偏见。但是在大多数情况下,批判性记者并不是偏颇的、意识形态驱动的或者带有偏见的,只是他们与某些消息源或倡议者提供的素材有不同意见时进行的细致分析而已。这在个人或组织试图进行危机公关时格外有用。他们将事件暴露在阳光下,无论它是企业丑闻、灾难还是政治争议(我们会在讲述公共关系的章节中叙述)。

在这些情况下,批判性记者不仅仅是一个速记员,尝试尽责地记录下一个普通人可以看到的事件,而是尝试着深入地挖掘事实。虽然新闻杂志(例如《时代》《新闻周刊》和《美国新闻与世界报道》等)一直比报纸或通讯社记者报道新闻更加描述化和解释化,但是这种趋势已经在传统媒体(例如《华盛顿邮报》《芝加哥论坛报》《洛杉矶时报》等)和新媒体[沙龙网(Salon. com)、《赫芬顿邮报》(*Huffington Post*)等]中扎根。[8]

文学性或"新"新闻

这种风格从来不是大众的焦点,但是它却在业内改变了新闻和写作的定义。20 世纪 60 年代到 70 年代,新新闻的第一次浪潮有三个源头。第一个是报纸和杂志的记者们。他们觉得传统格式(例如倒金字塔)限制了他们。第二个是文学家们,特别是小说家。他们在寻找更加直接的方式来抒写对国家的不满。第三个是广播记者。他们渴望尝试非主流的消息源和语言。一些出版物,例如《纽约》(*New York*)杂志和它具有创新精神的编辑克雷·费尔克(Clay Felker),引领了这次变革。他们推出了一些由现在知名人物如汤姆·沃尔夫

(Tome Wolfe)撰写的激动人心的文章。寻找变革的记者们觉得传统新闻流程并不能有效地抓住伟大社会运动或者生活方式变迁的精髓。他们觉得，对官方渠道（主要是官员）的习惯性依赖和传统上对于丰富描述的回避，阻止了他们跟上重大变化的节奏。当然就像历史学家后来证明的那样，越南战争时期的很多官方报告都是错误的。政府通常都会掩盖错误和渎职，所以我们很有理由怀疑官方消息。结果，那些记者们认为传统方式并不能给大众带来对事件的完整报道。例如，20 世纪 60 年代到 70 年代影响了上百万年轻人的"反主流文化"并没有在报纸和新闻播报中得到全面的报道就是因为它并没有和"权威"消息源扯上关系。

因此，一些年轻作者开始尝试一些新的技巧，例如场景设置：使用大量描述性形容词以带给读者身临其境的感觉。另一个技巧是深度对话。他们不是尝试客观和置身事外，而是提供了一种视角，而且有时还允许消息源的态度和价值观主宰他们的报道。为了描述线人的想法，这些记者有时会制造一些复合人物（composite character），把多个人的特点整合到一起来代表平均意义上的人群，例如妓女或警察。

所有这些都是虚构小说家们的传统工具。相比传统风格，新新闻记者们宣称这些技巧能让他们提供更丰富和真实的描述。一个非常有名的例子是杜鲁门·卡波特（Truman Capote）的非虚构小说《冷血》（In Cold Blood）。这些新新闻记者们并不一定是政治激进分子，但是他们想用更激动人心的方式观察和报道美国的仪态和道德，而不只是引用官方消息。虚构小说家们的方法帮助了他们。

尽管有争议和批评，新新闻风格还在继续影响媒体传统。在 21 世纪的第一个十年里，新新闻的技巧已经广泛应用在广播和电视纪录片、杂志、非虚构小说、报纸和几乎所有的网络，只要篇幅不受限制。不过大多数时候，新新闻的影响并不是压倒性或革命性的。它们的影响更多是间接的和细微的。

偏向性新闻

取代客观性风格的另外一个风格是偏向性风格。这里，记者和报道认同并且鼓吹一个因素或观点。不像社论，偏向性报道出现在新闻专栏中而且并不是简单的意见陈述。在某种意义上，它像是一种提倡某一观点的混合新闻报道。既不是传统新闻，也不是调查性报道。我们在后续的章节中会讨论调查性报道。

偏向性报道最多出现于杂志、有线电视、广播和网站。一些知名广播记者和评论员如比尔·奥雷利（Bill O'Reilly）、卢·多布斯（Lou Dobbs）都是直率的倡议者。他们制作的报道都具有很鲜明的观点，并不符合传统意义上的平衡和公正的标准，即使他们本人不这么认为。多布斯，一个争议性人物，主要报道移民，自称捍卫中产阶级的战士。奥雷利，一个电视记者和评论家，是八卦电视的先锋。他说他自己是实话实说，并且向多布斯一样奉行平民主义观点，虽然他经常被认为是政治保守派。奥雷利喜欢斥责他认为优待罪犯的法官。而多布斯经常挑刺那些损害中产阶级利益的政府浪费行为。偏向性记者认为他们是正义的使者并追随着他们的使命，即使他们知道有很多人是与他们持相反观点的。批评家们认为他们是没有原则地替事件一方说话的代言人。偏向性报道并没有被广泛实践，而且很多关于记者的研究也显示业界并没有显示出对此的好感。[9]

精确性新闻

另一个非常不同但是却越发重要的风格是精确性新闻。精确性新闻经常被称为计算机辅助报道或计算机辅助的调查性报道。本质上说,这种报道和书写风格使用了社会科学的方法去搜集和分析量化的信息,用以准备新闻报道。它有两种形式:记者本身从事了调查问卷或研究项目的主动性精确报道;记者使用政府部门、大学、私人企业制作的报告和数据的反应性精确报道。这些记者的基本目的是,使用与新闻核心相关的定量信息给大众提供可理解的分析。比如,让我们假设一个城镇想通过发行债券的方式给一个新的会议中心融资。传统记者会随机访问一些人来描述路人对于这件事的看法。而精确性新闻记者则会使用科学抽样方法访问一群经过仔细挑选的市民,以得到更具有代表性的社区观点。报道的结果也许是一样的,但是他们使用的方法却是不同的。

公共新闻

这种发展于 20 世纪 90 年代的新闻风格通常都会和致力于诊断和解决社区问题的项目发生联系。它是记者们提倡和实现公民社会(为了改善公共生活质量的自发行为)的努力。虽然公共新闻使用了大量事实而且包含更少的意识形态,但是偏向性新闻和公共新闻之间的区别还是很细微。它超越了简单的对新闻的关联,尝试复兴公民生活和改善公共对话。公共新闻在今天的报纸和电视台中被广泛实践。它的目标是让新闻基于对平民而不是精英的关注。本质上说,这种新闻揭示了需要解决的问题,如社区的高犯罪率、政治腐败、邻近地区不平等的税收,并且尝试协助社区制定解决方案。报纸或电视台在报道问题的时候也会报道公民的集会和其他协作,并且通常都会在争议中持有自己的立场。[10]

这种报道的倡议者指出传统新闻已经不再被大众信任,而这种策略可以恢复大众的信心。他们还认为,新闻业需要重生,成为一个更加民主的、关心普通人问题的职业。批评家们警告说这会让新闻偏离它传统的公正无私的立场而变成像是政治激进分子推进某一目标一样。他们不认为持有论点的新闻专栏可以解决地区争端。他们认为这样的努力是不合适的甚至是自大的。

一位公民记者在使用智能手机对一场足球比赛进行拍摄,并从中获取内容。

公民新闻、博客和新闻民主

　　虽然公共新闻使用从普通人那里得来的自下而上的信息,但新闻还是主要由新闻媒体的雇员收集。与公共新闻不同,公民新闻由普通人参与制作,就像公民参与民主一样。就像《网络新闻评论》(*Online Journalism Review*)说的那样,公民新闻包含了大众参与,例如新闻评论、博客、播客、照片和业余视频片段。它也包含了独立博主,例如媒体评论人托德·吉特林(Todd Gitlin)。公民新闻通常发布在网站上,并且鼓励互动和反馈。甚至有一个公民媒体中心(Center for Citizen Media)。该中心由前《圣荷塞信使报》(*San Jose Mercury*

News)记者丹·吉尔默(Dan Gillmor)组织。虽然公民新闻可以由时事通讯或大多数媒体形式传播,但是让互动变得更容易的数字技术确实加速了它的发展。[11]公民新闻和博客一起,模糊了由个人为了吸引关注而撰写的新闻和由大媒体撰写的新闻。也有像博客新闻(Blog News)这样的聚合成百上千个博客的网站。同时,博客新闻和其他网络新闻大多数来源于传统新闻源。它们有时是逐字逐句引用,有时是对其评论或概述。传统新闻源也会从博客中找寻新闻点。这个循环永远不会结束。

广播新闻:自上而下的新闻。
该模式也被称为推送模式。它以媒介组织控制为特征,所有的新闻在到达受众之前均通过媒介组织进行把关。

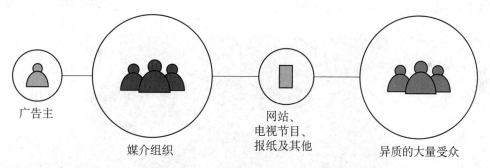

网络新闻:自下而上的新闻。
该模式也被称为点对点社交网络模式。参与者都是对等的,且具有改变角色的能力。在接触受众之前,新闻往往不经过媒介组织把关。

公民新闻:自上而下的新闻和自下而上的新闻。广播新闻:自上而下的新闻。网络新闻:自下而上的新闻。

有人说，博客和公民新闻使得新闻民主化了，允许了更多的声音而且降低了普通民众的无力感，无论他们是不是公民。事实上，公民记者通常会谴责"新闻消费者"的说法，而喜欢使用"公民"，虽然"公民"这个说法并不总是正确的。博客和其他个人言论的流行被认为是打破了大媒体的垄断。大媒体们主宰着新闻并且通常是大多数新闻和公共事务的消息源。

讽刺或幽默新闻

幽默新闻，有时也被叫作"假新闻"，是对某一类新闻"报道"的讽刺性称呼。这类新闻就由像乔恩·斯图尔特（Jon Steward）、史蒂芬·考伯特（Stephen Colbert）和其他人在喜剧中心（Comedy Central）或类似地方进行的"报道"。在这里，播音员使用传统新闻布置，面无表情地伴随画面播报假想的新闻事件，他们经常使用虚假的引言或者脱离原新闻出处上下文的引言。当然，讽刺性新闻事件的主要来源还是正规媒体发布的真实新闻，只是以一种幽默的方式呈现出来。一些民调显示很多人会把这种新闻当作他们主要的新闻来源，即使他们应该知道他们看到的东西是开玩笑的。报纸《洋葱头》（The Onion）和《周末夜现场》（Saturday Night Live）的"新闻报道"都属于这种新闻。由于假新闻非常流行，主要新闻源如政客、作家、商业精英都会争相在这些地方接受采访。这种新闻是大学生和年轻人的主要新闻来源。

"假冒新闻播音员"史蒂芬·考伯特在颇受欢迎的《考伯特报告》节目中是一个讽刺或幽默新闻的主持人。

 ## 社会和文化对新闻的影响

当新闻报道通过记者、编辑和新闻总监之手的时候，众多决策决定了最终把什么传递给公众。在这些决策中，有两组社会和文化的因素起了非常重要的作用。第一组影响源于编辑部的社会组织（social organization of newsrooms）。这里面包含了团队中编辑和生产的角色。他们决定了新闻政策，并且选择哪些新闻事件可以见报或者被播报。第二组影响要更广泛。它是新闻组织的社会性约束，源于我们社会所定义的私人企业的本质。这两组影响在塑造和重塑新闻报道的意义的时候非常重要。

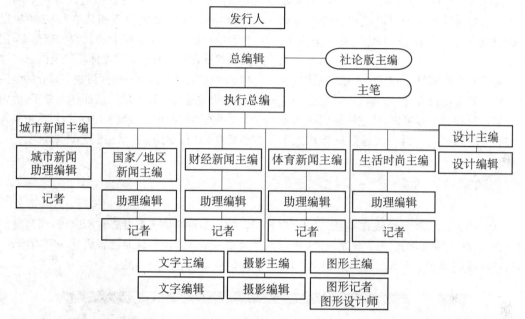

一家报社的传统组织架构图显示了其对于职员的大量需求。

编辑部的社会组织

每一种新闻媒体（网络媒体、报纸、杂志、广播、电视）都有它自己的社会组织模式。这些模式影响了关于编码的决定，从而影响了最终制作出来的新闻报道的属性。在社会组织的顶端是那些拥有新闻组织公司的人。这些所有人或者他们的企业代表，很少直接控制某个新闻报道。（一个例外是新闻集团的鲁伯特·默多克。他把自我偏好带到了新闻报道中，并且大家都知道他经常干预他的编辑们。）但是他们会设定一些大的方向，比如说强调哪种新闻风格，或者组织在自由和保守间如何定位。

管理者们形成了第二层。高管们通常对所有者的定位都很敏感。他们的任务是让组织持续运转，制定更具体的操作规范，并且确保组织能够实现目标。在他们下面是中层管理者即编辑、新闻总监和其他人。他们的任务是组织报纸的内容，编排杂志以适合印刷，制作广播新闻节目。通常这些管理者的个人偏好和价值观会影响新闻报道最终是如何被塑造的。

新闻事件或者新闻服务（例如美联社或博客）是从记者、特约记者、自由记者和网络（wires）流到编辑部的。在编辑部，这些新闻被编辑和管理者层层审查和改造。整个过程的核心是源于这样的事实：有太多的事情在世界、国家、州和地方上发生了，根本没有这么多的时间和版面把它们全都呈现给大众。以制作日报为例，各种各样能够为报社提供经济支持的广告和声明必须被优先排版。剩下的可以被编辑的部分就叫作新闻版面，当天的新闻必须适应这只占 20％到 40％版面的空间。因为新闻总比预留空间所容纳的多，只有两种决定可以让新闻适应新闻版面。那就是放弃或者缩编记者们准备好的报道。编辑们通常具有比较大的权力,会删减他们认为可以牺牲的细节。而这又进一步拉大了现实和新闻报道的距离。在今天这种差距正在缩小,因为互联网无限的容量让编辑们可以把很长的报道和文档放在网上,并在短新闻中引用它们的链接。

为了处理从网络(包括卫星和互联网)流到编辑部的大量报道,网络编辑们通常会阅读截至某一时刻的全部报道,并选择他们认为重要的和合适的新闻。再一次通过选择拉大了

"外面世界"真正发生的事情和报纸报道的事情的距离。

这个对细节甚至整个报道的筛检过程叫作把关(gatekeeping)。这个复杂的过程是所有新闻编辑和生产系统的核心。处在不同位置的个人(编辑、新闻总监和其他人)必须决定包含或排除在新闻呈现中的材料。很显然,把关过程极大地影响了新闻媒体所报道的选择性构建的现实。同样的,一些探讨数字媒介的学生认为,把关过程已经不像以前那样重要了,因为几乎所有事情都可以被数字化存储,然后由新闻消费者通过搜索技术找到他们想要的新闻。

利润驱动的结果

真实的人投了真实的钱在报纸、杂志、广播电台、有线电视和网站上。合理地说,他们期望能够得到真实的利润。但是批评家们抗

议的并不是媒体所有者要有所回报,而是他们希望利益最大化。新闻被看成是一种内容,一种能够带来收入的商品。

ProPublica公司是一家非营利新闻通讯社,其为各种新闻机构提供长篇新闻报道。

没有什么比电视新闻能更好地解释这个问题了。30多年前,新闻收集和播出是依靠电视网的其他节目支持的。人们并不期望新

闻节目本身创造利润。新闻节目没有娱乐节目那么高的收视率。广告主们也并没有把新闻节目当作做广告的语境。报纸当中的新闻

部分也不被认为可以单独盈利。报纸整体的营收被用来资助新闻收集、编辑、印刷以及其他相关事情。但是当有线电视和录像机的使用开始侵蚀电视网的观众份额的时候,企业领导层和新闻政策都发生了重大改变。新闻政策宣布新闻必须自食其力。它必须找到提高新闻收视率的方法,以使得新闻节目对广告主更有吸引力。在这些新政策下,电视网对新闻团队进行了大量裁员以节约开支。提供给非核心新闻活动的经费也减少了。其中,包括调查性报道、现场报道、海外摄像团队以及意见和分析。为了削减人工成本,甚至使用了机器人摄像机。

但是,更重要的是企业们决定重新定义新闻节目的内容。新闻节目必须更加有趣,能带来更多的观众。新的节目类型被设计出来,有时候它们甚至是"表演"(staging)或者"重新创作"(re-creating)新闻事件。在传统意义上,这些节目和新闻的关系是疏远的。确实,评论家们使用了新闻"世俗化"(trivialization)这个术语来描述这些节目。这些新闻实体的转变衍生出一个新的概念"信息娱乐"(infotainment,一个结合了信息 information 和娱乐 entertainment 的词)。这个概念现在是把关的重要标准。现在,编辑和新闻总监们选择新闻的标准似乎取决于它们的娱乐价值而不是新闻价值或社会重要性[例如对于像帕丽斯·希尔顿(Paris Hilton)和小甜甜布兰妮(Britney Spears)这些名人的详尽报道]。所有的新闻媒体都会或多或少地受到世俗化的压力,但是这对于广播和有线电视来说却是个特殊的问题。对于新闻娱乐性的强调已经逐渐成为了

电视的标准,很多有思想的分析家觉得全国受众被服务得很烂。确实,我们有理由质疑使用原本为了保护记者而制定的宪法第一修正案和其他法律去保护电视新闻是否合理。

也有一些非营利新闻机构,例如公共广播和电视,它们依赖于基金会和企业的资助以及公共承诺。为了制作更好的新闻和更多调查性报道而促进非营利机构发展的努力抓住了不少媒体基金会的想象,它们承包了一些试验性节目和新闻服务机构。在 2008 年,为了鼓励近年来被营利性媒体轻视的长篇新闻和调查性报道,由长期在《华尔街日报》担任执行总编辑的保罗·斯泰格尔领军,创立了颇受欢迎的新闻服务机构 ProPublica。他认为,这项服务对于那些裁掉了从事调查性报道员工的新闻机构来说是一个弥补。出于这个原因,ProPublica 给其他媒体提供新闻报道。也有很多其他区域性的或者州立的新闻服务机构尝试促进调查性报道。[12]

新闻的高成本 ProPublica 公司和其他非营利新闻机构指出,制作新闻的成本很高。多年来新闻机构的利润持续下跌,再加上 2008 年的华尔街灾难,新闻机构正在不断缩减员工预算,减少编辑部和记者。数以千计的记者和编辑被辞退,而且很可能是永久性的;国际办事处被关闭;报道覆盖面也在急剧缩小,其中一个例证就是即使 2009 年华盛顿新一届政府推出了一项极具新闻价值的议程,在华盛顿的新闻办事处还是遭遇了重大裁员。在撰写本章的时候,博客圈所带来的新的新闻源是否能够有效弥补业界裁员所带来的损失还是一个有争议的话题。

新闻的社会文化功能

每家报纸和广播都有不同的方式解决全面告知大众的义务和盈利之间的冲突。通过比较截然相反的两个对于新闻本质和功能的

流行观点,可以很好地说明这其中牵涉的选择。这两个观点如下:一个是市场取向(market approach)即追求利润最大化而将新闻当

作一种产品并且限制公共服务；另一个是对抗取向（adversarial approach），即认为信息是公众需要的并且愿意牺牲利润去行使新闻看门人的使命。这两种对比鲜明的观点能够共存，显示了美国新闻界在行使其监督职能的时候的两种非常不同的途径。

市场取向：作为产品的新闻

采用市场取向的新闻机构愿意花费大量资源去了解受众想从新闻媒体中得到什么。然后它们确保它们提供这些兴趣点。它们的想法是去营销它们的产品（也就是新闻），就像营销其他商品（例如啤酒、肥皂、麦片）一样。

这种取向会先进行大量的市场调研，搜集受众兴趣点、媒体习惯、关心的问题的统计数据。然后使用这些数据来帮助决定什么材料会被提供，特别是以何种形式提供给受众。所以，提供给大众的新闻事件，不仅仅是内容还包括形式都是基于市场调研的结果而选择的。《今日美国》因为选择了市场取向，被批评为提供给大众他们想要的东西，而不是像传统编辑们认为的提供给他们需要的东西。

新闻营销并不是一个新的想法。多年来市场取向一直是广播的主旨。广播电台经常会根据听众校准其产品。而报纸在学习这些方法的时候显得有些缓慢。例如，电视新闻几乎从一开始就采用了市场取向。它改变了新闻的格式和风格以吸引更多的观众。多年来，纸媒记者倾向于藐视这些实践做法。但是在20世纪70年代和80年代，大都市日报的管理者和所有者们吃惊地看到他们每户的发行量在持续下降。很快就出现了纸媒记者的"新闻医生"。似乎有很多原因造成了发行量的下降。电视的竞争、郊区的增长、新生活方式、相关性的缺失等都被认为是罪魁祸首。作为回应，报纸业进行市场调查以诊断造成发行量下降的病因。对发行量的关注一直持续到了今天。例如像甘尼特这样的公司会向其读者推销有用的新闻，其中一些是针对母亲的，以鼓励她们参与有用和引人注目的新闻。

为了阻止发行量的下滑，市场研究员们建议报纸增加新栏目如生活方式、娱乐、园艺、房屋等，来帮助读者"使用"他们的社区和环境。这些栏目其实算不上"新闻"。它们是为了读者的兴趣和认可而写的。不过在某些意义上，它们也可以被认为是报纸原本所覆盖的话题的延伸和重新包装。比如，很多报纸已经覆盖房地产多年了，但是作为市场化的结果，一些报纸把这个栏目更名为"居所"或"家园"，并且开始以消费者的观点来处理这些话题，增加了人性化的故事，如如何寻找一间公寓或是如何翻新房子。类似的，在生活方式栏目中，报纸印刷了"达人"们给出的如何解决日常问题的建议，从如何除锈到如何对待生气的小孩或者配偶的出轨。

最著名的采用市场取向的报纸就是之前提到过的全国发行的《今日美国》。它是基于市场调研设计的，并且继续使用调研结果揭示受众的兴趣。《今日美国》不仅仅依靠调研来选择报道的话题，而且在使用颜色、新的图片展现风格、简洁性写作（也有人说是肤浅）上也是先锋。很多其他报纸追随了《今日美国》的风格和做法。

市场取向是更好地服务了读者，还是只是取悦了底层文化品味的读者？精确性新闻的倡议领袖菲利普·迈耶（Philip Meyer）认为市场取向可以帮助报纸获取和回应读者反馈，从而使得彼此之间的沟通更有效。[13]其他人认为这导致了新闻的世俗化，特别是在广播领域。职业新闻顾问看上去更关心播音员的发型，或者是布景和电脑动画，而不是新闻内容。但是，由于把新闻看作一个产品的取向越来越流行，对于新闻的定义已经偏离了强调对公共和特殊事件的报道而转向那些可以满足受众需求的信息娱乐材料。

对抗取向:公共利益的看门人

新闻媒体作为政府对手的角色是传统新闻业最受尊敬的角色之一。从这个角度说,新闻媒体有时也被叫作第四等级。托马斯·卡莱尔(Thomas Carlyle)(1795—1881)把这个短语归功于埃德蒙·伯克(Edmund Burke)(1729—1797)。伯克把英国议会中记者的旁听席叫作比议会中其他三个等级(君主、主教、平民)"更重要的第四等级"。由于言论自由的权利可以监督政府,让政府负责,美国的开国者们培育了言论自由的原则和对公众不同意见的保护。今天,对抗取向为社会做出了关键的贡献。在政府和私人部门,它都增加了它们的责任,暴露了它们的不足。

传统调查性报道　对抗取向的核心是调查性报道。在这种新闻的采集中,记者深入调查事件,收集证据,用来揭示是否有不寻常、不道德、违法甚至骇人的事情正在发生。虽然事实收集可能是由一个记者或者一个记者团队完成的,但是下决定执行调查的人却是编辑。编辑需要提供资金支持,并且做好准备公开报道所揭露的事实并为报道辩护。[14]

职业机构"调查记者和编辑"(Investigative Reporters and Editors, IRE)用以下术语来定义这种报道:这是一种通过个人自发工作,揭露其他人或组织想要保密的重要事实的报道。在这个定义中,三个基本元素如下:调查是由他人完成的,事件的主题对于读者或观众有合理的重要性,有人想对公众隐瞒这些事情。[15]

调查性报道开始于 19 世纪。一些人认为,第一个调查性报道是《纽约先驱报》(New York Herald)富有活力的出版商詹姆斯·戈登·本尼特(James Gordon Bennett)在 19 世纪 40 年代实施的。不满于记者们报道法院的方式,他希望找到一种更有趣的报道严重罪行的方式。他选择了一起惊人的案件:一个妓女被谋杀了。他亲自去调查了妓女工作过的地方,访问了老鸨,查阅了死者的私人笔记,甚至还检查了该名年轻女子的尸骸。最后的报道有着对于现场和相关人翔实的描述,受到了极大的关注。

在 19 世纪后期,调查性报道达到了很高的水平。一个富有冒险精神的女青年内尔·布莱(Nellie Bly)[她的真名是伊丽莎白·科克伦(Elizabeth Cochrane)]由于她的关于纽约精神病院布莱克威尔小岛(Blackwell's Island)的一篇调查性报道而成名。在一个精心设计的计划中,她自己扮演一个精神病患者被送进了该精神病院。在精神病院的卧底期间,她目睹了病人们是如何被对待的。医生和工作人员完全不知道她是个记者,她被非常糟糕地对待了大约 10 天。幸运的是,她事先安排好让她所工作的报社——约瑟夫·普利策的《纽约世界报》(New York World)解救她。报社把她接了出来,而她对医院环境的曝光受到了全世界的关注。[16]

《华盛顿邮报》的鲍勃·伍德沃德和卡尔·伯恩斯坦是撰写著名的水门事件报道的记者,他们将总统拉下了马,并使自身成为调查性报道的典范。

就像在第 3 章中说过的一样,在 20 世纪早期,有着"扒粪"传统的记者们调查了很多私人和政府机构。他们曝光了腐败、虐待和犯罪,这些私人企业和政府当时都具有的污点。"扒粪"者对于美国社会的贡献远不止提供一些有趣的阅读材料。他们对事件的曝光,导致了直到今天还在影响我们的立法和改革。[17]

美国记者们将这种传统延续了下来。20 世纪 70 年代,调查性报道的一个非凡的成就是揭露了水门事件。《华盛顿邮报》的卡尔·伯恩斯坦(Carl Bernstein)和鲍勃·伍德沃德(Robert Woodward)的一系列报道占据了美国新闻媒体数月,揭露了由白宫、中情局和其他机构共谋的,意图掩盖 1972 年总统大选期间发生的数起秘密非法行为的阴谋。随后的国会调查最终牵出了总统并最终导致了总统辞职。这是调查性报道中标志性的案例,以至于报道的部分内容包括被称作"深喉"的核心爆料人的身份,在其后 30 多年都能够激起评论,直到马克·费尔特(Mark Felt)宣布自己就是那个爆料人。马克·费尔特于 2008 年去世。在 20 世纪 90 年代,《新闻周刊》和德拉吉报道(The Drudge Report)的调查性报道在克林顿总统接受肯尼思·斯塔尔(Kenneth Starr)的特别调查期间发挥了关键作用。而对克林顿总统的调查也最终导致了参议院对总统的弹劾动议。调查性报道需要大量的资金、时间和其他资源。近几年来调查性报道正在日趋减少。与此同时,新媒体和数字工具也确实能够帮助记者们更快更全面地完成他们的工作,但是它们无法替代能够走得更远的"实地采访"(shoe leather)和个人采访。杂志的封面报道,作为深度调查性报道的最后痕迹之一,通常需要数周甚至数月来制作。商业杂志《商业周刊》和《财富》都是这种深度报道的代表,即使它们受到的待遇并不轰动。轰动性更有可能出现在其他地方,比如像《名利场》(Vanity Fair)这样的杂志。

搜索引擎　由商业公司提供的在线数据服务对于获取事件或调查的背景材料是非常有价值的。最初,它们大多用于书目的检索,用于帮助用户查询谁在哪个刊物上面发表了什么。今天,数以千计的收费数据库提供了从股票价格、航班时刻到各学科科技文章全文的信息。早期的在线服务为现在的通用搜索引擎和社交网站所取代。谷歌和雅虎是其中的佼佼者。

新闻媒体的议程设置功能

构建每日新闻的最后一步是决定哪些新闻要呈现给大众,以及它们所应得的显著程度。传播学学者们把新闻制作过程的这一部分叫作议程设置(agenda setting)。它意味着决定当天的新闻在报纸或广播中出现的位置。有些新闻应该被放到显著的位置上。这些新闻会被放到头版而且使用六标题。它们可能会有一幅照片或占用多栏。对于其他不那么重要的新闻,会使用较小的标题,简短,没有照片,而且会被放到报纸偏后的部分中。在广播电视新闻中,一些新闻报道会在播出早期出现,可能占用更多的时间,并配有背景信息以及现场的视频。另外一些新闻则使用较简单的形式在播出后期播放。

 精彩观点:媒介理论阐释

媒体的议程设置理论

研究媒介的学者麦斯威尔·麦库姆斯(Maxwell McCombs)和唐纳德·肖(Donald Shaw)最先提出了关于新闻媒体对于人们就新闻报道事件的看法和评价的影响的理论。他们最初的理论解释了人们是如何得出在报纸和广播新闻中看到的事件要比其他事件重要的结论的。所以，最初的议程设置理论暗示了新闻在报纸、电视、广播中的显著性位置和受众对于新闻重要性的看法之间的联系。

这个理论来源于对 1968 年总统大选的研究。他们观察了人们是如何决定哪些被新闻深度报道的事件是重要的。研究结果显示，大众在他们的头脑中发展出了一种新闻事件重要性的排序方法。他们发现，媒体给予特定政治事件的关注度与从媒体接收事件信息的人们对事件重要度的评价之间有着很强的相关关系。

因此，媒体决定了在大选期间人们讨论的话题，以及人们对待这些话题的重视程度。换句话说，媒体发展出了自己的议程，决定了哪些是新闻以及其版面和突出程度。然后媒体的议程变成了那些关注大选新闻的人们的议程。这并不是说，媒体告诉人们他们应该想什么和如何评判这些事件。但是这确实意味着，媒体告诉了人们他们应该考虑哪些方面和什么是重要的，他们应该对哪些事情形成自己的意见。

后来，人们意识到这种公共意见正是领袖和政客们制定政策的基础。因此，公共议程和公共政策议程都为媒体议程所影响。这些基本观点已经被研究很好地验证了。这个理论主要适用于政治事件和通过新闻

关注大选的人认为这些政治事件的重要性的关系。以下是这个理论的基础部分：

1. 印刷、广播和数字媒介从它们日常对政治和社会环境的监督中选择一系列事件、话题和问题进行处理并制作成"新闻"。

2. 由于时间和空间的限制，还由于记者们对于什么是值得报道的信仰，很多话题和事件被忽略了而并没有成为新闻。

3. 新闻媒体对每篇选出的新闻，通过给它或多或少的空间和特定的位置(例如报纸的首页或尾页，广播的开头或结尾以及或多或少的时间)决定了新闻的显要程度。这形成了新闻媒体的新闻议程。

4. 当公众接收到这些报道信息时，他们会察觉到新闻媒体在其议程中对这些报道的显要度进行了排序。他们会应用这些来决定他们自己对这些新闻话题的重要度的排序。

5. 因此，当政客们了解了公众对于这些事件重要度的排序以后，这个排序可以影响领袖和立法者们的政策制定议程。

资料来源：Maxwell E. McCombs and Donald Lewis Shaw,"The Agenda-Setting Function of Mass Media," *Public Opinion Quarterly*, Vol. 36, No. 2, Summer 1972, pp. 176-187; McCombs,"A Look at Agenda-Setting in the Mass Media: Past, Present, Future," *Journalism Studies*, Vol. 6, 2005, pp. 543-557.

无论是什么媒体，在它们最后决定议程的时候，那些能够决定内容和显著度的人已经考虑好了他们要强调什么新闻价值，采用什么样的播出形式，以及伦理、法律和利益的需求是否都已经被满足。因此，每天出现在报纸或广播上的新闻都经历了非常复杂的新闻加工过程。这个过程起始于监督环境的过程中发现可报道的事件，终止于决定传递给受众的实际新闻内容和每个新闻呈现的位置。

传播学者和研究者发现职业新闻人所制定的新闻议程在他们的受众之间有一个对应

物。当人们被问到他们对于当天新闻重要性的排序的时候，他们的选择往往与这些新闻在报纸或广播中的显要程度相对应。简单地说，人们认为被新闻媒体放在显要位置的新闻就是重要的。这个结论也许并不令人惊奇，但是却非常重要。[18]这意味着那些设置新闻议程的人对于公众认为什么是重要的有着深刻的影响，这其中包括了政治、经济、法律和政府事务。因此，新闻媒体的议程设置功能就不仅仅是一个被学者们发现的有趣的关系。它对于国家制定新的政策与法律的方向有着深远的影响。

本章回顾

● 数字技术加速了新闻的传输、节奏和分发,并且淘汰了传统的"约定式媒体",它曾主宰人们读或看新闻。

● 新闻现在是以每周7天每天24小时跨所有渠道的方式分发的。这些渠道包括网站、博客、报纸、杂志、广播和电视等。在当今新闻持续更新的时代,所有这些渠道都使用了数字技术,无论严格意义上说它们是日播、周播还是月播的。

● 互联网和其他技术已经改变了新闻的范围、话题、源头和影响力。

● 报纸和其他媒体分发的主要产品新闻,是关于某个事件或主题的最新信息,经由媒体搜集、处理并散布给相当数量的人群。

● 特定的社会和人文价值标准影响并帮助了新闻的构建。这些价值标准包括:影响力、时效性、显著性、接近性、离奇性、冲突性和流行性。

● 新闻往往以反映新闻风格、标准和趋势的方式包装。这些新闻的范围从煽情新闻到基于事实的客观报道。

● 数字时代促进了公民新闻的发展。任何人都可以上网进行报道或者质疑其他人的报道。而这也对其他新闻渠道产生了影响。

 思考题

1. 对于个人、新闻媒体和社会而言新闻的角色和功能是什么?媒体从报纸到互联网的变化是否给新闻带来了可见的影响?

2. 比较职业记者采集和处理过的新闻与公民新闻或者博客。

3. 被新闻媒体报道的专栏新闻、地域或者领域是什么样的?

4. 新闻事件中时间的角色是什么?

5. 不同的新闻形式带给公众的好处是什么?

6. 数字革命如何影响新闻的采集、制作和传播?

 关键概念和术语

每周7天每天24小时新闻　Twenty-four/seven news

新闻过程　News process

突发新闻　Spot news

新闻价值　News values

客观性　Objectivity

议程设置　Agenda-Setting

公共新闻　Civic or public journalism

调查性报道　Investigative reporting

注释

1. Deborah Potter, "The 24/7 News Cycle: News Never Stops in a Multi-Media World," *RTNDA Communicator*, Dec. 2006; on NewsLab. org; also see Pablo Boczkowski, *Digitizing the News*, *Innovations in Online Newspapers* (Cambridge, MA: MIT Press, 2004).

2. Project on Excellence in Journalism, *The State of the News Media* 2008, see major trends, www. stateofthenewsmedia. org/2008; also see David T. Z. Mindich, *Tuned Out—Why Americans Under 40 Don't Follow the News*(New York: Oxford University Press, 2005).

3. Weston Kosova, "The Power That Was," *Newseek*, August 23, 2007.

4. 这些分类基于以下类似的讨论，参见 Gaye Tuchman, *Making the News: A Study in the Construction of Reality* (New York: Free Press, 1978), pp. 23 - 31。

5. 这种区分当地受众和大都市受众的意义，以及他们在社区形成媒体相关舆论中所起的作用，可以在经典研究中找到，如 Robert K. Merton, "Types of Influentials: The Local and the Cosmopolitan," in his *Social Theory and Social Structure* (Glencoe, IL: Free Press, 1949), pp. 387 - 420。

6. Walter Lippmann, *Public Opinion* (New York: Harcourt, Brace, 1922), pp. 354 - 358.

7. Alan Barth, quoted in Herbert Brucker, "What's Wrong with Objectivity," *Saturday Review*, October 11, 1969, p. 77.

8. Hamilton Nolan, "Salon. com Still Thriving as Brand Evolves," *PR Week*, Nov. 5, 2007.

9. Andrew Leonard, "How the World Works, In Defense of Lou Dobbs," Salon. com, Nov. 29, 2008. See also Paul Farhi, "Everybody Wins: Fox News Channel and CNN," *American Journalism Review*, Vol. 25, April 2003, passim.

10. 关于公民新闻的各种观点，参见如下文献: Carl Session Stepp, "Public Journalism: Balancing the Scales," *American Journalism Review* (May 1996), pp. 28 - 40; Davis Merritt, *Public Journalism and Public Life: Why Telling the News Is Not Enough* (Mahwah, NJ: Lawrence Erlbaum Associates, 1995); Jay Rosen, *What Are Journalists For?* (New Haven, Yale University Press, 2000); and Everette E. Dennis and John C. Merrill, *Media Debates*, 4th ed. (Belmont, CA: Thompson/Wadsworth, 2006)。

11. Mark Glaser, "Dan Gillmor Finds His Center," McdiaShift@ www. pbs. org, January 31, 2006. See also Dan Gillmor, "Base Camp for Organizing Projects," July 4, 2008, citimedia. org/blog.

12. www. propublica. org; also comments by Paul Steiger at Reynolds Institute Seminar, New York City, June 27, 2008.

13. Philip Meyer, "In Defense of the Marketing Approach," *Columbia Journalism Review* (January-February 1978), pp. 60 - 62 for a classic formulation of this concept, also treated in Meyer, *The Vanishing American Newspaper: Saving Journalism in the Information Age* (Columbia: University of Missouri Press, 2004).

14. Margaret H. DeFleur, *Computer Assisted Investigative Reporting: Its Development and Methodology* (Wahwah, NJ: Lawrence Erlbaum Associates, 1997).

15. John Ullman and Steve Honeyman, eds. *The Reporter's Handbook: An Investigator's Guide to Documents and Techniques* (New York: Twayne Publishers, 1974), pp. 59 - 92.

16. Iris Noble, *Nellie Bly: First Woman Reporter* (New York: Julian Messner, 1956).

17. See "The History of the Standard Oil Company" in Mary E. Tompkins, *Ida M. Tarbell* (New York: Twayne Publishers, 1974), pp. 59 - 92.

18. 最早的研究参见 Maxwell E. McCombs and Donald Shaw, "The Agenda-Setting Function of Mass Media," *Public Opinion Quarterly*, 1972, pp. 176 - 187。

第 10 章
流行文化:娱乐、体育和音乐

由于流行文化经常等同于大众口味,成功的传媒是对流行文化的及时表达,以及把流行文化向消费它们的大众传达的平台。媒介的数字化转型成为流行文化的利好,同时也成为了流行文化本身的一部分。也就是说,流行文化已经为民众所广泛接纳,媒介把流行文化带给了民众,数字化使媒介更加高效。因此,数字化给更广泛的大众带来更多的流行文化内容。流行文化的形式和内容在数字世界中变得更丰富、更具多样化,从音乐文件的分享和下载到数目极大具有完备市场的有线电视频道以及网站搜索都很流行。正如一个批评家所说:"考虑一下技术刺激下亚文化无止境的显现吧,业余无线电台、爵士乐、'垮掉派诗人'、个人计算机、嘻哈文化、朋克、互联网、科幻杂志、独立摇滚、狂欢晚会、快闪族、虚拟现实游戏、虚拟世界。"[1] 一个文化或者社会现象进入流行文化——有时称为大众文化或媒介文化——领域就成为了有争议之物,而技术通常在其中扮演了一个角色。著名社会学家赫伯特·J. 甘斯(Herbert J. Gans)说:"一个持续时间最久的文化冲突是受教育的高文化层次实践者与社会其余的大部分人之间的较量。无论是富人还是穷人,都更倾向于选择由大众媒体和消费品工业提供的大众文化或者流行文化。"[2]

流行文化术语被随意地用作表达很多东西,从电子游戏到主题公园,再到印有口号的 T 恤。有时候流行文化看上去和它自身也有冲突,甚至吞噬了它自己。例如 2007 年,极为流行的网络社区游戏《第二人生》作为谋杀情节,在三大电视连续剧《法律与秩序:特殊受害者》《犯罪现场调查:纽约》《办公室》中都出现了。但通过媒介表达的流行文化,往往昙花一现,很快就被丢弃。如果像通常发生的那样,数年后流行又回归而被认为是乡愁和复古,就可以重新成为流行以及大众媒体关注的焦点。

曾经有一幅著名的照片,照片上两个男孩举着垃圾,说明文字是:"你扔掉的会不会是明天很有价值的东西?"去古玩店或者收藏品店看看,会发现过去扔掉的物件现在都被认为很有价值。旧的标志和明信片、药瓶、日历、勋章、纽扣、漫画书等都是这些物件清单的一部分。这些以及其他"人工制品"或者物件都暗含着流行文化——被普通人喜欢、使用并且消费。文化历史学家理查德·莫尔特比(Richard Maltby)认为流行文化是"你购买的东西",以此来区别传统的民间文化(游戏、歌曲、手工制品等),那些是"你制造的东西"。[3] 全部流行的社会和艺术表达,经常被认为是流行文化,将之与精英或高雅文化区别开来,那些将在本章稍后讨论。

流行文化的本质和重要性

大众媒体,从它们的发端开始,已经是创造和繁荣流行文化的关键力量。所有的"媒体产品",都是为了销售而从流水线生产出来的。一些如音乐电视提供娱乐,而同时另一些如广告牌、报纸、杂志都是促销商品和服务的广告工具。最终,原本只向小众提供的许多娱乐形式通过媒介运用延伸了它们的触角。因此,通俗小说在报纸和杂志上连载,戏剧最终也通过广播和电视展现。同样的,运动场上开展的体育运动迅速地成为报纸报道、电子广播、播客的素材。

2007 年购买 iPhone 的消费热潮反映了智能手机市场的快速接受力,智能手机是包含音乐、视频甚至动画的流行文化的平台。

媒介和流行文化

流行文化的内容,从定义上看,瞄准的是不同教育和收入层次中的中产阶级以及更低阶级的大量受众。因此,流行文化倾向于愉快接受、简单理解,从而获取最大规模的可能受众。批评家们一直在抱怨媒介提供的流行文化贬低了甚至驱逐了所谓的高雅文化和艺术。

早期流行文化的护卫者和批评者的争论创造出"教养浅薄的人"(lowbrow)和"自炫博学的人"(highbrow)两个词。记者兼批评家威尔·欧文(Will Irwin)1902—1903 年在《纽约太阳报》发表的系列短文中,首次使用了这两个词。不可避免的,"知识平庸的人"(middlebrow)稍后也出现了。"教养浅薄的人"指的是粗俗或者品味低下的人,而"自炫博学的人"指的是追求(或者说装作追求)"高层次的文化和学习"的人。"知识平庸的人"则是介于两者之间的、倾向于简单接受的、学识中等的人。[4]

学者、批评家、记者和其他一些人,在评估和检视流行文化的内涵和影响时,一直在对"流行文化"这个术语进行讨论和争鸣。例如,广受尊敬的批评家约翰·斯道雷(John Sto-rey)在他的《文化理论与大众文化导论》一书中写道:"大众文化是一种空泛的概念种类,可以根据不同的用途,采取多种多样的相互冲突的方式去填满。"[5] 这些概念以及其他的内容将在本章稍后讨论媒介的娱乐作用时阐述。我们将焦点放于媒介内容的表现形式,诸如肥皂剧、连环漫画、电视情景喜剧、广告艺术、观赏性体育项目等。考虑内容和流行文化样本的影响力这两方面的因素的时候,我们也可以着眼于"金钱联系",以及文化产品的消费性。经由新媒体和传统媒体的传播,流行文化是一笔大买卖。大众媒体的大多数内容是要通过销售获取利润的流行文化,是媒介经济的一部分。简明地说,媒介是渠道,流行文化是内容。受众热衷于流行文化消费,从流行娱乐到体育,甚至色情作品,这些内容比较容易使受众直接、全面地理解。人们可能会一直争论一幅给定的图片或者描述是否属于流行文化,所以,他们也会讨论流行文化以下可能的影响:它是否有害,是否能带来更高质量的表演、更高水准的设计或者更优雅的文字。

流行文化的界定

但是流行文化到底是什么呢？像其他许多争论话题一样，它以多种方式被定义。批评家雷·布朗(Ray Browne)就这个主题写过好几本书，他将流行文化广泛地定义为"生活中所有不仅仅关于知识分子或创造性精英的要素，也不是必须由大众媒体来传播的要素"[6]。学者戴维·马登(David Madden)在一篇专栏文章中也写道："它是由大众媒体或者大众生产或传播的，无论直接地还是间接地到达大多数人的任何内容。"[7]

我们还可以找到更多的定义。英国历史学家阿萨·布里格斯勋爵(Lord Asa Briggs)在《维多利亚时代的事物》中，将其表述为工具、勋章、帽子以及流行文化中的其他人工制品。[8]事实上，竞选徽章或 T 恤自身都是流行文化的表达方式。甘斯对 T 恤和上面印的口号以及图案有所思考，指出即便是这些信息和广告，也表明了穿这些衣服的女性倾向于将自己和男性穿戴者区分开来。[9]

一些流行文化专业的学生事实上在探究人们日常生活中使用的任何东西——烟盒上的字母、啤酒罐和酒类标签、印刷媒介和电子媒介广告、广告牌，以及其他有效传播的信息。坐落于华盛顿的新闻博物馆，其展品中除了一些粗劣的人工制品，也包括一张马克·吐温用过的桌子，以及一辆被损坏的汽车(一名记者在车里被有组织的犯罪分子杀害)。

所有的日常生活现象都有它们自己的魅力，本章中我们不会讨论流行文化的细节元素，它们并不属于大众媒体的特质部分——尽管它们中的一些例如快餐、时装风格的确要依赖大众媒体去普及。凭借已呈现的文字，我们可以略为武断地下一个流行文化的定义。简单地说，它是经大众传播的，有限度地表达理智和审美需求的，用来娱乐媒介受众的信息。流行文化，从这个意义上来说，由印刷媒介、广播、数字媒介来广为传播。事实上，这个术语包含了它们传播的大多数内容。我们的焦点，聚集在媒介流行文化上，换句话说，也就是媒介表达的真实类节目、游戏节目、肥皂剧、观赏性体育项目、犯罪剧集、电影、流行音乐等，这些内容都可以被归为娱乐类。

体育明星是流行文化中的核心人物，促进了他们所从事的运动的繁荣，也帮助销售了产品。图为克利夫兰骑士队的勒布朗·詹姆斯(LeBron James)在对阵波士顿凯尔特人队的比赛前缓解紧张情绪。

流行文化的重要性

关于流行艺术的价值和高雅文化优越性的假定的争论，已经过去数十年了，最终认为流行文化中的大多数就是无价值的垃圾。看起来每一代人都在指责下一代人的阅读习惯、音乐品味，以及对其他流行文化的痴迷行为。所有受过教育的人都会关注并去理解流行文化的一个原因是他们要跟上社会上正在发生的事。音乐家鲍勃·迪伦（Bob Dylan）在他的《瘦人之歌》（Ballad of a Thin Man）中，对攻击流行文化做出了回应："你过了一遍所有的斯科特·菲茨杰拉德（F. Scott Fitzgerald）的书，众所周知你很好阅读，但是有些事情正在发生，你不知道那是什么。是吗，琼斯先生?"近年来，关于流行文化及其媒介影响的批评集中在"低俗化"上，媒介把新闻过分简单化处理，使重要的议题和主题如同作为社会机构的媒介自身一样不受重视。

关于如何去制造流行文化以及怎么对它分类也有很多争议。上文提到过的理论家约翰·斯道雷，对流行文化的大规模复制表示支持，反对将高雅文化和低俗文化进行严格的区分。他认为，这些关于流行文化的观点角度加剧了争论的复杂性：

● 定量性——高雅文化视界的文学作品，比如简·奥斯丁的《傲慢与偏见》，可以通过制作电影、电视剧、网站、电子游戏来延伸自己的触角。《哈利·波特》这样的少儿图书可以引发销售热潮、极为流行的电影、服装潮流，以及其他。

● 多余物——剩余的那些过分专业化的或者缺乏趣味的东西会因为复古潮而重新被引荐，让人重新想起光辉的过去。20 世纪 20 年代，埃及金字塔被探险家发掘，引发了服饰、发型的埃及狂热，甚至建筑都在追求复古的设计，更不用提无止境的媒介关注。在前数字时代 20 世纪 80 年代，"图坦卡蒙的财宝"在美国巡展，史蒂夫·马丁（Steve Martin）在《周六夜喜剧秀》中穿了一条时髦的图特裙（Funky Tut）后美国就又迎来了一场古埃及图特王（King Tut）狂热。

● 大众文化——为满足大众消费，贪婪的企业家快速地大批量生产，而不考虑品味、质量和其他元素。流行拉动了明星唱片销售，这些明星被宣传得天花乱坠，实际上天资平庸。比如，那些由电视节目《美国偶像》"批量制造的"明星，他们的流行很快就会消退，正如他们的成长一样迅速。

● "真实性"——普通人创造、使用或者丢弃的任何东西都有可能流行起来。例如帮派饶舌的样子或者像家庭自制的棉被和食物一样古朴的东西。20 世纪 50 年代的具有怀旧风格的可口食物在 2009 年又重新流行起来。

● 政治性——从这个角度看，流行文化是边缘集团抵制有影响力的集团时产生的摩擦的结果。政治后现代主义，有时叫作霸权策略，是斗争结果的体现，它不区分高雅文化和低俗文化之间的任何差异。[10]

日本社会学家加藤秀俊（Hidetoshi Kato）认为"大众媒体可以被看作定义社会流行的最具决定性的要素"[11]。加藤说："今天，在很多社会中，年青一代的信任体系和行为类型受到他们愿意选择去接收的（或者被动接收的）信息的影响，这些信息由大众媒体直接或间接地传达。"这种对受众的影响就是传播学者迈克尔·里尔（Michael Real）所说的"大众中介文化"。里尔说，尽管一些人厌恶，但研究流行（或者大众中介）文化还是有一些原因的。[12]其原因包括以下几个方面：

1. 它给每个人愉悦的体验。

2. 它反映并且影响人们的生活。

3. 它在全世界范围内传播具体的思想及观念。

4. 它提出具有深远影响的政治问题，挑战教育和科研。

5. 它就是我们。

尽管这些原因对现在的学生来说，看起来可能是不言而喻的，但是近年来许多大学还是不愿意在流行文化上进行严肃的研究。例如，阿瑟·阿萨·伯杰（Arthur Asa Berger）经过一段艰难的时光才取得明尼苏达大学博士委员会的认可，写一篇关于阿尔·卡普（Al Capp）的戏剧系列中的角色莱尔·阿布纳（L'il Abner）的论文。近年来，伯杰早期的斗争重新浮出水面，关于《宋飞正传》和《辛普森一家》的研究没有获得认可。历史上，美国的大学英语系很少有兴趣让学生研究低俗小说或者哥特式的浪漫，尽管这些小说比受尊敬的文学经典拥有多得多的读者。文学史课程同样也对广告艺术缺乏兴趣,尽管它的制作耗费极其大量的人力和数百万的美金。美国历史课程很少给快速发展的快餐业留下一笔,尽管麦当劳这样的公司已经售出的三明治连在一起的长度已经足够使地球离开太阳系。换句话说,流行文化研究很长一段时间不入很多傲慢的学者的法眼,即使它已经通过一些有力的途径影响着我们。今天,劳动阶级的文化和文化产品已经非常流行,得到了广泛的研究。网络研究,流行文化的终极,像流行音乐以及其他形式一样,是被鼓励的。

很明显,流行文化不会轻易地被排斥。作家们一直相信并且支持把流行文化纳入严肃的传播学研究中,原因如下:(1)它以这种或那种形式几乎触及公共领域的每一个角落;(2)不管我们喜欢不喜欢,它影响着我们的思考、行为、穿着以及和其他人的联系;(3)它对媒介有非常显著的经济影响力;(4)它有力地影响着几乎所有大众媒体的内容。

进一步说,今天的流行文化将来可能成为高雅文化。例如,特德·弗兰德(Ted Friend)在《新共和》杂志中写道:"流行娱乐坚持到了它的新纪元,到了由新批评家重新审视、向新的观众重新展示、被提升和被珍藏的时代。"[13]一些案例广为人知,包括马修·布拉第关于美国内战的摄影作品、查理·卓别林(Charlie Chaplin)和巴斯特·基顿(Buster Keaton)的电影、佩茜·克莱恩(Patsy Cline)和吉姆·莫里森(Jim Morrison)的音乐。同时,尽管遭到很多人的责难,历史学家们现在经常会通过流行文化研究一个时代,因为它反映了当时人们的很多喜好。这成为播出数十年后老的电视节目重新流行的原因,卫星广播就有播放数十年前的音乐的频道。

两种媒介研究和流行文化研究有密切的关系。一个是英雄研究,另一个则把焦点放在影像研究上。任何时代流行的英雄——运动员、摇滚明星、性感电影女神甚至一些军事领袖和政要——都是媒介刻画的"产品"。同样的,我们从媒介影像对广告中女性的刻画,或者少数族裔,如美国非洲裔、拉丁裔、美洲原住民新闻图片中,学习到很多特定的文化。例如,酷儿文化的研究开启了对社会中一度被认为离经叛道的那部分的理解——从这个术语的社会学视角出发。何种人出现在媒体上,出现的频度,他们以何种方式被描述,能给出很多社会价值取向,以及媒体人做出的抉择的信息。例如,19 世纪 40 年代早期,《纽约时报》和其他一些报纸在提到美国非洲裔时,经常把他们至于"用私刑处死罪人"的恐怖主题下,而不是报道他们的成就。即使在早些年,媒体还是用诋毁的方式模式化多样的原始部落,再次表明了流行文化中的当代社会价值取向。21 世纪早期,两家纽约的博物馆赞助了私刑处死罪人的场景图片展——这次不是作为流行和恐怖新闻,而是作为历史文化产品。

流行文化批评

我们已经指出,流行文化的论题经常会引发关于它的益处和可能的危害的争论。这种争论通常集中在流行文化的商业性特质("不义之财"),以及用"放低标准"的材料排挤文学、戏剧、艺术等高质量形式的倾向上。也就是说将高雅文化推向危险境地的判断,基于一个给定前提——受众获得的信息、娱乐和文化素材是如此之大,但购买漫画书的人却不会去买严肃文学。也有种说法,流行文化上如此多的消费,如看质量低劣的电视节目,对观众有负面影响,将一个国家的国民都变成"沙发土豆"(couch potatoes)。事实上,美国儿科学会和其他组织的研究表明,儿童肥胖症和看电视过度有关。开始于流行文化对个体的负面影响的争论,很快就扩大为社会性的。一些批评家说,太多的流行文化和低级趣味的东西会使一个人的感觉变得迟钝,再进一步,贬低了社会本身。低级趣味被认为是感情脆弱的、粗俗的、坏品味的。这就是前文提到的"低俗化"争论,在其中,人们的标准会越来越低。例如,目标观众为 12 岁以下儿童的电影,会限制很多精彩的电影,而这些电影的目标观众的需求很不一样(也就是说,这些需求关注范围有限,没有被更好地接受或对内容有更多地质疑)。有时候,关注流行文化的负面影响会跨越边界。例如,加拿大人很长一段时间内都很关注美国的文化帝国主义抑制了加拿大的文化产品。同样的批评在全世界范围内都有,被称为媒介帝国主义,西方的媒体和文化内容在非洲、拉丁美洲和亚洲的一些地方完全压倒了本地媒体。

不可否认,庸俗作品以及支持其的观点中显然充满了精英主义和有价值判断。许多研究流行文化的学生很客观,他们将流行文化作品视为浪漫小说一样来研究,投入像英语系教授对待莎士比亚一样的热情,后者则被认为是一种高雅文化。

作为娱乐的流行文化

流行文化中大多数有娱乐功能,它们被用作取乐和消遣。但是,一些流行文化内容,如广告或公共关系,对提升某种产品或观点非常重要。同时,不是所有流行文化都具有娱乐性,也不是所有娱乐都与媒体相关。马戏团就是一个例子,它在媒体上进行推广和做广告,但却起源于罗马帝国时代的马戏传统。然而,今天媒体对流行文化中的大多数来说仍是一个最重要的传播系统,事实上若没有大众传播,流行文化中的许多内容也不会存在。

本书讨论的媒介中,电视和电影内容很显然与娱乐有关。报纸,曾经一度是娱乐的来源,也继续提供着实用信息,但是,它们并不提供大量的娱乐内容。当报纸呈现娱乐内容时,它们也很大程度上依赖于带来娱乐事件的特稿辛迪加。广播也曾是一种重要的新闻媒体,现在着眼于娱乐,重心在音乐、脱口秀和体育广播。有线电视既是娱乐媒介又是信息媒介,但是娱乐明显占主导地位。我们最古老的媒介——图书也传递着娱乐和信息。网络有足够的流行文化,但是目前它仍然是受信息和娱乐驱动的,特别是社交网站,在那里可以看到许多视频。今天网络世界成为流行文化的主要提供者。

竞选徽章是流行文化中的人工制品,崭新的时候被人佩戴,并且是当时公众大讨论的一部分,然后就被当作纪念品珍藏。

媒介对于消费艺术的影响

媒介最具争议同时也最有趣的社会文化影响之一是其持续创造和传播着流行歌曲、哥特式浪漫小说、无新意的电视剧、低成本的电视真人秀、公式化的恐怖电影、连载漫画人物和其他被批评家们认为是不成熟的素材。这些素材占我们流行文化中的很大一部分。人们哼唱着最新的流行歌曲，忍受着最新的肥皂剧毒品般的毒害，对基于新闻报道的最新大型游戏交换意见，同时围绕着一周电视节目预告来安排他们的活动。简而言之，媒介的产出是美国流行文化的核心。无论你是否喜欢，流行文化都有众多受众。深度联合理论考虑到流行文化的源头和影响，代表了一种前沿的被广泛接受却还没有系统研究的理论。我们在本书中探讨大众传播领域，并提出一个实验性的理论来解释为什么某种类型的内容成为我们媒介的关注焦点。

人们对媒介产生的文化的优点和其对社会各代人的影响的争论已经进行了很长时间。[14]媒介批评家和流行文化捍卫者就专门制造的大众"艺术"是亵渎还是佑护存在很大争议。对大众传播及其艺术形态的产品的分析是科学框架外的。媒介批评主义是基于个人观点和价值得出结论的讨论竞技场，而不是用限于实验观测的科学方法来小心翼翼地组合数据。然而，这些赞扬或谴责大众传播内容的人起到了很重要的作用。他们给我们提供了评价媒介内容优点的对照标准。我们可能选择接受或拒绝这些标准，但是通过对这些标准的斟酌，我们能对流行音乐、肥皂剧或者观赏性体育项目等的优点得出自己的结论。

文化内容和品味级别

在本节中，我们回顾一个大众传播（媒介）的流行文化理论，该理论由对以下两个问题的讨论引发：(1)由媒介制造和传播的不同形态流行文化的优点；(2)由这些媒介所服务的美国大众不同阶层的文化品味水平。这些讨论是基于强有力的观点，毫无偏见和很多评价的个人价值集合。你可能会发现这些已有偏见与你自己的观念相符，或者严重不符。无论如何，它们显示了关于流行文化争论中的不同类型分析。（希望它们可以使你自己对流行文化的观点更清晰。）

为了理解流行文化如何（为何）如同美国媒体中盛行的内容一样随处可见，我们需要将其置于一个更普遍的艺术产品背景下。批评家告诉我们先于大众媒体的发展，艺术曾有两大类别。它们是民间艺术和精英艺术。[15]今天看来两者的价值旗鼓相当。同时，根据我们的流行文化理论，它们之间有着重要的关系。

民间艺术 这个类别的艺术产品是由无名群众自发产生的。这种艺术质朴、本土、自然。它的创造者可能非常有天赋和创造力，但却没有因作品得到认可。这是艺术的草根形态，由其消费者创造并与他们的价值和日常经验紧密相关。因此，乡村、地区、国家产生了日常生活所需的独具特色的家具风格、音乐、舞蹈、建筑形式、装饰理念。民间艺术从来没有遵从社会精英的指导，但是却成为了普通民众传统的一部分。

精英艺术 精英艺术产品代表了"高雅艺术"，由那些非常有天赋和创造力的个体创造出来，他们通常也因作品获得了极大的个人认可。精英艺术在技术上和主题上都非常复杂。它通常是高度个性化的，因为其创造者意图发现能解释或表达其经验的新方法。精英艺术包括音乐、雕塑、舞蹈、歌剧、绘画等大多从欧洲起源并为世界各地所认同的形态。尽管它有其伟大的经典，但是它代表着不断的创新并且现在在许多国家生产。小说家、作曲家、画家和具有其他创造力的艺术家不断尝试新的形式和概念。

媚俗 当代许多批评家坚称，民间艺术和精英艺术受到了媚俗——一种低劣种类内容的威胁。以利益为驱动的私有媒体以及与其相关的低成本制造的兴盛，给艺术带来非常大的改变，创造了一种全新的流行艺术。随着廉价报纸、杂志、平装书、广播、电影和电视的出现，这种新的艺术形式初次登上舞台满足了大量的、受教育程度相对低的受众的低级审美品味。

这种新艺术形式的内容，被批评家们认为是不成熟的、简单主义的、价值不高的。与民间艺术不同，这种艺术不是意图对地域品味和文化的真实表达，而是大规模制造并旨在受众最大化。与精英艺术不同，它不在意引发个体强烈的审美反应。相反的，它模仿艺术作品的某些方面，并且进行大量低廉的生产，然后卖给那些需要的消费者。对这类大众传媒产品，有一个广泛应用的标签是德语的"kitsch"（媚俗），与英语中的"junk"类似，表示品味很差的或没有艺术优势的垃圾和俗气的东西。根据我们这里的流行文化理论，媒体对产生目前媚俗泛滥的娱乐内容有着不顾一切的需求。媚俗泛滥（deluge of kitsch）是 19 世纪德国一个艺术评论中的术语。

对媚俗的批评 评论家认为，在为媒体制造媚俗的过程中，人们常常单纯为了经济利益"挖掘"民间或者精英艺术。他们做"毫无原则的开拓者，从土壤中吸取精华，但却没有任何产出"[16]。一位 20 世纪中叶突出的艺术评论家克莱门特·格林伯格（Clement Greenberg）这样写道：

> 媚俗的前提条件……是能容易地获得完全成熟的文化传统，媚俗可以为其目的利用传统的这些发现、收获和完美的自我意识。[17]

为什么批评家们视媚俗为一大问题？他们坚持认为，精英艺术和民间艺术更早的区分曾经与上流社会和普通民众的区分相对应。尽管他们没有必要赞成上流社会，但是他们仍然相信其对大多数成熟艺术形态存在的重要性。批评家们宣称，在大众传播出现之前，民间艺术和精英艺术是可以共存的，因为它们拥有明确定义的"选民"。

紧接着媒体快速地渗透到社会各阶层，与之相对应的是有购买力的数量众多的消费者。这些消费者的品味并不与民间艺术或精英艺术相关联，他们对低智力需求的内容就很满足。这就导致了无序的媚俗泛滥。

媚俗影响了社会各个阶层，因为它为争夺人们关注而竞争。它不断出现并且吸引眼球的数量是其流行的源头。因此批评家们总结，从前阅读托尔斯泰的人们现在转向一些神秘或者浪漫的公式化作者。从前喜欢看交响乐、芭蕾或者戏剧的人们现在转向了麦当娜或者摔跤。那些从布赖斯勋爵（Lord Bryce）或亚历克西斯·德·托克维尔（Alexis de Tocqueville）的书中获取政治智慧的人们现在都看最新的基思·奥尔伯曼（Keith Olbermann）或者雷切尔·玛多（Rachel Maddow）的"分析"。

换而言之，流行文化理论说明了低艺术品味的产品会驱赶精英艺术和高雅文化，如同劣币逐良币一样。在对流行文化的主要特征进行评估中，评论家德怀特·麦克唐纳（Dwight MacDonald）认为这是毫无价值且倒退的文化，会影响到对现实社会（如性别、死亡、失败、悲剧）和简单自发乐趣的更深层次理解。大众被几代这样的东西败坏，转而需求毫无价值但舒服的文化产品。[18]

这种理论还认为，媚俗代表了剥削的双重形式。控制媒介的人不仅通过使人们对媒介的要求降低而剥夺了他们形成更高品味的机会，还从他们身上强取高额的利益。

如果这是真的，那么这种流行文化理论将会引发三个主要预言。第一，媚俗可能会将民间或精英艺术消灭，因为它简化了内容，并且在使用的时候耗尽了这些艺术的来源。第二，媚俗剥夺了受众的利益，阻碍他们对更真实的艺术形式形成审美品味。第三，媚俗是对大众进行经济剥削的一种主要工具。

这种预言表达了严肃的控诉。为了试图

找到这一理论的优点，我们可以试着确定至少其中一个预言是正确的。为此，我们可以研究流行文化的一个方面——媒体创造的英雄。是否如该理论预测的那样，媒体创造的媚俗偶像的出现会消灭真实的偶像形象？更进一步来说，媒体创造的英雄形象是否会降低人们对其现实生活中有价值的成就的兴趣？还有，经济剥削是否是一个真实的因素？

媒体英雄的媚俗　如上所述，判断我们的流行文化理论是否有优势的一种方法就是对大众媒体创造的各种英雄进行研究。批评家们说，在早期的美国，英雄们是超凡的个体，有做出令人艳羡事迹的鲜有的个人能力。18、19世纪美国人崇拜的英雄有乔治·华盛顿、罗伯特·李（Robert E. Lee）、萨卡加维亚（Sacajawea）、丹尼尔·布恩（Daniel Boone）、哈丽雅特·塔布曼（Harriet Tubman）、杰罗尼莫（Geronimo）、戴维·克罗克特（Davy Crockett）和斯托夫人（Harriet Beecher Stowe）等。这些人都是对历史有重要影响的真实人物。他们不是因为长得帅气或漂亮或者他们的娱乐方式获得认同，而是在需要勇气、奉献和自我牺牲的情况下成功地进行了抉择。

即使在 20 世纪媒体兴盛的时候，传统的英雄还在不断出现。第一次世界大战中士兵阿尔文·约克（Alvin York）、飞行员埃迪·里肯巴克（Eddie Rickenbacker）都是大英雄。但是自那以后（伴随着新媒体的出现），由真实事件而为人所知的英雄的数量显著地减少。最后一个伟大的英雄，也是有史以来最为人熟知的人，可能就是查尔斯·林德伯格（Charles A. Lindbergh）。他在 1927 年驾驶单引擎的飞机跨越了整个大西洋，这需要钢铁般的意志。这个满足所有美国人欣赏的品质的功绩，使其成为 20 世纪最为人称道的人物，至少是电影或者广播等媒介进入大众视野之前的最伟大的人。20 世纪后期的宇航员，尽管已经存在很多年，但仍然因其勇敢而被人们崇拜。

著名的奥运奖牌获得者迈克尔·菲尔普斯通过大量的媒体报道成为流行文化的名流，报道突出了他完美的技术。

媒介的发展和英雄的变化是一个经典的研究课题。社会学家利奥·洛文塔尔（Leo Lowenthal）研究了流行杂志上的人物自传，坚信普通民众认识历史和当代事件最好通过名人。通过研究政治、专业或娱乐领域的名人，洛文塔尔得出结论，英雄是时代品味和价值的产物。例如，在 20 世纪初期，杂志自传"生产出"的偶像通常是在商界、政界和产业界，但是近几十年来，来自娱乐界、体育界或文艺界的"消费偶像"有更加流行的趋势。[19] 当今时代，如比尔·盖茨、巴菲特甚至唐纳德·特朗普等知名企业家更受崇拜。

关于英雄的研究甚至可追溯到历史学家托马斯·卡莱尔（Thomas Carlyle）在 1885 年发表的论文之前，他证明了强有力的人格如何塑造历史。尽管关于伟大人物的历史理论如今正在衰弱，学者和媒介批评家们仍然找到了对检视人们态度和价值观有用的英雄研究。文化批评家们认为，在实际应用中，英雄成为大众希望和精神的标志，发挥着积极的社会功能。

真实的偶像时代是否已经过去？一些人们认为是这样的。尽管如电视的传记频道也吸引了一部分观众，但是漫画中的虚拟英雄，如蝙蝠侠等仍极具观赏性和吸引力。随着媒体的存在感增强，许多批评家认为，新的媚俗的英雄开始取代实际的英雄。这些公众谄媚的新对象们不是那些具有超群个人能力的个体。相反，他们是媒体创造的偶像，以性感的外表、诱人的声音或者体育和其他方面的能力而为人所熟知。

这大大得益于媒体和那些流行文化的创造者们。他们使受众相信其提供的产品真的很重要。其中一种激励这种创造的方式是已被广为宣传的所谓"竞争"方式。在这种方式下，大量的奖项〔如奥斯卡奖、托尼奖、艾美奖、MTV 奖、海斯曼奖（Heisman Trophies）等〕通过电视仪式颁发给那些媚俗作品的创作者。而在这种方式下，公众被一种幻觉和假象包围：只有这些人在我们这个社会中才是最有价值的。然而评论家们会问责道：这是否如同一出现代版本的孤胆英雄？如同社会学家理查德·昆尼（Richard Quinney）所说的，这种被制造出来的思维方式或价值，"只是一种商业娱乐"，而根本不存在于电影或电视之外的现实世界。

所以流行文化理论的主要观点认为，大部分的当代英雄只不过是媚俗的媒体产物。这些产物的出名并非源自激励社会和对社会有益的非凡举动，而是来自荧屏形象、CD 和磁带里的声音以及在报纸上叫卖的能力。一些可以通过自身的表演来获取名利，另一些则完全存在于电影、肥皂剧、黄金时段的情景喜剧等

非现实世界中，但同样也可以非常有名。评论家们称他们有足够的理由认为，倘若将这些幻象视作是重要的，那么我们的社会将对现实滋生出一种致力于媚俗的幻想。当然，对现实生活和虚构英雄的优缺点的争论将一直持续下去。

这些"媒体英雄"有几种明显的类型。首先是"棒球英雄"，巴比·鲁斯（Babe Ruth）与里德·格兰奇（Red Grange）就是其中的典型。他们是继造就了超级巨星艾里·曼宁（Eli Manning）和迈克尔·菲尔普斯等一大批体育明星之后的又一批被媒体打造出来的"体育明星"。显然，这些运动明星不仅是超级运动员，同时也将获得高额的回报。而评论家们发现除了媒体所赋予他们的地位外很难找到他们拥有广大人气的原因。[20] 使用球棒、球拍还是用普通棍棒有技巧地去击打一个球对于整个国家的进步来说似乎无关紧要，运动技巧无法作为社会进步文明的构成。

另外一种非常重要的类别就是"动听旋律型英雄"——那些被亿万粉丝追捧的歌手们。美国老一辈人中大部分还对鲍勃·迪伦和托尼·本内特（Tony Bennett）记忆犹新，而今天，碧昂丝和坎耶·维斯特（Kanye West）的嗓音又开始呼风唤雨了。被媒介机构包装出来的音乐人和歌星是今天泡沫文化的主要组成部分。但是流行文化也会表现出其同时也扎根于民间和精英艺术。因为很多在流行榜上名列前茅的歌曲是以古典和美国民间传统艺术为土壤的，如美国歌谣和最早期的爵士乐等"草根"作品。

能创造更大商业利益的是"具有超人类力量的英雄"。想象中的人物深深地影响着现实中的人们。例如，我们可以很容易地推测出今天媒体中各种"超人"的能力和那些古代神话中与人类长得并无差别但却具有无穷力量的神可以说是旗鼓相当，对于超凡能力和成就的永恒幻想使得亿万民众对于一大批拥有巨大能力的超人角色始终乐此不疲。几代观众仰慕并希冀超人、幻影人、神奇女侠以及蝙蝠侠等的力量。那些超级强壮、具有预测未来的能

力、能听到人们呼救的角色在电影和电视上大行其道。

另一些当代的媒体角色虽然突破不了人类的生理极限,但被塑造为能够与犯罪做无畏斗争的英雄形象,诸如被称为"尖叫的轮胎"的警察,头戴斗篷、身佩短刀的"国际间谍中的英雄",还有具有钢铁般眼神的"私人侦探"。但这些都不够完整,如果没有"法制英雄"和万人敬仰的"缝合与手术刀英雄"(医生)的话。这些包括如《急诊室》《豪斯医生》和《法律与秩序》等剧集中的明星和没完没了的衍生剧。相比之下,现实世界中真实的人的能力显得那样苍白无力。一些现代"英雄"其实是反英雄主义的,而他们自身其实存在太多太多的缺陷以至于某家有线电视网打出了"个性回归"的口号。

话说回来,我们如何评价流行文化理论及其应用价值? 在很多情况下,流行文化脱离精英文化这一趋势已经得到证实。然而,流行文化是否因此该受到谴责则是一个开放性的问题。公众被迫为流行文化产品买单这一结论似乎也是正确的,因为公众最终将给那些媒体英雄和主角们发放高额的"工资",也作为对产品赞助商们所支付的广告和市场费用的一部分回报。表面上看,这更像是"对大众的经济剥削",但最终的评判必须以个人的价值观为基础。

最后,当"普通"人的重要成就被挪到了作品最后一页时,对于媒体英雄们减少了现实成就中的利益的指责应得到正视。科学家、艺术家以及其他能够对我们的社会文化作出重大贡献的人的社会贡献很少能获得较广泛的认知,而当我们"八卦"那些名人时则使他们登上了报纸的头版头条。总之关于流行文化理论存在较多争论。然而,流行文化的这些方方面面在整体上对大众所造成的威胁和不利程度依然要取决于个人的判断。

"公众品味"的媒介表达市场

流行文化理论提出了关于公众品味层次的重要假设。只是媒介服务的大众当中,不同品味层次的区别是什么? 这些品味是如何与媚俗的产品联系起来的? 本部分我们会简单地观察一下这个议题。尽管如此,关于"公众品味"的分析,像关于流行文化的益处的争论一样,也处于科学框架之外,从个人的观点和标准逐渐发生演变。当我们享受某种特定的艺术产品时,就会做出品味是高是低的判断。有时,会根据客观价值做出品味是好是坏的判断,而不是根据科学的标准。这里我们的目标仅仅是将注意力集中于美国媒介基础支持系统中的重要因素。

因为这项工作做起来很艰难,其他人表示反对的风险也很大,所以很少有学者分析过在美国什么是我们所认为的"公众品味"。赫伯特·甘斯(前文所提及的)使用了定性观察的方法,把美国社会中的品味分为五个层次。[21]下文,我们将描述这五种公众品味以及它们所倾向选择的具体内容。我们的描述主要基于但不局限于甘斯的分析。教育因素看起来在定义品味等级中最为重要,但很多其他的因素例如阶级、年龄、性别、种族同样也有影响。

高雅文化公众品味,就像"严肃的"作家、艺术家、作曲家的产品。高雅文化可以从"小"杂志中,在非百老汇戏剧界的产品中,在一些艺术电影院中,极少数的大众电视中找到。通过形式、物质、方式、明显的内容、转换的象征来评估它的创造性和实验性。风格经常变化。例如绘画、艺术以及雕塑,在不同的时期被表现主义、印象主义、抽象派、概念艺术控制。在虚构的文学作品中,高雅文化强调复杂的性格发展更甚于情节。现代高雅文化探索精神的和哲学的主题,以及其中的冲突和分歧。

很明显,这种文化形式对媒体主流受众少有诉求。出于这个原因,很少能在大众传播中找到它。公众中比较少的倾向于接触高雅文化的那部分人,认为自己属于精英,而他们的文化是与众不同的。

中高层公众品味专注于社会经济中高水平的阶层,主要由专家、高级管理人员、经理和他们的家庭成员组成。这些人受过良好的教育,相对富裕,但他们既不是创造者也不是批评家。他们中的大多数是文学、音乐、戏剧和其他被认为是"好的"艺术的消费者。

提到中高阶层的特点,我们可能将之概括为更爱强调情节而非性格和议题的小说,这个阶层喜爱和他们自己相似的人,他们事业有成,在重大事务中发挥重要的作用。他们倾向于喜欢那种中高阶层的人与他们的阶层相适应的电影、电视节目。他们阅读《时代》和《新闻周刊》,享受新媒体。他们可能很熟悉古典音乐、戏剧,但是不喜欢当代的或者实验性的作品。他们购买精装图书,支持本土管弦交响乐队,偶尔会去看芭蕾表演。他们订阅《纽约客》《国家地理》《名利场》这样的杂志。为满足自己的兴趣浏览博客和站点,率先注册卫星广播,他们是典型的新技术的践行者。

尽管这个群体非常庞大,但是它对媒介内容的影响事实上非常有限。一些电视剧、公共事务节目、调频广播代表了中高阶层的水准,但大多数媒介内容处于这个水平之下。原因在于当一个阶层相对富裕的时候,对他们来说,就没有足够的购买动力去给整个国内市场增加有影响力的部分。

中低层公众品味是大众传播的主要影响力量。原因如下:第一,中低阶层公众品味涵盖了绝大多数的美国人;第二,他们有足够的收入去购买媒介广告的产品。这个阶层的人可能是白领工人(例如公立学校教师、低层级的经理、程序员、政府工作人员、药剂师、较高收入的牧师等)。他们中数量相当可观的一部分人,受过高等教育,有工科学位背景。这些公众经常有意识地排斥高雅的文化品味,但偶尔也会消费一些这种文化形式,特别是一旦它们被转换成流行文化形式。

中低层公众持续地支持宗教和它的道德价值。他们倾向于选择那些古典美德依然被嘉奖、完美结局还会发生的图书、电影和电视剧。中低层公众喜欢含糊的情节和英雄。比如,他们喜欢已故的演员约翰·韦恩,因为他奉行传统美德。他们既不追求个性的复杂性,也不追求决定性主题的哲学冲突。中低层民众的品味通常会让他们去阅读浪漫主义小说,通过网络阅读杂志,收看电视真人秀、情景喜剧、警匪片、音乐盛宴、肥皂剧、智力竞赛节目。音乐方面,他们喜欢听起来很轻松又代表着电台黄金时代的乡村音乐和西部音乐。这些音乐对其收听者很少有智力方面的需求。

底层文化品味主要由制造业的蓝领技工和半技工、手工服务行业(工厂流水线、汽车修理、铸造服务、日常探测)的工人所具备,他们的受教育程度只有职业学校水平甚至更低。他们当中的年轻人进入职业导向型社区学校学习。尽管人员规模也很庞大,但是这种公众品味是在萎缩的。现在越来越多的蓝领家庭把孩子送去四年制大学,很多制造业迅速被取代。

底层文化公众品味如动作片,通常是暴力的,出现在电影和电视中。它就是为了取悦公众的,所以媒介抗拒审查暴力描写的努力。这个群体喜欢简单的警察剧、喜剧秀、西部冒险片。有这些流行元素的节目,都是些低俗的闹剧,就像《幸运之轮》、摔跤以及西部乡村音乐。阅读方面,这个群体喜欢超市小报,比如《国家问询者报》、告解杂志(面向妇女),以及世界摔跤联合会(WWF)全明星摔跤电视赛。

准民间公众品味处于社会经济学阶梯的底端,由贫困的很少接受教育的缺乏职业技能的人所具备。其中很多人还要领救济金,工作不稳定,或者从事不需要技能的工作。很大一部分都是非白种人,农村或外国出身。尽管这个群体人数众多,但他们在形塑媒介内容时只发挥了微乎其微的作用,主要是因为他们的购买力非常低。

在这个底层品味水平中,受欢迎的艺术形式的文化层次也很低。这些人喜欢简单的电视秀,在很多城市中由外语媒体来满足他们的需求。这部分人也表达了他们的传统文化元素。例如,他们可能会过宗教和民族的节日,举行社会集会,在自家墙上挂宗教和民族的手工制品和图片。多彩的壁画装饰着一些城市少数族裔社区的街道。

上文做出的分类基于标准的精英话语权，但在区分媒介受众和他们的品味、他们的选择上有一定的参考价值。

甘斯在他的经典著作《流行文化和高雅文化》中指出了文化和阶级的关联，指明贫困阶级中没有受过教育的人通常负担不起一张歌剧票，他们去参观艺术博物馆身处一群富人中间也会觉得不自在。当然，年龄、性别、种族依然在流行文化选择中起到关键作用。其他学者引入了"杂食主义者"（Omnivores）这个词，解释了那些品味跨越流行文化和高雅文化的人的选择。当然，公众品味包含着一种分析流行文化的简略方式。很多人都是杂食主义者，他们的兴趣和品味是全方位的，从无难度的几乎不需要动脑筋的电视节目到复杂的电脑游戏再到各种各样的音乐和艺术。流行文化和高雅文化的冲突在社会中非常现实，直接关系到我们在电视上看什么，从其他媒介上接触什么。

 精彩观点：媒介理论阐释

媒介批评理论

在美国，媒介研究和理论分析主要起源于从自然科学到社会科学的发展框架。目的是经验性地检视大众媒体的内容，揭露可能会对行为有害的媒介内容（暴力和性）的不良影响。文化批评学者认为，这个目标是不可接受的。研究者要做的就是研究一种力量关系体系中的受众剥削，这种体系解释了拥有媒介控制权的人是如何利用媒介维持权力的。

批评家说，媒介正被控制者利用。他们有意地把信息编码进流行娱乐和新闻中，维持人们的信念，这种信念就是社会现状是值得赞扬的，社会秩序也是自然而然的。媒介批评者认为这种做法是不正确的。事实上，大多数人很少从工作中得到奖赏，只有很少一部分人在资本主义体系中获取财富或权力。因此，掌权者用媒介使人们相信这就是最好的体系。

1. 西方工业化国家拥有基于资本主义的权力结构，这种权力结构包括经济体系和政治体系。

2. 大众传播工业天生是屈服于其所有者的利益的，被复杂的法律系统保护，是权力结构的核心部分。

3. 大众传播向受众提供的内容，是支持资本主义体系的价值观的，维持现存的权力结构。

4. 媒介受众始终在接受一种编码信息课程，这种课程让资本主义看起来是有吸引力的、合理的、公平的。

5. 事实上，资本主义体系是不合理的，也是不公平的，因为大多数这个系统中的人相较于他们的贡献来说，取得利益是相对有限的。只有极少数的拥有权力的人，取得了巨大的利益。

6. 因此，媒介控制者有意地或者不知不觉中为了其利益，利用媒介强化资本主义意识形态，从而剥削了受众——维持其受众被牵制在这个系统中，避免他们向其权力发出质疑。

流行文化理论的启示

如前文中清楚表达过的，必须从购买力集合和公众多样化的品味选择两个方面去理解作为媒介内容的"流行文化"这一术语。不管批评家如何抗议、声明和反对，媒介必须根据大多数公众的品味需求继续生产内容,因为媒介为了生存要使这些内容吸引赞助商的注意力。基于这种依赖性关系,它们在自己的媒体上,通过高雅文化或中高层文化,带来文化性革命的可能性很小。未来有个很明显的趋势,中低层和底层品味将继续操控美国大众传播。

因此,尽管将来的屏幕变得更大、图像更清晰、频道更多,或者传输方式更多样,中低层的品味将继续驱动和定义受众的内容。尽管如此,数百万个电子频道,让高雅文化和理智的或专业化的内容也可以繁荣起来。

美国最流行的电视秀之一《美国偶像》是电视真人秀类型的一种,也是业余表演者的展示舞台,他们当中的一些人后来取得了知名度。这场秀的评委本身也推动了流行文化的发展。

娱乐媒介和流行文化

正如在第 1 章中提到过的,娱乐是媒介最核心的功能之一,也是媒介内容的形式之一。娱乐被多种词典定义为"一种占用了时间和关注的令人愉快的活动,特别是公共表演"。在流行文化的讨论中,娱乐通常被认为是"肤浅的、多余的、不重要的",和艺术截然区分开来,后者被认为依靠"深入推动人类精神发展,持久改变一个人生活态度"来挑战思维、点亮思维。当然,这是一种做作的、理想化的观点。在媒介内容上,信息通常被认为比娱乐更重要,更有价值。如果将媒体对总统选举或者战争的报道和一部情景喜剧相比,那么这种看法是确切的。有些人会争论说娱乐通常有更深

的意义,是我们对文化的陈述。有这样一种观念,我们是我们看到和读到的——至少它折射出我们作为个体或作为社会成员的体验和价值。因此,马里兰州的巴尔的摩骄傲地宣称自己是"阅读之城",没有哪个美国城市自夸自己的居民看电视或者玩游戏比其他城市的多。

如果说有一些媒介形式可以被看作纯粹的娱乐,没有信息和新闻的痕迹,它们就是动画片、唱片音乐、电子游戏,或许还有一些其他的形式。没有真正纯粹的不传递信息的娱乐,尽管我们在第 8 章中提到的,当一个人把所有的时间投入纯粹的娱乐和体育节目,而不是新闻和公共事务时,电视就是一个很大的娱乐媒

介。有线电视节目也是如此，最通常被简单地看作电视，尽管技术上并不是这样的。虚构类图书也是娱乐媒介，即使报纸也有特稿、谜语、漫画连载，以及其他纯娱乐的内容。

娱乐媒介可能是流行文化的最佳表达。它们通常也致力于流行文化内容，尽管也可以从中找到一些高雅文化（例如音乐会、戏剧、芭蕾）。尽管如此，对比上文表达的观点，娱乐媒介不是琐碎的或者不重要的，它们构成了媒介收益中最可观的份额，尽管很难将纯娱乐媒介从传播信息和观点的媒介中区分开来，因为它们之间有太多的重叠之处和模糊边界。根据评估，娱乐媒介占据媒介收益份额超过 60%，这可能还只是一个保守的评估。

在媒介产业活动中，能够帮助我们更好地理解流行文化的在最早的媒介形态中有特稿辛迪加，还有体育媒介和内容。

体育媒介：内容和文化

体育是流行文化的一种形式，它深深地根植于现代社会。从邻里间的游戏到中学、大学以及职业体育，它在社会中是如此普遍以至于总统辩论都必须让到一边，不去和它竞争公众的注意和支持。现今，媒介和体育是不可分割的。事实上，媒介是如此有影响力以至于极大影响着"体育如何开展、组织以及被社会认知"[22]。体育尽管最初是为本地娱乐而组织的，但是要通过媒介和广告来成名。如果没有广告和广告赞助，耗费大量金钱的专业体育项目会大大衰退。

也有完整的体育文化工业，范围从玩具和游戏到卡片、日历、杂志、图书、T恤、服装。媒介的体育报道、体育专栏和体育速写的广告，大大促进了对这些项目的需求。体育也是美国英雄的主要来源。棒球界的巴比·鲁斯、卢·格里克（Lou Gehrig）、乔·狄马乔（Joe DiMaggio）、米奇·曼托（Mickey Mantle）给体育界和美国人的生活带来了长远的影响。实际上，每一项体育运动都有大"英雄"，例如拳坛的乔·路易斯（Joe Louis）、拳王阿里（Muhammad Ali）。不管是曲棍球、网球、高尔夫、篮球、足球还是棒球，每一项体育都有自己的大人物，他们因为其成绩和个性，被美国人熟知的程度超过对国家领袖和其他领域名人的熟知程度。

如果流行文化某方面被给予了大量关注，暗示了它的重要性，那么体育让流行文化进一步升温了。媒介中的体育报道，无论是在报纸、网络、有线电视还是付费电视上，从时间和空间占有，以及给媒介带来的收益来看，都是占优势的。根据《美国新闻评论》的统计，体育报道占据报纸 20% 的版面、周末电视和特别报道 25% 的版面。粗略计算，所有的报纸报道中 19% 包含体育，消费者杂志中这个比例是 21%。没有任何其他主题占据这么多媒体的注意。

体育是至关重要的流行文化形式，有广泛的需求。胜利者和失败者的图片，成功和失败，痛苦和喜悦等都被体育包含在内。语言中没有强健的体育隐喻，美国商业可能压根不会得到传播沟通。电视中最贵的最有价值的广告时间段是超级碗、世界杯和奥运会。

最早，美国及其他地方的体育记者把重点放在富人的娱乐上，例如打猎和赛马。穷人和普通人的娱乐得到的关注很少。尽管这种局面得到了很大改善，今天的体育记者还是有一种中产阶级的偏见，主要报道棒球、橄榄球、篮球、曲棍球及其他几个主要项目。高层次的运动，如滑雪、高尔夫、网球也得到了关注报道，但对于美国南部不富裕阶级的娱乐，比如鲈鱼钓手大赛、职业摔跤、房车赛则很少能在体育版中看到报道。

一个很真实的感觉是，传媒和体育都起源于工业革命，那时候人们开始享受更多的休闲时光。起先，报纸很少关注体育，一些高级编辑，如《纽约论坛报》的传奇人物霍勒斯·格里利（Horace Greeley）看起来对体育和体育报道的态度很矛盾。如历史学家约翰·史蒂文斯（John·D. Stevens）指出，格里利曾经投入 6 个栏目的报道给职业拳击赛，针对同样的事件又写了一个栏目的社论谴责体育的残酷性。体育和报纸依然共同成长，19 世纪 30 年代发展起来的便士报，依靠体育报道把普通读者带到了廉价的、超流行的报业中来。

英国人亨利·查德威克（Henry Chadwick），1824 年 13 岁的时候来到美国，成为美国第一个重要的体育撰稿人，特别是在流行的棒球运动方面很有影响力。他在《纽约时报》、格里利的《纽约论坛报》、《布鲁克林鹰报》和《纽约快船报》上写作。在那里，他报道、推动、批评棒球运动，帮助制定棒球运动的标准化规则。

虽然查德威克没有发明棒球，但是他生平却因为"棒球之父"而著名。根据约翰·史蒂文斯的描述，直到棒球的出现，全美没有具备统一规则的运动项目的局面才结束。棒球最初完全是业余游戏，但在 19 世纪 60 年代后期，球员们开始有了报酬，有时候是台面下的。辛辛那提红长袜队第 个允许引入职业球员，之后就迎来了一个 57 场胜利的赛季，除了一场平局，未尝有过败绩。

那个时代，查德威克在报道和评论棒球上起到了重要作用，他出版了第一本年度棒球指南，他注意到这项运动里对球员人数和具体规则都没有达成一致。于是，他总结了棒球运动规则，并使棒球运动制度化。不同地方的人，即使从来没有看过比赛的也能从查德威克的文字中学会打棒球。这位卓越的人推动接球手配备手套和胸部保护器，批评球队老板，帮助成立了第一个职业体育新闻记者组织。查德威克与棒球成为美国全国性的娱乐项目有密切关系，他也是第一个以非球员身份入选纽约库珀斯敦棒球名人堂的人。

像查德威克撰写的那些体育专栏逐渐发展为体育版，并最终成为报纸的体育叠。它们也是体育杂志的先驱。随着时间的推进，体育报道也发展出其他流行文化产品，例如体育图书、棒球卡，以及其他产品的出现。随着广播的出现，实时报道包括现场报道也成为可能。印刷媒介在体育中的决定性地位，虽然依然重要，却风光不再了。电视将体育媒介和媒介经济都引入了新纪元，如广受欢迎的球队的比赛、奥运会、超级碗的转播权，产生了巨大的经济利益。

体育转播的出现和定义取决于两个重要事件：戴维·萨尔诺夫 1921 年对登普西-卡彭铁尔（Dempsey-Carpentier）拳击冠军赛的报道，以及 1958 年全美橄榄球联盟（NFL）中巴尔的摩小马队和纽约巨人队之间争夺冠军的报道。亚瑟·亨廷顿·威廉姆斯（Author Huntington Williams）说第一件事成就了职业拳击手杰克·登普西（Jack Dempsey），最著名最传奇的体育偶像之一，作为一个流行文化英雄，他确立了萨尔诺夫和他刚起步的全国广播公司（NBC）的领袖标杆——第一次世界大战广播（最后是电视）。对全美橄榄球联盟的报道确立了职业橄榄球运动成为电视时代第一个赚钱的体育项目。

广播电视中的体育节目解说员也成为那个时代的传说。19 世纪 20 年代，格雷汉姆·麦克纳米（Graham McNamee）首次报道了 1923 年的世界职业棒球大赛，他对这项比赛非常了解，用富有磁性的男中音进行生动的现场解说，把它很好地介绍给了公众。他是如此广受欢迎的公众人物以至于在世界职业棒球大赛期间一度收到过五万封来信。当然，他和其他解说员坐在现场解说席位上对球员和球队进行英雄般发掘的同时，他们自己也成为了体育界的传奇。

在电视时代，美国广播公司（ABC）体育，ABC 电视网旗下的独立公司，并不仅仅把体育当作一种娱乐或者是新闻的分支，而是作为独立的门类。体育赛事的现场直播，电视网必须对现场进行豪华的布置，并且掌握新的技术，使公众为连续的回放和电视时代其他神奇的技术所目眩。在现代广播史上最伟大的制作人鲁尼·阿里基（Roone Arledge）的领导下，ABC 体育和工程师朱利叶斯·巴纳森（Julius Barnathan）合作，利用卫星技术，采用小型摄影机，发展计算机图片技术，远早于其他电视网在体育、新闻和娱乐上对这些新技术的运用。三十年中，公众见证的电视上的体育冠军时刻都和一个解说员霍华德·科赛尔（Howard Cosell）有关。他是"周一橄榄球之夜"的主持人。科赛尔风格独特，非常有个性，是电视体育史上最有名的人物。他用有观点的采访、分析和现场感掌控着荧屏，他甚至在电影中出演他自己。

电视收益让职业体育从本地化运动发展成为有着数百万美元交易的现代帝国。截至20世纪90年代，在体育资源的竞争上电视网远远落后于有线电视，体育工业自身也在不断改变中，电视更像是体育的一种传输工具。ESPN电视网提供24小时不间断的有线体育服务，成为不少电视粉丝收看的常规节目。

毫无疑问，体育节目依然是最受欢迎的流行文化形式之一。尽管有很大一部分人对此少有兴趣，甚至是厌恶的，然而观赏性体育项目这种内容吸引观众的能力使之成为广告主梦寐以求的广告载体。

体育及其意义

本章中，我们把体育看作媒介内容，特定的体育媒介，我们文化中的体育角色。我们没有特意考察体育媒介的经济影响以及它作为媒介经济的一部分等这些值得考虑的内容。要做到这一点，就必须考虑体育在美国以及全球的市场。仅在美国，就包括全国性的电视网节目、远程传输广告、全国和地区的有线电视网络、多频道视频成长，以及网络数字媒介内容的增长。立足于美国的公司如鲁伯特·默多克的新闻集团，还拥有福克斯体育，其影响席卷欧洲和亚洲。

前文提到，作为媒介内容，体育起到了极为重要的作用。它消耗纸媒及电子媒介大量的时间和空间份额，相应也获得了大量的收益回报。大量的受众对主要体育项目有需求，比如职业棒球、橄榄球、篮球等，也包括高尔夫、网球和增长中的足球。关于体育的研究表明，它实际上是娱乐和促销。[23]它就像是未来媒介收益的主要部分。实际上，互联网企业经常把体育作为数字媒介的"杀手级应用"提及，也就是说这些内容的应用看起来是收益的热门来源。其他杀手级应用包括健康信息、性和商业。

特定的体育媒介——电视、有线电视、广播、付费电视、杂志（纸质的和在线的），以及无止境的网络站点和博客——都是广泛的媒介工业的一部分，有它们的生存法则。例如，电视网根据娱乐部门和新闻部门划分体育的不同类型。在写这本书的时候，尽管有成千上万的体育网站，但它们中的很多还是大体育传媒公司如ESPN、《体育画报》的网络延伸。所有的体育媒介当中，有一个出色的数字体育媒介工业在演进，有时候可以围绕传统的体育媒介和体育设施，给广告主或公众提供直接接触之外的其他选择。事实上，今天，每个体育媒介都把互联网整合进来。[24]数字体育媒介工业包括为球队、著名运动员、特定的体育项目本身销售门票和体育纪念品以及维护网站（官网和粉丝网）方面的市场努力。体育经纪公司也有额外的数字活动，目标指向提升客户的名望，增加他们的财富。也存在这样一个群体，他们是体育场所经理和特许权获得者，他们为特定的目的使用网络和其他数字化终端。2008年奥运会证明，体育内容可以经过打包和再打包的过程来用于数字化传输。当原始素材在美国NBC播出的时候，该电视网也在向社会网络站点等其他方出售相关权利，以便于它们将体育内容分销和再生。有数字体育媒介专业机构和公司专门从事这项成长中的商业媒介活动。

关于体育对流行文化的影响我们已经写了很多。公众多样的口味让他们喜欢不同的体育项目，人们参与的不同体育活动也折射出不同文化价值和兴趣取向。棒球在美国一度被称为"美国国球"，而英国人则喜欢板球和足球，加拿大人拥护曲棍球。随着媒介迅速地变得越来越全球化，体育也有了全球化的体现，没有什么比奥运会是更好的证明了，来自不同国家的技艺超群的运动员们通过体育媒介——主要是电视——变得非常著名，变得市场化。实际上每一届奥运会上，全世界的目光都集中在比赛地点的选择上（奥运会举办的早几年前就确定好了），以及举办方为获得举办权而做的准备上。

休斯敦火箭队的全明星运动员姚明用他的名人地位帮助麦当劳推销，这被视作麦当劳为严重疾病的儿童做慈善的努力的象征。有时候这也叫作"高级炒作"，尽管名人运动员通常也会慷慨地捐赠。

音乐媒介：内容和文化

如前所述，音乐一直都是流行文化中最独特的一个方面。从古至今，人类社会中的影像——不论是可视的还是可听的——包括音乐，不管是民谣、老歌，还是有着经久不衰地位的古典音乐，抑或是拉格泰姆音乐（ragtime）、爵士乐、节奏布鲁斯、嘟喔普音乐（doo-wop）、摇摆舞、街舞以及其他形式无一不反映当代品味和偏好。每一代人都有自己独有的音乐，却经常遭到拥有自己时代音乐烙印的上一辈人的轻视和打击。

和体育相似，音乐是娱乐。它同样凭借自身力量有着自己的音乐内容（如视频音乐会和唱片中的音乐）或者作为其他媒介表现形式的一部分（例如电影中的配乐或者电视节目中的主题曲）。媒介中的音乐最早被音乐发行商以散页乐谱的形式印刷和出售，迄今为止依然如此。但紧接着，音乐与电子媒介有了联系，从音响和光盘到唱片、磁带、录像带和CD，再到网络音乐的传播。音乐创作和唱片业使用这些科技发明，同样广播、电视和网络媒介也利用这些科技发明来兼顾大众和小众群体的品味。

作为一个自身独立但又明显与其他媒介以及媒介平台（比如网络、广播、电视和动画）合作的产业，录制音乐被艾奥瓦大学的埃里克·罗滕布勒（Eric Rothenbuhler）和约翰·史迪克（John Strick）教授视为"文化商品的产物，媒介行业中最不确定、最变化多端的元素"。他们还写道："录制音乐消费者的品味要比报纸、杂志、通俗小说、电视或者电影消费者的品味更加瞬息万变。他们同样有更多的选择渠道来彰显他们的那种品味……迄今为止音乐行业成功地在同等水平上吸引消费者的金钱和时间。"[25]另一位学者杰弗里·赫尔（Geoffrey P. Hull）对此作出了通俗易懂的解释：

一家唱片公司为了获得利润，就要像获得商标权一样，即与艺人签署独家代理销售其卖座唱片的协议，然后加工该唱片并加以出售……生产唱片，加工唱片，销售唱片，如此循环往复……

一切都为了能让消费者购买唱片。因此这种商标代理必须显现出两种功能：获得原版音乐和唱片销售市场。[26]

多年以来，唱片业着手发掘和发展艺人，艺人们的音乐和歌词也反映出不同层次群体的偏好和价值。签订的合约涉及音乐的版权和归属，唱片特许使用费以及在创作过程中涉及商标、艺人和其他专业人员的费用。然而这种模式在 20 世纪 90 年代受到了戏剧性的挑战，因为很多人不再购买唱片，而是选择在网络上肆无忌惮地下载未经唱片公司授权的音乐。2000 年，Napster 音乐网站卷入的一场官司将唱片公司与音乐网站之间的纠纷引入白热化阶段。而美国联邦法院的判决成为了解决侵犯知识产权的预兆，也表明了唱片业性质的改变以及指引人们怎样获得音乐。[27] 如今，在网络上下载付费或免费音乐已经成为一种非常普遍的现象。

当然网络是一种销售 CD、DVD，还有其他音乐产品的非常有用的工具。新科技再一次彻底变革了音乐格局，让音乐发烧友们能够下载他们偶像的最新专辑。事实上网络已经征服了传统的音乐媒介平台，正如之前提到的广播、电视以及电影。现在大型的唱片公司与社交网络紧密合作，推销和发行它们的音乐。

业界观察　　　　　　　　音乐、媒介和流行文化

迈克尔·乔斯洛夫（Michael Joseloff）

MTV 电视网公共关系和市场部副总裁

见证和参与了 MTV 的变革，从使用电缆传输的音乐视频到借助多种渠道和多样化平台传送的大型音乐内容数据库，迈克尔·乔斯洛夫借助形式多样的网络系统、大型的电缆系统和通信卫星、无线设备甚至连锁酒店，为 MTV 电视网的节目与听众搭建了桥梁。他毕业于罗切斯特大学，之后拿到了福特汉姆大学的 MBA 学位。在加入 MTV 之前迈克尔是一家领先的市场营销公司的资深咨询师，客户范围遍及伊森艾伦、微软、HBO、星巴克和通用公司。到了 MTV 之后，他帮助 MTV 与大型媒介公司康卡斯特和时代华纳结成了合作伙伴关系。他是开拓媒介网络和为媒介网络营销重新定义的 MTV 的一分子，而之前 MTV 的网络仅仅局限于广播网和电视网。

1. 您是在什么时候以及什么情况下第一次意识到新媒体或者数字时代重要性的？

21 世纪早期，第一股网络公司风潮所产生的巨大能量看起来造就了电子商务时代。亚马逊风卷全国并且对各种形式的商业模式以及传统的购买商品方式构成了很大威胁。一夜之间，零售店似乎全面消失，并且你要是有个网站，你就有可能联系上每一个登录的网民。只要人们能登录你的网站，你就有机会将他们转变成你的客户或者让他们上网消费。网络社交模式也从开始时一对一互动对话到今天的网络交友社区和个性化的市场营销/传播，为数字时代带来了巨大的收益。

2. 那段经历（开发 MTV 的网络）对您个人或者工作有什么影响？

那段时期充满着潜能、可能性和机遇。如果你没有创建一个目的网络站点和把握住合适的数字领域，你就可能在未来一无所获。

因为传统视窗技术和传播渠道并没有限制曝光率，媒介公司和内容创造者们同样开始利用网站。一位奥马哈市的女电影制片人在自己后院摄制的影片同样有可能在网上被很多网民观看，甚至像斯皮尔伯格这样的知名导演也能看到。作为一名致力于怎样提高网站点击率的市场营销人员，这是一段学习、实践以及不去理会传统商业模式和计划的时期。人们愿意尝试一切方法，只要能够抢先得到市场高关注度和突飞猛进的网络点击流量。很少有企业去关注访问预定率，它能最

后以创造和打破一段时期的许多数字传奇和品牌而告终。结果，企业只管能否赚钱，而不在乎广告宣传和理念是否出色。

3. MTV电视网是怎样在流行文化、媒介、娱乐行业扩大影响的？

MTV电视网是一个业内领先的内容供应商，致力于不管何时何地，只要受众需要，都可以随时提供他们想要的内容。MTV电视网不仅仅是在尽可能广的范围里提供音乐内容给受众的领头羊，同时它也是数字领域里创造新方法来吸引受众并且与受众交流的改革者。依我看来，数字时代最不同凡响的地方就是一方面能够广泛暴露于上百万潜在受众，另一方面还可以在任何既定的时段获得每一位受众的收视经历和感受。网络社交团体、搜索引擎优化、行为市场学以及用户生成内容都为彻底改造传统的"推进式"媒介商业模式而提供了极大的新兴互动机遇。

4. 这场由广告驱动的MTV音乐和电视节目的数字革命给您带来的最大挑战和收益是什么？

虽然不是唯一的来源，但是传统的广泛撒网式广告宣传仍然是一个企业重要的收益来源。我们一直在寻找一种数码科技，它既能拓宽收益源头的范围，又能方便广告主和合作伙伴找到更广的接触点来联系和吸引我们的受众。举例来说，广告主们可以和被强势品牌吸引的受众进行更加目标明确的沟通。数字世界同样凭借多种方式使资源货币化以及为音乐内容、游戏和产品提供额外的机遇从而让收益多样化。

5. 您对数字时代的未来乐观吗？

归根结底，我们是人类。如果数字一直能够让我们的生活便捷，能正确满足人们基本的需求，那么它就是成功的。不过我们依旧需要社会交往和人际关系。我们会在卧室慵懒地看着大屏幕电视或者在商店亲自试穿衣服，而不是仅仅在网上订购。不过，数字未来依然能带来数不清的方法从而使我们的生活更加便捷、丰富多彩并且紧密联系。

6. 您对同样渴望加盟MTV或者其他音乐/娱乐媒介的有识之士有什么建议？

娱乐媒介是反映、激励、联系和挑战你的受众的。要想获得成功，最重要的举措之一就是去倾听和理解你客户的需求、意愿或者渴望。每一次会面或者合作都是一次倾听的机会，这一直以来都是让你在媒介行业找到立足之地的重要的第一步。

流行文化可以是变幻莫测的，因为在名人取得和保持商业认可的能力的问题上，公众对他们的态度起到了很大的作用。碧昂斯取代布兰妮成为百事的代言人就是一例。

作为流行文化的音乐

评价唱片业的时候，传播学者西蒙·弗斯（Simon Firth）写道："唱片业史是电子产品业整部历史的一个方面，并且不得不关系到广播、电影院和电视的发展。新兴媒介对娱乐社交和营利机构有着深远的影响，举例来说，唱片公司的崛起意味着音乐出版和钢琴制作公司的衰落，撼动了音乐厅所有者和现场音乐承办者的地位。"[28]

音乐的重要性

关于音乐对社会和文化格调的作用和影响方面的图书有很多。高雅文化和流行文化中更为普遍和有针对性的讨论并不存在。事实上，媒介提供的音乐类型很大程度上展示了听众的需求。没有什么会比电台上这种音乐风格和选择都模式化的音乐节目更加真实了。所以我们有轻音乐、硬摇滚、乡村音乐和西部音乐、拉丁音乐以及其他音乐形式。如前所述，音乐本身是一种媒介工业（唱片厂牌和它们的母公司、音乐发行商），但是它依赖于很多新旧媒体终端去发行。音乐可以通过和特定的一代人对话，也可以跨越时代的界限，传递和影响人们的观念和感受。音乐也是另外一个领域，在那里不挑食的人可以自由驰骋，他们的口味包含各种音乐形式和流行文化。很明显，一个人可以去享受代表高雅文化品味的古典音乐，也可以去体会其他任何满足不同阶级、种族、宗教群体需求的音乐风格。

流行文化中的电子游戏

正如我们已经表明的，流行文化一直用特定的媒介形式来展示自己。例如，漫画书就是流行文化传统的连接点，用故事和图片形式的分发渠道使这些素材流行起来，否则就用短故事、小说或者电影去传输。事实上，卡通和连环画，作为流行文化的形式，为印刷媒介、电视媒介和数字媒介都提供了内容。有着动画电影制作的悠久传统的迪士尼公司、电视节目和游戏都是流行文化的载体。

近年来，流行文化中最具戏剧性和最重要的渠道之一就是电子游戏，现在是动画片制作的媒介竞争力量。评论者认为电子游戏成为流行文化就如同漫画书和绘本小说是流行文化一样。但是它还不止于这些，它是全新的基于数字计算机技术的多媒体文化。因此，电子游戏是流行文化的平台，电子游戏和它的追随者也是流行文化内容的来源。它也是独特的媒介工业，是其他媒介的分析对象。

自从 20 世纪 70 年代早期电子游戏被引入以来，发生了很多事件，包括雅达利（Atari）的《乒乓》（Pong）和马格纳沃克斯（Magnavox）公司的奥德赛（Odyssey）游戏机的发明，在电视上玩的家庭操作系统。电子游戏可能由计算机制造（计算机部件包括声卡、显卡、光驱），在游戏室、家用电脑和大学校园主机上玩。在 20 世纪 80 年代粗制滥造的急流带来这一工业的崩溃过后，电子游戏作为强劲的媒介工业回归，到 2009 年，年收益已经达到 100 亿美元。它在流行文化中的地位看起来进一步得到了巩固。加拿大博客作者和电子游戏专家肯·波尔森（Ken Polsson）写道："电子游戏渐渐地进入了流行文化……其他媒介开始为作为流行艺术的电子游戏制作参照物，正如它们对电视、音乐和电影一样。"[29] 为了评估它的影响，波尔森搜集了从 20 世纪 80 年代早期到现在所有关于电子游戏的流行文化参考文献，可参见 http://www.islandnet.com/-kpolsson 网站。

● 媒介自身被认为是过去和现在文化流

行的一部分。

● 当其他形式的娱乐已经被使用过后，艺术家（创造者/作家）会特别选择一款电子游戏。

● 艺术家特意选择一款电子游戏，因为这款电子游戏有一些特别之处。

● 这款游戏目标指向广泛的大众，而不是电子游戏的狂热者。

● 参照物是原产品的一面镜子或者是附属部分，而不是主要焦点所在。

电子游戏的历史包括我们提到过的早期的游戏室游戏、操控台游戏、大学校园主机游戏（家用电脑出现之前）、家用电脑、掌上游戏机，以及多样的移动设备。

早先，业余爱好者和狂热者发明了电子游戏，主要是学生和年轻人在玩，但最终向儿童扩散（见表 10-1 和表 10-2）。他们都成了媒介工业、时尚、音乐的目标群体，因为他们也具备购买力。电子游戏玩家的平均年龄是 35 岁，尽管 2008 年的一项报告表明在美国 65％的家庭玩电脑或电子游戏（参见美国娱乐软件协会 2008 年统计数据）。另一项研究表明 60％的玩家是男性，40％为女性（参见美国娱乐软件协会 2008 年统计数据）。根据美国娱乐软件协会的数据，25％的游戏玩家不满 18 岁，49％在18～49岁之间，26％50 岁及以上（http://www.theesa.com/facts/index.asp）。

表 10-1　　　　　　　　　　　　史上最畅销的前十名电子游戏

排名	游戏名	发行日期	销售额（美元）
1	神奇宝贝之红宝石篇、蓝宝石篇、绿宝石篇	1996	20 080 000
2	超级玛里奥兄弟 3	1988	18 000 000
3	模拟人生	2000	16 000 000
4	任天堂系列	2005	14 750 000
5	神奇宝贝：金心银魂	2000	14 100 000
6	超级玛里奥城堡	1989	14 000 000
7	侠盗飞车：罪恶城市	2003	13 000 000
8	神奇宝贝之红宝石和蓝宝石	2003	13 000 000
9	模拟人生 2	2004	13 000 000
10	侠盗飞车：圣安蒂列斯	2004	12 000 000

数据来源：http://www.gunslot.com/blog/top-twenty-five-25-best-selling-video-games-all-time.

表 10-2　　　　　　　　　　　　2008 年最畅销的电子游戏

排名	游戏名	销售额（美元）
1	Wii 马里奥赛车	8 940 000
2	Wii 健身	8 310 000
3	侠盗飞车Ⅳ	7 290 000
4	任天堂明星大乱斗	6 320 000
5	使命召唤：世界战争	5 890 000

数据来源：http://news.gotgame.com/top-5-selling-video-games-for-2008/26021.

电子游戏技术让曾经难处理的东西处理起来简单易行。就像一个学者所说："最近 20 年中，开启和玩电子游戏变得容易了。你不需要特别的知识去使用'游戏男孩'（Game Boy）游戏机，或者是连接电视终端的操作台——你要做的仅仅是插入，然后开始玩。"[30] 游戏和社会网络紧密联系就好像在线和本地网络的聚合一样。市场的关键部分就是操控基于家用电脑的游戏。

一些早期的游戏是电视节目的产物，例如《天龙特攻队》（The A-Team）激发了《吃豆人》（Pac-Man）游戏和《嗜好》（Hobby）游戏的产生。

娱乐软件评级委员会分级标志	
	**幼儿级** 被评估为 EC(幼儿)级的内容适合 3 岁以上儿童。不含父母认为不合适的内容。
	所有人级 被评估为 E(所有人)级的内容适合 6 岁以上儿童。这个类别可能包括最简单的卡通、奇幻、轻微的暴力,以及(或者)经常用温和的语言。
	10 岁以上所有人级 被评估为 E10+级的内容适合 10 岁以上儿童。这个类别可以包括较复杂的卡通、奇幻、轻微的暴力、温和的语言,以及(或者)较少暗示性的主题。
	青少年级 被评估为 T 级的内容适合 13 岁以上青少年。这个类别可能包括暴力、暗示性主题、粗鲁的幽默、少量的血腥、刺激赌博,以及(或者)较少用强硬措辞。
	成熟级 被评估为 M 级的内容适合 17 岁以上青少年。这个类别中可能包括较集中的暴力、血腥、性内容,以及(或者)使用强硬措辞。
	仅限成熟级 被评估为 AO 级的内容应该只适合 18 岁以上的成人。这个类别中可能包含持续很久的集中暴力场面,以及(或者)形象的性和裸体内容。
	**内容评级描述符号** 标明游戏中的元素可能已经进行了特定的评级,或者购买者对内容可能有兴趣或关注。它们可以在电子游戏的包装盒背面找到。

娱乐软件评级委员会(ESRB)的评级标志被娱乐软件协会注册为商标。ESRB 评级系统应用于美国和加拿大销售的游戏中。ESRB 提供了电子游戏评级标志,包括 EC、E、E10+、T、M、AO。

20 世纪 80 年代,电影《战争游戏》(War Games)在影院中播放的时候,《大蜜蜂》(Galaga)射击游戏和《吃豆人小姐》(Ms. Pac-Man)游戏也完成了它们的首次登台。稍后当《捉鬼敢死队 2》(Ghostbusters Ⅱ)上映的时候,广受欢迎的《超级马里奥兄弟》(Super Mario Bros)(现在已经有了好几代)进入市场。还有以《回到未来》(Back to the Future)和《辛普森一家》(The Simpsons)为原型的游戏。当然,游戏和技术相关,所以任天堂出品的 Wii 游戏机推出了《Wii 体育》(Wii Sports)和《Wii 健身》(Wii Fit)以及其他很多游戏。不同的批评家发布他们的电子游戏年度最佳和最差榜单,同时还有游戏公司的排名。字面上看,有数千种电子游戏及其衍生产品。电子游戏已经引发了评估电子游戏好处和潜在危害的批评文章。一个人可以通过阅读电子游戏的历史——有好几部——沉浸在电子游戏的技术中或者研究它在流行文化中的地位。那些愿意把电子游戏看作特别的工业部门的人可以从事这项工作   或者将电子游戏评估为不同媒介形式的全部集合的一部分。

电子游戏是全世界流行文化的推动力,不仅仅是为其自身的利益,还连接了电影、视频、电视、网络、社交网络,甚至搜索引擎。它的成长是现象级的,它的经济影响在媒介中或许是史无前例的。即使在 2008 年秋天的经济低迷中,工业分析师也在问电子游戏工业是否衰退免疫,特别是暴雪公司推出《魔兽世界:巫妖王之怒》即最新版本的《魔兽世界》,用 280 万份的销量打破了有史以来电脑游戏一天内的销售纪录。[31] 早先的纪录是 240 万份,由 2007 年《魔兽世界》第一个版本《魔兽世界:燃烧的远征》创下。电子游戏工业在面对销售纪录时,可以保守地乐观起来,艰难的时候也可以保住像电影和其他娱乐方式那样的积极趋势的希望。从历史上来说,根据投资银行 Veronis Suhler Stevenson(的观点),娱乐媒介并不能对经济衰退免疫,在这种情况下通常是由广告驱动的出版业和电子媒介的表现相对较好。

作为流行文化,电子游戏既利用其他媒介平台和流派,也对它们有所贡献。一度是科学怪才们在电脑实验室玩的东西,现在已经成为日常生活中的一部分,激发出独特的电子游戏文化,对整个流行文化都有所贡献。

本章回顾

- 流行文化的强烈需求是由 19 世纪的工业革命创造的。有规律的工作日定义并且扩展了人们的业余时间。更多整块的空余时间变得可能,对消遣和娱乐的需求以大众传播的休闲、娱乐等形式得到了扩展。

- 今天大众媒体的很多内容是流行文化。流行文化被用来销售以获取利润,并对媒介经济不可或缺。受众消费的流行文化,从多种类型的娱乐到体育再到色情文学。人们可能一直在争论某个给定的图片或者描述是不是属于流行文化。

- 多少有些武断,我们就已经给定的材料抛出了流行文化的定义。简单地说,它是经大众传播的,有限度地表达理智和审美需求的,用来娱乐媒介受众的信息。

- 在传播学的研究中,严肃对待流行文化有几个原因:(1)它以这种或那种形式,几乎触及所有公众;(2)不管我们喜不喜欢,它影响着我们的思考、行为、穿着以及和其他人的联系;(3)它对媒介有非常显著的经济影响力;(4)它有力地影响着几乎所有大众传播的内容。

- 人们对媒介生产的文化一直就艺术成就以及它对社会各代人的影响方面有争论。媒介批评家和捍卫者就专门制造的大众"艺术"是亵渎还是佑护有很大的分歧。这些分析发生在科学框架之外。媒介批评主义是一个讨论竞技场,在那里结论的达成是基于个人想法和价值观的,而不是小心翼翼地组合数据。

● 民间艺术由无名群众自发产生的产品组成。它质朴、本土、自然。它由不知名的有天赋有创造力的艺人制作,但他们却没有因为这些成就而得到认可。它是由它的消费者创造的草根艺术类型,和他们的价值、日常经验紧密相关。

● 精英艺术是由有天赋的、有创造力的个体特意创作的,创作者通常因为自己的成就获得了极大的个人认可。精英艺术在技术上和主题上都很复杂,通常是高度个性化的,因为它的创造者意图发现能解释或表达其经验的新方法。

● 当代很多批评家强调民间艺术和精英艺术都受到了媚俗——一个低劣种类内容的威胁。随着廉价报纸、杂志、平装书、广播、电影、电视的出现,新的艺术形式初次登上舞台满足了大量的、受教育程度相对低的受众的低级审美品味。

● 为了评估流行文化理论,大众传播的一种形式提供了证明——媒介创造的英雄们。媒介创造的媚俗英雄倾向于削弱天才英雄的地位,就像流行文化理论所陈述的。此外,这些媒介创造的英雄,减轻了现实生活中对值得称颂的成就的兴趣。

● 流行文化理论提出了关于公众品味层次的一个重要设想。几种不同的品味存在于媒介服务的对象中。最庞大的是中低阶层,具有最大的购买力集合,因此他们的选择掌控着媒介内容的生产。

● 给印刷媒介提供娱乐内容的持续时间最长的传输系统之一是特稿辛迪加。

● 辛迪加协调很多人和任务,包括素材的创作者和辛迪加自身之间的合同,以及辛迪加和分销报纸之间的合同。它们也处理从报纸到辛迪加的现金流,支付给作者和艺术家的版税等。

● 体育是流行文化的一种形式,深深植根于当代社会。从邻里间的游戏到中学、大学,以及职业体育,它在社会上是如此普遍,以至于总统辩论都要让到一边,而不去和它竞争公众的注意和支持。

● 音乐是流行文化的关键指标,表达了不同时代人的价值观和选择。

● 如果流行文化的某个方面被给予了大量关注是其重要性的象征,体育就是流行文化的排头兵。体育报道占据所有报纸20%的版面,电视周末和特别报道25%的版面。大概有19%的报纸报道涉及体育,21%的消费者杂志报道涉及体育。没有任何一个其他主题可以吸引媒介这么多的注意。

 思考题

1. 提供媒介内容如何为电视节目或广告内容吸收流行文化的一些案例。

2. 如果流行文化为社会中大多数人的品味服务,那么少数人及各种小众人群的需求怎么办?

3. 媒介内容中什么是炫酷和时尚,什么又不是?每一项提供两个例子,并说明理由。

4. 品味层次如何影响流行文化(有时候称为文化内容)的生产和创造?

5. 流行文化中,英雄或者名人的地位是怎样的,例如电影或者摇滚明星?是什么导致了对他们的诉求,又如何维持这种诉求——如果他们能满足的话?

6. 体育和音乐在流行文化中居于什么地位?

关键概念和术语

媒介产品　Media products

自炫博学的人或教养浅薄的人　Highbrow or lowbrow

大众媒体文化　Mass-mediated culture

媚俗　Kitsch

流行文化的英雄　Heroes of popular culture

高雅文化　High culture

公众品味　Taste publics

体育媒介　Sports media

唱片公司　Music labels

 注释

1. Aaron Delwiche, "Defining Virtual Words: An Emerging Medium Collides With Popular Culture," Nov. 16, 2007, http://fowrv. org/? p＝902.

2. Herbert Gans, *Popular Culture and High Culture* (New York: Basic Books, 1999).

3. Richard Maltby, *Passing Parade: A History of Popular Culture in the Twentieth Century* (New York: Oxford, 1989), p. 8. See also David Nasaw, *Going Out: The Rise of Public Amusements* (Cambridge, MA: Harvard University Press, 1999).

4. Maltby, *Passing Parade*, p. 8.

5. John Storey, *Cultural Theory and Popular Culture: An Introduction* (Athens: University of Georgia Press, 2002); also see Storey, *Cultural Theory and Popular Culture*, A Reader (Athens: University of Georgia Press, 2006).

6. William Morris, *Morris Dictionary of Word and Phrase Origins* (New York: Harper & Row, 1977), p. 101.

7. Ray B. Browne, "Popular Culture: Notes Toward a Definition," in Browne and David Madden, eds., *The Popular Culture Explosion* (Dubuque, Iowa: William C. Brown, 1973), p. 207.

8. David Madden, "Why Study Popular Culture?" in Ray B. Browne and Madden, eds., *The Popular Culture Explosion* (Dubuque, Iowa: William C. Brown, 1973), p. 4.

9. Asa Briggs, *Victorian Things* (Chicago: University of Chicago Press, 1988).

10. Storey, op. cit.

11. Herbert J. Gans, "Bodies as Billboards," *New York Times*, Nov. 11, 1985, p. 29.

12. Hidetoshi Kato, *Essays in Comparative Popular Culture: Coffee, Comics, and Communication*, No. 13 (Honolulu, HI: Papers of the East-West Communication Institute, 1976).

13. Michael R. Real, "The Significance of Mass-Mediated Culture," in Real, *Mass-Mediated Culture* (Englewood Cliffs, NJ: Prentice Hall, 1977).

14. Tad Friend, "The Case for Middlebrow," *The New Republic*, March 2, 1992, p. 24.

15. 在这里，"文化"一词被用于美学意义上，而非人类学家和社会学家所使用的术语（正如它在本书其他部分所使用的方式）。其原因在于，在关于流行文化的作品中，该术语一直被用来指艺术、音乐、戏剧和其他审美产品。

16. Michael R. Real, *Mass-Mediated Culture* (Englewood Cliffs, NJ: Prentice Hall, 1977), pp. 6 - 7.

17. Clement Greenberg, "Avant Garde and Kitsch," *Partisan Review* (Fall 1939), p. 23.

18. Dwight MacDonald, "The Theory of Mass Culture," p. 14.

19. MacDonald, op. cit.

20. Leo Lowenthal, "Biographies in Popular Magazines," in Paul F. Lazarsfeld and Frank N. Stanton, *Radio Research*, 1942 – 1943 (New York: Duell, Sloan and Pearce, 1944), pp. 507 – 548.

21. Gans, op. cit.

22. Raymond Boyle and Richard Haynes, *Power Play: Sport, the Media and Popular Culture* (New York: Pearson Education, 2008).

23. Matthew Nicholson, *Sport and the Media* (New York: Elsevier, 2006) and Neil Blain, John Kinsella, Alina Bernstein, and McKenzie Wark, *Sport, Media, Culture* (London: Taylor & Francis Group, 2002).

24. Linda K. Fuller and Haworth Press, *Media Mediated Relationships: Straight and Gay, Mainstream and Alternative Perspectives* (Binghampton, NY: Haworth Press, 1995).

25. Eric W. Rothenbuhler and John M. Strick, "The Economics of the Music Industry," in *Media Economics, Theory and Practice*, Alison Alexander et al., eds (Mahwah, NJ: Lawrence Erlbaum Associates, 1998), p. 219.

26. Geoffrey P. Hull, "The Structure of the Recorded Music Industry," in *The Media & Entertainment Industries*, Albert N. Greco, ed. (Boston: Allyn & Bacon, 2000), p. 76.

27. "Copyright in the Age of Napster," *New York Times*, July 29, 2000, p. A26 and Allen Weiss, "The New Jukebox, How the Internet Conquered the Music Industry," in Marshall (USC Business School), summer 1999.

28. Simon Frith, "Copyright and the Music Business," *Popular Music*, Vol. 7, 1987, pp. 57 – 75. Also see Simon Frith, *Performing Rites: On the Value of Popular Music* (Cambridge, MA: Harvard University Press, 1998).

29. NDP Group and Entertainment Software Assn., 2007.

30. Johannes Fromme, "Computer Games as Part of Children's Culture," *Game Studies*, Vol. 3, Issue 1, May 2003, see gamestudies. org.

31. Daniel Terdiman, "Is the Video Game Industry Recession-Proof?" news. cnet. com.

第11章
广告:市场中的媒介使用

几乎广告业的方方面面都与数字传播休戚相关——数字传播已经不是单纯的旁观者，而是和传统媒体紧密结合，广告正是这一变化的核心。病毒式广告，从恼人的弹出式广告到病毒视频，对消费者一番狂轰滥炸。消费者在搜索引擎和社交媒体上接触到广告，广告主试图通过社交媒体上的"好友"互动建立品牌忠诚度。[1]事实上，全球现在从图书到电视，每一种媒介都有自己的数字平台，并开展相应的广告业务。一直以来连接着广告主（通常是某一产品或服务）、广告媒介和公众的广告代理公司，从很久之前就开始了在互动方面的思考以及策略发展。有一些甚至将自己定义为"数字广告代理公司"，至少有公司表示它们已经创造了一种新的广告方式和规则，即充分运用社交媒体的"连接规划"（connection planning）。[2]有评论家表示这一点对于广告业来说很重要，有可能"未来的广告代理商是通过 Facebook 或是 Twitter 交流的，而不是在（纽约）索霍区的酒吧里"。互联网广告局局长兰德尔·罗滕伯格说，衡量广告及其效果的方法本身都还在运用"21世纪的度量指标"进行审核过程中。他表示，正如广告代理公司和媒体所设想的，这一变化将会是革命性的。"当我们已经掌握了整体网站访问者和用户，甚至是他们的每一步行动，谁还会需要早已过时的 1957 年的取样技术呢？"[3]在广告产业中，创意人员和设计师运用电脑进行绘图；运用全动画视频或者其他吸引人眼球的视觉形象设计互动网站。从商界的本质，即运用广告推广商品和服务，到广告本身与消费者的实际沟通，数字化工具在整个过程中起着非常重要的作用，诠释了"技术从本质上改变了品牌和他们的消费者在各个渠道的沟通"。[4]

互联网为广告业的发展开辟了一条新的道路。比如，现在有一些广告联盟，它们直接在广告主和潜在消费者之间建立联系，这中间不需要广告代理公司和传统媒体的辅助，而这二者最终也从这一广告供应链中出局。类似的情况还有，在线的房地站网站使用这一数字平台将购买者和销售者联系起来，不再需要任何的房地产销售和中间商。这被称为去中介化（disintermediation），同时在将广告信息直接传达给消费者的过程中，它减少了之前存在于其中的各种各样的辅助流程和代理公司，进而简化并重新定义了整个沟通过程。广告人总会谈到多媒体视角，并且非常关注数字媒介的独立运用，以及和各种传统媒体的整合运用。他们也会有意识地发展数字战略，将新旧媒体很好融合，达到最终的媒体整合目的。现在，大家会觉得"数字广告"这种说法本身就是画蛇添足，因为所有的广告未来都会是数字化的：数字战略未来将会像电力战略一样普遍。从 19 世纪 80 年代开始，随着电灯逐渐取代煤气灯和蜡烛，电力战略就开始流行起来。广告业不仅从媒介的数字化转型中受益良多，同时也对这一过程有诸多贡献。

自从四个世纪以前第一批欧洲移民来到美洲大陆，美国经济、政治机构的形成方式就充分说明了如果没有广告，美国的工商业和媒介发展都是无法想象的。现代生活的特点之一就是广告业的融入，说服消费者购买企业主提供的产品和服务。虽然很多人批评互联网、电视上的广告，以及广告牌或是其他的商业广告形式，但是不可否认的是，广告是推动媒介经济发展的动力。

从媒介的角度来看，广告是媒介和传媒体系至关重要的经济基础。它是美国媒介产业的两大收入来源之一。这两大收入来源一是广告主支付媒介相当的费用，在媒介上展示产品和服务的信息。二是个人或家庭购买杂志、订阅报纸和有线电视，或者是购买 CD、DVD 以及相关媒介产品所支付的费用。因此，广告收入和用户订阅费用构成了传播体系的最大的收入来源。

在有些国家，广告的角色并非如此。历史

上,在苏联和中东欧国家就是如此。在计划经济体制而非市场经济和资本经济体制下,媒介都是由执政党资助并掌控的。然而随着其历史环境的变化,本土和国际广告公司几乎一夜之间发展起来。西方模式在这些国家很快得以运用和改进,在中国也是如此,它在共产党的领导下发展了市场经济。综上所述,可以得出一个很明显的原则,广告是任何一个现代市场经济体的基本要素。至今还没有发现存在无广告产业的自由市场的实例。

本章简单介绍了广告发展史,回顾了广告产业的组织构成,以及其专业从业人员是如何发展广告信息的。这包括广告产业对劝服性策略的关注、所使用的各种媒介形式,以及在这一过程中起到重要作用的各种调研。该章还介绍了关于广告产业的批评和管控。

美国广告简史

考古学家已经给出实证,证明广告史可追溯到希腊和罗马时代。一些手工制品,早期的符号、标记都唤起了人们对工匠们所生产产品的关注,这些产品大到武器,小到衣物。虽然广告史学家经常将现代广告史追溯到那一年代,但是实际上广告的历史和实践远远早于此。广告的一种形式,我们通常称之为品牌形象,在早期人类社会就已经出现,这一点可以在印第安村落的手工制品和欧洲中世纪生活用品上得以证实和体现。印刷工的水印也是早期广告的典型形式。

在美洲殖民地时代,广告主使用多种媒介,比如咖啡、巧克力、茶等商品,商家会以简单的信息形式将其印刷在小册子、历书或者早期的报纸期刊上进行售卖。早在现代报纸出现以前,早期的传播媒介已经被用于推广商品和服务。但是广告还没有成为殖民地报纸的收入来源。殖民地报纸依赖于读者支付的订阅费用,有些时候也会和政府签订印刷合同,出版一些公众通告。殖民地时代的广告发展受到了很大的压制,甚至还处于相当原始的阶段,被报纸的编辑内容完全遮掩了光彩。即使直到近代,社会史学家也几乎无视广告。甚至大部分新闻史学家也似乎忘记了广告在现代大众媒体诞生过程中的重要地位。能够解释广告业为什么在美国得以确立并快速发展的一个历史因素是其资源富足。很清楚的一点是,在资源匮乏的地区,生产商几乎没有必要去专门进行产品推广。正如经济史学家大卫·波特(David Potter)在其代表作中写道的:

当供大于求即资源富足时,广告才开始真正起到作用。在这种情况下,生产商意识到限制其运营和利润增长的主要因素已经不是生产能力问题,因为其生产能力已经完全可以满足市场需求。目前的主要限制已经转移到了市场以及其销售能力,这些决定了其利润增长。[5]

工业革命

在 19 世纪,广告从传单上的简单信息呈现和粗糙的户外通知形式(比如谷仓上涂刷的符号)向报纸和杂志上的复杂信息传播发展。

在 19 世纪也有一些个人已经认识到广告的力量。费尼尔斯·泰勒·巴纳姆(P. T. Barnum),他的马戏团在当时非常受欢迎(被誉为"地球上最棒的演出")。他意识到,通过反复的宣传,在海报或传单上刊登绚丽的演出信息，在演出之前在城市中举办盛大多彩的游行，能给他带来更多的观众和收入。

专利药品　从南北战争开始，就有一批小商贩，就是众所周知的"蛇油"商贩开始兜售据称可以包治百病的灵药。蛇油是中国古代的一种中药。19 世纪，初到美国的游医夸称他们的"蛇油"灵药可包治百病。虽然从严格意义上说，这并不能算是工业革命的产物，但是这些专利药品从很多方面展示了广告能够带来巨大的经济效益。

当时最为成功的广告营销之一来自马萨诸塞州林恩市的一位贵格会女教徒。她偶尔会用家中的厨灶，将香草、种子、植物根茎混合在一起制作一种混合剂，把它们装瓶并辅以酒精，分享给自己的女性朋友。朋友们表示这种混合剂能够明显地减轻一些"女性痛楚"（如痛经、肾脏不适等）。现在回想起来，女性会感到痛楚得以缓解并不奇怪。该产品中的大量酒精会让几乎所有人都感受到痛楚缓解。1875年，她的儿子想到使用小册子来推广销售这一

混合剂，最终他们选择在《波士顿先驱报》（*Boston Herald*）刊登了广告。他们称之为"莉蒂亚·平卡姆的蔬菜复合剂"（Lydia Pinkham's Vegetable Compound）。很快，他们就收到了大量来自专利药品批发商的订单。在那之后，他们进行了一个系统的、全国范围的广告投放，主要是基于报纸平台，同时也在一些谷仓、房屋甚至是大块岩石上涂刷大型标记。他们的广告画面上最有效的一个特征是莉蒂亚·平卡姆本人的照片：一位真诚的高贵典雅的女性，没有人会质疑她的言论。

正是不断扩张的世界贸易和工业革命，以及随之而来的工厂批量生产力的提高，使广告变得至关重要。在整个 19 世纪，随着生产商、进口商、零售商希望在市场销售日益丰富的商品，广告顺势发展。正如第 3 章谈到的，在 19 世纪，报纸上的广告版面以及广告收入逐渐增加。报纸是当时最为理想的媒介，那一时期的商业广告主要是来自本地的商品和服务。

演员汤姆·米克斯(Tom Mix)在早期（约 1915 年）西部默片中扮演一个"蛇油"商贩，这可能是在媒介中进行产品植入的先驱。

品牌发展　直到南北战争时期，本地商店里的商品大部分还是以散装批量形式出售，几乎没有什么如今我们所熟悉的"品牌"概念。

那些已包装的、成瓶成罐的商品的品牌发展是广告史中重要的一环。一个品牌会做以下两件事情：第一，使产品标准化，建立起消费者对

产品的"预期"。购买者如果熟悉某品牌，就会很清楚该品牌的产品打开包装后会是什么样子。事实上，基于这种重复性的满意感，品牌往往可以建立起消费者对于该产品的一种"满意度"。第二，品牌使广告主受益良多。它赋予产品一个清晰的定位，确定哪些特性、品牌价值是可以在广告中进行广泛推广的。制定出品牌口号来强化品牌定位和价值的一致性。通过广告，一块象牙皂可以和"漂浮水面"（It floats）这样的语句建立紧密联系。一个咖啡的品牌可以被塑造为"滴滴香浓，意犹未尽"（Good to the last drop）或是"山地原产"（mountain grown）。这两个创意分别加强了"麦斯威尔"和"福杰仕"（Folgers）两个品牌的认知度。在品牌概念出现之前，饼干都是装在大的储物桶中称重出售的。面粉、豆子和米的售卖也是如此。家用液体，如醋和糖浆，一般都是储存在大的容器中，消费者在购买时一般会随身携带水壶或其他容器盛装。像奶酪这样的食品也是类似的售卖方式：从整个奶酪上切下一块一块来，用布甚至是报纸包起来。那时候货架上并没有带有商标的成包、成盒或是成瓶的商品可供消费者选择。女人们在购买肥皂时会告知店主她需要多重的肥皂，然后店主会从一大块肥皂上切下相应重量的一部分。她不仅要用这块肥皂洗全家人的衣物，还要用来洗澡。这种大块购买的商品有一个问题，那就是没有办法保持产品的质量、口味、成品或效果的一致性。

通过广告推广商品的方式也在悄然发生变化。早在 1851 年，一位名叫巴比特（B. T. Babbitt）的肥皂商推出了使用自家包装的、成形的肥皂。当最初市场对此反应平平时，巴比特采取了具有历史性的举措。他采取了一些赠品奖励措施以刺激销售，集齐了 25 个该肥皂空包装袋的用户就可以免费获得一幅彩色的画作。这一赠品吸引了数以千计的人来购买他的肥皂，而这种赠品营销方式也得以确立，一直存在至今。比如，一个主要的香烟厂商最近提供了价值一百万美元的优惠券，凡是购买成条香烟的顾客都有机会获得，这些奖品从获得免费香烟一包到 T 恤，甚至是两人的免费出国游。一些公共健康专家认为这是造成近年来年轻人吸烟比例上升的一个因素，这一比例在 20 世纪 90 年代中达到顶峰，之后稳步下降。[6]

截至 19 世纪末，品牌的出现和发展给广告业开启了一个全新的世界。一段时间后，这个新事物开始流行。三个知名品牌的出现甚至超越了专利药品当初的成功。一个是皇家发酵粉，它是小苏打和干燥酸性物的混合物。和湿面粉等混合在一起时，发酵粉能够替代酵母——这对家庭主妇来说非常方便。另一个成功的品牌是用植物油（而不是当时普遍使用的动物脂肪）做的肥皂。这使它比水更轻些，因此这种肥皂可以浮在水面上。据说它是 99.44%～100% 纯天然（不管这意味什么）。辛辛那提的宝洁公司将其命名为象牙皂。还有一个品牌是在全美国销售的，廉价鞋类品牌（道格拉斯鞋业）。很快，很多生产商加入了这一竞争行列，开始生产并推广有品牌的家用或是个人使用的产品，并且用方便的瓶子、罐子或盒子进行包装。[7]这一竞争使广告变得更加关键。

全国发行的综合类杂志　在 19 世纪末，随着交通运输的发展、邮资的降低，有利于固定出版物的出现。同时商业发展对全国市场产生了覆盖需求。这些因素都刺激了全国性杂志的出现。最初，杂志对于刊登广告并不感兴趣，将其只限制在出版物的最后一个单页上。然而，它们渐渐地开始向本杰明·戴和他所创办的非常成功的便士报即《纽约太阳报》的前身学习。杂志开始在很大程度上依赖于广告收入来支付开支、增加盈利。很快，一种认识开始流行起来，那就是读者只需要支付杂志制作费用的一小部分就可以购买杂志，而广告主则应该为获得广告版面支付相当的费用。这成为了很成功的模式，到 19 世纪 90 年代，杂志已经很便宜了，并且刊登了大量的广告。有些杂志有着成千上万的订阅读者，这确实成为了将产品更好地展示给消费者的非常有效的方式。

事实："选择谷物早餐的孩子体重更不易超标。"

——伊恩·莱特

这是我为什么支持家乐氏谷物早餐

WAKE UP to BREAKFAST

with Kellogg's®

家乐氏谷物早餐唤醒完美的一天

30p OFF

Your next purchase of
Kellogg's Crunchy Nut
Clusters Honey & Nut or
Milk Chocolate Curl (500g).

9 909973 280307

Valid until: 30-Dec 2007

家乐氏谷物早餐的广告突出了英国著名球星伊恩·莱特。这也是明星代言的一个例子，展示了明星代言是如何将自身特质赋予产品的。

消费文化中的性别化区分 全国发行的杂志受到女性的广泛欢迎。如第 5 章提到的，很多杂志设计了专门针对女性的板块，如育儿建议、时尚、连载小说等。对家庭主妇来说，杂志上的大量商品广告展示了一种令人惊奇的富裕生活。它们同时也教会了女性，使她们认

图为 20 世纪 50 年代的一则杂志广告，通过展示一位女乘客坐在座位上如同漫步云端的感受，来推广火车上的空调设备。

识到作为消费者和主妇在社会上的不同地位。一位批评家称之为"消费文化中的性别化区分"，并且批评杂志广告成为了"客厅中的广告主"。由于越来越多的广告主将女性定义为其目标人群，那些依赖广告而生的杂志向它们的女性读者展示并鼓励她们享受其作为消费者的角色。因面对的女性消费者所处阶层的不同，这一鼓励也呈现出不同的形式。一方面，针对不太富裕的女性，杂志向她们介绍了赚钱购买广告商品的方法，帮助她们判断评价她们的购买行为，指出这些消费是符合她们勤俭的价值观和道德责任的。另一方面，针对中产阶级女性，并不建议她们进行独立工作，而是鼓励她们在购物和照顾家庭中获得满足。[8]

百货公司 19 世纪晚期，工业革命和世界贸易发展的另外一个产物就是百货公司。最早并且最为成功的一个百货公司是费城的沃纳梅克百货商场（Wanamaker's）。截至 1880 年，它已经被成功地打造为一个购物者的天堂。这类百货公司的出现将大量的商品聚集在一起，供消费者挑选购买，这是之前从未实现的。穿梭在百货公司中，随意地打量挑选着可能会购买的商品，这本身就好像是一场冒险。这样的购物行为渐渐变成了城市中很多中产阶级女性的日常休闲活动。然而，为了将她们吸引到百货公司，并且鼓励她们购物，对那些她们可能光顾的百货公司的商品和服务进行广告宣传还是很有必要的。报纸成为了重要的广告媒介渠道。百货公司和报纸一样，都是地方性的。因此，在报纸的大广告主——汽车出现以前，百货公司一直是报纸媒介的表现稳定的广告主。

随着工业革命的进程，对消费主义的发展起到重要作用的另一项事物是邮购型百货公司的建立。蒙哥马利·沃德百货（Montgomery Ward）、西尔斯百货（Sears, Roebuck & Co.）通过它们的商品目录销售丰富的商品。内战结束后不久，美国邮政业务出现了新的特点，乡村免费邮递服务的兴起使通过邮递广告商品目录进行销售成为了可能。这对于占人口大多数的乡村人口来说是个福音。以前因农场的散落分布而无缘于大量丰富商品的农场家庭，现在可以通过广告目录进行挑选，通过邮购购买大量商品。以这些邮购型公司的名义进行产品推广是零售业的一大发展，也是广告史上的一个里程碑。

广告代理公司的成立 随着广告产业的发展，报纸和杂志社纷纷成立内部的广告部门，来处理那些购买其广告版位的商业需求。为了获得广告主的生意，这些刊物间的竞争日趋激烈，尤其是在那些存在直接竞争媒体的城镇。

随之出现的就是独立的代理公司，它既独立于媒体，也不受广告主的掌控。这一组织协调双方的广告购买和销售行为，并从双方那里获得利润。这样的做法并没有很快流行起来。第一位在美国开设广告代理公司的人是沃尔纳·派克（Volney Parker）。1848 年，他开始在费城征揽报纸广告的订单。他的顾客会自行制作宣传产品的广告文案。沃尔纳以很便宜的价格购买了大量的报纸广告版位，再将其转手卖给有广告版位需求的广告主，从中获

利。短短几年间，波士顿和纽约市也出现了这样的小公司。[9]

在 19 世纪后几十年，各式的中介公司协调着企业和媒体间的关系。和沃尔纳的公司一样，最初这些公司也只是安排广告版位的中间商。后来，它们将自己的业务范围扩展到提供更丰富的服务，它们成为了全世界第一批广告代理公司——为大量的客户提供广告文案、创意协助、广告策略发展。到 1910 年，大量类似的广告公司存在于波士顿、纽约市和其他一些大城市。就像在那些目标受众感兴趣的报纸和杂志上购买广告版面，它们开始为客户提供全方位的广告服务如广告信息创意、广告投放计划。

广告支持的现代媒体

到了 20 世纪，随着新的大众媒体的发展，广告在产品推广中的地位变得愈发重要。广播和电视是进行本地投放和全国覆盖的理想媒体，并且非常奏效。如前面章节提及的，这些广播类媒体很快就依赖于广告收入。它们如此有效的一个原因是它们的受众不需要支付任何费用，报纸和杂志则需要读者进行订阅或者购买。广播信息不仅是免费的而且一般不会被遗漏。因此，使用广播对全国和本地进行广告覆盖成为了除了平面媒体以外，传达劝服信息的重要手段。

在 19 世纪和 20 世纪，随着工业社会的发展和成熟，一种共生关系逐渐形成，为美国的大众传播系统提供了经济基础，很多人都同意

大卫·波特在 1969 年提出的一种观点，"马可尼发明了无线电，亨利·卢斯创办了新闻杂志，但是，正是广告成就了无线电和新闻杂志今时今日在美国的地位"[10]。

截至 1950 年，现代广告产业的主要特点业已形成。它的发展依赖于并同时刺激着新旧大众媒体的发展。如果没有致力于盈利的企业发展，没有急于通过刊登广告信息获得利润增长的媒体，没有愿意将自己在美国工业快速发展中获得的工资用于支付媒体消费的用户，广告产业不可能获得如此快速蓬勃的发展。因此，广告产业成为了一个连接着国家生产力、大众媒体和消费者的社会机制。

当代广告产业

广告产业的存在基础是要将希望推广自身商品和服务的企业（也就是广告主）和愿意购买这些商品和服务的消费者建立起联系。从这一角度来说，广告就是广告主和公众之间

的纽带。广告产业包含以下构成部分：第一，各类型的广告公司；第二，媒介服务机构；第三，支持性服务供应商，从调研到商业艺术；第四，广告媒介。最后这一类别包含平面媒介、

电子媒介、数字媒介、户外媒介、促销品、直邮以及大量的高度专业化的广告形式。这些都是该产业的基本要素。上述的每一类别有不同的形式、变体甚至是规模。比如,有大量的全国性广告公司在美国的各大城市甚至是海外都设有分公司,同时也有本土的公司,它们雇员不多,服务的客户也较少。

虽然说广告产业由大量的独立企业个体构成,但是它绝不是一个有着严格制度的统一的全国性个体,而是由各种自发组织和协会共同运作的。比如,广告主协会和广告代理公司协会,这其中有地位非常重要的美国广告代理商协会(或称为"4A")、美国广告业联盟(针对广告专业人员)、全国广告主联盟(代理公司的客户联盟),以及一些区域性的组织。也有一些与广告产业休戚相关的媒体联盟包括报纸广告局、户外广告协会、电视广告局、有线电视广告局、网络出版协会等。

业界观察　　　　广告和新媒体

肖恩·达根(Sean Duggan)
MySpace 东海岸销售总监

在肖恩去 MySpace——美国 MEDIA METRIX 排名第一的社交网站之前,他在创新方面的丰富经验和天分已经使他的职业生涯格外出众。他的职业生涯始于金融服务,后来转向了媒体行业,并且"他从未后悔这一选择"。在 MySpace,他负责这一热门社交网站的全国广告销售(目前MySpace 已经归属默多克的新闻集团)。他曾经在不同的媒体平台工作过,最初在公共电台,他为纽约 WFUV-FM——最受欢迎的公共电台之一创造了新的收入来源。随后,他去了 ABC/ESPN 广播网,在那里他帮助设立了数字电台领域的广告业务。这些经历让他成功地进入了有线电视巨头康卡斯特公司(Comcast Corp),负责互动电视、视频点播和互联网部分的广告销售业务。他有福特汉姆大学的 MBA 学位。

1. 从什么时候,在什么样的情况下,您意识到了新媒体或者说数字时代的重要性?

1993 年,我大学毕业后的第一份工作在PC 金融服务(PC Financial Service,PCFS)公司。PCFS 是互联网中介业务的先驱,也就是后来的电子商务。从这一时期开始,我就意识到这个世界会因为电子商务和互联网的发展产生巨大变化。

2. 这一经历对您的个人或者职业生涯产生了什么样的影响?

由于工作的原因,我进入了互联网这个领域。1994 年,我就开始在家中上网,利用互联网进行沟通,浏览新闻和娱乐。我开始意识到如果我能够学会将互联网利用于广告领域,并且将其和传统媒体结合,这将是一个巨大的机会。

3. 您什么时候开始使用社交媒体?

我在 2004 年第一次使用 MySpace 去查阅乐队和艺术家的资料。我很快爱上了它上边的诸多功能,能够听音乐、看视频,音乐和巡演信息能及时更新。

4. 对用户来说,社交媒体带来的最大挑战和好处是什么?

社交网络用户获得最大的益处就是他们可以很快捷地和一大帮朋友联系,发现分享他们对生活的热情。

5. 您对数字媒介的未来是否持乐观态度?

我对数字媒介的未来非常乐观,尤其是社交媒体。在 MySpace,我们坚持创新,并且对七千五百万用户的需求保持快速的反应。

6. 对于希望从事互联网广告或者社交媒体领域工作的后辈,您有什么样的建议?

使用和探索新的在线出版商和社交网站。顺应更广泛的媒介消费趋势也是很重要的,这对于理解人们如何消费媒介至关重要,同时也有助于理解"下一个大事件"。

这些组织定期出版广告产业的新闻刊物。有一些是广告业综合性期刊或者网站（如《广告时代》），有一些则是非常具有专业性的（如Folio，侧重杂志市场营销分析）。每种不同的广告类型（直邮、户外、包装等）都有自己的出版物。

这些形成了一个具有坚实的经济影响力的巨型产业。在20世纪90年代晚期，美国企业平均每年的广告支出达到1 260亿美元，包含媒体广告支出和其他支出如直邮。到2006年，这一数字已经接近2 650亿美元（见表11-1）。[11]逐年来看，这些数据显示了随着新的竞争者的进入，各类媒体花费的上升或下降。有些媒介经济学家认为这其中有一种"恒常性假说"在起作用，作为个人或者家庭支出的一部分，人们花在信息和娱乐上的费用不会有大幅度的增长但是会再分配。这一点在今天表现得尤为明显，互联网广告花费正在占领一些传统媒体的份额，这很难用图示表现出来，因为几乎所有媒体都有跨媒介的网络广告业务。例如，报纸随着发行量和市场份额的不断下滑陷入困境，而像MySpace和Google这样的社交媒体和搜索引擎则占领了报纸相当部分的广告收入。

在21世纪初期，整个广告花费的60%来自媒体，剩余的部分则来自一些类似促销、直邮营销、包装设计的市场活动。据估计，前100家广告代理公司（广告主、媒体和公众之间最重要的纽带）只获得了上述总量的36%，这和前几十年相比有明显的下滑。据估计，广告和公关行业的从业人员大概有46万人。美国劳工统计局将这两个行业合并起来统计，因为许多公关公司的母公司是广告公司。在这些人中，大约有六分之五也就是约38.5万人从事广告行业，其中大约有一半在广告代理公司工作，而非广告媒体或其他地方。美国劳工统计局估计，目前约有4万家广告代理公司。[12]

表11-1 美国分媒体广告总支出

排名	媒体	广告支出（亿美元）	百分比
1	直邮	521.9	19.8
2	报纸	466.1	17.7
3	无线电视*	462.6	17.5
4	有线电视	215.3	8.2
5	广播	195.8	7.4
6	黄页	140.0	5.3
7	消费类杂志	122.5	4.6
8	互联网	68.5	2.6
9	户外	57.7	2.2
10	商业杂志	40.7	1.5
	其他	346.5	13.2
	总计	2 637.6	

美国优势麦肯公司主管罗伯特·J.科恩（Robert J. Coen）统计的量化报告显示了美国领先的100家广告公司的情况（AA，2005年6月27日）。这个表格显示了媒体的广告支出总量。广告支出数据指的是2004年的包括所有支出如艺术、机器设备和制作费用。*包括电视网、现场广告、辛迪加和西班牙语电视台。

通信行业的企业所有权集中化趋势在广告业也有体现。少数几个跨国企业掌握着大多数广告代理公司和公关公司，以及其他的营销和专业传播渠道。四家最大的跨国企业包括埃培智集团（Interpublic Group of Companies）、英国WPP集团（WPP group）、法国阳狮集团(Publicis Groupe)和宏盟集团(Omnicom Group)。这四大集团占有了约48%的市场份额。剩余52%的市场份额被数百家(如果没有上千家的话)小公司分割,有些小公司甚至只雇用了一名员工。大集团旗下的广告代理公司通常利润最为丰厚,这些公司的数量虽少,但几乎掌握着美国广告行业三分之一的市场。比如美国顶尖的广告代理公司智威汤逊(J. Walter Thompson)和美国最大的广告代理公司扬罗必凯(Young and Rubicam),这两家公司都隶属于英国的WPP集团。这两家广告代理公司 2006 年获利约 4.76 亿美元,而WPP集团在全球的利润超过 90 亿美元。宏盟集团全球盈利约为 97.5 亿美元。有些广告代理公司提供全方位、多层面以及多文化的服务,客户遍及拉美、非洲和亚洲。也有些广告代理公司专门服务于某一领域,比如医疗保险或金融服务。[13]

以上提到的广告行业的各种构成部分在一个动态的体系里交错联系,并且竞争极其激烈。在电影或电视里出现的广告公司的客户经理形象通常是行色匆匆的,这或许有点夸张,但是广告行业的特点就是紧张、精力集中和竞争激烈,各公司都在为争取客户而"战斗"。美国经典电影有线电视台(American Movie Classics)2008 年推出的一部美剧《广告狂人》,尽管有些轻视女性和种族歧视的意味,但仍然被认为是准确地刻画了 20 世纪 60 年代广告从业者的形象,正是那个时期的流行文化形成了广告人的标志性形象。

通过广告情节串联图板和初步设计,广告代理设计师的团队正在讨论促销活动方案。

广告代理公司的类型

美国的大型广告代理公司和大部分业务量一度集中在纽约市,尤其是麦迪逊大街一带。如今,麦迪逊大街的吸引力并未减弱,但在芝加哥、波士顿、洛杉矶等其他区域,也有一些广告业集中的区域崛起。尽管如此,慎重的客户仍然更乐意将目光投向纽约的一流广告代理公司。

自 20 世纪 90 年代以来,随着互联网技术的普及,在亚特兰大、明尼阿波利斯、西雅图、波特兰和堪萨斯城这样的小城市,许多广告代理公司开始通过互联网接受一些其他区域的大单,业务范围开始超出公司所在地。但这个行业仍然牢牢植根于纽约——纽约仍然是大众传媒产业聚集的首要城市，而观察人士也密切注视着那些地方广告代理公司的发展。

广告代理公司自 19 世纪以来经历了一段漫长的发展历程。最初，它们只是帮助报纸出售空余版面的中介。如今，广告代理公司的业务细分成许多种类。有提供全方位服务的公司，即为客户提供广告流程中每一阶段的服务。还有创意工作室，它们规模较小，主要提供广告创意及其表现方式。还有专业广告代理公司，只为某一类产品或服务，比如食品、女性用品或金融服务。第四种是专属广告代理公司，只为某一类产品、连锁店、大型制造商或其他产业服务。以下简要介绍上面提到的各类广告代理公司。

全面服务型广告代理公司　这类广告代理公司需要雇用作家、艺术家、媒介专家、研究院、电视制作人、广告业务员，以及组建此类机构必需的其他部门。广告学家威廉·阿伦斯（William Arens）界定了全能型公司的三种主要功能。[14]

1. 策划。要对客户、产品、竞争和市场有充分了解，并据此提出广告方案。

2. 创作和执行。公司创作出广告作品，联系刊载或播放广告的媒体，通过媒体将广告呈献给目标受众。

3. 协调。公司与销售人员、发行人员、研究人员和零售商共同推动广告发挥作用。[15]

正如上文提到的，一家富有创新精神的数字媒介广告公司非常创意广告公司（Anomaly NYC）称，该公司开创了一种"连接规划"，这种规划尤其看重社交网络和其他跨媒介的数字化策略。[16]

在全面服务型广告代理公司，主要的小组和功能部门将形成一个团队来达成总体的工作目标。这些可以归纳为以下几个方面。

1. 客户服务部。客户服务部的经理及其员工为某个公司或产品提供服务。客户总监要负责维护广告代理公司和客户之间的关系。

2. 创意部门。创意部门主任负责监督编写和设计广告的文案、导演、美术指导和制作人，包括视频制作和网络应用。

3. 媒体策划部门。媒体策划部门的主任领导的团队负责挑选特定的媒体来刊载或播放广告。

4. 研究部门。调研部门负责测试广告信息，收集数据，协助创意人员形成特定的创意或信息。研究部门的主任负责监督内部的研究，涉及地区或全国更广泛的数据则通过雇用外部调研公司来完成。

5. 内部控制。广告代理公司的行政管理，包括公关，都被集中到这个部门。

行政总监（administrative director）负责广告代理公司的运作。当然，大型广告代理公司有董事会、首席执行官、高级管理人员以及任何大型企业拥有的部门。

广告代理公司为客户提供服务，正是出于对这种服务的信任，客户才会从广告预算（广告总花费）中拿出一大笔钱来支付给广告代理公司。具体的比例各公司有所不同，但一般而言，支付给广告代理公司的费用占总费用的15%左右。从广告代理公司和客户最开始接触到广告推广活动结束，这一期间的运作流程并不相同，这取决于广告代理公司的规模和客户的性质。但基本上主要的运作流程如下。

首先与客户建立联系。客户总监联系一家企业，比如当地一家生产太阳能发热装置的企业，或者该企业的人主动联系广告代理公司。实际上，一家企业可能会联系好几家广告代理公司，要求它们拿出各自的广告方案，并且最终只有一个方案会被采纳。客户总监接下来会在公司内选择客户经理来执行，客户经理将安排该企业的执行官们和广告代理公司的老板（可能是客户总监）或其他的合适人选开个会，双方讨论广告的目标、预算、时间表等。在许多方面，竞标的策略无异于策划一场军事行动或战役。第一步是收集情报，这一步骤名为"情况分析"，在试图设计广告方案或推广方案前，有关于产品的方方面面、消费者、客户预期等都将被仔细评估。因此必须询问客户的问题如下：这个产品具体是用来干什么的？哪些人会使用以及为什么使用？与其竞争对手相比，该产品的优势在哪里？该产品未来可能的消费者是哪些人？此前该产品已经在哪些媒介上做过怎样的广告，这些广告吸引消费者的是什么，结果如何？能够接触到潜在消费者的最佳媒介是什么？如果策划新的广告方案，什么样的策略和看点是最有效的？

一旦全面了解了有关产品的所有背景信息和情况，客户经理就会回到广告代理公司展开工作。研究部门实施一些调研，或是收集信息，来解答客户可能提出的问题。广告代理公司的创意部门开展头脑风暴，探讨广告方案的创意。美术指导和文案在获得所有背景信息和研究结果后，创造出广告样本。这些仅是提供给报纸、杂志的粗略草稿，或是提供给电视台的分镜头脚本（在图版上绘制的一系列图画显示广告的每个步骤），或是为其他媒介准备的初级广告版本。取决于广告推广活动的复杂程度和详细程度，其他领域的专业人士也可能参与其中，如音响工程师、图表绘制者、照明专家以及演员。

创意活动的成果就是从各种最初的广告版本中挑选出最终版本。这些备选的广告版本将先在一部分潜在消费者中接受测试，广告代理公司的研究部门监测测试结果，并在这些版本中挑选最适合客户的方案。近年来，广告文本测试（copy-testing）的研究方法的重要性愈加明显，平面广告或广播媒体广告的每一个要素都要接受严格的测试，获知消费者的反应。这种方法能避免一些广告的经济风险，客户也很赞赏。在决定选择何种媒介投放广告上，研究部门也会对广告代理公司和客户提出指导意见。可供选择的媒介有平面媒体、广播、互联网、户外广告、火柴盒盖和地铁等。

接下来，客户经理整理这些信息，与广告代理公司的其他同事为客户公司做演示。同时要清晰地向客户公司列出需支出的广告费用，以便客户公司权衡。此类演示通常需要精心准备，采用 PowerPoint、视频展示和广告样本来演示。研究部门和创意部门的人员探讨广告的各种特点，媒体策划部门的人员会探讨将广告投放给某种媒介带来的优势和劣势。现在轮到客户公司来决定：客户公司的执行官们可能接受或者拒绝广告代理公司的方案。当然，他们也可能接受广告方案，但是前提是要对广告方案做出修改。

一旦客户公司同意了广告方案，客户经理就要在公司内部协调行动，创作广告。客户经理与媒体策划部门合作，联系合适的媒介安排广告投放事宜。研究部门要准备一份方案，评估广告的效果，以便广告代理公司能掌握有关确切信息，如广告传递给了哪些受众以及产生怎样的影响。研究部门还通过小组访谈、调查、民族志质性研究（ethnographic qualitative research）来先期测试广告效果。希望通过这些措施来确保客户公司未来继续与广告代理公司保持合作。

最后，当人们阅读报纸或杂志、看电视、听收音机、网上冲浪或者使用其他媒介时，广告被传递给受众。当然，这是"底线"，行动的起步阶段。品牌塑造是一个关键的目标，但是检验任何广告的效果不是客户是否喜欢广告方案，而是这一广告是否带动了产品销量的增长。毕竟，广告的目标是鼓动足够多的消费者前往当地商店购买产品或是使用服务。有些广告在这一环节失败了，另一些则成功了。

创意工作室　区别于以上提到的全面服务型广告代理公司，创意工作室要达成的目标更小，提供的服务也有限。创意部门是创意工作室必不可少的，也可能雇用其他广告代理公司或独立机构为特定客户提供其他种类的广告服务。通常，创意工作室与专属广告公司合作，也就是某个大公司为其自身的产品而构建的小型广告组织或部门。

专业广告代理公司　显然，为了让目标受众接收广告，需要在适当的媒体上刊登或播放广告。刊登或播放广告的时段或位置需安排好，以便广告能在媒体上出现。专业广告代理公司，有时也被称作媒介服务组织，为广告客户提供重要的服务。它们以合理的价格向媒体购买广告位置或时段，接着与需要使用这些广告位置或时段的广告代理公司谈判。许多在这类媒介服务组织工作的从业人员也有在广告代理公司工作的经验。

专属广告代理公司或部门 整个产业，就像大型百货公司或是其他商业机构一样，有时也拥有自己内部的广告代理公司或广告部。广告代理公司类似相对独立的"中间人"，为多位客户或商业机构提供服务，而商业机构的专属广告代理公司不同，其工作对象仅限于本商业机构的产品或服务，其雇员也隶属于该商业机构。这一部门对该商业机构或产业的情况非常了解，其主要关注最终结果——增加某种产品或服务的销量，或是提高其在消费者中的认知度。企业广告部与独立广告代理公司密切合作，广告代理公司要争取客户，并且为广告宣传提出备选的方案。一些零售商的广告部组织和运作方式就像小型广告代理公司，直接将广告投放到地方媒体上。如果涉及更复杂的业务，如广告调查研究和其他专业事务，它们可能会寻求独立广告代理公司的协助。

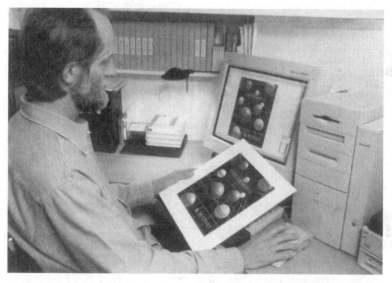

一位平面设计师正在核对一幅网格背景上漂浮着球形图案的广告设计图。

广告网络联盟

广告网络联盟终结了传统广告代理公司的操作方式，不论是全面服务型广告代理公司还是创意工作室，因为广告网络联盟会直接找到广告客户，提供自己的传播平台（或是媒介）来投放它们的广告信息。广告网络联盟辩称，广告代理公司的收付款体系和专业人才层次复杂，这完全是浪费资金，广告网络联盟能够直接做这些工作。它自称的部分优势是，它很少采用传统媒体（报纸、电视和有线电视），而是采用各种手段和互联网技术，将广告信息集中投放在类似 YouTube 和 Facebook 这样的网站上，而这些网站吸引了大量广告主青睐的年轻消费者。埃德蒙·凯里（Edmund Carey）是一家广告网络联盟的执行官，他曾在《纽约时报》广告部担任执行总监。凯里认为，广告网络联盟"代表了广告业的未来，因为网络联盟更快、更有效、费用更低"[17]。凯里说，因为一些高效益的网络工具的出现，广告代理公司提供的许多特别服务已经消失或被取代了。有人认为，传统的"客户—广告代理公司—媒体—消费者"这种广告链的专业性和精细程度是广告网络联盟所不具备的。也有人说，广告网络联盟有可能被数字媒介广告公司吞并，一些数字媒介广告公司于互联网广告空间已经相当熟悉。

广告网络联盟为互动型公司（interactive

agencies),其中许多抢在传统广告代理公司之前开始认真地开发各种数字工具。有的从开发搜索引擎开始,结合搜索引擎营销(SEM)和搜索引擎优化(SEO,即增加特定关键词的曝光率以增加网站的能见度),以此推动产品的在线销量。一些持批评意见的机构如 Trible Ad agency 认为,许多大型广告代理公司事实上曲解了"数字化"的意义,仅仅提供一些 Flash 或 Photoshop,没有意识到客户们需要的实际上是搜索引擎营销和搜索引擎优化。[18]"数字媒介广告公司"(digital agency)这个概念包含一切,而一些批评人士认为,随着广告代理公司和广告产业更加谨慎地发展,这种概念最终会消失。有的数字媒介广告公司仅仅在工作中采用一些数字工具和平台,而全面服务型广告代理公司提供的数字媒介服务[也有人称之为传统数字化(tradigital)]更加广泛,并且在可提供给客户的所有媒体平台上采用新的媒介/数字解决方案。如何定义这种态势人们有各种说法,但传递的信息很清楚:新兴数字媒介广告公司采用更有效益的方式,雄心勃勃地要在广告界争取一席之地,而传统的广告代理公司利用自己完备的甚至是烦琐的服务项目,奋力与之竞争。

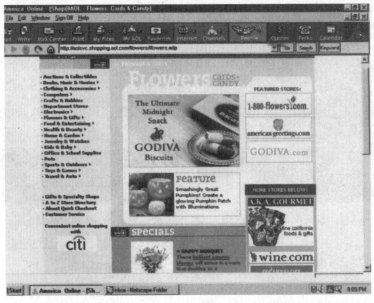

美国在线(AOL)网站是一个推广糖果、鲜花、葡萄酒和其他产品的广告网络联盟。

广告媒介

所有标准化的大众传媒都是广告的载体。正如媒介研究者和专家利奥·博加特(Leo Bogart)在其著作《商业文化》(Commercial Culture)里指出,"媒体"这一名词正是由 20 世纪早期的广告代理公司创造的。[19]博加特长期在报纸广告部门从业,他的职业生涯表现卓越且成果丰富。报纸、杂志、电视、广播、有线电视、互联网和其他媒介都是广告的载体,一些媒体有自己的广告部。不论是在全国还是在地方,媒体都在为争取广告收入较劲。每个大型媒体都有覆盖全国的广告协会,负责收集广告数据,以显示本媒体是争取某受众群体的"最佳购买对象"。在地方层面,为媒介组织比如报纸、电台或电视台工作的广告销售人员负责出售媒体的广告位或广告时段,可能直接出售,也可能通过广告代理公司或是媒介服务组织出售给企业。

在选择媒介登载广告方面,企业或广告代理公司要考虑到目标受众、广告费用,以及媒介将信息传递给目标消费者的有效性。尽管不同来源的统计数据有差异,但在传统媒体中,报纸吸纳的广告费用份额显然最多——目

前稍低于五分之一(17.7%)。紧随其后的是无线电视台,占 17.5%,如果加上有线电视所占份额(8.2%),电视就成为最重要的广告载体。表 11-1 所示的广告费用显示,直邮所占比例最重(19.8%),这一份额因广告主使用宣传册和产品目录来推销产品而增长迅速。

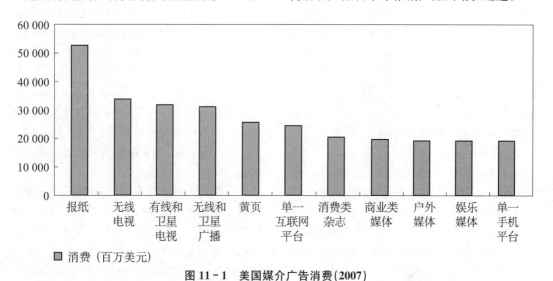

图 11-1 美国媒介广告消费(2007)

资料来源:Veronis Suhler Stevenson(VSS)Communications Industry Forecast,2008-2012,22nd ed.

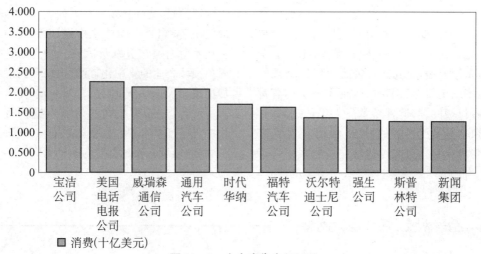

图 11-2 十大广告主(2007)

资料来源:Veronis Suhler Stevenson(VSS)Communications Industry Forecast,2008-2012,22nd ed.

自从 19 世纪末以来,登载广告的媒介占据了传播产业,媒介最大份额的利润来自广告。媒介产业中的互联网电子商务和营销、预览和付费有线电视频道、电视购物网、商业信

息服务以及其他方式在媒介融合的过程中变得越发重要。尽管媒介的广告收入来源增多,并更多地借助互联网和无线网络来登广告,而这些都是免费媒介,消费者却需要付出更多的

（无）

钱来购买大部分媒介产品。比如,报纸和杂志近年来逐步提高其售价,付费收看一个晚上的职业拳击赛或摔跤比赛可能需要高达 50 美元。许多网站实际上是媒介内容的发布渠道,本身只有很少广告或根本没有广告,因此它们迫切需要其他形式的收入,这些收入或者来自商业赞助(公司或企业),或者来自非营利部门(慈善组织、基金会、教育团体、宗教团体),或者来自特别的在线收费服务。许多网站要求浏览者注册后登录,这些注册信息将被出售给那些需要建立个人信息数据库的商业机构,甚至是政治机构。对于此类媒介广告可能是核心,也可能不是。在这种环境下,广告的重要性相较从前可能有所降低。此前,因为广告的存在,人们可以支付很少的钱或是免费就能获得媒介信息,但现在这种想法不一定可行了。[20] 各个网站乃至于独立博客撰稿人也开始逐渐地吸引广告,企业也意识到维持这些媒介的运转确实是需要资金的。公司在网络上兜售产品也是一种广告信息。2008 年年中,代表交互型公司和媒体的互联网广告局发布报告称数字广告利润有了大幅增长,从 1997 年的不足 5 亿美元一跃至 58 亿美元。尽管经济形势的周期性变化会对交互式广告产生重要影响,尤其在 2008 年和 2009 年,但由于方法巧妙、费用低廉,交互式广告有望保持增长。[21] 正如《华尔街日报》网络版保证了所有内容都需读者付费阅读,但其新掌门人仍认定,这种非常成功并备受赞誉的"订阅模式"不如纯粹的广告模式有效。在纯粹的广告模式下,《华尔街日报》完全免费,这样会吸引更多的读者,

并带来广告需求。

其他类型的广告媒介包括以下几种:零售商店投放和店内展示;促销品广告(specialty advertising),比如一些钢笔、日历及类似促销品上出现的广告;在广告牌和其他大平面上铺开的户外广告;公交车或其他移动工具上的交通广告(transit advertising);在类似贸易展会上的商业场所广告(business-site advertising)。还有一些更奇特的广告形式,比如出租车上的电子广告,甚至是贴在公共厕所里的广告信息。列举这些是为了说明广告媒介的多样化,甚至还有公司专门经营"空中文字"(指飞机放烟在空中形成的文字或图案)广告,或是用飞机拉出广告条幅,或是在软式飞艇上打出广告信息。

直邮和电话营销也是不容忽视的主要广告媒介。如今,大部分的直邮和电话营销通过数码方式编写,并且发展迅速。直邮最开始是由邮政局提供的低价广告方式,投递产品目录、小册子、海报和其他材料。一些公司也采用先进技术给潜在的消费者打电话营销(比如自动拨号)。随着通信技术的进一步发展,可以确定的是,这些新技术将被列入"广告媒介"的使用名单上。正如上文中提到的,其中一项新技术就是搜索引擎营销和广告。随着搜索服务领域企业的集中化,搜索引擎营销发展更加迅速。Google、Yahoo!、Ask. com、美国在线和 MSN 这些搜索公司的份额占据了整个在线广告市场的 40%,并且这一行业被认为是"互联网领域越来越重要的驱动力"[22]。

 精彩观点:媒介理论阐释

媒介信息运用理论

身处我们这类社会的人们依赖媒介提供各种信息。他们读书、看报、看杂志。他们看电影、看电视、上网冲浪、租 DVD,在车里听音乐。很多情况下,他们这么做的原因是媒介提供的娱乐满足了人们深层次的需要,提供了心理上的满足。

然而,现代社会的人们同样依赖大众传媒提供其他种类的日常信息(与娱乐无关),比如:他们想知道在哪儿可以用最优惠的价格买到汽车、服装、食物或其他商品;如何找到合适的房子、工作或是最新时尚;有时候

甚至是寻找合适的约会对象或结婚对象。简而言之，人们依靠媒介提供多种使用信息，这些信息与他们的深层次需要以及心理满足无关。早在现代化媒介尚未诞生之时，口口相传是此类信息的传播渠道。人们通过家庭关系网或朋友网获得所需要的日常信息。拥有同样文化背景的人们聚居在小型社区，一代又一代传承下来。人们之间的社会联系广泛又深入。

然而，在现代生活中，尤其在城市里，这种社会关系网既难以建立，也难以维护。许多不同背景的人们居住得很近，但是他们的种族、民族、受教育程度、收入、宗教信仰、政治倾向以及其他特点或许不同。这种社会文化差异给口口相传的传播渠道造成障碍，阻碍人们之间的接触和想法的交流，使得他们转向其他渠道获取所需信息。

如今，大众传媒提供了这样的信息。新闻、广告、辛迪加专栏，甚至是娱乐内容，都提供了各种建议、解读、信息、指导意见以及人们做抉择时可参照的榜样。因此，人们变得依赖于这种大众传播的信息。正式表述如下：

1. 对于日常生活和特定事件，任何社会的人都需要做决定，如衣、食、住、行、娱乐，以及日常生活的其他方面。

2. 在传统社会，人们通过建立完善的朋友网和家庭网联系到一起。通过这些人际网，他们获得口头信息，并以此为参照做出选择。

3. 在城市工业社会，聚集在一起的人们存在差异，他们的种族、民族、收入、受教育程度、职业、宗教信仰和社会阶层有所不同。

4. 由于存在这些社会差异，城市工业社会背景下的人群缺乏有效的口头信息传播渠道，因为这种渠道是建立在社会关系网的基础之上的，因此人们无法获取所需的日常信息。

5. 因此，城市工业社会中的人们开始依赖于大众传媒来获取实用信息，他们依靠这些信息来做出日常生活中的种种选择。

广告——劝服型传播

"劝服"一词有古老的根源。在大众传播诞生之前的几个世纪，当人类的声音是唯一可采用的媒介之时，"修辞"（rhetoric）成为一种影响人们观念和行动的策略。在那时，能够影响听众的判断和行为的，就只有言语中运用的词汇、展现观点的方式，以及组织信息的优雅程度。从这种意义上，修辞在当今充满广告、政治宣传和募款的世界的重要性，不亚于其在当年马克·安东尼（Mark Antony）赞赏尤利乌斯·恺撒（Julius Caesar）之死的那篇经典演说里的重要性。如今在任何促销广告里，要想达成目的，必须非常精细地组织信息。要精心选择词汇，巧妙组织语句来解释人们为何要采纳被推荐的意见或行动。信息的整体结构还需要符合目标受众的文化习惯。

近几十年来，社会科学家研究了各种策略，用来劝服人们相信某种观念或采取某种行动。[23] 人们广泛研究的"宣传"活动，其核心也是劝服的过程——采用媒介来影响人们对某种事业的忠诚或对某位上级的忠诚、接受特定的政治体系、在战争期间愿意做出个人牺牲等等。在一些社会中，公民可以选择参与竞选的领袖，劝服也是这种政治竞选活动的基础环节。立法者需要获得公众对特定社会项目或经济政策的支持，因此，在塑造或改变舆论上，劝服也是最基础的因素。

在这种背景下,人们积累了大量的研究和理论,显示了传播者为达到目标采取的各种劝服策略。基于对人们潜在心理和社会观念的

了解,研究他们被什么打动而接受某种观念或采取某种行动,这样的策略是传播者最需要的。

通过观察伦敦皮卡迪利广场可以发现,在一个非常繁忙的城市场景之下,电子产品、啤酒和汉堡包等户外广告能够吸引公众的注意力。

对于以滑稽闻名的品牌"白色城堡"而言,有时也会将幽默应用在广告之中,比如在这则广告中将"白色城堡"称为"恐怖城堡"。这是托普斯口香糖公司在20世纪70年代所制作的广告。

并非所有的广告都集中于固定的产品,如尿布、燕麦片或肥皂的广告,尽管此类广告是广告产业的支柱,其目的是鼓动消费者购买。另一种形式的广告称为"机构广告"(institutional advertising),其形式更间接。比如说,许多公司欢迎绿色革命,以显示它们的社会责任感。房地产行业推销其环保安全型产品。造纸公司以及那些生产与森林相关产品的公司会推出这样的电视广告:赞美美丽的、管理完善的森林,有可爱的动物,但是没有使用任何语言,仅仅标出公司的名字。其目的自然是让公众看到这个公司就会联想到"无私的"广告以及可爱的形象,以此促使人们相信这个公

司确实"关心环境"。

在设计任何劝服型信息时,不论采取何种策略,一个基础的问题是要确切地界定希望形成怎样的信息。至少有两种方法来确认劝服方法是否有效。一种是个人的态度改变了。就像上文提到的"机构广告",目标受众的观点、信念、感觉或态度向传播者需要的方向改变了。另一种是,广告触动了受众的某种潜在行为。这意味着消费者确实购买了产品,投票给了某位候选人,捐了款,或是采取了某种行动,而这种行动正是广告信息想要激发的行动。对于不同类型的客户而言,这两种结果都很重要,潜在的策略有许多相同之处。

构建劝服信息的基本策略

想要改变个人态度或是激发受众某种潜在行为的传播者应该采取哪些基本策略?虽然有不同的策略可供采用,但是有两样是最基本的。广告行业广泛使用的一种策略是基于这种假设:个人态度和潜在行动都来源于个人的心理因素——感情或理智因素决定了一个人在某种环境下的行为。劝服型传播者运用

一种"精神动力学策略"(psychodynamic strategy)设计广告信息。另一种策略基于的假设是,社会规则以及人们所处环境中的文化期待共同构建了一种环境背景,可塑造人们的观念和潜在行动。这样,广告信息被设计出来劝服这样的接收者,他们的环境背景要求其接受某种观念或采取某种行动。采用这种假设来构

纽约时代广场，曾因被笼罩在大量电子和数字广告之中而被称为"不夜街"。

建劝服信息的传播者利用的是"社会文化策略"（sociocultural strategy）。[24]

精神动力学策略　现代广告信息通常采用情感感染或基于理智（一种认知方法）的方式来劝服目标受众购买特定产品。举例说，基于理智来制定一个汽车广告，广告会强调购买和操作该品牌汽车经济实惠，宣称任何想要以最优惠价格够买车辆的人都会选择该品牌，最好的汽油消耗定额、折价价值高、维修记录良好。并非所有的产品会采取这种策略，更多采用的是"感染"（appeal）。这种策略主要基于情感需求、渴望，通常是超出了理智范围的需要。比如基于对地位的渴望这种刺激设计的广告如暗示说购买了这种产品意味着地位的提升。同样普遍的另一个主题是性，广告暗示说使用这种产品将增添你的吸引力，或购买这种产品将让你有更多机会处于你所需要的状态。其他普遍被使用的情感感染策略还基于贪婪、幽默、恐惧、骄傲、嫉妒等心理状态，广告信息将激发人们的这种情感。

这种广告如何发生作用？简单来说，就是劝服信息激起了人们心理机能上的某种感觉或情感状态，这种感觉或情感状态会促使信息接收者采取某种行动，而这种行动正是广告制作者所想要的。这是一种旧方法，但阐释了精神动力学的策略。研究广告的学者约翰·琼斯（John Jones）这样解释这种初级理论：

要理解广告如何发挥作用，我们需要了解事件发生的顺序……最早的理论基于查尔斯·雷蒙德（Charles Raymond）描述的简单因果关系链即"了解、感觉、行动"。在这种理论中，人们了解到某个品牌的事实性信息。结果，他们对于品牌的（情感）改变了，变得偏爱这种品牌，接着他们就会购买。[25]

社会文化策略　显然，个人决定采取某种行动时所处的环境将深刻影响其行为。简单来说，文化决定行动，即使在一些外人看来，这种行动很古怪甚至不理智。比如说，印度的一个传统"自焚殉夫"从文化上是被认可的。当丈夫去世后，妻子投身于葬礼上的熊熊烈火以显示忠贞。这种"自焚殉夫"以及其他严重自残的行为曾激起人权组织的反对，人权组织也会利用媒介和各种劝服手段来改变这种行为以及一些传统的文化习惯。

在美国，文化同样决定了行为。强烈的文化观念、角色定义、社会地位的要求，以及许多形式的社会控制（奖励或惩罚）深深为大众所接受——通常人们也遵从。基于社会文化策略制定的广告，呼吁人们注重这些文化需求并促使他们购买某种产品，或是劝服人们采取某

种行动,以便与社会文化需求保持一致。在马萨诸塞州最近推出的反对烟草运动中,设计的

一系列针对青少年的广告正是采取了这种策略。

在广告牌和海报上的连贯性广告能够以很"酷"的方式来进行产品的推广,比如苹果 iPod 的系列海报。

波士顿大学的研究者迈克尔·斯加尔(Michael Siegal)和马萨诸塞大学的研究者罗伊斯·比内(Lois Biener)报告说:"广告试图让消费烟草显得反常规,让年轻人意识到同伴们吸烟的行为并不符合社会准则。"[26]在商业化的世界,可以通过漱口水或除臭剂的品牌广告来举例说明。在这些案例中,人们所接受的社会观念是,口腔异味或身体异味是对他人的不尊重,这样将促使人们购买产品。其他的广告可能基于角色定义,比如母亲的职责是为患上感冒或流感的孩子找到良药。利用社会地位来设计的广告中,会显示一些高端名流人士认可某种产品——前提是目标受众乐意模仿这些名流。在社会控制的案例中,比如贺卡广告就是基于人们文化上接受的观念:在生日、纪念日、情人节等日子赠送贺卡在道德上是必需的。许多这种案例背后的驱动力是商业需要,促使人们采取某种行动,因为打破这些规矩很可能招致批评或拒绝(社会控制)。对于此类操作也不乏批评声,尤其是在圣诞节(以及其他的宗教节日)互赠礼物成为节日里必不可少的环节。更近

一些的案例是,为儿童举办的聚会通常含有大量的商业活动,比如提供宴会、礼物袋,以及父母孩子的聚会。

因此,社会文化策略采用的基本方法是,用劝服信息定义文化需求,并暗示未能遵守这些文化需求将产生的后果。劝服信息还显示,使用某种产品将令消费者避免那些负面的结果。与精神动力策略中简单的"了解—感觉—行动"准则不同,这是基于"遵守,否则就会受罚"的方法。

显然,设计劝服信息还有许多其他的方法。广告从业人员可能是如今美国劳动力中最富创意的专家。他们不停发明新的广告方法,为客户促进产品销售。其中一些广告非常成功,甚至成为流行文化的一部分。也有一些广告效果并不显著,甚至完全没有作用。但是,不论采取哪种策略,广告从业者还是遵循那些古老雄辩家们采用过的步骤,如西塞罗(Cicero)、苏格拉底(Socrates)、亚里士多德(Aristotle)等,他们正是用劝服性的修辞方法表达自己的观点,并试图让人们接受自己的观点。

从纷杂环境中突围:如何获得关注度

如果广告没有被目标人群看到并理解,这无疑是个浪费。因此,对广告主来说,最重要的商品之一就是关注度。因此,进行广告内容创作的创意人员一直致力于文字、色彩、影像和声音的创作,以期能够牢牢吸引电视观众、报纸杂志读者、网友和广播听众的注意力。其中一个主要的问题就是如今媒介内容的过度泛滥。很明显,在一天二十四小时内,人们将注意力放在媒介上的时间有诸多限制。因此,广告主深入了解目标人群的特性就变得至关重要,它们需要了解目标人群关注的媒介是什么,什么样的兴趣点能够使一条广告在数以百计作品的竞争中脱颖而出,获得他们的关注。一条广告能否在纷杂的广告环境中突围,获得其目标人群的关注就成为一条广告成功与否的关键所在。

在当代传播体系中,创作一条广告,既能够满足上述要求,同时又保留其对产品、服务推广的强大说服力,这本身就是一个很具有创造性的挑战。如果一家广告代理公司不具备相应的人才,能够将广告信息通过视觉化的方式呈现,吸引目标人群的注意力,那么这家公司离歇业也不远了。

在吸引目标人群注意力方面,广告风格和内容呈现多年来的发展也有一定的连贯性。19 世纪 90 年代的广告风格在包装华丽精美的肥皂和化妆品广告中得以体现。到了 20 世纪 20 年代,这些已经成为明日黄花,装饰派艺术设计的简洁线条取而代之。在 60 年代到 70 年代早期,具有迷幻色彩的海报风格的广告大行其道。到了 20 世纪 90 年代,由简单整

洁的瑞士哥特风格转向更为传统正式的设计风格,被形容为"复古的、倾听过往的年代,即使现在的消费者根本就没有经历过的那个年代"。设计专家说,这其实就是对于内容的协调艺术和体现方式。好的广告其实就是流行文化的一个指标。这一认知早在 1917 年就已经形成,作家诺曼·道格拉斯(Norman Douglas)说:"你可以从广告中读出一个国家的理想。"[27] 因此,多年来广告面临的挑战已经和美国社会面临的挑战紧密相连、融为一体了。

总部位于加利福尼亚圣克拉拉市的 Google,在网络搜索领域掀起了一场革命。该公司表示其使命就是汇集世界的信息并促进网络服务的普遍接入。

数字广告的挑战

纵览整章,我们提到了数字时代对于广告的启发,以及病毒和数字媒介在传达广告信息时的多种应用方式。数字广告,曾经一度被称为互联网广告,它最初就是随着静态的网站展示广告

和弹出式广告发展起来的。随后出现的视频流媒体以及各种计算机功能特点,使其广告超越了报纸、杂志、电视、广播这类传统媒体的表现。在 Web 1.0 时代,它主要是一个传播的网络,信息

发送者坐在传送链的一端,很少和另一终端的用户进行互动。广告内容被湮没于大量的内容或者说是市场信息之中。后来,到了 Web 2.0 时代,广告主可以更为精准地将定制化的广告信息传递给目标人群。数字媒介带来诸多裨益,但是同时也面临很多问题:

● 信息碎片化(fragmentation)——越来越多的媒介使用互联网和无线方式与消费者沟通。几乎每分钟都会诞生数不清的网站和博客,同时新媒体和传统媒体都在不遗余力地运用数字化手段推广想法、产品和服务,试图说服消费者。

● 信息纷杂化(clutter)——现有的数字媒介几乎涉足了所有的传统媒体,以及一些非媒体领域,如纯粹的市场营销网站,这些领域的信息纷杂化十分严重——来自各种竞争体系的信息都在试图获得终端用户的注意力。从纷杂的信息环境中,选择出自己想要的网站或者基于网站平台的媒介本身就是一件很困难的事情,很多时候需要借助搜索引擎的帮助。即使这样,很多人在面对诸多选择和品牌的时候也很难做出判断,这就使这一过程变得愈发复杂。就好像超市提供了是现有产品的上亿倍选择,然后不停地让消费者做出选择。

● 跳过广告(ad skipping)——从遥控器发明的那一刻起,观众们就通过换台或者静音来跳过广告。最近,硬盘式数字录像机和其他数字录像系统的发明使观众可以将广告从节目中移除。还有其他很多方式可以帮助观众避开广告,而广告主恰恰为了这些广告支付了大笔的费用。在研究广告跳过的问题对媒介效果的负面影响的课题中,对观众的研究也渐渐地被越来越纳入其中。

● 无穷变化(endless Change)——广告主、广告代理公司和其他将广告视为主要收入来源的自由媒体开始担心:随着新的手持设备、视频产品、软件和其他新发明层出不穷,并且更新速度越来越快,普通消费者无法适应,因此需要不停地评估哪些广告平台的表现会更好。当时,数字原生代(在互联网和数字媒介环境中长大的一代)和数字移民(占人口绝大多数,他们在挣扎中去接受并理解数字化转变的趋势)对这一问题的反应还是有一个比较明显的分水岭的。

● 受众经济学(audience economics)——曾经一度,广告的影响和效果只局限在媒介使用和曝光方面,包括通过尼尔森的电视收视率研究和阿比创公司的广播收听率调查来衡量多少人收看或收听广告。如今,媒介经济学的学生和市场研究的专家都表示简单的广告曝光研究是不够的,媒介体验应该是一个更为重要的因素。然而,媒介体验很难衡量和评估它涉及的受众是如何使用他们接收到的媒介信息的,尤其是当他们在注意力持续时间不断下降的情况下获得的信息。

基于以上种种,技术的发展和受众的互动反馈重新定义着所谓的广告领域和广告流程。这意味着当历史悠久的传统媒体代理公司在追赶并且掌握数字化工具时,致力于发展自有网络联盟的互联网领域的创业者和数字媒介广告公司已经给这一行业带来不小的冲击。广告媒介(包括传统媒体和新媒体)也已经适应了这种变化,它们在实际工作中将互联网活动和传统的平面和电子媒介相结合。一直在为自己的产品、服务和想法寻找市场的营利的、非营利的广告主,也在学习如何更好地运用数字媒介,以期获得更好的投入回报,并实现它们的商业或文化目标。最后,作为广告最终目标的消费者,他们一方面需要接触到广告,另一方面也需要在这一广告环境中受到相应的保护。我们会在本章的后半部分谈到这个问题。

广告调研的角色

广告业催生了大量的调研,因为支付大量广告费的广告主越来越多地要求对广告花费效果进行衡量。它们对来自广告代理公司的口头承诺"我们的广告当然起作用——它们如此优秀,毋庸置疑"并不满意。客户甚至要求广告代理公司在广告投放之前就给出其有效性的证明。这部分是由于现在存在大量的媒介渠道和平台,客户很难判断在互动和网络年代哪个才是表现最好的媒介。广告呈现给公众后,客户需要能够证明它们是否达成既定目标的数据。因此,每个广告媒体都会雇用调研公司,阅读率、收视率研究公司或其他机构来收集相应数据,以证明自己的表现。为了实现广告花费效果评估目标,广告代理公司会对有可能投放或即将投放的广告设计的设计效果进行调研,以获知它们在提高受众对客户产品的认知度和反应方面的表现。另外,诸多学者包括社会学家、心理学家和人类学家,会开展针对这个行业及其效果的研究。不同领域的研究者关注的议题也各有不同,像市场策略、劝服性诉求、消费者决策心理、不同媒介的有效性研究,以及消费者行为的各个方面。

从一些大众出版物和学术期刊,如《广告期刊》(*Journey of Advertising*)和《广告研究期刊》(*Journey of Advertising Research*)上可以发现某些研究的结果。一些协会和团体可以提供一些研究报告副本(如杂志在推广销售某种产品方面的表现,如威士忌)给任何需要的人。然而多数关于广告效力的研究是有知识产权的。也就是说,所有权、使用权属于创作者或那些支付费用购买阅读的人,这些研究结果并不会向公众公开。一些研究结果是由研究公司收集然后卖给出价最高者。这些调研往往是由特定的公司因自身需要而展开的,或由广告代理公司为某特定客户量身定制的。大多数调研是为自身服务的,通过调研来证明消费者、广告代理公司或企业采取一定的行动是明智的。因此,这类调研的客观性总是受到一些质疑。有时企业会雇用咨询顾问去甄选

不同的调研公司。数字时代催生了多种新的调研评估公司,它们推广新的数据收集方法来收集关于互联网使用习惯或者其他媒介使用习惯的数据。正如前面提到的,互联网凭借强大的存储量和联机并跟踪全部用户行为的能力,提供海量的原始数据供分析研究,其完整性和准确性远远高于以前收集数据的方式。比如说,主要的研究者和民意调查公司对购买某种产品或订阅某份杂志的人群实施调查和评估时,都会使用互动性媒介。相较于此前的插卡入户记录或早期的消费者反馈调查,如今的调查方法更加复杂。比如以分析竞选投票闻名、拥有权威的"哈里斯民意调查"(Harris Poll)的路易斯哈里斯联合(Louis Harris Associates)公司如今已经更名为哈里斯互动(Harris Interactive)公司。应当注意到,尽管数字研究者们极力宣称他们工作的准确性和完整性,其他人却不这么认为。一些媒体如美国广播公司新闻台(ABC news),对网络民意测验非常谨慎,认为它们并不具备科学性。该公司的民意测验专家加里·兰格(Gary Langer)就认为,互联网是对舆论的一个相当大的伤害。[28]

同时,对于社会科学研究的定量分析效果到底如何,也存在着令人信服的观点。基于种族差异做出的调查研究大量增加,特别是在广告和传媒领域。在这种调查中,研究者深入被调查者的领域,前去拜访被调查者的家庭或公司,观察他们怎样使用某种产品以及其他方面,以此得出数据。此外,焦点小组也是一种屡次被尝试并经得起考验的调查方法,即从一批人中挑选一小部分人(4 人至 15 人之间,通常为 8 人)组成一个小组,其中设置一个调解人来激发成员们的讨论,并根据他们的讨论确定抽样民意调查中要列举的问题。

广告效果研究

如果能够系统性实施调查,就能研究出一个广告或宣传活动是否达到了其设计者期待的

效果。之前我们提到过一个基于社会文化策略的劝服型广告的实例——促使青少年减少吸

烟。这是一项由马萨诸塞州公共卫生部赞助，花费 5 400 万美元的电视广告宣传，其目的是减少该州内吸烟青少年的数量。在州机构的资助下，研究者追踪了该州 600 名青少年四年中的情况。在研究之初，没有一人是吸烟者(尽管有少数人尝试过吸烟)，研究主要是关注那些系统地接触一系列禁烟广告信息的人，这些广告信息几年来不断在州电视台播放。研究希望了解这些广告对他们的影响，了解这些广告能否有效地阻止青少年成为习惯性吸烟者。每个广告信息显示了习惯性吸烟者受到毁灭性的健康影响。其中一个典型的广告画面是，一位看起来生病的女士躺在医院病床，通过一个氧气管呼吸。在广告中，她解释说自己是一个烟瘾很大的人，因吸烟引发的肺气肿非常严重，很可能致命。这些广告信息呈现了那些有健康问题的人们的真实状况，因此非常触动人心。广告强调，年轻人吸烟并不符合社会规范。研究结果表明，关注这些广告的 12 岁至 14 岁的孩子，与那些没有看过广告的同龄人相比，吸烟的人数减半。这个效果令人激动，并且非常清楚。然而，对稍微大点的孩子来说，他们对吸烟的态度在接触广告前已经形成，这些广告中所使用的规范性策略的效果是微乎其微的。[29]

一位摄像师正在通过一家广告代理公司的双向玻璃镜对一个焦点小组进行拍摄。

广告研究者可能使用调查问卷、定组研究、实验来进行研究。简单来说，在定组研究(如上面讨论过的吸烟研究)中，研究者可能需要一群实验对象，随着时间的推移来分析他们的信仰或行为。在实验中，研究者会设立"实验组"和"控制组"来确定广告信息的效果。然而，不管是用哪种方法，拉塞尔·克雷(Russel Colley)宣称，对广告有效性的研究应该是对"广告在多大程度上成功达成预设目标的系统性评估"[30]。

这些目标是什么？克雷说，如果广告成功的话就会促进销售。要这样做必须使消费者经历四个层面的理解：(1)对品牌或公司的意识；(2)对产品及产品怎么为他们服务的理解；(3)对他们要买的产品的坚信；(4)行动——购买产品。[31]克雷催促广告主使用精确的研究来评估广告是否成功，它们包括以下几种类型：(1)受众研究——这需要收集能接触到的受众的基本信息，包括看到广告和对广告做出反应的不同人的数量(基于年龄、性别、宗教等等)。(2)媒介研究——媒体调研包含研究每个媒体的特征，以及它们能做什么，包括各个媒体的吸引力和劝服力。(3)广告文案研究——这是对典型目标受众成员对特定广告做出的反应来进行比较。例如，调研者会把那些具有性吸引力的广告同那些引起恐惧、幽默或其他反应的广告放在一起，比较它们的有效性。

消费者及生活方式研究

一种更普遍的研究方法集中于消费者行为。此类调查大部分主要由私人机构提供资金，调查结果属于特定机构，并且调查过程通常不为公众所察觉。从对消费者的研究来看，研究者帮助企业和广告代理公司研究它们的消费者最可能是谁，什么样的广告最能使这些人接受。它们可能研究需要、驱动力、动机怎样影响消费者的购买，不同类型的消费者对广告的感知可能会有怎样的区别，以及构思一个特定的广告信息时，要考虑什么样的观点、态度、信仰和偏见。[32] 一些研究者主要围绕明确限定的一类对象，比如孩子。这些专家会调查孩子们不同的发展阶段并预测他们在特定的年龄会倾向于买什么样的东西，会怎样影响他们父母对玩具、食物等等的购买。广告代理公司然后会利用这些信息来准备特定种类的广告，例如周六上午卡通秀的广告。

另一个研究领域是生活方式研究，这是从研究美国生活模式及购买行为趋势的调查而来的。这些研究告诉广告主，在不同的年龄和阶段，潜在消费者的态度和生活方式是变化的——这些信息对形成广告宣传活动起着极大的作用。举个例子，调研显示现在很多老年人正搬出他们建立家庭时的大房子，搬进新的小公寓独自生活。如果他们对简化自己的家庭事务感兴趣，以腾出更多的空余时间，那么他们就是几类特定商品的新的潜在消费者。这些商品包括一次性的冷冻食品、微波炉和飞机票。[33] 那么对于生产这些商品的企业来说，使用可能接触到目标受众的广告形式和媒介是值得的。

通常来说，广告研究有应用对象，其目的不是要揭示那些解释人类行为的基本概念和理论，而是要有助于刺激针对特定消费人群的特定产品和服务的销售。不足为奇的是，这种研究致力于怎样去控制人们，已经引起了相当大的批评。尽管这种研究试图证明特定广告和宣传的有效性，但是批评家宣称，在一个给定的广告和它所寻求卖出的产品或服务之间，没有科学的因果关系能够建立。许多社会科学家认为，几乎在任何情况下，要证明某种广告是否真正起作用，有太多无法控制的变量。然而，那些策划广告和资助广告的人对这些批评充耳不闻，他们仍然相信广告的作用——这些人也就是那些决定花费几百万美元来促销产品和服务的人。

一位女性调查研究人员使用市场调查问卷在大街上对一位男士进行调研。

市场研究人员正在观察实验室中观察儿童玩耍新玩具。

广告的定性研究

大量的研究集中于广告如何使用定性或民族志的方法,也有研究者将媒介看作一种文化产品进行批判性研究,并从中总结出一些研究方法。这种研究一部分是集中于性别、种族刻板印象或反社会情绪,包括一些对儿童有负面影响的广告。从 SUV 到星巴克,对一些标志性的商业产品(不管是好是坏)的研究,通常要测试它们如何打造自己的品牌,它们的起源及可能的社会效果。通过观察和大量的内容研究,可以得出媒介商业化对人们、机构及社会的影响。这是一个不断增长的领域,有时候也集中了大量针对广告的批评,但这是广告行业应听取和留意的,这些批评意见通常在学术期刊上发表,而这类期刊的读者通常也持相同的批评态度。最近,这种定性研究总结出的批评意见是,一些广告中针对妇女或儿童的性剥削意味太浓。

例如,阿贝克隆比 & 费奇(Abercrombie & Fitch, A&F)服饰公司广受欢迎的宣传手册中,青少年模特均衣着暴露,为文化批评家所诟病。

评估市场细分时代下的目标受众

尽管广告主很想把它们的货物卖给每个人,但它们知道这是不可能的,或者也不需要这么做。因此,在仔细调研后,它们要争取到特定的细分市场。这一细分市场可以由年龄、收入、性别、教育、种族等等来决定。曾经有很多广告是产品导向的,也就是说,内容主要是关于产品属性的劝服型信息。现在,大多数广告是使用者导向的,广告信息的目的旨在满足特定消费者的具体需要、兴趣和需求。正如历史学家丹尼尔·波普(Daniel Pope)说的那样:

> 针对细分市场的宣传活动面向用户,专注于消费者利益,而不是产品属性。宣传活动要向目标受众展示那些他们能认同的人,这种人或是代表权威,可信度高,或是能展现目标受众潜在的需求和梦想。营销活动要非常了解这部分具有清晰的生活方式和个性特征的消费者。[34]

这种新的重点还暗示了广告表现形式的伦理问题。与唤起细分市场里受众的欲望这种间接方式相比，直接地根据"广告真实"标准去表述某种产品的品质更简单。市场细分的趋势已经同样导致了广告代理公司的专业化，并促进了一些专业媒体的成长，这些专业媒体迎合特定群体而非普罗大众。当然，官方制定的大量法律以及联邦商务委员会的法规也被用来管理广告业。同样，对产品的不实陈述甚至是欺骗消费者也有法可依。

美国福特汉姆大学研究者约翰·费伦（John Phelan）称为"高尚鼓吹"（noble hype）的活动中，得出了大量的研究证据。"高尚鼓吹"的活动是指一些目标良好的信息宣传活动，例如预防 HIV/AIDS、心脏病及其他影响社会的问题。对这些信息宣传活动的研究也投入了大量资金，这些信息宣传活动使用直接的广告策略和信息来达成效果。预防艾滋病的广告极大的成功——部分归功于减少了作为疾病传播主要渠道的性活动——看起来初步预示了广告有效性研究前景良好。然而，其他研究者和批评家表明预防艾滋病广告是一个特殊的案例，并不适用所有的情况。

对广告的批评及控制

几乎没有人会怀疑广告对美国社会的重要影响及其扮演的重要角色。大部分人认同广告反映了美国的文化和理想——尽管很多人发现这个看法令人困扰。但是，承认广告的重要性与批准广告的投放是不同的，广告因为很多种理由而被批评。有些人贬损广告，认为它们通常追求经济和社会效果。也有人批评一些广告内容对某些群体带来不好的影响。正如我们将看到的，这些批评带来针对广告的各种规范。

来自经济和社会领域的批评

对广告一个有利的看法宣称广告促进竞争，有利于发展经济。此外，广告鼓励新产品的发展，对消费者是有益的。拥护者说，实践是最好的检验，也就是人们会选择购买新产品。消费者要高兴得多，因为他们拥有好生活及资本主义的果实——"美国梦"。

但是，对于这些评论，批评家有很多回应。首先，大量的广告跟客观的信息一点关系也没有，并没有帮助消费者做出明智的选择。然而，即使人们没有受益，他们也要为广告付费，因为广告费用抬高了他们所购买商品的价格。因此，有批评家说，广告就是浪费。

此外，也有吹毛求疵的人说，广告助长了垄断而不是促进竞争。大公司能很容易地承担起昂贵的全国性广告投放，而小公司却不能。大公司因此能够持续存在，甚至扩大在市场上的影响力。例如，在市场上，几乎没有地方性的可乐品牌能够与可口可乐和百事可乐有效竞争。即使在实际垄断缺失的情况下，有些经济学家认为广告阻碍自由竞争的发展，引起所谓的不完全竞争的情况。批评家尼尔·伯顿（Neil Borden）称，这会带来一系列后果，包括"资本投资的不恰当分配""生产能力的不充分利用和劳动力资源空置""相对严苛的价格"，以及越来越严重的经济上的周期性波动，从通货膨胀到经济衰退再又到通货膨胀。[35]

伯顿称，广告虽然促进了产品的多样性但还是有诸多负面影响。任何去过大型超市早餐谷物区的人都能理解这一说法。伯顿指出，消费者"被大量毫无意义的产品差异化迷惑，因而不能做出明智的选择"[36]。其他批评家则对广告带给个人及社会更普遍意义上的影响提出批评。广告通常被认为是被操纵利用并且具有欺骗性的。广告在创造了新的需求和欲望的同时，使人们远离"真实的自我，助长了他们的陌生感和不满意，不停地追求一些琐碎的商品或者形象上的完美"。

当然，我们不能逐条地评估广告批评家提出的针对经济层面和社会层面的批评，我们已经简单地回顾了他们提出的主要问题。但是要注意到广告是大众传播的一种方式，我们在第14章里将会谈到的关于媒介对个人及社会的影响的原则，大体上也是可以应用于广告的。也就是说，我们不应该把广告信息看作"魔弹"，认为它能够给所有接收到信息的人们带来相同的影响。此外，如果我们认为那些看到或听到广告信息的人，不管他们是不是愿意，他们只是被动接收信息的机器人，很明显也是欠妥的。广告也不是决定某一行为的单一孤立的起因，例如产品购买决策。在媒介受众中，有很多复杂的原因和因素会影响他们对广告信息的反应。只有通过大量的仔细研究，才能得知对广告的诸多批评是否有实际根据。

那些修经济学课程的优秀学生可能会回忆起经济学课本对这部分内容着墨甚少。著名的哈佛经济学家约翰·肯尼思·加尔布雷思（John Kenneth Galbraith）曾表示这是有理由的。经济学家更愿意相信消费者需求是深藏在人们内心的，他们赞同消费者主权这一观点。但是加尔布雷斯曾经写道：

> 只要消费者的需要是自发的，其满足就符合人类的最高目的。具体来说，原始的、内在的需求应该获得满足。作为一门学科或科学，经济学因此成为实现人类最优服务的基础。但是，只有在需求无法被创造、培养、形成、加强或引发的情况下，（这一说法）才能站得住脚。上帝不允许需求由某一服务商品的生产商以及其广告公司创造。[37]

其他拥护广告的评论者认为广告要取得效果，就必须切中消费者利益、需求和需要不可。他们称消费者有能力照顾好自己。

因此，如果消费者的需求其实是由广告产生的而非自然本性产生的，那么这将会贬低一些经济学的最基本原则。

关于儿童和广告的问题

没有哪一方面的广告问题，比面向儿童的广告尤其是电视广告所获得的关注或研究更多了。批评者担心面向儿童的广告会带来很多不能被满足的需求，促使他们向父母索要数不清的东西，而这些他们的父母可能根本无力承担。因而儿童广告可能会引起家庭关系的紧张和矛盾，它向孩子们传达了很多错误的认识，因为孩子们会误把广告当作世界的现实写照。出于为这样的广告辩护，支持者坚持广告帮助儿童学会做一个消费者，这一当今经济体系中至关重要的角色。

在评估广告带给儿童的影响时，需要先回答几个问题：（1）儿童对广告的关注度有多高？（2）如果广告会对儿童的思维过程产生影响的话，会有什么样的影响？（3）他们能区分广告中的事实和想象吗？（4）如果儿童因为接触到广告而对其父母的购买行为产生影响的话，有什么样的影响？

政府、基金会、广告代理公司和企业已经花了很多的钱来回答这些及类似的问题。广告主和广告代理公司理所当然地专注于一个目的：怎样传递更好的、更有说服力的信息。虽然它们的结果通常不对外公开，但是我们渐渐地可以从外部研究者得到一些问题的答案。现在已经积累了大约50年的相关研究资料可以为学者、父母及广告主提供指导。[38]

迄今为止，研究表明孩子越小，对广告的关注度就越高。但是，他们对广告的信任度随着年龄的增长而下降。[39]年幼的孩子不知道电视广告与电视节目的区别。他们非常关注广告，甚至是那些看起来跟他们不相关的广告，比如啤酒或家用清洁产品的广告。随着年龄的增长，他们对广告的关注就会渐渐下降，到了青少年阶段，他们通常会忽视或批评广告。至今为止，有证据表明儿童确实会向父母施压，让他们给自己购买看到的广告商品。但是，总体来说，我们还不足以清楚地掌握广告对儿童的影响，很多问题还有待去深度探索。

同时，父母群体正把他们的注意力转向政府，寻求对广告的控制。在广告对儿童的吸引力这一问题的争论中，某些媒介（比如电视）已经与消费者和政府进行过辩论。《华尔街日报》特别提到，对于儿童广告，各大电视网有较高的标准，而独立的电视台则通常没有。各大电视网禁止过度宣传产品的效果或使用像"让妈妈买……"这样的劝告性语言，而独立的电视台在这些方面管理得过于宽松。随着批评

的增多，商业改进局（Better Business Bureau）继续敦促地方电视台要更加警惕，最终独立电视台协会（Association of Independent Television Stations）批准了儿童广告准则。最后，美国参议院通过了限制在儿童节目中播送的广告条数的法案。[40] 目前已经成立了多个重要的研究中心来广泛彻底地调查涉及儿童媒介和儿童媒介使用的问题。从 2005 年年中开始，其中两个研究中心纽约的琼甘兹鲁尼儿童电视研究中心（the Joan Ganz Cooney Center for Children and Television）（因芝麻街的创立者而得名）和宾夕法尼亚州拉布罗特巾的弗雷德罗杰斯少儿教育和儿童媒介研究中心（the Fred Rogers Center for Early Childhood Education and Children's Media）（以经典的"罗杰斯先生"命名）已经组织了强有力的调研和政策项目研究。

控制的来源

广告的效果通常是什么，许多广告的内容被攻击为品味低俗、夸大宣传以及使用令人反感的吹捧式推销方式。鉴于这些具体的问题，美国已经形成了一些对广告的控制。实际的市场行为使得古代的"购者自慎"（caveat emptor）即"买方当心"/"商品售出，概不退换"原则逐渐变为"卖方承担风险"（caveat venditor）即"包退包换"/"让卖者当心"原则，也就是说，更有理可依。今天的广告主要面对诸多限制，一些来自政府，一些由行业自身形成。

政府法规 早在 1911 年，一本行业杂志《印刷者》（Printer's Ink），就呼吁要更加注重广告的道德问题，提出一种道德法规，将存在欺诈、误导问题的广告视为不端行为。不久之后，由于商业改进局的强力推动，美国很多州将其定为法律条文。尽管对于其有效性还存有质疑，但是这一法规表明了在广告道德上的立场，同时也成了一个基本标准。几年之后，1914 年，联邦贸易委员会（FTC）也设立了对广告的一些基本原则。在过去这些年的行政管理中，FTC 制定了针对广告宣传中出现的

肆意吹捧、品味低俗和夸张的保证性语言等问题的规范。有时候，FTC 要求对那些为欺诈性广告所害的人提供"有效救济"，对那些从事不公正、欺骗或是诈欺广告的公司处以罚款。

美国联邦通信委员会也对广告业进行了详细的检查。此外，其他一些联邦机构，包括美国食品和药品管理局、美国邮政总局、美国证券交易委员会和美国国税局烟酒税务部也通过不同的手段影响着广告业。国家和当地的政府已经通过了针对广告中的抽奖、猥亵性的语言、职业广告等问题的法律法规。自 20 世纪 80 年代末期开始，在行业管制解除的近 30 年中，政府对广告业的管理相当宽松。

行业道德规范 许多广告机构和其他行业已经形成了一套管理广告的规范。例如，广播业已有规范，设立了每个时段的非节目内容和商业广告的总量。（但是，在广播管制解除时期，对"在每小时节目中能够播放多久的广告"的限制变得相关宽松。）事实上，一些批评家说，现在的有些节目其实是成小时的付费广告。这当中的很多节目在深夜播放，宣传企业

成功方案、房地产交易、"经典"唱片集及其他产品和计划。在美国很多州,地方行业组织如广告审核委员会和公平广告团体,致力于推动广告真实性水平的提升。全国广告审核委员会提倡道德广告、反对欺骗,商业改进局会准备针对特定公司及其广告的报告。

法庭裁决 近年来,政府控制的企业和私营企业都严格遵循各种各样的法庭裁决,这些都涉及美国第一修正案关于言论自由和新闻自由的保证是否能够以及在多大程度上延伸至广告业。到目前为止,法院会区分对待表达观点的广告(这是受第一修正案保护的)和只为商业利益而设计的广告(这是不受第一修正案保护的)——虽然有时候很难区分这两种广告。但是,现在这种裁决正在被修改,因为一种商业言论学说已经在法庭中发展起来,这个学说明确了企业有权利沟通,传达它们的观点。具有代表性的是,法庭已坚决维护了它们所谓的"政治演说",换言之,就是促进公众讨论公共事务。直到最近,法庭对旨在销售商品的"商业言论"还不是那么友好。现在,这一切都在变化,因为评论员认识到区分公开演讲和私人言论很难。这些界限有些难以区分,法庭,尤其在处理旨在促进特殊兴趣和事业的广告时,表现得相当宽容。

消费者群体 此外,很多消费者群体会监测广告,对广告某个具体内容进行抗议。这些群体从反对针对儿童的大多数广告的儿童电视行为组织到反对具有性暗示的报纸广告的宗教群体。

广告主在过去对公众批评做出回应,广告自身也经历了不断的变化。例如,多年来,广播和电视广告鲜有非洲裔美国人、拉丁裔美国人及其他人。当这些人真的出现的时候,他们总是扮演小角色或是有辱人格的角色。但是到20世纪60年代晚期,广告开始更加频繁更加真实地描绘不同肤色的人们。今天,在各种形式的广告中,我们都能频繁地看见少数族裔。类似的变化也发生在对妇女的描绘中,妇女之前多出现在家庭环境或是性挑逗的描绘

中。对于老年人来说,也同样发生了变化,他们之前是老年人歧视的公然受害者。[41] 随着美国第二次世界大战后生育高峰出生的人(出生在1946年至1964年之间)慢慢长大,现在很多人60多岁了,这已引起更大的关注。美国很快会进入一个老龄化的时期,在这个时期中,如果人们寿命长的话,大约20%的人口将会超过65岁。一些批评家将之称为"我们这一时代的唯一年龄层",因而强调了对老年人歧视问题的关心。[42]

关于广告中种族的、性别的、老年人歧视成见的辩论很可能还会持续很长一段时间。许多广告主公然呼吁性需求,并且它们呈现在公众面前的大部分具有明显的性别歧视。代表妇女、宗教及其他社会力量的各种不同团体偶尔会抗议,甚至联合抵制某些商品。因为广告主几乎总是想要避免争议——毕竟,它们想要卖掉商品,不是要激怒消费者——所以,其中有些抗议确实起到了效果。

曾经,广告中的性吸引主要是针对男性,在此过程中利用了女性,然而在近些年发生了变化,因为现在常见的是描绘男人的挑逗性姿势,作为性对象展示的男性会吸引同性恋的男性受众和女性。性描绘有怎样的影响还是需要探讨的问题。一些人认为性描绘影响消费者行为,尤其是在穿衣、发型及美容产品方面,但是,广告不像批评家宣称的那样对人们的影响那么大是完全有可能的。社会学家迈克尔·舒德森(Michael Schudson)认为广告很少有机会来创造消费者的需要,而是加强了那些已经存在的需要。当评价在美国社会中的广告所扮演的角色时,舒德森断言:

1. 广告具备了有用的信息功能,不会也不应该被抛弃。

2. 广告很可能具有社会民主化的影响,它具有最终的平等主义的结果。

3. 有些广告将有危险的商品或有潜在危险的商品推销给那些不可能很好地使用它们的群体。

4. 非价格竞争的广告通常提倡负面价值

观,不管它是否有效地销售商品。

5. 不用提倡那些同现在流行的一样的负面价值观,广告同样能存活并卖出商品。

6. 广告只是形成消费者选择和人类价值的众多因素之一。[43]

反对广告对个人、社会及经济的广泛影响而非某些广告的具体方面的批评家不会在短期内看到他们期望的变化。政府不可能强加严格的管理。广告主可能会继续引发我们心中的欲望,想要更具有吸引力、被青睐和稍微

比邻居好的欲望。简言之,只要广告主认为这些信息是有效的,它们并不在乎会带来什么心理的、文化的还是经济的影响。而且,广告主会继续用它们的信息来席卷我们,除非在经济和社会中发生了巨大的变化。

以上所有的考虑再次重申了我们的中心论点:媒介、经济、广告和作为消费者的人群以非常体制化的方式不可分割地联系在一起。因此,广告在我们社会中是一个核心的社会体制。

 本章回顾

● 在数字传播的创造、发展及推广中,广告涉及方方面面。

● 广告代理公司大量地使用数字媒介,甚至有数字媒介广告公司。

● 社交网络和搜索引擎广告被大力推崇,在全媒体数字化整合技术过程中获得发展。

● 广告是一种关于特定产品(或服务)受控沟通形式,试图通过多种多样的吸引和策略来劝服相对应的受众,使他们建立一种认识,并随之付诸实施,例如购买或使用产品或服务。

● 广告对于国家经济和大众传媒来说是必不可少的,这是媒介的主要收入来源。没有这份收入,美国不可能拥有现有的大众传播的多样性内容。

● 广告历史悠久,但是随着工业革命的到来,消费者商品不断扩大,广告产业急剧地扩张。像专利药品这些产品的广告引领了广告发展的道路,同时证明了广告是何其成功。为商品品牌做广告对经济发展的作用甚至更大。在广告史中,百货商店和全国发行的杂志的发展是重要的里程碑。

● 由于对广告的需求增长,代理商发展起来,给当时的媒体和那些想要投放产品到市场

的人提供服务。今天,这样的群体主要有三种类型:大大小小的"创意工作室"或广告代理公司、媒介服务组织(也称作专业代理公司)和专属广告代理公司或部门。

● 现在,广告代理公司由经理、文案、美术指导、调研人员和其他专家组成。创意工作室和各种各样的媒介服务组织提供相对有限的针对性服务。

● 广告调研人员研究各种各样的消费者群体,关注他们的生活方式和特征,这些生活方式和特征能够让他们购买特定的产品。调研人员同样调查具体广告的投放效果,测试哪些广告可能是有效的。

● 实际上,任何媒介,只要能够承载劝服信息来吸引一部分公众的注意力,就能够用来传送广告信息。这些包括通常的大众媒体和许多种专业的形式——比如火柴盒盖、广告牌、小飞艇、地铁海报等。

● 广告主使用精神动力学策略和社会文化策略。精神动力学策略有理性和情感的诉求,社会文化策略在遵从文化要求的基础上来发展劝服型信息。从纷杂的广告环境中突围,获得目标人群的注意力是广告主最艰难的任务之一。

思考题

1. 广告对现代社会有什么样的影响？它的主要功能是什么？主要功能在变化吗？

2. 数字革命正在对广告业产生什么样的影响？

3. 什么是广告媒介？其中哪些是现在最重要的？

4. 广告代理公司的作用是什么？它们怎样工作？

5. 对个人和社会来说，广告的优点和弊端是什么？学者和批评家是怎么说的？你怎样认为？

6. 面对广告主和广告行业，公众是否需要保护？如果需要的话，怎样保护？

 关键概念和术语

广告主 Advertiser
广告代理公司 Advertising agency
客户经理 Account executive
广告媒介 Advertising media
创意工作室 Creative boutique

广告网络联盟 Advertising networks
精神动力学 Psychodynamics
数字广告 Digital advertising
广告规制 Advertising regulation

 注释

1. Joe Plummer, Steve Rappaport, et al. *Online Advertising Playbook* (New York: John Wiley & Sons, 2007), Julius Wieldelmann, *Advertising Now*, *Online* (Cologne, Germany: Taschen, 2006), see also World Digital Media Trends at www. wan-press. org.

2. See www. anomalynyc. com/people for a discussion on Anomaly digital advertising agency and CEO Carl Johnson; see also John Michelet, et al. , *Advertising Industry in Peril* (Chicago: Olympian Publishing, Inc. 2006).

3. Randall Rothenberg, Reynolds Journalism Institute seminar on "Imagining the Future of News", ILC-USA, June 27, 2008.

4. Interactive Advertising Trends, "Ten Trends in Digital Advertising for 2008," http://interactivemarketingtrends. blogspot. com.

5. David M. Potter, *People of Plenty*, 2nd ed. (Chicago: University of Chicago Press, 1969), p. 172.

6. Jane E. Brody, "In Adolescents, Addiction to Alcohol Comes Easy," *New York Times*, Feb. 12, 2008, www. nytimes. com/2008/02/12/health.

7. Stephen Fox, *The Mirror Makers: A History of American Advertising and Its Creators* (New York: Morrow, 1984), pp. 13 - 39.

8. Ellen Gruber Garvey, *The Adman in the Parlor: Magazines and the Gendering of Consumer Culture*, *1880s to 1910* (New York: Oxford Univer-

sity Press,1996),p. 8.

9. 这里提到的历史上的案例可参见 Fox, *The Mirror Makers*,pp. 13 – 39。

10. Potter,*People of Plenty*,p. 168. 关于广告的出色的文化批评可参见"Advertising and Culture," in Robin Anderson and Lance Strate, eds. ,*Critical Studies in Media Commercialism* (New York:Oxford University Press,2000)。

11. *2006 Fact Pack*,4ᵗʰ *Annual Guide to Advertising & Marketing* (New York:Crain Communications, Inc. 2006),p. 11.

12. U. S. Department of Labor, Bureau of Labor Statistics, Advertising and Public Relations Services,www. bls. gov,see pp. 1 – 2.

13. *2006 Fact Pack* ,op cit,passim.

14. William F. Arens,*Advertising*,6ᵗʰ ed. (Chicago: Irwin, 1996), pp. 76 – 80; Al Ries and Laura Ries, *The Fall of Advertising and the Rise of PR* (New York:Harper Business,2002).

15. John S. Wright, et al. *Advertising*, 5ᵗʰ ed. (New York: McGraw-Hill), 1982, pp. 161 – 162; for a more contemporary treatment of the industry,see William D. Wells, John Burnett, and Sandra Moriarty, *Advertising: Principles and Practice*, 6ᵗʰ ed. (Englewood Cliffs,NJ:Prentice Hall,2002).

16. Anomalynyc. com,op. cit.

17. Edmund Carey,presentation at Fordham Graduate School of Business, New York City, March 26, 2008,and subsequent conversation/interview.

18. "Define Digital Advertising for 2009,"Jan. 1,2009, at www. tribbleagency. com/? =3682.

19. Leo Bogart,*Commercial Culture* ,*The Media System and the Public Interest* (New York:Oxford University Press,1994).

20. *Media Private Market Value Estimates* ,Paul Kagan Associates,Inc. ,1992.

21. Internet Advertising Bureau, June 17, 2008, www. iab. net.

22. *Search Marketing Fact Pack 2007* (New York: Crain Communications,Inc. ,2007).

23. Gerald R. Miller, "Persuasion," in Charles R. Berger and Steven H. Chafee, *Handbook of Communication Science* (Newbury Park, CA: Sage Publications, 1987), pp. 446 – 483; see also

B. D. Till and D. W. Baack, "Recall and Persuasion:Does Creative Advertising Matter? *Journal of Adverti-sing* ,"2005,34(4),pp. 47 – 57.

24. Melvin L. DeFleur and Sandra Ball Rokeach, "Theoretical Strategies for Persuasion," *Theories of Mass Communication*, 5ᵗʰ ed. (White Plains, NY:Longman,1989),pp. 272 – 293.

25. John Phillip Jones,*What's in a Name:Advertising and the Concepts of Brands* (Lexington, MA: Lexington Books,1986),p. 141.

26. Michael Siegal and Lois Biener,"The Impact of an Anti-Smoking Media Campaign on Progression to Established Smoking:A Longitudinal Study," *The American Journal of Public Health*, 90,2000,p. 384.

27. Norman Douglas, *South Wind* (1917), in *Bartlett's Familiar Quotations*, 13ᵗʰ ed. ,(Boston:Little, Brown and Company,1968),p. 840.

28. Gary Langer, ABC News, presentation at Age Boom Academy, Harvard Club of New York, June 5,2008.

29. Siegal and Biener, "The Impact of an Anti-Smoking Media Campaign," pp. 47 – 48.

30. Russell H. Colley,*Defining Advertising Goals for Measured Advertising Results* (New York:Association of National Manufacturers,1961),p. 35.

31. Colley,*Defining Advertising Goals for Measured Advertising Results* ,p. 38.

32. Wright,et al. ,*Advertising*,p. 392.

33. Otto Kleppner,*Advertising Procedure* , 7ᵗʰ ed. (Englewood Cliffs, NJ: Prentice Hall, 1985), pp. 301 – 302.

34. Daniel Pope, *The Making of Advertising* (New York: Basic Books, 1983), pp. 289 – 290; see also Kim B. Rotzoll and James E. Haefner,*Advertising in Contemporary Society* (Cincinnati: South-Western,1986).

35. John S. Wright and John E. Mertes,*Advertising's Role in Society* (St. Paul, MN: West, 1974), pp. vii –viii.

36. Wright and Mertes,*Advertising's Role in Society*,pp. vii – viii.

37. John Kenneth Galbraith,"Economics and Advertising: Exercise in Denial," *Advertising Age*,

Nov. 9, 1988, p. 81.

38. Norma Pecora, John Marray, and Ellen Wartella, *Children & Television: Fifty Years of Research* (Mahwah, NJ: Lawrence Erlbaum Associates, 2006).

39. 关于电视广告和儿童的研究证据的进一步讨论，可参见 Pecora, Murray, and Wartella, op. cit, 2006, and Robert M. Liebert, Joyce N. Sprafkin, and Emily S. Davidson, *The Early Window: Effects of Television on Children and Youth*, 2nd ed. (New York: Pergamon Press, 1982), pp. 142 – 159。

40. Joanne Lipman, "Double Standard for Kids' TV Ads," *Wall Street Journal*, June 10, 1988, sec. 2, p. 1. See also "Congress Approves Limiting TV Ads Aimed at Children," *Wall Street Journal*, Oct. 20, 1988, sec. 2, p. 6.

41. *Ageism in America* (New York: International Longevity Center, 2006).

42. Robert N. Butler, *The Longevity Revolution* (New York: Public Affairs, 2008).

43. Michael Schudson, *Advertising, The Uneasy Persuasion: Its Dubious Impact on American Society* (New York: Basic Books, 1984), pp. 239 – 241.

第 12 章
公共关系：影响信念、态度和行动

与数字传播有关的媒介和社会变化,正在对公共关系领域产生深远的影响。当现代公关公司和从业人员被问及他们的"实践领域"时,他们常常列出了数字时代的公共关系,它被认为是伴随企业声誉、营销传播和企业社会责任而生的特殊产物。进一步说,我们接下来要讨论的公关人员和机构,都会从事互联网策略设计、举办数字公关活动、使用在线媒介,以及创建在线社区、建立虚拟新闻室、刊登互联网广告等各种工作。一份 2007 年关于公共关系产业状况的报告宣称,"数字和社交媒体给公关公司带来了重大机遇"[1]。一项公共关系职业的调查指出"包括文本讯息、MySpace 等在内的新媒体传播渠道激增",在已确认的六大产业发展趋势中处于最为重要的位置,在 5 分满分值中得分 4.51。[2] 现如今,对公关人员来说,随着液晶屏进行数字化连接已经十分普遍,将数字媒介作为一个单独的业务领域进行讨论没有太大意义。尽管如此,"大多数公关公司并没有完全进入数字时代",通过社交媒体的公关活动成为"最大的单一收入增长点"[3]。评论者近来认为,"如果广告是风,公关就是太阳"。在他们看来,在公关和广告的平衡和融合过程中,尽管有些夸大,但他们已经感受到"广告业的衰落和公关业的崛起"。在接下来的章节,我们会讲到公共关系的概念、社会影响力、产业以及职业,以及公关和媒介从过去到现在的完整关系。

数字时代的公关策略包括使用搜索引擎(Google 等网站)、博客关系(知名博客)及社交媒体(Facebook、MySpace 等平台)来获取信息。布利斯公关公司认为,通过使用数字媒介公关策略,公司将帮助客户掌握数字时代的对话方式,同时做到以下方面:

- 监测并评估相关的在线媒介舆情。
- 关注博客领域的重大影响。
- 创建公司博客、社交媒体官方页面,并借助多媒体工具。
- 对公司官网进行视觉优化和内容建设。
- 对数字空间中传播的有效分配进行优化。[4]

一个英国机构女童子军(Scouting for Girls)因其出色的数字媒介公关策略而获奖。它借助机构官网,为会员创立活跃的"小狼俱乐部"(Wolfclubs),同时通过提供音频、视频、博客甚至照片墙的方式,增加社区的互动性。网站旨在联结童子军及其家人,招募新成员,为女孩儿搭建一个形象鲜明的"酷"平台,让她们可以拥有音乐社交圈、给 MTV 比赛投票,或者认识其他地方比如说柏林的童子军。

数百年来,当权者希望借助有效的传播策略,使用各种方法来影响追随者的信仰、态度和行为。几乎所有人都希望以此使支持者敬畏,让敌人恐惧。现如今,许多公开发布是为了广而告之,即让更多的人关注某个人、某项政策或者某个项目。公共关系通常与宣传相关,都是为了获取公众支持的劝服传播,或者像我们今天所说的,捕获公众的心灵和思想,关注某些行动和计划的实施,以及某些个人决策的做出。("宣传"一词原指古罗马天主教堂通过传教士来"宣传信仰"的公共传播,即公共关系活动中的一种类型。)然而,正如我们下面要讲的,今天的公共关系已经远不止于广而告之和公众宣传。举个例子,美国劳工部同样肯定了公共关系的重要性,它认为,"一个组织机构的声誉、盈利甚至可持续发展,都决定于目标'公众'对该组织机构的目标和政策的支持程度"[5]。

广而告之和公共宣传都由来已久。在美国反抗英国殖民统治的独立战争中,支持从英国独立的爱国者成立"通讯委员会",以求赢得公众的支持,两者在其中都扮演着重要角色。同样,不少美国总统也希望以此影响公众的政治倾向。例如,亚伯拉罕·林肯在 1862 年发表《废奴宣言》时,同样面临公共关系的问题。他宣布,除了跟北方作战的地方,所有美利坚诸州的黑奴将享有自由。然而一些脱离联邦的州县并不愿废除奴隶制,宣言的施行举步维艰。事实上，如果林肯可以采用民意投票的方式（尽管当时还不存在），就不需要如此大费周章，通过公共关系获得民众支持后再发布宣言。无独有偶，1939 年，美国总统富兰克林·德拉诺·罗斯福试图劝说（开始并不成功）美国民众帮助与阿道夫·希特勒作战的英国将对美国有利。1941 年之前，他不得不在演讲和政治主张中试图扭转时局。然而，当日本炸毁美国在珍珠港的太平洋舰队时，整个美国为之震动，罗斯福总统不再需要为了宣战动用各种公关手段。另一个令美国惊骇的袭击是

2001 年的"9·11 恐怖袭击事件"，乔治·沃克·布什总统的民意支持率迅速攀升，并以此发动了后来失去民心的伊拉克战争。20 世纪，如甘地、马丁·路德·金、约翰·肯尼迪、罗纳德·威尔逊·里根等国家领袖都是善用公共传播使民众支持其政治目标的高手。在 20 世纪 90 年代的弹劾危机中，通过高超的公关手段，比尔·克林顿依然保持了较高的民意支持率，尽管他在国会的声誉一落千丈。由此可见，从古至今，通过有效的传播策略来改变公众信仰、态度和行为，依然是人类社会活动的一个组成部分。

公共关系的发展历程

作为一个专业领域，公共关系（正式使用这一术语）的历史并不是很长。发端于 20 世纪之交的公共关系是对美国工业巨头的"让公众见鬼去吧"态度的反击。19 世纪初，掌握国家经济命脉的工业巨头无视公共利益、为所欲为，最终引起舆论强烈不满和抨击，一大批"扒粪"记者发表了揭露业界丑闻的文章。为了改变这种不利处境，许多大企业开始借助各种各样的公共关系手段来减缓冲突。[6]

业界观察	公共关系

丽贝卡·洛厄尔·爱德华兹（Rebecca Lowell Edwards）
罗德公关公司高级副总裁

　　曾做过记者、公关人员、非营利组织工作人员的丽贝卡·洛厄尔·爱德华兹，现在是罗德公关公司品牌推广部的负责人。作为一家公关公司，罗德公关聚焦于传播策略，同时专长于维护企业声誉、提升社会责任形象。早年间，她在《华尔街日报》和道琼斯通讯社做记者，随后进入罗德公关工作数年，又进入一家专门做健康和宗教的公关公司，成为品牌传播部的高管。在看到丽贝卡组织的"开启健康，保持健康"等一系列持久而屡次获奖的公关活动后，罗

德公关再次聘任丽贝卡为公司的高级副总裁。除此之外，她毕业于乔治敦大学外交学院，还拿到了福特汉姆大学的 MBA 学位。

　　1. 您第一次意识到新媒体或者数字时代的重要性是在什么时候什么情境下？

　　在 1977 年年初，我先生加入 TheStreet.com 成为一名记者的时候。这种孤零零存在于虚拟网络的组织令我大开眼界。不可否认，一开始我很怀疑，但看到这个组织吸引了很多经验丰富的记者并最终发表了高质量的分析文章，我意识到我们正身处一个真正的媒介范式发生转变的时代。

　　2. 您的经历对个人和职业产生了什么样的影响？

　　当时我正在道琼斯通讯社工作，一个旨在提供实时新闻和信息的通讯社。因此，我

个人非常关注抢到自己新闻和故事的竞争对手。除此之外，我毕业于福特汉姆大学的媒介经济专业，很好奇一个低成本的新闻提供商如何撼动彭博社、道琼斯通讯社、路透社等竞争对手的稳固地位。因为，我从不认为一个数字媒介会超越通讯社，对传统媒体产生如此大的冲击。

3. 这种变化对公共关系领域产生了怎样的冲击，尤其是罗德公关这样的公司？

作为一个传播顾问，我们需要不断充电。鉴于人们都在用自己的方式进行传播，我们需要掌握最新的话题和潮流。然而，数字媒介中的新生事物正在呈指数级增长。这令人激动，也对需要迎头赶上的我们提出挑战，因为一旦置身事外就无法理解。事实上，像罗德公关这样鼓励个人和职业创造力相融合的机构，能够更好地摆正位置，抓住机遇。

4. 数字媒介公关能从多大程度分离或融入组织及其他公关活动和服务？

我认为，各个机构都在尽可能地将数字媒体和传统媒体整合到公共关系活动中去。有些机构聘用了数字或社交媒体人才，他们独立于传统媒体专家而工作。我相信，正如我在罗德公关的同事所做的一样，两者是一个不可分割的整体。当考虑如何向特定受众传达信息时，必须同时考虑内容建设和传播形式。如何更好地呈现内容，并使之易于接受？最理想的状况是，能够考虑从传统的印刷媒介、广播媒介到新的社交媒体、数字媒体频道等一个完整过程中的各种可能性。当然，当具体实施某种公关策略时，就要选用相应领域的专家。

5. 您对数字时代的前景是否乐观？

我对数字时代的前景非常乐观。事实上，从"一对多"到"多对多"，我们已经看到数字媒介极大地提高了效率和接近性。在美国，通过促使"基层动员"更加迅捷，政治进程已经发生改变。不可否认，数字媒介对传统印刷媒介的冲击令人有些心痛，但鉴于新闻业的使命是为公众提供新闻、信息和分析，两者应该相辅相成。

6. 对于想要从事公共关系或企业关系工作的人，您有什么建议吗？

不要只是"偏才"。当然，你可以根据自己的兴趣，发展成为某个领域的专家，但是如果你拥有了解全景的一扇窗或一个知识架构会更好。现在已经有许多各个领域、行业和公共传播领域的专家，但真正能够成功的，是那些走出舒适区，善用各种知识对问题提出独到见解的人。

公共关系机构的诞生

现代公关机构的先驱是 1900 年三个报人创立的波士顿宣传局。他们创建了一种至关重要的模式，即为客户提供公共关系服务。在收取费用后，该机构通过在报纸上发表有利报道或设置好的传播方式，来增进企业的商业利益。该机构最早一批客户包括美国电话电报公司、哈佛大学、霍河造船厂和波士顿高架电车线公司。

到 1911 年，波士顿宣传局倒闭，但其他公关和新闻机构迅速崛起。譬如，曾经做过记者的公关从业者艾维·李 (Ivy Lee) 在为政治候选人和宾夕法尼亚铁路公司服务后意识到积极正面的公关形象对企业极具价值，而这种公众形象可以通过倾向性的公关活动进行塑造。于是，艾维·李开办了一家公共关系咨询事务所，专门为企业提供公共传播沟通服务。他的客户甚至包括在所有工业大亨中最受瞩目的小约翰·戴维森·洛克菲勒 (John Davison Rockefeller, Jr.) 和他的美孚石油公司。在洛克菲勒家族镇压工会反对者的科罗拉多大惨案发生后，艾维·李着手处理，重塑了公司形象。另一个较早的公关从业者是彭德尔顿·达得利

(Pendleton Dudley)，他在艾维·李的极力推荐下在华尔街开办了公司。据斯科特·卡特李普(Scott Cutlip)所说，彭德尔顿·达得利否认早期的公关活动是为了直接应对"扒粪"记者。

早期，公关专员经常被叫作"宣传员"，或是"媒体经纪人"。1919 年，纽约报界的调查结果显示，大约有 1 200 人经常性从事公共关系相关工作。[7]不仅如此，他们的价值也越来越被当时认可。新闻学者沃尔特·李普曼强调说，他们有责任通过媒介（当时主要指报纸）为公众解释说明与客户相关的新闻事件：

公关人员的出现，标志着现代生活已不再像我们从前认知的那样去发展，而是会被某些人定型。鉴于日常生活的记者不能给事实定型、客观公正的情报机构越来越少，新闻机构和公关人员满足了社会对于规范化的需求。[8]

因此，一战过后，公共关系行业迎来了井喷式发展。专业的公共传播顾问需要和同行一起，提供相同的公关服务。但是，他们当时能够借助的媒介只有纸媒，以此为客户塑造良好的公众形象，传播有利信息。

现如今，公共关系已经走向精细化和专业化。许多公司、政府和非营利机构的公关部门，以及大型国际化公司的下设中介承担着主要的公关工作。然而，一些老式的广告代理公司（沿用此名）仍然存在。尤其在纽约，这些机构服务于娱乐、时尚等需要高度曝光的行业。而一些名人，作为广告代理公司曾经的主要客户，现在往往跟可以提供更多服务的大型人才管理公司合作。

如何界定当今的公共关系

尽管公共关系领域十分复杂，但考虑到从业人员的具体工作，其本质属性不难界定。公共关系是在专业人员主导下的、有组织的传播过程，因此可以这样定义：

由客户付费给公关从业人员，他们通过各种媒介设计或传播信息使潜在和目标客户的信仰、态度甚至行为受某个人、组织、政策甚至事件的影响。

尽管定义有些复杂，但它阐明了公关从业人员的基本工作内容。但是，这对于非专业人员来说还不够详细，不能更深入地理解，如果逐条解释将会更好。美国劳工部认为，"服务于企业、非营利组织、大学、医院的公关专家又被称为公共传播专家、媒介专家"，"需要代表客户，搭建和维持与公众的良好关系"。[9]

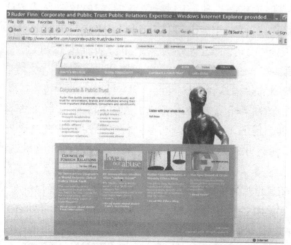

罗德公关公司利用 Web 2.0 技术搭建的网站。

公关公司准备的新闻资料——通常也可以从网络上获得——用以向记者和其他媒体人员简要介绍事件、活动和问题。

公关从业人员 专业的公关从业人员通常受到过专业教育或从事过类似工作，即主攻如何生产信息。而其中最好的方式是在大学获得公共关系、新闻传播或传播相关领域的学位。公关从业人员服务于各种不同类型的客户，其中有些与客户签订劳务合同，有些是公司、政府机构、非营利组织的雇员。公关从业人员有各种各样的头衔，比如说公关专员、媒介专员、情报专员、新闻秘书，甚至是高科技领域的"传教士"。尽管如此，面对不同的客户，他们从事的工作却非常相似。

策略 为了客户利益，公关公司需要策略性地扩大公众视野，使之更加广阔。他们需要挖掘客户希望塑造的形象和角色，并借助各种资源达成目标。而公关公司也会通过评估方案选择具有可行性的策略。一个有策略的公关公司懂得使用内外兼顾的传播途径，让不同公众接收到信息。一个公关策略需要考虑各种组织职能，如媒介延伸、社团、消费者、工业、政府关系、政治和选举、利益方代表、冲突解决与投资者和雇员的关系等等。了解公众舆论以及不同利益相关者的态度尤为关键。[10]

信息 公关专员会采用各种传播策略传播信息，借助多种媒介来策划新品发布会、宣传信息战等。多数信息是公关传播的常规内容，比如介绍企业、政府机构或非营利组织的宣传册，分送给校友、雇员、股东等利益相关者的时事通讯，或是关于机构的状况、财务、活动和成就的年报。除此之外，公关专员还会策划一些新闻报道，以期可以在网络、报纸或广播中传播。

客户 公关从业人员所要面对的客户十分庞杂，包括美国实业和服务业的个人和组织，如生产加工商、联邦政府、军队、医疗服务机构、投资公司、银行、学校、慈善组织、宗教团体等。除此之外，还有很多公众人物，比如著名的演员、歌手、政客、牧师、音乐家等等。他们都需要让公众持续认可其重要性。

媒介 事实上，每一种媒介都在公关活动中扮演着重要角色。信息可以通过报纸、杂志、广播、电视以及博客、播客、社交媒体等互联网媒介进行传播。更有甚者，公关活动通过互联网或虚拟新闻编辑室，向公众和各个媒体传播信息。除此之外，公关专员还会策划一些特殊事件，比如贸易展销会或者产品的正式推介会。他们还会为客户撰写正式的演讲稿、杂志文章，塑造客户的公众形象，准备媒体会面，甚至写下要点帮助客户演练采访过程。为达到特定的公关目的，客户还会赞助一些体育赛事，比如高尔夫球赛、鲈鱼钓手大赛等。

在有些案例中，企业会通过危机公关进行损害控制。如遇到空难、火车脱轨、邮轮泄漏等灾难，公关人员会精心设计传播内容，尽可能地为客户减少负面影响。但是，这并不意味着公关人员可以帮助客户免责或者歪曲事实（有时也会发生）。大多数时候，公关是为了使公众将焦点放到事态发展和企业的责任履行上，一旦试图掩盖、否认或是说谎，问题就会变得更加严重。

一个著名的损害控制案例是 1982 年的"泰诺中毒事件"。在美国芝加哥地区，七人因为服用含有氰化物的"特效泰诺"药而中毒身亡。这些药都是在强生公司的工厂加工后受到污染的。事件发生后，强生公司成功地处理了危机，在企业危机管理史上谱写了光彩夺目的一页。首先，强生公司坦诚面对，提醒广大消费者停止服用任何泰诺相关药物，直到强生公司彻底调查清楚所有受污染的药物的流向。尽管事件引起了全国性的恐慌，但由于占据37%的阿司匹林药品市场，强生公司必须考虑如何召回产品。在危机公关中，强生公司坦诚面对新闻媒体，包括安排公关人员接受访问，大量做广告、重获公众信任。同时，危机公关人员还与药店和股东合作。强生公司因其全面、迅捷、智慧的公关反应受到称赞。这是一次在专业公关公司帮助下，强生公司公关部门策略得当、计划周密的危机公关案例。在其中，媒介不仅可以传播信息，也可以促使信息产生效果。与之相比，很多公司都会努力掩盖被媒体和公众发现的负面信息。

在 2008 年的总统大选中，时任参议员的奥巴马就面临重大危机，差点无法当选美国总统。作为奥巴马的脾气火爆的芝加哥牧师杰里迈亚·赖特（Rev. Jeremiah Wright）被新闻报道称具有危险的激烈的反美倾向，其高呼"上帝诅咒美国"的视频在电视、YouTube 上广为流传。奥巴马因此受到牵连，政敌和反对者抓住他和赖特的长期关系，直接将矛头对准奥巴马。这一事件涉及种族问题以及奥巴马和赖特所在的黑人教堂。反对者认为，这会转变白人选民的态度，使奥巴马参选受到冲击。

一开始，奥巴马和他的团队都试图解释针对牧师和参议员的批评不公，也不具代表性。随后，他试图撇清福克斯新闻和保守党新闻反复强调的重点即自己和赖特牧师的利益关系。然而，负面新闻和反美视频传得沸沸扬扬。考虑到事件涉及种族，一个奥巴马早前不够重视的话题，他和应急团队决定推动"种族"话题，并以此为危机公关的策略。奥巴马直面围绕在他身边的种族问题，在宾夕法尼亚州费城发表演讲。他在演讲中向公众解释，正是由于将奥巴马排除在外的种族政策，赖特才有此言论。通过成功使用媒体和社交网络，奥巴马的支持者，总统竞选的志愿者、赞助者以及广大民众，都了解了这一信息。在这之前，奥巴马尽量回避种族问题，因为如果竞选成功，他将成为美国历史上第一位非洲裔总统。然而，他却误打误撞，将种族问题顺理成章地带到公众面前。尽管赖特牧师听到演讲后表示愤怒，也发表言论批评奥巴马，但是危机已经被消除。奥巴马对于偏见、怀疑、恐惧，甚至不公的回应，对他之后在初选或预选中竞选成功至关重要，因为在这之前种族问题甚少提及。

受众　公关专员会根据不同类型的人群提供相应的信息内容。其中，有些广义上的群体会时常出现在当地报纸的新闻通讯或电视新闻的访谈中，因此为公众所熟知。除此之外，还有一些定义更窄的群体，如公职人员、大公司的雇员、军事机构的工作人员，或是在大公司持股的投资者。有时候，潜在受众的定义会更窄。譬如，公关专员会为空难事故或军事行动中生还人员的家属提供特殊的信息。在任何公关案例中，公关专员需要掌握特定受众的属性，以及他们接收不同信息后的反应。这时候，经常会使用投票、在线调查、焦点小组等在线、可行的情报获取方法。

影响　公共关系的底线目标是，传播的信息能够产生预想的效果。而每个目标的实现，都取决于不同环境的复杂程度。考虑到一些行动对整个国家至关重要，公关关系会通过一个广泛的活动来改变公众行为。譬如，因为公众可以直接参与预防艾滋病、抵制儿童肥胖症、节约燃料等活动，所以这些活动经常会与机构和产品的品牌建设相关。

多数公关信息并不是要达成很戏剧化的目标，多数是为了扭转某个人、事件对公众产生的负面影响。纵观历史，一些公司因为冷酷无情或忽视公众而声誉受损。为了扭转形象，可以采取开展慈善活动的公关策略。譬如，曾经声誉不佳的卡耐基、洛克菲勒、诺贝尔，现如今都设有基金会和一些奖项。近年来，被称为聪明但无情的微软首席执行官比尔·盖茨(Bill Gates)就希望通过设立比尔及梅琳达·盖茨基金会来改善自己的形象。实质上，这一举动也有公关效应。2007年，在微软备受争议时，亿万富翁沃伦·巴菲特(Warren Buffett)甚至向比尔及梅琳达·盖茨基金会捐赠了十几亿美金，以供基金会进行慈善活动。

大多数公关信息的内容非常普通，主要是用积极、劝服的语气告知公众，其中包括有关公司新CEO上任的故事，新款产品的新闻发布，政府官方新政策的解释说明，军事发言人关于一场战争的概述。

公共关系和媒介的相互影响

媒介和公共关系之间有太多联系。一方面，公共关系是传播理论中所讲的一种传播过程；另一方面，它也是一种实践现实，正如我们在之前的章节中所讨论的那样，媒介是它的主要信息传播平台。当时，公共关系和媒介之间是相辅相成的，其中一个依赖另一个而发生。如果没有新闻、娱乐业和观点媒体，公共关系活动难以向广大受众和一些细分群体传播劝服性信息。与之相同，公关活动中产生的新闻、信息和数据则是媒介的内容来源。除去传媒中公共关系促成的内容，所剩的内容寥寥无几。

当人们考量公共关系和媒介之间的相互影响时，他们通常想到的是传统媒体，如报纸、杂志、广播、电视，甚至图书。但是正如之前所说，在数字时代，通过电子邮件，或推特上的即时化推文、博客和社交媒体，媒介在公共关系中扮演的角色更加重要。同时，公关机构同样在与电视制作、电影等娱乐媒介合作，从而推动客户的正面形象塑造。近年来，关于提高妇女权利，促进种族、宗教、性别平等的努力不曾停歇。在医疗健康领域，公关专员和顾问试图与好莱坞的编剧接触。譬如，公关人员坚持让客户与报纸杂志编辑部、具有政治倾向的广播电台和有线电视脱口秀的制作人相接触。很显然，公共关系已经掌握了从传统媒体到新兴媒体的媒介关系。

公共关系与广告

所有上述讨论可能会使公共关系和广告听上去很相似。比如广告、公关都是一种控制下的传播过程，它们都是有计划有组织的，同时非常依赖大众媒体进行信息传播。但是不同于广告可以购买媒介的空间和时间碎片进行推介，公共关系想要接触大众传播并不容易。批评人士将广告空间称作"豢养媒体"，因为广告主可以根据自主意愿购买和使用它。与此同时，公共关系不能借用购买的时间和空间使信息出现在媒介上。相反，这些信息令人信服，将会被提供给编辑、新闻部主任以及可以根据议程决定信息是否有价值的媒介人员。当然，公共关系和广告也会彼此争斗。正如艾·里斯和劳拉·里斯父女(Al and Laura Ries)在极具挑衅性的《广告的衰落与公共关系的兴起》一书中写道："公共关系比广告更加可信，因为公关会给人一种积极正面的感觉，而广告活动更像是利用。"[11]

尽管一些公共关系活动包括广告，比如在推广旅游业或制药业巨头辉瑞集团时，公共关系专员通常会使用间接、具有说服力的方式去培养有利的舆论环境，或者达到其他目标。此外，公共关系的方式并不总是容易识别。在看电视或杂志的时候，我们知道这是一个广告，但是我们经常并不知道新闻的信源，如高尔夫锦标赛、保龄球比赛的举办方，或其他公共事件的来源。而且公关人员很少直接告知他们所做的事情或目的。因此，当公关人员在整个活动中借助广告时，他们比广告主更深度参与信息从开始发送到收到公众反馈的整个传播过程。

总而言之，公共关系是一个更加复杂的领域。在其中，传播策划和信息分发都有各种各样的目的，而客户需要为此付费。可以说，它代表一个范围更广的传播活动。其中一些对社会功能的实现至关重要，相比之下，另一些对参与之外的人来说并非如此重要。在这些活动中，公共关系都非常依赖大众媒体。通过公关人员的活动，能够使公众了解其中的人物、活动和机构的，大多达成了设想的公关目标。总而言之，通过针对受众的并不明显的方式，公共关系是一系列用以传播有意的操纵性信息的策略，来影响受众对于信息中个人、团体、政策的印象。但是，这并不是说，公共关系的操纵性行为是虚伪而不道德的。

会议和公司贸易展会都是主要的公共关系和促销途径。人们聚集于此，与领域内的人士会面，促进自己的事业发展。这种活动会有一个展销大厅，就像图中所示的台北环球贸易中心的"信息技术月"，供应商会在此展示其产品。

 ## 公共关系设置和活动

公共关系专家有多种名目，可以在任何地方如在商业、工业、慈善业、教堂、工会等各个行业内部部门中觅得踪影。上至白宫，下至消防站或当地学校，都有各个水平层次的公关部门。而从事公共关系行业的人员也数目惊人。据美国劳工部估算，1970 年，美国就有 76 000 名公关专员。截至 2004 年，这一数字上涨到 188 000 名。这一数字是保守估计，因为只计算了狭义上的"公共关系专业人员"，并没有计算行业内外从事与公关相关工作的人员。相比之下，据美国人口调查局报告，现如今，超过一半的美国人在参与各种形式的公共关系工作。

公共关系产业

作为一个产业，公共关系的起点很低，最初只有一个单独的从业者和偶尔出现的助手。但现如今，它们已经发展成旗下拥有广告机构和公关公司的大型国际化公司。四大广告跨国集团依次出现。它们分别是 WPP 集团、宏盟集团、埃培智集团和阳狮集团。其中每一个旗下都拥有著名的跨国公关公司：

● WPP 集团——在全世界拥有博雅公关、凯维公关、GCI 集团、伟达公关和奥美公关公司。

● 宏盟集团——旗下拥有博达公关、福莱公关、凯旋公关、Porter Novelli 公司。

● 埃培智集团——旗下拥有高诚公关、万博宣伟公关、IMG 集团。

● 其他重要公关公司，如爱德曼公关公司是全球最大的独立公关公司，还有罗德公关公司等。[12]

公共关系活动可以通过多种方式开展，不过大多需要不同团队合作完成。通常，公关顾问或公关机构会借助广告机构和法律事务所，代表客户执行公关活动。客户有可能是个人，希望增加公众对于自己的了解；也有可能是大公司，希望有经验的公司"量体裁衣"，提供特别服务，其中包括做调查、帮助企业内部公关人员设计出版物等。

与此有些相关的是特定商业、工业中的公关部门。这些部门带领整个管理团队，向公众和公司内部员工阐明公司信息，同时为公众提供反馈渠道。公司希望这些部门借用公关手段增进公司利益。譬如，通用汽车的公关部门就通过设定传播目标，来促使公司实现经济目标。非营利机构或教育机构的公关部门性质也十分相似。大学、工会的公关部门从事从发行出版物到创建基金等一系列内外各种活动。

电影明星瑞茜·威瑟斯彭参与雅芳抗击乳腺癌之旅，而这一公关活动反映了这个化妆品企业的社会责任。

公共关系部门同样服务于政府机构，如联邦、州，甚至本地政府。在政府机构中，"公共信息"和"公共事务"意指向普通公众或服务享用者传达机构的计划和工作。譬如，福利受领人需要了解国家社会服务部门的相关政策，纳税人需要了解他们钱用在哪里。与之类似的是，城市警察局也有典型的"公共事务"部门，向市民提供服务和业绩相关信息。

其他组织公共关系活动的个人被称为"专业顾问"，既包括专门在竞选时期处理公关问题的政治顾问，又包括在健康、交通或保险等特定领域的信息专家。

政治顾问会提供类似有组织的公关活动，并会为想利用政策的普通公众和私人机构设计课程。这些机构希望影响美国国会和联邦通信委员会的公共政策，或建立一套早期的预警系统，向政府机构渗透特定事件或客户项目的相关信息。这是公共关系延伸出的新兴领域，有些由公关公司策划，有些由专门影响政府官员的游说组织策划。

最终，公共关系中会有个专业技术领域的传播专家。譬如，在第 7 章中我们讨论过的电视顾问，其主要工作是提高一档广播新闻节目的排名。还有与客户一起工作或合作的专业公司会帮助客户理解电视并与之展开合作，也会为担任公司新闻发言人的高管设计训练课。此外另外一些专家会为客户提供全套的公关服务，并将公关信息嵌入机构整体的公关策划。

在任何一个有活力的产业中都会出现各种实现目标的新方法。譬如，大量广告机构收购了独立的公关公司，或在机构内部设立公关部门。公关从业者和媒介批评者担心，如果公共关系成为广告的一个分支，就只能为产品促销服务，难以保持公允和道德。他们认为，一家独立公关机构的信誉高于从属于广告机构的公关部门。

近年来，传播产业发生的变化使公共关系越来越复杂。鉴于广告机构收购了大量公关公司，独立的公关机构越来越少，因此想要预测这一趋势是否能持续或这对公关实践意味着什么还为时尚早。

主要实践领域

公关公司的业务领域越来越反映出它们客户的诉求和利益。其业务领域包括消费者、工业、健康、科技、金融服务、政府、非营利组织等。尽管有些重合，但在消费者、企业对企业业务、公司、金融、公共事务、危机传播、员工关系等领域公关会更有组织。这种所谓的实践领域同样包括声誉管理、内容管理等等。在 2007 年针对不同领域公关人员的调查中，当被问及他们认为哪些领域公关发展增速最快时，受访者给出了以下回答[13]：

- 企业声誉　　　　　62.6%
- 数字公关　　　　　43.8%
- 营销传播　　　　　34.5%
- 社会责任　　　　　27.1%
- 公共事务　　　　　17.7%
- 投资者关系　　　　14.8%
- 口碑　　　　　　　10.1%
- 员工关系　　　　　9.4%

近年来，"企业社会责任"（CSR）的概念已经崛起，一些公关公司甚至下设部分和区块来满足这部分的利益需求。CSR 项目包括为了企业的各种利益诉求，与社会团体和非营利组织合作开展与企业相关的活动。譬如，爱德曼公关公司的健康组就曾在辉瑞集团的支持下与非营利组织合作，致力于在欧洲十国推动健康问题的政策制定。爱德曼公关公司及其客户会通过提出有价值的想法产生"思想领导力"。爱德曼公关的客户是国际长寿中心，以及美国、英国和法国的非营利智库等。在辉瑞集团赞助的大型项目中，一个精心设计的公关活动包括欧洲每个国家健康指标的政策研究。而如果想从学术和专业层面了解何种政策对优秀的健康实践的引导作用，就需要参加顶层官员、科学家、企业领导、经济学家出席的知名会议。这一公关活动希望通过面对面接触、网站和媒体报道等方式与政府机构、行业协会对话，进一步提高公众对健康政策和实践的关注，延长人们的寿命，并最终建构一个更加健康的社会。此项公关活动有个特点，即会提供生活各方面的指导，包括视力、听力以及宣传册和网上的各种生活常识。这些健康向导让人们了解，年轻时的健康选择将会影响他们从

在得克萨斯州的圣安东尼奥市，两名沃尔玛的员工高举公司向非营利机构捐款的支票。

少年到老年各阶段的健康状况。它们会告诉我们在不同年纪应该怎样做，譬如在摇滚音乐会带上耳塞、在海滩戴上墨镜，这些行为看似普通但至关重要。在这个项目中，一个企业赞助商、三家非营利政策研究中心和一家公关公司合作达成了目标——提升公众对于健康议题的关注，在欧盟及其他独立国家中获得政府的政策支持。

典型目标与工作分配

正如以上讨论所说，每个公关活动中的实际目标和工作分配都非常不同。这在很大程度上取决于公关从业者在机构中的职务高低和权力大小。在一些公司，公关副总裁职位很高，他们会参与公司所有主要决策的制定过程。在其他一些公司，公关总监的权力并不大，他们只需要做好危机公关相关工作。还有一些甚至没有公共关系岗——刚入职或基层的员工需要做公关活动的日常工作。因此，机构高层主要完成计划的制订，而基层人员负责计划的执行工作。

高层政策制定者会设置长期目标，同时预测一些实际可能产生的效果。达成的一致意见会指导具体的公关途径，譬如赞助活动、电视展示、面向网站的记者招待会和资料宣传册。因此，完整的公共关系活动流程包括策划和实施两个阶段。通过全局性思考以及精细的技术性工作，公共关系的目标得以实现。

孤军奋战或小型公司的公关人员，往往需要做从公关策划到新闻稿写作的所有事情。在任何一个公关案例中，都有大量工作需要完成。而在分工明确的大公司，每项工作会更加专业化。譬如，某公关人员可能大部分时间在为政治竞选撰写新闻稿，或主攻针对护士或工程师的高科技类新闻传播。在更小的公司，员工需要处理更多的事务。但是，无论公关机构或部门的规模有多大，其任务分工还是大体相似的。以下是一个公关流程包含的各项工作：

1. 写作：为大众传媒撰写新闻稿，以及为专业出版物、宣传册、海报、产品目录等各种面向大众的出版物撰写文案。

2. 编辑：修改演讲稿、公司杂志、时事通讯和电子公告牌。

3. 媒介关系：从报纸和广播获得客户，以及协调媒体进行事件报道。

4. 事件策划：组织策划媒介事件，比如组织的周年庆、新项目的启动仪式、赞助活动、捐款、增添新装备和庆典等。

5. 演讲：代表客户针对不同群体写作或发表演讲。

6. 制作：与设计师、排版员、编辑和生产商合作，用印刷或视觉方式呈现内容。

7. 研究：项目评估，设计问卷，分析媒介对某一事件的报道。

8. 项目规划与咨询：为客户或部门制定方案，或针对如何处理特定事件、控制负面影响给出建议。

9. 培训与管理：为员工提供培训服务，告诉他们如何在公司培养一个良好的气氛，以及协调拥有不同技能和背景的员工工作，保证项目的成功执行。[14]

除了以上罗列的各项工作，高效的公关从业人员通常有一些特殊的品质。公关专员的文笔和说话技巧极佳；遇事淡定，对媒介、管理和商业有整体的了解和把握；同时担当着问题解决者和决策制定者的角色。还有一些品质，诸如有恒心、常识丰富、求知欲强、挫折耐受力高等。

在加利福尼亚州的阿拉米达，甚至连消防部门都会组织潜在的公共关系活动，如邀请学校学生参观消防队。

公共关系活动

公关专员或公关机构的工作都是成体系的，其中代表客户最典型的工作就是公共关系活动。这是一种有组织的传播活动，公关人员会对传播给目标群体的对客户至关重要的信息精心设计，从而传达特定意义。相比一个单独的新闻稿、演讲或电视采访，一场公关活动会进行精心策划，借助大量媒介和多种方式传播多种信息，从而达到目的。

在大多数时候，公关活动对企业及机构十分必需。有些有积极目标，而另一些则没有。这些案例如下：（1）一家企业造成了工业污染，导致社会声誉低下，这家企业想让公众相信，自己在环境保护方面有很多举措。(2)一家健康维护组织(HMO)希望不要显得太过功利,从而造成公众对其健康服务的质疑。(3)一家教育机构正因为丑闻而遭受持续的负面评价,入学人数因此下降。现在它希望重整旗鼓,招收生源并获得校友捐赠。(4)一家致力于提升贫困家庭婴幼儿照料的政府机构,希望妇女可以充分享受这一服务。以上所有团体希望实现它们的目标都需要公关活动。

在公关活动的设计中,公关专员的首要任务是,最大可能地帮助客户挖掘公关目标。这些目标要易于理解,同时为各党派所认同。在这一环节,需要详细梳理以前的各种公关活动,研究它们的发起人和公关策略,找出其中奏效和无用的部分。另一个重要的问题是资金。在客户的公关活动中预算应该怎样分配?这就需要建立一个时间表,并借助精细的测试指标考察公关活动的目标是否达成。

根据公共关系学者斯科特·卡特李普、艾伦·森特(Allen Center)和格伦·布鲁姆(Glenn Broom),任何有效的公共关系活动都必须为以下四个阶段进行设计:

1. 调察与反馈:这一阶段包括针对潜在受众的背景调查。知识丰富的调查人员通过传统的科学调察,可以了解公众想法。然后,公关专员会借助分析结果确定目标受众。

2. 设计与策划:公关专员会借助上一阶段的信息,制定整个公关项目的整套策略,包括时间表、媒介、预算和信息传达的目标。

3. 行动与传播:在这一阶段,公关专员会借助各种媒介和方法展开实际的传播过程,包括分发小册子,发表演讲,赞助活动,给媒体发新闻通稿等。

4. 评估:项目结束后,可以通过多种方式进行评估。譬如,评测对受众的信念、态度和特定群体意见的改变程度,统计新闻点击量以及广播电视的报道量,从而评估公众接触新闻媒体的效度,或者采访意见领袖。如果得到一个有逻辑的结论,通过反映什么应该做和什么不应该做,项目评估可以对未来的公关活动产生积极影响。[15]

为了描绘以上阶段的工作在公关活动中是如何进行的,我们不妨分析一个典型的公关活动。正如下文讲述,这一活动源于对危机的认知或改变形象的需求。2009年,奥美国际公关为兰斯·阿姆斯特朗基金会策划了一场公关活动,以提高公众对于癌症的关注。在过去十余年中,这一公关活动致力于建立"活得坚强"(LiveStrong)抗癌基金,并具有全球化的影响。在调察与反馈阶段,公关公司调察了公众对于癌症和健康实践的认知和态度。在随后全球化公关的设计与策划阶段,公关公司会根据自行车世界冠军阿姆斯特朗的全球时间表设计公关活动。而在行动与传播阶段,针对非政府组织(NGO)和澳大利亚政策制定者(政府官员、立法人员),公关公司在澳大利亚开展了为期两年的"活得坚强"全球抗癌活动。这其中,包括关于阿姆斯特朗的媒体宣传报道,以及在澳大利亚网站上的数字传播活动。同时,公关公司还根据当地的环境量体裁衣,在不同国家开展了相似的公关活动。例如在其中一些国家,患上癌症是一个巨大的耻辱。奥美公关公司促使当地支持者借助这一活动,进行市场调研、印制新闻材料并宣传公共服务。此项公关活动的目的就是提高公众对于癌症诊治和治疗需求的意识。

公关活动的项目评估与公众舆论的量化数据以及癌症检测和治疗服务提升的实际效果都密切相关。所有的公关活动都需要在错综复杂的社会环境中开展。在此实例中,如果一个国际巨星聘请专业的公关公司,切入全球关心的癌症医疗议题,可能会产生很大的驱动力和影响力。但是,此次奥美的公关活动不同之处在于,这是第一次由非营利组织聘请公关公司开展全球性的公关活动。这表明,公共关系已经同时渗透到企业和非营利组织的活动领域。

公关人士及时指出,他们的工作不仅仅包括大众传播。有时,他们需要去区分对内与对外传播。对内传播是对组织机构内部成员的传播行为。譬如,工会通过时事通讯、会议、电子展板等内部媒介传播信息。这一类型的传播受众是分散的团体组织，而非大众传媒的普通受众。相比之下，对外传播会通过大众传媒向广大多样的受众或机构外的特定人群传播信息。

选举活动管理

近年来，选举活动管理这一类型的公关活动急速扩张。现如今，在选举活动中，公关顾问经常要担任策略建议者和活动管理者的角色。特别是，他们要将主要精力放在民意调查和目标群体的调查结果上。尽管他们通常不走进公众的视野，但有时这些顾问还是会出现在 CNN 电视台和各种各样的互联网脱口秀中为代理的客户发声。更多时候，他们还是避免成为众人焦点并游走于各项公关活动中。譬如，为客户出谋划策，设计任务方法，以及在客户惹祸上身时准备公关回应。这种有组织的活动囊括公众舆论调查、策略计划和很多传统的公共关系环节。《国家》（National Journal）的编辑、新型公关领域方面的专家杰里·哈格斯特洛姆（Jerry Hagstrom）认为，这些基于华盛顿首都选举的民意调查与媒介公司都非常优秀，它们在国家的总统选举等各种竞选活动中扮演着举足轻重的角色。同时，美国还有一些类似的机构，服务于民主党和共和党。尽管全国竞选是最负盛名的竞赛，但哈格斯特洛姆观察到，因为获利更加丰厚，顶尖的公关顾问往往更愿意将精力花在州内竞选上。这其中著名的政治公关顾问有詹姆斯·卡维尔（James Carville），他支持民主党，和比尔·克林顿以及希拉里·克林顿都关系密切。而卡维尔的妻子玛丽·玛达琳（Mary Matalin）则是著名的共和党政治公关顾问。

哈格斯特洛姆强调，这一政治公关队伍已经取代了州和当地的政治领袖甚至党主席，成为幕后的权力代理人。曾经由政治特工做的事情已经变成公关顾问的工作。在与媒体打交道时，公关活动管理者会格外关注"舆论导向控制"（spin control，这是来自台球运动的术语，意即让台球向左或向右旋转，从而使它在台球桌上沿着曲线从一侧向另一侧运动）方面的工作，并通过措辞上的小心审慎达成目标。如果一个政治人物在陈述选举资金的运用时不小心犯错，舆情顾问会建议客户借此攻击对手，将之形容为"可耻的丑闻"，并声明"不能允许行为失范、违反道德标准的人执政"。而另一方的舆情顾问则会声明，"政敌有意夸大了这一无心之失，这是一种政治报复行为"。

一些选举活动管理包括选举人有策略的个人形象展示，如总统奥巴马。

在选举活动中,审慎而精心策划的舆论导向控制措施会产生很大作用。譬如,在 2008 年的总统和国会选举中,两党的顾问都会通过策划信息内容,从正反两面标榜彼此之间的不同。通过将政治观点(或强调领域)与公众对于伊拉克反恐战争、医疗保健、能源、移民、气候变化的态度相联系,两党及其代理人拥有许多事实性材料和夸张的说法。尽管政治顾问、名人顾问等公关人员的角色常常引起争论,但他们角色的重要性是毋庸置疑的。在 2008 年大选中,其中最著名、最成功的公关顾问大卫·艾索洛(David Axelrod)就担任民主党阵营的首席参谋一职。他谋划了民主党大选的公关策略,最终成为奥巴马总统的高级顾问,在紧挨白宫的总统办公室办公。在国会议员约翰·麦凯恩(John McCain)2007 年和 2008 年的竞选中,他在已现颓势时聘请了一位资深公关顾问,最终在新罕布什尔初选之夜中打败对手,获得共和党的总统候选人提名。"政治顾问"没有一个角色单一的定义,他是管理人、民意调查人、广告专家,以及策划一场持久的竞选活动并随时调整或在候选人竞选陷入麻烦时中途参与进行补救的媒介顾问。

过去数年,有许多这样的政治顾问出现。譬如,被称作"布什的大脑"的卡尔·罗夫(Karl Rove),被誉为共和党复兴的谋略建筑师的李·阿特沃特(Lee Atwater),为服务于美国前总统吉米·卡特(Jimmy Carter)的民意调查员派特·卡德尔(Pat Caddell),以及服务于比尔·克林顿、成为电视和网络政论节目主角的保罗·贝格拉(Paul Begalla)。

对于擅长评估舆论和需求以及能够设计出与选民产生共鸣的信息内容的公共关系管理者,政治竞选历来都是一个必争的战场。批评家认为,这会改变选举的民主过程,使之从竞选双方清晰陈述自我主张和计划的传统过程转变为选民受到顾问传播信息的影响而不断转变立场的过程。

 精彩观点:媒介理论阐释

两级传播理论

尽管大多数人会直接从大众传媒中获取新闻及各类信息,但对于小众群体来说,故事传播主要是通过口耳相传。因此,甚至在通过卫星、电脑、数字媒介进行全球化传播的复杂信息社会中,口耳相传仍然是大众传播的一个组成部分。

在一项针对 1940 年富兰克林·德拉诺·罗斯福对抗温德尔·威尔基(Wendell Wilkie)总统大选中大众传媒角色的经典研究中,传媒研究者保罗·拉扎斯菲尔德(Paul Lazarsfeld)、伯纳德·贝雷尔森(Bernard Berelson)和黑泽尔·高德特(Hazel Gaudet)在此发现了人际传播中信息扩散的重要性。他们惊讶地发现,受访者根本不是直接从媒体获取有关事件和候选人的信息,而是从在报纸上读过竞选新闻或从广播听过竞选人演讲的"其他人"那里获取信息。

研究者发现,这样的意见领袖会将信息传递给较少接触大众媒体的其他人。因此,他们可以影响信息内容的表达方式。意见领袖不仅指描述这种口耳相传的传播方式,也意指提供个人化信息解读的传播角色。

通过这一著名的调查项目,两级传播理论就此诞生。对于理解面向大众而非预先设定群体的信息口耳相传,该理论至关重要。自从 20 世纪 40 年代形成以来,两级传播的传播过程已经被广泛研究。

大多数人记得自己曾通过此种方式获取一些重要新闻,但是关于口耳相传的现代研究认为,对于包含细节的复杂信息传播,这一理论并不非常可靠和精准。不过,有评论员认为,两级传播在六十年前就预测了诸如 YouTube 和 MySpace 这样的社交网络的出现。

对于具有戏剧性的短消息,口耳相传的新闻故事传播更加奏效,如"宇宙飞船爆炸""总统被射杀"或"赢得大型比赛"。这一理论已经被验证,同时可以总结为以下一套完整假说:

1. 在当代社会中,大众媒体在传播大量涉及人们利益的重要内容时呈现出一个持续的信息流,但大多数人只是有选择地接触。

2. 在社会各个阶层中,有些人会比其他人更充分地接触媒体。相比家人、朋友和邻居,他们更加熟知一些特定领域的媒介内容。

3. 在这些充分接触媒体的人当中,有些被其他人认定为意见领袖。他们在特定领域媒介内容的获取和解读方面,更加博学多识和令人信服。

4. 这些意见领袖往往通过口耳相传的方式,将他们从媒体中获取的专题信息传递给其他向他们求助以获得新闻和解释的人。

5. 因此,大众传播会包括两个阶段——从大众媒体到直接接触媒体信息并进行筛选的意见领袖,然后意见领袖再通过口耳相传的方式,传递他们的信息内容和自我解读,对公众产生影响。

公共关系和媒介

我们注意到,广告信息与大部分由公关从业人员提供的公关信息有很大不同。广告人员单纯追求广播电视或纸媒的时长或版面,同时会把信息内容安插在他们希望出现的任何地方。当然,公关人员也可以这么做,但是他们更愿意在不付费的情况下,让媒体接受他们的新闻通稿、采访以及客户喜闻乐见的信息内容(通常不会被认为是公关活动策划的内容)。

想要通过这种方式塑造一个正面公众形象的个人或利益群体,至少面临两个障碍:首先,作为独立个体,媒体有自己的组织目标,而这可能与公关希望达成的目标冲突。举个例子,某政客希望晚间节目报道其正面内容,而当地电视台则准备揭发他的不当行为,两者就互相冲突。其次,媒体和公共论坛的时长和版面都十分有限,需要竞争,因此许多有价值的个人和事件并不能得到媒体关注和他们希望的公众曝光。当然,互联网和各个博客欢迎关注者发表大量信息和评论,这样就可以打破时空的约束。因此,报纸、杂志和电子媒介等都有自己的网站,欢迎受众的互动评论和批评文章。

把关过程

作为一项重要发现,"把关人"理论能够解释在某一报纸版面或广播电视时段中,媒介是如何筛选出仅仅一小部分新闻故事进行传播的。虽然在数字时代不存在时空的限制,但是注意力资源始终是稀缺的。因此,对公关专员来说,拨开信息冗杂的迷雾、进行信息轰炸和比拼、赢得公众对于客户的支持至关重要。由此可见,在理解公关和媒介之间的关系时,"把关人"理论依然很重要。该理论认为,通过用一系列标准评判新闻价值的大小,把关人会为日报、新闻广播、在线新闻网站筛选内容。他们很清楚,媒介只有有限的时间和空间可以使用,只有那些最重要或受众足够感兴趣的故事才能被优先报道。从记者、热线服务获取的大量新闻故事,把关人会按照标准进行筛选。公关机构、新闻秘书或政治顾问的最新新闻稿同样要面临筛选。事实上,除非编辑和新闻部主任认为有重要的特别价值,这些内容通常会被忽略。

与此同时,公关人员同样很了解这一理论,他们不会幻想编辑会完全接受并发表他们准备好的新闻通稿等各种信息内容。为了便于信息发布,公关人员会努力与决策人员熟络起来。一个高效的公关人员会建立一个良好的个人关系网(这个关系网中包括记者、编辑和新闻部主任等),同时保持良好的信誉。但是,记者通常十分谨慎,很可能并不信任接近自己来进行信息传播的公关人员。

吉祥物是公共关系的常用手段,如加利福尼亚州高速公路巡警的卡通形象"奇普"。

相互依赖关系

公共关系和新闻的关系之所以复杂,是因为两者彼此需要、互相依赖。在对日报和电视新闻的内容细心分析后会发现,新闻里的大量信息源于某个人的新闻发布会、新闻通稿,以及公共关系或公关事务专员准备的内容材料。

但是,这并不意味着新闻媒体会盲目地报道公关人员提供的内容。记者会跟踪调查或从其他角度进行采访等等。尽管如此,新闻媒体每天的行程还是从公关专员策划的内容开始。

例如,如果飞机坠毁、侵吞公款,或者一家

慈善事业为公共关系提供了一个平台,使其可以改善和提高个人或企业的公众形象。譬如,比尔及梅琳达·盖茨基金会在获得投资人巴菲特的大笔资金注入后成为全球最大的基金会,致力于消除疾病、解决社会问题。

企业骚扰妇女或虐待未成年人，一些相关组织（航空公司、政府机构、企业）的新闻发言人就会举行新闻发布会。这些新闻发言人在记者面前出场的目的不只是提供信息，而且是对所发生的事件给出尽可能好的解释（或扭转）。事态如何发展难以预料，但企业将如何应对应予说明。类似的新闻发布会并非随意安排的。大部分类似的活动会在公共关系专家的协助下提前进行认真预演，而公共关系专家会对可能被问到的破坏性问题提出警示，形成对那些可能对机构或政府形成危害的事情予以规避的方式。

而与此同时，对于记者而言则需要新闻。在平常的日子，真正具有新闻价值的内容会比较少。然而，巧妙的写作或许会使小事件变得有趣（吃点心对抗赛，一只狗掉进了池塘的冰窟窿，或者一个加油站被抢劫），这些小事件都是当新闻稿件不足以填充新闻议程时的常用备选内容。在这些情况下，记者不得不使用公共关系人士所提供的信息，因为必须为报纸订户提供一些可阅读的内容，必须为电视观众提供一些可观看的新闻节目。记者必须满足截稿时限的要求，并且没有充裕的时间来形成替代性的内容以更换公关从业人员所提供的内容。他们所要做的全部工作就是用一些代表不同观点的专家或个人的引语和一些背景信息，来更新公关人员所提供给他们的新闻报道稿件。

另外一个关于公共关系和新闻之间非独立关系的例子是视频新闻发布（VNR）——播出个人或组织所提供的自我推广录像带或可以便捷地从网站上下载的视频内容。这些内容对于电视新闻机构来说特别重要。最初，这些方式只是公司用来提升其整体形象或者用来对如今日益增加的类似政治候选人等所面临的危机进行回应。媒介组织在使用原始媒介素材方面是自由的，可以进行大幅度编辑，或者将其视为其中所出现人物的一种陈述。和这种传播方式相关联的伦理问题涉及对新闻来源的鉴别。当电视台对类似视频新闻素材的使用不进行鉴别时，其所做所为对于其电视观众则意味着伤害。但是，电视台不会总是提醒公众这是由候选人或公司提供的、自行制作的新闻视频素材，而且通常也不会对此类内容的准确性进行核实。这些自行制作的新闻视频素材如今常常是将其新闻视频资料作为电子邮件附件的形式进行传递，而不是通过邮件或邮递员递送的方式进行传递。

因此，尽管双方基本上相互不信任，公共关系从业者和新闻记者却都处于相互依存的状态之中。即使我们对一家日报或新闻广播所制作的新闻议程进行临时测试，它们所发布的很多新闻报道——通常大多数——也是商业、政府、娱乐业、教育、政治等诸如此类常规事件的产物。由此可知，记者很明确地依赖于那些为政治家、个人、企业和社会上的其他特殊利益群体代言的人。因此，大部分日常新闻的制作和形成源于如此复杂的互动和交换。

游说活动是许多媒介平台为达到其目的所采用的一种公共关系手段。

作为公共关系的游说活动

游说活动是公共关系的一种特殊形式,虽然一些专家并未将其视为公共关系领域的一部分。尽管如此,游说活动和我们所描述的构建公共关系的活动还是有很多相似之处的。游说者被定义为接受雇用以"影响立法者提出或支持他们所代表利益的措施的人"[16]。

游说者主要依靠人际传播和非正式接触的方式,以获得对那些他们想要影响的人的影响力。尽管如此,游说者是接受雇用,并通过使用精心设计的讯息对那些特定的目标个人的信念、态度和行动进行影响的个人或团体。根据对这种方式的描述,他们是符合之前我们所提出的宽泛的公共关系定义的。其主要的区别就在于他们很少使用大众媒体,并且他们主要聚焦于对立法者施加影响的狭窄领域。

这种称谓来自何处?他们在 19 世纪第一次作为影响立法者的明确人群被确认的时候,是他们游荡在华盛顿特区庄严肃穆的威拉德酒店大厅里的时候。该酒店距离白宫还有一段距离,距离国会大厦有几个街区。很多政客会步行回酒店吃午餐或晚餐。当这些公职人员穿过长而狭窄的大厅时,那些想要影响他们的人就会试图抓住他们的袖子,并引起他们的关注(自从政府组建以来,游说者就作为处于权力中心的影响力追随者而存在)。经过一段时间之后,他们就被称为"游说者"。即使在今天,威斯汀威拉德酒店依旧会自豪地告诉其客人,"游说者"这个称谓正好是在这里诞生的。

游说者代表了大量的团体和利益集团。这些组织包括行业协会、退伍军人团体、工会、政治行动委员会、消费者权益组织、专业协会、教会、外国政府和更多其他组织。那里几乎有成千上万的组织和个人想要影响立法进程。游说者或许是律师、公共关系从业者或被雇用来影响国会工作的政策专家。他们所要影响的并不完全是联邦层面的工作,他们还有一些代表各州甚至是地方政府部门的客户。

联邦法律要求,游说者应该具有国会山游说办公室的记录和在注册处进行登记。在华盛顿特区到底有多少游说者,谁也说不准。一家公共服务机构称大约有 15 000 人,《华盛顿邮报》所报道的官方数据有 34 000 人。一些

在美国国会议会期间,一位医疗保健行业的游说者正在国会大厦前使用其手机。

团体也将自己视为游说专家。他们主要是公共关系代理机构、律师事务所和智库（各种任务导向的机构和中心）。

游说和游说者一直是一个争论不休的话题。一些批评家对他们抱有深深的怀疑。在 2008 年竞选活动时的主题是敏感而突出的，当时竞选双方都公开谴责游说者，并且双方都不得不解雇了曾经在有争议的和选举无关的案例中进行游说活动的重要工作人员。由任何人在游说和政府之间引起的变化或者逆转都会成为批评持续关注的焦点。在政府服务和寻求私人影响力的角色之间，个体的身份处于不断的转换之中。很多人所看到的问题是，一个政府的前任官员或雇员在加入或担任游说工作时，将会使用他们的内部消息和内部关系来谋求特殊利益，而这样意味着一种不当得利。目前，已经出台了相关法律以限制政府官员或雇员在离职数年内从事游说活动。

多年以来，在华盛顿特区形成了两家最大的游说和公共关系公司，它们是希尔 & 诺尔顿（Hill & Knowlton）公司和伯森-马斯特勒（Burson-Marstellar）公司，每家公司在世界范围内和广告、公共关系集团保持着联系。它们的客户支付巨大的费用聘请它们作为代理，它们的年度营业额都在上百万美元。诸如此类

公司会在国会对它们的客户造成影响之前，采用每一种可能的工具和方法对悬而未决的立法进行促进、改变或阻碍。有时甚至是仅仅通过委员会审核更改法案中的个别词语（比如，从"应该"到"可以"，或从"从不"到"很少"），就对它们的客户意味着数百万美元的利益。和传统的公共关系工作相似，这些类型的游说和公共关系公司组织活动，进行研究，形成传播战略，或者有时代表它们的客户撰写新闻稿。游说者也在联邦和州两个层面上撰写文案，组织演讲，策划竞选活动，购买广告，影响记者，试图引导政府官员。

当很多批评家谴责所有的游说和游说者时，另外一些人指出，他们也在政府治理进程中扮演了合理的角色。他们为了引起公职人员注意，的确带来了大量的信息，而有些将在法律形成或修改过程中被考虑。他们将那些具有立法兴趣的人和对他们的利益具有强大影响力的人联系在一起。立法者通常需要对谁将受到正在讨论中的法案的结果影响做出了解。当特殊利益集团获得好处，而公共利益受到损失时，就会呈现出负面影响和出现丑闻。幸运的是，消费者群体、新闻界和我们的政府会在伦理和其他违背公共利益的方面对游说者持续形成制约。

作为新兴行业的公共关系

"专业人士"是一个古老的术语，如果回到中世纪，当时只有三种基本的"需要专门学习的专业"——神学、法学和医学。将它们和其他职业追求区分开的主要标准如下：（1）每个专业都有要求进行长期正式学习以了解和掌握的复杂知识体系。（2）这些专业的知识体系在一系列的伦理规范之内代表了公共利益。（3）这些职业的从业人员彼此制约从而确保对伦理规范的遵守，而从事了违背伦理规范业务的人则将从行业中被剔除出去。在某种程度

上，这种对于"专业"的充满尊敬的解释流传了下来，很多人期望他们所从事的特殊类型的职业活动也被如此看待。在其中就有公共关系从业者。如今，在公共关系领域有一个很明显的趋势就是想将该领域发展为一个专业。

当该领域最初草创的时候，对于成为一个公共关系专家没有特殊的文凭要求。的确，很多早期的从业者一般都是记者出身，他们对于新闻工作有着深入的理解，并知道如何将其客户的报道推广到报纸的版面之中。现在，包括

社会网络在内的其他媒介扮演了重要角色。此外,很多事情都是"凭直觉行事"的。这意味着,其实公共关系并没有在经过系统性研究的基础上形成概念和原则体系。这是一个充满直觉、创造性、洞察力和动态变化知识内容的领域。臆测和灵感通常会导致成功——但他们通常并不会如此幸运。

"专业人士"这个标签目前被公众广泛应用,实质上特指任何专门的职业团体。因此,我们会听到"专业"理发师、拳击手、调酒师甚至宠物狗美容师等称谓。这是这个术语的传统含义,然而,对于公共关系从业者和教育工作者所追求的专业声誉而言,至少还是取得了一些进展。如今,两个主要因素在作为专业领域的公共关系的演进过程中扮演着核心角色。一个是对于高等教育中课程和学位项目日益增加的建设和认可——这一条满足正规学习的标准。另外一个是有利于形成知识的复杂体系的系统研究和学术探索,这是直接针对第二个标准的。其知识体系主要包括不断积累沉淀的概念、原则、理论和能够用于公共关系实践的解决方案。

在经典的案例之中,还有一个重要的问题和构建一个专业的第三个标准相关。这就是该领域的从业者是否运用其专业知识在道德伦理的框架内为公共利益服务。此外,他们是否彼此制约,并将逾越伦理规范的从业者逐出行业,也是这个问题的另外一个方面。这种情况在法学、医学和(也许更为模糊的)神学领域也同样存在。在随后的部分中,我们将在真正的专业的三个正式标准的框架内聚焦于对公共关系的探讨。

公关教育

大学中的公关教育从 1923 年开始,爱德华·伯尼斯(Edward Bernays)在纽约大学开设了第一门公关课程。早期,公关课程大多开设在新闻院校,往往偏向报纸方向,对课程中的公关部分并不感冒。对公关的偏见在未来的几年开始减弱,尽管还有一些新闻院校将公关排除在课程之外。公关的第一个正式研究生课程于 1947 年开设在波士顿大学。后来,言语交际机构和一些综合类传播院校开始增设公关项目。此外,在一些社区大学和工商学校中还有一些个人课程。

如今,公关不仅在高等教育领域有了快速发展,而且在专业化方面有了重大进展。例如,美国的一些对新闻和大众传播进行阶段性评估和核准的机构也会对一些特定院校的公关课程进行评估,以决断它们是否符合"标准"。(其他定期被评估的专业是新闻评论、期刊和广播电视新闻。)

在美国,有数百名公关教授在新闻传播院系以及语言传播项目中讲授课程,每年都有成千上万的学生进入这个专业。学生可以进入公关组织、商业领域、政府机构以及专业机构实习。学科领域中涌现出大量教材和科技杂志报告研究。公关从业者拥有自己的机构,即美国公共关系协会(PRSA),在许多校园中拥有自己的学生分支机构。

研究生阶段的公关课程通常包含文科和理科方面的实质性内容。通常,公关专业的学生要学习公关作为一个传播领域的概论课程、公关研究方法的先修课以及该领域其他方面的导论课程,学习取决于课程的体量和复杂程度。本科阶段的公关课程通常包含标准的传播理论课程、(理科类)研究训练以及领域内其他专业方向的导论课程。过去三十年时间,学生逐渐意识到公关和其他媒介咨询活动的重要性,公关也成为一门最受欢迎的传播专业之一。事实上,公关行业相比于其他媒介类行业的高薪酬成为一个特别的吸引人之处。

公关教育的目的在于促进公关成为一个专业传播领域,提供高素质的专业从业人员,培养研究人员。然而,这并不意味着一个希望从事公关工作的人必须在大学主攻公关专业,很多人通过在报纸和其他媒体工作转入公关行业。有些人以专家的身份进入公关行业,例如，他们有公关健康方面的背景或是学习过公关课程。因此，有多种进入公关行业的途径。

同时，大多数学校里的公关项目有行业背景，也有助于学生在该领域的就业。

公关研究

公关发展的第二个重要领域是研究。这也是相对第一条标准，即拥有一套完整的专业知识而做出的更长远努力。然而，可以预见的是，这一部分工作还需要各种方式的努力。

公关领域的大多数研究源于实践而非理论。客户希望看到其"金钱"能够收到什么样的"轰动效应"。这意味着"研究"主要包括对特殊活动的效果评估或是对客户需求的评估以制定出适合客户的策略。尽管公关一直都很少得到正式评估，但企业和政府部门日益要求公关从业者对投入做记录，并证明这些花费可以带来收益。

社会科学家和学院派媒介学者所做的常规媒介和传播研究提供了大量关于公关影响更为复杂的知识。因此，关于劝服过程、媒介议程设置、态度及其与行为的关系以及舆论形成等方面的研究影响并有时转化为政策变动或是某类公民的行为。

同时，一个不断壮大的应用研究领域浮出水面，它更关注公关的问题和实践。一些公关机构和部门主张对公关行为进行室内评估研究。还有一些应用研究由大学公关教授进行。这种类型的应用研究视野更为宽阔，与公关从业者的相关研究相比更少有狭隘性。大学研究的目的往往在于建立有助于解释公关过程和影响的普遍性的概念、模式关系和理论。因此，这些研究对公关领域中的知识发展大有裨益。

公关学者约翰·V. 帕威里克（John V. Pavlik）认为践行基础公关研究有三方面的理由：一是从传播的角度理解公关，包括建立传播理论和研究公关活动对个人、群体以及社会的影响。二是解决公关领域的实践问题，包括监测公关环境、测量社会表现以及研究传播与公关的关系。三是通过观察公关从业者个人或群体的专业性和道德性，满足行业监督的要求。[17]

从公关从业者角度来说，大多数机构从事的室内公关研究帮助客户改善了它们与赞助者之间的关系。一些批评家认为，这类研究是人为操纵的，但反对者认为这些智能化、系统化的信息能够帮助客户处理与受众的关系。公关人员如何利用这些信息取决于他们自己，我们希望看到这种利用是基于道德伦理的。

公关研究的所有权状态（一些结果被机构或是从业人员保密）以及其实际利用情况很难明确。最大且实力最雄厚的公关公司和政府部门花费大量精力和成本测试它们的信息并监测活动结果，从而证明这些研究是有效的。同时，一些小型公关公司和个体从业者并不能充分利用它们的研究结果。一些宣传人员根本不使用研究结果，而是倾向于一种"凭直觉行事"的方法。对于学术杂志上各种公关研究成果的惯常利用还是较为有限的。但这些研究丰富了公关知识体系，有助于富有创意和想法的从业人员和规划人员不断取得专业地位。

伦理问题与批判

在公关不断争取自身专业地位的同时，其面临的一个主要问题是其公众形象和发展并强化一套有意义的伦理规范。听起来有些讽刺，但就像鞋匠的孩子没有鞋穿的道理一样，

公关已经为其自身的公众形象奋斗了数十年。尽管公关通常被看作一个必要（且有用）的事业，并且因为诚实和正直而得到良好发展，但是公关从来没有完全摆脱过关于欺骗和误导

信息的指责，或许这对公关来说并不公平。正如我们早前所说，几乎从公关诞生之日开始，就不乏其批评者。批评者宣称，公关行为是人为操纵的、自私的，而且是有违伦理的。他们坚称公关扭曲并模糊了问题，企图说服大众，宣传人员将不择手段地为客户塑造良好形象。

这种指责并非空穴来风。公关领域不乏不择手段的人。物理学家、律师以及其他行业中也面临着同样的境况。然而，公关领域的可疑的和不道德的行为更容易被观察到，因为公关行为的本性使然。与失败的外科手术和法律案件不同的是，公关从业者的成果暴露于审视之中。具有公共精神的群体和新闻媒体想方设法找出公关中的欺骗行为。结果，违反规范的公关从业者几乎是立马受到负面报道。另外，即便没有被立即发现，违反伦理的行为也会被事后揭发，毁掉公关长期以来希望打造的良好形象。有时，这种对伦理的违反是无意之举。例如，作为一家大型机构，凯旋公关公司的代表于 2000 年在孟菲斯进行一个美国联邦快递公司委托的项目时发布了一条被美国联邦快递公司称为"判断失误"的推文，声称："我在这里的某一个城镇，我用我的脑袋发誓：'我宁愿死也不愿住这里。'"这一对于孟菲斯的侮辱性言论引起了美国联邦快递公司管理人员的注意，凯旋公关的相关人员最终道歉。跟医药行业一样，在公关领域中，专业化的首要规则是不伤害。[18]

为了信誉，公关做了大量努力来减少不当行为。一个公关领域的专业从业人员必须通过传播技巧的考试并保证规范自己的公关行为，才能被美国公共关系协会（PRSA）认可。全球认证理事会（UAB）只认可那些 PRSA 的公关从业人员，他们必须参加（并通过）严格考试，拥有至少五年的公关从业经验。然后，他们才能获得公关认证（APR）称号。

尽管做了很多努力，但还是有人批评公关的基本工作面临着一个基础性问题。他们质疑，除了通过压制真相的方法来提高商业中企业或个人的形象以外是否还应该有其他追求，这些被压制的真相往往会带来批评的声音。对于批评家来说，这是一项严重的控诉，这是大多数公关任务所面临的最麻烦问题。公关的拥护者认为，企业和个人都有权利将自己最好的一面尽可能呈现给大众。此外，公关从业者为身处日益复杂的社会和官僚政治下的世界中的人们提供了有用信息，尽管大多数人认为理想状态下这些信息需要被更为客观的信息证实。

推进公关领域专业化的努力一直没有停止，关于该领域的消极观点或许应该改变了。一个原因是在过去的 20 年中，"公共责任"是一个重要概念，越来越引起公关专员的重视。这一思想得到了高度关注，并且已经融入公关教育、思想以及实践中。责任概念与企业社会责任联系在一起，企业社会责任要求一家企业应当追求经济利益和社会效益的统一。

 ## 公关领域的未来

在推进公关专业化的同时，我们可以看到公关领域未来还有一段路要走。该领域的现状可以用之前的三个标准来评估：第一个标准的践行比较明显。公关领域正在通过研究和学术建立一套属于自身的复杂知识体系。而且，这套仍处于不断积累的知识体现在正成为大学中的正式课程和学位系列。公关对于

第二条标准的践行更具不确定性。公关从业者如何利用自己的专业知识服务大众一直是争论的热点。在一些情况下，他们确实为大众服务，但有迹可循的是，他们在大部分情况下只是为付费的富有客户服务。实际上，很多批评家认为，公关活动经常通过压制关于客户的负面信息或是强调正面信息的方式来愚弄大

众。事实上,并不存在公关应当遵守的成文道德规范,当然也没有将跨越道德底线的公关机构驱逐出行业的可循路径。因此,在今后的一段时间里,公关领域能否解决这些道德问题,赢得过去在公众身上丢失几近的信任,我们拭目以待。

公关未来的变革之路在于发展出抵达相关受众的新策略。这并非"服务"大众,而是保障付费客户的利益。无论如何,公关从业者需要寻求充分利用美国以及全世界传播科技进步的方法。数字策略和数字媒介如今随处可见,公关专员可以通过社交网络以及其他新方法来为客户创建社区,从而帮助其跟大众建立起真正的交互式关系。

如今,社会上充斥着各种各样的媒介和资源,公关信息需要跟其他信息竞争,从而争取大众的注意力。个人电脑和万维网的重要性与日俱增,全球成千上万的人通过网络这一媒介来获取大量的专业信息。电子邮件、即时信息以及类似 Flickr 的文件分享装置使人们可以在群体之中或是群体之间进行各种信息的传递和接收。同样,电话会议将距离遥远的不同小组聚集在一起进行讨论。公关机构、顾问以及个体从业者利用一切媒介来达成自己的目的。例如,Web 2.0 网站以博客和全动态视频为特征。数字媒介实实在在地提升了公关实现自身目的的各方面能力。

正如我们在前面章节中提到的,伴随着数字媒介的不断进化,当今世界并没有抛弃传统大众媒体和其他长期存在的信息及传播方式,不论是会议、会谈还是报摊。相较从前,公关可以利用数字媒介接触到既有群体或是新建组织中的特定个人。数字媒介提供了一种比专业兴趣杂志更精确接触目标受众的方式。

实际上,最专业的出版物跟新的数据终端相比,其受众的范围也更显泛化。拥有大量受众的网络新闻行业正践行一种快读的模式,专业兴趣化的信件通过电子方式传递给各种各样的人们,从巧克力爱好者到出国游客,再到专业摔跤爱好者。因此,许多渴望高度专业化信息的"大众"可以通过新媒体实现信息获取。这种变化促使一些评论员和批评家开始呼吁一个"新公关",它将包含以下方面:(1)对公关专员角色的再思考,超越商业关怀,落脚于消费者和公民;(2)一套关于网络传播者的新行为规范;(3)公关专员的新工具,包括关系型门户网站;(4)大量社会化技术影响了的媒体和公众,催生出一些新范例、新参与者以及新资源。[19]

基本上说,公关的未来不难预测。这一领域在 20 世纪获得了快速发展,抛开批评家所有的言论,毫无疑问,公关在未来将成为复杂社会的一个基本组成部分。生产公众所需物品和服务的组织机构需要公关来帮助维持目标消费者对其的良好意愿和态度。与此同时,公众也将从这些组织机构的运行中获益,因为它们需要雇用员工、提供产品和服务,同时会组织一些社会需要的活动。

如上所述,在公关和新闻之间有一种依赖关系。记者、编辑和新闻部主任需要公关提供的信息,因为这些占据了媒体告知大众的信息中的一大部分。正如我们在第 9 章中提到的,传统新闻与公民新闻的关系越来越密切,不论这种变化是好还是坏。公关必须将这种发展吸纳到其工作规划之中。现在,公关从业者通常依靠新闻媒体来传达自己的公告、活动给受众。因此,公关将同主要媒体、活动和社会事务长期处于一种交织的状态,而未来公关将变得无足轻重的观点是完全不现实的。

本章回顾

- 得益于数字媒介的发展,公关现在已经

发展出一些数字媒介实践领域,尽管这些领域将来很可能会被其他公关实践领域整合。

● 随着新的利益相关者的涉足参与,基本上所有媒介都走上了数字化道路。在数字策略重要性与日俱增的情况下,社会对公关的需求急剧变化。

● 公关是指创造和传播信息的专业公关从业人员,为了客户的利益而有偿提供的工作和成果。他们通过一系列媒介来接触、定位受众,从而达到影响受众对某些人、组织、政策、状况或事件的信念、态度甚至行动的目的。

● 公关今天使用的很多传播策略都有古老的原型。例如,太阳神策略被汉谟拉比应用于他的法典之中,已经有4 000多年的历史。更为现代的原型是"广告代理人""新闻发言人"以及20世纪初出现在纽约的一些代理机构,它们的任务跟今天的公关较为相似,即改善或是提升客户的形象。

● 尽管不是全部,但大部分公关机构力所能及地利用各种各样的媒介。公关从业人员不断地通过新闻报道、脱口秀或是其他印刷媒介、网络以及广播来传播信息,以此来引起客户的关注或是给客户留下良好的印象。

● 公关领域和媒介,更具体地说是新闻之间存在一段并不轻松的关系,两者互相依赖。新闻中出现的很多信息源自公关从业人员。同时,这些公关从业人员高度依赖于媒介,把媒介当作将信息传播给目标受众的手段。

● 游说作为公关的一种特殊手段,尚有争议。游说者采取一系列人际或是其他传播技巧,试图对发起、修改以及通过法案的立法者施加影响,从而进一步影响他们的客户。

● 如今,公关从业者和教育者都在试图将公关转变成一个专业或是职业。成败与否的关键在于这一领域是否符合三个主要标准:(1)建立一套复杂的知识体系;(2)在道德领域里使用这些专业知识从事公关活动;(3)确保针对从业人员践行职业道德的投诉渠道。

 ## 思考题

1. 公关和广告有何不同?结合免费和付费媒体来思考这一问题。

2. 讨论公关的定义。思考企业、政府以及教育方面的公关机构及其从业者是如何进行公关的。

3. 主要的公关实践领域给了你关于该行业趋势的哪些启示?

4. 一个公关活动是如何被策划和实施的?它的结果和影响应该如何被衡量?

5. 公关和新闻媒体是如何以及在何种程度上互相依赖的?这种依赖是好是坏?在这个过程中,公众得到了怎样的保护?

6. 数字革命给公关行业及其领域带来了哪些影响?

 ## 关键概念和术语

宣传　Propaganda
公关机构　PR agency
损害控制　Damage control

公关客户　PR clients
公关解决方案　Public relations solution
劝服　Persuasion

新闻发布和视频新闻发布　News release and video news release

游说　Lobbying

公关专员　Public relations specialists

美国公共关系协会认证　Public Relations Society of America accreditation

社交媒体　Social networking media

 注释

1. Paul A. Holmes, editor, *The State of the Public Relations Industry*, June 2007 (for Huntsworth plc), p. 1, see also Internet Advocacy Center, www. internetadvoacycenter. com.

2. Public Relations Society of America, *2006 State of the PR Profession Opinion Survey* (Bacon's Information Service, 2007), p. 5.

3. Holmes Report, p. 23.

4. http://blisspr. com, 2008.

5. U. S. Department of Labor, Bureau of Labor Statistics, "Public Relations Specialists," www. bls. gov/oco/ocos086. htm.

6. Scott M. Cutlip, Allen H. Center, and Glenn M. Broom, *Effective Public Relations*, 6th ed. (Englewood Cliffs, NJ: Prentice-Hall, 1985), pp. 138–230. See also Cutlip, Center, and Broom, *Effective Public Relations*, 9th ed. (Englewood Cliffs: Prentice-Hall, 2005).

7. Frank Cobb, *The New Republic*, Dec. 31, 1919, p. 44. For a critical assessment of PR history, see Larry Tye, *The Father of the Spin: Edward L. Bernays and the Birth of Public Relations* (New York: Crown, 1998) and Stewart Ewan, *PR—A Social History of Spin* (New York: Basic Books, 1998).

8. Walter Lippman, *Public Opinion* (New York: Harcourt, Brace and Company, 1922), p. 345.

9. U. S. Department of Labor, op. cit.

10. Ronald D. Smith, *Strategic Planning for Public Relations*, 2d. ed. (Mahwah, NJ: Lawrence Erlbaum, 2004).

11. Al Ries and Laura Ries, *The Fall of Advertising and the Rise of PR* (New York: Harper Business, 2002), p. xi.

12. Holmes Report, pp. 5 – 6.

13. Holmes Report, p. 17.

14. Lippman, *Public Opinion*, p. 64. See also James E. Grunig and Todd Hunt, *Managing Public Relations* (New York: Holt, 1984), Chapter 5. A useful text is Dennis L. Wilcox, Philip Ault, Warren K. Asee, and Glen T. Cameron, *Public Relations: Strategies and Tactics*, 6th ed. (New York: Longman, 2000). See also Scott M. Cutlip, Allen H. Center, and Glenn M. Broom, *Effective Public Relations*, 8th ed. (Englewood Cliffs, NJ: Prentice-Hall, 1999).

15. Cutlip, op. cit.

16. *American Heritage Dictionary of the English Language* (Boston: Houghton Mifflin, 1970). See also Clarke L. Caywood, ed. , *The Handbook of Strategic Public Relations and Integrated Communications* (New York: McGraw Hill, 1996).

17. John V. Pavlik, *Public Relations: What Research Tells Us* (Beverly Hills: Sage Publications, 1987).

18. Tonya Garcia, "Ketchum Employee's Tweet Causes Client Controversy," *PR Week*, Jan. 16, 2009, at http://www. prweekus. com/Ketchum-employees-Tweet-causes-client-controversy/article/126 079/.

19. Global PR Blog Week 1. 0, "The New PR—A Call to Action," www. globalproblogweek. com.

第 5 部分

媒介问题和影响

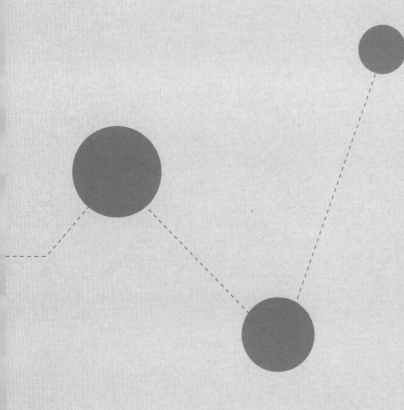

第 13 章
社会力量：经济、技术和政策

多种力量间的相互作用

探寻公共利益

拒绝媒介商业化

走进媒介经济学
    媒介与数字经济
    企业文化与盈利模式
    传媒业新商业模式
    自由市场与规制控制

独立与控制
    传播政策
    控制令人反感的内容
    控制政治传播
    保护公共利益
    涵盖选举政治

政治保护：宪法框架
    新闻自由：一项历史遗产

宪法第一修正案
规制中技术的地位：从印刷技术到赛博空间

传播法律的支柱
    诽谤难题
    反诽谤法与媒体
    百万美元诽谤诉讼

媒介审判

道德价值观：淫秽与色情

国家危机中的政府秘密
    战时直接审查
    对政府秘密的挑战

政治性制约：代理控制
    规制机构
    联邦贸易委员会的控制
    放松规制与外界压力

当今，各种相互影响的社会力量正在越来越大的范围内影响和形塑着传播，我们如果不了解它们，就很难真正理解这个时代的媒介。数字媒介正是这些强大力量影响的产物。在其他章节中，我们已经描绘了数字媒介对传统媒体的影响，以及数字媒介与传统媒体互动变化的过程。然而，正如一位商业领袖所言，当我们从30 000英尺以外来看所有的媒介现象时，我们将了解到更多背后的故事。首先，数字革命逐步发生，并对其所涉及的领域带来巨大的影响和力量。它是媒介经济（以及广义上"经济"）、技术创新的产物，也关联着社会、政治和政策领域。

一些分析师称，"经济"首先创造了一种创新的氛围，但真正的新的发展只有当某些具有创造力的人发明了新的系统和设备（从计算机、万维网、互联网等开始）时才会发生，通常包括软件和硬件。同时，政府的"监管之手"一边鼓励新媒体应用，一边又设置了许多障碍。传统媒体有时也会制造转型的障碍。例如，电信公司因为最终促成了互联网使用的普及而成为报业最大的敌人。因为，报业意识到在线广告具有的交互性特征能够快速提供油墨印刷的报纸上的所有信息，从而担心互联网的普及将导致分类广告的死亡。今天的报业，尽管姗姗来迟，但已经拥抱了数字传播，并积极地将其应用于报业企业。

新媒体在前文所提及的各种力量的推动下经历了三个发展阶段。正如第2章所述，每一种力量以自己的方式产生着戏剧性的影响。

● 萌芽。早期的发展源于万维网以及互联网衔接的创造，加上海量信息、存储、网络检索，使得网络成为真正的网络。20世纪70年代以前，这一新的平台的早期模式主要被应用于军队和教育系统，较少人知道它，或是认为任何时候都能使用它。[1]

● 繁荣与萧条。1994年以前，对电脑的应用突破了办公和商务而走向家庭。网络新平台随着个人电脑的普及而繁荣发展。1998年至1999年，互联网泡沫出现，新兴互联网企业（被称为".com"）的数量随着成千上万个网站的出现而猛增，催生了一个强大的、价值数十亿美元的新媒体经济。从表面上看，成千上万的新生代千万富翁们（很多都在20岁左右）取得了胜利，他们创建了网络经济以及早期的搜索引擎和社交网络。大型传媒公司也参与到这一新的领域中来，许多新的公司由此诞生。最为著名的是以经营出版业和电子媒介为主的时代华纳与新生企业美国在线（AOL）的合并。过热的股票市场、低速的互联网以及其他因素的共同影响导致了2000—2001年网络经济的崩溃。[2]但是，这一新平台及其所代表的一切并没有因此失败。

● 复兴。2002—2003年是一个恢复期。一些没有被卷入网络经济变革的新媒体企业和传统媒体企业开始谨慎地进入这一领域。通过高速互联网、平板电脑设备、移动电话及其他活动，传统媒体得以与互联网、宽带、无线、卫星等新媒体传播形式联系在一起，数字传播进入了新的发展时期。[3]这一现象的发生源于新的经济环境、政府政策的宽松化、某些传统媒体领域的放松管制等因素。[4]应该注意的是，这一切都不是静态的。曾经，行业进入的金融壁垒使得普通人无法建立传媒企业，但是这种情况因互联网的出现而改变。随着这一强大束缚的解除，传统媒体感受到数字革命带来的刺痛，开始意识到只依靠过去的商业模式（"广告+使用费"的方式）已经不够，它们需要新的途径。相互连接和相互作用带来了新的数字媒介时代即Web 2.0时代。它意味着更强的互动性、更好的视觉和音频能力、高速的互联网等。比较20世纪90年代末与2009年以后的网页和网络媒介，我们能发现明显的变化。其他的变化无疑由强大的社会力量推动，它们引导、影响，有时甚至直接作用于机构、组织和个人。经济与技术力量的相互作用影响和刺激着政策——这一制度性因素或为发展打开通道或为其设置限制。在写就这些内容的同时，新媒体发展因 2008 年至 2009 年的经济萧条正面临前所未有的挑战。

数字媒介背后的观念和构想却是不太明显的。例如，我们在第 1 章中介绍过"融合"（convergence），以及"连接性"（connectivity）、"数字公地"（digital commons）、"网络化"（networ-king）等。在"实干家"进入这一领域前，这些概念都还只是"思想家们"头脑中的"设想"。这是一个案例，供我们学习传播理论和其他了不起的"点子"。20 世纪 60 年代学习控制论和系统论的人比我们提前 30 年意识到互联网的发展。今天，细心的观察家们常常思考"什么样的奇思妙想将塑造明天的传播世界"，"数字媒介是否仅仅是通向新媒体革命的一个过渡环节"。

多种力量间的相互作用

大众媒介必须存在于特定的经济体系，包括和谐或不和谐的各类现实情况。同时，还必须适应特定政治体制中的政府机构。在全球化环境中，跨国公司所面对的情况更加复杂，常常涉及国家间关系、全球性或区域性协议等，这些协议通常需要同时符合各国设定的规则、国际法律、国际协议。与其他机构一样，媒介在经济系统与政治系统间曲折前进。新技术则通常作为一种驱动力量，影响着媒介"做什么"和"怎么做"。

本章我们将讨论传播政策（communication policy），它通常包括一系列法律和制度。传播政策直接影响着传媒产业发展，并最终影响媒介受众。但是，媒介经济也是其中具有重要影响意义的角色。在美国，它很大程度上是一种商业传播系统。我们首先从政府角色的角度考察政治保护和约束，然后再涉及其他经济性因素。我们在讨论某一具体媒介形态、传媒产业发展历史、广告的角色等内容的章节中，已经反复提及过媒介经济的有关问题。我们认为，传播政策并不止于政府规制。它包括许多相互影响的因素和力量，例如，文化价值观与文化传统、政治与政府、经济趋势与经济模式等。涉及新媒体时，还应包括技术的演进这一驱动力。一些评论家倾向于将所有外在影响力组合在一起，它们在含义丰富且相互冲突的国家政策和口头政策的范围内对媒介产生着影响。在本书中，我们认为，传播政策是公共政策的组成部分之一。公共政策的组织框架是在应对包括公共和私人领域在内的社会发展和变化过程中以正式和非正式的形式建立的。

在传媒业内，以往"传播政策"通常是针对电信这一被严格监管的领域而言的。监管行为通常由依据国家政策建立的各监管机构（媒介监管机构主要是美国联邦通信委员会，即 FCC）以监督、规则制定、制度执行等方式实施监管。近来，对"传播政策"的解释变得更加宽泛，包括电子媒介规制、数字化战略等等。政策通常是为应对变化而制定的，有时是增量式的，有时是激进的。政策还意味着政治和政府治理的接口被应用于评估和处理涉及个人和机构的纠纷。当新一届政府在华盛顿组成时，各类研究团体、基金会以及其他相关组织都会提交陈述它们政见的草案，并敦促新政府考虑和接纳它们的意见。2009 年 1 月 20 日，当奥巴马总统到达他白宫椭圆形办公室时，里面已经堆满了建议书，涉及数字电视、宽带普及、媒介所有权等诸多问题。

在美国，媒介发展日益全球化的同时，也面临着明显的困惑和矛盾。美国宪法第一修正案中关于政府不得干预言论和新闻自由的规定常常被应用于现代媒介体系，美国媒体也因此拥有了令其他国家媒体羡慕的广泛的自由。"不得制定法律就是意味着不得制定任何法律"（No law means no law）——"宪法第一修正案绝对主义"的坚定支持者大法官雨果·布莱克（Hugo Black）用这一表述来强调，新闻自由意味着政府及其所有下属机构都不允许干涉媒介自由。然而，图书馆里却满是法庭判决、法令等许多足以证明美国存在传播法律的证据。[①] 其中，许多法令由国会颁布，而第一修正案中对国会的这种行为有着明确的禁止。这背后隐藏的事实是，当美国的体系与商业主义和资本主义联系在一起时，也就更有利于公司获利，而个人权利和财产权利则常常由立法机关和法院展开辩论。正如著名的播音员弗雷德·弗兰德利（Fred Friendly）曾经所说的

"当他们说与钱无关时，就是与钱有关"。

另一个非常奇特的现象是，政府仍然在一定程度上管理着几乎完全商业化的、在市场经济环境下生存的媒介系统，尤其是广播电视和其他电子媒介。在这一系统中，政府要求和规定在各类传播活动中都应体现"公共利益"，但对"公共利益的内涵是什么，该如何表达、如何衡量"等问题的辩论一直延续至今，未有定论。在许多有关传播法律和历史的文献中的假设是，媒介因为代表公众而获得巨大的自由是民主制度的一部分。它们回馈公众的，即它们的公共责任，则是尽可能地提供信息、娱乐、观点以及商品和服务的平台。但是，"媒介如何实现这些""公众对此是否具有发言权"等问题则仍需讨论，有时则完全是一种政府行为。

探寻公共利益

2008 年春天，由著名的自由论坛（Freedom Forum）基金会和其他传媒公司共同赞助修建的新闻博物馆（the Newseum）重新开馆的时候，将美国宪法第一修正案的内容镌刻在巨大的墙面上，供奉在首都华盛顿，不远处就是国会大厦和白宫。多年来，媒介从业者、学者、法律工作者一直有一个疑问"媒介的自由是对谁而言的"。美国最高法院的法官波特·斯图尔特（Potter Stewart）曾经提出疑问："这种自由究竟是一种可被应用于任何准则的个人权利还是一种机构权利?"然而，第一修正案中所涉及的另一种权利——宗教，却极少引发类似的疑问。每个人都能运用宗教自由的权利，同时宗教组织也声称拥有通过宗教组织保障宗教自由的权利。直至互联网的出现和发展，它确确实实地使个人能够轻易地运用新闻

自由的权利，除了那些仅仅只想做观众的人。互联网和万维网使得每一个使用网络的人都能够与任何地方其他人进行广泛而快速的交流。这使得许多批评家提出了新闻自由应属报纸或广播电视台的拥有者的观点。这并非不合理，政府与媒介之间的冲突在于信息流动的自由、传播内容、媒介所有权等一系列问题。

正如前文所述，印刷媒介相对而言较少受到形式上和数量上的规制（如果不考虑内容的话），这是因为从理论上来说可以生产的出版物的数量是无限的。当互联网将信息呈现在屏幕上时，这种"无限性"就体现得更加明显了。与此同时，电子媒介却必须依赖有限的广播电视频率资源，这就导致了政府对广播、电视、电信以及有线电视的管制。在许多事件中，政府同时扮演着广播电视系统运行的"交

---

① 雨果·布莱克谈及美国宪法第一修正案中有关"国会不得制定有关下列事项的法律：确立一种宗教或禁止信教自由，剥夺言论自由或新闻自由，或剥夺人民和平集会及向政府请愿申冤的权利"的内容时，他认为"国会不得制定任何法律"这一表述不是可以制定某些法律，也不是可以制定少数法律，而是不得制定任何法律，即"No law means no law"，不得制定法律就是意味着不得制定任何法律。——译者注

通警察"和最终评判者的双重角色。与许多欧洲国家不同，美国的广播电视更适合商业化的方式，而非公共服务系统，广告是它们的主要收入来源。（然而，今天这一巨大的差异也正随着世界范围内电子媒介向市场化方向的不断发展而被逐渐弱化）。比较而言，互联网的运行几乎没有受到政府的抑制。在有的政治体制下，阻止一些政府不喜欢的网站的做法已经被证明是能够做到的。

关于保持意见市场（marketplace of ideas）声音的多样性的议题——这一法律体系要求下美国广播电视的传统经营目标在数字时代的相关性已经大大降低：几乎每一个人都能够拥有网站，能够交流和传播的范围也从少数的几个熟人扩展到数量众多的分布在世界各地的人。如何有效传播和通过什么传播则是另一个议题。然而，从技术上来说，一些在依赖稀缺的广播电视频率资源的广播电视系统中完全不可能的事情也已经成为了现实。例如，人们将视频发布在 YouTube 上。

多年以来，常常是从经济方面对公共利益（the public interest）进行定义。任何和公众相关的利益都被视为公共利益。是否需要通过一个更细致的测试将"公共利益"相关内容与真正意义上的"公共利益"分离开来则是另一个值得考虑的问题，并需要大量的研究和分析。然而，数十年来美国的广播电视的监管机构尝试通过提出制作公共事务节目、招聘少数族裔、政治候选人曝光时间相同等方式提升公共利益标准（public interest standard）。这一做法的思路是为了确保广播电视机构使用公共电波为受众和社会提供服务。

 ## 拒绝媒介商业化

本章中我们将媒介经济视为影响传播的性质与形态的力量，它与我们成为资本主义或自由经济的法律和制度框架紧密关联。此前的章节中，我们已经提到了许多媒介批评家，他们谴责媒介体系只强调经济收益，他们对媒介所有权的集中、充满偏见的文化性和政治性内容、泛娱乐化等问题充满担忧。长久以来，有许多对媒介商业存在偏见的媒体人，尽管已经意识到广告是"必要之恶"，但仍然希望有一个系统使得钱不是媒介运作中的因素之一。然而，实际情况并非如此，传媒业这门大生意已经作为既存事实在现代生活中出现、发力并扮演着重要角色。而广告和订阅的收入则为媒介机器运转提供燃料，这一现象是如何发生的已不再需要我们做过多的解释。新媒体的神话则不受预算与费用的限制，他们过去和现在要做的工作就是纯粹的幻想。从很早的时候开始，总有一些人在支付账单。尽管许多仁慈的媒介所有者相信公共利益，同时他们也经营着准公共机构致力于服务社区和受众，但是在冷酷的企业家看来，媒介的目的就是将受众导向广告主。

一个好玩的活动：通过传播政策的改变反对媒介垄断。

今天，批评家们对使用"媒介消费者"（media consumer）这一概念表示谴责，主张使用"公民"（citizen）或"人"（person）。而事实却是这些概念正在被同时使用，并用于强调媒体的双重角色——社会的公民和能盈利的生意。即使是非营利性媒体,如公共广播电视、教育媒体和宗教媒体等,也需要商业规则。近年来,它们也承认自己的运作带有"商业模式",或是通过财务手段维持它们的运作。如果说以前拥有工商管理学硕士学位(MBA)的人在传媒业工作是一件不寻常的事情的话,今天这一情况则已不再存在。工商管理学硕士们在传媒业中不仅从事着商业运营、广告等方面的工作,还进行节目的编辑和编排。在最佳的环境中,人们充满了创作的兴趣,渴望写作、剪辑、编辑或与其他人一起争取融资、销售广告、仔细寻找新的商机。当然,这一现实存在冲突,以及关于"由谁负责"和"媒体是否能够真正独立"等问题的无休止的争论。最美好的美国媒介图景应该是,对媒介的独立深信不疑,同时在经济利益与内容发展的专业化(包括新闻、观点和娱乐性内容)之间设有防火墙或形成一种类似"教会-国家"的关系模式。新闻出版业曾经主张将新闻事实与观点分离,即将新闻内容与社论和专栏相区分;电视将广告与节目独立开来。在数字时代,实现这一设想的难度大大增加。数字媒介从各种来源(大多数来源于传统媒体)大量聚合信息却几乎不贡献原创性的内容,在真实信息和不同意见者的争论间导航;博主们模糊了信息与观点的概念,商业和广告利益也是其中的重要组成部分。这一愿景的实现的确变得非常困难,这将是一个持续的挑战。

 ## 走进媒介经济学

经济学家和媒介学者很少关注媒介的经济角色,除非是作为其他商业或产业领域的一个部分,如同汽车或运动鞋产业是庞大经济体系的一个部分。最近的几十年中,这一状况正在改变:最初的媒介经济研究是从某一种特定的媒介开始的,例如报纸或有线电视产业,随后扩展到更大范围内的宏观经济领域。媒介经济学自20世纪80年代开始获得发展。罗伯特·皮卡德(Robert Picard)作为媒介经济学研究的先驱对媒介经济学作出了定义。他认为,媒介经济学是研究"媒介的运作是如何通过可利用的资源,满足受众、广告主和社会的信息、娱乐需求。讨论影响媒介产品和服务生产的因素,以及这些产品和服务的消费场所"[5]。随着传媒和娱乐产业以及其他信息产业越来越重要,媒介经济学最终受到了广泛关注。当传媒公司包括电影工作室、电视网、报业集团等成为公开上市公司(与之相反的是私人所有的企业,常常是家庭拥有的)时,它们的经济角色引发了批评家、学者和政策制定者们的一系列疑问,例如:

● 谁拥有媒介?
● 谁支持媒介?
● 媒介公司的融资方式是什么?
● 媒介公司的经济驱动力是什么?
● 什么导致了媒介的盈利和亏损?
● 什么激发创新?
● 技术扮演什么样的角色?

德国媒介经济学家马克·M. 特罗伊特勒(Marc M. Treutler)在其2004年发表的论文中写道:"媒介常常被想当然地认为具有社会功能。如果没有媒介,现代社会将缺乏传播的基础设施,同样也就失去了政治上的第四权力,以及由媒介提供的从简单到复杂的一系列信息和娱乐服务。媒介的这些重要功能以及20世纪媒介在技术推动下的高速发展,使媒介研究变得更加流行和意义重大。"[6] 媒介政治经济学家菲利普·纳波利(Philip Napoli)认为还存在其他方面的原因:人们仅仅花在媒介上的时间就多于他们通常花在其他产品或行

雀巢公司的产品时常处于消费者保护组织和发展中国家倡导者争论的中心。

业上的时间,因此也就对媒介有了更多兴趣,也能有了更多利害关系。[7] 这是媒介经济与传播政策之间关系的核心,也是本章中随后将要讨论的内容。

媒介经济通常与媒介管理体系或是与媒介公司和企业的组织、引导和管理方式相匹配。评论员们研究大型和小型的媒介公司、媒介领导者,以及拥有或领导着大型传媒集团的行业巨头。在研究传媒公司的同时,许多研究和人物传记围绕这些媒介拥有者的领导风格、特征、性格展开,例如奥普拉·温弗瑞(Oprah Winfrey)、玛莎·斯图尔特(Martha Stewart)、特德·特纳(Ted Turner)、萨姆纳·雷德斯通(Sumner Redstone)、鲁伯特·默多克等。管理学的图书中充满了对"如何"的追问,例如,如何开始创建一个网站并将其货币化,如何创办一份新的杂志或一个低功率的广播电台等。

十分明确的是,传媒产业的经济学是与整个经济系统联系在一起的。这个系统是非常商业化的,但又不完全如此。在商业模式之外的还有公共性媒介,例如公共广播公司(PBS)、全国新闻广播电台(National Public Radio)、美国政府印刷局(U. S. Government Printing Office)。

政府和公众意见在一些媒介交易的规制和合法化方面扮演着重要作用。例如,1999—2000 年,先后有两起大型的传媒业兼并事件对外公布(维亚康姆兼并 CBS、美国在线兼并时代华纳)。而这两桩交易必须从政治和制度层面寻求实现的路径。因为要批准这些企业间的联姻需要在美国国会和美国联邦通信委员会举行听证会。在美国,垄断通常是联邦法律禁止的,因此这四家公司在完成华尔街的交易前首先需要获得华盛顿方面的许可。[8]

在政府的管理之下,媒介经济经历几度兴衰,这些变化受到公众支持的影响,但最终取决于政策。过去的几十年中,政策层面呈现出对媒介放松管制的趋势和不干预的态度,但仍因政治潮流和公众支持随时发生改变。

在各类塑造、影响和引导媒介发展的控制性和驱动性力量之中,没有什么比"经济"更加强大有力。如果说,媒介曾经是国家经济和世界经济中的一个小角色,那么随着近年来传媒业与电信业之间的融合日益明显,这一说法已不再准确。无论是微软(Microsoft)尝试购买 Yahoo!,还是 Google 与多个媒介公司达成交易以建立一个更大的销售网络,或是在第一轮互联网革命中一直旁观的新闻集团收购 MySpace,都表明新媒体与传统媒体的聚合正在持续发生。类似的,以往的媒介发展仅局限在一国范围之内,依赖地方或国家的经济因素来赢得受众、获取利润。今天,跨国公司为世界观众提供全球性媒体,因此,它们对国界的跨越不仅是物理意义上的,更是经济意义上的。

媒介与数字经济

在真正意义上,传媒产业发生了经济的突变,有时也被称为传媒娱乐业的范式转变。媒介是工业革命的产物,它们生产制成品(例如报纸、杂志、图书等)然后售卖。传媒产业生产文化产品售卖给观众,有时也会通过一些中间商,例如电影院、书店等。甚至新闻也是向读者、听众和观众销售的商品之一。在某种程度上,广播和电视打破了这种平衡。它们的产品是售卖给广播电台和电视台的节目和内容,被用来吸引观众。随后,再将观众"出售"给广告主们。电影公司也同样是一个制造业实体,它们生产影片,后来还有可供观众租赁的录像带。随着数字化电脑传播时代的到来,媒介成为了信息革命和数字经济的一部分。数字经济是由一系列通过电子商务为各类商品提供销售信息、互动关系和数据存储等服务的公司构成的。

当21世纪初美国在线宣布收购时代华纳时,这一消息令世界震惊。对门户网站和信息公司股票的高估值使得美国在线的价值高于时代华纳。即使时代华纳拥有许多有形资产,例如订户、建筑物、员工等,而美国在线则更多的是一家虚拟公司,其主要资产是数据的储存与检索以及来自华尔街这个由投资者信心统治着的地方的一个良好评估。现在,有许多对"数字资产"(digital assets)进行估值的咨询公司,无论是过去的电视节目还是新的内容,然后大部分以电影图书馆进行购买、销售和交易。曾经一度,这一方式使得传媒业成为美国成长最快的行业之一,其股票在世界各地的证券交易所上市交易。

如今,美国及许多世界其他地区的媒介系统都呈现出两种形式,即学者威尔逊·迪扎德(Wilson Dizard)所称的"大媒体和小媒体"(big media/little media)。[9] 大媒体是指巨型的媒介公司或企业集团例如索尼(Sony)、美国在线时代华纳(AOL-Time Warner)、维亚康姆(Viacom),还包括主要的媒介集团例如报业公司、杂志出版商、图书出版集团、广播电视集团和有线电视公司等。有的大媒体可能是一个单独的企业,例如一个独立的广播电视台或一份独立的报纸;而有的大媒体则是由许多独立的媒体构成的联合体;甚至有的大媒体是跨行业

的,例如一家公司可能既有印刷媒介也有电子媒介。

与此同时,小媒体公司或企业家开始出现。有时,最初只是一个人、一个网站,几乎没有运营费用,只有一个目标受众。每一个角落都有这样的公司在不断建立,并不仅限于加利福尼亚硅谷、纽约硅谷、波士顿128公路电子走廊等地。有时,这些初创企业只是粗糙的个人主义者的手工作品,与美洲殖民者最初的印刷机没有什么不同。他们与他们的同事通过风险投资等渠道进行融资。如果能够成功将他们的私营公司运作上市,在证券市场首次发行新股(initial public offering, IPO),他们就创办了一家公开的股份制公司,从而使人们能够购买他们的股票。

传统的媒介经济和媒介公司有两个基础的利润和收入来源——广告费和用户费。尽管还有一些其他的收入,例如企业联合组织权利,但媒介公司仍然主要依赖于向广告主销售观众,以及来自用户的订阅费用、报摊零售、有线电视和互联网的每月使用费等。[10] 数字革命使得我们需要深入思考媒介的商业模式如何变化,以及如何解释新的模式。理论发展之一便是"长尾理论"(the Long Tail),它被用于解释亚马逊、易趣、奈飞等销售种类众多的独特但销售量很小的产品的公司所采用的市场细分战略,对"少库存为王"的观念形成挑战。"长尾理论"这一概念首次出现在克里斯·安德森(Chris Anderson)发表于2004年《连线》杂志的一篇分析博客兴起的名为《幂律、博客和不平等》的文章中,随后被扩展为一本书。[11] 他观察到仅有为数不多的网站拥有巨大的点击量,而数以百万的网站只有很少的点击量,因此在频率分布上出现了一条长长的尾巴。他引用一位亚马逊员工的话:"现在我们所卖的那些过去根本卖不动的书,比我们现在所卖的那些过去可以卖得动的书多得多。"[12] 由此看出,"长尾理论"的提出是受到一个已知的统计学概念的启发,但在数字媒介经济领域中的应用推动了它的流行。2008年《哈佛商业评论》(春夏季刊)针对这

一理论进行了讨论,其原因是它在实践中并不总是有效。至今,对这一理论的检验仍在继续。

 精彩观点:媒介理论阐释 ——————

长尾理论

长尾理论是数字时代的一个经济理论,最早由商业记者克里斯·安德森在其发表于 2004 年《连线》杂志的文章中提出,但其理论基础源于一个最早出现于 1946 年的统计模型。长尾理论的基础是幂律曲线图(power law graph),这一用于表现特定对象出现频率的分布情况的统计学模型。以电影产业为例,少数几部电影大片占据了绝大多数电影票房和收入。然而,有许多影片则很少受到关注并很快就消失了,有时仅仅是公映一周后就下线了。长尾理论解释了企业如何以销售多品种小销量的产品,并保持庞大库存量的模式生存并获得成功。一次参观数字音乐点唱机公司伊卡斯特(Ecast)的经历激发了安德森的灵感,他决定撰写一篇文章来解释易趣、亚马逊、奈飞等新媒体公司的商业模式。这一模式正对包括传媒业在内的传统商业模式形成挑战。最典型的是,他们关注到了"二八"原则,即 20% 的产品产生 80% 的利润。与之相反的是,伊卡斯特公司并不像电影、出版等行业那样大量销售少数几个单品,即"轰动效应原则"(blockbuster)。安德森注意到,伊卡斯特和其他新媒体公司采用的是小众市场细分战略,少数几个链接可以连接数百万个网络日志。

长尾理论认为,发挥数字媒介效用的关键因素是存储能力。传统的实体商业只能允许有限的库存量。网络空间为数字媒介公司的产品提供了无穷的"自有空间",从唱片标签到线路,再到财务信息服务。这就解释了为什么到 2008 年年底,美国历史上销量最高的 25 张专辑都是 2000 年以前发行的。安德森在他的著作《长尾理论》(2006)

一书中写道:"新兴的数字化娱乐经济与今天的大众市场有着根本性的区别,如果说 20 世纪的娱乐行业是流行的话,那么 21 世纪就是被人们忽视的细分。""现在我们所卖的那些过去根本卖不动的书,比我们现在所卖的那些过去可以卖得动的书多得多。"一位亚马逊员工的话从实践的角度作出了诠释。"长尾效应"已经在传媒产业、在线交易和病毒式营销等方面取得了明显的收益。"长尾"是由一位记者命名并推广的,而非一名学者。但这一理论借鉴了早期数理统计研究学者的成果,如埃里克·布吕诺尔夫松(Erik Brynjolfsson)、胡宇(YU Hu)、迈克尔·D. 史密斯(Michael D. Smith)等,他们使用对数曲线图在坐标中表示正态分布情况。目前,已有许多研究关注长尾理论的影响与意义。但是,最近一位研究人员指出,"小众商品比大众流行商品更赚钱"这一理论也许十分引人注目,但有时数据也可以有另外的解读方式(Anita Elberse, *Harvard Business Review*, July-August 2008)。

简而言之,该理论认为:

1. 随着搜索引擎和社交网络的发展,大量的项目和产品的选择不再受到约束,由于人们需要高度个性化的小众产品,在线渠道能够改变需求曲线的形状。

2. 聚沙成塔,许多小额的销售加在一起数额也非常大,总和将超过传统热门商品。这是因为数字化储存允许数字资产(媒介内容)的积累,也可以被改变用途或再次销售。

3. "长尾"的驱动力包括足够便宜的电脑硬件、高速宽带以及精心制作的过滤器,例如搜索引擎、博客和网上评论等,它们能协助实现供给与需求的协调(John Cassidy,

"Going Long," *The New Yorker*, July 10, 2006)。

4. 长尾理论的一个小失误是热门电影和图书的持续流行(如《哈利·波特》)。按照安德森的说法,它们不会集体消失,但会逐渐降温。

5. 因此,长尾理论对新媒体公司寻找资金而言是一个有用的构想。与此同时,它验证了细分战略的有效,为传媒产业制定新经济措施提供了一个框架。

企业文化与盈利模式

传媒公司最初的商业模式设计是基于大数法则(the law of large numbers)。在这一模式中,它们将大规模的受众提供给广告主。现在,这些传媒公司更多地关注确数法则(the law of right numbers),既包括受众人口统计学方面的特征,还包括受众的心理偏好。报纸、杂志、广播、电视等媒介都是大数法则专家。它们找到广告主,让它们支付大部分媒介的生产成本,然后以一份报纸或一本杂志的售价仅为真正生产成本的一小部分给受众一些优惠。例如,一份报纸的成本可能是 5 美元,但售价为 1 美元。电视当然更擅长于大数法则:它们为大规模的观众提供了超级碗、奥运会或著名的审判案件等内容,这些费用全部由广告主支付,而观众所支付的仅仅是他们购买电视机的钱和使用电视机的电费。

确数法则是针对某一类观众传递特定的内容。与大数法则相比,依据确数法则建立的模式能够提供的观众规模较小,但目标性更强,特别是对于消息内容而言,可以依据如年龄、性别、收入、受教育程度、地区、爱好等其他人口学特征因素来区分。因此,一个滑雪者将会为只有一部分生产费用由广告主承担的精装专业杂志支付额外的费用。有线电视运营商遵循这一模式,为年轻观众提供音乐电视(MTV)、热门录像第一台(VH1)等节目,为女性观众提供"人生"(Lifetime)女性频道。有的节目内容针对的是某种生活方式或心理特征,例如有的人即使不是高收入群体,也喜爱奢侈品或名牌商品。

从结构来看,媒介和传媒公司的范围包括小企业、大公司,还有企业集团。在以家庭商业模式(family business model)(一种家长式运作方式)运作的传媒机构中,个人或一个家庭拥有或控制着企业。私营企业的经营常常与创立家族联系在一起,有的规模能发展得很大,例如赫斯特公司(Hearst Corporation)、福布斯(Forbes)杂志集团等。有的传媒公司采用的是企业模式(corporate model),通过多样化的渠道融资,管理人员直接对董事会负责。还有一类是传媒产业集团,例如在多个城市或国家出版多种类型杂志的大型出版集团、拥有多份报纸的报业集团(或财团)。传媒集团可能同时拥有印刷媒介、广播电视和电子媒介企业,同时还整合了数字媒介部门。这些媒介和企业能够相互协调,从企业合作中获益,即实现"协同效应"(synergy)。企业集团通常都拥有许多经营多元化业务的公司,例如在拥有传媒电信公司的同时,还拥有酒店、医药等行业的公司。

传媒业新商业模式

尽管传媒业有的新商业模式似乎是自然发展形成的(例如,"长尾模式"并不是易趣的创始人所预先设计好的),但更多的新商业模式来自一种由经济变化而引发的、具有自我意识的行为。例如,数字革命在某种程度上取代各类媒介,例如报纸、杂志、电视等,甚至是广告公司。其原因是新媒体平台的竞争越激烈，有的公司的利润就越低。因此，新媒体对传统媒体的替代造成了工作岗位的明显减少，数万员工被解雇。报业受到的冲击尤其严重，开始削减其报道团队的员工，特别是费用最高的调查性报道组和外国记者。也由此催生了一些非营利性企业，通常由基金会资助，旨在填补这些空白。同时，广告和订阅费用的损失引发了关于支持传媒业运作的新商业模式（这一概念曾经对大多数记者和传媒从业人员来说是非常陌生的）的全国性讨论。以往少数几个公司主导下的竞争模式在冷峻的经济形势下似乎已不再有效。部分新模式如下：

● 慈善基金模式（Philanthropic Funding）：由一个慷慨的捐赠者或基金会决定执行一个新的项目。例如，由《华尔街日报》前执行主编主导的调查性报道服务机构 ProPublica，奈特基金会的新媒体创新举措等。这些基金支持项目启动、帮助孵化创新，努力为全社会提供服务。

● 基金会模式（Foundation Model）：传媒公司简单地以基金会或能免税的非营利性机构的方式组建。它们的商业模式是获得补助或捐赠，捐助者能得到相应的税收豁免。在所有的收益都回归公司，且没有产生利润的情况下，开展一定的广告活动是可以的。《哈泼斯》杂志采用的就是这一模式，此外还有波因特研究院（Poynter Institute）所有的《圣彼得堡时报》（St. Petersburg Times）。

● 会员制模式（Membership Model）：传媒公司的运作依靠的是会员会费而不是广告。这一模式的代表是《国家地理》（National Geographic）。订阅用户会成为美国国家地理学会（National Geographic Society）这一自然科学组织的会员。另一个案例是同样没有广告的《消费者报告》（Consumer Reports），由非营利组织美国消费者联盟（Consumer Union of United States）出版。该组织的会员付费订阅《消费者报告》和相应的网站（ConsumerReports. org）内容。会员制组织得最成

功的媒体是由美国退休人员协会（AARP）主办的杂志 AARP，它是美国发行量最大的杂志。有的公共广播电视台也是采用会员制的模式。

● 雇员所有制模式（Employee Ownership Model）：这类传媒公司的雇员出资建立公司或购买媒介业务，公司的股票被作为随着年资增长的奖励进行相应分配。这一模式首先在报业进行尝试，目前图书出版商诺顿（W. W. Norton）正是以这一模式运作着。

● 政府补贴模式（Government Subsidy Model）：这一模式在欧洲较为常见，政府补贴报纸以保持意见的多样性的做法有着悠久的传统。在美国，可以从政府获得免税等多样化的优惠，有的经营互联网业务的本土传媒公司因促进了就业率的提高而享受着租金减免、税收豁免等优惠政策。同时，美国政府还禁止向互联网商业征收销售税以促进它们的发展。为了挽救正在走向消亡的传统媒体，重新评估似乎在商业上已不再可行的媒介服务的价值，各种各样围绕"新商业模式"的会议和研讨会在大学、媒介改革机构不断举行。[13] 意见的多样性是另一个动力。法学教授查尔斯·埃德温·贝克（C. Edwin Baker）的重要著作《媒介所有权集中与民主》（Media Concentration and Democracy, 2007）一书中提到，税收豁免、补贴是解决媒介所有权集中可能的方法。[14] 当然，邮政服务从一开始就已经有对发行媒介产品的邮政补贴。新媒体模式实际上并不新。早在 19 世纪，霍勒斯·格里利在经营他的《纽约论坛报》时就提出并创造了雇员所有制。《堪萨斯城星报》（Kansas City Star）和《密尔沃基新闻》（Milwaukee Journal）多年以来采用的都是雇员所有制。20 世纪 30 年代，新闻评论家乔治·塞尔迪斯（George Seldes）在他的经典之作《报阀》（Lords of the Press）中，敦促工会、大学和基金会创建关注公众趣味的综合性报纸，而不是仅仅只是它们自己关注的内容，但这一想法从未实现。

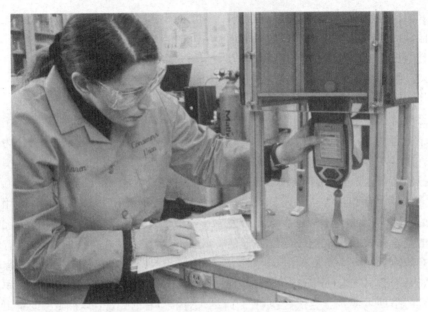

《消费者报告》实验室正在对一个电脑配件进行性能测评，其结果将发表在杂志中。这是传媒业中会员制模式的一个例子。

自由市场与规制控制

关于动机、企业文化以及媒介环境的长期影响的文章已经有很多了。[15]但是，包括互联网在内的数字传播将扮演什么样的角色，目前还是未知之数。许多数字媒介公司股票价格很高，但具有可持续盈利能力的却很少。正如前文所提到的，尽管互联网经济中目前似乎已经出现了一种以广告为基础的运作模式，但从更大范围来看，其真正的经济模式还未成形。互联网上的大部分内容和信息是免费提供给用户的，为之付费的是广告主、特殊利益集团或生产制造商。很少一部分传媒公司会收取订阅费并给内容加密。然而，最为成功的付费互联网出版商华尔街日报在线（the Wall Street Journal Online）也在 2007 年被鲁伯特·默多克收购后改变了这一付费模式。默多克更倾向于采用广告主付费、内容免费的模式。互联网提供了"正确的受众"，即高度专业化的和具体的个人受众，也带来了巨大的、可积累的潜在受众。它实现了大众与细分受众的最佳结合。它既能对成百上千万受众进行"广播"（broadcasting），又能针对小规模细分受众进行"窄播"（narrowcasting），并且在互动性方面具有优势。同时，与电视不同，互联网目前还没有普及到每一个人，但"数字鸿沟"（digital divide）正在慢慢消失。预期到 2010 年，包括老人、贫困人口和流浪人口在内，将仅有很少一部分人不能获得互联网服务。

近年来，许多传统媒体正在完善和修订大数原则的模式。报纸制订了相应的商业计划，对市场进行细分，寻找更多的高端读者，而不再像以前那样服务于普通读者。许多批评家对此感到不安，他们担心这一现象在美国出现并向世界各国蔓延，将使为普通百姓提供传播服务遭遇危机。也有人说，世界很快将被完全连接在一起，不久的将来，宇宙传播也将成为可能。

非常明确的是，传统媒体和新媒体的世界同时涉及以制造业、实业为主的传统经济和以数字通信业为主的虚拟经济。目前，这些操作在温和的政府干预和监督下进行。当然，这一情况可能发生改变，因为政治和政策都是经济趋势下的产物。媒介经济生存于一种持续变化的状态之中,一边是近乎绝对的自由,另一边是政府及公共部门的控制。在经济情况好的年头,规制通常会减弱;当经济萧条、不景气等低迷的状况出现时,政策调控力度就会增强。

因此,在理解媒介时,经济、技术和政治因素是混合和关联在一起的,其重要程度随着环境的变化而变化。公共政策是所有这些连接在一起的受益者。因为,在传媒产业和职能的变迁过程中,政策作为解决问题的方法是政治、政府或私营部门的衔接点,但有时也制造麻烦。媒介必须经历具有极大影响力的人力作用,有时还直接受到社会因素的影响。社会因素将为了公民、机构和社会本身最终决定媒介的未来。

独立与控制

传播政策

对传播政策可以有多种描述,它是政府作为公共利益的代表与媒介机构的接口,更复杂的形式则涉及私营部门、其他社会机构和利益团体。[16]虽然学者丹尼尔·莱西(Daniel Lacy)曾经注意到,所有美国传播政策都源于宪法第一修正案,但其前身是对广播电视进行规制的法律和监管制度。在一个将媒介视为独立系统并在宪法中规定了新闻自由的社会中讨论媒介政策或是媒介控制是非常奇怪的。毕竟,控制是自由的对立面,在完全专制的控制之下,几乎是没有自由可言的。在美国语境中,"控制"实际上只意味着约束。例如,出于公共政策目标的规制是为了媒介能够平衡各种个人利益和社会利益。这类控制包括传播政策制定标准、解决争端,还包括最初制定这些政策的政治活动。

控制令人反感的内容

在北美殖民地,人们担心皇家宪章既能给媒体授权也能将其关闭。现在,美国及其他国家的公民们都在关注对网络空间和信息自由流动的潜在控制和限制。有的善意的努力,例如打击网络犯罪,也可能产生限制自由,甚至是促进审查等意想不到的效果。尽管由于技术的限制,在互联网上进行审查是非常困难的,但相关的努力却一直在进行。例如,美国和德国对色情及政治素材的限制等。互联网存储和处理信息的能力给媒介投资者和所有者们带来了新的挑战。一个普遍的观念是,互联网上的内容应该是免费的。更有甚者认为,这是一种权利。

并非所有的控制都涉及政府。而审查是一种政府阻止传播的正式形式,个体商户有权拒绝含有不良内容的光盘、录像带、图书和杂志。例如,巨型企业沃尔玛拒绝销售某些音乐光盘、图书和杂志,即使它们没有任何违法内容。媒介所有者有权决定一个有线电视频道是否按次收费。经济、宗教、教育等因素对广告主的影响,同样也在传播过程中发挥着作用。一个商业媒体如果得到了一篇十分重要的稿件,也可以带动广告业务。因此,政策和政治所产生的现实影响塑造着我们的媒介系统及其运作方式和内容。

控制政治传播

在美国,任何关于政治条件的讨论都会面临大众媒体。其中非常关键的是将"新闻界"或新闻媒体与其他以娱乐和广告为目标的媒介进行区分,包括印刷媒介、电子媒介以及它们的数字化呈现形态。这在传统上是有不同标准的。随着所有媒体之间的界限越来越模糊,并走向融合和合并,法律体系至今仍在处理新闻与娱乐节目、广告的区别的问题。当然,在美国社会中,所有媒体都是整体系统中的一部分,受到与媒介和政府相关的各类复杂政治因素的影响。

与全球性的标准相违背的是,美国的媒体,无论是提供新闻信息的还是提供娱乐节目的,都是独立于政府的。它们独立运作,不依靠政府的资金、不受政府的监督。值得一提的是,在拉丁美洲、亚洲和俄罗斯,曾经被政府严格控制的媒体正在走向全面民主化。在中东地区,卫星和电视频道仍然为政府所有。公平地说,拉丁美洲和亚洲已经发生了足够大的变化,它们正在走向开放,曾经与美国形成的那些鲜明对比已不复存在。

这就意味着,以国别比较的方式来研究媒介的方式已经不那么有效。现在,全球媒介系统和全球性的传媒公司需要以国际上可接受的方式生存,并适应不同国家的法律。相当宽松的美国媒介法律和传统在国外并不总是适用的。现实决定了传媒公司能做什么。在跨国传播中,有许多关于互联网、知识产权、卫星传输等方面的国际协议,但也有很多没有明确规定的东西。这个问题的另一面是,在一些媒介内容部分来源于美国的国家,盗版是一个活生生的事实。这包括电影、电视节目、图书、视频类游戏等内容。正如我们后面要提到的"诽谤",一些个人、公司和政府采取"择地诉讼"(forum shopping),选择一个地方以没有美国法院会接受的理由起诉美国媒体。同样,俄罗斯、新加坡等国政府也会驱逐对当地政权表示不满的媒体和记者,不管他们回家后享有什么样的美国宪法第一修正案赋予的权利。

政治广告是政治传播的一部分,通常会使用许多平台以及平台中的平台。例如这场人权示威游行中,T恤和招牌都被用上了。

保护公共利益

由于一贯的传统,美国新闻媒体被期待能为公众提供信息、辩论和意见,它们常常被人们描述为"受托人"或"代表"。但是,法律并没有要求它们这么做。它们被贴上各种各样的标签,如"公共利益的把关人"。"第四权力"的称呼则暗示着它们几乎成为政府的一个分支。很多时候,这一角色使新闻媒体与政府发生冲突。最为典型的是,新闻媒体与几乎每一位美国总统之间都产生过冲突,最常涉及的是信息控制和对丑闻的揭露。例如,布什执政期间揭露的"窃听门"就曾引发争议。该事件中,美国中央情报局(CIA)以国家安全的名义从事国内间谍活动,窃听公众电话。

在战争期间,新闻媒体和政府经常是不一致的。正如一位历史学家所言,战争的第一个受害者就是"真相"。这种情况从美国革命到21世纪的伊拉克战争和阿富汗战争都一直存在。与之类似的是,自 2001 年 9 月世贸中心和五角大楼遭遇袭击后开展的反恐战争导致了媒体与政府之间关于信息透明的诸多争议。从历史上看,在大多数冲突中,政府不仅控制着军队的行动,还试图控制有关战争的信息,特别是那些涉及国家安全的信息。新闻媒体则希望传递有关这一重要公共问题的信息和形成意见,因此自然会抵制其怨恨这种控制。在 2003 年开始的伊拉克战争中,记者被"嵌入"军事单位,但在他们写什么和观察什么方面仍然受到严格限制。

有时,媒体与政府的冲突的中心是某些特定的人士,例如某些国会或行政部门的人员涉嫌性虐待或经济上的不当行为。

涵盖选举政治

政府与新闻媒体产生冲突的另一个领域是选举,特别是总统选举。在总统竞选过程中,候选人和他们的竞选活动往往会遭到新闻媒体尖锐的批评,充满了偏见和不公平的描述。[17]2008 年总统竞选中,这一情况在初选中就出现了。参议员希拉里·克林顿的竞选团队强烈谴责新闻媒体的偏见和不必要的讽刺及性别歧视。她最终在民主党候选人提名的竞争中输给了巴拉克·奥巴马。参议员约翰·麦凯恩的竞选团队也同样指责记者以年龄歧视进行攻击。这些指责进一步激起了媒体批评、监督等其他责任的讨论。在其他国家,选举期间新闻媒体的质疑常常会导致十分严酷的审查。近些年,在非洲和中东国家尤其如此。尽管候选人有时持谨慎态度,但这一情况在美国从未发生过,因为公众常对媒体有负面的看法。实际上,最近的研究表明,如果公众重新审视美国宪法中的《权利法案》(Bill of Rights),它并未赋予新闻媒体如此多维度的自由。

在现有的体制下,大众媒体具有两个主要功能:

● 第一,媒体为国家和民族提供一个传播的公共空间。媒体进行日常的议程设置,为公众提供一系列供讨论的话题和事件。议程设置让人们使用媒体提供的信息围绕特定话题进行讨论,形成公共舆论。

● 第二,在公众从各种社会、经济和政治的角度讨论媒体所设置的议程的时候,媒体同时扮演着倡导者和调解人的角色。

媒体的第一个功能将带来共识与合作,而后面一个功能则可能导致冲突。一个功能使媒体成为国家的中枢神经系统;在其他机构需要独立的评价时,媒介的另一个功能则使其成为一个代表人民的校正装置。例如,一个表现不佳的政府不会将其缺点告知公众,而这些是公众应该知道的。作为公共利益的把关人,媒体有责任向公众报道这些信息。

因此,我们的媒体生存于一个共识与冲突并存的氛围之中。这两者之间的平衡取决于媒体对政治和政府气候的适应能力。媒体报道政府的活动,偶尔也参与其中,例如前往法院上诉、请愿或充当公职候选人的支持者或反对者。

要充分了解新闻媒体,至关重要的一点是要认识到,在大多数情况下,它们将自己视为非意识形态主体,或认为自己是充满自私自利的政客和官员的世界中维护公平和正义的工具。有的市民,特别是受到新闻媒体批评的那些人,显然持有不同的看法。但是,与英、法等国那些公开声称拥护政治党派的新闻媒体相比,我们的媒体在很大程度上是独立的和无党派的。新闻记者可能偶尔会对候选人表示支持,但媒体不属于任何政治党派也不直接接受政府的资助,有的国家的情况则恰恰相反。

政治保护：宪法框架

出于政治和经济方面的考虑,所有的民主制度都会对媒体加以一定的限制。在英国,虽然报纸都是私人拥有的,但是如果没有事先获得授权,公开出版任何内容都是一种犯罪行为。记者们只允许报道庭审当时的内容,审判前的宣传是被禁止的。

美国媒体的政治环境有两个基本要素：

● 第一,美国宪法中清楚地写明了"保障新闻自由"。

● 第二,自由并不是绝对的。由于新闻自由与其他的权利和自由形成冲突,已经建立了对新闻自由的法律限制。

我们已经开始依据"保障新闻自由"这一源自美洲殖民地时期的经历并在美国宪法中规定了的原则对这些法律限制进行检查。

新闻自由：一项历史遗产

美国独立战争前,美国是英国统治下的殖民地。政府委任总督作为官方代表,确保英国的法律和政策在各殖民地的统治地位。英国法律中专门设定了新闻媒体与政府的法律关系。"事先限制原则"深深地嵌入在这些法律中。政府不仅能够处罚非法出版物,还能够阻止它不喜欢的材料的出版。简而言之,政府能够对出版物进行审查。

正如我们在第3章和第4章中提到的,在英格兰,大革命之前的几十年,尽管有的人因出版了官方不喜欢的出版物而被监禁或罚款,但官方并没有强制执行"事先限制原则"。18世纪,许多英语手册和报纸的作者经常批评政府,但并没有遭到报复。但是,在殖民地,叛乱是一个永远存在的可能问题。因此,总督有时会要求任何关于政府活动的评论都须在出版前进行审批。在报业历史中详细记载了政府有时采取的严厉打击活动,例如本杰明·富兰克林的哥哥曾因为批评政府被监禁,最后被迫放弃他的报纸。更著名的还有《纽约新闻周报》出版商约翰·彼得·曾格的案例。

曾格被指控犯有煽动性诽谤罪,是指他诽谤纽约州州长也就是诽谤政府或国家。在他的律师的极力争取下,陪审团裁定他罪名不成立,原因是尽管他出版的内容批评了政府,但内容是真实的。陪审团认定公民有权利表示对政府的反对。曾格案并没有改变诽谤罪的相关法律,但它使得公众舆论坚定地支持"应允许报纸传递真相"的观念,即使这有可能与政府的意愿相违背。在英国统治的剩余时间,事先限制原则作为法律制度的一部分保持了很多年,但极少被强制执行。

宪法第一修正案

　　非常奇怪的是，尽管报纸、小册子猛烈抨击在动员支持革命的过程中发挥了关键性作用，美国宪法的制定者并没有在最初的文件中提及新闻自由。首先，他们既无法对这一概念在实践中的含义达成一致，也不确定这样的规定该如何强制执行。其次，有的制宪委员会成员认为，没有必要保障这种自由。

　　然而，在宪法获得批准之前，一些州坚持对获得保障的"自由"的清单进行若干修正。十条修正案最终被接受，即后来所称的《权利法案》。在第一修正案中脱颖而出的便是其中规定了"国会不得制定有关下列事项的法律……剥夺言论自由或新闻自由"。这一表述被称为第一修正案的言论自由及新闻自由条款。（第一修正案还包括保护宗教和集会自由的内容）。初一看，这一条款是非常清楚、明确的。随着近年来，新的媒介形式不断出现，媒体和政府在一些混淆的问题上纠结不清，困惑

着公众和法学家们，也给大众媒体经营者们带来了各种各样的约束。

　　这种困惑是如何产生的？我们应该认识到，即使是在共和国建立的第一天，许多奠基人因意识到"新闻自由"的价值而认为它不应受到约束。但也有人表示疑虑，因为报纸常常成为政治权力的工具。例如，报业的支持者今天常常引用托马斯·杰斐逊的话："如果让我们在'有政府，没有报纸'和'有报纸，没有政府'之间做出抉择，我会毫不犹豫地选择后者。"但是，他紧随其后的话却很少被引用："但我应该说，必须保证每个人都能收到这些报纸，并具有相应的阅读能力。"而杰斐逊这一让理想幻灭的话因为常常遭到新闻界的反对而几乎从来没有被引用过。他痛苦地说："从没有读过报纸的人比读过报纸的人消息更灵通，因为什么都不知道的人比心中充满谎言和错误的人更接近真相。"

美洲殖民地第一个关于捍卫伟大的自由表达的案件。律师安德鲁·汉密尔顿为出版商约翰·彼得·曾格辩护。

《纽约时报》记者朱迪丝·米勒（Judith Miller）因拒绝透露她的信息来源而被捕入狱。

位于首都华盛顿的新闻博物馆通过展览和公共项目促进和捍卫美国宪法
第一修正案。第一修正案中的语句被刻于建筑物正面的左侧。

如果询问美国人是否相信新闻自由,几乎所有的人都会明确地点头同意。它和自由、家庭以及美国国旗一样,是国家尊严的来源。但是,当新闻媒体涉及一些特定的情况,例如色情、批评他们喜爱的公众人物或不利于他们的事件时,他们对新闻自由的认同则可能会消失。一般而言,对新闻自由的支持往往不是仅仅基于政府无权控制新闻媒体,而是基于一个信念,即新闻自由是确保公众知情权和民主国家的最好方法。当新闻媒体在为公众提供信息方面表现不佳时,对新闻自由的支持度则可能会降低。

新闻自由(通常指媒体)是一个十分复杂的问题,涉及诽谤、攻击性材料(例如,亵渎性的电影、色情材料)、出于技术需求的电波管制、战时保密等许多方面。不同法院司法辖区的界限让这一问题更加复杂。例如,多年来,大多数诽谤案件是依据国家法律在州法院处理的。为扩大新闻自由,联邦法院很少介入,这一状况一直持续到20世纪。随后,电影和广播电视媒介相继出现,对新闻自由的讨论变得更加复杂。

保护言论 vs. 不保护言论 电影、肥皂剧和电台节目等"讲话"和"新闻"的形式应受到第一修正案的保护吗?早在1915年,最高法院就裁定电影放映是一种以盈利为目的的纯商业行为(互助电影公司诉俄亥俄州工业委员会一案)。因此,法院延续这一观念,电影放映

不适用宪法中保护言论和新闻自由的内容。但是,1952年,纽约州以亵渎神明为由禁止意大利电影《奇迹》放映。随后,最高法院推翻了之前的决定。当该案件上诉至最高法院时,法院裁定俄亥俄州没有权力基于宗教理由对电影进行审查。[18] 这一案件的影响是,电影也受到了第一修正案的保护。

广播和电视呈现出更加复杂的局面。从原则上来说,报纸和电影的出版是没有数量限制的。但由于技术上的原因,广播电视的频率却受到严格限制。近些年来才有所放松。广播电视与印刷媒介之间的差别成为政府对广播电视进行规制的依据。换而言之,广播电视渠道的稀缺性是广播电视规制合理性的来源。因此,政府主要通过广播电视牌照的发放和更新对广播电视台所有者进行管理,有时也会对内容进行一定程度的调节。对广播电视的规制常常会在"电波为公众所有"的原则和宪法对言论自由的保护条款之间妥协。

技术对制度的挑战 随着媒介发展,特别是随着多个有线频道、数字电视、互联网电视以及博客的出现,渠道稀缺的观念逐渐被抛弃。新技术的发展极大地拓展了将信息传递给受众的途径。例如,随着有线电视、卫星传输以及新技术催生的宽带的发展,我们的广播电视进入了一个从稀缺走向丰富的新时代。这导致了一定程度上的放松规制,但旧的监管

制度仍然占据统治地位。最大的冲突是关于新闻自由的权利,因为这是许多权利之中最为重要的一个。新闻自由的权利有时会与维持秩序和安全的社会权利相冲突。例如,在媒体行使新闻自由权利的同时可能与警察和法院的工作形成冲突,也可能与政府出于国家安全需要的必要的保密的能力相冲突。新闻自由也可能与个人权利产生冲突,例如隐私权、获得公平审判的权利等。这些冲突的结果是,法院经常对媒体有权随意发布任何它们喜欢的信息采取否定裁决。法院对新闻自由最重要的限制是与诽谤、审判报道、淫秽内容以及政府秘密相关的。

我们在第 8 章中曾经提到,从传统的模拟传输向数字传输转换是电视发展进程中的又一次革命。多年来,许多批评者表示担忧,他们认为许多人的权利在这一转变过程中被剥夺。美国数字转换的时间表被确定在 2009 年,此时有约 1 000 万个美国家庭尚未获得有线电视或卫星电视服务,他们只能在政府优惠券的帮助下,买一个简单的转换机顶盒,并继续使用原来的旧电视机。还有一些讨论集中于在数字时代,当技术将以往保护公众的指导原则推到一边后,如何能使公共利益得到最好的服务。尽管有越来越多的电视、无线和其他电子设备被提供给人们,但通信传播系统的许多部分仍然由政府监管着。正如阿斯彭研究所(Aspen Institute)的查尔斯·费尔斯通(Charles Firestone)、艾米·加尔默(Amy Korzick Garmer)所写的,“很简单,向数字广播电视的转变使得世界上最强大、最重要的媒介的性质发生了改变”[19]。

规制中技术的地位:从印刷技术到赛博空间

政府有关技术的政策或控制常常集中于鼓励或限制信息的获取。从早期对印刷出版商发放牌照到网络空间正式纳入美国及其他国家法律中,政府代表公民(或是领导人,或是同时代表两者)一直在其中发挥着重要作用。在许多欧洲和亚洲国家,没有皇家许可证,出版商不允许进行作品的复印和分销。因为,君主认为他们应该控制所有的传播,也因此清晰地意识到需要小心翼翼地守护这一权利。直到被民主的制度取代之前,自由出版和发布新闻、信息和意见的权利一直是美国、法国等多个国家革命的中心内容。20 世纪八九十年代,苏联解体,拉丁美洲军事政权被推翻,亚洲进入新的经济发展阶段,但政府出台的多数政策对媒体并不友好。虽然媒介自由通常受到法律保护或开明制度的鼓励,但即使在最自由的社会中,政府依然充当着“交通警察”的角色,发挥着分配广播电视频率、版权注册、阻止广告活动等其他社会、社区或公民的功能。

在技术的驱动下,许多政府和其他机构采取行动,试图监控、管理或影响传播。为防止广播电视出现无政府状态,需要对广播频率和电视频道进行分配。由于有线电视垄断经营被认为更加经济,区域传播中有线电视系统的经营常作为“专利”授予某一个有线电视运营商。电信和电话系统同样也从垄断中获益,随后其中大部分垄断被打破。联邦政府的管理涉及传播、贸易等多个领域,在这些领域中,政府监管和调解被认为是至关重要的。“规制”通常被看到的是其负面效应,例如限制了媒介运营商的选择、强制执行规则等,但这并不是真实情况。在美国历史上,政府对媒介的监管通常是采取不干涉政策。与拉丁美洲和亚洲相比,美国联邦政府通过规制最小化等政策鼓励广播、电视、有线电视、电信和宽带的发展。对互联网业务实行免税政策,以鼓励行业发展,创造就业岗位。从卡特到里根、布什、克林顿和小布什总统时代,“轻度规制”政策的主要特征是很少对媒介运营商罚款、吊销广播电视执照,或是批准创建越来越大的媒介公司。

20 世纪 90 年代,各类传媒企业(电信、有线电视、广播电视、电影、报纸等)都在争夺对新媒体公司的控制权,新的管理制度替代旧的制度。《1996 年电信改革法案》(Telecommu-

nications Reform Act of 1996）获得国会通过并签署成为法律。它允许传媒行业进行相关的多业务经营，此前这些领域的贸易活动一直受到以打破垄断为目标的反托拉斯法律的约束。立法方面也放宽了媒介所有权和内容方面的规则。大多数观察家认为，这一新的举措极为重要。行业中许多曾经被高度管制的领域都放松了管制，并允许更多的竞争。批评家则认为，新法案完全是大型传媒公司的手笔，是它们赚钱的许可证，但无关公共利益。也有人认为，新法案是一个交易，以广播电视及其他传媒业的自由度换取经济增长和新的就业机会。有的人希望新法案将推动互联网的发展，并使其能够更加广泛地供孩子在教室、公民在家中使用。这些都以惊人的速度实现了。

猥亵与监管　电信改革法案中的部分内容引发了与禁止不雅或明显攻击性言辞的《传播内容庄重法案》（Communications Decency Act）之间的重大争议。这一法案规定，对在互联网上传播淫秽和不雅内容的行为应进行刑事制裁。该法案将"利用交互式计算机服务"向未成年人"传播展示关于性行为、性器官、排泄活动或排泄器官的任何评论、要求、建议、图像或其他内容，其描述方式按照当代标准属于明显令人厌恶的"定义为犯罪。[20]尽管该法案已经由克林顿总统正式签署成为法律，但许多民权组织和互联网团体对此表示反对，他们认为任何对互联网的控制都是将言论"定罪"，对互联网系统最重要的特征——自由和开放进行限制。这一法案在费城联邦法院庭审时被重新评审并被宣布无效，随后美国最高法院同意维持一个自由和开放的互联网。互联网和其他形式的数字传播可能增加了传播渠道，但政府在监管和控制方面的兴趣并没有因此结束。每一个新技术都不可避免地带来法律等多个方面的政府控制。有时，这些也反映了公民的利益。例如，在互联网或某些特定行业的父母尝试阻止新的竞争。在技术方面的所有纠纷中，双方均以公共利益为其行动的理由。即使是非常有利于电子商务发展的免除销售税也是由政府控制的。

 ## 传播法律的支柱

在华盛顿及多方面围绕鼓励或限制数字传播等政策问题进行努力的背景下，传统媒体法律体系仍然存续。这包括以下方面：用于名誉保护的诽谤（包括口头和书面诽谤）罪；隐私权，更不用说享受个人自由的权利；版权，用于保护知识产权；淫秽和色情，与不断变化的行为标准和道德观念相联系的概念；以及广告法等多个方面，特别是与数字化相关的问题。其他有关媒体的问题也已经得到了相当的重视，包括以下方面：记者的特权，涉及保护记者的消息来源；公平审判与新闻自由，这涉及在美国宪法第一修正案保障的新闻自由权与第六修正案保障的"公平和迅速审判"权利之间寻求平衡。大部分传媒法律问题由美国州法院处理，只有极少数特别的法律问题才会进入联邦法院，例如版权（宪法中予以保障）或电子媒介监管等。每年数以千计的案件通过法院处理，偶尔会有一些危机或问题会上升到更高层面。例如：对诽谤的判定被视为削弱新闻自由、破坏调查性报道；对隐私问题的判决可能表明我们正在赢得或失去隐私。在数字时代，所有适用于传统媒体的法律标准仍然适用，尽管很多人不相信也不希望如此。一个人可能在博客或因他的隐私被侵犯而被诽谤。版权或知识产权常常涉及下载和文件分享等让复制变得非常容易的行为。一个具有争议的事件是，旗下拥有MTV电视网和其他媒介资产的传媒巨头维亚康姆因其节目片段被Google、YouTube网站用户上传至网页而起诉Google。尽管这一争端最后得到了解决，但是这有可能成为此类争端的一个典范，即当个人（或公司）不受约束的自由涉及其他人的权利或财产时产生的问题。[21]

诽谤难题

禁止造假、诽谤他人的强制性命令有着古老的渊源。十诫（Ten Commandments）中就有禁令——"不可作假见证害人"。在古罗马法中写有"一个人错误地指认另一个人是小偷或杀人犯必须支付赔偿，并用手指着自己的鼻子，公开承认自己是个骗子"[22]。当一个人的名誉被其他人不真实的公开声明损坏时有权获得赔偿的这一理念是从当代英国法律体系传到美洲殖民地的。今天，反诽谤法的保护范围不仅包括个人名誉，而且包括公司和企业名誉。随着媒介及其庞大受众群体的发展，在非常大的范围内"作假见证"和损害名誉成为可能，由此将造成严重的经济后果。

反诽谤法与媒体

每一年，都有许多针对报纸、杂志、图书出版商、广播电视台、有线电视公司和互联网公司的诽谤诉讼。它们不断测试着新闻自由的原则。法院必须权衡新闻自由原则与人权中保护个人隐私、名誉和内心安宁原则。在没有任何关于诽谤的联邦法律的情况下，问题更加复杂。这是一个州的法律问题，每一个州都有自己的规定。

国家法律常常会给新闻记者和新闻媒体一些免于诽谤诉讼的保护。他们通常被允许出版或发表公共记录以及对公众人物和政府官员的评论和批评。不幸的是，并不完全清楚在各个州不同的法律之下由谁来对公众人物进行资格认定。在各个法院的案件中对公众人物的定义中，"众所周知"是一个最重要的特征，例如著名的体育明星、娱乐人物、通俗小说家甚至是知名科学家。

美国宪法建立了对媒体在诽谤诉讼中的保护。在具有里程碑意义的 1964 年《纽约时报》与沙利文（Sullivan）的诉讼案件中，联邦法院首次认为各州关于诽谤的法律在与宪法第一修正案相违背时，可以被推翻。在南方发生公民权利的激烈冲突时，《纽约时报》出版并刊登了呼吁广告，从而间接地攻击了亚拉巴马州伯明翰公共事务专员。亚拉巴马州的陪审团裁定《纽约时报》需支付 50 万美元的赔偿金，因为广告中含有非事实的虚假陈述。但最高法院推翻了亚拉巴马州陪审团的决定，认为其违背了新闻自由原则。从本质上来说，最高法院认为对公共问题的完整和激烈讨论（包括对政府官员的批评）十分重要，因此不能允许各州通过反诽谤法对媒体进行压制。此案之后，进入 21 世纪，政府官员要求诽谤赔偿就非常困难了。根据最高法院的判决，只有当政府官员们能够证明媒体存在"实际恶意""明知陈述错误，或者毫不顾及陈述是否错误"时才能对其提起诽谤诉讼。

诽谤问题绝不因为《纽约时报》与沙利文的诉讼案而一劳永逸。自此以后，法院已经一再重新定义"谁是"或者"谁不是"政府官员或公众人物。

百万美元诽谤诉讼

美国最高法院自 20 世纪 80 年代到 21 世纪的前十年间，没有从根本上对反诽谤法进行过修改，其他许多因素（主要是经济因素）引发人们关注反诽谤法在限制新闻自由方面的重要作用。有的诽谤案金额高达百亿美元，涉及商界领袖、演艺人员，甚至是有组织犯罪家庭。有时他们能够胜诉，但大多数情况下他们是败诉的。近年来，俄罗斯商业大亨、沙特的石油集团都开始采用"诽谤诉讼旅游"（libel tourism）的方法，它们在英国等反诽谤法律更为严格的国家起诉美国媒体。现在,美国法院还没有执行这些判决。无论结果如何、是否有判决,双方都要支付高昂的诉讼费用。诽谤审判的费用不断上升不仅因为法院对媒体的处罚判决,而且包括律师费和诽谤保险费用的增加。

有的批评者认为,日益保守的司法制度是诽谤诉讼成本增长的原因之一。但得克萨斯大学法律教授大卫·安德森(David Anderson)认为,媒体在法庭胜诉和败诉的案件数量基本相当。[23]然而,不管是赢是输,法律诉讼的费用都是高昂的。有的观察家说,诉讼成本费用的增加将导致调查性报道的减少(即所谓的"寒蝉效应"),但另一些人说付出一定的成本对力量正日益壮大的媒体进行检查是非常必要的。应该指出的是,诽谤大案判决的上诉率会大大降低。但几乎所有的资深观察员都认为,诽谤诉讼费用的增加将产生重大影响。[24]

反诽谤法和诽谤案件总是值得讨论的,因为这一领域的法律很复杂,但又相对而言更容易提起诉讼。应该注意的是,虽然媒体经常赢得诽谤案件或进行庭外和解,但仍有很多由法律费用产生的成本,这对小型的出版企业和广播电视机构的负面影响非常大。法律学者唐纳德·吉尔默(Donald M. Gillmor)认为,政府官员和知名人士是许多诽谤诉讼的发起者。他提议拒绝保护那些"高知名度的、拥有丰富传播资源的公众",节约资源并通过严厉的反诽谤法来保护那些真正受到媒体侵害的、力量弱小的普通民众。[25]多年来,有许多人努力推动反诽谤法的改革。反诽谤法改革的兴趣常常来源于媒体,尤其是当它们在重大案件中败诉以后,但此事迄今为止几乎没有获得公众的支持。更重要的是,法律界人士对这项改革的积极性也不大,这可能是因为他们担心律师将因此损失巨大。

其他的提议还包括设法避免诽谤及媒体与公众对立的其他局面。其中一个建议由已故的俄勒冈州出版商罗伯特·钱德勒(Robert Chandler)提出,他要求设立社区投诉委员会,该委员会的权限小于新闻委员会,但能起到公众意见安全阀的作用。[26]本书在其他地方曾提到,明尼苏达州新闻委员会就曾以一些案件作为尝试,提出了将这一努力以一种温和的方式"国有化"。在华盛顿,新闻委员会也在蓬勃发展。各种公共利益团体和基金会都在支持新闻委员会和媒介评估项目,但这些评估项目只有一小部分坚持下来。

媒介审判

宪法保障新闻自由,但第六修正案也保证了被告有被公平和迅速审判的权利。有时,报道导致无法对犯罪和犯罪嫌疑人作出公正的审判。此类事件在法院高调进行公开审判的案件中已经出现过很多次。曾经,法庭是禁止摄像机拍摄的,但近年来,电视和有线电视对著名案件审判的报道几乎是连续的,例如著名的辛普森案(case of O. J. Simpson)。事实上,有线电视的法庭频道(Court TV)的生存应归功于涉足公众所关注和迷恋的名人等公众人物的具有轰动效应的审判。如南希·格蕾丝(Nancy Grace)等有线电视评论员发表了许多对审判具有一定引导性的偏颇的观点,此外还有许多法律专家和律师渴望通过媒体向观众发表他们关于审判的意见。

主张通过各种努力促进建立"公平审判-新闻自由"的标准的倡议已经提出了很多年。法庭限制照相机的最初原因与发生于20世纪30年代的林德伯格绑架案有关。当时全美最有名的英雄飞行员查尔斯·A.林德伯格(Charles A. Lindbergh)尚在襁褓中的儿子被杀害。随后,俄亥俄州涉及山姆·谢泼德

(Sam Sheppard)博士的一桩谋杀案引发了一场"媒介审判"(trial by media),类似的媒体行为还包括针对刺杀肯尼迪总统的犯罪嫌疑人李·哈维·奥斯瓦尔德(Lee Harvey Oswald),随后美国律师协会(American Bar Association)采取行动,召集全国委员会建立更好地保护被告的规则,以保障被告人在审判前免于受到不必要的曝光。在马萨诸塞州最高法院法官保罗·里尔登(Paul Reardon)的带领下,美国律师协会委员会提出建立对有害信息发布设置限制的规则。对法官、法院工作人员、律师、陪审团、检察官和警察而言,一旦这些规则被联邦法院和州法院接受,将使法律更有分量。

对媒体而言,里尔登原则是自愿原则。然而,在 20 多年时间里,超过 30 个州的"公平审判-新闻自由"委员会都在负责推进相关"行为守则"的建立。这些指引甚至会以小卡片的形式发放给记者们,在大多数情况下,它们被执行得很好。在一个发生于 20 世纪 70 年代的华盛顿州的案件中,一个法官以这一自愿性的行为准则为基础禁止新闻媒体报道谋杀案庭审。人们对这一状况将迅速向其他地方蔓延的害怕也由此产生。这显现出宪法第一修正案的脆弱性,它可以被应用于阻止对新闻自由产生损害的措施,尽管这些措施看上去是有利的。

如今,尽管已经很少有记者使用里尔登原则,但当电视体现出远胜于报纸的轰动效应时,人们又开始重新讨论这些自愿性的限制措施的必要性。新闻史学家约翰·史蒂文斯将这一现象称为"可悲的过度"(wretched excess)。[27]然而,耸人听闻的报纸头条可能被认为是有害的,这在过去并不是个问题。近年来,涉及许多著名的审讯时,《国家问询者报》《星报》等超市小报,以及《纽约时报》《波士顿先驱报》等一些大城市的报纸都在头版对谋杀案进行了专题报道并对被告进行曝光。今天,大多数耸人听闻的报道出现在 24 小时播出的有线电视新闻频道。在那里,新闻被快速编辑,并以醒目的头条新闻滚动播出,而法律案件和各种政治问题及议题的探讨则相对宽松。

YouTube 联合创始人史蒂文·陈(Steven Chen)和查德·赫尔利(Chad Hurley)很快明白,他们必须处理"版权侵犯"这一阻碍数字媒介发展的关键问题。维亚康姆已经提起了对 YouTube 及其合作公司 Google 的诉讼,诉讼赔偿金额高达 10 亿美元。

Google 公司首席执行官埃里克·施密特(Eric Schmidt)创造了一个世界上最大也是最成功的数字媒介公司。

道德价值观：淫秽与色情

家长是否有权利保护他们的孩子，避免他们看到街道上的色情电影广告或展示在当地药店的色情杂志？许多美国人的答案是肯定的，但最高法院的回答却是模棱两可的。近年来，最敏感的问题是儿童色情作品：杂志和电影露骨地描述未成年人之间以及与成年人的性行为。公众压力迫使国会就这一问题进行定期听证，各种不同的法律通常会出台以减少此类材料的传播。结果是，媒体被禁止生产、传播和销售儿童色情产品。这一问题在互联网时代进一步加剧。

对于政府在规制淫秽内容方面应扮演什么样的角色的争论中，有两种完全不同的观点。一些宪法第一修正案的坚决拥护者谴责上述材料的审查机制。他们认为，只要这些内容涉及的都是成年人，政府就不应该试图以任何方式控制公民的道德行为。与此同时，有的人则采取较为温和的路线并倾向于认为对淫秽内容进行审查是当地甚至是国家政府的职责所在。他们认为，一个安全的社会的维持只有通过政府对个人行为的规制才能实现，例如性行为、酒精和药物的使用等。

近年来，媒体收到一些有关色情和淫秽内容的陌生而复杂的信号：1957 年，最高法院似乎倾向于保守派，宣布了"淫秽内容不属于宪法保护的言论和新闻自由的范畴"（罗斯诉美国案）。这一表述看起来非常清晰，但要确定什么是或者不是淫秽内容并不那么容易。20世纪 60 年代的观点是，无论什么材料都不能被轻易地宣布为淫秽内容，除非它没有任何可取的社会价值。1973 年，法院放松了这一判断标准，使得对淫秽作品的禁止更加简单。此外，还规定了作品应该由地方当局以特定的社会和社区环境的标准进行判断（米勒诉加利福尼亚案）。因此，在一个社区中被认定为淫秽内容的，在另一个社区则可能不是。但是，自

道德价值观是媒介呈现中常见的问题，例如，当歌手、演员麦莉·塞勒斯出现在一张具有暗示性的照片中时（并非此图）。

从做出该裁决后，法院在禁止这些作品方面做出的努力已经超过了当地政府。什么内容可以或不可以作为淫秽内容被禁止的原因仍然还不清楚。出于公众压力，媒体会进行一定程度的自我审查。各行业协会也已经制定了与性相关符号的限制。一个经典的案例是 20 世纪 30 年代电影协会的自我审查机制。当这种自查生效后，电影生产商和分销商都变得十分谨慎，甚至连蝴蝶交配的场景也不让出现。随后的 20 世纪 50 年代，漫画书产业在舆论的压力下自愿削减了恐怖漫画的产量。（国会举行听证会以确定这些漫画书是否对儿童有害。）近来，当国会对色情和暴力问题焦虑不安时，电子游戏也会和电视、电影一样成为国会关注的内容之一。

今天，美国全国广播电视工作者协会（National Association of Broadcasters）禁止使用"脏话"或明确的性方面的内容。然而，相对纯净的广播电视同样也是美国联邦通信委员会严格执行《联邦通信法案》中限制淫秽内容规定的结果。虽然我们已经将道德价值观体现在法律中，但近年来媒体作为道德老师和价值观"执法者"的角色一直被反复提出。批评者呼吁更多地关心传媒工作者的责任，媒体的作用并不是填补过去由家庭、教会和学校扮演的角色。从严格意义上说，自愿性的原则并不能通过法院或其他机关强制执行。[28] 所有的政府团体和监督组织都在积极捕捉那些它们认为的下流的或具有暗示性的内容，尤其那些含有儿童青少年性挑逗姿势的电视节目，甚至是印刷广告。媒体也嗅出了其中的气息，因此2008年汉娜·蒙塔纳（Hannah Montana）的扮演者15岁的女孩麦莉·塞勒斯（Miley Cyrus）登在《名利场》上的照片服装都是经过精心挑选的。MSNBC有线电视网的一个名为《追捕》（To Catch a Predator）的节目，对使用互联网引诱未成年人进行性行为的恋童癖者进行了跟踪。的确，无论传统媒体曾经有意无意地传递过多少具有性暗示的内容，互联网都胜过它们千万倍。因此出现了无数个以执法机构为目标，探究网络犯罪的具有挑衅性的网站，它们常常受到博客或公民团体的援助。

国家危机中的政府秘密

2002年通过的《爱国者法案》（Patriot Act）是对"9·11"事件的直接反应，但它最初并不是针对媒体的。该法案引发了一个长期讨论，即政府在国家紧急情况下可能采取什么样的措施来保护其公民。有时，这可能意味着政府及其行动的信息缺乏透明度和公开性。根据乔治·W.布什的新闻秘书司科特·麦克莱伦（Scott McClellan）于2008年出版的一本书中透露，小布什执政期间经常拒绝向媒体透露信息，实际上在有关伊拉克战争等问题上对媒体和公众产生了误导。[29] 这其实并没有什么新鲜的，大多数总统在信息发布方面与媒体存在分歧，尤其是在战争或其他危机时期。

由于意识到不断增加的安全隐患，美国人普遍接受了战争和政治敏感时期某些形式的审查制度，包括冷战时期。无论是否有战争，间谍都是一个经常出现的问题。甚至有不少公民自由主义者认为，战争时期政府需要也应该获得保护。但是，这种审查制度显然违背了保障新闻自由的原则，也限制了公众的知情权。

无论是在战争还是在和平时期，政府保密都引发了许多争议。1991年，当伊拉克入侵科威特时，美国向中东地区派出部队，媒体渠道再次成为问题。2003年，伊拉克战争再次引发媒体与政府的冲突。其中一个有争议的问题是有关阿布格莱布监狱的图片和视频的报道。

战时直接审查

在以往的战争中，政府都能够使用各种间接手段保守自己的秘密。最早用于信息控制的间接手段是截断电报、电线等设施。记者发送信息要么不得不接受军方的审查和备份，要么尝试以其他方式发送。例如，1989年缅因号战舰在古巴哈瓦那港口爆炸，美国政府立即关闭了从哈瓦那通往记者的电报线路。类似的，第一次世界大战爆发后，英国迅速切断了

德国与美国之间的线路。美国记者不得不使用由英国控制的欧洲与美国之间的线路，报道

内容需要接受英国严格的审查制度审查。

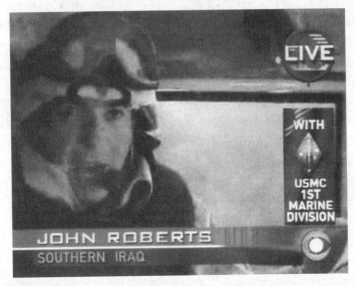

前哥伦比亚广播公司（现 CNN）记者约翰·罗伯茨参加了美军在伊拉克的战争，这一做法后来遭到批评。

比尔·摩尔丁（Bill Mauldin）创作的著名二战漫画《威利和乔》（*Willie & Joe*）。

政府还通过法律、制度和准则等方式实施审查机制。第一次世界大战期间，《1917年间谍法案》(Espionage Act of 1917)中有条款规定任何人以任何方式干扰战争将受到罚款和监禁。例如，批评军火制造商则被视为不爱国的表现。这一规定激怒了报纸出版商，围绕上述问题的法律战在最高法院不断上演。审查机制后来被宣布违宪，但国会随后通过了更加严格的信息控制法律。《1918年反煽动法案》(Sedition Act of 1918)规定，发表任何辱骂、蔑视或表现出对美国政府、旗帜甚至是军队制服轻蔑的行为都属于犯罪。作为法律实施的手段之一，类似出版物禁止邮递。第二次世界大战期间，仅仅是在日军袭击珍珠港后几天，总统罗斯福设置了美国审查办公室，负责审查战争期间所有进出美国的传播内容。最高峰时期，该办公室的雇员超过一万人。其最主要的目标是检查所有的邮件、电报和广播节目。

《美国新闻界战时业务守则》(Code of Wartime Practices for the American Press)也要求国内的编辑和出版商自愿合作。其目的是拒绝给轴心国提供任何与军事有关的信息，如生产、物资、装备、天气等等。

即使是在和平时期，媒体有时也会进行自我审查以保护国家利益。例如，1960年，苏联击落了一家美国U2间谍飞机。这一事件使得改善美苏关系的尝试暂停。然而，在这架飞机被击落前一年，《纽约时报》的詹姆斯·雷斯顿(James Reston)就已经知道了美国间谍飞机在苏联上空飞行的事实，但《纽约时报》并没有对此进行报道，直到1960年其中一架飞机被击落。[30]随后，出于对约翰·肯尼迪总统的支持，雷斯顿隐瞒了有关美国计划从猪湾(Bay of Pigs)入侵古巴的信息。今天，历史学家和媒介专家都认为这是一个错误，后来白宫要求媒体隐瞒信息的努力通常都会被拒绝。

对政府秘密的挑战

尽管媒体常常进行自愿审查，但仍有许多媒体与政府冲突的例子，争议的重点是政府是否有权审查新闻。因为，新闻自由的必要性是我们的共同信念，这也作为一个传统在国家生活中由来已久。因此，政府任何试图限制新闻自由的努力都会招致反对。

例如，在美国内战期间，战争法第57条规定，任何人包括平民和军人，将军事情报提供给敌方，都将被送上军事法庭，并可能被判处死刑。然而，报纸是一种间接的军事信息来源。同盟领导人竭尽全力获得北部的主要报纸，其中往往揭示了部队和军舰的位置。结果是，美国战争部尝试禁止报纸发表任何文章描述部队和船只的行动。编辑们通常会忽视这些要求。战后，谢尔曼(Sherman)将军拒绝与《纽约论坛报》的出版商霍勒斯·格里利握手，他坚持认为正是格里利的报纸将部队的行踪泄露给敌军而导致了许多人丧生的惨重损失。[31]

因此，即使是在战争时期，美国人仍然对审查制度存在质疑，他们追问应该由谁来实施什么样的控制？清楚的是，政府需要保护自己，也有责任保护国家。但新闻媒体认为有权利告知公众政府正在做什么，并坚称公众拥有知情权。因此，新闻自由的权利与政府控制信息的需要之间存在着内在的冲突，将使政府受到损害。[32]

在约翰逊执政期间，美国国防部整理了多达四十七卷的1945—1967年美国参与越南战争的历史资料，包括秘密电报、备忘录等文件。这些历史资料被列为美国最高机密，即后来所知的"五角大楼文件"(Pentagon Papers)。1971年，曾经从事这些文件整理工作的分析员丹尼尔·埃尔斯伯格(Daniel Ellsberg)因为反对这场战争而将文件的内容泄露给《纽约时报》，并希望这些信息能使公众舆论转向反战，从而促使战争结束。《纽约时报》开始连载这些文件，另外还加进了一些报社自己的资料。

尼克松政府以这一出版物危害国家安全为由，向法院申请禁止《纽约时报》(后来还涉及其他报纸)刊登相关内容。法院发出了暂时性限制令,阻止了《纽约时报》继续刊登这些文件的计划。实际上,法院实施了事前限制。

最后,案件上诉至联邦最高法院,政府禁令被裁定为无效。政府未能说服联邦最高法院,即因公开"五角大楼文件"造成的危险足够严重,以至于需要限制新闻自由。随着禁令的解除,报纸继续进行相关报道。(埃尔斯伯格后来以盗窃文件罪被起诉。)至今,联邦最高法院关于"五角大楼文件"案的判决一直存有争议,它几乎没有解决政府与媒体之间的争论。冲突仍然继续围绕新闻报道权、公众知情权与政府某些活动的保密需要展开。

20世纪80年代,里根政府就政府信息渠道与媒体展开"拔河赛"。里根总统提议对《信息自由法案》(Freedom of Information Act)进行修改(该法为公众提供了访问各个政府部门和机构的通道),以增加人们获得联邦调查局、中央情报局等政府机构信息的困难程度。一些专业组织,例如新闻专业工作者协会(Society of Professional Journalists)、美国报纸编辑协会(American Society of Newspaper Editors)等开展声势浩大的运动,强烈反对这些限制。在这一情况下,政府与媒体形成了巨大的分歧:政府声称限制访问是最有利于人民利益的做法;新闻媒体则认为公众应该享受到更好的信息自由流动的服务。在布什和小布什、克林顿总统执政期间,围绕信息发布的小规模冲突也并不少见。

政治性制约:代理控制

我们已经讨论过一些特殊的领域,在那里宪法对新闻自由的保护是有限的、不完全的。但在实践中,新闻自由不仅依赖于这一抽象的框架,还依赖于法院、当局和政治家们的日常决策。[33] 宪法框架本身随着具体问题和矛盾的出现而不断发展。在特殊的情况下,新闻自由也可能有别于理论上的自由。因此,我们看到未来将有各种各样代理人对媒体进行政治性控制,包括法院、议会、白宫、官员,甚至是公民个人。这些群体都可能以正式的形式对媒体进行控制,并以非正式的形式影响信息流动。

通常情况下,最高法院对现行法律和宪法的解释都会带来新的突破并产生新的政策。多年来,法院已经裁定了一系列对媒体具有影响的问题,包括新闻搜索、诽谤、记者消息来源保护、广告监管等事项。正如记者安东尼·刘易斯(Anthony Lewis)曾经写道的,所有的问题都是关于"冲突的权利"(rights of conflict):

我们面临诽谤诉讼,是因为我们认为在一个文明的社会中,应该考虑批评自由以外的利益。换句话说,个人也拥有权利;有时,他们也与新闻自由的权利发生冲突。在冲突中发现权利的现象并不少见,这也是我们拥有法官的原因。但有时新闻界感觉宪法好像只考虑了它的利益。一个网站或一家报纸在官司中败诉,就会说"看,宪法已死,独裁者当道"。但我认为,生活并非如此简单。在冲突中,新闻媒体的利益不是唯一的宪法维度。[34]

作为一个社会机构,媒体过多地关注最高法院的人事变动。每一次总统选举都会提醒我们,总统确保最高法院(以及其他司法人员的任免)得到参议院的确认。人们猜测将由怎样的法官,开明的、温和的或是保守的,为涉及新闻自由、传播政策的相关问题投票。据传播学者大卫·安德森研究,从两百年前至今,传媒业被告在法庭上的表现总体来说不如其他被告。[35]

规制机构

美国联邦通信委员会（Federal Communications Commission, FCC）制定并执行管理从电信公司到电视网的所有通信产业的规则和政策。美国联邦通信委员会的裁决具有法律地位，只有联邦法院或国会才能将其推翻。它制定规则管理广告、媒介所有权、淫秽内容以及其他各类问题。例如，美国联邦通信委员会与法院一起制定了一项反人身攻击法律，使得在广播电视台播出期间受到攻击的个人能够做出回应。美国联邦通信委员会还强制执行针对政治候选人的"等时规则"（equal-time rule），即"如果一个媒体持牌人允许任何一个具有合法资格的公职候选人使用广播电视台，则必须为所有这一职位的候选人提供使用该广播电视台的公平机会"。在"等时规则"的基础上，美国联邦通信委员会建立了公平原则，即对阐明问题和原因的人给予相同的时间。20 世纪 80 年代，美国联邦通信委员会删除了公平原则，因为在媒体资源从稀缺走向丰富的时代，因此惩罚媒体已经逐渐失去了意义。一些国会议员认为，公平原则阻止了一部分媒体和公共场合的发言。不过，大多数人并不认同并主张恢复这一原则，但被里根总统否决了。这一系列复杂的变化和广播电视方面的其他条例经常被传媒人、法律学家和立法者讨论。现在仍然能听到围绕公平原则的辩论，特别是在广播脱口秀节目上。美国联邦通信委员会的大多数精力用于解释它自己制定的条款，使其能够解决各种利益之间的纠纷。在有些情况下，这些条款非常特殊，例如"等时规则"。但在另一些情况下，它们又非常模糊，美国联邦通信委员会成员经常围绕"公共利益"等概念产生争论，他们试图对每一种情况进行定义。

美国联邦通信委员会还负责广播电视台许可证的发放和更新。它还有权撤销许可证，但很少这样做。近年来，政府极大地简化了广播电视牌照申请和续期的程序，并减少了所需信息。现在，美国联邦通信委员会还负责监督广播电视台是否为公众提供了必需的、方便的服务及其服务水平。尽管广播电视机构常常抱怨政府的重手干预，但美国联邦通信委员会在续期许可证方面的管理已经明显宽松了。一位评论家将美国联邦通信委员会与行业之间的关系比喻为摔跤比赛，"充满了叫喊和呻吟，但没有永久性的伤害"[36]。

一个典型的例子是美国联邦通信委员会对淫秽问题的处理。根据《联邦通信法案》，美国联邦通信委员会有权撤销播出淫秽、猥亵内容的广播电视台的许可证。尽管过去广播电视台屡屡播出色情电影，但美国联邦通信委员会能作出的最高处罚只是罚款。

在此前的章节中曾经讨论过，近年来对广播电视的放松规制改变了美国联邦通信委员会的角色。美国联邦通信委员会产生了重大的经济影响，它对媒介内容、少儿节目、广告，甚至是淫秽内容的管理都有所放松。还有许多问题，如市场多样性、竞争、地方性、普遍服务等都在美国联邦通信委员会的议事日程中。由一个政府机构对整个通信产业进行规制被广泛认为是一种对广播电视的约束。即使与前些年相比现在严格的规则已经减少了许多，不少广播电视机构仍然抱怨美国联邦通信委员会是一个官僚机构。有一个理念是，广播电视公司因必须接受政府的授权而获得公众的信任，这使它们与其他媒体有着显著的不同。前首席大法官沃伦·伯格（Warren Burger）作为联邦上诉法院法官时曾经说过：

广播电视台被授予了自由和独占使用公共领域中有限且重要的部分，它们获得特许经营的同时就必须承担公共义务。报纸可以由其所有者随意经营，但广播电视台不可以。[37]

联邦贸易委员会的控制

多年来,美国联邦贸易委员会(Federal Trade Commission,FTC)都要举行听证,以确定媒介所有权的集中是否会对信息流动产生影响。尽管听证通常都没有最终的答案,但媒介所有者们受到了联邦贸易委员会这种潜在干预。此类听证反映了联邦贸易委员会中仅有一小部分人对大众传播等产业感兴趣。与美国联邦通信委员会类似,联邦贸易委员会是联邦政府的一个独立监管机构,其存在的目的是防止不正当竞争。涉及传媒领域时,它的职责通常可以转化为对广告的监管。

自 1914 年成立以来,联邦贸易委员会将虚假的广告视为不正当竞争。联邦贸易委员会和联邦通信委员会都对企业及媒体的虚假声明或失实陈述提起过诉讼。对消费者的保护通常是其关注的焦点。然而,最著名的消费者保护案例并不是来自联邦贸易委员会或联邦通信委员会,而是来自国会。国会禁止电视播出烟草广告,并要求烟草制造商在每一个包装盒上设置"吸烟有害健康"的警示标志。虽然,联邦贸易委员会主要是对个别广告主采取行动,但对作为广告播出渠道的大众媒体也有着强大的间接影响力。联邦贸易委员会在出具正式指令前会先发出警告。其中有些指令具有法律效应,该委员会能够对制造商处以惩罚性罚款,有时可能高达数十万美元。

美国联邦贸易委员会的决议定义了虚假广告的范围,讨论了广告内容真实性的概念,并对夸大的宣传和主张进行谴责。联邦贸易委员会还制定法律规则,举行贸易行业会议,发出广告和标识行为指南,为广告主提供咨询建议。近年来,联邦贸易委员会经常召集传播研究者协助进行针对一些问题的评估,例如针对儿童的商业电视的效果评估等。

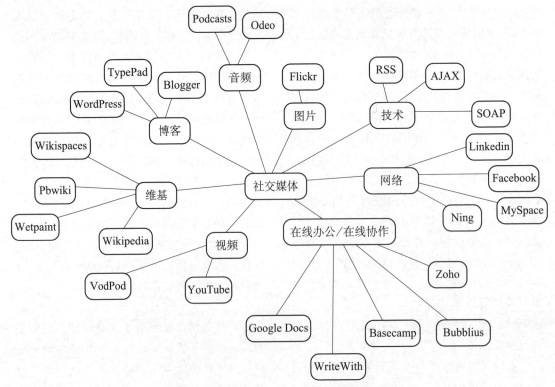

复杂的社交媒体(或社会网络媒体)关系,它导致了对知识产权等问题的挑战。

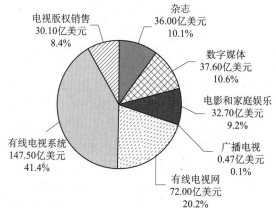

时代华纳 356亿美元

杂志 36.00亿美元 10.1%
电视版权销售 30.10亿美元 8.4%
数字媒体 37.60亿美元 10.6%
电影和家庭娱乐 32.70亿美元 9.2%
广播电视 0.47亿美元 0.1%
有线电视系统 147.50亿美元 41.4%
有线电视网 72.00亿美元 20.2%

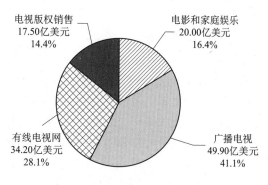

NBC环球 122亿美元

电视版权销售 17.50亿美元 14.4%
电影和家庭娱乐 20.00亿美元 16.4%
有线电视网 34.20亿美元 28.1%
广播电视 49.90亿美元 41.1%

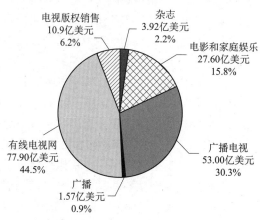

沃尔特·迪士尼 175亿美元

电视版权销售 10.9亿美元 6.2%
杂志 3.92亿美元 2.2%
电影和家庭娱乐 27.60亿美元 15.8%
有线电视网 77.90亿美元 44.5%
广播电视 53.00亿美元 30.3%
广播 1.57亿美元 0.9%

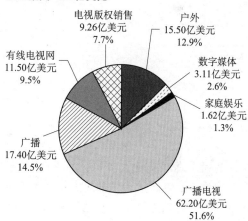

CBS集团 121亿美元

电视版权销售 9.26亿美元 7.7%
户外 15.50亿美元 12.9%
数字媒体 3.11亿美元 2.6%
家庭娱乐 1.62亿美元 1.3%
有线电视网 11.50亿美元 9.5%
广播 17.40亿美元 14.5%
广播电视 62.20亿美元 51.6%

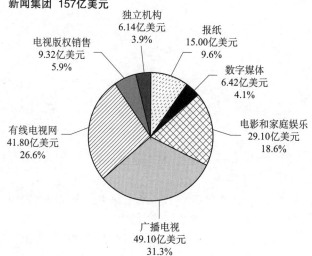

新闻集团 157亿美元

独立机构 6.14亿美元 3.9%
报纸 15.00亿美元 9.6%
电视版权销售 9.32亿美元 5.9%
数字媒体 6.42亿美元 4.1%
电影和家庭娱乐 29.10亿美元 18.6%
有线电视网 41.80亿美元 26.6%
广播电视 49.10亿美元 31.3%

图 13－1①

---

① 原书中没有图题。——译者注

放松规制与外界压力

放松规制基于市场竞争是引导美国商业发展最佳模式这一假设,因此即使是旨在保护公众的政府规制也是一种侵扰。近年来,联邦通信委员会和联邦贸易委员会对通信业的规制都已经变得宽松了许多。这也引发了对其他产业的放松规制趋势,例如报纸和广播电视的所有权问题。20世纪90年代初,再次出现了呼吁加强政府对电视规制的声音。1991年,美国联邦通信委员会前主席牛顿·米诺在演讲中回顾了三十年前他曾经发表的著名演讲《茫茫荒原》(Vast Wasteland):

我反对20世纪80年代一位美国联邦通信委员会主席的观点。他认为电视机仅仅是一个图片的烤面包机。我反对这种观点的原因是,市场将进行自我调节,并不断完善。[38]

总而言之,联邦通信委员会和联邦贸易委员会对媒介的规制是一个非常复杂的领域,且不断演进。规制政策及其实施是多种观点作用的结果,政府机构与媒介之间的复杂关系还将继续引发争论。

媒体受到的政治性影响和压力并不仅限于政府机构。游说者和特殊利益集团都会因各自的目的而试图影响媒体。国会委员会有时会为它们提供一个论坛,或是允许它们见证影响广播电视和印刷媒介的立法获得赞成或反对的过程。在过去几年中,游说者和特殊利益集团尝试对一些问题产生影响,例如电视中暴力内容的比例、媒体雇佣政策(特别是雇用妇女和少数族裔)、投票截止日期前的选举报道、地方剧院的色情电影筛选等等。这些问题不断变化,但有一点是确定的:公众关注的媒体问题通常都会成为政治问题,因为公众的关注将影响政府的立法和议程。

复杂的传播问题引发一些学者和批评家思考,美国是否需要一个更加连续的传播政策。我们现行的传播政策扩散到各个政府分支部门和私营部门。当新的问题出现时,很难知道它到底应该由谁解决,是联邦通信委员会、国会,还是某个执行机构。甚至有的问题因为政府对其没有足够的兴趣,而简单地通过私营部门解决。

本章回顾

● 数字融合及其对媒介的影响是社会力量作用的产物,尤其是经济、技术和政治因素。

● 数字革命经历了三个阶段,包括:20世纪70年代至90年代初期,在军事和教育领域出现及初步发展;1994—2000年,互联网进入家庭,新兴互联网企业(被称为".com")成长;2001年以后,网络经济崩溃,互联网行业高速重组,进入Web 2.0新时代。

● 公共利益成为所有传播法律和政策的中心,这一趋势源于美国宪法第一修正案和监管规则。

● 媒介收入主要来源于广告和用户费用,例如有线电视订户费等。

● 广播和窄播同时存在于现代传媒世界,尽管互动、数字传播正在改变这一领域。

● 媒介经济中"大数法则"(law of large numbers)与"确数法则"(law of right numbers)并存。前者的目标是获得尽可能多的受众,后者的目标则是寻找准确的目标受众。

● 虽然大多数美国人赞成并相信他们拥有新闻自由,但美国大众媒体的运行受到由政治因素和政府形成的复杂网络的限制。

● 美国宪法第一修正案禁止国会制定法律限制新闻自由,但这项自由常常与其他权利发生冲突,例如隐私权和公平审判权。

● 反诽谤法的制定是为了保护人们免受虚假和有害陈述的损害,今天诽谤诉讼的赔偿金可能高达百万美元。

● 法院有时可能会对新闻宣传进行限制,因为它可能会导致陪审团的偏见。但是,这种努力通常都是媒体自愿配合的。

● 淫秽材料并没有明确受到美国宪法第一修正案的保护。尽管法院经常采取行动阻止淫秽材料的出版和传播,但关于"淫秽材料究竟由什么构成""它应在多大程度上受到控制"等问题仍然存在争议。

● 记者坚持认为有权对消息来源保密。当法院发出公开消息来源的要求时,有的记者宁愿选择入狱也不会公开其消息来源。

● 当新闻自由的权利与其他权利产生冲突时,通常由法院作出裁决。立法机关和行政机关通过正式的权力或非正式的对信息流动的影响来实现对媒体的影响。官僚和政客可以通过非正式的影响使报道内容产生偏差。

● 美国联邦通信委员会有权对广播电视的多个方面进行规制,但有时也会出现执行不力的情况。公民团体、公众舆论专家等都会对媒体产生压力。

● 媒体是大型的商业企业,在更大经济范围内的规则下生存。

● 今天,技术和传播(或传媒产业)是数字经济重要的驱动力。

● 数字革命引发所有媒介对商业模式的创新和升级。

 思考题

1. 经济、政策等战略性驱动因素是如何对媒体产生影响的?

2. 什么是传播政策,它是如何产生的?媒体和传播中公共利益是如何被守护的?

3. 为什么媒介经济学经常引起争议?争议从何而来,如何解决?

4. 传统媒体的商业模式转换并不总是成功的。为什么会如此?这一情况可能改变吗?

5. 媒体受到哪些宪法和政治性的保护?效果如何?

6. 网络时代是否引发了有关社会因素是如何影响媒体的新问题?如何引发的?为什么会引发?

 关键概念和术语

公共利益　The public interest
传播政策　Communication policy
媒介经济学　Media economics
确数法则　The law of right numbers
雇员所有制模式　Employee ownership model

媒介规制　Media regulation
反诽谤法　Libel law
政府秘密　Government secrecy
联邦通信委员会　Federal Communications Commission

1. Katie Hafner and Matthew Lyon, *Where Wizards Stay Up Late* (New York: Simon & Schuster, 1996).

2. John Montavalli, *Bamboozled at the Revolution* (New York: Viking, 2002); Everette E. Dennis and John C. Merrill, "Concentration of Media Ownership," in Dennis and Merrill, *Media Debates, Great Issues for the Digital Age* (Belmont, CA: Wadsworth 2006), pp. 44 – 53. Also see James M. Citrin, *Zoom, How 12 Exceptional Companies Are Navigating the Road to the Next Economy* (New York: Doubleday, 2002).

3. Gillian Doyle, *Understanding Media Economics* (London: Paul Chapman Pub. , 2009) and Lawrence Lessig, *The Future of Ideas* (New York: Random House, 2001).

4. Louise Story, "＄1 Billion Suit Aims to Counter Threat by YouTube," *New York Times*, March 19, 2007, p. Cl. 关于大众媒体法律法规的出色探讨, 可参见 Don R. Pember and Clay Calvert, *Mass Media Law* (New York: McGraw-Hill College, 2006) and T. Barton Carter, Juliet Lushbough Dee, and Harvey L. Zuckerman, *Communication Law in a Nutshell* (S. Paul: Thompson West, 2007)。

5. Robert G. Picard, *Media Economics, Concepts and Issues* (Newbury Park, CA: Sage Publications, 1989), p. 1; also see Picard, *Media Firms: Structures, Operations, Performance* (NJ: Lawrence Erlbaum), 2002.

6. Marc M. Treutler, "Media Economics: A Media Theoretical Approach," presentation to the North Group, Washington University, St. Louis, Mo, Oct. 11, 2004, pp. 1, 3.

7. Philip M. Napoli, *Audience Economics: Media Institutions and the Audience Marketplace* (New York: Columbia University Press, 2003). Also see Napoli, *Foundations of Communication Policy* (Cresskill, NJ: Hampton Press, 2001).

8. Peter Huber, "The Death of Old Media," and Michael J. Wolf, "And the Triumph of Broadband," *Wall Street Journal*, Jan. 11, 2000, p. A22 and Reuven Frank, "A Slight Case of Merger," *The New Leader*, Oct. 18, 1999, pp. 20 -21. 还有一个有用的背景资料可参见 Alison Alexander, et al. , *Media Economics, Theory and Practice* (Mahwah, NJ: Lawrence Erlbaum Associates, 1998)。

9. Wilson Dizard, *Old Media*, *New Media*, 3rd ed. (New York: Longman, 2000).

10. Ken Auletta, "Ten Rules of the Information Age," *At Random*, spring/summer 1997, and Albert Greco, ed. , *Media and Entertainment Industries* (Boston: Allyn & Bacon, 2000).

11. Chris Anderson, *The Long Tail: Why the Future of Business Is Selling Less of More* (New York: Hyperion, 2006).

12. Anderson, *The Long Tail*, Final Round, op. cit.

13. *News in the Public Interest, A Free and Subsidized Press*, The Breaux Symposium, 2004 (Baton Rouge: Louisiana State University Press, 2004); also see Everette E. Dennis, "A Free and Subsidized Press? —The European Experience with Newspaper Subsidies and Other Government Interventions," Breaux Symposium, March . 19, 2004.

14. C. Edwin Baker, *Media Concentration and Democracy: Why Ownership Matters* (New York, NY: Cambridge University Press, 2007).

15. Benjamin M. Compaine and Douglas Gomery, *Who Owns the Media? Competition and Concentration in the Mass Media Industries*, 3rd ed. (Mahwah, NJ: Lawrence Erlbaum Associates, 2000). See also Susan Tifft and Alex S. Jones, *The Trust* (New York: Random House, 2000) for a textured discussion of "family" ownership at the *New York Times*.

16. Napoli, *Communication Policy*, op cit.

17. Everette E. Dennis, "Liberal Reporters, Yes;

Liberal Slant, No," *American Editor*, January/February 1997, pp. 4 - 9. 关于政治与新闻记者的理念可参见 David Weaver and G. Cleveland Wilhoit, *The American Journalist* (Bloomington: Indiana University Press, 1996)。

18. John L. Hulting and Roy P. Nelson, *The Fourth Estate*, 2nd ed. (New York: Harper & Row, 1983), p. 9.

19. Charles Firestone and Amy K. Garmer, *Digital Broadcasting and the Public Interest* (Washington, DC: The Aspen Institute, 1998).

20. "Government Enjoined from Enforcing Indecency Law," in *The News Media and the Law*, summer 1996, p. 19.

21. Joe Nocera, "Awaiting Compromise on YouTube," *New York Times*, March 17, 2007, p. C1.

22. William S. Holdsworth, "Defamation in the Sixteenth and Seventeenth Centuries," *Law Quarterly Review* 40, 1924, pp. 302 - 304.

23. David Anderson, "The Legal Model: Finding the Right Mix," in *Media Freedom and Accountability*, Everette E. Dennis, Donald M. Gillmor, and Theodore Glasser, eds. (Westport, CT: Greenwood Press, 1989).

24. Everette E. Dennis and Eli M. Noam, eds., *The Cost of Libel: Economic and Policy Considerations* (New York: Columbia University Press), 1989.

25. Donald M. Gillmor, *Power, Publicity, and the Abuse of Libel Law* (New York: Oxford University Press), 1989.

26. Robert W. Chandler, "Controlling Conflict: Working Proposal for Settling Disputes Between Newspapers and Those Who Feel Harmed by Them," working paper from the Gannett Center for Media Studies, New York, 1989.

27. John D. Stevens, *Wretched Excess* (New York: Columbia University Press, 1990).

28. John C. Merrill, *The Dialectic in Journalism: Toward a Responsible Use of Press Freedom* (Baton Rouge: Louisiana State University Press, 1989). See also Everette E. Dennis and John Merrill, *Media Debates: Great Issues for the Digital Age*, 4th ed. (Belmont, CA: Wadsworth Publishers, 2006).

29. Scott McClellan, *What Happened: Inside the Bush White House and Washington's Culture of Deception* (New York: Public Affairs, 2008).

30. James Reston, *The Artillery of the Press* (New York: Harper & Row, 1996), p. 20.

31. Frank Luther Mott, *American Journalism*, 3rd ed. (New York: Macmillan, 1962), pp. 336 - 338.

32. Hunting and Nelson, *The Fourth Estate*, p. 9. See also Everette E. Dennis and Robert Snyder, eds. *Covering Congress* (New Brunswick, NJ: Transaction, 1998).

33. J. Herbert Altschull, *From Milton to McLuhan: Ideas and American Journalism* (White Plains, NY: Longman, 1989).

34. Anthony Lewis, "Life Isn't So Simple as the Press Would Have It," *ASNE Bulletin*, September 1983, p. 34.

35. David A. Anderson, "Media Success in the Supreme Court," working paper from the Gannett Center for Media Studies, New York, 1987.

36. R. H. Coase, "Economics of Broadcasting and Government," *American Economic Review, Papers and Proceedings*, May 1966, p. 442. See also Roger G. Noll and Monroe E. Price, eds., *A Communications Cornucopia, Essays on Information Policy* (Washington, DC: Brookings Institution Press, 1998). See also Philip M. Napoli, *Foundation of Communication Policy* (Cresskill, NJ: Hampton Press, 2001).

37. *United Church of Christ v. the Federal Communications Commission*, 349 F2d 994 (D. C. Cir. 1966).

38. Newton H. Minow, "How Vast the Wasteland Now?" Gannett Foundation Media Center public lecture, New York, May 1991.

第 14 章
媒介效果:大众传播的过程和影响

当人们在大众传播的环境当中，争先恐后地努力跟上不断发展的工具和这些工具的应用的时候，由媒介的数字技术带来的对社会和人们行为的影响往往被忽视了。而事实上，这种影响比人类历史上任何一次都要更快和更复杂。我们有必要去了解，传统媒体和基于网络的新媒体究竟对个人、机构、社会和文化产生了什么样的比以往更大的影响。几乎每一个人都想知道，大众传播是如何在数字世界产生作用的，那些成倍的、整合的媒介渠道和平台究竟是如何对我们产生短期的和长期的影响的。数字媒介的狂热者们将新的巨大的容量、影响和能力归于新媒体平台，认为它们能够超越传统媒体以前所有能做到

的，这不足为奇。一些人不能够想象，互联网和基于万维网的网络和系统产生之前的那个世界，很多东西都需要从报纸、广播或者是电视这些传统媒体上获取。对于媒介效果的研究已经有几十年了，不同学科（媒介研究、社会科学、新闻学等等）基本上形成了解释各种媒介的传播过程、效果和影响的统一的理论。2008 年在北卡罗来纳大学举行的研讨会对于互联网对现有的大众传播理论产生了什么影响提供了非常清晰的证据，就像它评论这些一直以来都在研究、解释媒介效果的"大创意"理论一样。这包括本书之前提到的如议程设置、有限影响、培养理论、把关人、扩散理论、使用与满足理论、两级传播。[1]

最近，互联网广告局的人称赞了媒介效果研究的两个奠基者，宣称他们是"Facebook 的鼻祖（也是 MySpace 的鼻祖）"[2]，并且认为即便是学者对媒介影响和力量所做出的最精确的评价也从未达到在媒体工作过的人的水平，不管他们是否是广告文案的撰稿人还是主持人。许多普通的民众认为，媒介拥有形成观点和影响选举或购买的巨大力量；但是，大部分那些找寻媒介短期和长期效果的深入思考的学生们不那么相信，并且一直在寻求证据。这就要辩证地理解在媒介工作的人们和研究媒介的人们之间的差别。正像新闻和报纸杂志被认为是很多年后再看的时候往往是错误的"匆忙的历史"一样，今天的受众和效果研究（追踪是否有人正在看在线广告或者是正在视频网站上观看视频）得益于对思想领导者的工作的更多了解，这些思想领导者一直在关注媒介对几代人的影响。[3]

因而，现在我们理解媒介和传播需要对媒介产业有一个整体的观察和了解，并且还需要媒介学者和研究者努力获得的相关知识，他们早在一个世纪以前已经对大众传播的过程是如何发生的和媒介内容对受众产生的各种影响做出了解释并形成了理论。部分理论在前面的章节中已经提到过。本章的目的在于延伸那些成果，展示现在的由科学家、媒介研究者和其他学者创造出来的大众传播的效果和过程理论是怎样的。一些主要由调查员和学者们实施了大量调查而形成的理论被视为经典理论。一些研究的结论也使得那些理论处于不断地规范、检验、修正的过程中，这些理论现在被允许用于详细地解释大众传播过程的许多特征和大众传播的效果，就像我们在第 1 章里解释的那样，一个术语已经变得越来越复杂，以至于虽然它依然被广泛运用，但是学者们现在想知道是否应当寻求新的更好的术语了。

媒介效果的早期观点

几乎与便士报开始为普通市民提供日报

的同时，一些有思想的观察者和作家就已经开

始关注报纸的影响了。那个时代,有一部分学者认为报纸给人们带来了巨大的利益和好处,而另一部分学者则认为其带来了极大危害。但是,这些都只是推测,因为没有能够积极利用科学方法来对当时印刷媒介的影响和效果进行评估的媒介研究者。一个受人尊重的作家认为这种便宜的报纸将使人们丧失个性而变得相似。亚历克西斯·德·托克维尔(Alexis de Tocqueville)是一个法国作家,他曾经在1835—1840年间游历了美国的大部分地方,这个时期刚好是现代报纸出现并且被广泛接纳的时候。他广泛地论述了美国民主的性质和美国人民。特别值得一提的是,托克维尔提出人们之间日益增多的交流,正如新型报纸所产生的效果一样,将会导致个性的严重丧失。他赞成被称作"单调理论"的观点。这个理论阐释说,如果每一个人被暴露于同样的思想流中,他们将为统一的习惯和方式所影响。这些暴露和影响将使他们所知道的、所想的和他们行动的方式彼此之间会(不可避免地)非常相似。

这个理论在很多年里都为知识分子们所认可。举一个例子,几十年以后的1904年,记者约翰·伯勒斯(John Burroughs)在《哈泼斯》中写道,如果一个社会的民众都被置于同样的主题和思想当中,他们将在思想和观点上变得非常相似。他的文字如下:

不断地相互联系(当每个人都在阅读相同的报纸的时候就会发生)使我们变得如此相似。我们都是这样的:所有的鹅卵石都处于相同的海岸,并被相同的海浪冲刷着。[4]

另外一些作家对报纸的效果持有正面的观点。美国学者,现代社会学的创始人之一查尔斯·霍顿·库利(Charles Horton Cooley)也曾经广泛地论及过人际关系和大众传播过程对人类本性和社会秩序的影响。他并没有使

刻板印象是漫画家的命脉。1912年《哈泼斯》周刊对西奥多·罗斯福、威廉·霍华德和伍德罗·威尔逊三位美国总统形象的处理就证明了这一点。

用那些确切的术语,但却清楚地将人际关系与社会媒介区分开来。1907年,他提出,现代报纸的存在扩展了人们对世界其他部分的认识和了解,形成了更为广阔的精神世界。他指出,在现代报纸出现之前,仅依靠过去新闻的日常版面和一些通信服务来获知远方的消息,人们对当地之外正在发生的事情所知甚少。

任何活跃的公众意识都被限制在一小部分居民范围内。旅行非常慢,不舒服,而且花费很高(还很危险)。报纸每周一次出现在大城市中,完全缺乏我们称之为新闻的东西……今天的人们对于在中国发生的事情表现得更为活跃,如果所发生的事情恰好又是他们感兴趣的,他们就会对数百英里之外的事件予以关注。[5]

而且，库利写道，他所看到的报纸和其他新的传播形式（像电报和电话）正在人们之间创造着多样性和差异性。他用"个性理论"解释了这种大众传播的有利影响。他指出，报纸为它的读者带来了不同寻常的丰富的思想——一个人能想象到的任何事情的信息。有了大量可供选择的专门主题，事实上人们完全可以追求自己感兴趣的东西。他写道：任何人如果"有（专门的兴趣爱好）应该就会更多地寻找有影响的人（或事物）来培育它。如果他有天赋，比如说昆虫学，他就能够从报纸杂志、信件和会议中得到信息，并与一群意气相投和有着相似的兴趣爱好的人保持接触和联系"[6]。换而言之，当人们发展出这样的兴趣爱好，并且通过现代的传播方式来从事它的时候，就会产生人与人之间的差异性的结果。因而，这就创造出了群体的多样性和个性。

从 20 世纪初到 20 世纪前期的几十年里，仍然保留着各种各样的关于大众传播效果的观点。有一些观点认为，大众传播为人类带来了大量的益处，它能够超越当地政府扩展人们对事件的认识和了解。另外一些观点则声称，大众传播是具有危险性的事物——使多数人在思想和行动上愚钝得整齐划一。但是，不管是争论的哪一面，都认为报纸对个人产生了巨大的影响，并且在塑造公共意见、道德规范和现代社会的公众行为类型方面都扮演了主要角色。比较相似的是，在随后电影和广播到来的几十年里，人们变得极大地关注这些新媒体可能会对社会造成的影响。

最终，统一理论似乎占据了支配地位，它首先被托克维尔提倡，而且其他人也对它作出了详细的说明。支撑这种观点的主要因素是在第一次世界大战期间（1914—1918），它被战争双方（协约国和同盟国）广泛并且成功地应用于战时宣传，这也就逐渐形成了所谓的"魔弹论"。

战争的本源是罪大恶极的，双方的政府都感觉到要编造一些故事（哪怕是假的）来掩饰它们强行征兵的暴行和揭发敌人的罪恶行径。它们这么做是为了感动它们的民众——让人们充满热情地在工厂和农场工作，以便为它们的军队提供军械、食物和衣物。它们还必须说服父母们把他们的孩子送到战壕中可怕的屠杀里去，而它们所做的是合理的，敌人是没有人性的畜生，上帝会站在它们这一边的。

这种宣传发生了作用，几乎任何一个关于战争的故事都被人们如饥似渴地阅读。而且，在那个时代人们没有任何理由去认为报纸会撒谎。这样就导致全体人民都被训练得与政府同仇敌忾，为此他们会长时间地工作和接受为军队服务需要而牺牲。结果就是，媒介（报纸、杂志和程度有限的电影）被学者们和公众看作具有强大的力量。似乎比较清楚的是，媒介的信息到达了每一个人，而且它对所有的受众都平等地产生了影响，使他们产生了很多相同的回应。事实上，第一次世界大战后，我们社会中人们都分享了这样的假设：大众传播具有快捷、统一和强大的效果。这种假设就是"魔弹论"的根基。虽然魔弹论在那个时代并未形成体系，但是它的基本思想在大众传播的系统研究开始之前已经处于中心位置。

 ## 媒介效果研究的开始

今天对于理解大众传播有争议的是——像很多市民所认为的那样——"魔弹论"的假设是否依然能对评估媒介的效果提供有效的观察。尽管研究了几十年了，但许多人对媒介的影响持有过于简单的观点。那就是 21 世纪刚开始的时候，大众传播具有强大的、统一的和负面的效果，比如通过描述一些不能接受的性行为或者通过描绘一些暴力行为在孩子和成人之间激起侵犯行为来侵蚀我们的道德水平。它们是不是大量使用一些粗俗的和下流的词语使我们的语言退化？它们是不是会提供一些人们都相信的使人误解的想象，这些想象是关于我们领导人品质和行为的？它们对事实的扭曲会限制我们做出明智的政治决定的能力吗？使用隐秘手法进行劝服的大众媒介信息会塑造我们所想的、我们所需要的和我们想要购买的吗？总的来说，大众传播会塑造我们生活中的一切吗？

喜剧演员和评论家乔治·卡林（George Carlin）用他世俗和独一无二的社会喜剧形式演绎生活，从而在电影和电视上激起论战。

一个全国性的困境

这一类的问题指向一个潜在的挑战，这个挑战是关于大众传播媒介基本民主价值观的。如果对其中的任何一些问题回答"是"，它所伴随的逻辑是，"新闻自由"的观念（电影和电视的生产者以任何方式来描绘社会生活的权利）可能不是一个好的思想。也就是说，允许控制媒介的任何人来操作媒介的印刷、广播和展示出于他们任何目的所希望的内容，而不是我们整个社会最感兴趣的东西。收起那些，我们进入数字时代宽松的媒介市场中，我们每一个人都可能是网络出版者或者博主。如果某些类型的大众传播不公平地导致不能接受的行为和明显地误导了大多数民众，将其归结为媒介内容被严密控制似乎很有逻辑。也就是说，应该加以审查以便消除那种类型的内容制造出不能接受的影响和效果。当我们考虑到互联网不好的一面时，这种争议有其理所当然的效力，因为互联网的黑暗面是网络犯罪、扭曲、欺诈和其他反社会行为的天然入口。当然，你也可以争辩说电话也会出现同样的状况，虽然它范围有限并且缺乏社交网站的互动能力。因而，一些控制和审查网络内容的提议（命题）就出现了。这些命题就审查制度建立的原因是可以接受的，但是它们是什么呢？

得出这样的结论的困难之处就是，解决要比问题本身更错误。绝大多数美国人会认为类似的控制是完全难以接受的；很显然，这个问题触及了表达自由和我们所珍爱的宪法保障的核心。因此，关于大众传播效果的辩论进行得如火如荼就不足为奇了。

如果审查制度的策略被采纳，那么一个核心问题是如何去判断一个特定的媒介或者大众传播形式具有个人的或者社会的破坏性。社会上的一些人会利用宗教教义或一个特定的（开明的或保守的）政治意识形态的假设来形成他们的决定，即哪些东西允许向公众传播。有一个试图清理整顿网站的例子，即将"乳房"这个单词从数据库里移除，这个词被认为容易搜索到不适宜年轻受众的露骨的材料，但是人们发现有关"乳腺癌"的材料也被阻止了。

许多研究媒介的学者采取的立场是，介于理解大众传播正面和负面效果的二者之间，以系统的视角进行研究，要么依靠定量要么依靠定性的方法（或者二者都用）来寻找最值得信赖的答案。这就意味着思考早期的研究要连贯并寻求最多的证据。没有人能宣称那些研究一直是正确的。研究有可能做得很简单，或者研究者追随了一些错误的问题。但是，从长远来看，科学的调查似乎是获取可靠信息用以解决复杂的和使人困惑的问题的最有效途径，像那些对大众传播影响的观察。

研究的本质和功能

大量的关于大众传播效果和过程的研究都使用了社会科学中的研究方法。这些研究方法包括实验的逻辑设计、系统抽样和调查（与民意测验相似）的测量技术、内容分析（对印刷媒介、电影或广播电视形式的信息进行探究和统计分析）。这些研究方法都依赖于起源于自然科学的研究方法论的一系列技术、方法和实践。在过去的几十年里，它们得以提炼和改善以适应传播问题的研究。很显然，大众传播的研究没有使用在物理、化学或者生物学里用到的显微镜、试管和其他设备，但是它使用到了背后的相同的逻辑，用以判断在特定研究中观察到的是偶然的结果，还是传播因素影响所带来的必然的结果。利用这些研究方法，特定的假设能够得到检验，也可以得出结论来帮助判断之前提出的各种各样的理论的价值。

另一类研究是在定性而不是定量的基础上完成的。例如，做定量研究的学者使用统计数据，而做定性研究的学者则是寻求不能被直接测量的、只是直观观察的类型和趋势。大多数社会科学家使用定性的测量，而历史学家和其他人文学者发掘其他种类的证据。这些因素通常要经历长期研究，是不能从一两天或者通过一些短期的实验就可以轻易观察到的。换句话说，长时间仔细观察社会的发展趋势和变化有时候能得到媒介效果的重要信息，这些信息是无法通过任何其他方式发现的。

独特的研究目标　许多类型的大众传播研究为达到各自目的而使用不同的研究策略。一些研究的目的是确定一个初步的方式，如果可以形成一个理论来解释那些能在人群中观察到的特定的影响和效果。另外一些研究能指明一个特定的理论是否已经形成以及哪些理论看起来是有效的——能够准确地描述和解释一种特定类型的媒介传播过程和效果。这些科学方法的应用通常被称为基础研究——寻求解释，而不是实际应用。

另一类被称为应用研究。这包括与各类客户沟通的研究。研究的目的可能是比较两组广告信息来观察哪组信息对潜在的顾客更有吸引力，或者可能是为参与竞选政治职务的人制定最好的竞选策略。还有一些研究可以用以评价为塑造或改变部分公众对个人的、公司的或者政府的政策的态度所进行的公共关系活动的好坏。

而应用研究在美国是商业、政府和非营利性组织研究的重要组成部分，我们关心的是在本章中使用更为基本的学术研究，目的是发展和评估理论。这里的目标是努力去描述和解释大众传播的过程和效果，以便使它发生的途径变得更加容易理解。但是应用研究与基础研究之间的区别不是很清晰。通常，一个会为另外一个做贡献。基础研究的发现会使应用研究变得活跃,反过来应用研究能使基础研究变得更为清晰。

研究向着前沿不断推进　在本章中,我们将回顾媒介历史上各个时期所进行的大量的调查研究。我们这样做的理由是,在寻找可靠的理论来解释大众传播的过程或者对个人和整个社会的影响的过程中,这些研究已经成为了里程碑。在近70年里,自从这类研究开始展开,差不多有上万个追加的研究被公布——检验、扩展和修正我们关于大众传播的过程和效果的知识。在一章里去概括如此庞大的研究成果是不可能的。这就是我们在本章总是重点关注经典研究的理由。正如我们前面提到的这些经典理论仍然存在争议,对于它们的应用和关联性被不断地确认和强调。当然,数字世界将使这一切变得更加复杂。

媒介研究所付出的努力和尝试与其他所有分支科学研究付出的努力是类似的。也就是说,有些结论曾经正确现在也依然是正确的,而其他一些结论是前后矛盾的,还有一些结论(后见之明)是明显错误的。但是,我们将看到,当实施媒介影响研究的能力提高时,每一个新的调查会提供一些新的补充理解。因而,科学研究能进行“自我管理”。当研究的“前沿”边界不断向前延伸时,那些不正确的结论将逐渐被消除,取而代之的是能更为充分地描述大众传播的现实与影响的结论。这就是科学的自我矫正功能,它使得科学具有获取值得信赖的知识的魅力。

当然,这是总体上的情况。在早期的研究中存在着一些小的质疑,即早期研究方法的使用往往比较粗疏和不甚充分。从其中发展出来的理论过于简单,并且有一些在现在看来是明显无效的。但是——这是一个主要的观点——在近七十年里的研究所呈现的,是对于有效知识缓慢而稳定的积累,这些知识主要涉及媒介功能、媒介对个人和我们社会的影响。这种发展恰恰确切表明了研究的具体内容。

魔弹论的最初支持

关于大众传播影响的研究远远滞后于媒介本身的发展。大规模的研究直至20世纪20年代才开始。滞后的原因是在调查研究中需要实施必要的统计检验、研究策略和测量技术——运用科学的逻辑和方法——而这些在当时还没有可用的。到20世纪20年代的时候,研究程序在社会科学——主要是心理学和社会科学——里得到了充分的发展,由此对大众传播影响的研究就变得可能了。当我们追踪随后几十年里媒介研究的历史时,我们需要去理解以下方面:(1)学者们在过去的那些年月里所发展出来的基础理论;(2)他们是如何利用水平不断提高的复杂的研究方法去研究大众传播效果的;(3)新的发现有时是如何迫使他们改变甚至抛弃某些理论的。

佩恩基金关注电影和青少年　在大规模的大众传播效果研究中,社会科学家们首先关注的是电影。对于这个选择有着很清晰的理由。在20世纪第一个十年里,电影是一个新奇的事物。在第二个十年里,电影变成了家庭娱乐的主要媒介。20世纪20年代末的时候,有配乐的具有一定长度特征的电影成为了一种衡量标准,并且每周至少一次去电影院娱乐的惯例已经被深深地建立起来了。

与此同时,电影对孩子们产生的影响已经使公众变得不安。就1929年来说,估计有4 000万的未成年人每周都要去电影院,其中包括1 700万不超过14周岁的孩子。[7] 批评家提出了几个关于电影影响的令人警醒的问题。社会所呈现出来的这种新现象是不是表明家长们无法约束他们的孩子了? 他们是不是正被教得没有道德? 电影里不健康的主题——恐怖、犯罪、不道德的关系和非法使用酒精(在禁酒时期)——都是相当麻烦的事情。

没有现成的官方机构对想进行电影对青少年影响的评估研究的学者进行资助,但是有一个民间团体(电影研究委员会)决定寻找研究数据，目的是促进为电影的生产标准制定一个国家政策。这个委员会号召了一群社会科学家去实施大规模的研究，以探究电影对青少年的影响。民间组织佩恩基金被说服为研究提供必要的资助。

佩恩基金研究的总体结果似乎证实了对电影的批评和家长们最担心的事情。其研究结果表明，电影对青少年的思想和行为产生了广泛和重大的影响。20 世纪 30 年代早期，当

他们的第十三篇报道最终被发表的时候，佩恩基金的研究成为电影对青少年产生影响的最有效的评估。对魔弹论的假定和预测似乎已经得到了确认，家长们都给予了极大的关注。

这些研究者使用的方法包括收集和解释有关电影的反应的逸事，实施测量态度和行为的实验，分析调查问卷的回答和对电影内容进行系统分析。以今天的研究水平来看，许多研究在现在显得十分少见和幼稚。

媒介效果的标志性案例之一是演员奥森·韦尔斯（Orson Welles）在 1938 年的广播剧作品《世界大战》所形成的效果。这个作品引起了数千听众对来自火星人入侵的恐慌。

"火星人入侵地球"　1938 年 10 月 30 日，来自火星的恐怖生物入侵了美国，用杀伤性射线杀死了成千上万的人。至少，那天晚上六百万收听美国哥伦比亚广播公司"墨丘利空中剧院"的听众中大多数对此深信不疑。这个电台仅仅是在播放广播剧——对 H. G. 韦尔斯（H. G. Wells）的科幻小说《世界大战》的一个聪明的改编。但是它以新闻广播的形式被如此现实地提起，很多的听众在调整频率至这个台时错过了它仅仅是一个广播剧的信息。他们认为火星人真的在接管地球。

如果对大众传播媒介对其受众有强大影响还有任何怀疑的话，这个怀疑在第二天就烟消云散了。那些相信广播剧是一个真实新闻

报道的人们，大多数陷入恐慌。他们将入侵看成是对他们的价值、财产和生命的直接威胁——简直就是他们的世界末日。恐慌的人们祈祷、躲避、哭泣或者逃走。一个高年级的女孩后来写道：

我正在写历史作业。楼上的女孩过来了，让我去楼上她的房间。每个人都如此激动，我感觉我似乎变得疯狂并且不停地说："我们能做什么，它将使什么变得不同，我们是否迟早会死？"我们彼此握着手。在死亡面前一切都变得不重要了。我害怕死亡，只能继续收听。[8]

那些相信火星人正在摧毁一切并且没有

什么能阻止这些怪物的人们,简单地抛弃了所有的希望:

> 我在汽车里得到这个信息时变得非常害怕,动身去找牧师以便在死亡之前能与神和好。那时我也想过这或许是个故事吧,但这个想法很快被打消了,因为这是作为一个特别新闻广播进行介绍的。在去目的地的途中,汽车划过了一个危险的弧线,并以每小时75～80英里的速度行驶着,我知道我不能让它这样。虽然我想起这个,但它也没有引起我应有的关注。死亡有一条路或者还有其他的路,但当死亡不可避免时它们之间没有什么区别。当汽车翻滚了两次之后,刚好正确着陆。我走出来,看着这汽车想,当它不是我的汽车,或者当它的主人再也用不着它的时候,如果它被毁坏了,这一点关系都没有。[9]

事实上,墨丘利空中剧院和演员没有欺骗和误导人们的意图。这个脚本的制作和节目的播放是为了在万圣节前夕传统的讲述"幽灵故事"环节所做的准备。它是一个广播剧,这可以在广播前后和报纸的节目预告中得以清晰识别。[10]但是新闻广播的模式、强大的指向性和演员们的天才表演协力促成的陈述似乎非常真实。结果是它成为了历史上最显著的媒介事件之一。并且它也成为了几部描绘"世界战争"电影的主题,最近一部的主演是汤姆·克鲁兹。

魔弹论的不一致性 在这起广播事件之后,很快,社会心理学家哈德利·坎特里尔(Hadley Cantril)匆忙开始了一项研究,目的是揭示一般意义上的恐慌的原因和对无线电广播的反应。更为特别的是,他试图去探究导致人们相信(火星人)入侵的心理条件和环境。尽管这项调查研究的范围受限并且缺陷很多,但是坎特里尔的研究仍然成为了媒介研究史上的里程碑。[11]研究者们总结出"关键能力"是最重要的变量,这个变量与对广播响应的人相关。关键能力通常被定义为"做出明智决定的能力"。那些关键能力比较低的人更趋向接受入侵是真实事件,并且没有去对广播信息做一个可靠的核实或者去收听其他台,许多人打电话甚至试图打给政府当局,尽管他们知道这无非是一个普通市民所能做的。关键能力尤为低下的是那些有着强烈的宗教信仰的人,他们认为怪物的入侵是上帝的行动,并且世界末日已经来临。那些关键能力较高的人不容易相信广播信息是真实的。他们似乎能够从当时的情境中脱离出来,即便他们调整频率比较晚。这些人比那些关键能力较低的人受过更多的教育。事实上,从CBS所获取的统计数据揭示了接受教育的多少是预测人们是否跟其他资源核对广播信息的唯一的最佳因素。从坎特里尔研究中得出的结论有一个困境:在某些方面,魔弹论是被支持的,但在另外一些方面又是不被支持的。例如,无线电广播能带来巨大的影响这是很清晰的,但是对每个人的影响又是不同的。这与魔弹论的观点不一致。魔弹论认为广播应该对每个收听它的人产生同样的影响。但是坎特里尔的研究与此相区别的是听众的个人特征极大地影响了他们的反应:关键能力和受教育的多少。对于公众而言,《世界大战》的这部改编广播剧似乎强化了媒介具有强大影响力的信念,但是许多研究者却看到了魔弹论存在的缺陷。

对魔弹论的超越:选择和有限效果

我们接下来回顾两个经典研究,它们代替魔弹论成为媒介研究历史上的里程碑。第一个是在第二次世界大战期间检验士兵的训练,第二个是分析1940年的总统竞选。这两项研究都对理解大众传播怎样和在多大程度上影 响思想、观点和行为起到了帮助作用。

第二次世界大战期间，日军偷袭珍珠港的美国舰队成为令人瞩目的事件。通过"我们为何而战"的电影实验，相关研究发现，媒介效果是具有选择性和有限性的。

"我们为何而战"电影实验

第二次世界大战的时候，社会科学家们已经发展出了相当复杂的实验技术、测量和统计分析方法。军队因而感到这些技术能为战争的胜利做贡献。在一个项目中，军队组织了一个特殊的社会心理学家团队专门去研究一系列用于教导新兵相关战争背景的电影，试图去影响他们的观念以及去感动他们。[12]

在 1941 年美国参战的时候，许多年轻人对美国参战的所有原因并不知情。这是一个没有电视——我们今天获知新闻的主要渠道——的社会，人们不仅受教育比较少，而且获知信息也很少。每个人都知道日本袭击了珍珠港，但是不是每一个人都知道法西斯主义、希特勒征服欧洲，他与墨索里尼结盟，或者军国主义对日本的征服。此外，美国曾经是（也一直是）一个多宗教、多元文化和多少数族裔的国家。那些新征募的士兵包括很多不同类别的人，如来自田纳西州的农民、大城市贫

民窟的少数族裔、小城镇中产阶级的年轻人，还有来自西部大牧场的年轻人。所有人都被要求投入基本训练，但是大多数人只是模糊不清地大致知道一些内容。

实验的目标和引导　军队司令乔治·卡特利特·马歇尔（George C. Marshall）上将认为军队的士兵需要被告知为什么他们必须去打仗，他们的敌人做了什么，谁是他们的盟军，为什么获取胜利将会是一项艰苦的不屈不挠的工作。他们必须知道战争不得不持续到法西斯轴心国同意无条件投降为止。没有人（即便是马歇尔）知道原子弹被制造出来了，它将最终在日本结束战争，每个人都认为在希特勒被打败后，这场可怕的战争还将拖延额外的几年。马歇尔上将相信，专门的任职培训电影会给那些形形色色的和信息贫乏的新兵对战争的原因做出必要的解释，并且也会为战争为什么不会很快结束提供认识。他希望这些电影

也能够使得士兵有更为积极的态度对待他们的盟军(英国和法国)和创造出高昂的士气。

一位好莱坞的顶级导演弗兰克·卡普拉(Frank Capra)被雇用制作了七部电影——"我们为何而战"系列电影。美国军队在军队的研究分支机构信息和教育部门设置了研究这些电影效果的职位。最基本的计划是观察播放这些电影是否会对士兵产生关于理解和自身定位的可以衡量的影响,包括美国参战是正确的坚定信念,意识到这是一项艰苦卓绝的工作,对我们的取胜能力增强信心。美国军队的官员也希望,靠呈现事实制造对德国和日本的不满,使得战争不可避免。最后,他们预感观看那些电影将培养出一种信仰,那就是通过军队的胜利获得一种建立更好的世界秩序的政治成就将成为可能。

我们将简单概括那个实验过程。卡普拉"我们为何而战"中的四部电影被使用在一系列设计好的实验中。实验条件得到了很好的控制,因为实验主体都是非常有秩序地参加实验。士兵们在严厉的中士的看管之下,非常认真地参与实验,没有人敷衍了事。(今天很少有实验能做到这一点!)在这样的条件之下,正在受训的几百个人通过填写一个事前"问卷"用以测量他们对事实的了解、各种各样的观点和总体的态度。问卷被事先在至少 200 个士兵中测试过了,以便最大限度地减少他们的语言障碍。那些人被分成了实验组和控制组(每组大约 100 人)。实验组的人看了四部"我们为何而战"系列中的一部,控制组则观看了一部没有谈论战争的中立的电影。

当他们看完电影后,所有的实验主体又做了一个事后"问卷"。它像第一个问卷一样测量了相同的变量,但是对问题进行了改述,以避免在测试中重复的表述不能引起回答的变化。因此,靠对比每一个实验组的变化量和控制组的变化量,电影的影响效果就会被评估出来。当没有巨大的改变这一结果得出时,研究者们都非常吃惊。电影使士兵的态度只产生很小的改变,因而效果是有限的。

意义:媒介有限效果论 通常,研究者们将"我们为何而战"的电影——有着非常强大的宣传信息——归纳为在对士兵们做导致战争的事件的教育时取得了适度成功。尽管它们也在改变一些与事实相关的特定观点上取得了适度的效果,但是很清楚的是,它们没有点燃士兵战斗激情、创造出持续仇恨敌人的情绪,或者建立对盟军的信任的巨大能量。而且,媒介在教育程度低和教育程度高的士兵身上产生的效果也是不同的。通常,受过更多教育的士兵会从电影中学到更多,虽然他们的态度受到很小的影响。这些结果没有证实先前的媒介有强大效果的观点。而受教育程度的不同会改变媒介效果这一发现断然地驳斥了传播是以同样的方式深入每个接收者的眼睛和耳朵、创造出同样效果的魔弹的老观点。对于所有的意图和目的,认为媒介具有统一影响和强大效果的旧理论在这一刻都死去了。它们在方法的精确度和结论的正确性上没有留下任何质疑的空间。

总统竞选活动中的媒介效果

1940 年进行了一个最著名和具有影响力的研究,虽然这个研究直到几年之后才被公布。它主要是针对总统竞选活动的。社会学家保罗·拉扎斯菲尔德(Paul Lazarsfled)、伯纳德·贝雷尔森(Bernard Berelson)和黑泽尔·高德特(Hazel Gaudet)探讨了在总统竞选活动中影响网络内的选民做出自己的选择是大众媒介新闻报道的结果。在一本名为《人民的选择》的经典著作中,研究者们在 1940 年富兰克林·德拉诺·罗斯福当选第 32 任总统的选举活动中研究了大众传播在影响选民投票中所充当的角色。[13] 这个研究之所以是一个里程碑,有两个原因:一是它涉及的范围很大并且所应用的方法很复杂。实际上,即便是今

在芝加哥2008年的选举之夜，当选总统巴拉克·奥巴马面对人群。他成为了当选美国总统的第一位非裔美国人。他对于所有形式媒介的娴熟使用被广泛称道。

天，很少有研究能够在这些方面赶得上它。二是研究完整地揭示了大众传播的过程和影响的新观点。

研究方法的重大改善　拉扎斯菲尔德和他的同事们对来自俄亥俄州伊里县城市和农村地区的3 000人进行了采访。数十年来，这个地区在总统选举中的投票行为可以代表整个国家。访谈开始于1940年的5月，于同年11月结束，即罗斯福打败竞争者温德尔·威尔基（Wendell Wilkie）的时候。3 000个访问对象均在5月接受了访问，并且同意在总统选举活动进行的过程中接受持续数月的进一步采访。这项研究采用了新的研究策略而且非常聪明：从受访的3 000人中随机抽取了600人作为主要的一组调查对象。其余的2 400人被随机分成了另外四组，每组600人。那些属于主要调查组的选民从5月到11月每月接受一次访问，总共接受了七次访问。其他四组作为控制组，每一组的选民只是多接受了一次访问。四组中的一组在7月接受了第二次访问，另外一组是在8月，还有一组是在10月。在每一个节点上，每一组访问的结果都用来与主要调查组的访问结果进行对比。这个程序

能够让研究者观察与新的小组相比，这些重复性的访问是怎样对主要调查组的选民产生影响的。经过三组这样对比后，他们发现没有必要进行第四组的对比了。于是，研究者们自信地认为他们的发现是非常有意义的，他们对主要调查组选民的访问结果没有一个是虚假的结果。

有一些回答者对于投票给谁很早就做出了决定；有一些回答者的决定要晚一些。有一些回答者从投票给一个候选人转移到了另外一个候选人；有一些回答者则从非常坚决的决定跌回到犹豫不决。访问者们一直试图找出为什么选民会发生这样变化的原因。他们也致力于在社会范畴内将调查对象进行分类，将农村和城镇居民进行了对比，将不同收入水平的人进行了对比。不同宗教背景、不同政党党派和使用媒介习惯不同的人同样做了真实的对比。通过使用复杂的方法，研究者发现这些类别的社会成员都能被公平地预测选举倾向和实际的投票行为。因此，缜密的方法被用于形成新的知识。

作为影响网络一部分的媒介　那个时候，甚至于现在，许多政治活动都通过报纸和付费

广告进行媒体战争。但是拉扎斯菲尔德和他的同事并没有发现所有强大的媒体控制选民的想法。媒介反而只是影响选民的影响网络中的一部分。人们的个性、社会属性（作为社会范畴的成员）、家庭、朋友和相关者以及媒介都会影响他们做出决定。此外，媒介并不能以同样的方式影响所有选民。当媒介产生效果的时候，三种影响被发现了。研究者将这些影响称为激活、强化和改变。

激活是使人们做他们作为社会范畴成员既有倾向的事情的过程——推动人们在他们被领导的方式下行进。例如，在伊里县将近50年的时间里，成功地使抗议人选举了民主党。事实上，整个伊里县的许多选民基于既有倾向都持有特定的社会倾向，从而反对每一个

主要的政治党派。然而，虽然伊里县的很多选民说在选举活动进行的时候他们没有做出决定，但媒介帮助他们去追随他们的既有倾向。

强化是一个不同的过程。研究对象中的一半人在5月的时候就知道他们将在11月的选举中将选票投给谁。他们很早就做出了决定并且从未摇摆过。这是不是就意味着媒介对这些选民不会产生影响呢？并不是的。媒介在这种情况下很重要，因为它们强化了选民的意向。政党可能很难专注于吸引新的追随者。党派忠实拥护者的意向必须通过传播不断地加强，这些传播在显示他们做了正确的选择。媒介活动被用于提供这个保证。很显然，强化不是一个剧烈的效果，但是它是非常重要的一个效果。它使人们坚持做他们正在做的事情。

奥巴马总统2008年选举活动的广告和口号"是的，我们能"。该口号通过音乐视频的形式广泛地出现在互联网社交网站上。

最后，改变效果比较罕见。在伊里县，被大众媒介宣传的总统选举活动使少许选民的立场从一个党派转移到了另外一个党派，但是数量实际上非常之少。绝大多数人在5月就

做出了决定，一直追随着他们预先就倾向的党派，或者只注意他们自己党派的活动。改变只发生在那些一开始只有微弱的党派倾向的极少数人身上。也许，可以从该项研究中浮现出

的主要结论是媒介不仅具有选择性的效果，而且是有限效果。

两级传播　从"人民的选择"研究中浮现出一个没有预料到的但是极其重要的发现。这就是描述在解释选举活动时个人影响的流动和新闻的口口相传的两级传播。这个发现是个意外，科学家将其称为"偶然发现"。在伊里研究进行到一半的时候，研究者们开始意识到，除大众媒介之外（那个年代的收音机、报纸和杂志），对于选民而言另一个主要的信息来源和影响是其他人。研究者发现，许多个人并不是从媒介上获知关于选举的事情。取而代之的是，他们从家庭、朋友和相识的人那里获得关于候选人和问题的信息。不可避免地，那些人不仅提供信息还提供一些解释。因此，信息在人们之间的两级传播不仅包括信息流动还包括影响的流动。（与媒介影响相比，研究者将其称为个人影响。）那些通常作为信息和影响来源的人具有两个重要的特征：（1）他们非常关注媒介活动；（2）他们的社会经济地位与他们所影响的那些人相似。换句话说，选民一般向那些与自己相似但是又往往被认为是博学的人寻求信息和受他们影响。因此，在两级传播中，内容从大众媒介流向意见领袖，意见领袖又将信息传递给那些他们自然而然影响的人。自从《人民的选择》出版以来，数百个其他的研究试图去了解两级传播理论的本质与含义和作为大众传播一部分的意见领袖的个人影响。在大众文学里，有一些作家像马尔科姆·格兰德维尔（Malcolm Gladwell）的著作里将社会科学和研究与同时代的人类行为相联系，比如他 2008 年的著作《局外人》，这本书解释了人类成功的原因。

意义：媒体的选择性和有限影响　这个时期绝对清楚的是，旧的魔弹论是完全不恰当的，不得不被抛弃。同时，随着时间的推移，社会和行为科学在理解人类天性方面取得了巨大的进步，既有个人的也有集体的。这些发现在理解大众传播的过程和影响上将被证明是非常重要的。后来，心理学家发现了学习对于人类的重要性。接着，统一的遗传本能引导行

为的旧的观点被抛弃了。他们发展出了众多的理论和对学习的过程是如何参与塑造人类心灵的构造和功能的做出了解释。很显然，人们在他们所习得的信仰、态度、兴趣、价值和其他心理特征上是有很大差异的。关键的思想是个人在学习上的差异导致了人际关系的多样性。没有两个人在心理上是完全一样的，这一点变得很清楚。每一个人在他独一无二的个人环境当中学习的结果是拥有不同的心灵构造——通过个人来观察和解释世界。很明显的是，个人心理上的不同归因于人们在应对媒介上的选择方式的不同。即便是更早一些，社会学家和人类学家集中研究了城市工业化社会也发现了一幅巨大的社会多样性的图景。在这种情况下，它是建立在人们能划分为众多的社会类别基础之上的。基于像收入、教育和职业声望这些因素，社会有复杂的社会阶层结构。人们依照他们的种族、性别、种族地位、政治倾向和宗教被归为不同的社会群体范畴。每一个范畴内建立了不同的结构，既定范畴内的人们分享许多信仰、态度和行为方式。这些也参与塑造人们应对媒介和被媒介影响的方式。

重要的是，社会学家发现人们不是生活在与社会隔离的"孤独的人群"中。在农村地区，即便是大城市里，他们仍然与家庭、朋友、熟人保持着社会关系。这些对他们就自己所生活的这个世界做出的解释和行为有很重要的影响。这些社会纽带也是影响人们以特定的方式参与大众传播的重要因素。

总之，这些多样性的因素——个人心理的差异性、社会亚文化和社会关系的类型——都对个人的大众传播行为产生巨大的影响。基于这样的考虑，关于总统选举的"人民的选择"研究在揭示新的大众传播的选择和有限效果一般理论的基础方面有一个重大的突破。在这项研究的作者还没有阐述一般理论的时候，它的基本观点已经被广泛了解，它成为了解释大众传播过程和效果的主要方式。在随后的几十年里，这个理论获得了数百次对人们应对大众媒介和被大众媒介影响的方式的调查研

究书面上的支持。今天,这个理论的基本假设替代了魔弹的提法被概括为选择和有限效果。这本经典著作鼓舞了许多后来的研究,包括一项名为"客观影响(非人为影响)"的研究,该研究主张在将人际和组织传播与大众传播联系在一起的数字时代进行持续的研究。[14]当然,今天的窄播以其生产能力赢得细分市场将我们带回到两级传播,虽然它牵涉到了大量的无差别的观众。[15]这是硬币的另一面。

 ## 受众使用媒介内容来获得满足

20 世纪中期,在电视的普及率达到第 1 章所提到的重要的 50% 之前,几位著名学者试图进一步超越以下这一认识,即人们是有选择性地面对日常的海量媒介信息的。他们想弄清楚什么因素刺激人们的选择。并且,他们还想知道受众当选择和使用媒介内容时得到了什么样的满足(什么需求得以满足和获得了什么样的满足)。很快,研究开始提供答案,有一个解释出现了,这就是"使用与满足理论"。因为该理论关注的是满意和需要满足,因此有一个更好的名字"使用的满足",这将成为这里用于识别这个理论的短语。

这项新的研究并不寻求对大众传播效果的解释。相反,它寻求的是理解和解释来自特定媒介的特定信息选择性地到达部分受众的过程。它试图解释一旦媒介内容为受众所选择,这些媒介内容所能提供的各种各样的满意。在这个意义上说,它扩展了以选择和有限效果理论为基础的满足受众动机的选择性因素。

最终,一个新的理论被发展出来了。它描述了受众是积极地自由地选择和有选择性地消费信息内容,而不是被动地按照媒介内容行事——这曾经作为魔弹论的案例。这就是说,它表明由于有各种各样的心理需求,人们寻求能够提供满意的内容,这些内容他们渴望从可用的媒介上获得。

媒介内容满足的发现

20 世纪 40 年代,在最早一批"使用的满足"研究中的一个研究里,赫塔·赫佐格(Herta Herzog)对收听日间系列广播剧(肥皂剧)的妇女进行了访问,它是今天日间电视剧的先驱。她发现她们收听肥皂剧有着各种各样的原因。[16]有一些妇女是因为认同剧中那些遭受了许多磨难的英雄而获得满足。("认同"这个术语意为一个人被喜欢或者希望被喜欢,一个人作为主角在肥皂剧中被描绘)。她们说,通过收听肥皂剧,她们能更好地理解自身的困境。另一些妇女收听肥皂剧是为了获得精神上的放松。比如说,当悲剧降临到剧中她们所喜欢的人物身上的时候,她们可以哭,或者当好的事情发生在那些人物身上的时候,她们似乎能感觉得到报答。还有一些人热衷于幻想剧中有着有趣经历的人物的冒险。另外,许多人认为系列广播剧是一种有价值的建议的来源,这些有价值的建议是关于如何去处理家庭困难的,比如如何去应对忘恩负义的孩子和有外遇的丈夫。

在另外一个使用与满足的经典研究中,社会学家伯纳德·贝雷尔森实行了一项探索调查,这项调查针对的是人们对于纽约报纸派送员为期两周的罢工的反应。[17]他发现,当人们很多天没有读到报纸的时候,他们强烈地想念报纸。但是,当研究者更深入地去探求他们为什么想念时，只有三分之一的人说它是报纸上一条非常重要的新闻——大部分人通过广播来紧跟消息。事实上，对于具体调查的回答是"不同的人在不同的时间基于不同的原因阅读报纸的不同部分"[18]。有些人确实想了解关于公共事件的信息。另外一些人感到失落是因为他们不能够阅读（报刊上的）连环漫画和每天的体育版。所有这些类别的报纸内容充满着读者的需求和能够给读者提供满足但在罢

工期间无法实现。其他的满足靠追踪新闻来获得，以便看起来很有学问从而来赢得社会威信。还有一些满意来自个人建议栏、人们感兴趣的故事和间接体验富人和名人的生活。当电视发明出来并且几乎普及的时候，这个新的理论在指导关于人们为什么观看节目的研究中发挥了作用。实际上，我们将会在下面看到，最大的研究之一儿童与电视的研究的实行也曾经是以使用与满足理论的观点为基础的。

儿童与电视

当几乎每个家庭都有了电视机的时候，电视对儿童的影响的担忧再次显现出来，就像先前担心电影的影响一样。这个新媒体正在对他们做什么？而且，特别是它正在对他们的孩子做什么？一些早期的研究稍稍安抚了一下公众的忧虑。研究表明，当家庭获得了一台电视机的时候，它从多方面改变了孩子的生活。它减少了他们玩乐的时间、延迟了睡觉时间和改变了他们在自由时间里所做的事情。有了电视后，孩子们不再去看电影、阅读和听广播

了。[19]但是没有一个人知道看电视是否限制或者扩大了儿童的知识面，提升或者降低了他们的审美品味，改变了他们的价值观，导致了被动性或者激发了进取心。研究迫切地需要阐明这些问题。

现在，50 年的时间里实行了数千个研究，2006 年的一个研究总结说有三个早期的研究是里程碑。第一个研究是对电视观众与非电视观众的比较。第二个研究是关于描述暴行与儿童实施侵犯之间关系的一系列研究。第

面向儿童的电视是许多评论的主题——热心肠的弗雷德·罗杰斯（Fred Rogers）是受赞扬的实例，他主持最受欢迎的儿童节目《罗杰斯先生的邻居》，这档节目以音乐、玩偶和"我就爱这样的你"的信条而闻名。

三个不是单个研究而是十年期间数百个研究发现的一个综合。1960年,威尔伯·施拉姆(Wilbur Schramm)、杰克·莱尔(Jack Lyle)、埃德温·帕克(Edwin Parker)出版了关于儿童使用电视的第一个大范围的美国研究。[20]这个研究不是关注电视对儿童做了什么,而是关注儿童利用电视做了什么。从这个意义上说,这符合使用与满足理论的传统(惯例)。研究者审视了电视节目的内容、年轻观众的人品、观看电视的社会环境。在美国和加拿大实行的十一个研究中,他们访问了将近6 000名儿童,连同1 500名家长和一些老师以及学校官员。他们使用了深度访谈和标准化的问卷调查,用统计分析法分析了结果。最后,他们得到了引人注目的大量的定量数据,外加关于儿童观看模式和他们使用电视的领悟。

观看模式 在孩子生命的早期,电视就成为最受关注的大众媒介(对现在的孩子而言,也是这样的)。三岁的时候,孩子每天要看大约45分钟的电视,并且每一年收看电视的时间会增加得很快。当孩子5岁的时候,他们平均每天收看电视的时间为2小时,8岁的时候收看时间上升至3小时。实际上,令美国人大吃一惊的是,他们发现从3岁至16岁,在任何既定的一年里,他们的孩子耗费在看电视上的时间都要多于在学校的时间。只有睡觉或许玩耍的时间会占有与此相当或者更多的时间。孩子们对电视节目的口味会因年龄、性别和智力的不同而不同,但是他们的品味主要受家庭影响。中产阶级的孩子喜欢看现实的、自我完善的节目。工人阶层的孩子更多地喜欢看一些纯娱乐的或者幻想的节目。

节目满意度 出于种种原因,幻想是从电视获得的最重要的愉悦之一。这种类型的满足来源于被娱乐、对令人兴奋的有魅力的人的认同和远离现实生活的愉快。换句话说,电视能够提供摆脱日常生活的约束限制的令人愉快的体验。因此,幻想既提供了逃离,又满足了愿望。

一个重要的发现是孩子们因为消遣而转向电视,但实际上他们往往受到了教育。这种教育不是常规的和有计划的,也不是年轻的观众想要学到什么。这样无计划的和不带目的的教育被称作"无意的学习"。即便是现在,这仍然是一个帮助我们理解电视对儿童的影响的重要观点。当然,学习什么与孩子的能力、需求、喜好和观看的节目类型有关。这种无意的课程没有必要一定是客观的或者正确的。电视有时候描绘现实非常实际,有时候是错误的。但是,无论电视的有效性如何,这样的课程对于年轻观众而言都是很重要的教育材料。

两个男孩模仿暴力的电视节目,这引起了批评家和社会科学家对电视和视频暴力对行为的影响进行评估。

基本结论:观看电视似乎并无危害 总的来说,这项大规模研究的结果并没有揭示电视对儿童产生了真正的令人注目的问题。实际上,媒介对这些观众的影响是选择性的和有限的。虽然研究者发现孩子们全神贯注地观看电视,但是他们没有发现孩子们是有害影响的被动接受者。反而电视的选择性影响是依孩子的家庭、心智能力、群体纽带、年龄、性别和一般人格这些因素而定的。

虽然这项研究在研究方法上有一些缺点,但它的发现仍然是很重要的。它为选择和有限效果理论的有效性提供了进一步的证据。它表明电视的影响因儿童的个人特点和社会类别不同而有所不同。而且,这项研究的证据支撑了使用与满足理论的中心命题,解释了为什么节目会被选择。从根本上说,孩子们积极选择了他们所看的东西,并且内容满足了许多需求和提供了各种各样的满意。自从那个时候学者仔细观察了电视对儿童思想和观念产生的认知影响之后,像认识怎样去购买(消费者行为)和媒介的政治社会化(了解某人的政见和如何投票)[21]这样重要的问题也引起了关注。

电视和青少年犯罪

害怕观看电视所产生的有害影响是进行这项最大的单项研究的动机,也有理解媒介效果的目的。害怕电视的有害影响成为了美国社会的病症,每当一种新媒体出现,就有声音宣称它是造成美国社会问题加剧的关键。事实是这些问题的产生源于长期的迁移、城镇化和工业化趋势,而且贫穷不会被绝大部分公众轻易接受。他们想得到简单一点的回答。媒介成为了可以被指责的看得见的目标。因此,许多人曾经将电视看作国家不法行为和犯罪、吸食毒品、少年犯罪比率上升和道德品质恶化的原因,这并不令人惊讶。在最近的时间里,学者们也担忧在儿童早期肥胖症上电视的影响,因为汽水、糖果和爱好类的广告助长了不好的饮食习惯。其他研究探查了计算机游戏对儿童的负面影响,也研究了接触成人网站和有线电视节目的危险性。

给美国公共卫生局局长的报告

因为害怕媒介的发展,公众的担忧给国会带来了"应该做些什么"的压力。1969 年 3 月,参议员约翰·帕斯托(John Pastore)在国会办公室说:

由于缺乏能够帮助判断电视……暴力与个人的反社会行为尤其是青少年之间是否存在偶然的联系等这些问题的确切信息,极其苦恼。

在帕斯托的推动下,国会迅速地拨款 100 万美元去进行电视影响的研究。国家精神卫生研究所成为了管理节目的机构。国家精神卫生研究所任命了一个委员会,以此来区分设计项目的传播学研究者和进行日常事务管理的职员,并准备一个最终的报告。但是那些在委员会的人必须被电视网"认可"——这就好像让狐狸来指派谁将看着小鸡一样!那些对电视网发表负面批评的学者会被列入黑名单。不必说,许多品质高尚的研究者认为这种排斥是不道德的,而他们拒绝在项目中承担任何事情。

不管怎样,美国公共卫生局局长掌管这个委员会有两个目的:(1)检验关于电视的影响已经认识和了解到什么了;(2)开展新的研究。最后,大约 60 个研究,外加上先前的数百个调查,共发表了五卷和第六卷总结卷。[22]很多问题被提到,包括广告的影响、被电视替换的活动和从电视上获知的信息。但是,一个主要的焦点是电视暴力和它对青少年的影响。我们可以简单地回顾一下关于这个主题的主要发现。

网络电视的暴力内容　当时的电视节目是怎样暴力的? 给公共卫生局局长的报告中的一卷提供了一些引人注目的答案。例如,有一个学者研究了一整周的黄金时段的电视节目。他发现每十个节目中就有八个节目充斥着暴力。更为引人注目的是,孩子们观看电视的绝大部分时间恰好是最暴力内容播放的时间段。电视里表现出侵犯性的人是什么类型的人? 屏幕上实施暴力的男人通常是对家庭不负责任的人。大约有四分之三的实行暴力的主角是男性。他们是美国人,中产阶级或者上层阶级、未婚和处于生命全盛期。谋杀发生在陌生人或者有一点点相识的人之间,少数妇女是暴力的。(在现实生活中大部分谋杀涉及家庭成员或者相互熟识的人。)总的来说,电视所描绘的暴力是非常频繁的和不现实的。

对于电视行为的社会学习　电视内容清晰地呈现了大量的暴力。但是这样的描绘是不是为儿童提供了模仿对象而使他们变得更具侵犯性? 给公共卫生局局长的报告中的一卷试图去回答这个问题,它回顾了整个被心理学家称为观察学习的研究。这种类型的学习恰好是这个问题的暗示。作为观察某个人行动的结果,观察者采用模仿对象的信仰、态度或者行为。

关于模仿行为的早期研究结果(不是公共卫生局项目中的部分)对于电视上暴力的描绘是否为刺激青少年之间的攻击提供示范这个问题是非常重要的。那时最有名的模仿研究是由艾伯特·班杜拉(Albert Bandura)和他的同事实行的。[23]班杜拉让孩子们观看了一个模特击打一个大的膨胀的"波波"玩偶(一个大的小丑般的人物,如果用拳头猛击或碰撞他会反弹回来保持垂直)。在一个实验环境中,孩子看到模特的攻击行为(击打玩偶)得到了报酬。在第二个实验环境中,孩子们看到模特的攻击没有得到任何结果。第三个实验环境中,孩子们则看见模特因为其攻击行为受到了惩罚。

每一组的孩子在接受这些"待遇"后被留在了一个堆满了玩具的房间——包括一个像模特击打过的那样的"波波"玩偶。曾经看到因为攻击行为而得到报酬或者没有任何结果的孩子表现出了大量的直接效仿行为。他们也击打"波波"玩偶。而那些看到过模特因攻击行为而受到惩罚的孩子则似乎不太可能去对玩偶实施暴力。很清楚的是孩子们模仿或者不模仿模特的行为,取决于攻击行为是否受到惩罚。

后来,为了检验被试是否理解了模特的行为,三个组的所有孩子都要求在实验者面前展示模特所做的。他们都能毫无困难地照做。换句话说,观察学习的发生是不管模特是得到报酬还是被惩罚的。孩子们非常清楚地知道模特击打了玩偶。但是,孩子们是否模仿模特的行为取决于他们所处的实验环境——他们观察到的攻击行为带来的结果是什么。

这样的实验意味着什么? 毫无疑问的是孩子们经常模仿他们看到的其他人所做的事,并且大部分心理学家认为这样的模仿是人格发展的很重要的因素。但是那就意味着孩子们会盲目地模仿电视上所描绘的暴力吗? 这没有很清晰的答案。实验中模特的影响也许与现实生活中的家庭控制到位的大众传播影响有很大的差别。然而,这些实验的结果,随同后来的研究累积,形成了"模仿理论"。

 精彩观点:媒介理论阐释

模仿理论

　　美国的大众媒介尤其是电视和电影,以各种各样的方式描述了人类各种类型的行为。这些行为包括谈话、抽烟、与异性交往、着装、散步或者任何形式的有意义的行为。它们作为行为的模型都是能够被模仿的,人们可以采用这些所看到的被描述的行为,使其成为自己行为的一部分。

有一个关于这种行为怎样和为什么发生的解释是"模仿理论"。它源于一个更为普通的观点"社会学习理论",这个观点最初是被心理学家艾伯特·班杜拉确切阐述出来的。社会学习理论为个人观看了某个人的表演后会学到某些形式的行为提供了解释,无论媒介参与与否。当其应用到人们采用被演员表现出来的和媒体上描述出来的某种形式行为的时候,它就成为"模仿理论"。

为什么模仿理论与电视节目和电影有着尤为明显的联系,原因是电视和电影通过模特的表演实际上表演了行为。更确切地说,在戏剧或者其他内容中,模特表演能够被看到,在各种各样的社会环境中观察者会发现特定的行为是具有吸引力的。因此,这种模仿行为比仅仅是通过口头、从收音机里听到或者是在印刷媒介上看到的描述更为逼真。

模仿理论对部分媒介、模特,即便是部分观众无法暗示任何意图。观众在观看了媒介上所描绘的某些形式的行为后对其进行采用完全是无计划和无意的。当然,那些设计或者表演媒介所描绘的行为并打算将他们作为其他人采纳的模特的人也无法暗示意图(广告的行为模仿除外)。因此,观众可以模仿一种行为模式,无论创造这个描述的人是否企图将其作为一种向导,观看模特表演的影响完全不为模仿当事人所意识到。

在模仿的过程中,接受者首先会遭遇到媒介对模特所表演的行为的展现。如果接受者认可模特,他就会复制模特所表演的行为。但是在这种行为被永久采纳以前,它必须带给观察者某些益处。如果是这样,行为就会被试用,如果采用它能够为个人解决某些问题,它将会在同样的环境中被一遍又一遍地使用。

更为规范地说,模仿理论能够依照以下假设进行简要的概括:

1. 个体(模仿行为的人)遇到某个人在电视上演示某种行为。

2. 个人认可演示行为的模特,也就是说,观看者认为他像(或者想变得像)模特。

3. 个人记住并会在以后的环境中复制(模仿)模特的行为。

4. 进行行为的复制解决了一些问题或者给个人带来了回报(提供了正面的强化)。

5. 因而,正强化的获得提高了这样的可能性:人们将在未来的相似情况中反复使用这种复制行为。

电视上的暴力图像激发了规制调整和科学研究,尤其是针对电视对儿童的影响。

电视和青少年侵犯行为 在实际的生活中观察态度和行为的其他研究也是提供给公共卫生局局长报告中的一部分。在题目为《电视和青少年侵犯行为》这一卷中,汇报了八个研究项目,这八个项目试图做到以下方面:(1)考察青少年使用电视;(2)测量青少年的侵犯性;(3)探究使用电视与暴力行为的联系。[24]

也许这些研究当中最有趣的一个是门罗·莱夫科维茨(Monroe Lefkowitz)和他的同事所实施的。这个项目在一个完整的十年里采访了一组被试——这在传播研究中是很少有的。在哥伦比亚和纽约的大约436名青少年,在三年级时接受了测试,而十年后再次接受了测试。孩子们被要求对他们自己的受欢迎度和侵犯性进行评价,并进行相互之间的评价。研究者还对家长进行了访谈。评价和访谈揭示这样一个倾向:一个孩子在三年级时不受欢迎,他就会看电视看得更多一些,而长大后也会变得更有侵犯性。因此,在这项群体研究中,频繁地观看电视上所描述的暴力与实际的侵犯水平是相关的,经常观看电视的那些孩子受电视暴力影响是最大的。这似乎证实了在刺激侵犯中电视的角色。

总的来说,青少年侵犯性的研究发现,有一些特别类型的年轻人似乎更喜欢看电视暴力和变得更有侵犯性。被研究的年轻人是男性、年轻一点的青少年,并且缺少理智和处于较低的社会经济地位。因此,在这样的社会类别中的青少年,观看电视暴力并且聚众斗殴。同时,这些行为之间的关系还不足以说明电视直接导致了侵犯。这是解释这样的研究的重要观点。这个观点表明两个事情同时发生并不同样说明事情中的一个就一定导致了另一个的发生。

总体结论:观看电视暴力内容将导致侵犯行为 这个委员会最后的报告题目为《电视和成长》,包括前面几卷和另外一些研究的总结和概括。这是关于进一步研究和公共政策的建议。最后,它还提供了电视暴力和侵犯行为之间关系的说明。在回顾了整个研究的证据之后,委员会得出了电视对暴力的描绘对孩子是有害的结论。他们指出,这个问题构成了潜在的公共卫生问题:

> 因而两个系列(实验和调查)的发现集中在三个方面:首先,初步地、试探性地表明观看电视暴力和侵犯行为之间的偶然关系;其次,任何这样的偶然联系只发生在某些孩子(容易变得有侵犯性的孩子)的身上;最后,这种联系的发生只是在某些环境之中。这样试探性的和有限的结论还不是很令人满意,但他们提供的实质上的知识比两年前我们掌握的要多。[25]

委员会从研究结果中所得出的结论引起了一场争论的风暴。参议院举行听证会来探查这意味着什么。公众全然不顾科学家得出结论的限制性条件,而聚焦于"电视使孩子有攻击性"的观点。电视业主要抓住研究的缺点和结论具有不确定性的特征,声称调查结果一点都不重要。许多媒介批评引起了义愤,一些研究者认为他们的工作被歪曲了。或许这就是公共卫生局局长 J.L.斯坦费尔德的最后结论:

> 这些研究——和相似的百分数——使我非常明白,电视暴力和反社会行为之间的关系充分证明我们必须迅速地采取补救行动。实际上这个时代已经变得非常迟钝:我们不能再容忍目前在美国家庭里孩子面前存在大量暴力的这种状况。[26]

事实上,那时美国公共卫生局局长的结论就是"电视暴力对你的孩子的健康有危害"!但是,结论仍然被"特定类型的孩子在特定的条件下才会受影响"的附加说明给限定了。

也许最有趣的事情是,十年之前施拉姆和他的同事对于研究结果的说明与提供给美国公共卫生局局长的报告之间存在着明显的矛盾。前者认为电视对孩子没有危害;而后者认为对于某些孩子而言,媒介是危险的。这里就出现了科学社团经常会面对的一个典型情况。哪一个是正确的解释? 就像我们早些时候指出过的，答案在未来更接近地描述事实并形成　　理论的研究中往往是在说谎。

给美国公共卫生局局长的第二份报告

到 1980 年的时候，电视影响研究的步伐明显加快。事实上，有关观看电视对行为影响的 90% 研究是在 1971—1980 年之间实行的——在提供给美国公共卫生局局长的第一份报告随后的十年之中。可用的研究结果如此多以至于很难去抓住它们全部的意义。另外，提供给美国公共卫生局局长的关于青少年和暴力的报告制造了很多争论和留下了很多没有回答的问题。因为这两个原因，那个时期的美国公共卫生局局长朱利叶斯·理查德（Julius Richard）要求国家精神卫生研究所对当时那些大量可用的研究证据进行综述和评价。因此，在第一份报告发表的十年之后，1982 年第二份报告被发表了。

研究步伐的加快　提供给美国公共卫生局局长的新报告题目为《电视和行为：科学进步的十年和 80 年代的含义》，这个报告并不是以政府主办的新研究项目为基础的。[27] 相反，它是一个对大约 2 500 个关于电视对行为的影响研究的主要发现的汇编，而这些研究大部分在第一份报告之前就已经发表了。

总的来说，这是一个非常有价值的对数千个关于电视研究的综述和评价，指出了媒介是如何影响一些形式的行为的。报告评价了七个领域的影响，包括：（1）电视和健康；（2）暴力和侵犯；（3）亲社会的行为；（4）观看的认知和情感方面；（5）家庭和人际关系；（6）社会信仰和社会行为；（7）电视对美国社会的影响。

用很少的段落来概括如此庞大的材料中数千个研究的特点和发现的细节是不可能的。但是，我们能够对报告中关于暴力与侵犯的部分予以关注。报告写道，电视曾经并且一直致力于展现暴力。在报告出版的时候（20 世纪 80 年代早期），电视上对于暴力的描述从 20 世纪 50 年代以来一直没有减弱，只是有一些小的波动。实际上，报告中所涵盖的十年中，儿童的周末节目中暴力有所提升，到那个时期末的时候，儿童的周末节目变得比黄金时段的电视节目更暴力。

经证实发现：儿童对于电视暴力的观看将明确导致侵犯行为　第一份报告和第二份报告在结论上的一个主要区别是，观看暴力的电视节目和一些儿童与年轻人观看这样的内容而导致侵犯行为的增加之间是否存在关系已不再有任何疑问。但是，正如吸烟和癌症之间的关系，我们不能预测个人的情况。也就是说，暴力节目是否会使一个人变得更有侵犯性这是不清晰的。但是，全部证据暗示了观看电视暴力节目增加了孩子之间出现侵犯行为的比例，这一点要比先前提供给公共卫生局局长的报告要清晰。

对社会和文化的长期影响

研究和评价现代社会大众传播影响的人长期为复杂化的和周期性的矛盾所困扰。当他们尽力去理解社会中大众传播的影响时，得到的却是两种相反的结论。两种结论都非常清晰地建立在可靠的信息来源的基础之上。

而且——混合问题——结论似乎都是正确的！

矛盾如下：审视那些已经产生了几十年的研究结果可以得出很清楚的结论，即媒介对大部分人的信仰、态度和行为只有选择性的和有限的影响；但是，任何人只要对美国近期历史有一个基本认识都可以得出差别很大的结论，媒介往往在我们的社会中对社会与文化状况、流行趋势和社会过程有着非常巨大的影响。使人困惑的两难问题必须要去解决。研究是不是展现了一幅媒介产生极小影响的错误图景？如果是这样，这将与我们先前的断言——科学揭示可信赖知识——是相矛盾的。或者是不是大众传播看起来经常对我们的社会和文化有着巨大影响的时候，我们所阅读的近期历史是错误的？为了解决这个困境，我们将在本节中表明结论都是正确的。也就是说，媒介确实有较弱的效果，但也有强大的效果。这听起来像含糊其词。但是，理解这个似乎不可调和的难题的关键在于认识对个人的短期影响和对人们的共同信仰、态度和行为——能够改变文化规范、社会制度——的长期影响之间的区别。发展这样的长期理论，有一个问题就是它们超出了近期能很容易被可观察到的研究证据证实的范畴。也就是说，它们对于大众传播的效果和影响阐释不是很容易为短期的科学实验或者调查所揭露出来。但是这些理论也不仅仅是意见和猜测。强大的媒介效果能够

通过对历史事件和在很长一段时间的流行趋势的仔细观察揭示出来。

预防艾滋病运动提高了公众对该疾病的警惕，倡导了提高性安全以及与酗酒作斗争的方法。

媒介效果的累积和社会期待

事实表明，大众传播在促进社会和文化的变革方面扮演重要角色并不困难。在这一节中我们将看到两个理论可以解释媒介在社会内部促进长期变化方面起到了作用。首先，最小效果的累积理论帮助我们理解公众观点和共同信仰是如何发生改变的。[28]这些改变的例子有公众支持和相信应当减少人口、限制青少年接近枪支、杜绝酒驾或者减少年轻人吸烟。第二个是社会期待理论，解释当人们逐渐地从社会内部获得关于组织、功能和重要群体的越来越清晰的观点（就个人而言，他并不属于这个群体但他理解得非常好）时媒介对人们产生的长期效果。

累积理论：最小效果的"累计"

理解媒介长期效果的一个方式是在最小效果能累积起来之前识别必须出现的因素。这可以显示媒介经常在塑造人们的观念和解释状况上是如何产生巨大影响的，尽管从短期来看，媒介展示给任何个人的任何特定信息产生的影响也许是非常有限的。

在累积理论能够解释经过一个长的时期重大变化是如何发生的之前，有三个因素必须同时具备。第一，媒介必须持续关注一个特定的问题；第二，媒介必须在大致统一的解释方

面保持相对一致的报道;第三,主要媒介(报纸、广播、电视和杂志)必须在相关内容上相互支持。

但是在这样的条件下媒介能产生巨大影响的证据是什么呢? 很显然,这样的证据既不来源于短期的实验,也无法从某个时代特定时期的调查中获取。但是,历史的分析能够提供理论体现在行动上的例子。通过观察公众对近几十年所发生特定事件的反应的变化,媒介在其中担任着决定性的角色,我们可以确认累积效果的各种各样的例子。

近些年,美国在几个国家进行了军事干预,尤为显著的是 2002—2003 年在阿富汗和伊拉克以及更早一些时候在其他地方进行了干预。而传播在这些冲突中充当什么角色是值得考虑和研究的。我们近代史上的这些军事干预非常清楚地说明,媒介对人类悲剧持续的、坚持不懈的和确证性的关注导致了社会戏剧性的结果。但是,为了说明传播的角色,这些行为并不是独一无二的例子,我们将简单地检验几个另外的例子。

军事干预　美国的军事武装入侵外国在国际事务中是一种极端的手段——就像伊拉克战争和阿富汗战争所证实的那样。但是,这样的干预确实发生了,无论是 1991 年波斯湾战争、2003 年伊拉克战争,还是早些时候中美洲的加勒比海冲突以及欧洲中部的(波斯尼亚与塞尔维亚)战争冲突,这些战争有时候是得到了国际认可和支持的,有时候没有。既然战争总是有着意义深远和悲剧性的影响,那么在媒介框架之内研究它取得公众支持和公共政策的根源所在是有用的。

在伊拉克战争的案例中,小布什政府围绕两个假设来构建这个事件:(1)政权的变更和萨达姆·侯赛因(Saddam Hussein)统治的终结是有必要的;(2)大规模杀伤性的武器对地区和世界造成威胁。这些主题被一遍又一遍重复而赢得了公众的支持,哪怕最初也有反对伊拉克战争的,因为打击"基地"组织的阿富汗战争已经打响。尽管伊拉克的领导者和"基地"组织的领导者之间并没有直接的联

系,但人们最终还是认为他们有联系,后来的民意测试表明了这一点。当新闻报道和其他情报来源提供了相反的证据并引发深刻的问题的时候,这是怎样发生的? 累积理论提供了一个答案。电视数月的反复播放,对大规模杀伤性武器的搜寻,使侯赛因成为魔鬼。很显然的是,可憎的专横的人与其他反民主领袖没有什么重要的区别。所有媒介的描述是一致的、持续的和言之凿凿的。结果,公众建立起了一个观点:小布什能够采取特别的手段入侵其他国家最初也是得到了高度认同的。在 2008 年的总统选举活动中这是一个很好的鲜活的事件。

在克林顿政府时期,媒介扮演了同样的角色,它们提供源源不断的报道和对海地与波斯尼亚人民所受痛苦的想象。类似的,在轰炸科索沃之前,在那个地区有可怕的电视图像、杂志故事和报纸对种族清理的报道。并且,在塞尔维亚的案例中,同样的事情也发生过。在这些案例中,公众对军事行动的支持都是非常强烈的。这并不是说大众传播导致了干预行为,但是如果没有反复的、持续和言之凿凿的媒介内容的播放而导致公众累积变化的发生,这些策略决不会得到支持。

吸烟与健康　关于最小效果累积的第二个例子是在媒介里大规模进行的长达 25 年的反吸烟运动。对吸烟有害健康在新闻里和公众服务活动中进行一致的、持续的和言之凿凿的描述,这种描述进行得比较慢但是给大部分公众的思想和行动带来了显著的变化。最终,公众认可了一系列针对吸烟习惯的法律。

另外的例子也可以被引用来说明当一个主题的信息在媒介中被坚持不懈并言之凿凿地呈现时,效果是会慢慢累积的。这些例子如下:我们近来强调的"绿色生活",使用改良的灯泡避免浪费能源;避免食用快餐来与青少年和成年人的肥胖症作斗争;越来越多地关注运动;我们共同对毒品和酗酒的危害表达关注。有一段时间,媒介关于毒品的信息被混淆了。现在,媒介已经将这些问题的消极方面放到其议程的重要位置,将它们明确地带到了公众的

关注中。最后,在同样普遍的类别中,媒介有一个引人注目的角色就是宣传通过使用避孕套和"性安全"来帮助解释艾滋病的危险性。

几乎是利用了所有的媒介功能来做这件事,报道性文章和报告、在观点媒体的娱乐节目中进行直接的劝服以及做广告。

像艾滋病这样的健康问题常常是公共利益运动的源头。这些公共利益运动强调广告对人们态度和行为具有影响的假设。

社会期待理论:学习群体的需要

观察媒介受众的长期影响的另外一个途径是,注意人们在各种各样的群体中作为参与的一部分是如何通过观看媒介内容的描述来学习规则和满足需要的。这里的核心问题不是从电视模特那儿获知的孤立的特定行为,而是在特定的群体之内通过观看他们在媒介里的描述发展对行为习惯和惯例类型的期待的理解。更为特殊的是,什么是一个特定的人在任何类型的社会环境中有效地参与一个群体并被接受所必须学习的? 在每一个人类群体中都有一套复杂的关于什么行为是被期待的理解。那些期待必须在个人能有效地参与这样的环境之前获得。

为了理解这个过程,我们可以从注意或大或小的人类群体的基本特征开始。首先,群体是为了完成一个他们认为很重要的目标而聚集在一起的人组成的——而这个目标不可能由同样数量的单个个体单独完成。因而,他们协调的行为形成一个有组织的团队模式促进群体的进步。

团队协调行为——经常称为群体的社会组织——的规则将其与个人的单独行为脱离开来。没有这样的集体行动,事情将会变得一团糟。因而,群体——从最小的家庭到最大的政府机构或者公司——都有规则和期待来限定和管理每个成员,如果其集体的目标有待去完成的话。

社会组织的主要构成要素是什么? 人们又是怎样获得能满足需求的个人知识的? 简单地说,社会组织可以被定义为这样的形式,即有着一般的群体规范、专门的角色、阶层地位和被群体用以合理遵从它的需求的一系列社会控制。每一个要素对有组织的社会活动都是非常重要的,这些要素能够防止群体的波动和使它的成员有效地工作,无论最初他们是因为什么目标而聚集在一起的。[29]

群体规范是一个容易理解的概念。每一个群体都有一套期望所有成员都遵守的通则。

这些可能与人们的穿着、使用专门的语言、彼此问候的方式等有关，这些通过数百次活动逐渐形成了群体的行为表现。不同类型群体的群体规范有很大不同。军队生活的规范就与宗教制度有着很大的区别，而它们又都与当地工会成员所遵从的规范有很大的区别。然而，每一个这样的群体都有一些通则，这些通则是所有的成员都必须学习、理解和在合理程度上遵从的。社会角色也是一个基本的概念。这些是专门的适用于个人在群体中担任特定角色和处于规定位置的规则。期望行为的定义必须被理解，不仅要被在群体中担任特定角色的人理解，而且要被那些必须将自己的角色与此联系起来的人理解。比如一支棒球队的击球手、投掷手和每一位球员只明白他在他的位置上将要做的，而不知道其他球员应该做的事情。这将会变得一团糟，赢得比赛的目标将永远不会实现。因此，这个重要概念将角色看成是既是专门的也是相互依赖的。也就是说，在大部分的群体里，群体里各个位置的角色不仅是不同的（专门的），而且是与其他成员相互联系的。正是协调的"劳动分工"的特点使得群体工作比同样数量的不协调的个体工作要有效率得多。

再者，在一个社会中相互依赖的人们是怎样获得那些他们从未亲自接触过的其他人的角色信息的呢？在社会组织中有一个重要的概念是"阶层（等级）"。有少数的群体，如果有的话，其中的每一位成员都有同样严格级别的权威、权力、地位和报酬。即便是在非正式的朋友群体里，一些成员是被尊重的领导者，而另外一些则是追随者，其威望要低一些。在庞大而复杂的群体中，存在等级层次。处于不同等级的人拥有的权力和权威大小不一样，他们所接受的尊重和报酬也是不同的。等级上的

差异源于许多因素。概括地说，处于等级顶端的人承担的责任最大，他们拥有非常稀少的但很重要的技能，有着广泛的经历，他们很难被取代。那些有着相反特点的人一般处于等级的底部。但是，大部分人能够识别许多类别的人的基本等级。他们是如何获得这样的知识的？

最后，每一个人类群体都使用社会控制。通过奖赏与惩罚组合的使用来维持群体的稳定。一个群体用奖赏与惩罚来防止过度偏离群体的社会期望，以及奖励符合社会期望的人。这种奖赏和惩罚的范围是从语言上或姿势上的同意和不同意这种温和的制裁到真正重大的行为控制；从对那些严格执行正确方式的人授予奖章到对那些偏离社会期望太远以至于不能容忍的人进行处决。大多数群体允许有限的偏离，在一些人履行角色的时候他们在习惯上是不一样的，即便是有一些人忽略了等级。但是，总有界限的制裁被提出。

人们在没有媒介的社会里学习这些社会要求会有一个漫长的过程。社会中老一点的成员教给新成员，或者他们依靠试错的过程来获得这些必要的知识，这个过程有时候是痛苦的。但是，在一个媒介社会里，大量的各种类型的群体和社会活动会被传播媒介进行描述。人们从儿童时代就提前从电视、互联网和广告当中学习政治和选举，就像他们从媒介的描述和广告中学习消费者行为一样。

有一个重要的警告是媒介——电影、电视节目或者是印刷媒介——里所描绘的各种各样的群体可能是误导、不切实际或者完全是错误的。媒介对妇女、不同肤色的人、同性恋者和少数族裔的歧视和偏见有很长的历史。实际上，每一个少数族裔群体都被媒介提到和强调过，不管是有意还是无意的。

长期理论的内涵

累积理论和社会期待理论都促进了早期的理论矛盾的解决。从短期的观点来看，大众

传播对个人有着非常有限和选择性的影响，这仍然是完全正确的。这个结论中的每一条都

是可信的。但是信息反复和连续的曝光能够改变人们。对于任何人而言，这种改变不是引人注目的，但是它确实发生了，这种改变是累积的。最后，大量的人口反复地暴露于媒体提供和证实的相关解释中，个人影响的累积最终会导致一个巨大的改变。

必须认识到的是，长期影响的存在并没有得到那些适应科学的需要而实行的系统研究的支撑。进行清晰、定量和明确的媒介影响（个人的或者社会和文化的长期变化）的观察方法有待发展。累积理论和社会期待理论相对较新，因此需要通过系统研究得来的事实的验证。与此同时，观察社会的长期趋势和变化试图去查看它们是否是微小变化累积的结果似乎是一个公认的策略。在大众媒介实际参与的美国，许多这样的变化已经发生了。这包括目前的"绿色"运动、公民参与和关心老年人，正如早期伟大的公民权利和妇女运动在今天的教育、选举、雇佣、住房和日常生活的许多其他领域仍然能感觉得到。电视曾在这些社会运动中担任了重要角色，但是现在互联网以其广泛的覆盖、沟通的便利和互动性成为了主要角色。显然，早期的和目前的关于公众权利的焦点都强调长期观点的价值，这避免了短期研究的局限性，但是它们也不总是符合社会科学模式的。控制观察和各种形式的民族志研究要取得成功需要有更多的系统策略和方法。正如我们早前指出的，文化研究和批判理论的学者利用关于意识形态、权力和社会契约论的

假设来捍卫定性分析和评价。这其中的一部分渗入媒介评论，但它们很少被使用定量方法和所谓的"实数"（不管收集得精确与否）的媒介分析家、战略家和研究者所看到。

虽然我们没有努力去叙述得详尽无遗，但我们呈现了最有影响和得到广泛测验的理论。从本章中可以得出一个主要的结论：使用逻辑和社会科学方法或者人文主义分析——恰当地改变以适合大众传播——需要以下策略：（1）实行能从中得到理论的研究；（2）进行进一步的研究，在现实环境中彻底检验所得出的解释的有效性；（3）修正这样的解释，如果新的数据显示它们需要改变（或者抛弃它们，如果必要的话）；（4）当获得支持的时候，使用该理论为大众传播如何影响人们提供最好的解释。

替代方案是什么？从本质上说，它们如下：（1）在既有的政治或宗教意识形态和定性观察的基础上得出结论；（2）利用个人的直觉或者推断去决断事实；（3）在关于媒介角色的哲学认定或者其他先前被接受的现实观念的指示的基础上得出结论。对于研究大众传播过程和效果的大多数学者、知识分子和研究者而言，在寻求答案的时候，这些替代方案似乎不像使用科学研究那样有吸引力。许多评论家认为，关于媒介影响的证据必须与媒介的政治或者社会观点一致，而不是寻找一个更中立的观点来评估既影响媒介又反过来受媒介影响的力量和因素。这项研究中的部分内容在第 10 章中有所探讨。

 本章回顾

- 数字媒介的发展像传统媒体一样获益于长期的理论学习和研究。
- 包括数字媒介在内的所有媒介都是传播过程的一部分，这一点通过基于证据的意义建构理论比较好理解。
- 在现代的研究方法发展出来之前，许多

学者猜测大众报纸对受众产生的影响。缺乏客观地收集事实而依靠直觉和判断形成了不同的和经常自相矛盾的观点。

- 最早的研究是以魔弹论的假设为导向的，它强调媒介拥有迅速、强大和普遍效果，后来这个理论被抛弃了。不过，像电影对年轻人

的影响这样的研究发现似乎支持了那个观点。

● 关于对妇女和日间媒介的进一步研究揭示了有着不同心理和社会特性的受众成员积极地选择可以得到的能满足需求和提供满意的媒介内容。

● 在总统选举活动的研究中发现信息和影响往往是一个两级流动的过程,首先是流向掌握第一手资料的意见领袖,然后才流向人群中的其他人。在总统选举活动中,媒介信息能够发动选民和强化他们既有的政治倾向,但是很少能将人们从一个党派或者位置转移到另一个党派或位置。

● 电视暴力的研究不支持在观看了媒介关于暴力的描述后,青少年变得具有侵犯性的观点。侵犯行为与个人及个人的社会特征有

着更为紧密的联系。但是电视暴力在特定类型的青少年中可以提高侵犯行为的可能性。

● 现在被研究支持的理论帮助理解在媒介里所描述的行为的模仿过程,媒介内容里的模特所表演的行为充当了采纳某种特定形式的行为的来源。

● 如果一个特定的观念或者情况被几种媒介反复地、持续地和始终如一地进行描述,传统的和数字的都有,它就能够对个人和社会整体产生长期的累积的影响。

● 另一个长期影响是学习遵从群体中的规范、角色、等级和控制的社会期待,在群体里个人起不到作用但个人都被相互的社会依赖网络联系在一起。

思考题

1. 如何通过理解大众传播的过程和效果来帮助我们理解媒介对个人、组织和社会本身的影响和效果?

2. 早期的媒介效果研究揭示了媒介的什么特征?随着时间的推移,这些特征能否持续下去?

3. 为什么我们需要对媒介进行学术的或科学的研究去理解它们的影响和力量?

4. 从历史的角度来看,什么样的社会焦虑和问题促进了媒介研究?那些旨在回答主要问题的研究也已经应用于每天的生活了吗?

5. 媒介效果研究成果在数字时代有着怎样的影响?

6. 探查媒介效果的研究和理论是对短期的考虑还是长期的解释更重要?从本章的证据中得出你的结论。

关键概念和术语

个性理论　Theory of individuality

魔弹论　Magic bullet theory

佩恩基金研究　Payne Fund studies

有限效果　Limited effects

两级传播　Two-step flow

满足研究　Gratifications research

电视暴力影响　TV violence impact

累积理论　Accumulation theory

社会期待理论　Social expectations theory

长期理论　Long-term theory

注释

1. "Raising the Ante: The Internet's Impact on Journalism Education and Existing Theories of Mass Communication," a symposium in honor of Philip Meyer, University of North Carolina, March 27 - 28, 2008；关于互联网与社区使用、议程设置、培养理论、有限影响、把关人、两级传播、使用与满足理论可参见 http://jomc. unc. edu/raisingtheante。

2. "Facebook's Grandfathers (& MySpace too)," in *I, A Bee*, buzz and pollination from the Internet Advertising Bureau, at www. randallrothenberg. com.

3. David Holmes, *Communication Theory: Media, Technology and Society* (Thousand Oaks, CA: Sage Publications, 2005).

4. John Burroughs, "Some Natural History Doubts and Conclusions," *Harper's Monthly Magazine*, August 1904, pp. 360 - 364.

5. Charles Horton Cooley, *Social Organization* (New York: Charles Scribner's Sons, 1909), p. 82.

6. Cooley, *Social Organization*, p. 91.

7. Edgar Dale, *Children's Attendance at Motion Pictures* (New York: Arno Press, 1970), p. 73; originally published in 1935.

8. Hadley Cantril, *The Invasion from Mars: A Study in the Psychology of Panic* (Princeton, NJ: Princeton University Press), p. 96.

9. Cantril, *The Invasion from Mars*, p. 98.

10. Howard Koch, *The Panic Broadcast: Portrait of an Event* (Boston: Little Brown, 1970).

11. 关于坎特里尔的研究及其结果的充分论述可参见 Cantril, *The Invasion from Mars*。

12. C. J. Hovland, A. A. Lumsdaine, and F. D. Sheffield, *Experiments on Mass Communication*, Vol. III of *Studies of Social Psychology in World War II* (New York: John Wiley & Sons, 1965).

13. Paul Lazarsfeld, Bernard Berelson, and Hazel Gaudet, *The People's Choice* (New York: Columbia University Press, 1948). See also Jefferson Pooley, "Fifteen Pages That Shook the Field: Personal Influence, Edward Shils, and the Remembered History of Mass Communication Research," *Annals of the American Academy of Political and Social Science*, Vol. 608 (2006), pp. 130, 131.

14. Diana C. Mutz, *Interpersonal Influence, How Perceptions of Mass Collectives Affect Political Attitudes* (New York: Cambridge University Press, 1998), xvii; pp. 4 - 5.

15. Everette E. Dennis, "The Two-Step Flow and the Internet Age," see Raising the Ante, op cit.

16. Herta Herzog, "What Do We Really Know About Daytime Serial Listeners," in Paul F. Lazarsfeld and Frank N. Stanton, *Radio Research, 1942 - 1943* (New York: Duell, Sloan & Pierce, 1944), pp. 3 - 33.

17. Bernard Berelson, "What Missing the Newspaper Means," in Paul F. Lazarsfeld and Frank N. Stanton, *Communications Research, 1948 - 1949* (New York: Harper and Brothers, 1949), pp. 111 - 129.

18. Berelson, "What Missing the Newspaper Means," p. 116.

19. Eleonor E. Maccoby, "Television: Its Impact on School Children," *Public Opinion Quarterly* (1951), pp. 421 - 444; also Paul I. Lyness, "The Place of Mass Media in the Lives of Boys and Girls," *Journalism Quarterly*, 29 (1952), pp. 43 - 54.

20. Wilbur Schramm, Jack Lyle, and Edwin Parker, *Television in the Lives of Our Children* (Palo Alto, CA: Stanford University Press, 1961).

21. Norma Pecora, John Murray, and Ellen Wartella, *Children & Television: Fifty Years of Research* (Mahwah, NJ: Lawrence Erlbaum Associates, 2006)

22. 每卷标题都有着不同的副标题，这些副标题依

次为《媒介内容和控制》（第一卷）、《电视和社
会学习》（第二卷）、《电视和青少年侵犯行为》
（第三卷）、《日常生活中的电视：使用模式》（第
四卷）、《电视效果：深入探索》（第五卷）。这些
报告均由乔治·康斯托克（George A. Com-
stock）、约翰·默里（John P. Murray）和伊利·
A. 鲁宾斯坦（Eli A. Rubenstein）承担（the
Government Printing Office, Washington D.
C. , in 1971）。其第六卷总结卷《电视和成长》，
出版于 1972 年。

23. A. Bandura and S. A. Ross, "Transmission of
Aggression Through Imitation of Aggressive
Models," *Journal of Abnormal and Social
Psychology*, 63 (1961), pp. 575 - 582.

24. *Television and Growing Up*, p. 11

25. Surgeon General's Scientific Advisory Commit-
tee on Television and Social Behavior, *Televi-
sion and Growing Up: The Impact of Tele-
vised Violence*. Report to the Surgeon General,
United States Public Health Service (Washing-
ton, DC: U. S. Government Printing Office,
1971), p. 11.

26. J. L. Steinfeld, "TV Violence is Harmful," *The
Reader's Digest*, April 1973, pp. 34 - 40.

27. *Television and Behavior: Ten Years of Scien-
tific Progress and Implications for the Eighties*
(Rockville, MD: National Institute of Mental
Health, 1982).

28. 这种独特的理论基于本书的需要得以扩展，但
它并未以此名称出现在理论文献之中。

29. 对于社会组织特征的深入探讨以及它们是如
何塑造人类群体行为的内容，参见"Social Or-
ganization," in Melvin L. DeFleur, et al. , *Socio-
logy: Human Society* （New York: Random
House, 1984), pp. 72 - 104。

第 15 章
媒介伦理:内容使用和媒介行为

伦理属于哲学的分支，它关注道德和道德选择。媒介伦理则关注媒介内容以及这些内容的生产管理者们的行为。在今天这个日益复杂和分化的社会中，数字媒介由于具有空前的发展速度、瞬间覆盖全球的广度以及几乎没有上限的存储容量，对那些研究媒介道德伦理的人们提出了各种难题。换句话说，对于传统媒体来说，诚实、公正、透明是伦理的基本标志，而对数字媒介来说，它们在保有这些基本特点的同时，也对媒介伦理提出了很多全新的、有区别的、多维度的挑战。首先，数字媒介的开放性和即时性意味着很多传统媒体的功能——新闻功能、信息功能、倡导功能、娱乐功能、广告功能——之间的界限正在日益模糊。用媒介研究者们的话来说，这就是融合。从负面影响来看，传统媒体的防火墙功能正在消失，而那些有失偏颇的博主们所声称的"新闻全覆盖"在某种程度上也会影响他们对传统媒体提出的批评和发出的挑衅；人们通过互联网下载音乐和电影，并将下载内容拷贝给自己的朋友们，这一行为是否符合伦理或是否合法正在受到质疑，随之而来的是关于免费内容和付费内容的持续不断的争议；关于隐私权的新问题也日益受到关注，社会化网络正在以前所未有的方式暴露人们生活的方方面面；通过新式工具和技术实施的难以计数的网络（cyber）犯罪日见增多。与此同时，融合带来的正面作用也不容忽视。言论自由的范围不断扩大，对传统媒体封闭系统的打破无疑是令人感到鼓舞的；媒体人开发出了各种卓越的多媒体平台，在这些平台上，各种爆炸性消息屡见不鲜。随着受众的不断分化和媒介融合的重新界定，问题日益增多的媒介伦理正在陷入两难境地。[1]

媒介伦理通常和媒介专业人士联系在一起。从媒介的所有者、高层管理者到中层管理者，甚至是刚刚进入媒体工作的新人，他们的行为和他们所生产的内容都和媒介伦理有着密切的联系。一些批评家抱怨媒介伦理通常只关注个人行为，换句话说，只关注那些对此行为负有责任的人。一些违规的媒体编辑或内容生产者往往容易成为替罪羊，但从根本上看，这是一个系统的体制问题。这里有一个富有戏剧性的例子，2003 年，《纽约时报》记者杰森·布莱尔（Jayson Blare）爆出抄袭剽窃丑闻。由于事件的严重性，《纽约时报》特别通过报纸版面刊登道歉启事，并对相关新闻进行了重新报道。抄袭丑闻爆发初期，布莱尔立刻被报社解雇，同时报社成立了工作组（由受人尊敬的外部人士组成）对事件进行彻底调查。[2] 调查报告指出了报社系统内部存在的问题，并呼吁进行改革，具体改革措施包括任命一个调查专员或公共编辑来避免日后继续出现此类剽窃问题。但是，这一建议并没能平息来自公众的和报社内部的批评。最终，报社宣布两名首席编辑对此次剽窃事件负责并将他们免职。[3]

另一个著名的案例是发生于 2007 年关于事实伦理（de facto ethics）的大讨论。当时，传媒大亨鲁伯特·默多克出价并成功购买了《华尔街日报》。在收购的那几周内，批评家、分析家和政策制定者对默多克作为媒介所有者的一贯表现、他对新闻公正性的承诺以及其他相关事务产生了争议。当默多克最终成功地从班克罗夫特（Bancroft）家族——《华尔街日报》一个多世纪以来的主人——手中收购了这份著名报纸后，他感到有责任成立一个由外部成员构成的审查委员会来确保评论家和公众针对报纸的监督具有连续的独立性和完整性。默多克作为一名媒体大亨，他的道德和诚信问题显然是非常重要的议题。

在今天，数字媒介的伦理问题并不仅仅是美国知名报纸所暴露出来的普遍存在的高层操纵（报道）问题，而是主要集中在一些普通个人，或者说媒介本身上。例如，2008 年，博主埃德·波特（Ed Bott）在他的微软报告（Microsoft Report)中针对"谈到数字媒介伦理,你到底持何立场?"问了一些基本性的问题,并最终形成了一份由 11 道题目组成的在线调查。具体的题目如下:

● 如果你买了一张 CD,再通过硬盘将 CD 内容拷贝到你的各种设备和多台电脑里由个人使用,你认可这种做法吗?

● 如果你买了一张 CD,再通过硬盘将 CD 内容拷贝出来到当地的商店播放或在线播放,你认可这种做法吗?

● 从朋友那里借一张 CD 然后将 CD 内容拷贝到你的硬盘里,你认可这种做法吗?个人购买一张 CD 然后拷贝一张给朋友,你认可这种做法吗?

● 从类似 iTunes 的在线音乐(或视频)商店购买了带有数字版权保护(DRM-protected)的产品后,无视版权保护须知制作副本,你认可这种做法吗?

● 利用从美国奈飞或百视达(Blockbuster)租借的 DVD 制作副本,你认可这种做法吗?

● 如果错过了电视网正在热播的你非常喜欢的一档电视节目的某一集,只能通过类似比特流(BitTorrent)软件回看,你认可这种做法吗?如果你错过的这个节目来自只能通过订阅收看的 HBO,你的观点是否会有不同?如果同样还是这档节目,错过之后你可以选择在官网免费收看(含广告)或者选择在线付费收看(无广告),你会怎么做呢?[4]

调查结果显示,96%的被调查者对第一个问题的回答都是"认可",只有 2%的被调查者回答"不认可",剩下 2%的被调查者则回答"看情况"。这一结果清楚表明消费者的个人选择对于媒介产业和娱乐产业(特别是音乐产业和电影产业)有着巨大的影响,而消费者的这一选择也引起了研究者们热烈的讨论。与此同时,与消费者的个人选择相比,关于知识产权、盗版和其他相关主题的立法则产生了更

为深远的影响。一些评论家指出,正像我们之前所说的那样,上述问题其实是数字时代共通的问题。大多数人坚持一种数字时代的信仰,他们认为所有的数字产品都应当是免费的、为人们所共享的;而另一些人则认为,数字产品是一种商业财产(如作曲家、作者或者投资者)并要求消费者付费。这二者之间巨大的分歧就在于是同意"付费方可拥有"(you get what you pay for)这一理念还是赞同免费、开源、共享的理念。而这正是数字媒介伦理和普通媒介伦理的核心差异。从消费者来看,不同时代的媒介消费者们的态度和观点有着明显的差别,换句话说,即"数字移民"(那些出生在非互联网时代的人们)和"数字原住民"(digital native)在面对个人隐私和免费内容时,二者想法有着明显的差别。一些人认为技术已经取得了压倒性的胜利,而另一些人则不同意这一观点。今天的大学生们和他们的父母在这一问题上显然很难达成一致(教授们则通常处于中立的位置)。美国校园有线电视网(Cable in the Classroom)通过接入教室的有线网络来与孩子们进行接触,这一网站指出:"数字伦理就是教给孩子们如何有道德、有礼貌,同时富有创造力地使用数字媒介。"[5]网站特别关注孩子们在使用网络时可能发生的抄袭和版权保护事宜。位于密苏里州里斯峰的一所 K-12[①]学制的学校就尝试通过一系列交互式的问题来教授数字伦理。例如:

我可以下载并使用音乐吗?复制和使用来自教科书的一首诗是否可行?

我可以使用从电视节目里截取出来的视频片段吗?在数字时代,什么是符合伦理要求的行为?如何界定抄袭?如何发现抄袭?[6]

正如我们接下来会看到的那样,这些问题中的很多属于一种价值判断,而另外一些试图通过"打擦边球"的方式规避法律的问题则很

---

① K-12 中 K 代表幼儿园(Kindergarten),12 代表 12 年级。K-12 是指从幼儿园到 12 年级的教育,是为美国的义务教育。——译者注

可能招致民事处罚和罚款。对幼儿园的孩子们来说,这些问题也许显得有些遥远,但是随着类似的事情在我们的日常生活中和工作中日益增多,这些问题的严重性正在日益凸显。

一些在波因特研究院工作的评论员已经起草了关于网络新闻伦理(online journalism ethics)的草案,该草案指出尽管新闻伦理是个难题,但该问题应持平台中立(platformneutral)的原则,不论是数字时代的新闻工作者还是早期的新闻工作者,他们在新闻工作中所扮演的角色其实并没有差别(尽管程度可能不同)。[7] 对他们来说,不论从事的新闻工作是新闻通讯、电视新闻还是在线新闻,准确性、可信性和透明度仍然是必要的新闻伦理标志。

当然,准确性或者说可信性,对于新闻工作者和其他媒介从业人员来说都非常重要。事实上,对于传播业来说,准确性更是最重要的因素之一。正如我们之前的章节里所提到的,那些将新闻、公关活动、广告和其他媒介内容展现给公众的媒介从业者通常在伦理界限内传递信息,他们希望公众能够相信他们所展示的内容。毕竟,专业的传播者明白,如果他们呈现给受众的信息、观点甚至是娱乐性内容缺乏可信性,将会大大损害自己的公信力并最终导致受众流失。在文明社会中,传播不仅仅应该是具有竞争力的,同时也应当是可信的、对受众来说具有价值的。因此,伦理不仅仅是一个被宗教当局、社会改良家和哲学家长久争论的晦涩难解的话题,同时也是影响传播业各个环节的一个实际问题。当伦理规则受到侵犯时,很多专业的传播者的日常生活将被扰乱。在互动日益频繁的数字时代,伦理显得更加重要,这是因为数字传播可以更方便地处理图像和信息,而这些或具体或概括的描写方式和行为模式在提升道德标准的同时也带来了道德困扰。

媒介伦理观察

关于媒介伦理的很多讨论来自对传播内容的直接关注(如报纸或杂志的报道是否准确,经过选择性编辑的电视新闻或播客是否准确,一张充满争议的图片是否可信)和对传播者行为的关注,特别是对新闻工作者行为的关注(如他们是否按照专业标准从事新闻活动),但上面说的这些内容其实只是媒介伦理中很小的一部分。首先,伦理对传播的方方面面来说都很重要,如传递信息、表达意见、娱乐大众、影响广告/市场等。其次,所有媒介产业都面临伦理问题,差别只是谁的问题更严重而已。当然,大多数的媒介伦理问题和新闻、信息、新闻报道等密切相关,因为这些内容直接反映社会功能和人们的传播能力。然而,电影中、互联网上或者公共关系和广告中的各种不道德的内容和行为同样对社会和人们的生活有着直接的或间接的重要影响。[8] 有人指出,对于媒介使用者,特别是数字媒介使用者,应当采用不同的标准来要求。例如,采用即时通信工具、推特、电子邮件或文本信息进行人际传播时,交流的过程只涉及少数人(尽管潜在的影响可能涉及上百万人),与大众传播相比,二者的伦理规范要求应当一样吗? 就像打电话和公开广播一样,二者所受的伦理约束显然不同。在数字媒介时代,由于交互范围的不断扩展和交互深度的不断增加,越来越多的新的更为严重的伦理困局已经出现,而对于传统伦理的各种突破也屡见不鲜。

可以肯定的是,不仅仅是信息收集者和信息供应者受到伦理问题的影响,整个媒介行业的从业者都与伦理问题有着密切的关系。譬如说,对于广告销售人员来说,他们在介绍自己的产品时是否诚实和正直会对销售结果产生不小的影响。对于电视网的管理者、出版公司、新闻机构、视频制作公司和其他媒介领域来说,媒介伦理对于它们同样会产生影响。不论媒介从业者是刚入门的菜鸟、中层管理人员还是高管,遵守伦理道德和违反伦理道德能够并且一定会使他们受到公众关注。最简单的(易得的)例子是那些高调的电视节目主持人们,他们中的很多人主持的节目格调低俗、滑稽可笑并且充满争议,如杰里·斯普林格(Jerry Springer)、比尔·奥雷利等。由于参加节目的一些嘉宾在节目播出后感到被误解,继而犯下谋杀罪或者作出其他反社会的行为,而这些行为的发生在人们看来与这些低俗的节目有着密切的联系。由于上述原因,这些主持人常常处在舆论的焦点。即使是像默多克这样的传媒大亨也要面临过度推进报纸"小报化"和过分降低报纸内容格调所带来的批评。《洛杉矶时报》的出版商则因为试图将报纸的新闻功能和广告功能合二为一而受到严厉的控诉。批评者认为,他的这种行为将会使得原本严肃的报纸版面成为追求利润的大杂烩。就像之前的案例中所提到的那样,久负盛名的《纽约时报》在无意识中放任旗下记者编造新闻、捏造消息来源长达数年之久。同样的事件也曾经发生在《新共和》。当时该报的一名无良作者在被解雇和被捕前所报道的故事均为自己编造。这两个案例的主人公后来均出书提及这一不光彩事件,其中一本书甚至被改编成了电影,名为《欲盖弥彰》(Shattered Glass)[之所以叫这个名字,是因为小说的作者名字叫斯蒂芬·格拉斯(Stephen Glass)]。来看看下面这些事件吧,它们都代表了各种媒介产业目前面临的伦理纷争。

● 电影——当电影将根据真实生活和历史人物改编的作品搬上大银幕后,经常会面临歪曲事实的指责。譬如奥利弗·斯通(Oliver Stone)关于肯尼迪、尼克松的电影,就因为将真实事件和虚构故事桥接在一起而受到批评。

● 图书——常常会因为来自外界的压力、抄袭事件甚至是著名脱口秀主持人奥普拉·温弗瑞无意中的非专业的书目推荐而取消原定的出版合同。

● 广告——利用各种针对青少年的性暗示来出售产品,如阿贝克隆比 & 费奇(A & F)服装品牌的广告中就利用青少年模特摆出各种性感的姿势。

● 网站——常常通过抄袭或篡改他人的作品来吸引用户、取得竞争胜利。如使用未经审查的捏造的新闻事件。

● 公共关系——歪曲客户的背景和记录,并常常试图通过某些应受谴责的所谓的伤害控制手段来为那些不诚实的客户掩盖真相。

● 电视——炒作或歪曲事件,或者对公众进行误导。

● 音乐——网络下载损害了音乐创作人的利益,也会出现不良音乐人未经许可剽窃他人作品的事情。

谈到媒介伦理,有很多正面的和负面的案例。当然,我们接下来会提到,由于有良知的公众和专业人士的存在,很多伦理规范得以制定、标准得以设定,与此同时,专业人士对于加强媒介伦理的渴望也日渐增大。[9]

伦理问题不仅仅是大众传播需要面对的,而且是我们每个人生活中都要面对的。伦理问题与个人道德、公司融资、各种利益冲突和其他事项都有着密切的联系。对伦理的关注也贯穿了美国社会发展的始终。当然,在新闻报道的头版很少看到关于违反道德的控诉,无论这种控诉是针对美国政府、企业、其他机构还是个人。近些年来,批评家对于互联网隐私,版权侵害,彻头彻尾的抄袭,贪婪的华尔街,政府腐败,以及政治家、体育明星、广播电视福音布道者和其他公众人物虚伪的生活都表现出了深深的担忧。

不可否认,由伦理问题导致的丑闻和其他事件大多很复杂。这不仅仅是关于对错的判断,而且是要发现可疑的行为并对其进行曝光。很多时候,这项工作需要"告密者",某些内部人员要冒着很大的风险来揭露真相。他们之所以这么做的原因有时是因为崇高的理由,譬如为了公共利益服务,而有时则仅仅是对上司感到不满和愤怒，想要对其实施报复。还有一种情况，对违背道德行为进行揭露往往发生在政敌之间。

伦理所包含的公共利益的内容随着时间的改变不断发生着变化，特别是近十几年来，随着高层腐败、暴利攫取、政治失实现象的日益严重，这种改变变得更加明显。事实上，正如形形色色的会议和研讨会所指出的那样，并没有什么领域是可以被排除在伦理问题之外的，关于道德行为议题的讨论已经被商业领域、教会、学校和其他机构提上了议事日程。对于新闻杂志来说，对道德伦理的关注是再自然不过的事情。譬如《时代》杂志、《美国新闻与世界报道》、《新闻周刊》都曾经以新闻伦理作为封面故事。今天更是有难以尽数的关于数字伦理的博客出现。其中一些博客无疑是很重要的，它们致力于发现媒体的错误、找出其中不当之处，或者仅仅是指出节目中那些令人尴尬的失态，这一切都使得这些博客的主人产生了更为深远的影响。当然，这些知名博主借助的是全社会的力量而不仅仅只靠个人进行监督。譬如 2008 年总统大选时，当总统候选人作出不当评论和声明，或者当他们的处理方法引发公众爆料时，这些知名博主往往通过发表在个人博客上的评论文章来制造新闻。如希拉里·克林顿声称自己曾经冒着炮火进行过一次国际斡旋，但事后证明这一陈述有误；约翰·爱德华兹（John Edwards）则被拆穿曾有婚外情并育有一名私生子。

当然，尽管媒介伦理早就已经成为公众热议的话题，但引起公众关注的伦理问题跨越众多领域这一现象仍然是罕见的。对于那种认为强调竞争和利益驱动的媒介可以更好地在伦理框架内运转的观点，一些批评家进行了嘲笑。很多学识渊博的人指出，缺乏公众信任的媒介体制不可能存在太久，只有准确、诚实、可信的传播才能得到公众的认可。就像我们在之前的章节里明确指出的那样，这并不意味着所有的媒介产业都是可信赖的，也不意味着它们都遵循着同样的价值规范和道德标准。[10]

新技术的挑战

从电报技术到互联网，每一种新媒体或新技术从诞生初期开始就迅速成为人际交往和互动的新领域。传统的、非互动的媒介遵循的是"命令-控制"（command-and-control）模式，在这一模式下，媒介所有者和媒介工作者们控制着信息及其传播渠道。随着互联网速度的迅速提升和新媒体社会交互网络功能的日渐发展和原本位于接收终端的用户开始创造出新信息，新的问题和新的挑战也随之而来；而随着 YouTube、MySpace、Friendster 和其他社交网络成为人们交往的平台和各种自媒体的蓬勃发展，对于互联网的滥用也日益严重，如隐瞒自己的真实年龄、兜售根本不存在的产品等。在 3D 游戏《第二人生》的虚拟世界里，玩家拥有自己的货币体系、可以无限扩张的社区容量和社会网络以及面临更多的道德挑战。在这个游戏里，人们可以使用各种化身，卡通化的角色设计可以赋予玩家新的身份（有时甚至是多个身份）。从某一层面来看，这仅仅是个游戏，是一种娱乐；但是从另外的层面来看，玩家对于这一游戏的态度非常认真，在线下的真实生活之外，他们常常无节制地投入时间去玩这款在线游戏。已经有很多研究表明，《第二人生》中的新身份可以使得人们获得满足并产生无尽的创造力。但与此同时，《第二人生》也产生了不少负面的影响。数字未来研究中心（Center for the Digital Future）主管杰弗里·科尔（Jeffrey Cole）指出："随着犯罪行为和各种反社会行为的恣意生长，《第二人生》很有可能成为一个非常糟糕的地方。"[11]而虚拟身份、失实表述等问题的出现也给玩家的真实生活带来了困扰,并导致本就处于两难境地的伦理问题变得更加突出,譬如有时常常需要平衡几个化身与其他玩家之间的关系。当然,虚拟世界最终能否存在取决于玩家是否愿意继续为该游戏支付金钱。MTV 频道和 VH1 频道创办了虚拟世界并将其与它们的几档节目联系在一起,譬如《虚拟山脉》(Virtual Hills),这是一个实景和虚拟交织在一起的游戏,这档游戏提出的道德难题在于如何应对来自未成年玩家家长们的反对。技术和软件的发展使得传播变得更加隐蔽,由此产生的各种不当使用问题需要引起我们的关注。譬如,不当陈述在某些场合属于一般违法行为,而借助网络所提供的虚假身份,用户在互联网上作出不当陈述变得更加简单,同时也更加不易被发现。[12]

 ## 媒介伦理的维度

媒介伦理通常关注三个主要问题:(1)新闻报道和其他相关活动的准确性、公正性;(2)报道者的行为,特别是与他们的消息来源相关的行为;(3)如何避免利益冲突。

准确性和公正性

俗话说,新闻的第一原则就是"准确、准确、准确"。伯顿·本杰明(Burton Benjamin),CBS 新闻的资深制片人,就曾经身陷一起与准确性和公正性有关的冲突。当时 CBS 做了一档关于越南战争和越战指挥官威廉·威斯特摩兰(William Westmoreland)的新闻纪录片,该片播出后,CBS 被控蓄意歪曲事实。由于来自媒体圈和外界的批评之声激烈非常,CBS 上层不得不委任本杰明去调查指控并提交调查报告。本杰明发现他的同事们确实违反了曾经声明遵守(或签字表态)的新闻规则。后来他写了一本名为《公平竞争》(Fair Play)的书来记录此次事件。[13]

本杰明所撰写的报道以及其他针对媒介表现的评论作品(非常少见),不论正面还是负面,都一起构成了共同的道德伦理法则。新闻领域出现的几乎每一次伦理冲突,都有其历史和背景,但不幸的是,新闻界往往很少有"组织记忆"(institutional memory),它擅长的事情总是忽略过去,推倒重来。

报道者的行为

媒介伦理所关注的第二个领域就是报道者的行为。这一方面同样也是新闻专业主义所关注的即报道者在报道时是否遵守了诚实、公正的原则。这通常意味着在收集信息时就要做到诚实和光明正大。多年以来,通过蓄意误导来获取信息一直被认为是不道德的行为,例如对消息来源谎称自己是律师或警察。在新闻记者和消息来源之间一直没有建立起明确的关系模式。在《纽约客》的一篇很有名的文章中,记者珍妮特·马尔科姆(Janet Malcolm)炮轰自己的同事乔·麦金尼斯(Joe McGinniss)误导某知名消息来源杰弗里·麦克唐纳(Jeffrey MacDonald)医生(杰弗里当时被控谋杀自己的妻子和孩子)的不道德行径。马尔

名人新闻报道违背行人性的、侵入性的属性,从这张图片记者跟踪政治候选人的情景中可窥一斑。

科姆写道:

> 只要不是太蠢笨或者太过自我以至于浑然不知何事发生的记者,都能了解到,记者所做的一切,在道德层面上都是站不住脚的。他是一个自信的人,通过利用人们的虚荣心、无知甚至是孤独,赢得他人的信任,然后毫无悔意地背叛这种信任。这种事情就好像一个容易轻信别人的寡妇,某天早上醒来发现迷人的年轻人和她的所有财产都已不知所踪。这就是这一真实的非虚构的小说和文章中记载下来的经验教训。不同的新闻记者在判断自己是否背信弃义上有着不同的标准,这自然与个人性格密不可分。所谓的新闻自由和"公众知情权"谈论得越多,艺术自然就谈论得越少。如果谋生变成第一要素,做出不道德的行为自然也就在情理之中了。[14]

马尔科姆说出如此激烈的言论主要是因为她认为麦金尼斯骗取了麦克唐纳医生的信任。麦金尼斯对麦克唐纳说可以帮他写一本书,借助这本书,麦克唐纳可以摆脱谋杀的控诉。马尔科姆的文章和书出版后,在当时引起了广泛的讨论,讨论主要围绕记者为了寻求消息来源的合作而对其采用欺骗的手段这一方法是否可行而展开。各行各业的人们都加入了这场讨论,其中一些人指责麦金尼斯,而另一些人则认为马尔科姆也曾经犯过类似的错误。马尔科姆的著述引发了全美范围内关于新闻记者与当事人之间的关系以及新闻伦理规范的大讨论。当然,这场讨论最后并没有得出明确的结论。

狗仔队围追堵截拍摄林赛·罗韩(Lindsay Lohan),后者的个人生活和一言一行都是小报追逐的热点。

利益冲突

利益冲突问题是媒介伦理关注的第三个领域。这一术语指的是某人在行动时的公正性由于受到职业要求或公务需求的影响而不得不接受某种妥协。举例来看,如果一个人在政治上从属于某一党派,那他就很难写出没有政治倾向性的文章。出于同样的原因,媒介从业者应当尽量避免任人唯亲、裙带关系以及其他可能会影响媒体公正性的因素。与之相类似的另一个领域被称作"支票簿新闻"(checkbook journalism),指的是为采访而向消息来源付费的做法。尽管新闻记者经常这样做并采用各种借口对此进行辩护,但是不可否认的是,这种"支票簿新闻"就是对新闻规范赤裸裸地侵害。对新闻工作者来说,利益冲突往往表现为记者或编辑面对那些与个人有着密切利害关系的选题时,譬如自己的家人可能牵涉其中、所在的公司正在接受司法审查等等,往往会选择回避该选题。这种事情是绝对不被鼓励的,甚至有时候会有记者因为利益冲突而被解雇。

 ## 区分伦理和法律

常常有人觉得困惑,为什么伦理问题不属于法律惩罚的范畴,通常的道德惩罚措施大多是谴责、罚款或很轻的量刑。究其原因主要是很多问题行为和明显的欺骗尽管是不道德的,但是并没有违反法律。刑法所规定的各种犯罪行为主要包括谋杀、抢劫、盗窃等,诸如侵权行为、有害行为等则属于民事违法行为。不论是刑事危害还是民事危害,都有明确的法律规定,在法庭上由陪审团和法官来做出被告是否有罪的裁定。与法律相比,道德规范主要来自社会习俗,并没有明确的法律条文规定。例如,你的邻居总是对你视而不见且言行粗鲁,你自然会感到不快,但是你无法使用法律手段来做出回击。但如果你的邻居大张旗鼓地用莫须有的罪名来指责你,你就可以用诽谤罪来起诉他。你如果打赢了官司,就可以弥补你之前受到的伤害。

对媒体来说,有一些做法是很明显的违法行为,譬如未经许可进入他人办公室窃取文件、蓄意误导他人、参与股票市场内幕交易以及其他已经被法庭视为违法的新闻获取手段。除此之外,还有很多事例会引起关于伦理的争论。例如,多年前,《芝加哥太阳时报》(Chicago Sun-Times)收购了一家名为"海市蜃楼"的酒吧,该报遂利用此酒吧进行了一系列暗访工作,并最终在报纸上连续刊出揭露政府官员收受回扣及其他种种不法行为。从事实来看,这家报纸显然采用了不正当手段来获取新闻。2008年总统大选期间,一位博主冒充普通市民与前总统克林顿进行了交谈,她就政治中的种族因素向克林顿进行了提问,并试图将后者的回答放在自己的博客上。时任参议员的巴拉克·奥巴马和约翰·麦凯恩在竞选期间也均遇到过类似事件。一些人认为作为高调的公众人物应当接受这种公平的游戏,而另一些人则认为亮明身份是作为记者所应遵守的道德规范。在公民新闻时代,随着手机拍摄功能的日益普及,几乎人人都可能成为新闻记者。相信"小甜甜"布兰妮对此深有体会。她由于肇事逃逸和无证驾驶被起诉就是由于之前的肇事逃逸被手机拍了下来。

在数字时代的各种问题变得日益普遍之前,关于媒介伦理曾发生过一起争论激烈的令人困惑的案例。争论的主人公名叫理查德·杰威尔(Richard Jewell),作为一名警卫,他被怀疑与1996年亚特兰大奥林匹克公园爆炸案有关。这一判断首先由美国联邦调查局(FBI)作出,其他执法机构也暗示媒体这一怀疑的存在,因此尽管没有正式指控,杰威尔仍然不得不承受来自媒体和执法机构的追逐,同时也不得不面对如潮水般的负面消息。最终,所有指控都不了了之。杰威尔(提请控诉媒体时)曾悲愤地质问:"如何才能让我的名誉恢复如初?"(媒体聘请的律师)质疑杰威尔对新闻界的指控,在他们看来,新闻界的报道来源于警方和FBI就此案给出的种种暗示。但事实证明,多次调查结果均显示大多数民众相信杰威尔确实有罪。最终,NBC新闻和CNN与杰威尔达成了庭外和解,其他拒绝庭外和解的媒体则与杰威尔之间展开了长达数十年的诉讼。

在杰威尔一案中,最终引发双方诉讼的媒体的过度报道行为是一个不容忽视的问题。在这一新闻事件的报道中,是否正是由于媒体太过热情、太过鲁莽,对犯罪嫌疑人过度渲染,从而忽视了对杰威尔个人权利的保护并最终

导致报道失衡,引发诉讼。NBC新闻前主席劳伦斯·格罗斯曼指出:"媒体总是说它们对所发生的一切感到抱歉,但却不愿意直接承认它们做错了——即使事实已经证明这一点。"[15]杰威尔的案子特别能说明这一问题。在爆炸案刚刚发生时,他被认为是一个英雄,新闻报道都是关于他(发现炸弹)的英勇事迹。但很快,随着他成为犯罪嫌疑人,新闻媒体的报道倾向发生了180度的逆转,用劳伦斯的话来说,记者们"像追逐猎物一样追逐着杰威尔"。大大小小的摄影机、摄像机、采访话筒和各路记者将杰威尔的家围堵得水泄不通,除非穿过这些小山一样的人群,否则杰威尔和他的母亲绝没有可能离开他们位于亚特兰大的家。

尽管杰威尔案件早已成为许多媒介伦理研讨会、文章和电视辩论的主题,但也都没有得出任何明确的答案。

日益增多的媒介伦理关注

通常来说,伦理属于哲学的一个分支,其目的是通过鼓励好的价值观和善行,从而与唯利是图的卑劣行为相抗衡。一些评论家认为媒介伦理的主要问题在于范围太大、太难以捉摸。例如,媒介伦理并没有形成适用于所有媒介平台的统一的规范和标准。对于来自同一个机构的记者和广告销售来说,商业化是前者的忌讳,但对后者来说是再平常不过的事情。评论家指出,伦理如果简单来看就是个人诚信问题。这种观点将媒介或媒介组织所制定的针对个人的诚实、直率、有能力等标准与伦理联系在一起。

其他一些人则认为,伦理是一个集合的概念,公司、电视网、报纸出版产业链都有责任去保证本行业的诚信和行动力。伦理的价值是显而易见的,但是在一个社会中商业往往被描

述为"自相残杀",要求媒介产业应当承担更多的社会责任就像要求公司雇员都是模范公民一样会被视为陈词滥调。事实上,在一些人看来,"媒介伦理"这个说法本身就是矛盾的。理由很简单,媒介机构和媒介从业者在受到伦理和道德规范约束时很显然也要受到个人利益的约束。

符合伦理道德要求的行为通常来说并不难界定,简单来说一个人不说谎、不偷窃、不欺诈、不做出其他反社会行为就是有道德的表现。有道德就是要做"对"的事情,但是什么是对的事情,不同的人有不同的答案。因此,在一个对媒介伦理要求高的社会里,我们应当关注全社会各行各业的伦理规范,不论所从事的职业是律师、医生、建筑师还是记者。对基本的道德伦理规范的认可使我们得以在社会中

名人的道德失范往往会引起媒体的过度报道,但同时也会提升社会对媒介
伦理问题的关注。

共存,使我们成为富有社会责任的公民而不是自私的个体。

与媒介相关的各行各业——包括新闻、图书出版、电影、有线电视、通信、广告、公共关系等——和它们背后的体制都遵循着基本的商业道德。而且,这些行业中的大多数制定有针对雇员的道德守则、管理标准和实践性伦理规则。大多数媒体工作者,从财经作者到电视节目制作人,都同意应当坚持那些能够使伦理更加具象化的明确的标准和规则。然而,不可否认的是,所有这些与伦理有关的规范都要远远超出家庭、教会或学校所能传授的范畴。[16]

传播的某些领域曾经一度不属于伦理约束的范畴。举例来看,对事实的认定往往标准并不统一,而对于存在于广告和公共关系领域的伦理和存在于报纸和杂志领域的伦理,人们通常也使用不同的标准来要求。面对倡议者要求建立统一标准的呼吁,业内人士往往认为这一要求过于夸张,除非倡议者能拿出明确的许可证明,否则他们不会改变现有的做法。无论是否合理,人们总是倾向于为了所谓的"公关之道"、利己政治诉求和意识形态诉求而降低对道德的要求。与之相类似,宗教观察家也宣称他们的信仰不一定是公平的和公正的。

现如今这一现象正在发生变化。一部分是因为各种媒介之间的界限日渐模糊、功能逐步融合。例如,区分消息式新闻和娱乐式新闻变得不那么容易,新闻节目也常常使用娱乐手段、夸张的语言和模拟事件进程等方法来进行制作,即使这些事件最后并没有按照这种方式发生。新闻节目所介绍的那些精彩的故事,往往也并非真实发生过。就这样,新闻节目为了讲好一个故事,往往选择牺牲伦理。

有时候,忽视伦理所带来的混乱恰会成为新闻的素材。近20年来,电子媒介逐渐兴盛,评论家们担忧过度娱乐化所带来的影响,如小报式的新闻秀吸引了越来越多的观众。与此同时,已有权威调查显示,许多美国人在区分新闻和娱乐上常常感到困扰。

与之相类似,将一篇特别报道或一档特别节目归类为新闻、娱乐、意见还是广告也变得困难起来。媒介功能界限的日益模糊使得伦理常处于两难境地。传统语境下"规则"这一概念意味着对于新闻内涵有着明确的伦理界定,新闻和意见可以清晰地得到区分。意见表达允许人们有更大的自由度阐明自己的观点,当然发表意见不能背离"学术诚信"这一传统规则。娱乐节目则有很大的自由度,可以允许任何形式的虚构。当这二者结合在一起时,伦理的角色和功能就会陷入迷失。

连环漫画家和社论漫画家经常面临的一个问题是如何划分娱乐和新闻之间的分界线。连环漫画《杜恩斯比利》(*Doonesbury*)与已故著名音乐人弗兰克·西纳特拉(Frank Sinatra)之间就曾经因为前者不恰当的幽默评论而对簿公堂。尽管嘲笑一直是冒犯式幽默的基础,但类似的诽谤诉讼的数量一直都在上升。

随着新媒体产业的不断发展,提供商业信息服务的付费电视频道(pay-per-view TV)和家庭购物频道应运而生,它们也带来了新的伦理问题。前 CNN 财经评论员卢·多布斯(Lou Dobbs)就曾因为出现在证券公司的促销内容上而广受批评。批评家认为卢·多布斯的这种行径侵害了公众对他作为有线电视网财经评论员和新闻主播的信任。这仅仅是类似事件显露出来的冰山一角。在根据美国知名色情杂志出版商拉里·弗林特(Larry Flynt)的真实故事改编的电影《人民反对拉里·弗林特》(*The People vs. Larry Flynt*)一片中,纽约电视台女主播兼新闻评论员唐娜·汉诺威(Donna Hanover)出演了某个角色。唐娜是当时的纽约市市长鲁道夫·朱利安尼(Rudolph Giuliani)的第二任妻子①,批评者认为唐娜出演《人民反对拉里·弗林特》无形中美化了充满争议的拉里·弗林特,同时对于美国人的家庭观产生了负面的影响。除此之外,著名作家詹姆斯·法洛斯(James Fallows)和著名媒介评论家肯·奥莱塔(Ken Auletta)也分别在自己的著作和发表于《纽约客》的文章中对新闻工作者的伦理和独立性问题提出了自己的意见。法洛斯和奥莱塔关注的是同一个问题,在他们看来,知名媒体工作者通过演讲从商业机构、行业协会、学院、大学以及其他机构获得高额的出场费这种行为显然是不对的,需要对其进行公开曝光。另外一些人则认为,只要媒介机构本身同意这种行为就不存在什么问题。在本章后半部分我们可以看到,问题主要集中在对于利益的纷争上。作为公众人物,如果记者或主播收取了某些活动费用,那么他们在今后的新闻播报中是否还能保持新闻的独立性?一些人表示当然可以,而另一些人则给出了否定的答案。除非存在很明显的利益冲突,换句话说,在某些行业协会会议上,如果报道者为了钱而进行报道,那么接下来的新闻报道中他的倾向性就不言而喻。部分名嘴表示他们不会包庇曾付钱请他们作巡回演讲的机构或组织,而另外一些则表示不确定。新闻发展到今天,很多问题都交织在一起很难简单地区分对待。

特殊权利和特殊责任

要求新闻媒体同时兼顾公正和伦理是不可理喻的吗?这是一个很难回答的问题。如果咨询法律部门,我们会得到一大堆关于新闻机构和新闻工作者工作范畴的解答。首先,根据《权利法案》,特别是宪法第一修正案,新闻自由是一种基本权利。其次,国家宪法、法规、判例都明确规定了公民权利,对于受保护的新闻界和大众媒体的责任与义务的讨论则并不常见。事实上,在 1947 年,著名的哈钦斯新闻自由委员会(Hutchins Commission on Freedom of the Press)曾在报告中指出新闻界应当承担一定的义务,这一报告受到全美新闻界的强烈抗议和谴责。

作为一个私人赞助的研究机构,哈钦斯委员会认为应当更为谨慎地审视美国的新闻自由,特别是二战之后的新闻自由。哈钦斯委员会成员由哲学家、法律学者、各个领域的知识分子和文化领袖组成,致力于公开鼓励建立一

① 两人现已离婚。——译者注

个自由而负责任的新闻界。报告从政府、新闻界、公众三方面着手给出建议。在报告看来，这三方面虽然并不直接作用于彼此，但可以通过社会批评和建立媒体的道德敏感来互相约束。哈钦斯委员会还建议设立新闻评议会（press councils），评议会由有责任感的公民和其他大众传播机构组成，公民们可以对新闻界进行监督，同时对媒体给出自己的反馈。随着时间的流逝，哈钦斯委员会的报告赢得了人们的尊重并被视为美国媒介史上最重要的文件之一，但它始终没有获得官方的正式承认。

美国宪法第一修正案对新闻自由予以最根本的保护，法庭明确指出，并不要求媒体的报道百分百公正、富有责任感或正确。很显然，那些控告大众媒体和专业媒体诽谤的案件和其他诉讼行为都必须根据更高的标准来给出证据。在近些年来的针对媒体提出的控诉中，不乏专家证人来到法庭证明某个特定的故事或节目满足或没有满足"一般专业标准"。由于缺乏公认的标准作为参考，法庭通常会接受专家证人的指导。事实上，在一些人看来，尽管不像宪法那么权威，但可以尝试为媒体制定一份道德准则。

宪法第一修正案之外

如果说宪法第一修正案赋予了大众媒体法律权利，那么来自公众的信任则赋予了大众媒体道德权利。从一开始，媒体就表明了自己所扮演的两个角色：一个是社会的良心或法律意义之外的人民的代表；另一个则是追求商业利润的机构，生存是它的第一要务。报纸长期以来就是这样的一种形象。与纸媒相比，广播电视和其他电子媒介则被认为拥有更小的自由度，美国联邦通信委员会在法案中指出，广电类媒介更加需要考虑"公共利益、公共便利和公共必要性"。但是，关于法律和伦理的界限仍然没有得到清楚的界定。

其他的媒介机构如广告和公共关系部门，已经就各自的道德规范做出声明，声称在工作中将以道德贯穿始终，尽管这些声明建立在并不牢靠的根基上，同时也经常引起争议。广告和公共关系领域的价值体现在它们的作品上，这些作品究竟是准确的新闻报道还是娱乐为主的漫画、专栏或拼图，众说纷纭。一些媒介机构，例如报纸和新闻杂志，则通常认为自己有更高的伦理标准，其所关注的领域的专业性是那些广告代理商和公共关系顾问无法比拟的。

新闻专业主义的长期斗争

从美国新闻界早期的黑暗时代至今，媒介伦理已经经过了相当长时间的发展。在本书第3章，我们应了解到早期的新闻界非常粗鄙，经常利用毫无真相可言的报道对政治人物进行莫须有的党派攻击。后来，新闻界渐渐发展成利用耸人听闻的报道来满足受众病态的好奇心从而吸引受众。新闻报道以制造各种恶作剧和蓄意的谎言而闻名。甚至是本杰明·富兰克林也常常在他的报纸专栏编造一些有趣的人物来吸引读者。1835年《纽约太阳报》刊登的著名的"登月骗局"（Moon Hoax）就是这一阶段的产物。这篇报道声称一位名叫苏格兰的宇航员通过自己的望远镜观察到月球上有生命体存在。

直到如今，由于即时传播（instant communication）对于信息的审查往往不那么仔细，各种恶作剧仍然存在并通过互联网得到了更广泛的传播。

19世纪晚期，随着新闻界社会责任感的日渐增强，编辑们强烈要求应当为公共利益作

甚至像《纽约时报》这样的知名报纸也会成为媒介批评的对象。保守派批评家认为《纽约时报》的报道有偏见，新闻报道存在虚构内容。

出贡献，并且宣布了基于这一崇高目的的郑重声明。尽管声明中的有些内容属于陈词滥调、难以实现，但在他们的努力下，公共利益超越个人私利的新闻界开始形成，认为报纸和杂志所肩负的公平公正的义务应远远超过那些普通的商业机构的观点也终于被接受。尽管缺乏强制性的条文，但道德规范成为这些观点的有力支持。随即，各种出版物也对这些观点大加赞美，有良知的新闻界逐渐开始将各种腐败和不正当行为清理出队伍。从出版商、编辑到受教育人群，整个新闻组织都宣布将伦理规范和公共问责纳入关注的重点。

融合媒介文化的兴起

两位新闻评论界的领军人物比尔·科瓦奇（Bill Kovach）和汤姆·罗森斯蒂尔（Tom Rosenstiel）在合著《扭曲的速度：融合媒介时代的美国》（*Warp Speed: America in the Age of Mixed Media*）一书中指出，旧的案例仅仅说明了媒介功能界限日渐模糊，事实上，随着媒介融合进程的不断深化，新的融合型文化已经产生。两位作者在论述时采用的案例从 O. J. 辛普森（O. J. Simpson）被控双重谋杀的海量报道开始，一直到莫妮卡·莱温斯基（Monica Lewinsky）和比尔·克林顿的性丑闻报道结束。根据这些案例，作者指出媒体报道的趋势正在向兼顾商业利益和轰动性报道转变。他们在书中对媒介文化进行了论述：

在今天，一个新的多元的大众媒体所生产的文化，如娱乐文化、信息、评论、分析、小道消息和主流报道之间并不是截然分开的，所有这些都混合交织在一起。因此马特·德拉吉（Matt Drudge）和威廉·萨费尔（William

Safire)能够同时出现在《新闻会客厅》(Meet the Press)节目中(讨论克林顿性丑闻事件);而泰德·科佩尔(Ted Koppel)则在自己的节目中对性丑闻细节大谈特谈;花边新闻节目《硬拷贝》(Hard Copy)和CBS新闻频道则为了争夺联邦法庭外的摄像机位挤破了头。[17]

尽管这些观察算不上新闻,但评论家们和其他人一样都感觉到那些以商业利益为驱动的媒介巨头不论是为了电影宣传还是推广旗下的图书和报纸,所用手段已经开始改变。例如,NBC新闻为了广泛宣传自己的母公司NBC环球集团所投拍的电影,不得不面对利益冲突带来的问题;福克斯电视网所属的新闻集团就将自己的商业利益和新闻利益混合在一起。这种种行径都说明了融合媒介文化所带来的危害。我们需要弄清楚消息所有者公开这一消息的动机——是无辜的还是有恶意的——关于这一点一直有着很大的争议。批评者们还对新闻主播做广告以及专业人士或发言人充当新闻分析家和评论家的现象表示了担忧。例如,前总统克林顿的传播策略主管乔治·斯蒂凡诺普洛斯(George Stephanopoulos)和前总统布什的高级政治顾问卡尔·罗夫(Karl Rove),都曾经被电视网(ABC和CBS)聘请为评论嘉宾,这种做法打破了媒体控制者和媒体从业者之间的界限。而公共人物在政治精英和媒体从业者两种身份中间转换,这种事情并不是今天才有的,区别仅在于今天的公众对于这种做法导致的新闻公信力下降颇有微词。与之形成鲜明对比的是,2008年,当深受民众喜爱的《新闻会客厅》前主播蒂姆·拉瑟特(Tim Russert)突然去世时,一位民主党官员引用蒂姆曾经作出的政治评论并受到了公众欢迎。

新的融合媒介文化被认为具有五大特点[18]:

● 永无止境的消息循环使得新闻变得不完整——有线电视、电视网、互联网24小时不间断的内容需求使得新闻报道变得水分过多、完整性降低、分化加剧。

● 消息来源的地位逐渐凌驾于记者之上——在提供消息时,人们为了个人利益提出了很多附加条件,而媒体也变得更加热衷于传播谣言。

● 把关人缺失——这一点可能稍微有些夸大,但是媒体编辑和核查消息来源的比例在下降,网络报道通常没有把关人。

● 评论超过报道——一种评论文化已经形成,各种有线电视新闻节目中充斥着声嘶力竭的评论之声,事实的呈现被丢在一旁。

● "轰动效应心态"——今天的媒体热衷于重大新闻,譬如安娜·妮可·史密斯(Anna Nicole Smith)之死和她女儿的生父之谜、纽约前州长艾略特·斯皮策(Elliott Spitzer)的召妓丑闻,以及前总统克林顿的性丑闻,都成为媒体追逐的热点。这种爆炸性新闻的数量远远超过了其他中规中矩的新闻。目前看起来似乎官员们还有源源不断的此类新闻可以提供,例如爱达荷州参议员拉里·克雷格(Larry Craig)因为丑闻被捕——这些都是官员们自己的不雅行为导致的。

这些案例对于全美和全球新闻业的影响无疑是深远的。今天的媒体倾向于制作各种"可以在电视上播出的"虚构的电影而并不关注公共生活和公共事务。2008年曾有一部电视电影就是以2000年总统大选时佛罗里达州的计票事件作为主题的,其中关于真实生活只有一些轻描淡写的描写。各种著名的审判和辩论被媒介机构虚构,然后加以利用,这一切使得公众感到困惑,也使得大众媒体在社会中所扮演的角色不断遭到质疑。关于这一话题的讨论中,很多来自批评家的观点都指责媒介所有者利用所谓的"新闻自由"对当事人权利的过度侵犯。

融合媒介文化面临的伦理挑战 对道德的期望和要求已经跨越国界,引起国际社会对诚实、伦理和准确信息的普遍关注。要知道,如果缺乏准确可靠的信息,没有任何一个市场能够正常发挥作用。在这种情况下,伦理问题已经成为所有媒介领域需要关注的话题——不仅仅常规新闻媒体需要考虑伦理问题,新媒体领域同样需要考虑,而旧的伦理规范显然已

小报记者热衷于名人性丑闻。典型的例子就是美国前总统克林顿的婚外情遭到小报披露，这导致了议会对总统的弹劾，尽管最后弹劾没有成功。

经不能适应新媒体时代的要求。

在很多评论员看来，媒介伦理其实就是新闻伦理，也可以认为是作为面向全社会的新闻收集者、编辑人和消息发布者的新闻记者所应遵守的道德操守和行为。新闻记者在生产新闻的过程中，应当遵循可靠、可信的原则，严格恪守诚信规则，保证整个过程的准确性。即使一次偶尔的伦理失范也会产生巨大的影响。例如，《电视指南》杂志曾经故意将奥普拉·温弗瑞的头像印在女演员安·玛格丽特(Ann Margaret)的身体上来误导读者，后来该杂志意识到这一不当举措是不道德的行为，会严重伤害《电视指南》作为一本严肃的、受人尊重的杂志在公众心目中的公信力，杂志方面很快就公开承认了错误。

在 20 世纪 90 年代，O. J. 辛普森案闹得沸沸扬扬，《时代》杂志使用了一张辛普森的照片作为杂志封面。这张照片上辛普森的肤色被刻意加深，看上去格外残忍，《时代》杂志的这一做法引起了很大的争议。批评者认为这种视觉处理手段是一种种族歧视，即使不违法，这种做法也是不道德的。这就是新闻学教授保罗·莱斯特(Paul Lester)所说的"图片伤害"(images that injure)，属于媒介影像所造成的一种刻板印象。在同名著作中，莱斯特和其他几位作者谴责了由于种族、性别、年龄、生理和性取向等导致的刻板印象给个人或团体带来伤害、嘲讽和困窘。[19] 通常，关于种族歧视和性别歧视的指控是很多媒介伦理困境的根源所在。在这种情况下，传播者对此事的看法往往被视为比他们的动机更重要。对他人的诋毁和伤害很多时候都是由于传播者的轻率，他们鲁莽而并非蓄意地使用了不恰当的图像——照片、动态影像、卡通图片、素描或其他。很多时候媒体由于追求讽刺和幽默的效果而忽视伦理，一些来自卡通插画家、幽默作家等人的描写——视觉的或语言的——本意是想表达幽默讽刺的风格，但常常会对某些人造成潜在的伤害。

与上述争议相类似的、同样也常常被诟病的是"政治正确"(political correctness)这一复杂概念。"政治正确"认为被社会上大多数人接受的概念就是正确的概念。这一观点认为由于种族、性别、性取向、残疾或其他因素对他

波因特研究院为了促进媒介伦理的推广,在线提供了很多历史资讯,其中包括庞氏骗局(Ponzi schemer)的相关信息。

人进行攻击是不被认可的,媒体现有的性别歧视、种族歧视、对同性恋人群的憎恶、年龄歧视都是有据可查的。有时候这种歧视是无意的(inadvertent),但另外一些时候确实是蓄意的。当然,某些名人或公众人物通过媒体所作出的反社会言论有时会导致全国范围内的大讨论。就像我们在第7章里所指出的,名嘴唐·伊穆斯带有种族歧视的言论立刻招致人们的反对——他甚至一度为此丢掉了工作,在广播界的地位一落千丈。有人认为,从另一个极端来看,对唐·伊穆斯的惩罚其实也是对言论自由的伤害。也有人担心"政治正确"会导致另一个极端,那就是导致只有一个声音能够被听到。《纽约时报》记者理查德·伯恩斯坦(Richard Bernstein)在他的《美德的独裁》(Dictatorship of Virtue)一书中指出,多元文化主义(multiculturalism)坚持一个观点,那就是"真相或公平常常会因为保护民族或种族的自尊而成为牺牲品"[20]

根据前面我们所提到的那些例子和我们本书中随处可见的说明,某些控制影响了媒体"做什么"和"怎么做"。这些控制包括经济因素、政治因素、法律因素等。但是这其中也有文化因素和哲学因素。媒介伦理就是其中之一。[21]换句话说,各种媒介进行沟通、开展业务的方式和方法都是采用经过审议的话语的。

通常来看,媒介并不是孤立的,而是在社会责任语境下活动。除了对媒介伦理的关注,还有对商业、政府、宗教、新媒体和其他机构的关注。一般来说,一些对媒介伦理日益增强的关注主要来自外部批评,但也有来自媒介内部的关注,其目的是提升和促进报纸、杂志、广播、电视、有线电视、数据库、广告代理商、公关公司和其他媒介组织的服务。

就像我们所讨论的那样,媒介伦理与我们的日常生活密切相关,具体涉及媒介组织作为参与者、观察者和批评者与其所服务的社区之间的关系。伦理困境也逐渐超越媒介内容开始引起人们的关注——不论是娱乐、新闻、意见还是广告。对伦理困境的关注也超越了对媒介从业者行为的关注。从简单意义来看,在对与错、好与坏之间作出的伦理抉择要么是真正符合公共利益的,要么则是相反的。

使得理解媒介伦理变得复杂的原因看起来似乎是因为简单的选择问题,但其实并非如此。道德选择与复杂的人际关系联系在一起,而且常常还要面临人们所珍视的价值观与媒体所信奉的准则相背离的情况。对媒体来说,不论是通过新闻故事来强调冲突,还是通过期刊评论来引发争议,抑或是通过娱乐节目来增进共识、强化价值观,它们关注的其实都是如何向全社会传播信息。不同的媒体很显然有着不同的目的,但大部分媒体还是希望被外界

认为是有道德的,因此有时它们会因为来自外界的审查而撤掉本应被公开曝光的个人或机构的信息,譬如说当公开披露某事件会损害个人隐私权时。这并不是由于法律的问题而是由于道德的问题——这就关系到媒体人如何做选择:是选择对社会有利还是选择保护公民个人权利。

新闻媒体是传播伦理的通道,商业伦理也被包括在内。图片中的人物是伯纳德·麦道夫(Bernard Madoff),他操作的"庞氏骗局"诈骗金额超过百亿美元,于 2009 年被判处 150 年监禁。

 ## 媒介批评和媒介伦理

如果说这些年来一直有一股力量在促进媒介伦理的发展,那就是媒介批评(media criticism)。关于媒介批评,可以追溯到 19 世纪。批评家们经常控诉新闻内容违反最起码的行为准则,真相也往往含混不清。多位美国总统都曾经批评新闻界的某些报道在他们看来是不负责任的。例如,在"扒粪"新闻时期(见第 3 章),杂志记者们的作品主要致力于揭露血

汗工厂,试图扭转商业和政府的腐败。很快,当时的总统西奥多·罗斯福就对记者的这种行为提出了批评,他认为"扒粪"新闻对国家带来更多的是负面的不好的影响。新闻批评家如厄普顿·辛克莱(Upton Sinclair)则开始谴责来自新闻界内部的矛盾和利益冲突,他甚至说新闻界自身就是腐败的和变质的。很少有批评说新闻界是违法的,大部分批评与道德有

关,是关于新闻界的伦理失范问题。

第一次世界大战之前建立的新闻院校大多开设能够提升理想行为或道德行为的专业实践课程。由于公众对于伦理失范行为的强烈抗议,媒介也开始自愿设定各种伦理规范。1923 年,美国报纸编辑协会提出了《新闻准则》(Canons of Journalism),随后美国报业协会(Newspaper Association of America)、美联社执行编辑部(Associated Press Managing Editors)、包括 CBS 电视网在内的各个广电机构、公关公司等机构都相继推出了类似的新闻守则。从 20 世纪 20 年代到 70 年代这半个世纪里,相当一部分美国媒介都拥有了自己的伦理规范。这些规范中的大部分仅要求媒体工作者自愿遵守,只有其中一小部分被纳入工作规则,媒体雇员违反守则将受到纪律处罚甚至被解雇。

双重标准

在媒体的编辑功能和业务功能这两个不同的领域,针对机构、个人与内容有关的伦理规范所作出的媒介批评也有着截然不同的表现。编辑部门的从业者被要求尽量避免利益冲突,对自己所负责内容的准确性进行核查,不论何时都要用专业标准来要求自己。典型做法是,与那些身为政治家的新闻人物保持距离,同时在新闻生产中不要掺杂个人观点。与此同时,出版商和业务部门的从业者则没有这样的禁令。他们可以在政府部门寻求公职,可以参与社区事务,所有这些行为都不会被认为是妨碍公共利益的和不专业的行为。

针对这一情况已经有学者提出了不同的意见。《新闻伦理》(Ethical Journalism)一书的作者菲利普·迈耶呼吁所有的媒介从业人员应当使用统一的伦理标准。在迈耶看来,记者和编辑使用一套标准,广告人员、出版商和其他相关从业者使用另一套标准这简直是难以理解的事情。[22]

就像早些时候说过的那样,大部分与媒介伦理有关的研究大多集中在媒介从业者的行为或他们生产的内容上。偶尔,媒介所有者也会遭到谴责。媒介评论家乔治·塞尔迪斯就主要针对后者进行批评,从 20 世纪 20 年代到 90 年代,他始终坚持对媒介所有者的腐败问题进行抨击。曾经引起巨大争议的一起媒介伦理事件其主人公就是媒介大亨默多克,他当时通过自己旗下的出版社向美国前白宫发言人纽特·金里奇(Newt Gingrich)预付了超过 500 万美元的稿费,目的是让金里奇运用自己的影响力促使新的通信法案尽早在国会通过。由于批评家们的抗议,金里奇最后拒绝了这笔预付款。哈钦斯委员会报告特别指出了像威廉·伦道夫·赫斯特(William Randolph Hearst)和弗兰克·甘尼特(Frank Gannett)这样的媒介大亨曾作出的不当行为。还有一些批评家则通过对国会的通信立法和基础监管提出批评,试图对媒介产业和产业之外的人产生影响。

有时,几乎所有的媒介功能都会受到是否违背媒介伦理的仔细审查:一部涉及歪曲或夸大的电影(例如,奥利弗·斯通关于肯尼迪和尼克松的电影);被指控说谎的广播电台脱口秀主持人;一段关于不雅行为的摇滚视频;抄袭他人作品的小说家,或者制造长期残酷骗局的网络黑客。

个人和内容之间的关联性

媒介伦理很少涉及抽象的机构行为,而是和那些"残酷的"日常决策和可能引起公众关注的各种争议联系在一起。尽管历史对新闻的生产和造假都曾有过记载,但 1980 年《华盛顿邮报》记者珍妮特·库克(Janet Cooke)的新闻造假行为还是让人感到震惊。库克杜撰了一个"小吉米"(Little Jimmy)的故事。故事的主人公小吉米是一名居住在华盛顿特区的非裔美国人,他只有 8 岁,却已经染上了毒瘾。事后经查证根本没有小吉米这个人,库克承认这是她"编造"出来的。这件事情被揭露出来后令《华盛顿邮报》声望大跌,不得不承认了造假事实的存在(库克因为这一报道已经获得了普利策奖),普利策奖也被收回。为了挽回声誉,报纸内部针对这一事件展开了大规模的调查并向公众公开了调查结果。

后来,当时还存在的美国全国新闻评议会(National News Council)用来自 20 世纪基金会(Twentieth Century Fund)的拨款出版了一本书,书里记载了"小吉米"事件引发的争议和它对美国新闻业以及新闻伦理的影响。"小吉米"事件震撼了美国新闻业,人们对于新闻故事的准确性和新闻从业人员的伦理标准开始表示担忧。评论员们详细审查了新闻机构的责任,呼吁建立日常人事程序并对从业人员的

简历进行核查(部分人员的简历存在作假情况)以便在未来防止类似的事件再次发生。

新闻公开造假事件近些年来时有发生,ABC 新闻台曾经播出过一则新闻片段声称美国外交人员向俄罗斯泄密,事后证明这一新闻是"表演性新闻",所谓的现场记者也是由演员来扮演的。事后节目主播彼得·詹宁斯(Peter Jennings)就这一蓄意造假事件向全国观众进行了道歉。20 世纪 90 年代,以过去曾发生过的新闻事件为题材的"表演性新闻"在电视网屡见不鲜,而小报更是这类新闻滋生的温床。

当然,本杰明·富兰克林时代的恶搞新闻与今天 ABC 新闻、德拉吉报道之间有很大的差别,因为新闻的标准和社会价值随着印刷媒介的变化已经发生了很大的变化。在富兰克林时代,新闻业才刚刚起步;今天新闻业已经变成一种能量巨大的产业,能够对全社会的信息生产、意见形成、娱乐功能产生举足轻重的影响。

 # 伦理的替代性方法

媒介伦理的标准规范很难建立起来,因为很少有适用于所有情形的伦理规范。大部分伦理规则都属于一般性的规则,无法适用于特定场合。由于这样或者那样的原因,一种被称作"情境伦理"(situational ethics)的体系长期以来一直为媒体所倡导。

情境伦理

在情境伦理所说的环境下,所做出的每一项决定都不是为了"普遍适用"(one-size-fits-all),而是根据当时特殊的情境做出的选择。换句话说,所做出的每一项决定都要受到特定的时间和空间的限制。从这一视角出发,媒介伦理,就像其他伦理规范一样,和人们当时所能做出的正确的选择联系在一起。例如,如果

你正在跟进关于一名政治候选人的私密性生活的新闻,你可能会用"(对于官员的生活)公众拥有知情权"这样的理由来为自己侵犯隐私权的行径做辩护。但如果是一位普通公民拥有类似的隐私,你的这一借口就将不再成立,因为公开他人私生活的细节属于一种不道德的窥视。

《美国新闻评论》以及其他新闻杂志和网站都会定期从伦理视角出发对媒介表现进行评估。

继续探索

相当长一段时间以来，备选答案探索已经成为美国新闻记者热议的话题。有一件事情是可以确定的：媒介伦理问题一直都在议程上并经常成为产业内外讨论的话题。很多产业研讨会都在试图探讨媒介伦理问题以及它的两难处境。美国公共电视台（PBS）的系列电视节目和美国有线电视网（CNN）的节目都致力于这一话题。新闻院校从 20 世纪 20 年代开始就已经断断续续地开设媒介伦理课程并建立了相应的评分体系。俄勒冈大学（University of Oregon）甚至每年都会针对各个媒介公司、个人以及学生的表现给出年度伦理大奖。从目前来看，至少有 10 本关于媒介伦理的较新的课本已经出版；很多研究中心和智库研究的问题都与媒介伦理相关，甚至有一些只专注于媒介伦理研究。有一本名为《媒介伦理杂志》（*Journal of Media Ethics*）的期刊就是选取媒介伦理领域的重要问题进行研究并试图寻找解决方法，还有几家网站也在做着同样的事情。事实上，即使没有上百家网站所从事的业务是与媒介监督有关，如寻找纰漏、失实、

彻头彻尾的谎言等，也有相当多数量的网站在从事这些业务。它们非常愿意公开这些信息，这就使得数字时代的媒介伦理要面临新的压力。

对提高媒介伦理所做的很多尝试都不以知识为导向，而是以行动为导向。之前我们曾经提到的新闻评议会——由少数富有责任感的公民参与的一种反馈机制——可以分为地区级、州级和国家级。即使不能完全成功，这些努力也代表了一种责任和对伦理的追求。

不管是哪一种模式，关于媒介伦理的各种规范都已经扩展到传播业的方方面面。曾经一度集中在新闻报道领域的伦理规范，今天在广告业、公关业、民意调查、市场研究、体育写作等领域也随处可见。但需要注意的是，尽管这些领域已经出现了对于伦理的要求，但是这些要求能否得到遵守仍是未知数。通常这些领域关于伦理的规范还只是条文，缺乏强制执行力，但至少代表了对于伦理问题的一种重视。

公信力研究和市场研究

公信力研究可能是媒介伦理领域最重要的研究之一。公信力研究关注公众对于新闻媒体的态度，并试图寻找从盲目追求爆炸性新闻到记者粗鲁无礼这一系列伦理失范问题的解决方法。媒体公信力运动出现于 20 世纪 80 年代，当时新闻机构的可靠性、可信性正在逐渐丧失，在相当长一段时间内，印刷媒介和广电媒介为了争夺受众和广告展开了狂热的竞争。出于担心公信力的丧失可能损害媒体的道德权威的同时削弱其产生的经济效益这一真实原因，公信力运动和媒介伦理研究得以开展。今天，隶属于皮尤研究中心的民众与媒介中心（Pew center on People and the Press）仍然采用传统调查方法对公众态度进行监测然后发布报告。安南堡公共政策研究中心（Annenberg Public Policy Center）也会针对人们对媒体的印象进行评估并发布报告，报告内容包括人们是否将意见评论员视为记者。

市场研究也是不知不觉中促进媒介伦理的一种力量。市场和受众研究机构向媒介组织和传播领域的其他行业提供关于公众品味、喜好和所关注领域的反馈信息。通常来看，这些反馈回来的信息都与媒介伦理有着千丝万缕的联系，因此此适合展开讨论。

就像之前所说的那样，对于伦理的关注如今已经扩展到了媒介的各个领域。舆论制造者——不论是脱口秀主持人、媒介顾问、广告主管还是娱乐节目制片人——都有标准的行为守则。那些拥有伦理关怀的作者在他们的作品中也表现出了这一点。将伦理更多地视作一种专业能力而忽视其技术功能曾经一度颇为流行，但今天这一现象正在改变。电视摄像机操作有了更严格的伦理标准，否则所拍摄的内容就会被废弃。对于印刷从业者、桌面排版系统的操作者、漫画家还是其他人而言也是如此。不可否认，上述每一类媒介所要求的伦理标准可能都不尽相同，代表着不同的关注点和价值观，但是可以肯定的是，这些关注点和价值观都在某种程度上与今天热议的媒介伦理联系在一起。

伦理、技术和未来

新的传播技术，特别是在过去这十年中出现的新技术，已经引发了各种关于媒介伦理的新的问题和争议。借助数字技术的帮助，虚假报道和画面造假可以而且已经得到传播。有时候这种造假会被发现，有时候则不会。

通过技术手段所造成的伦理失范经常和侵犯个人隐私权联系在一起，包括使用隐蔽摄像机和麦克风，使用数据库挖掘个人信息等。例如，通过远程传感摄像机窥探消息来源变得非常简单。各种音频和视频摄录设备正在使得这种窥探变得越来越简单。还如，一些互联网站对于拥有的个人信息进行不当使用，如社保号。

卫星传播使得信息可以轻易地跨越国境线，同时也使得介入世界危机和争端变得更加容易，这同样有可能导致道德混乱。

由于通过手机或其他手持设备获取具有新闻价值的、不体面的、令人难堪的视频变得非常简单，这些内容正源源不断地进入各大媒体的资料库。登录 YouTube，著名的视频内容分享网站，可以看到各种各样的视频。公民新闻也使得人们获得了更大的话语权。有更多具备了专业技术的自由职业者带着他们的作品如洪水般涌向电视和有线电视节目。鉴定作品的真实性已属不易，更遑论要弄清楚这些作者的资历。事实上，这是一个全民皆记者的时代。

新技术在使用过程中造成了很多新的关于伦理问题的案例。这些新技术带来的传播速度和传播广度使得它们兼具了自由和危险这两个值得讨论的特点。再一次,新技术切实影响到了媒介产业的各个领域和社会的很多方面。尽管在 21 世纪初的这 10 年里,很多关于媒介伦理的讨论仍然没有脱离旧的藩篱,但不可否认的是,随着争论日广,新的图景逐渐形成,旧的伦理规范亟待突破。因此,我们必须深思熟虑以下问题:(1)从旧有的机构和个人规则出发,应当如何延续媒介伦理中可延续的部分;(2)应当如何根据不同的情境进行决策,从而最大限度地保护新闻自由;(3)如何对伦理进行重新评估,以便更好地考量技术对其的影响。不论做出哪一种决定,采用哪一种问责体系,也不论多么谦虚谨慎,总会对选择的自由带来某种伤害。当然,有时候这种侵害是必要的,甚至是可取的。[23]

就未来而言,一个重要的原则是,通过自愿的方法解决道德困境将会比对簿公堂更加受人欢迎。人们也许会认为,尽管许多道德纷争目前还并不是法律问题,但既然我们的社会是法治社会,那么迟早这些问题会被纳入法治范畴。从目前来看,媒介伦理发展的动力主要还是来自传媒业本身和传播学教育。很显然,寄希望于司法机构或立法机构授权一个系统去解决如此繁多的伦理问题,即使是在媒介还不是很发达的时候也是难以想象的。事实上,

曾有建议认为应当通过新闻记者许可证和颁发必须遵守的职业道德准则来对新闻队伍进行管理,这一建议很快就被驳回,因为这种做法是对宪法第一修正案的侵害。

今天,尽管已经举办了数十场针对新闻记者、广电从业者、公关领域工作人士和其他相关领域的研讨会,关于媒介伦理的研究从某种程度上来说仍然像个手工作坊。许多大学现在都开设媒介伦理课程并且已经积累了相当丰富的文献用以教学——不仅仅包括许多论文、图书和文章,还包括很多案例研究,这些案例直指现代社会的伦理困境及人们应当采取的决断,其中很大一部分与媒介伦理有着直接的联系。

尽管研究刚刚起步,但媒介伦理领域有望迎来重大变化。传播法学者唐纳德·吉尔默已经指出了这种变化的周期性。20 世纪 20 年代,媒介领域就曾爆发过一场伦理运动。然而随着信息存储和检索系统的不断发展,同样的运动可能不会再如很多人希望的那样再次发生。伦理困境比比皆是,我们似乎可以将注意力从媒介专业人士和消费者那里转移过来,转而投向媒介伦理这一全新的、未知的领域并关注其未来的发展和成熟。

 本章回顾

- 一些批评家嘲笑那种认为强调竞争和利益驱动的媒介可以更好地在伦理框架内运转的观点。这一说法,很多人并不同意。他们认为如果没有公众的信任,任何一种媒介体系都不可能长久存在。公众需要准确的、诚实的、可信赖的传播。

- 符合伦理道德要求的行为通常来说并不难界定,简单来说一个人不说谎、不偷窃、不欺诈、不做出其他反社会行为就是有道德的表

现。有道德就是要做"对"的事情,但是什么是对的事情,不同的人有不同的答案。因此,在一个对媒介伦理要求高的社会里,我们应当关注全社会各行各业的伦理规范。

- 技术开启了道德关注的新领域,数字媒介成为一把双刃剑,在带来益处的同时也带来了不好的影响。

- 媒介伦理与我们的日常生活密切相关,具体涉及媒介组织作为参与者、观察者和批评

者与其所服务的社区之间的关系。伦理困境也逐渐超越媒介内容开始引起人们的关注——不论是娱乐、新闻、意见还是广告。对伦理困境的关注也超越了对媒介从业者行为的关注。

● 美国宪法第一修正案对新闻自由予以最根本的保护,法庭明确指出,并不要求媒体的报道百分之百公正、富有责任感或正确。很显然,那些控告大众媒体和专业媒体诽谤的案件和其他诉讼行为都必须根据更高的标准来给出证据。

● 媒介伦理已经经过了相当长时间的发展。早期的新闻界非常粗鄙,经常利用毫无真相可言的报道对政治人物进行莫须有的党派攻击。后来,新闻界渐渐发展成利用耸人听闻的报道来满足受众病态的好奇心从而吸引受众。

● 这些年来媒介批评始终在促进媒介伦理的发展,媒介批评的历史可以追溯到 19 世纪。批评家们经常控诉新闻内容违反最起码的行为准则,真相也往往含混不清。媒介批评使得公众意识到了伦理规范的必要性。

● 媒介伦理通常关注三个主要问题:(1)新闻报道和其他相关活动的准确性、公正性;(2)报道者的行为,特别是与他们的消息来源相关的行为;(3)如何避免利益冲突。

● 媒介伦理的标准规范很难建立起来,因为很少有适用于所有情形的道德规范。大部分伦理规则属于一般性的规则,无法适用于特定场合。由于这样或者那样的原因,一种被称作“情境伦理”的体系长期以来一直被媒体倡导。

● 不管是哪一种模式,关于媒介伦理的各种规范都已经扩展到传播业的方方面面。曾经一度集中在新闻报道领域的伦理规范,今天在广告业、公关业、民意调查、市场研究、体育写作等领域也随处可见。但需要注意的是,尽管这些领域已经出现了对于伦理的要求,但是这些要求能否得到遵守仍是未知数。

● 新的传播技术,特别是在过去这十年中出现的新技术,已经引发了各种关于媒介伦理的新的问题和争议。这些新技术带来的传播速度和传播广度使得它们兼具了自由和危险这两个值得讨论的特点。新技术切实影响了媒介产业的各个领域和社会的很多方面。

● 就未来而言,一个重要的原则是,通过自愿的方法解决道德困境将会比对簿公堂更加受人欢迎。从目前来看,媒介伦理发展的动力主要还是来自传媒业本身和传播学教育,但未来可能会发生变化。

 思考题

1. 媒介伦理和新闻伦理是否适用于所有媒介(传统媒体和新媒体),数字媒介是否带来了特殊的问题?

2. 媒介伦理应当关注传播内容还是传播者行为? 还是二者都应该关注? 如果认为二者都应该关注,请说明理由。

3. 大多关于媒介伦理的文章关注新闻报道和新闻业,是否应该扩展关注领域,将媒介所有功能和媒介商业模式也包含在内?

4. 媒体如何定义公共利益? 公众兴趣(如公众对于信息和新闻都很感兴趣)是否可以和公共利益画等号?

5. 媒介领域的新技术如何影响媒介伦理?

6. 讨论媒介法规与媒介伦理之间的联系和区别。它们的区别在哪里? 它们的共同点又在哪里?

关键概念和术语

数字伦理　Digital ethics

准确性和可信性　Accuracy and credibility

支票簿新闻　Checkbook journalism

利益冲突　Conflict of interest

做正确的事　Doing what is right

哈钦斯新闻自由委员会　Hutchins Commission on Freedom of the Press

新闻专业主义　Professionalism

虚构新闻/骗局　Fictional news portrayals / hoaxes

情境伦理　Situational ethics

伦理准则　Codes of ethics

公信力研究　Creditability studies

 注释

1. Celia Friend and Jane B. Singer, *Online Journalism Ethics: Traditions and Transitions* (Armonk, NY: M. E. Sharpe, 2007); also see *Ed Bott's Microsoft Report*, Oct. 9, 2007, "Where Do You Stand on Digital Ethics," ZDNet. com, and *Digital Media Report*, see min. com, and Ed Bott, "Digital Media Ethics: Its Personal," Oct. 17, 2007.

2. Seth Mnookin, *Hard News, the Scandals at the New York Times and Their Meaning for American Media* (New York: Random Horse, 2004).

3. "Assertions of Ethical Decision-Making in Digital Media," August 2006, *Online Journalism Ethics*, poynter. org.

4. "Will the Last One Out of Second Life Please Turn Off the Digital Lights?" *Digital Media Report*, June 25, 2008, p. 1, min. com.

5. "Digital Ethics," Cable in the Classroom, www. ciconline. org/digital ethics.

6. "Digital Ethics," Lee's Summit R-7 School District, http://leessummit. k12. mo. us/digitalethic. htm.

7. *Digital Media Report*, June 25, 2008, op cit.

8. Claude-Jean Bertrand, *Media Ethics and Accountability Systems* (New Brunswick, NJ: Transaction Books, 2000). Also see Everette E. Dennis and Robert Snyder, eds. , *Media and Public Life* (New Brunswick, NJ: Transaction Books, 1997) and Louis A. Day, *Ethics in Mass Communication: Cases and Controversies* (Belmont, CA: Wadsworth Publishing, 1999).

9. David Pritchard, ed. , *Holding the Media Accountable: Citizens, Ethics, and the Law* (Bloomington, IN: Indiana University Press, 2000).

10. 关于最近的媒体抄袭事件及其原因的探讨, 可参见 Mark Fitzgerald, "Why They Do It—Desperation? Kleptomania? Stupidity? or Just Plain Lazy," *Editor & Publisher*, Aug. 7, 2000, p. 23。针对这样那样的两难困境, 这里有个有用的参考标准, 详见 Clifford G. Christians, et al. ,*Media Ethics: Cases and Moral Reasoning*, 6th ed. (New York: Longman, 2000)。

11. Interview with Jeffrey Cole, director, Center for the Digital Future, USC Annenberg School, in New York, April 4, 2008.

12. *Digital Media Report*, June 25, 2008, op cit.

13. Burton Benjamin, *Fair Play* (New York: Harper & Row, 1988).

14. 珍妮特·马尔科姆的作品分别于 1989 年 3 月

13 日和 20 日发表于《纽约客》。其后以《新闻记者和谋杀犯》(*The Journalist and the Murderer*)为题出版(New York：Knopf，1990)。

15. Lawrence K. Grossman，"To Err is Human，to Admit it is Divine," *Columbia Journalism Review* (March/April 1997)，p. 16.

16. Everette E. Dennis，Donald M. Gillmor，and Theodore Glasser，eds. ，*Media Freedom and Accountability* (Westport，CT：Greenwood，1990).

17. Bill Kovach and Tom Rosenstiel，*Warp Speed：America in the Age of Mixed Media* (New York：Century Foundation，1999). See also Colin Sparks，et al. ，*Tabloid Tales：Global Debates Over Media Standards* (London：Rowman and Littlefield，2000).

18. 融合媒介文化的特征由科瓦奇和罗森斯蒂尔提供，但解释和案例由作者提供。

19. Paul K. Lester，ed. ，*Images That Injure，Pictorial Stereotypes in the Media* (Westport，CT：Praeger，1996).

20. Richard Bernstein，*Dictatorship of Virtue，Multiculturism and the Battle for America's Future* (New York：Knopf，1994).

21. Edmund B. Lamberth，*Committed Journalism：An Ethic for the Profession* (Bloomington，IN：Indiana State University Press，1986).

22. Philip Meyer，*Ethical Journalism* (White Plains，NY：Longman，1987).

23. John C. Merrill，*The Dialectic in Journalism：Toward a Responsible Use of Press Freedom* (Baton Rouge，Louisiana State University Press，1989). Also see John C. Merrill，*Journalism Ethics，Philosophical Foundations for News Media* (New York：St. Martin's Press，1997).

译 后 记

《数字时代的媒介:连接传播、社会和文化》这本书描绘了数字时代媒介的全景图卷。在这幅图卷里,图书、报纸、杂志、电影、广播、电视、广告、公关等悉数登场,并在数字时代发生着新的深刻变化。

从历史维度来看,媒介的历史就是人类的历史。人类甫一诞生,就在寻找各种媒介以更好地在天地间立足发展。这种找寻即使在今天也并未停止。人类的历史是变动不居、波澜壮阔的。而传播媒介则伴随着人类的过去、现在和未来。在不同的历史时期,有着不同的传播技术水平,有着不同传播媒介类型,有着不同的传播效果。人类对传播自由的求索是无极限的,人类对传播自由的探索不是孤立进行的。人类在传播自由的探索之路上,一直有各种传播媒介的陪伴。每一次传播媒介的创新和发展都会给人类带来传播自由的新突破和新机遇,新技术和新媒体所带来的技术赋权、传播赋权、关系赋权、治理赋权成为人类社会进步的重要收获。

从技术维度来看,媒介技术已经沿着技术创新的逻辑和轨迹,发展到了大数据、智慧城市、移动互联网、云计算、物联网、人工智能、区块链等技术应用深度融合的新阶段。在我们当今所处的21世纪的最初阶段,新的传播技术不断更迭,新的传播形态不断涌现,新的传播应用不断推出,新的传播体验不断扩散。站在这个时间节点上,我们可以看到中国宽带互联网的速率正在不断提升,以4G+为代表的新一代移动通信技术广泛应用,未来网络的发展触手可及。随着新一代信息传播网络的发展,大数据的发展更加贴近人们的工作和生活,大数据传播进一步融入社会经济的各个领域,大数据算法成为社会关注热点。在新媒体发展领域,人工智能技术渗透到新闻传播生产方式和传播格局重塑之中,机器新闻写作越发常见,无人机新闻也不再是什么新鲜事儿。面对不断变化的信息传播环境,人类如何把握自己的传播平衡,如何获得更好的传播自由,如何依托传播媒介的创新开放发展,进一步为自身的完善、社会的进步、世界的和谐做出新的努力,都将是值得深入思考的问题。

从传播维度来看,媒介和人类之间的关系变得更加微妙。传播媒介具有工具性、中立性和动态性。人类并不是为了拥有媒介而拥有传播媒介,人类拥有传播媒介是为了向世界传递信息、接收反馈、监测环境、判明位置、找寻方向。

从使用频率来看,其实传播媒介可以分为高频使用媒介和低频使用媒介两大类。在移动互联网时代,移动智能终端成为了工作生活中的高频使用媒介,而报纸、杂志、广播、电视则逐渐成为了低频使用媒介。当然,高频使用媒介并非一成不变的,在移动互联网时代乃至后移动互联网时代,谁占据了高频使用媒介产业链的核心位置,谁就具有了为亿万传播主体提供服务的荣幸。在传播研究领域,曾经有过是"内容为王"还是"渠道为王"的讨论。但是我认为,"王无常王,人本为王"。所有传播领域"王者"的背后所隐藏的是人们所有传播需求的总合。只有人,才是所有人类传播的核心和原点。正是有了人类这个传播核心,传播的世界才能变得如此纷繁丰富,变得如此精彩迭出。

对于每一个译者而言,翻译是一项阶段性工作,也是一个辛苦活儿,是不断从中文符号世界进入外文符号世界并且穿梭往复的一个过程。当然,对这本书的翻译而言,这种辛苦并非由我一个人承担,而是由一个友好协作的团队承担。在这里我要衷心感谢这个出色团队的大力支持、密切合作和辛勤工作。他们主要包括北京外国语大学刘琛教授、同济大学卞清博士、西北工业大学韩荣博士、中国传媒大学王润珏博士、江汉大学李明博士、北京交通大学李冰博士,以及许若溪、张宁等好友。翻译过程中,具体分工如下:傅玉辉、张宁、许若溪负责序言、第1章、第2章、第12章;韩荣博士负责第3章、第4章、第5章;刘琛教授负责第6章、第7章、第8章;卞清博士负责第9章、第10章、第11章;王润珏博士、李明博士、李冰博士负责第13章、第14章、第15章。正是有了诸多好友的鼎力支持,才有了这本译稿的完成。我则在此过程中主要承担了本书译稿的校对和统稿工作。同时,我还要郑重感谢中国人民大学出版社李学伟编辑和翟江虹编辑的信任、宽容与理解,由衷感谢汤慧芸编辑的认真、严谨和敬业。本书译稿之中的辛劳之处属于各位参与者,本书译稿中所存在的译校疏漏等不尽完善之处则由我负责。

时光如梭,岁月荏苒。2016年,女儿端端告别小学校园,进入初中校园。2019年,端端又将进入新的校园,开始一段新的人生旅程。在新的时光里,我们每一个人都相互贴近着或相互远离着,随着时间长河的流水飞奔向前,而这样一本和多位好友共同翻译完成的书稿则可以作为大家留给岁月的一个共同纪念。开始翻译一本书,是和一本书、一些人、一些事结一段缘分。翻译完一本书,是告别一段时光,告别一种状态,告别一段自我,然后继续向前漫步,看一朵云,赏一枝花,观一棵树,饮一杯茶,听一窗风,吟一首诗,并流连每一段美好的人生年华。无限祝福,无限期待。动静等观,华藏恒春。

傅玉辉

2016年1月27日初稿

2019年4月26日终校

于北京城望檀轩

图书在版编目（CIP）数据

数字时代的媒介：连接传播、社会和文化/（美）埃弗里特·E. 丹尼斯，（美）梅尔文·L. 德弗勒
著；傅玉辉等译 .—北京：中国人民大学出版社，2019.4
（新闻与传播学译丛）
书名原文：Understanding Media in the Digital Age：Connections for Communication，Society，and
Culture，1e
ISBN 978-7-300-25617-7

Ⅰ.①数⋯ Ⅱ.①埃⋯ ②梅⋯ ③傅⋯ Ⅲ.①传播媒介-研究 Ⅳ.①G206.2

中国版本图书馆 CIP 数据核字（2018）第 045091 号

新闻与传播学译丛

数字时代的媒介

连接传播、社会和文化

[美] 埃弗里特·E. 丹尼斯
梅尔文·L. 德弗勒　　　　著

傅玉辉　卞清　刘琛　等　译
傅玉辉　校
Shuzi Shidai de Meijie

出版发行	中国人民大学出版社			
社　址	北京中关村大街 31 号		**邮政编码**	100080
电　话	010 - 62511242（总编室）			010 - 62511770（质管部）
	010 - 82501766（邮购部）			010 - 62514148（门市部）
	010 - 62515195（发行公司）			010 - 62515275（盗版举报）
网　址	http：//www. crup. com. cn			
	http：//www. ttrnet. com（人大教研网）			
经　销	新华书店			
印　刷	天津中印联印务有限公司			
规　格	185 mm×260 mm　16 开本		**版　次**	2019 年 4 月第 1 版
印　张	27.75　插页 2		**印　次**	2019 年 4 月第 1 次印刷
字　数	657 000		**定　价**	89.80 元

Pearson

尊敬的老师：

为了确保您及时有效地获得培生整体教学资源，请您务必完整填写如下表格，加盖学院的公章后以电子扫描件等形式发给我们，我们将会在2～3个工作日内为您处理。

请填写所需教辅的信息：

采用教材				□ 中文版　□ 英文版　□ 双语版
作　者			出版社	
版　次			ISBN	
课程时间	始于　　年　月　日		学生人数	
	止于　　年　月　日		学生年级	□ 专科　　□ 本科 1～2 年级 □ 研究生　□ 本科 3～4 年级

请填写您的个人信息：

学　校			
院系/专业			
姓　名		职　称	□ 助教 □ 讲师 □ 副教授 □ 教授
通信地址/邮编			
手　机		电　话	
传　真			
official email（必填） (eg：×××@ruc.edu.cn)		email (eg：×××@163.com)	
是否愿意接受我们定期的新书讯息通知：	□ 是　　□ 否		

系/院主任：＿＿＿＿＿＿＿＿（签字）

（系 / 院办公室章）

＿＿＿年＿＿＿月＿＿＿日

资源介绍：

——教材、常规教辅资源（PPT、教师手册、题库等）：请访问 www.pearson.com/us/higher-education　（免费）

——MyLabs/Mastering 系列在线平台：适合老师和学生共同使用；访问需要 Access Code　（付费）

地址：北京市东城区北三环东路 36 号环球贸易中心 D 座 1208 室（100013）

Please send this form to：copub.hed@pearson.com

Website：www.pearson.com